The Psychotherapy of Carl Rogers–Cases and Commentary

칼 로저스의 심리치료

사례와 해설

The Psychotherapy of Carl Rogers: Cases and Commentary
by Barry A. Farber, Ph.D., Debora C. Brink, Ph.D.
and Patricia M. Raskin, Ph.D.

칼 로저스의 심리치료

| 사례와 해설 |

Barry A. Farber
Debora C. Brink
Patricia M. Raskin 공편
주은선 역

학지사

역 • 자 • 서 • 문

"내가 나 다울 수 있는 세상을 희망한다."

이 책은 'The Psychotherapy of Carl Rogers: Cases and Commentary'를 번역한 것으로 로저스가 직접 상담한 10개의 상담 사례의 녹취를 제공한다. 더불어 인간 중심 접근으로 이를 해설하고 또 다른 다양한 접근의 전문가들이 이를 해설한 내용을 담고 있다. 인간 중심 상담에 관심을 가지고 있는 많은 사람이 '상담 회기 중 인간 중심 상담을 어떻게 구체적으로 적용시켜야 하는가'에 대한 궁금증이 많은데, 이 책은 그러한 궁금증을 어느 정도 해소해 주리라 기대한다.

얼마 전까지 한국에서는 웰빙(well-being)이 열풍이었다가 이제는 '행복(happiness)'이 화두인 듯하다. 2016년 3월에 나온 「유엔 행복보고서」를 보면 한국의 행복지수는 조사 대상 157개 나라 가운데 58위이고, 한 스웨덴 리서치 기업이 57개 나라의 직장인 20만 명을 대상으로 행복지수를 조사했더니, 한국은 하위권인 49위였다. 더욱이 경제협력개발기구(OECD) 회원국 중 한국이 자살률 1위라는 통계 결과는 우리를 슬프게 한다. 물론 통계치가 얼마나 현실을 설명해 주는지에 대한 논란의 여지도 있겠지만 역자가 안타깝게 느끼는 것은 세계 어디를 가 보아도 한국인들처럼 열심히 최선을 다해 살아가는 국민도 흔치 않은데 우리는 행복하다고 느끼지 못하다는 것이다. 우리는 끊임없이 무언가를 열심히 하는 데(doing), 이는 행복감으로 연결이 되지 않는다. 역자는 그 이유를 존재함(being)에서 단서를 찾고자 한다. 즉, 행하는 것이 존재함을 보장해 주지 못한다는 것이다.

행복에 관해서는 여러 정의가 있겠지만 이는 다분히 개인의 주관적인 경험이고 행복이 중요한 이유는 인간을 인간답게 만들어 주기 때문이 아닌가 생각한다. 심리학자 매슬로(Maslow)에 의하면 행복은 인간의 기본적인 두 가지 욕구, 즉 생존과 안전이 채워진 이후에 추구되는 인간의 궁극적 가치라는 것이다. 기본적인 욕구를 넘어선 가치가 행복이고 자신이 가장 자신다움을 느낄 때, 즉 자기답게 존재할 때 행복감을 느끼는 것이 아닌가 생각한다.

역자는 인간이 좀 더 자신이 자신답도록 도와줄 수 있는 심리적 접근 중에서 다분히 인간 중심 접근을 꼽고 싶다. 로저스는 사람들의 궁극적인 목적은 "진정한 자기 자신이 되는 것(To be that self which one truly in)" 이라고 보았다. 동양 사상에 관심이 많았던 로저스는 2500년 전 노자가 말한 무위(wu-wei)를 강조하였고 "우리가 할 수 있는 것은 존재하는 것이다(the way to do is to be)"를 종종 인용하였다. 이런 맥락에서 지금 우리에게 필요한 것은 무언가를 자꾸 하려고 하기 보다는 멈추고(pause), 자신이 누구인지 자기 안을 들여다보고, 그리고 그런 자신이 될 수 있도록 받아 주는 외부 환경이 절실히 필요하다고 볼 수 있다. 인간 중심 상담에서는 상담자의 진솔성, 무조전적인 긍정적 수용, 공감적 이해를 통해 내담자가 '서서히 드러나는 자아'를 경험할 수 있다고 본다.

인간 중심 상담을 공부하고 싶다면 다음의 순서를 권하고 싶다. 먼저 로저스가 1961년도에 저술한 『On Becoming a Person-A Therapist's View of Psychotherapy』를 번역한 『진정한 사람되기-칼 로저스 상담의 원리와 실제』(학지사, 2009)를 보길

권한다. 이 책은 로저스의 대표 저서로 그의 진솔한 설명으로 인간 중심의 기본기를 다질 수 있다.

다음은 이 책에서 뽑은 역자가 좋아하는 인용구다.

> 이 책은 각 심리치료자들의 상담실을 가득 채우고 있는 고통과 희망, 불안감과 만족감에 관한 것이다. 각 치료자들이 내담자와 맺고 있는 독특한 관계에 관한 것이고, 또한 이 모든 관계에서 공통적으로 발견할 수 있는 것에 대한 내용이다. 이 책은 우리 모두에게 해당되는 매우 개인적인 경험에 관한 것이다. 내 상담실 책상 모퉁이에 앉아 자신이 되고자 고군분투했지만 진짜 자신이 되는 것을 끔찍이도 무서워하는—자신이 겪은 것을 그대로 인정하고자 노력하고 그 경험을 자기 것으로 하고자 하지만 그런 일이 정작 이루어진다면 두려워하는—내담자에 관한 것이다(p. 16).

이렇게 앞의 책으로 인간 중심 공부를 시작해서 인간 중심에 대한 기본 이론을 익혔다면 인간 중심 상담이 어떻게 현장에 접목이 되는가를 배울 수 있는 책으로 『Person-Centered Counseling in Action』을 번역한 『인간 중심 상담의 임상적 적용』(학지사, 2012)을 권하고 싶다. 이 책에서는 특히 상담자와 내담자가 어떻게 깊이 있는 관계를 맺고, 이것이 총체적이며 어떻게 치유적인가를 설명하는 것이 인상적이다.

> 사실, 깊이 있는 관계(relational depth)를 핵심조건과 같은 하위 변수로 분리하는 것은 다소 잘못된 것이다. 깊이 있는 관계는 이러한 부분의 합보다 더 큰 것이다. 내담자가 완전히 받아들여지는 느낌과 함께 상담자의 공감의 힘을 경험할 때(내담자가 무엇을 표현하든), 그리고 이런 공감이 단순한 역할이 아닌 상담자의 자아와 완전히 일치함을 깨달을 때, 그런 복잡한 현상의 힘은 분리된 조건의 어떤 부분적인 경험보다 훨씬 더 크다(p. 121).

앞의 두 책을 접한 후에는 이번에 출간하게 된 『칼 로저스의 심리치료: 사례와 해설』을 보면 로저스가 상담 장면 안에서 직접적으로 어떻게 내담자와 함께 했는지를 알 수 있을 것이다. 로저스는 열 개의 사례 모두 다른 시기에 다양한 장면에서 상담하게 되는데, 진정한 내담자 중심으로 로저스 자신이 자신으로 있는 그대로 있으면서 어떻게 적절하게 내담자와 함께 현존(presence)하는 것을 보게 되는데, 이는 경이롭기까지 하다. 각각의 반응을 보는 것도 중요하지만 전체적으로 로저스가 어떻게 내담자와 함께하려 했는지, 또 하고 있는지를 중점으로 보면 좋을 듯하다. 오직 글로만 전할 수 있는 책의 한계가 안타까울 뿐이다.

많이 부족하지만 역자는 몇 권의 역서를 낸 바가 있다. 그중에서도 다분히 이 책은 많은 시간과 노력이 들어갔고, 그 가장 큰 이유는 상담 사례의 녹취라는 특성 때문이다. 미묘한 언어 진술 및 반응 등을 역자의 능력 부족으로 충분히 전달하지 못한 것이 많이 아쉽고, 독자의 넓은 이해와 아량을 구한다. 이 책이 나오기까지 인내하고 지원해 주신 학지사의 김진환 대표님께 감사함을 전하고 김순호 편집장님과 덕성여자대학교의 임상 및 상담심리전공자들은 물론 가족에게도 고마움을 전하고 싶다.

끝으로, 2011년도에 캘리포니아에서 만난 로저스의 딸인 나탈리 로저스와의 대화가 기억이 난다. 그는 인간 중심 표현예술치료자로 활동하고 있었는데, 아버지의 작업(work)이 한국에서도 빛나길 바라고 이에 기여하고 있는 역자에게 고맙다고 하였다. 역자는 이에 "내가 나 다울 수 있는 세상을 희망한다." 고 말하고 이를 위해 노력하겠다고 다짐한 것이 생각난다.

〈로저스의 딸인 나탈리 로저스와 함께〉

2017년 5월

역자 주은선

서•문

칼 로저스(Carl Ransom Rogers)의 작품은 풍부하고 다양하다. 1939년에 첫 번째 작품을 출판한 시점부터 1987년 세상을 떠날 때까지 그의 아이디어는 지속적으로 변화되고 확장되었다. 여러 해를 거쳐 그는 자신의 중심 주제인 관계의 의미와 응용의 범위 확장에 항상 충실했다. 심리치료의 일대일 관계에서 그는 자신의 아이디어를 소그룹에 적용하는 데 첫 번째 관심을 가졌고, 후에 더 큰 그룹에도 관심을 가졌다. 그는 교육과 친밀한 협력 관계의 맥락에서 관계에 대해 썼지만, 최종적으로는 인종적 긴장이나 국제 분쟁 해결에 그것을 확장시켰다. 인생의 마지막 10년 동안 그는 전 세계적으로 영향력을 확장했고, 유럽과 라틴 아메리카뿐만 아니라 일본, 남아프리카, 소련에서도 그를 초청하였다. 인생의 끝자락 즈음에 그는 세계 평화를 위해 전적으로 헌신하였다.

칼 로저스는 용기 있는 사람이었다. 오직 치료자의 설명만을 통해 알 수 있었던 심리치료 회기에서 일어난 일을 그는 녹음된 인터뷰를 녹취하고 출판함으로써 비밀의 금기를 깼다. 그렇게 함으로써 그는 심리치료를 가르치기 위해 가장 가치 있는 방법 중 하나를 우리에게 소개하였고 친구나 적의 정밀 조사라는 현미경 아래에 자신을 두었다.

이 책은 그러한 검토를 제공하고 있다. 각 해설자는 그의 작품이 효과적이고 성공적으로 만들어졌지만 완전한 이해를 구하고 로저스의 작품을 분석하기 위해 초대되었다. 해설자들은 자신의 인식의 편견 및 이론적 틀의 렌즈를 통해 로저스의 작품을 재검토했다. 그러나 정밀한 분석은 위험이 따른다. 한 부분을 좀 더 면밀히 들여

다보기 위해 전체 맥락이 희생되었을 수 있다. 부분이 문맥에서 떨어져 나와 본래의 것과는 다른 의미를 주는 결과를 초래했을 수도 있다. 본 사례는 해설자의 생각과 그들의 견해를 반영하는 것들로서 다소 균형에 맞지 않게 치우쳐 선별되었을 수 있다. 그러므로 로저스의 사례에 대한 논평을 읽을 때 토론자들의 선별적 관점에 대한 것을 염두에 두어야 한다. 이상적으로는 이 작품에서 얻게 되는 다양한 의견과 판단, 관점들이 어떤 독자들에게는 자신들만의 결론을 낼 수 있도록 자극이 되길 바란다.

또 한 가지 명심해야 할 것은 이 녹취록이 심리치료 연구의 수단으로서의 가치가 있는 것인 만큼 상담 치료자의 작업에 대한 중요 측면은 결여되어 있을 수 있다. 그가 무엇을 말했는가 또는 그가 무엇을 했는가가 차이를 만든 것이 아니라 그가 어떻게 말을 했는가와 내담자를 대하던 그의 방식이 차이를 만들었다.

이 책에 선택된 사례들은 다른 맥락(상황)에서의 로저스를 보여 준다. 11개월간 일주일에 두 번 로저스를 만나 온 짐 브라운(Jim Brown)의 사례와 같이 어떤 부분은 심리치료 진행 과정의 한 부분이다. 하지만 사례 대부분은 카메라 앞에서 시행되었거나 워크숍 교육용의 30분 정도에 불과한 시연용 상담이었다. 아마 우리는 그런 짧은 상담이 정말 로저스의 스타일을 반영하는지, 또 그것이 상담을 받는 사람에게 어떤 도움이라도 주는지에 대해 질문할 수 있을 것이다. 로저스는 이 질문에 대해 오래전에 대답한 바 있다. 그의 생각을 처음으로 소개했던 1942년 상담과 심리치료 저서 『Counseling and Psychotherapy』에 그는 비록 짧은 시간일지라도 명료화 하기 유형은 분명한 도움을 줄 수 있다고 언급하였다. "우리는 내담자가 그의 문제와 감정을 자유롭게 표현하고, 그가 당면한 문제들에 더 명료한 인식을 남길 수 있도록 도와줄 수 있습니다." 이것이 바로 로저스가 시연 상담에서 했던 것이다.

이 책의 사례들은 긴 시간에 걸쳐 진행되었다. 이 책에서 채택된 몇몇 사례들은 1940년대, 1950년대에 실시된 상담이다(예: 짐 브라운, 메리 제인 틸덴의 사례). 1960년대에서 1970년대까지 로저스가 집단상담 작업에 몰두해 있었기 때문에 개인상담 작업은 아주 적었다는 것에도 주목할 만하다. 그것은 로저스가 체계적으로 워크숍 도중에 상담 시연을 하기 시작한 1976년, 오레곤 주에서의 인간 중심 워크숍 도중 집단으로 상담을 받은 실비아 다음부터였다. 그는 항상 내담자를 선택하는 데 신중했고, 반드시 내담자가 추후 도움이 필요할 경우에 다른 심리치료사가 도울 수 있도록 하였다. 1963년 로저스가 캘리포니아로 옮긴 후, 그에 의한 장기 심리치료 기록은 하나도 없다. 우리가 가지고 있는 것은 대부분 이 많은 상담 시연 사례뿐이다. 로저스가 생애 마지막 20년 동안 어떻게 장기 상담을 했는지 알 수 없다는 것은 불행한 일이다. 이 점과 관련하여 우리는 로저스의 데모 인터뷰(demonstration interviews)가 그의 '개인적인' 심리치료를 얼마나 반영하고 있는지에 대해서 의문을 가질 수 있다. 내 인상은 상담자의 내담자와 첫 접촉은 그들이 더 깊은 관계를 형성하고 났을 때 치료에서 훨씬 후에 접촉한 것과 두드러지게 다르다는 것이다〔이 주제에 대해서는 래스킨(Patricia M. Raskin)의 코멘터리 개관(Introductory Comments)에 섹션 II를 참조하라.〕

이 책의 논평과 비평은 칼 로저스의 업적에 대해 결정적인 해답을 제공하지 않을

지도 모르나, 새로운 질문을 제기할 수 있다. 만일 이 책이 우리에게 사고의 양식이 되고 치료자로서, 그리고 이 지구의 시민으로서 다른 사람의 복지에 기여할 수 있도록 영감을 불어넣어 준다면 우리는 칼 로저스의 유산으로 정의를 구현하는 것이 될 것이다.

마리아 빌라스-보아스 보웬

Maria Villas-Boas Bowen

참고문헌

Rogers, C. R. (1942). *Counseling and psychotherapy*. Boston: Houghton Mifflin.

차 • 례

개관

Barry A. Farber

이 책을 쓴 목적은 두 가지다. 첫째, 미국에서 가장 저명하고 영향력 있는 심리학자 중 한 명인 칼 랜섬 로저스(Carl Ransom Rogers, 1902~1987)가 실시한 상담 사례들을 보여 주고, 둘째는 이 회기들에 관심을 가진 정신병리학자들의 논평을 함께 제공하는 것이다.

전형적으로 심리치료에 관한 책들은 기술 중심적이고, 각 기술의 관점만 짧게 묘사한다. 한 상담자의 상담 회기들을 한 권에 담아 다양하게 제시하는 것은 드물다. 이 책은 로저스가 실시한 상담 회기들을 연구할 수 있는 기회를 독자들에게 제공한다. 이들 회기 중 여덟 가지는[1] 전체 회기를 그대로 옮겨와 다양한 이론적 신념을 가지고 있는 치료자들의 토론을 함께 보여 준다. 이 책의 전반부는 로저스의 다섯 가지 사례를 보면서 내담자 중심 상담자들이 해설한 것을 다루고 있다. 후반부에는 다

1. 우리는 글로리아의 사례와 '분노와 상처'에 대한 사례 전부를 옮기는 것은 허가받지 못했다.

섯 가지 사례를 추가로 함께 보면서 내담자 중심 상담자와 견해가 다른 상담자 양측의 해설을 각각 담고 있다. 이 책은 상담 회기가 담겨 있는 비디오테이프를 통해 사례 회기를 보면서 회기의 장점과 약점, 이론적 가정, 불일치되는 점과 주요 특징을 보여 준다. 우리는 로저스와의 대화를 통해 다른 관점을 가진 연구자들이 로저스의 사례들을 읽고 감사한 마음을 가질 것이라고 예상한다. 따라서 이 책에서 제공되는 논평은 로저스가 심리학 분야에 광범위하게 기여한 것을 밝히는 동시에 로저스에 대한 존경심을 불러일으킬 것이다.

칼 로저스의 연구는 한 사례의 시작과 종결에 대한 그의 지식(1964년에 로저스, 프리츠 펄스 그리고 알버트 엘리스와 함께 연속적으로 임상적 인터뷰를 했던 글로리아의 사례) 혹은 기술적 측면이 단순하다는 것(내담자의 느낌을 반영)으로 인해 종종 상투적이라는 오해를 받는다. 사실 로저스는 동시대 많은 사람이 자신의 연구를 잘못 해석하는 것에 대해 좌절했었는데, 특히 그의 연구가 너무 단순하고 고지식하다는 인식 때문에 답답해하기도 하였다. 그는 '내 글이 비교적 명백하고 분명하다고 해서 글을 이해하기 어렵게 쓴 사람의 것보다 나의 생각이 덜 복합적이고 심오하지 않다는 것을 뜻하는 것은 아니다.'라고 표현하기도 하였다(개인적 대화, 1986년 5월). 그 이후, 이 책의 편집자 중 한 사람(Debora C. Brink)이 로저스가 실시했던 내담자 중심 치료가 정서적 반영 이상의 것을 내포하고 있다는 것을 입증하기 위해 치료 사례 자료를 모으자고 제안하였다. 이 제안을 받아들인 로저스는 책에 포함될 사례 목록을 만들었고, 이 목록은 조교인 벨라리 헨덜슨(Valerie Henderson)이 로저스의 논문 중에서 정리하였다. 브링크(Brink)와 나는 1986년 그가 모교 교수들에게 존경을 받고 본 대학의 명예 훈장을 수여받을 당시, 로저스와 이 프로젝트에 대해 토론할 기회가 있었다. 1년 뒤 로저스 사망 당시, 이 사례집은 교육대학장이었던 마이클 팀페인이 정말 원했는데, 그 이유는 대학의 위상을 위해 우수한 졸업생 중 존경할 만한 대상을 찾고 있었기 때문이다. 이를 위해 대학에서는 이 책에 많은 사례를 담기 위해 초기 기금을 마련하기도 하였다.

이 책에 소개하는 열 가지 사례의 내용은 다양하다. 여기에는 1946년(메리 제인 틸덴의 사례)에서부터 1986년(메리와 루이즈의 사례)에 이르기까지 로저스가 연구한 것들이 포함되어 있다. 더불어 그가 연구했던 내담자들도 정신분열증 환자들(로레타와 짐 브라운의 사례)부터 정상 기능을 수행하나 임상심리학자들과 갈등이 있었던 경우(마크의 사례)에 이르기까지 매우 넓고 다양하다. 이들 내담자 중 두 명은 병원에서(로레타와 짐 브라운의 사례), 나머지는 대학 상담소(메리 제인 틸덴의 사례)나 촬영(Film series)을 통해(글로리아의 사례) 그리고 주말 워크숍 사례에서(질, 메리, 루이즈, 실비아, 마크의 사례) 그리고 '근접'(청중이 없는) 촬영 회기들을 통해 이루어졌다. 몇몇 회기에서 로저스는 지속적으로 공감하고 있으며(로레타), 또 다른 경우는 계속 질문하고 해석하며 자신의 감정을 있는 그대로 표현하며 진행하고 있다(질, 루이즈의 사례). 40년 가까이 이루어진 자료 수집을 통해 로저스가 세심하게 존중하며 듣는 자세를 유지하는 것과 수십 년 동안 그의 반응 목록이 다양해진 것을 볼 수 있다. 마리아 빌라스-보아스 보웬(Maria Villas-Boas Bowen)은 질의 사례에 관한 토론에서 로저스가 점점 해석, 은유, 유머 그리고 지시하는 것까지도 편안하게 하는 것을 지적한 바 있다.

우리는 로저스의 공헌이 여전히 정신분석적 측면뿐 아니라, 학술 전반(특히 임상심리 부분)에 통용되지는 않더라도, 과거 10년간 그의 연구에 대한 관심이 계속해서 있어 왔음을 알고 있다. 다른 발표된 연구 중에서도 잘 쓰인 짧은 전기(Thorne, 1992), 그가 쓴 문집(Kirschenbaum & Henderson, 1989b), 유명한 심리학자들, 교육자들, 철학자들과 함께 문답을 한 문집(Kirschenbaum & Henderson, 1989a) 그리고 로저스의 연구와 하인즈 코헛(Heinz Kohut)과 같은 정신분석학자들의 연구에서 개념적 상관관계를 입증한 여러 논문(예: Kahn, 1985, 1989)이 있었다. 그러나 이와 같은 자료 중 어떤 것도 심리치료 방식으로 잘 알려진 로저스의 연구적 관점에 직접적으로 접근하지는 못한다. 로저스가 집단치료, 심리치료 연구 그리고 갈등 관계 해결과 같은 영역에서 유의미한 기여를 하였다 해도 그가 준 가장 뜻깊은 유산은 그의 인간 중심적인 철학[2]을 바탕으로 '내담자 중심 치료'를 이끌어 낸 점일 것이다.

이 책의 독특한 점은 로저스의 치료 사례에 초점을 맞추었다는 것(이전에 발표되지 않은 것을 포함하고 있음)으로 로저스의 이전 책들과는 다음과 같은 점에서 구별된다. 이 책의 작가들은 내담자 중심 혹은 인간 중심 모델을 충실히 따르는 사람들(로저스를 알고 연구했던 모든 사람)뿐 아니라 정신분석, 인지-행동, 게슈탈트, 심리치료의 체험적이고 영성적인 모델을 받아들인 사람들을 포함한 실습자에 이르기까지 다양한 계층을 포함하고 있다. 이 책에서 그들의 논평은 내담자 중심 치료와 다른 정신치료적 접근 사이의 공통점과 차이점을 함께 제공한다. 여기에서 로저스 연구의 비평은 로저스 모델의 장점과 단점을 현실적으로 다루고 있다. 또한 이 책이 기여한 것은 어조와 내용 면에서 폭넓고 다양하다는 점이다. 특히 여성의 시각에서 본 분석(Maureen O'Hara)에서부터 문어적 논평(Robert E. Dingman)을 원문 그대로 해석하고 있다. 이런 다양한 해석은 로저스의 개인적 접근을 이해하는 매우 창의적인 방법이라 할 수 있겠다.

이 사례들을 살펴볼 때, 가장 중요한 부분은 로저스가 처음 보는 내담자들과도 놀라운 상호작용을 한다는 것이다. 내담자와 거리를 두는 전형적인 관찰자의 분석적 개념과 달리 로저스는 적극적인 청자로서 가장 이상적인 모습을 보인다. 내담자 세계(내담자의 감정, 사고, 두려움, 갈등)의 특성을 이해하고자 하는 그의 관심은 정신분열증적인 특성을 가지고 있는 내담자일지라도 깊이 나타난다. 그의 공감적 반응은 인지적, 정서적 그리고 영적 수준을 모두 포함하는 것으로 보인다. 비록 단순하다

2. 기본적으로, 로저스의 치료적 접근은 '비지시적 치료'라는 용어로 사용되었다. 이후에 이것은 '내담자 중심 치료'가 되었고 지금도 이 용어는 지속적으로 쓰이며 '인간 중심 치료'로도 사용된다. 로저스가 1979년에 설명한 것에 의하면, '인간 중심'이라는 용어는 내담자 중심 활동의 범위가 상담과 정신건강 범위를 넘어섰을 경우를 반영하여 적용되었다. 레반(Levant)과 쉴린(Schlien, 1984)이 주목했듯이 "이는 더 넓은 영역의 사람들이 이에 대한 중요성을 더 많이 인식하고 있는데, 극소수만 이들을 '내담자-탐색 치료'로 정의하고 있다." (p. 14)

할지라도 그의 언어 선택은 내담자를 세심히 배려하고, 내담자의 순간적인 정서적 톤에 민감하게 반응해 준다. 물론 비디오테이프에는 이런 특성이 잘 나타나지만 그의 목소리와 몸 동작을 축어록 회기에서 전달할 수가 없다. 하지만 회기를 통해 어떻게 시간을 공유하며 개인의 느낌에 다가가고 몰입하는지는 알 수 있다. 환자의 역동에 대한 지적 이해와 함께 공감이 더해지면서 로저스는 마음과 영혼 모두를 담는 임상적 자세(태도)를 개척하였다.

1940~1950년대에 심리치료는 대부분 정신분석이 주를 이루었는데, 그것은 삶에 대한 갈등이 녹아 있는 비관적 관점 때문이었다. 우선 프로이트가 생각했던 정신분석은 신경학적 고통이 전체의 불행감으로 변화한다는 것이었다. 그 당시의 정신분석적 치료에 따르면, 성격은 비이성적인 원초아에 의해 지배되고, 개인은 무거운 환경적 압박에 의해 사회화되며, 개인의 해방은 내재되어 있는 초자아의 영향을 받지 않고 그들의 원초적 본능(성 그리고 공격성)을 표현할 때 경험한다. 아이러니하게도 프로이트 개인은 종교를 거절했지만 그는 원죄 가설을 세속화시켜 말하고 있다. 이는 그가 내적으로 원초아의 파괴력을 믿고 있었기 때문이다. 제2차 세계대전 후반에 여러 사회과학자의 주된 연구 작업은 원초아의 파괴력에 대한 프로이트의 사고를 확고히 하기 위한 것이었다. 이 중 로렌츠(Lorenz, 1963)는 인간의 적대감과 공격성은 유전적인 것이며, 이것이 본능으로 표출되는 것임을 입증하려 했다.

정신분석 치료의 초기 모형은 지시적이었고, 치료자는 방 안에 있는 전문가였다. 치료자 대부분은 자기 자신이 전능하고 박식하다는 신념을 유지하면서 그 당시 유명한 의학 교수들과 동등한 지위를 누렸다. 독점적인 지위를 보장하는 지식은 치료자에게 내담자가 어떻게 최선을 다해 자신의 삶을 살아가야 하는지를 알게 하지 못했으며, 치료자는 점점 내담자의 감정에서도 멀어졌다. 정신분석을 받은 내담자는 치료를 받는 동안 종종 어떤 주요한 결정—예를 들어, 결혼을 하는 것이나 아이를 가지는 것—을 내리지 못하고 희망을 잃었다.

정신분석이 주도하는 세상에 어떻게 인간 중심 심리학이 나타나게 되었을까? 존듀이의 진보적인 철학, 종교 그리고 교육적 이상, 예를 들어 인간적 체험, 종교적 태도의 삶, 아동이 스스로 배워 나아가야 할 것을 알고 있는 내적 능력을 강조한 점은 정신분석과는 정반대되는 자세다. 더불어 스스로 자기 조절과 자기 회복을 할 수 있는 능력이 있음을 입증하는 생리학에 대한 관찰은 정신분석학적 입장에 대한 또 다른 도전이었다. 골드스타인(Goldstein)이 쓴 『유기체(The Organism)』는 에이브러햄 매슬로(Abraham Maslow), 안드라스 앙갈(Andras Angyal) 그리고 밀톤 에릭슨(Milton Erickson)[3]과 같은 저명한 심리학자들의 연구뿐만 아니라 로저스의 연구에도 영향을 끼치면서 이 분야에 큰 공헌을 하였다. 로저스는 이전 정신분석의 이론적 가치와 접근과는 다른 정신 요법 구조를 발달시키기 위해 자신의 이론적 배경에 내담자들을 연구한 것(특히 1940년에 로체스터의 아동가이던스센터에서) 그리고 카렌 호나이(Karen Horney)와 오토 랑크(Otto Rank, 특히 자기 탐지 능력을 가지고 있는 개인에 대한 랑크의 개념)와 같은 정신분석학자들의 생각을 반영하여 미국의 새로운 동향을 이끌었다. 내담자(환자가 아닌)들이 변화 가능한 원천적 능력을 가지고 있음을 인정하면서 로저스와 동료들은 개인의 성장을 촉진시키는 데 있어 비지시적이고, 동등하며, 내담자 중심적인 태도를 적용하였다. 실제로 이것은 치료자가 치료의 방향을 내담자에게 맡기는 부분을 의미하며, 상담 안에서 과거보다는 현재를, 사고보다는 감정을, 상담자의 역량보다는 내담자의 자원을, 병리보다는 잠재성을, 인지적이고 기술적인 체험보

3. 최근에 많은 연구자는 기존의 정신분석에 대해 비관적인 시선을 가지고 있어서 인간 본연의 자연적 세계에 더욱 주목하게 되었다고 보았다. 예를 들어, 『끝나지 않은 세계(The Unfinished Universe)』를 쓴 루이스 영(Louis Young, 1986)은 '전체를 만들어 가는 것'은 물리적인 세계에 대한 본질적인 고유의 경향성이라고 지적했다. 이 조건들을 선호하게 되자 문제에 작은 조합은 자연스럽게 타인을 끌어들이게 되고 더 큰 전체의 형태로 함께 가게 된다(예: 양자 형태를 합쳐 놓은 쿼크). 그래서 외부 충격에 붕괴될 때, 자기 유지 그리고 자기 회복을 통해 정신적으로 안정을 기할 수 있다는 것이다. 이와 동일하게, 슈무크러(Schmookler, 1988)는 발달 과정에 주목하는 경향성은 "더 많은 조화를 이루어서 더 큰 전체를 만든다."라는 개념을 만들어 내는 인류학적 시각에서 나온 것이라고 논쟁했다(p. 305). 문명의 파괴적인 폭력성은 전체의 더 큰 과정의 '전래가 없던 파괴력'(p. 308)을 가진 최근의 일탈로 비춰진다.

다는 긍정적인 인간 개인의 체험을 제공하는 치료적 관계 능력을 더욱 강조하고 있다. 개인의 문제를 이해하고 재조정할 수 있는 개인의 능력에 대한 로저스의 신념은 이 새로운 상담의 핵심이었다. 의심의 여지 없이 개인이 건강한 방향으로 변화될 것이라는 그의 신념은 그 변화를 촉진시키고 강화시켰다. 그는 상담자가 내담자보다 내담자의 기능을 더 잘 알 수 없다는 것을 주장하며 내담자의 내적 세계를 추정하는 이론적 모델을 가지고 있는 치료자들을 비판하였다.

로저스의 첫 번째 책인 『문제 아동에 대한 임상적 치료(The Clinical Treatment of the Problem Child)』는 1939년에 발간되었지만, 그의 내담자 중심 상담의 핵심은 1942년에 발간된 두 번째 책, 『상담과 심리치료(Counseling and psychotherapy)』에 담겨 있다. 로저스는 이 책에서 '내담자(client)'라는 용어를 처음 사용하였는데, 이 책은 심리치료 사례를 충분히 담고 있다. 이 대단한 책에 대한 다양한 반응은 로저스가 받게 될 대접을 예상하게 했다. "이 책은 마음을 끌어당기는 그 무엇을 발견한 사람들이 있었고, 오하이오 주립대학교의 많은 졸업생에게는 종종 '성서(읽어야 할 고전)'로 불리기도 하였다. 그러나 이것은 좀 더 규모 있는 심리학계에는 충격을 주지 못했고 실제로 주요 전문 저널에 실리지 못했다." (Thorne, 1992, p. 13)

로저스가 인간 중심 심리치료를 처음으로 채택한 것은 아니다. 1930년대에 랑크(Rank)는 창의성, 개인의 독특성, 자기 지시성 그리고 인간적 성장을 강조하는 치료 형태를 묘사하였다('의지 치료', will therapy). 그러나 로저스는 처음으로 이 새로운 형태에 대해 치료의 가능성을 명확히 보고 정신분석적 용어가 아닌 전혀 다른 용어를 사용하였다. 사실 모든 이론이 그렇듯 로저스의 연구가 아주 독특하지는 않지만, 그의 연구는 인간의 성장과 실현의 가능성을 두고 삶의 관점에 좀 더 초점을 맞추고 있다. 이는 제2차 세계대전 전후에 미국이 지녔던 가치와 열망과 놀랍게 일치하는 것이었다. 내담자 중심 치료의 원래 특성은 프로이트의 관점과는 구별되는데, 로저스는 기본적으로 개인을 이성적이고, 반응적 · 실제적이며 성장에 기반을 두고 생각했다. 프로이트는 삶(eros)과 죽음 본능(thanatos) 양쪽 모두를 가정했다. 대신에 로저스는 매슬로와 함께 개인은 '잠재성을 실현하는 것', 즉 그들의 잠재성을 충족시키기 위해 창의적으로 움직일 수 있다고 제시했다.

삶의 끝자락이었던 1985년 12월에 그는 피닉스에서 열린 심리치료발전회의(The Evolution of Psychotherapy Conference)에서 자신의 연구가 인간 특성에 너무 긍정적인 측면만 있다는 많은 비평에 대해 다음과 같이 언급했다.

> 나는 확실히 모든 악 그리고 끔찍하게 무책임한 폭력이 행해지고 있다는 것을 알고 있다. ……(중략)…… 나는 우리의 본성에서 악하고 어두운 부분을 충분히 강조하고 있지 않다고 생각할 때도 있다. 나는 인간이 좀 더 사회적이고 조화롭고 긍정적인 가치에 대한 희망을 가지고 있다고 생각하였고, 내담자를 치료하면서 이를 발견하게 되었다. 세상에는 많은 종류의 악이 있지만 나는 동물이 악하다고 믿지 않는 것처럼 인간도 선천적으로 악하지 않다고 믿는다(Zeig, 1987, p. 202에서 인용).

로저스에 의하면, 변화와 성장의 기본 과정은 치료자들이 내담자가 자기 탐색을 할 수 있도록 안정적인 분위기를 제공할 때 촉진된다. 그와 같은 분위기는 치료자가 자신의 역할 뒤로 숨기보다는 있는 그대로 경험하고 받아들일 때 형성된다. 근래 보고된 것에 의하면, 내담자의 신념이나 행동을 받아들일 수는 없어도 공감하고자 하는 자기 인식을 통해 내담자는 긍정적 존중감을 경험하게 된다는 것이다. 이런 관계가 형성되면 내담자는 민감하게 자기 신발을 신고 걸어가는 것처럼 내적 세계와 조율하게 된다. 로저스(1957)는 성격 변화를 위한 '필요충분조건'이 있음을 주장했다. 치료자가 돌봄과 이해를 바탕으로 내담자의 실제를 경험할 때, 의미 있고 지속적인 변화가 일어날 수 있다.

불확실한 연구적 발견임에도 불구하고(Watson, 1984) 치료 조건(필요충분조건)에 대한 로저스의 기술은 이 분야에 현저한 영향을 미쳤다. 이 이론은 심리치료 안에서 효과적인 요소들에 관련하여 하나의 변화된 시각을 제시하였다. 연구의 기술적 관점을 강조하는 기본적인 정신분석적 관점과는 달리 로저스의 공식은 '관계' 그 자체가 변화였고, 과거 20년간 이어져 온 심리치료 연구 결과에서 반복적으로 이어져 왔다. 즉, 치료적 관계의 질적 측면에 대한 환자의 인식(때때로 치료적 동맹으로 조직화된)이 유의미하게 임상 결과와 정적 상관관계가 있다는 연구가 끊임없이 발견되었다.

1960년대 정신분석과 행동치료에서 대다수의 지지자는 본인의 접근 외의 다른 접근이 진실된 치료가 무엇인지를 보여 주는 데 부족하다고 확신했다. 즉, 정신분석가들은 행동치료가 내담자들에게 단지 우연히 공포 체험을 둔감화시킨 정도를 연구했다고 제시했다. 이와 반대로 행동치료자들은 정신분석이 의도하지 않게 해석, 통찰력을 제공하고 심지어 내담자들에게 새로운 것을 선택할 자유를 주고, 적응적 행동을 더 많이 할 수 있도록 하는 '교정적 정서 체험'을 제공하였다고 주장했다. 그러나 이를 다시 돌아보면, 양쪽 모두 모든 정신 요법적 접근 중에 가장 치료에 도움되는 것이 무엇인지에 대해서는 간과하고 있다. 이는 좋은 관계를 형성하기 위한 준비, 로저스의 촉진적 관계, 즉 진실성, 긍정적 관계, 공감과 같은 요소와 관련된 기술을 내담자 중심 치료적인 요소로 자격을 부여하거나 정확하게 바로잡을 필요가 있다. 연구에 의하면 성별, 연령, 문화, 진단 그리고 이전 치료과정을 포함한 많은 내담자와 치료자 변인의 기능과 같은 특정 요소들이 효과적인 치료적 관계를 잘 예측한다고 밝히고 있다. 이렇게 로저스가 관계에 대해 계속해서 강조한 점은 현재 심리치료의 모든 치료적 접근에서 받아들이고 있다.

예를 들어, 과거 20년 동안 우위에 있었던 정신분석학적 접근—대상 관계—은 충동(drive)에서부터 관계(relationships)에 대한 분석적 연구로 옮겨졌다. 이 접근에 대한 기본 가설은 심리학적 불안에 대한 원인과 내담자의 대인 관계의 특성을 이해하여 치료하는 의미 모두를 포함하고 있다(반면, 정신분석은 항상 전이를 바탕으로 한 내담자-치료자 관계 그리고 이런 관계 속에서 분석자의 역할—비어 있는 화면—을 강조하는 것이었다. 이는 로저스가 관계에 대해 내담자를 이해하는 것과는 달리 내담자를 치료하기 위해 '내담자'의 환경적 조건을 촉진하고 제공하는 것으로서 내담자는 로저스가 말한 관계에서 매우 멀어진 것이다). 그러나 치료적 관계에 대해서는 서로 관점이 다르다. 예를 들어, 코헛이 주장한 자아심리학에서 치료자는 내담자에게 '자기 대상물(selfobject)'로서 기능할 필요가 있다고 보고한다. 해리 스택 설리반(Harry Stack Sullivan)이 명료화한 대상 관계 모델에서는 방 안에 있는 두 참여자 사이에서 일어나는 기본적인 관계에 대한 느낌에 초점을 맞춘다. 이러한 관점들은 각각의 접근들 사이에서 중복되는 본질을 분명하게 하며, 대부분은 똑같은 기본 개념을 가지고 있는 것 같다. 즉, "나쁜 대상물에 대한 내재화가 병을 만들고, 치료자가 '좋은 대상물'이 되어 주는 것이 성공적인 치료가 된다는 것이다(Strupp, 1978, p. 315)."

치료 관계를 위한 기술을 강조함으로써 치료의 핵심에 중요한 변화를 이끌어낸 개척자였던 로저스에 대한 신뢰는 현저히 부족했다. 앞에서 보았듯이 학계와 임상심리학회의 큰 분과에 의해 로저스 연구가 집중적으로 이루어지긴 하였으나, 이 중 몇몇은 강등되거나 거의 해산되는 양상이었다. 비록 로저스가 미국심리학회(APA)의 구성원들에게 재인식되었다 할지라도—그는 우수 과학자상과 우수한 전문 기여상(Distinguished Professional Contribution Award) 모두를 받은 최초의 인물이었다—심리치료의 실제 현장에서 미치는 영향력은 현대 임상적 심리 프로그램에서는 많이 간과되었다. 보편적 수준에서 현대의 심리치료 기술에 영향을 미친 한 흐름으로 받아들이기는 하지만 거의 정신분석이나 인지행동 방식에서 수정·변경된 것으로만 초점을 맞추는 것 같았다. 로저스(1986a)가 주목한 것은 다음과 같다.

> 내담자 중심 치료를 피상적으로 바라본다면 실제보다 과소평가되어 오해받고, 제대로 이해받지 못할 것이다. 우리를 학술계에서 꺼리는 어떤 징조로 받아들이기 때문에 일부분 과소평가되고 있다. 우리는 인지적 학습에 더하여 체험적 관계를 중요시 한다. 학습은 체험에 의해 변화되는 위험에 처하게 되고, 이것은 인지적으로 구조화된 세계에서는 놀라운 일이 될 수 있다(pp. 257-258).

그리하여 상담교육과 상담 심리학 프로그램을 제외하고는 로저스의 연구는 여전히 그 가치를 충분히 인정받지 못하고 있다. 물론 그의 생각은 보통 심리치료 문화의 테두리 안에서는 추천을 받아 왔다. 즉, 미국에서 절충주의를 따르고 있는 치료자 대부분은 공감, 평등주의, 치료 관계의 초기와 관련해 로저스 이론을 기본적으로 받아들이고 있고, 로저스 이론의 가치를 받아들이고 있다. 한편, 쏜(Thorne, 1992)에 의하면, 로저스 이론을 받아들이는 많은 사람의 이론적 개념은 모두 자신의 지식적 기반 없이 심리학적 전문 용어에 몰두해 있었다. 그리고 내담자 중심 치료 초기에 혁신을 가져왔던 것 대부분은 서로 다른 치료를 다루는 실습자들에게는 당연하고 명백하게 받아들여졌다(p. 44).

기법을 중시하는 심리치료를 하고 있는 치료자—예를 들어, 꿈 분석, 전이 해석, 저항을 직면하는 것—와는 정반대로 내담자 중심 치료자의 위치는 극히 단순한 것인지도 모른다. 그러나 이와 같은 접근의 힘을 평가절하해서는 안 된다. 아마도 많은 개인은 성장하면서 '진짜 자아'에서 멀어지기 때문에 자신에게 최대한 귀를 기울이려 하는 또 다른 인간이 가지는 경험, 즉 지속적으로 자신을 돌보고 친절하게 다가와 이해하고 수락하는 것은 깊이 있는 체험이다. 치료자의 열린 자세, 유용성(availability), 표현력 그리고 믿음은 한 사람이 가치 있음을 증명하도록 만든다. 이런 상호작용의 방식은 자기 인식 과정의 시작에서 오랜 시간 자신 안에 있었던 고독의 장벽을 깨고 나와야 가능한 것이다.

이 책에 소개된 사례들에서 분명한 것은 로저스가 폭넓은 경청자(Listener)라는 것이다. 그는 내담자들을 충분히 표현하고 있다. 개인적인 의미를 지닌 단어들을 많이 사용하는 내담자의 경우, 막연하거나 혼동되는 메시지(몇몇 내담자가 자신의 진짜 모습을 찾기 위해 모색하는 과정에서)를 자각하여 지속적으로 명확히 할 필요가 있다. 아마도 이것은 잘 통합하지 못하는 내담자조차도 '명백하게' 하도록 하는 체험에서 나왔을 것이다. 그는 내담자의 욕구를 그때 그때 바로 알아보는 자각 수준에 의해 이끌어 간다. 그는 그 순간에 필요하고 옳은 것이 무엇이든 치료 원칙과 가치의 한계 안에서 자유롭게 행동하는 것 같았다. 수용하고, 진단(label)을 명확히 제공하고, 통합적 진술을 형성하며, 명확하게 자기를 인식하고 파악하는 것("내가 지금 옳게 가고 있는가?") 혹은 때때로 내담자의 진술이나 자기 개방을 해석하는 것("내가 나 자신을 보는 통로를 감지할 때가 있다"). (다음 장에서 로저스가 이 책의 사례에서 사용했던 반응 유형을 기술한 것을 보라.) 만약 내담자의 반응이 정도에서 벗어났다 해도 그대로 흘러가게 한다. 그는 내담자를 치료자의 방식대로 보라고 설득하지 않았다. 치료자가 그릇된 방향으로 갈 수 있다는 가정은 권위적이지 않은 인간 중심적 접근의 본질을 벗어나지 않는다.

이 책의 사례 자료에서도 알 수 있듯이 로저스는 그의 이론적 관점과 일치하는 공감적 반응을 강하게 선호하고 있다. 한편, 이런 반응은 종종 '내담자 감정을 반영하는 것'인데, 로저스(1986b)는 '이해한 것을 살펴보는 것' 혹은 '자각한 것을 점검하는 것'을 선호하였다. 정도의 차이는 있겠지만 대다수의 경우 이런 임상적 태도는 잘 연구되었다. 내담자는 감정을 이해한 것을 드러내고, 명백하게 자기 이해 혹은 자기수용을 통해 더 깊은 수준으로 나아가게 된다. 그러나 공감에만 전적으로 의존하는 것은 치료자의 효율성을 제한할지도 모른다는 것 또한 자각하고 있다. 이 접근이 치료자의 진짜 돌봄과 이해를 반영하는 것처럼 보인다 할지라도 내담자는 그 방식 그대로 체험하지 않을지도 모른다. 몇몇은 방해받고 있음을 발견하고 거리감을 느끼거나 기계적으로 반응한다는 것을 인식할지도 모른다. 이와 관련하여 숀바(Schonbar, 1968)는 비지시적 치료자로 연구하는 동안 한 여성 내담자가 '무관심'하게 반응하는 것을 인지할 수 있었다는 자신의 체험을 이야기하였다. 더불어 인간 중심적 치료자가 일반적으로 해석에 대해서 거부하는 것은 역기능적인 치료 결과를 낳을지도 모른다. 숀바는 그의 젊은 내담자가 꿈에 대해 보고하였을 때 '옴짝달싹 못하는(handcuffed)' 느낌을 인지했다.

제한된 나의 기법은 꿈에서 느끼는 기분이나 감정에 대해 논평을 하는 것 이외에 좀 더 의미 있게 이를 다루지 못했다. 나는 가치 있는 어떤 것이 상담실 안에서 나타나고 있음에도, 저 한쪽으로 밀어 둔 것처럼 느꼈다. 혹은 우리 사이에 그대로 그것을 놓아두면서 그것의 잠재적 가치를 빼앗고 배려 없이 내담자의 체험을 명확하게 하고 있었다. 나는 그녀의 일부분을 거절하고 있었다(pp. 55-56).

내담자 중심 치료를 실습할 때 가장 필수적인 '반영' '명료화' 혹은 '자각하는 것'의 수준은 흥미로운 과거 배경과 함께 보면 복잡한 문제가 된다. 이것은 로저스 연구의 핵심인 진실성과 보살핌의 맥락 속에서 표현되는 공감 능력이다(Brink, 1987). 내담자에게 공감을 표현하는 유일한 방법은 감정에 대해 비지시적으로 반영하는 것이다. 브링크(Brink, 1987)는 인간 중심적 접근이 반영이라는 특정 기술과 동일시되는 이유를 이해하고자 초기 움직임에서부터 시작하였다.

치료 회기들을 기록했던 초기 탐색에서 로저스와 학생들은 공감적으로 듣는 태도보다 치료자 반응 내용에 더 많은 초점을 두는 경향이 있었다. 이는 이 접근을 오해하고 왜곡하게 만들었다. 비지시적 접근은 내담자의 감정에 기반을 둔 반영의 기술로서 설명되었다. 이에 대한 비평은 냉혹했다(Rogers, 1980, pp. 138-139). 그러나 로저스의 초기 연구에 대한 이런 왜곡은 비평을 받았을지라도 계속해서 존재해 오면서 제도화되고 있다. 과거 30년 이상 이어져 왔던 로저스의 모든 연구는 철학을 폭넓게 다루고 있는 부분이 축소되고 기술의 폭이 좁다는 왜곡을 바로잡는 데는 성공하지 못했다. 공감과 관련하여 로저스는 내면에 단순한 기술을 습득하는 것에 의미를 두지 않고, 대화 기술뿐 아니라 복합적인 능력이 요구되는 기술(날카로운 자각과 민감성), 태도(무비판적, 열린 자세, 존중감, 융통성, 자신감, 적합성, 친절함, 돌봄, 아직 이야기되지 않았거나 부정적 이야기를 명료화할 수 있는 의지)에 의미를 두고 있다. 공감 능력은 또 다른 방법으로 전달되기도 했는데, 내담자가 진술한 것을 반영하고, 감정을 명료화하는 것에 특별히 강조점을 두었다. 전체를

> 위해 일부분을 오해하는 것은 일반적으로 나타나는 잘못된 생각이다. 감정에 주의를 기울이는 것이 외부 세계를 조절한다. 공감하는 것을 흉내 내든지 그것에 숙달되었든지 간에 공감은 그 자체가 추상적인 것이기 때문에, 그것은 객관적이며 본래 맥락과 거리가 생길 수밖에 없다(pp. 32-34).

그러므로 그의 치료적 논평의 대다수가 '재진술'이나 '반영'에 대한 것이라 할지라도 사실 로저스는 다양한 임상적 반응을 보여 주고 있다. 예를 들어, 짐 브라운에 대해 로저스는 반영뿐 아니라 내담자가 오랜 시간 침묵 속에 있을 때 조심스럽게 내담자를 기다리기도 하였다. 로저스도 내담자와 함께 있을 때, '누군가에게는 너무 좋지 않은' 것을 느끼기도 했다고 고백하기도 했다. 로저스는 "나는 그가 혼자가 아님을 알게 하고 싶었다."라고 말했다. 잠시 후에 로저스는 분명하게 그에게 무슨 일이 있었든 그를 좋아한다고 짐 브라운에게 말했다. 그의 감각적이고 시기적절한 자기 개방은 내담자의 고독의 벽을 관통했고, 핵심에 근접했으며, 내담자는 폭풍같은 눈물을 흘렸다. 또 다른 내담자인 실비아의 경우, 손을 잠시 잡아 주었다. 글로리아와는 법률적인 보호 박탈의 범위를 넘어서서 자기 개방을 하는 순간도 있었는데, 로저스는 글로리아가 아버지를 사랑한다는 것을 표현할 수 있도록 반응해 주었다(즉, 그녀가 '귀엽고 사랑스러운 딸로 보일 수 있도록'). 몇 분 후에 글로리아가 말한 것에 반응해 줄 때 그녀는 그에게 친근한 느낌을 받을 수 없을 것이라고 생각했다. 그가 그녀를 잘 알지 못한다고 여겼기 때문이다. 로저스는 대답한다. "내가 알 수 있는 것은 단지 나의 감정이에요. 그리고 그건 내가 이 순간에 당신과 가깝게 느끼고 있다는 것이지요." 로저스에게 이런 점은 진실로 인간 중심적인 의미를 담고 있는데, 유연하게 대처하면서 창의적으로 묻는 것이다. 이후 워크숍에서 토론이 진행되는 동안, 한 참가자가 로저스에게 말했다. "나는 당신이 내담자에게 묻는 질문에 주목했어요. 그러나 지난밤에 강연자는 절대로 우리는 그렇게 하지 못할 것이라고 말했어요." 로저스는 이에 반응했다. "글쎄요. 나는 로저리안이 되기 위해 노력하지 않아도 되는 행운의 자리에 있어요(Brink, 개인적 대화, 1990)."

로저스는 본인이 종종 한 개인으로서 단지 치료 회기 내에 있는 한 사람이고, 치료적 분위기에 의해 인간적인 '마술'이 만들어진다고 했다. 확실한 점은 이것이 진실하다는 것이다. 그의 전문가적인 삶 밖에서의 모습을 알고 있는 사람은 종종 긴장감을 낮추는 카리스마에 주목했다. 상대방을 바라보는 것, 태도 그리고 듣는 자세 모두는 그의 존재를 특별하게 만들었다. 사실, 특별한 인간적 자질이 없는 누군가가 1940~1950년대 획일화된 정신분석에 성공적으로 도전할 수 있는 치료적 흐름을 이끌어 낸다는 것은 상상하기 어려운 일이다. 그의 대학 동료 유진 젠들린(Eugene Gendlin, 1988)도 "평범하다. 그는 눈에 띄게 이야기하는 것을 좋아하지는 않았다. ……(중략)…… 그는 감정을 잘 보이지 않고, 심지어 화를 내는 일도 거의 없다(p. 127)."라고 언급하였다. 그가 듣는 것에는 가치를 두지 않고, 판단하고 비판적인 가정환경에서 자라온 것은 그리 놀라운 일이 아니다.

로저스는 도움을 받기보다는 판단하고 비판적인 조건에 많이 노출되었다(Thorne, 1990). 물론 처음에 로저스 자신은 성직자가 아니라는 것과 내담자 성장에 촉진적인 조건을 제공할 만큼 특별하지 않다는 것을 인식했었다. 중요한 것은 치료적 변화를 위한 긍정적 조건을 기술하고, 내담자가 이런 조건이 어떻게 제공되는지를 알 수 있도록 하는 것인데, 로저스는 자신이 내담자 성장을 책임지는 사람이라는 개념을 떨쳐 버리려고 했다. 만약 방법론보다 치료 자체를 강조하는 것(혹은 그의 듣고 반응하는 방법)이 로저스의 인간적인 면모라면 내담자 중심 치료는 널리 사용되지 못했을 것이다. 그러나 분명한 사실은 지금 많은 사람이 이를 성공적으로 실행하고 있고(그리고 좋은 변화를 이끌어 냄), 셀 수 없이 많은 사람의 삶을 앞장서서 향상시키고 있다는 것이다. 또한 인간 중심적인 치료자를 경험하지 않은 내담자조차도 로저스의 인간적인 유산에서 유익을 얻고 있다. 진실성, 공감 그리고 긍정적 보상은 앞으로의 치료 문화에서 중요한 부분이 되어 가고 있다.

초기에 언급했던 것과 같이 로저스는 심리치료 연구를 하였다. 분석적인 전통과 달리 그는 치료 회기를 기록하고 이들을 연구할 수 있도록 하였다. 이를 위해 그는 '관계를 해석하는 데 있어 존엄성을 침해하는 것에 대한 호소'를 하였다(Gendlin, 1988, p. 127). 치료 과정을 연구하려 하지 않는 프로이트와 달리 로저스는 연구자가 치료적 실습을 향상시킬 수 있다고 믿었다. "그는 연구하는 것을 보여 줌으로써 새로운 치료를 시험해 볼 수 있다고 주장했다(Gendlin, 1988, p. 127)." 또한 치료 과정을 연구한 임상 자료를 통해, 로저스는 교육 훈련 프로그램에 그의 자료를 사용한 개척자였다. 실제로 미국의 모든 상담 훈련 모델의 몇 가지 버전은 로저스가 만든 것이다. 그 내용은 치료자를 경험해 보고 싶은 사람들에게 녹음된 테이프를 듣게 하는 것, 훈련생들과 서로 역할을 바꾸어 실습하는 것, 인간 중심 치료를 실습하는 것, 그리고 훈련생들이 자신이 실시한 상담 내용을 기록하도록 하는 것(Truax & Carkhuff, 1967)이다. 테이프에 기록된 내용 정리, 사례 요약 그리고 이 책에 담긴 해석은 자신의 삶과 일적인 측면 모두를 발전시킬 수 있도록 훈련할 수 있는 능력을 줄 것이다(칼 로저스에 대한 회상은 이 책에서 다루지 않는다).

참고문헌

Bergin, A., & Garfield, S. (1994). *Handbook of psychotherapy and behavior change* (4th ed.). New York: Wiley.

Brink, D. C. (1987). The issues of equality and control in the client-or person-centered approach. *Journal of Humanistic Psychology, 27,* 27-41.

Gendlin, E. T. (1988). Carl Rogers (1902~1987). *American Psychologist, 43,* 127-128.

Goldstein, K. (1939). *The Organism.* Cincinnati: American Book Company.

Kahn, E. (1985). Heinz Kohut and Carl Rogers: A timely comparison. *American Psychologist, 40,* 893-904.

Kahn, E. (1989). Heinz Kohut and Carl Rogers: Toward a constructive collaboration. *Psychotherapy, 26,* 555-563.

Kirschenbaum, H., & Henderson, V. L. (Eds.). (1989a). *Carl Rogers: Dialogues.* Boston:

Houghton Mifflin.

Kirschenbaum, H., & Henderson, V. L. (Eds.). (1989b). *The Carl Rogers reader.* Boston: Houghton Mifflin.

Levant, R. F., & Shlien, J. M. (Eds.). (1984). *Client-centered therapy and the person-centered approach: New directions in theory, research and practice.* New York: Praeger.

Lorenz, K. (1963). *On aggression.* New York: Harcourt, Brace, & World.

Rogers, C. R. (1939). *The clinical treatment of the problem child.* Boston: Houghton Mifflin.

Rogers, C. R. (1942). *Counseling and psychotherapy.* Boston: Houghton Mifflin.

Rogers, C. R. (1957). The necessary and sufficient conditions of therapeutic personality change. *Journal of Consulting Psychology, 21,* 95-103.

Rogers, C. R. (1979). The foundations of the person-centered approach. *Education, 100,* 98-107.

Rogers, C. R. (1980). *A way of being.* Boston: Houghton Mifflin.

Rogers, C. R. (1986a). Carl Rogers on the development of the person-centered approach. *Person-Centered Review, 1,* 257-259.

Rogers, C. R. (1986b). Reflection of feelings. *Person-Centered Review, 1,* 375-377.

Schmookler, A. B. (1988). *Out of weakness: Healing the wounds that drive us to war.* New York: Bantam.

Schonbar, R. A. (1968). Confessions of an ex-nondirectivist. In E. Hammer (Ed.), *Use of interpretation in treatment* (pp. 55-58). New York: Grune & Stratton.

Strupp, H. (1978). The therapist's theoretical orientation: An overrated variable. *Psychotherapy: Theory, Research and Practice, 15,* 314-317.

Thorne, B. (1990). Carl Rogers and the doctrine of original sin. *Person-Centered Review, 5,* 394-405.

Thorne, B. (1992). *Carl Rogers.* Newbury Park, CA: Sage.

Truax, C. B., & Carkhuff, R. R. (1967). *Toward effective counseling and psychotherapy: Training and practice.* Chicago: Aldine.

Watson, N. (1984). The empirical status of Rogers' hypotheses of the necessary and sufficient conditions for effective psychotherapy. In R. F. Levant & J. M. Shlien (Eds.),

Client-centered therapy and the person-centered approach: New directions in the theory, research and practice (pp. 17-40). New York: Praeger.

Young, L. (1986). *The unfinished universe.* New York: Simon & Schuster.

Zeig, J. K. (1987). *The evolution of psychotherapy.* New York: Brunner/Mazel.

제 1 장

로저스의 임상적 반응에 대한 개요

Debora C. Brink, Barry A. Farber

대중과 정신건강 전문가들은 로저스의 치료적 반응 중 원형이 되는 '감정을 반영하는 것'을 종종 당연하게 받아들였다. 이에 대해 로저스는 1986년 다음과 같이 썼다.

"나는 '감정을 반영'하려고 노력하지는 않는다. 나는 내담자의 내적 세계를 옳게 이해했는지를 명확히 하려고 노력한다. 내담자가 지금 이 순간에 체험하고 있는지를 보는 것…… 나는 이런 치료자의 반응을 '감정을 반영하는 것'이 아닌 '이해하고 있는지를 살펴보기' 혹은 '자각한 것을 점검하기'로 표현할 것을 제시한다." (p. 376)

이런 설명은 로저스가 단순히 내담자의 진술을 그대로 따라 한다는 비평에 맞서는 것이므로 중요하다. 더불어 이 책에 기록한 임상적 인터뷰들은 그의 반응 목록에서 '살펴보는 것' 또는 '점검하는 것' 이상의 것을 보여 준다.

앞으로 살펴볼 몇 가지 범주로 된 구성은 로저스가 일치성, 공감 그리고 돌봄의 치료적 가치를 알게 하기 위해 사용한 방법이나 기술을 기반으로 하고 있다. 물론 여기에서 사용한 '기술'이나 '방법'이라는 용어는 오해를 불러일으키기도 한다. 이 단어들은 진실된 이해와 진정성이라는 목표에 대해 확실한 행동을 함축하고 있기 때문이다. 그럼에도 이런 전형적인 개입은 로저스가 행했던 방법이다. 더불어 재진술된 '기술'이나 '방법'으로 전 세계 상담자들을 훈련하기 시작했다.

목록은 완벽하지 않지만 이 책에 수록된 로저스의 인터뷰에 이와 동일한 기술을 반영하고 있다. 그의 반응은 다른 어떤 것보다도 몇몇 인터뷰에서 굉장히 큰 타당성을 보여 준다는 데 주목할 필요가 있다. 예를 들어, 메리 제인 틸덴(Mary Jane Tilden)과 로저스 그리고 질(Jill)과 로저스의 연구를 비교해 보자. 혹은 같은 워크숍에서 진행된 메리와 루이즈를 인터뷰했던 서로 다른 로저스의 임상 스타일을 대조해 보자.

초기 단계 준비(오리엔테이션 제공)

로저스는 자아를 찾고자 하는 내담자와의 첫 만남으로 치료 회기를 시작했다. 스스로 짧은 준비 시간을 가지고 똑같은 방식으로 내담자도 준비하도록 이끈다. 그러고 나서 들을 준비가 되었다는 진술을 전달한다. 마크의 사례를 주목해 보자.

칼 로저스: 지금 당신이 의자에 앉으면, 좀 갑작스러울 것 같아요. 내가 준비할 시간이 1~2분 정도 필요할 것 같아요. 괜찮을까요? 우리 1~2분 정도 조용히 시간을 가지죠. (침묵) 당신은 이야기할 준비가 되었나요?

마크: 네, 준비되었습니다.

칼 로저스: 좋아요. 나는 당신이 이야기하고 싶은 주제나 문제가 뭔지 잘 몰라요. 나는 당신이 무슨 이야기를 하든 기쁘게 들을 준비가 되었어요.

집중력 있게 듣기

로저스가 상담한 모든 기록을 보면 그가 현존하고 수용하는 자세로 듣고 있음을 내담자에게 자주 알리려 함을 알 수 있다. 대부분 그는 단순하지만 '음, 음.'이라는 표현을 하였다. 비디오에서는 그가 내담자를 향해 몸을 기울이고, 고개를 끄덕이며, 내담자와 눈을 맞추면서 꾸준히 일직선으로 보는 경향이 있음을 보여 준다.

이해한 것을 점검하기

로저스는 종종 내담자가 의미하는 것을 자신이 옳게 이해하고 있는지를 점검했다. '분노와 상처' 사례를 주목해 보자.

내담자: 크고 복잡한 나무에 충돌한 것처럼……. 오, 혹시 아시나요? (한숨) 설명하기 어려운데 아시겠어요? 당신은 알겠어요?

칼 로저스: 굉장히 큰 막대기로 엉덩이를 맞는 것처럼……. 혹시 이것이 말하고 싶은 것이 맞나요?

내담자: (웃음) 말하기 어렵네요.

칼 로저스: 당신이 의미하는 것이 맞나요?

내담자: 네, 맞아요.

칼 로저스: 좋아요. 나는 당신이 의미하는 것을 정확하게 알기 원해요.

내담자: 네, 확실히 해야죠.

재진술['반영' '미러링(Mirroring)' 혹은 '공감']

우리는 그가 인지한 것을 점검하며 명쾌하게 진술되지 않을 시에 '재진술'이라는 용어를 사용하고 있다. 이러한 단어 사용은 내담자의 감정을 반영하는 데 초점을 두고 있는 것 같다. 들은 것을 단순히 정리하여 되돌려주거나 반영해 주는 것이다. 그러나 로저스는 언어로는 혼돈된 내담자의 고유한 내적 의미 감정 상태에 자신의 반응을 맞추는 데 탁월했던 것으로 보인다.

이 기술은 가장 오해받고 또 공격받는 것 중 하나다. 우리는 자주 심리치료 전문가들이 내담자의 사고나 감정을 재진술하는 인간 중심 치료의 실습 빈도를 줄이고 있다는 이야기를 듣는다. 일부 심리 분석자들이 지속적으로 개인을 '비어 있는 화면(blank screen)'으로 인식하고, 거리를 두고 개인의 특징적인 면을 생각하는 것과 같이 일부 내담자 중심 치료자도 임상 실습에서 재진술에 지나치게 의존하는 것으로 보인다.

로저스의 재진술은 몇 가지 형태가 있다. 말 그대로를 반복하는 것, 내담자의 진술을 통합하고 명확하게 하는 진술, 그리고 일인칭 목소리로 하는 재진술이 그것이다. 로저스는 내담자가 이야기했던 말 그대로를 반복하지 않았다. 그가 말 그대로를 반복할 때는 내담자의 명확하고 중요한 진술을 강조할 목적이 있을 때다. 질의 사례를 보자.

질: 그녀는 나를 도우려고 해요.

칼 로저스: 그녀는 당신을 도우려고 하는군요.

더욱 전형적으로 그의 반응은 내담자의 언어에 의미를 두었는데, 그는 경제적이고 명쾌한 태도로 표현했다. 사례에 반영된 그의 재진술은 내담자의 감정과 의도를 통합하고 명확히 하고자 시도한 것 같았다. 루이즈의 사례를 보자.

루이즈: 가끔 나는 내가 아버지를 전혀 몰랐던 것 같이 느껴져요. 음, 그리고 나는 아버지가 하고 싶었던 것을 하지 못하고 실패한 것에 대한 슬픔뿐만 아니라 내가 아버지에 대해서 알고 싶었던 만큼 그를 잘 몰랐다는 것이 슬퍼요.

칼 로저스: 음……. 네. 그래서 그의 상황과 관련된 슬픔도 있지만 당신이 그를 잘 알지 못하는 것에 대한 슬픔도 한 부분을 차지하고 있군요.

다음은 '분노와 상처' 사례에서 나온 것이다.

내담자: 나는 나 자신을 허용하고 싶어요. 좋아하는 것도 사랑하는 것도 후회하지 않지만 당신도 알다시피 나는 아이 같아요. 나는 어떤 면에선 어린아이예요. 한 가지 방법밖에 모르는 어린아이 같아요. 나는 너무 사랑받고 싶어요. 일종의 상호관계 말이죠. 나는 내가 차가워지지 않기를 기대하기 시작했어요. 그렇지만 당신도 알다시피 이를 이루기 위해 어떤 것을 해야만 해요.

칼 로저스: 당신은 서로 사랑하기를 원하는군요.

내담자: 네, 그래요.

가끔 로저스의 진술은 내담자의 진술을 강화하거나 과장하는 것 같다. 이것은 표현된 감정을 더욱 명확하고 책임감 있게 제공하기 위한 방식인 것 같다. 마크의 사례를 보자.

마크: 그리고 나는 "남아프리카 정부를 위해 일한다."라고 말해요. 그리고 그 모든 건 다 날아가 버리죠.

로저스: 그래서 당신은 일종의 사회적으로 배척당한 사람처럼 느끼는군요.

마크: 예, 맞아요.

마지막으로 로저스의 재진술은 가끔 그가 내담자인 것처럼 일인칭 음성으로 표현하기도 했다. 이것은 정서적 연관성을 높이는 효과를 가져왔다. 메리의 사례에서 재진술된 세 가지를 소개한다. "'나를 실제로 막고 있는 것'에 대해서 '만일 내 힘을 세계에 보여 주면 나는 그로 인해 죽을지도 모른다.'" "만일 나의 실제 내면을 보면 어떻게 더 나빠질까?" "그것은 우주의 법칙이다. 나는 결코 나를 밖으로 내보일 수 없을 것이다."

내담자가 진술하지 않은 감정에 대한 인식

로저스는 내담자의 언어적·비언어적인 행동 모두에 주의를 기울인다. 그가 내담자의 미묘한 정서나 비언어적 표현을 인식하는 것은 대부분 내담자를 보고, 듣고 주의를 기울이면서 강화된다. 첫 번째 예는 글로리아의 사례이고, 두 번째 예는 질의 사례다.

글로리아: 나는 지금 신경이 날카로워져 있어요. 하지만 당신이 낮은 목소리로 이야기할 때는 편안하게 느끼고 당신이 나에게 함부로 하지 않을 것이라는 것을 느껴요. 그러나 음…….

칼 로저스: 나는 당신 목소리가 떨리고 있다는 게 느껴져요.

질: 맞아요. 나는 지금 그녀에 대해 정말 너무 화가 나 있어요.

칼 로저스: (침묵) 당신은 이 시점에서 약간 긴장하고 있군요.

질: 맞아요. 너무나 갈등이 많아요.

안심시키기

안심을 시켜야 할 때, 로저스는 자주 문제를 수용하고 더 넓게 사고할 수 있도록 도와준다. 실비아의 사례다.

칼 로저스: 음. 당신은 보통(전반적으로) "나는 스스로 적당한 이유를 가지고 정당화해야 한다."라고 느끼는 것 같아요.

실비아: 음……. (20초 침묵) 당신은 그렇게 느꼈나요? 당신은……?

칼 로저스: 나는 우리 모두가 그렇다고 생각해요.

혹은 또 다른 글로리아의 사례를 보면,

글로리아: 나는 내가 원할 때마다 그것을 얻지 못해요. ……나는 그것의 전체적인 느낌을 원해요. 그건 나에게 정말 값진 것이에요.

칼 로저스: 나는 우리 중 누구도 원하는 것을 자주 얻지는 못한다고 생각해요.

때때로 로저스는 내담자의 부정적 자기 판단에 대해서는 동의하지 않고 있다. 실비아와 함께한 그의 작업을 논평하면서, 로저스는 "그녀가 했던 행동에 대해 단순히 그녀 자신을 꾸짖도록 허락할 수 없다."라고 언급했다.

실비아: 내가 계속 중얼중얼 말만 뱉어 내고 있는 것 같아요.

칼 로저스: 당신은 스스로를 꾸짖고 있는 것 같아요. 마치 "나는 계속 떠들고 있어."처럼요. (실비아: 음…….) 하지만 나에게는 계속 떠드는 거로만 들리지 않아요.

실비아: 그렇지 않나요? (웃음)

칼 로저스: 그래요.

때때로 안심시키는 것은 내담자를 '수용하는 것'으로 인식된다. 즉, 로저스는 단순한 요청을 받아들이거나 사회적으로 수용할 수 없는 감정을 가지는 것에 대한 '권리'를 명쾌하게 받아들였다.

루이즈: 나는 내가 쓴 것을 당신이 읽어 봤으면 좋겠어요. 그래 줄 수 있죠?
칼 로저스: 그럼요. 음.

'분노와 상처' 사례를 보면,

칼 로저스: 나는 당신이 무슨 말을 하는지 알겠어요. 그리고 "당신이 여기에서 화를 내도 난 괜찮아요."라고 말하기를 강하게 원해요. (침묵)
내담자: 그렇지만 당신도 알다시피 어떻게 화를 내야 할지 모르겠어요. 정말 어려워요.
칼 로저스: 그래요. 나는 당신이 화를 내야 한다고 말하지 않을 거예요.
내담자: 그래요.
칼 로저스: 나는 나와 함께 있어도 좋다고 말하고 있어요. 만약 당신이 화를 내고 싶다면, 당신은 그렇게 할 수 있어요.
내담자: 당신은 정말 그렇게 믿나요?
칼 로저스: 네, 정말 그래요!

그때, 로저스의 안심시키기는 내담자에게 '긍정적 보상'을 받을 수 있는 체험을 제공하는 것 같다.

칼 로저스: 무엇 때문에 웃는 건가요?

질: 당신 눈이 반짝거려서요. (둘 다 웃음)

칼 로저스: 당신 눈 역시 반짝이네요. (웃음)

글로리아: 나는 아버지가 당신처럼 나와 말할 수 없다는 것을 잊고 있었네요. 아, 맙소사, 당신이 우리 아버지였으면 좋겠어요.

칼 로저스: 당신은 아주 예쁘고 착한 딸처럼 나를 보고 있네요.

결과적으로 주목해야 할 것은 로저스가 내담자와 손을 마주잡아 주었다는 것이다. 실비아는 그의 손을 잡기를 요청했고, 그는 이에 동의했다. 짐 브라운이 혼란 속에 있었을 때, 로저스는 손을 뻗어 그의 손을 잡았고, 그가 정서적 위기에 있는 동안 물리적으로 접촉해 주었다.

해석

해석은 자료를 가지고 추정하는 것이다. 로저스가 해석을 보편적으로는 잘 사용하지 않는다고 가정했지만 실제로 그는 해석을 사용했다. 또한 해석을 드물게 사용하였는데, 해석 자체는 분석적 치료자들의 용도와 비슷하다. 다만, 한 가지 중요한 차이점이 있다. 분석적인 해석이 과거와 현재를 연결하는 성격 이론과 높은 관련성을 두고 있다면, 로저스의 해석은 정신적 에너지의 '해방'을 위한 것이 아니라 내담자의 세계를 좀 더 이해하는 데 사용된다는 것이다. 다음은 루이즈의 사례에서 옮겨온 것이다.

칼 로저스: 당신이 경험했던 과정보다 그가 더 많은 경험을 하기를 원하고 있군요. (긴 침묵)

루이즈: (놀라는 톤) 맞아요, 맞아요. 나는 그가 깨닫고 있는 것보다 더 많은 것을 깨닫기 바라요. (침묵) (눈물을 글썽이는 목소리로) 그가 얼마나 괜찮은 사람인지를요.

칼 로저스: 그래요. 당신은 정말 그렇게 볼 수 있기를 희망하고 있군요.

루이즈: 맞아요.

직면

로저스는 한층 안정되고 편안한 분위기를 제공한 것처럼 보이지만 그는 가끔씩 내담자가 고통스러운 주제들을 피하려 할 때 그들을 직면시켰다. '분노와 상처' 사례에서 두 가지 예가 있다.

칼 로저스: 지금 내가 느껴지는 것이 있는데, 당신은 "나는 분노를 표현하지 말아야 하는 이유가 너무 많아. 나는 그에 대한 이유를 모두 말할 거야."라는 거예요.

내담자: 맞아요. (작게 웃음) 확실히…….

칼 로저스: "나는 원래 화를 내는 성격이 아닌데, 나는 지금 화를 내고 있어."라고 계속해서 설명하려는 것이 나에게 들려요.

내담자: 네, 그래요. (얕은 한숨) 확실히 그래요. ……. 나는 어떻게 생산적인 방법으로 화를 내야 하는지 잘 모르겠어요…….

칼 로저스: 당신은 나쁜 사람에게 호통치기를 원하는 거군요.

내담자: 네, 맞아요, 맞아요, 맞아요. 확실히. (웃음) 이런! (웃음)

칼 로저스: 당신은 그렇게 할 수조차 없네요.

내담자: (한숨) 믿을 수가 없어요. 나는 모르겠어요. 와우! 점점 더워지네요.

직접적인 질문

해석을 사용한 사례가 있듯이 로저스가 직접적인 질문을 사용한 것은 그의 비지시적 입장과 모순되는 것 같다. 때때로 로저스는 지시적이다. 이런 경우에 그의 질문은 전형적으로 내담자가 자아를 더 많이 수용하도록 하는 방향으로 이끌기 위해 사용한다. 질의 사례를 보자.

칼 로저스: 당신은 좋아하는 사람이 그리 많이 없는 것처럼 들리네요.

(이후에) 당신은 당신 자신을 그만큼 좋아하나요?

(여전히 이후에) 그녀는 (아주 어린아이 부분) 당신의 또 다른 측면을 좋아할 수 있는지요?

내담자가 간청한 것을 되돌려주는 것

안내, 응답, 도와줄 것을 간청하는 것에 있어 로저스는 비지시적 태도로 내담자에게 질문으로 되묻는다. 글로리아의 사례를 보자.

글로리아: 정말로 당신이 나에게 답해 줄 수 없다는 것을 알지만, 어디에서부터 시작해야 하는지 혹은 내가 절망적인 것처럼 보이지 않기 위해 어떻게 해야 하는지 나를 인도해 주고 무엇인가를 제시해 줬으면 좋겠어요.

칼 로저스: 그럼 내가 당신과 이야기할 때 바라는 점은 무엇인지 다시 물어봐도 될까요?

글로리아: 나는 당신이 나에게 솔직하다고 말해 줬으면 좋겠고, 파미가 나를 받아들일지 여부에 대한 위험을 감당할 수 있다고 말해 주길 바라요.

칼 로저스: 알겠어요. 당신은 관계 속에서 당신이 무엇을 원하는지를 잘 알고 있어요.

침묵을 유지하거나 깨는 것

실비아와 함께한 작업을 언급하면서 로저스는 내담자의 힘겨운 침묵 작업이 가치 있다고 진술했다. 일주일에 두 번 상담하는 짐 브라운과 한 시간 동안 진행한 상담에서 로저스는 거의 총 46분의 침묵 시간 중 18초에서 17분 41초까지 스물다섯 번 침묵을 했다. 한편, 질의 30분의 워크숍 회기 동안에 로저스는 열여섯 번의 침묵 중 열다섯 번의 침묵을 깼다. 침묵을 유지하거나 깨는 것에 대한 정확한 그의 입장은 일부분 연구의 특징을 바탕으로 했다(계속 진행하고 있는 치료 vs 워크숍 데모). 추정하건대 그의 결정 역시 내담자의 욕구에 영향을 받았을 것이다.

자기 개방

치료자의 경험 일부분을 자기 개방하는 것은 환자에게는 아주 확고하게 느껴진다. 로저스의 자기 개방은 그의 치료적 연구에 대한 진술 속에서 그룹화(유형화)해서 정리할 수 있다. 자기 개방은 더욱 인간 중심적인 부분이라고 볼 수 있다. 첫 번째 유형의 사례는 글로리아의 사례에서 볼 수 있다.

칼 로저스: 내가 정말 걱정하는 것은 당신이 선택하지 않은 행동을 하는 것이 좋지 않다는 거예요. 내가 이렇게 하는 것은 당신의 내적 선택이 무엇인지를 발견하도록 돕는 이유예요.

때때로 로저스는 내담자에게 그가 어떤 사람이었는지에 대한 정보를 나누기도 했다.

칼 로저스: 이것이 도움이 될지 안 될지 모르겠지만, 말해 주고 싶은 게 있어요. 난 당신이 누구에게도 쓸모없다는 느낌이 어떤지 아주 잘 이해할 수 있어요. 왜냐하면 나도 한때 스스로 그렇게 느꼈던 적이 있었어요. 나는 그것으로 인해 정말 힘들어질 수 있다는 것을 알아요.

후에 그의 반응을 논평하면서 로저스는 다음에 주목했다. "이것은 나에게는 매우 일상적이지 않은 일이다. 나는 단순히 그에게 자신이 혼자가 아님을 알리기 위해서 내 체험을 그와 나누기 원한다고 느꼈다."

교정을 받아들이는 것

로저스는 자신이 한 반응이 잘못되었을 때 내담자의 교정을 받아들였고 이를 수정했다. 메리의 사례를 보자.

칼 로저스: 당신은 불행하다고 느끼고 있군요. ……당신의 내적 자아를 확장시켜 봐도 이 세계에 절대로 적합하지 않을 거라고 말이에요.

메리: 글쎄요……. 나는 절대로 희망을 놓은 건 아니에요. 절대로 그렇게까지는 느끼지 않아요.

칼 로저스: 그렇군요. 절대로는 아니지만 이 세계에 적응을 잘하지 못하는 느낌은 있군요.

메리: 그래요, 맞아요.

이 책에 소개된 사례들을 다시 살펴보면 칼 로저스는 스스로 보편적인 진실이라고 여기는 내향 중심적 원칙과 가치를 끊임없이 충실히 다루고 있고, 융통성 있게 다양한 기술 또한 사용하고 있다. 즉, 내담자에 대한 그의 태도는 치료적 가치를 바탕으로 지속적이고 직접적인 표현으로 표출되고 있고, 내담자만의 개인적인 독특한 환경적 측면을 반영하여 내담자 개개인에 맞는 기술을 사용하고 있다.

참고문헌

Rogers, C. R. (1986). Reflection of feelings. *Person-Centered Review, 1*, 375-377.

CARL RGERS

The Psychotherapy of Carl Rogers: Cases and Commentary

제1부 로저스의 치료 사례 –내부의 관점

제1부

로저스의 치료 사례-내부의 관점

Debora C. Brink

50년이 넘는 시간 동안 내담자 중심 접근(CCA)은 중요한 변화를 겪었다. 정신분석이나 행동주의와 같은 이론이 여러 변화를 겪은 것과 비슷하게 내담자 중심 접근은 이론적 · 기술적으로 성장해 왔는데, 여전히 철학과 가치에서 차별화되어 있다. 이런 이론적 형식의 변화는 바람직한 것으로, 이를 통해 실습자들은 먼저 연구를 기반으로 하고 사회적 조건을 변화시킬 수 있다. 그러므로 내담자 중심 접근은 현재 실습의 영역에서 고전적인 로저리안 모델뿐 아니라 로저스의 인간에 대한 신념을 포함하며 획기적인 방법을 표출하고 있는 여타 모델까지 그 영역을 포괄하고 있다. 예를 들어, 나탈리 로저스(Natalie Rogers, 1993)의 예술치료와 유진 젠들린(Eugene Gendlin, 1978)에 의해 실험적으로 실습된 포커싱 연구는 인간 중심 이론을 바탕으로 한 것이다. 더구나 마리아 빌라스-보아스 보웬(Maria Villas-Boas Bowen)이 이 장에서 주목하고 있듯이 로저스 자신도 그의 기본 원칙들을 바탕으로 하면서도 나이가 들어감에 따라 내담자에게 더 융통성 있게 반응하고 그 폭을 다양하게 넓혀 가고 있다.

내담자 중심 커뮤니티 안에서 다양성이 증가하는 것은 실제로 내담자 중심이든 아니든 구성원들 사이에서는 강력한 논박의 여지가 있다. 우리가 보기에 가치를 포함한 치료적인 철학은 다양한 방법으로 시행될 수 있는데, 대부분 이는 철학을 훼손하지 않는 기술로 변화된다. 예를 들어, 뚜렷한 행동 현상에 주목하기보다 인지적인 것에 더 초점을 두는 것은 행동치료를 기반으로 하는 기본 가설을 훼손하지 않는 것이고, 정신분석을 기본으로 하는 치료에서 자아와 타인의 내면을 표현하는 것이 최근 주요하게 증가한 것은 정신분석적 치료를 기본으로 하는 특성을 크게 변화시키지 않았다. 이에 치료자들은 내담자 스스로 성장하고 개발할 수 있다는 깊은 신념을 가지고 행동할 수 있는지 그리고 내담자와 동등한 입장에서 내담자-치료자 관계를 바라볼 수 있는지, 그들이 내담자를 깊이 있게 이해하여 로저스가 말했던 진실되게 좋아하고 공감하려는 시도를 하는지, 그들이 내담자를 올바르게 수용하려는 진솔한 준비를 할 수 있는지를 고려해야 한다. 이 모든 것은 확실히 로저스가 말한 진정성이었다.

제1부에서 로저스의 다섯 가지 사례는 실제 사례로, 이 중 4개는 사본(있는 그대로 옮겨온 것)이고, 나머지 하나는 요약본(글로리아의 사례)이다. 우리는 연대기적 순서로 이 사례들을 볼 수 있는데, 독자는 로저스의 접근이 몇 년 간 어떻게 변화되었는지 알 수 있을 것이다. 이 모든 사례는 내담자 중심 참여자들이 논평한 것으로, 각각의 참여자는 로저스 연구의 단점뿐 아니라 필수적인 가치를 볼 수 있다.

이 사례 중 3개(로레타, 글로리아 그리고 메리)는 로저스가 '고전적인' 로저리안으로서 대부분 초기에 진술한 치료 절차에 충실한 것이었다. 우리는 그가 몇 년 전에 작업했던 두 사람(로레타, 1958/글로리아, 1964)에게서 이것을 볼 수 있다. 그가 사망하기 전 1년도 채 되지 않은 1986년 여름 가장 최근에 인터뷰했던 메리에 대한 접근도 매우 정통한 것으로 보인다. 다른 한편으로는 그가 1983년에 작업했던 질의 회기에서, 그는 모든 것을 중단하고 침묵하기도 했다. 그녀의 감정에 대해서는 과장되게 말하는 부분이 있었고, 그녀가 진술한 일부는 해석되었다. 메리 회기 이후에 작업한 루이즈는 '평범하게 운영되는' 방식이 아닌 특별한 방식으로 진행되었는데, 그녀가 그린 그림에 대해 질문하는 방식으로 회기가 진행되었다.

내담자 중심 접근 초기에 로저스와 동료들은 치료 변화를 꾀하기 위해 '필요하고 효율적인 조건'(경험적으로 검증된)을 제시한다. 로저스의 견해에 따라 효과적인 심리치료를 하기 위해 좀 더 넓은 지침을 구성했다. 그러나 인생 후반부에 로저스는 내담자 각각의 독특한 욕구에 직관적으로 반응하는 것을 수용했던 것 같다. 이에 그는 자신의 고전적 접근에서 벗어나 그 순간에 내담자에게 더 적절한 지시적인 접근으로 이틀 연속 상담을 했다. 이런 융통성은 가능한 더 깊이 그의 앞에 앉아 있는 한 사람을 그 사람이 사용하는 용어로 알아가기 바라는 로저스의 진정한 바람에서 기인하는 것으로 보인다. 역설적으로 이러한 태도는 내담자를 반영해 주고 재진술을 해 줘야 한다는 절대적인 필요성에서 로저스를 자유롭게 했다. 결과적으로 특수한 내담자에 대한 로저스의 반응은 종종 그의 철학으로 예측할 수 없었다. 즉, 그의 반응은 기계적이고 형식적인 반영이 아닌 내담자의 전 존재에 대해 반응하는 것이다.

로레타

로레타(Loretta)는 편집증 정신분열증 환자로 입원했는데, 그 당시 상담에서 또 다른 병동으로 의뢰되는 것을 걱정하고 있었다. 그녀는 자기 통제를 넘어선 약간의 혼돈스러운 증상, 병원 직원에 대한 불신, 치료 효과 그리고 또 다른 행동에 대한 불안을 걱정했다. 그녀는 아버지와 형제들과 연락이 닿지 않는 것에 대한 실망감과 집으로 가고 싶다는 희망을 언급했다.

30분 회기의 상담 축어록(transcript)에서는 자유로운 분위기에서 활동적으로 참여한다는 인상을 준다. 활동적인 가운데에서도 로저스는 친절하다. 그는 질문을 통해

진술하고(예: "지금 당신의 감정이 혼란스러운가요?"), 임시적으로 표현한다(예: "내가 지금 느끼기엔 당신은 조금 긴장하고 있는 것 같아요. 아마도……"). 그는 자주 로레타가 수정한 부분을 수용한다. 로레타에 대한 로저스의 반응에 주목하면서 마치 그가 그녀의 목소리로 로레타와 이야기하는 것처럼 대부분 일인칭 진술의 형태를 사용한다(예: "대부분의 사람이 느끼는 것처럼 당신도 정말 "나는 내가 신뢰한다고 생각하지 않아요. '음'"). 더불어 로저스는 내담자의 자료를 읽고 투사하는 경향성을 최소화하면서 가능한 철저하고 정확하게 내담자의 내적 세계를 이해하려는 모습을 보인다. 이에 그는 재진술, 안내, 해석, 도전 그리고 교감하고 이해하려는 바람을 가지고 한 사람의 직관적인 느낌대로 "음"이라고 말할 수 있다.

로레타와 함께한 로저스 회기 토론에서 너새니얼 래스킨(Nathaniel J. Raskin)은 로저스가 그녀를 향한 공감과 촉진적 노력이 높은 수준으로 증진된 것을 지적했다. 래스킨은 로저스가 로레타의 아버지와 형제들에 대한 실망감에 대해서 지나쳤으나 토론의 마지막 부분에서 래스킨은 또 다른 이론적 설득력을 지닌 치료자와 비교하면서 내담자 중심 실습자는 내담자–치료자 상호작용에 지배적이지 않은 모습을 보인다. 그는 로레타에 대한 로저스 작업이 정신증 환자에 대해 '내담자 중심 접근을 성공적으로 적용한 훌륭한 사례'라고 하는 결말에 주목하고 있다.

글로리아

글로리아의 사례는 분명히 로저스의 가장 유명한 사례이고, 로저스(1984)와 그 외 연구자들(Weinrach, 1990)에게 가장 많이 인용되었다. 이혼을 한 이후, 글로리아는 그녀가 아이들에게 미치는 성적 영향력에 관심을 두고 있었다. 로저스와 함께한 30분간의 상담 회기에서 그녀의 가치관과 감정을 명확히 확인할 수 있었다. 그러나 그녀는 성적 바람과 아이들에 대한 걱정 사이의 갈등을 어떻게 해결할지에 대한 충고를 듣기 위해 끊임없이 간청했다. 이에 대해 로저스는 이번 회기에서는 '로저리안'이 되지 않았다. 그는 매번 글로리아의 감정을 반영해 주지 않았다. 그의 몇몇 반응은 재진술이 아닌 자유롭게 자신의 견해와 가치관, 감정을 표현했다.

글로리아는 목소리가 떨리고, 몸을 덜덜 떨며 상담 회기에 왔다. 이는 로저스에게 '엄격함(harshness)'에 대한 공포를 느끼면서 신경증 상태에 있다는 것을 보여 준다. 문제에 대한 내적 표현과 함께 그녀는 그에게 '대답'을 원했고, 무엇을 해야 하는지 말해 주기를 원했다. 아마도 로저스가 회기에 자신을 '로저스 박사'로 소개하면서 전문가임을 알렸던 것을 고려하면 그리 놀라운 일은 아니다. 여러 방법으로 글로리아는 짧은 회기 중에도 열 번 정도 전문가로서의 도움을 요청했다.

'박사'라는 칭호를 사용할 수 있었는데도, 로저스는 인간적으로 평등하다는 철학, 내담자가 자기 발견과 자기 탐색을 할 수 있는 능력을 가지고 있다는 신념 그리고 비지시적으로 내담자가 자신의 길을 발견할 수 있도록 하는 데 전념하면서 회기에 함께했다. 어떻게 자기 결정권을 빼앗는 일 없이 위엄 있는 응답(그의 제목에서 암시되어 있는)을 하며 글로리아의 욕구와 마주하겠는가? 다음은 로저스가 이 회기에서 글로리아와 함께 작업했던 몇 가지 방법이다.

- 그는 글로리아를 위해 적절한 태도, 응시, 목소리, 부드러운 웃음과 '음' 등의 표현을 통해 친절히, 충분히 존재해 주었다. 이 모든 것은 글로리아가 더 편안해지도록 도왔다.
- 그는 그녀가 말하는 것의 의미를 확실히 이해하려 하였고("맞나요?" "이것이 당신이 말한 것인가요?"), 그가 정확하지 않을 때, 그는 그녀를 옳게 수용하려 하였다(다섯 번 정도). 예를 들어, 글로리아가 "내가 말하려고 하는 건 그런 느낌이 아니에요. 그건 내가 정말로 느끼는 감정이 아니에요."라고 언급했을 때, 로저스는 "아니군요. 그래요. 그래요."라고 반응했다. 이런 태도에서 로저스의 공감은 그녀의 자기 이해와 가치를 정확하게 표현하도록 촉진하는 것 같다.

- 그는 몇 가지 해석을 제공했다("당신은 당신의 행동을 인정받지 못하는 것보다 거짓말을 할 때 자신을 더 싫어하는군요."). 적어도 이것들 중 하나는 글로리아에게 깊이 있게 다가간 것 같다. "제가 느끼기로는 당신은 이상적인(유토피아) 순간에 마치 하나가 된다고 느끼는 것 같군요."
- 그는 확고하고 친절하게 스스로 할 수 있는 것에 대한 한계점을 두고 그것을 지켰다. "아니요, 나는 당신이 감정에 대해 조바심을 가지길 원하지 않지만……. 나는 당신에게 가능한 답을 줄 수는 없지만, 스스로에게 응답할 수 있도록 당신의 작업을 도울 수 있다는 것은 확신할 수 있어요." 이런 방식으로 그는 그녀에게 의존적 측면을 강화하지 않고 그녀를 지지했다.
- 글로리아가 끊임없이 로저스의 도움을 간청하는 것에 대한 반응을 그녀 자신에게 응답하도록 요구했다. "내가 당신에게 말해 주기 바라는 것이 무엇인지?" 그녀가 응답을 요구했을 때, 그는 그녀에게 이를 확고히 했다. "보세요, 당신은 당신이 원하는 것이 무엇인지 너무나 잘 알고 있어요."
- 로저스는 글로리아에게 자신의 가치관과 감정을 표현하는 자기 노출을 했다. "내가 예민한 부분은 살아가는 데 아주 위험한 것일 수 있어요." "당신이 스스로 선택하지 않은 것을 하는 것은 정말 최악이에요." 그렇게 하여 '나의 느낌은 자연스러운 것이다.'라는 것을 받아들이고 그녀가 '미성숙'하다는 자기 비난을 완화시켰다.

이 사례에 대한 토론에서 프레드 짐링(Fred Zimring)은 로저스가 자주 '그 자신의 참조 틀'에 대해 이야기하며 그의 반응을 선택했다. 그리고 글로리아의 부정적 감정에 대해서는 간과하는 경향이 있고, 그녀가 순간 느끼는 감정보다는 행동에 더 초점을 두고 있다고 말했다. '펠트센스(felt sense)' 관련 내용은 젠들린(Gendlin) 접근과 비교할 것을 제시하고 있고, 내담자의 비언어적인 것에 초점을 두며, 치료적 경험에 대한 체험을 바탕으로 신체상의 느낌을 반영한다. 더구나 이 사례에 대한 짐링의 비평은 우리에게 이론적 작업을 통해 때로 공감과 진정성의 조건 사이에서 일어나는 갈등의 의미를 충분히 이해할 필요가 있음을 제시한다. 그 자신의 참조 틀에 대해서는 '진정성'뿐 아니라 내담자의 참조 틀에 전념하면서 공감을 목표로 함께 싸워 나가는 것이다. 반면, 짐링은 이 사례에서 로저스가 자신의 참조 틀을 가지고 이야기하는 경향이 있다고 비평하고 있다. 이것은 이런 해석적 논평이 아주 정확하고 글로리아에게는 가치가 있었다는 것을 우리에게 말하는 것 같다(로저스가 글로리아의 문제는 그녀 자신이 정직해지는 데 있는 것 같다고 언급한 부분). 그러므로 짐링의 비평은 내담자 중심 치료 안에 때로 필요한 해석을 하면서 옳은 곳을 향해 가도록 중요한 질문을 제시하고 있다〔추가로 이 부분에 대해서 마리아 빌라스-보아스 보웬(Maria Villas-Boas Bowen)의 장에서도 다루고 있다〕.

또한 짐링은 글로리아와 아버지의 관계 그리고 그녀와 딸의 관계에 대해 통찰을 가지고 대응시키고 있는데, 로저스는 이에 동일시되어 주의를 기울이지 못하고 있다고 논평한다. 한편, 짐링은 글로리아와의 계속되는 후속 치료에서는 그들의 상호작용이 회기의 명백한 기술적 단점을 넘어서는 진정한 가치를 포함하고 있다고 결론내린다.

질

1983년에 있었던 로저스 워크숍에서 질(Jill)은 대학에 가는 딸을 떠나보내기 어려워하는 자신을 걱정하고 있었다. 그녀의 자기 이미지는 부정적이었다. 로저스는 그녀의 부정적인 측면을 재진술하는 것뿐 아니라 지속적으로 그것을 과장하였는데, 그녀가 긍정적인 자기 진술을 이끌어 낼 때까지 이것을 지속했다.

마리아 빌라스-보아스 보웬(Maria Villas-Boas Bowen, 1994년 사망)은 45년 동안 로저스의 연구를 총체적으로 바라보면서 질의 사례를 논평하고 있다. 그녀는 로저스의 본래 가치에 충실하면서도 그가 경력 초기보다는 질과 함께한 작업에서 가치에 대한 더 큰 다양성과 융통성을 보여 준다고 설명한다. 그녀는 내담자가 가진 힘과 자기 결정력을 더 크게 신뢰한 그의 작업이 이 같은 변화를 이끌어 냈다고 강조한다.

보웬의 해석은 진실하다. 그러나 추가된 요소는 직관과 관련될지도 모른다. 초심자부터 전문가에 이르기까지 가장 높은 수준의 기술 수행은 단계별로 발달해 간다(Dreyfus & Dreyfus, 1986). 훈련의 실제와 원칙을 가지고 오랜 기간 훈련을 마치면서 전문가는 더 이상 멀리 떨어져서 분석하는 관찰자나 규칙에 묶여 있는 문제 해결자가 아니다. 전문가는 전체적인 패턴 인식, 상황에 즉각적으로 임하면서 자유로운 흐름에 적응적이며 직관적인 반응을 가지고 과정에 참여했다. 그러나 직관은 오류가 발생할 수 있으므로 원칙 속에서 이를 입증해야 한다. 로저스는 이를 당연하게 여겼던 것 같고, 항상 내담자에게 맞춰 수용하고, 때로는 권유할 수 있는 준비가 되어 있었다.

데모 인터뷰를 한 이후, 가끔 로저스는 내담자에게만 집중하고 있어서 그 외의 세상에 대해서는 잘 보이지 않는다고 말하곤 했는데, 흥미로운 부분이다. 또한 그는 사건 이후에 곧바로 반응하긴 했지만 과정의 상세한 부분은 기억하지 못했다. 로저스의 오랫동안의 체험, 상호작용에 깊이 관여하는 것, 과정을 중요시 여기면서 수정해 나가려 했던 것, 회기의 상세한 부분을 다시 회상하는 것에 대한 무능력, 이 모든 것이 그가 연구의 성숙한 단계에서 직관적인 과정에 의존하고 있다는 것을 제시한다. 그의 마지막 논문 중 하나에서 로저스(1986)는 최근에 그가 임상 실습에서 직관을 더욱 중요하게 여기기 시작했었던 부분에 초점을 두었다. "치료자로서 나는 내부에 있는 직관적 자아에 가장 가까이 갈 때, 내가 알지 못한 나의 모습에 접촉했을 때 관계에서 나의 의식이 변경된 상태를 발견하는데, 그럴 때마다 충분히 치유되는 것 같다(p. 130)."

직관적인 과정을 포용하려는 의지 속에 로저스는 어떤 법칙이나 절차에서 벗어나는 것 역시 내담자 중심 원칙에 전념하는 것과 함께할 수 있음을 보여 준다. 이것은

'어떤 것이든 가능하다.'는 한 가지 메시지로 이해되지 않는다. 기준과 타당한 절차에서 벗어나 있는 치료자들은 내담자의 자율성과 진정성을 존중하는 것에 대한 평가에 대면해야 한다.

메리와 루이즈

메리와 루이즈(Mary and Louise)는 1986년에 로저스의 표현치료 훈련 프로그램의 참여자였다. 그들은 워크숍 막바지에 연달아 로저스와 인터뷰했다. 이들 2명은 인터뷰할 때 다른 점이 있었다. 메리는 자신을 거절하는 세상을 경험하고, 그 세상에서 자신의 자리를 발견하는 데 대한 어려움으로 갈등을 겪고 있었다. 그러나 루이즈는 '해가 떠오르는' 것을 축하하면서 어두움에서 탈출한 모습이었다. 메리는 심각한 탐색을 주제로 가져왔고, 루이즈는 성취한 부분을 즐겁게 나누었다.

메리에 대한 로저스의 반응은 그녀가 한 이야기를 재진술하고 명료화하는 것이었고, 그가 정확하게 그녀에 대해 알아 갈 때까지 수정하면서 확인해 나갔다. 그의 지지와 수용은 그녀의 반대편에 있는 것을 '단순하게 받아들일 수 있도록' 하면서 그녀의 갈등을 해결하도록 촉진시켰다. 루이즈에 대해서 로저스는 '평범하게 운영하는' 방식으로 진행해 나갔다. 그녀의 그림을 의도적으로 응시하고 주시하면서 그들이 다시 밝아지게 이끌었다. 루이즈는 이들을 넋을 잃고 보았는데, 로저스는 언뜻 이를 감지하지 못하는 것 같았다. 그는 그녀의 그림에서 해가 떠올려졌던 것을 강조하여 확인시키고 유머러스하지만 무조건적인 수용에 집중하여 그녀를 공감해 주었다. 자유분방한 방식으로 그는 지시적이었고(친절하게 질문과 더불어), 해석적이었으며(그녀의 아버지와 관련하여), 확인하고, 명료화하였으며, 그녀가 그와 함께 회기를 하기까지 충분히 인정받지 못했던 힘을 그녀의 그림을 통해 작업할 의지를 보였다.

페기 나티엘로(Peggy Natiello)는 메리가 걱정하고 있는 부분에 로저스가 얼마나 근접해서 개입하고 있는지 상세하게 재현하고 있다. 좀 더 깊이 탐색하도록 그녀를 격려했던 로저스의 조율은 친밀하게 반응을 보이면서 그녀가 깊이 있게 만족스러운 해결책을 얻을 수 있게 하였다.

이 인터뷰 이후 6년째 되는 해에 메리가 쓴 편지에서 그녀는 다음과 같이 말하고 있다.

> 표현치료 체험에서 두 가지 치유적이고 변화된 관점이 있는데, 첫 번째는 창의적인 예술 작품의 힘은 마음을 열게 하였다. 두 번째는 인간 중심 접근의 특징을 확고히 하고 연민을 가지고 받아들이면서 앞으로 나 자신에게 모험을 하도록 허락하는 것이었는데, 이것은 로저스와 인터뷰를 함께하며 마무리하였다. 치유가 시작되면서 나는 점점 깊어지고 넓어졌다. 내적 평화, 자유 그리고 실행으로 크게 확장된 경험은 이전 40년 동안 고생한 것을 먼 꿈처럼 만들었다.

루이즈와 함께한 로저스 작업은 나티엘로에게는 굉장히 의심스러웠다. 그녀는 로저스가 루이즈의 그림과 관련하여 있을 수 있는 자신의 숨은 의도를 암시하는 지시적 태도를 보인다는 것을 발견한다. 그녀는 이것이 그들 사이의 관계 결핍과 로저스가 루이즈를 도울 수 있는 기회를 놓치게 했을 수도 있다는 것을 제시한다.

그러나 아마도 이런 사례의 평범하지 않은 특성 때문에—도움을 제시하기보다 성장을 축하해 줄 기회—루이즈는 매우 결정적으로 중요한 회기를 발견했다. 1992년 통화에서 그녀는 1978년 이후로 그녀의 표현치료 훈련 프로그램에서 나탈리 로저스와 함께 작업했었다고 말했는데, 1986년에 로저스와 함께한 이런 체험은 특별하다고 했다. '놀라운 클라이맥스'라고 하면서 이 회기에서 그녀는 '뭐든지 할 수 있다'고 느꼈다고 한다. 로저스와 함께한 회기에 대해서 그녀는 "나는 정말 그림과 함께 했어요. 이건 자연스러웠어요. 마술같았어요."라고 말했다. 그녀가 그 당시 가장 필요했던 것은 축하였다고 말했다. 로저스는 축하하는 것을 보여 주기 위해 "당신은 태양이 떠오르는 것과 같아요. 그리고 그렇게 해냈어요."라고 말하며 도약에 대해 이야기해 주었다. 그러나 로저스는 나티엘로가 얼마나 많은 것을 얻었는지 알고 있었으며, 나티엘로가 지적한 가치 있는 것을 얻을 기회를 놓치지 않았다.

참고문헌

Dreyfus, H. L., & Dreyfus, S. E. (1986). *Mind over machine: The power of human intuition and expertise in the era of the computer.* New York: Free Press.

Gendlin, E. T. (1978). *Focusing.* New York: Everest House.

Rogers, C. R. (1984). Gloria-A historical note. In R. F. Levant & J. Shlien (Eds.), *Client-centered therapy and the person-centered approach: New directions in theory, research, and practice* (pp. 423-425). New York: Praeger.

Rogers, C. R. (1986). Rogers, Kohut, and Erickson: A personal perspective on some similarities and differences. *Person-Centered Review, 1,* 125-140.

Rogers, N. (1993). *The creative connection: Expressive arts as healing.* Palo Alto, CA: Science & Behavior Books.

Weinrach, S. G. (1990). Rogers and Gloria: The controversial film and the enduring relationship. *Psychotherapy, 27,* 282-290.

제 2 장
로레타의 사례(1958)

축어록*

칼 로저스: (목소리만 나오면서) 저는 칼 로저스입니다. 혼란스럽고 이상할 수도 있겠지만, 나는 당신이 정말 말하고 싶은 게 따로 있다고 느꼈기에 인터뷰가 짧았던 것이 아쉽네요.

로레타: 모르겠어요. 난 곧바로 병동을 이전하게 될 텐데……. 내가 정말 옮길 준비가 되었는지도 모르겠어요. 이미 말했지만, 그녀가 소리 지르는 것이 짜증이 났어요(주변에서 소리 지르던 환자를 언급하며). 나는 내 병동을 정말 좋아해요. (로

* 로레타와 함께한 이 인터뷰는 미국 심리치료학회 오디오테이프 도서관에서 가져온 첫 번째 것이다. 이 축어록은 마르코 테마너(Marco Temaner)가 준비했고, 너새니얼 래스킨(Nathaniel J. Raskin)이 교정하였다.

저스: 음, 음.) 나는 도움을 받았어요……. 나는 그곳에서 집으로 갈 수 있다고 생각했어요. (로저스: 음, 음.) 나는 아마 하루 종일 세탁실에서 일을 하게 될 거예요. (주변에서 소리가 남.) 나는 별로 기분이 좋지 않아요.

칼 로저스: 음, 음. 그래서 그것이 걱정되는군요. 내가 옮기게 되면 무엇이든 받아들일 준비가 되었는지……?

로레타: 선생님은 있는 장소에 그냥 적응을 하시는군요.

칼 로저스: 음, 당신도 그렇게 하곤 하잖아요. 그리고…….

로레타: 한 가지는 정확히 해야겠어요. 내가 이전에 '아니요'라고 말했을 때, 의사에게 지쳤다고 말하고 싶었던 것은 아니었어요. 내가 '아니요'라고 말한 것의 의미는 나는 준비가 되었는데도 집으로 갈 수 없는 이유가 궁금했던 거였어요.

칼 로저스: 그래요, 그래요. 당신은 그 의사가 당신의 의도를 이해하지 못했다고 느꼈군요. (주변이 시끄럽다.)

로레타: 아마도 그는 내가 솔직하다고 생각했을 거예요. (주변 소리가 점점 커짐.) 그리고 내가 말한 '아니요'는 내가 더 이상 그와 이야기하고 싶지 않다고 이해했을 거예요. (소리가 커짐.)

칼 로저스: 아! (간헐적으로 소리가 계속된다). 당신은 약간 긴장을 하고 있었던 것 같은데, 그는 그걸 알아차리지 못했군요. 아마 그는 생각했을 거예요. 당신이 그 어떤…….

로레타: 나는 그가 나를…….

칼 로저스: 그에게 마음을 닫았거나 다른 어떤 것일 수도 있겠죠.

로레타: 맞아요. 그게 내가 생각했던 거예요. (칼 로저스: 아!) 그건 의도하지 않았어요. (칼 로저스: 아.) 모르겠어요. 나는 다른 곳으로 옮기는 게 정말 좋을지 의문이에요. 여기서는 사람들을 중요한 존재로 여기는 것 같아요……. 비록 그렇지 않아도 (칼 로저스: 음, 음.) 내가 두 번 정도 갔는데, 나는 그것이 오픈 병동이고 공동 침실인 것을 알아요. 나는 빨래를 하고 싶지 않아서 그렇게 옷을 여러 벌 입

지 않아요. 내가 달라질 준비가 되었는지 모르겠어요.

칼 로저스: 음, 그리고…….

로레타: 아버지가 찾아오지 않아서 주말에 전혀 밖으로 나가지 못해요.

칼 로저스: 음……. 아직 확실하지는 않지만, 당신이 이 병동에서 지금 어떤 기분인지 말이에요. 당신이 이것을 중요하게 여기는 것 같지만 그렇게 보이지 않기도 해요. (주변에서 소리가 난다.) 그런가요?

로레타: 맞아요. 나에게 중요하기도 하지만, 또 그렇지 않기도 해요. (칼 로저스: 음.) 나는 아마도 다른 병동에 가고 싶지 않은 거겠죠. 당신에게는 병동을 옮기는 것이 그리 중요하지 않다는 것을 잘 알아요.

칼 로저스: 알겠어요. 만약 지금 당신이 있는 장소가 그리 중요한 것이 아니라면 옮기더라도 별다른 의미가 없겠네요.

로레타: 그리 중요하지 않아요.

칼 로저스: 당신은 그것을 걱정하고 있는 거군요.

로레타: 내 생각에 그건 하루 종일 세탁실에서 일하는 것을 의미하고 나는 아직 그럴 준비가 되어 있지 않아요. 나는 입원 초기 레서핀(Reserpine, 진정제)과 트란퀼라이저(Tranquilizer, 신경안정제)를 복용하고 Six C였을 때 무릎이 떨리기 시작했다고 말했어요. (칼 로저스: 음, 음.) 나는 그렇다고 생각해요. 나는 의사가 걸을 수 있는지 물어보고 나서야 세탁실로 가서 일을 할 수 있었어요. (칼 로저스: 음, 음.) 이동하라는 소식을 오늘 들었어요. 나는 그것을 요청하지 않았어요.

칼 로저스: 음, 음. 그렇지만 당신은 정말 이 일을 받아들일 준비가 되었는지 걱정이군요.

로레타: 잘 모르겠지만, 그렇게 많은 준비가 된 건 아닌 것 같아요. 혼란스러워요.

칼 로저스: 알겠어요. 불확실한 것을 마주하는 것이 더 큰 걱정이군요. 맞나요?

로레타: 모르겠어요. (약간 웃음)

칼 로저스: 지금 조금 혼란스러운가요?

로레타: 글쎄요, 나는 그 병동에 있는 아니타를 아는데, 그렇게 많이 믿지는 않지만 (주변에서 '쿵' 소리가 난다.) 그녀는 나에게 충격 요법을 주는 유일한 사람이에요.

칼 로저스: 그렇군요.

로레타: 아무튼 나는 그녀가 그렇다고 생각해요. (칼 로저스: 음, 음.) 그녀는 내가 왔을 때 내 어깨에 팔을 댔지만……. 그녀는 내가 치료를 받아야 한다고 말했던 사람이고, 나는 그런 치료를 받아야 하는 것을 알고 있었지만 아무것도 할 수 없었어요.

칼 로저스: 그래서 정말 혼란스러웠군요. 당신을 좋아하는 것 같은 사람이 옆에 있고 팔로 당신을 감싸 주었지만, 그건 충격 요법을 위한 것이었군요.

로레타: 맞아요……. 물론 그녀는 그것이 의사의 지시였다고 말했지만 나는 그 당시 의사와 이야기하지 않았었어요. (칼 로저스: 음, 음.) 나는 그들이 그렇게 하는 것을 알아요……. 그들이 치료를 위해 병동으로 갔다가 다시 일하는 병동으로 돌아오는 것을 잘 알고 있어요. (칼 로저스: 음, 음.)

칼 로저스: 음, 확실한 건 의사의 지시였다는 것이지만 그럼에도 당신은 '그녀가 정말 진심일까?' 라는 느낌을 지울 수 없다는 거네요. 그녀가 진심으로 보이지 않았던 것 같아서…….

로레타: 아니요, 나는 아무튼 더 이상 사람들을 신뢰하지 않아요. (칼 로저스: 음, 음.) 이건 그들이 나를 신뢰하기를 원하지 않는 이유예요. 나는 그들을 믿기도 하고 믿지 않기도 해요.

칼 로저스: 음. '전부이거나 아무것도 아니거나' 와 같군요.

로레타: 나는 그렇게 사람을 믿고 있다고 생각하지 않아요.

칼 로저스: 음, 음. 당신은 대부분의 사람을 믿지 않는다고 느끼는군요.

로레타: 맞아요, 난 믿지 않아요. (주변에서 소리가 난다.) 난 믿기도 하지만 믿지 않기도 해요. 나는 아직 확실하게 그들을 믿는지 아닌지 잘 모르겠어요. (칼 로저스: 음, 음.) 여하튼 나는 더 이상 믿음이 있지는 않아요.

칼 로저스: 음, 음. 그것은 당신 자신을 위한 것이 아니라 신뢰하는 사람을 위해 떠나는 거군요. 당신 자신을 위한 것이 아닌…….

로레타: 아무튼 나는 신뢰하지 않아요. 신뢰하는 사람에게는 쉽게 상처를 입을 수 있어요.

칼 로저스: 음, 음. 만약 당신이 정말 누군가를 믿는다면 그들에게 신뢰감을 주는군요.

로레타: 나는 어떤 믿음도 없어요. 그건 내가 누구에게도 믿음을 주지 않는 이유예요.

칼 로저스: 음, 그런데 당신의 느낌은 과거에 분명히 무슨 일이 있었던 것 같아요.

로레타: 당신은 제 과거 때문에 상처를 입을 수도 있어요.

칼 로저스: 그건 당신이 상처받기 쉬운 방식이군요.

로레타: 그건 내가 상처를 받았던 방식이에요.

칼 로저스: 그건 당신이 상처를 받았던 방식이었군요.

로레타: 난 이동하는 것을 꺼리지는 않아요. 나는 (주변이 혼란스럽다.) 집으로 갈 수 있는 또 하나의 과정이겠죠. (칼 로저스: 음.) (주변에서 소리가 난다.) 그렇지만 밖으로 나가지 못해요. 나는 그, 오빠에게 편지를 썼지만 답장을 받지 못했어요. (주변이 소란스럽다.) (칼 로저스: 음, 음.) 그는 결코 답장을 하지 않았어요.

칼 로저스: 음. 확실하진 않지만 적어도 내가 당신이 말한 것에 대해 이해한 건 이동하는 것은 그리 실제적인 문제가 아니라는 거군요.

로레타: 만약 그것에 대해 아주 잘 준비가 되어 있다면.

칼 로저스: 맞아요. 당신은 다음 단계로 갈 준비가 되었나요?

로레타: 나는 세탁실에서 일하는 걸 좋아하지 않아요. 이전에 두 번 일했을 때 싫었거든요. (안내 방송이 주변 방송 시스템에서 나온다.) 푸드센터에서 일하는 것도 좋아하지 않아요. 그곳에서 일해 봤는데 별로예요. (칼 로저스: 음, 음.) 글쎄요. 첫째 날은 괜찮았지만, 둘째 날은 30분 동안 일했는데 정신을 잃을 정도로 깜깜해졌고, 삼 일째 되는 날은 더 일하려고 노력했지만 매일 정신을 잃었어요. 그래서……. 나는 일을 그만두었어요. 거기에는 너무 많은 극도의 긴장과 같은 것들

이 있었어요.

칼 로저스: 음, 음. 당신은 그곳에서 뭔가 잘못되었던 것 같았나요? '거기에서 일하는 동안 정말로 나에게 나쁜 영향을 준' 너무 극심한 불안과 같은 것이요.

로레타: 그랬어요. 정말 완전히 깜깜했어요. 주저앉지 않았다면 기절했을 거예요.

칼 로저스: 음, 음. 그때 필사적이었다고 느끼시는군요?

로레타: 아니요. 그렇게 필사적으로 느꼈던 건 아니에요. 단지 이해하지 못했죠. 내가 의식을 잃었는지조차 몰랐으니까요.

칼 로저스: 알겠어요.

로레타: 그렇지만 분명히 그건 나를 너무 놀라게 했어요. 나는 일을 할 수 없었어요. 그래서…….

칼 로저스: 당신에게는 굉장히 이상한 일이었군요.

로레타: 나는 간질이나 비슷한 증상이 일어난 적이 한 번도 없었기 때문에 그런 일이 일어나리라고는 상상조차 못했어요. 나는 기절한 적이 한 번도 없었어요.

칼 로저스: 음. 매우 혼란스러웠군요. "나에게 무슨 일이 일어난 거지?"

로레타: 나는 노력했지만 일할 수 없었어요. 그러나 그들은 내가 일하기를 원했어요. 그래서……. 내가 일을 거부한다면 치료하러 되돌아가야 한다고 생각해요.

칼 로저스: 아, 글쎄요. 당신이 그들이 원하는 방식대로 일하지 않는다면, 처벌로써 충격 요법을 받을지도 모른다는 그런 것인가요?

로레타: 누구나 자신만의 말하는 방식이 있겠지만 난 아니에요. 나는 그들이 첫 번째 장소에서 나에게 왜 그렇게 했는지 모르겠어요. 직관적으로 그런 게 느껴지더라도 그냥 가기 시작했어요. (칼 로저스: 음, 음.) 그다음에 그들은 "준비하세요. 당신은 치료를 받아야 해요."라고 말했어요. (칼 로저스: 음, 음.) 나는 말했어요. "왜 그래야 하지? 나는 아무것도 안 했어. 나는 어떤 싸움도 하지 않았고, 누구와도 다투지 않았어."라고 말했죠. (칼 로저스: 음, 음.) 그런 다음 그들은 "이건 의사 지시예요."라고 말했어요. 나는 "난 의사와 얘기조차 해 본 적이 없는데

요." (칼 로저스: 음, 음.) 적어도 이야기해 봤다면 잘 모르겠어요. (칼 로저스: 음, 음, 음.) 그리고…….

칼 로저스: 그래서 당신은 "여기에서 나는 삶이 어떻게 되어 가고 있는지 어느 정도 알겠어. 정말 나에게 무슨 일이 일어나고 있는지를 조금 알 것 같아."인 것 같네요.

로레타: 나는 내가 병원에 있다는 것을 깨닫기 시작했어요……. (칼 로저스: 아.) 그들이 시키는 대로 충격 요법을 받은 날 나는 작업을 해야만 했어요.

칼 로저스: 그러고 나서 당신은 이해할 수 없다고 느꼈겠군요.

로레타: 그래서 나는 모든 것을 아주 나쁘게 이야기하기 시작했고, 내가 말했던 것들이 잊혀지지 않아요.

칼 로저스: 음, 음, 음. 당신 안에 나쁜 것이 이끌려 왔군요. 당신이 말한 의미가 이것이 맞나요?

로레타: 나는 주말에 집에 갔고, 집에서 너무 많은 것을 이야기했기 때문에 걱정을 했어요. 물론 나는 아미탈 나트륨(Sodium Amytal, 정신신경용제)을 복용했는데, 한 가지가 아니라 두 가지를 결합시켰을지도 몰라요.

칼 로저스: 그렇지만 당신이 이야기하지 않은 것이나 약물의 효과 또는 당신을 그렇게 만들었던 무언가에 대해 자신의 일부분을 이해할 수 있다는 희망을 얻은 것 같네요.

로레타: 그건 내가 생각하기에 복합적이었어요. (칼 로저스: 아.) 알아챘는지 모르겠지만……. 다리가 움직여요.

칼 로저스: 네, 알고 있었어요.

로레타: 내가 말했죠. 무릎이 떨린다고. (칼 로저스: 음, 음.) 난 먹고 있는 약이 무엇인지 잘 모르지만, 어쩔 수 없어요. 나는 앉아 있지 못할 정도로 신경이 많이 예민하지는 않아요. 하지만 그룹 미팅 같은 건 조절할 수 없어요. 너무 당황스러워요. (불안하게 웃음)

칼 로저스: 당신은 나에게 긴장감이나 다른 어떤 것을 가지지 않는다는 것에 대해 이

해받기 원하는군요.

로레타: 네.

칼 로저스: 그건 단순히…….

로레타: 나는 어떤 것은 통제할 수 없어요.

칼 로저스: 무릎이 저절로 떨리는 것을 말하는군요. (주변에서 소리가 난다.)

로레타: 무릎에서 발까지 움직여요. 구석에 혼자 앉아 있을 때도 움직이긴 하지만 심하지는 않아요. (칼 로저스: 음, 음.) 그렇지만 그룹에 속해 있을 때는 나도 모르게 움직여요.

칼 로저스: 당신이 그룹 안에 있을 때 더 나빠지는 것 같군요.

로레타: 간혹 혼자 있을 때도 그래요. (칼 로저스: 음, 음.) 약을 복용해서 그런 것 같아요.

칼 로저스: 약 때문일까요?

로레타: 내 생각에 초록색 약을 복용해서일 것 같아요. 물어보지 않아서 무엇 때문에 그런지 모르겠지만……. (칼 로저스: 음.) (침묵) 이런 만남이 매우 기뻐요. (작게 웃음)

칼 로저스: 그런가요?

로레타: 만약 그 당시에 명확히 생각이 나지 않는다면 이후에 그것을 다시 생각할 수 있어요.

칼 로저스: 음, 음. 그리고 그들은 당신이 이후에 더 명확하게 생각할 수 있도록 돕는군요? (주변에서 '쿵' 소리가 난다.)

로레타: 나는 약을 먹는 것보다 이야기하는 것을 통해 더 많은 도움을 받았다고 생각해요.

칼 로저스: 음, 음. 정말로 당신은 이야기하는 것을 통해 무엇인가를 얻은 것 같아요.

로레타: 상황이 어떻게 됐든 증상이 줄어드는 것 같아요. (칼 로저스: 음, 음.) 만약 상황을 편하게 만들 수 있다면……. 나는 여자가 소리를 그만 지르기를 원해요.

칼 로저스: 왜 그녀는 멈추지 않죠?

로레타: 그녀는 멈출 수 없어요. 멈추는 것은 가장 나쁜 거예요……. 그건 당신에게도 무서울 거예요. 만약 당신이 그것을 끝내면 무슨 일이 일어날지…….

칼 로저스: 그렇군요. 소음에 대해 당신이 걱정하는 부분은 "오, 주여, 이것이 나에게도 일어날 수 있을까?" 하는 느낌이죠?

로레타: 맞아요. (칼 로저스: 음, 음.) 정확해요. 그리고 언제나 듣고 있는 것을 당신의 기억 속에서 지울 수 있다고 생각하시겠지요. 그것은 3일 동안 계속되고 있는데, 내가 생각한 그녀가 맞다면, 그녀는 QIM(Quality Improvement manager 약자, 질향상 매니저) 내담자들을 수용하는 한 병동에 있고, 나는 그녀 옆에 앉아 있었는데, 그녀는 이야기하기를 좋아한다고 했어요. 그녀는 갑작스럽게 이야기하기 시작했고 멈추지 않았어요.

칼 로저스: 그것이 당신을 놀라게 했군요. 지금 여기에 그 사람이 있고…….

로레타: 그러고 나서 그녀는 괜찮아졌고 조용해졌어요. 그녀는 어떤 것도 이야기하지 않았어요.

칼 로저스: 그녀는 당신 옆에 있었고 지금은 여기에 이렇게 있군요…….

로레타: 당신도 생각할 수 있을 거예요. 나는 그들이 그렇게 나쁜 방식이 아니어도 그 증상을 완화시킬 수 있다고 생각했어요.

칼 로저스: 의사들이 그녀를 도울 수 없다고 느끼는 것에 실망하고 있는 것 같군요.

로레타: 맞아요. 병동에서 수용할 수 있는 것인지 생각해야 하고, 의사들이 생각한 것에서 벗어난 행동은 하지 말아야 해요. 여기서 벗어난 행동을 하면 약물을 더 주려고 해요.

칼 로저스: 당신은 의사들이 주는 약이 그녀를 더 안 좋게 만드는 것 같은 느낌이 드나요?

로레타: 맞아요.

칼 로저스: 그리고 방해하는 것 같은…….

로레타: 그렇다고 생각해요.

칼 로저스: 그렇군요.

로레타: 결국 나는 약을 복용하기 때문이라고 생각하고 그와 같은 결말이 되는 것을 원하지 않아요.

칼 로저스: 음, 음. 당신은 "그들이 나를 그렇게 만드는 약을 주면 어떻게 하지?" 에 대한 문제 제기를 할 수밖에 없군요.

로레타: 맞아요. 만약 당신이 그녀처럼 다뤄지면 당신은 무엇을 할 수 있을까요? 단지 나는 그들이 원하는 것을 알고 그것을 볼 수 있어요. 그래서 자신을 충분히 통제할 수 있고, 벽에다 머리를 박는 행동을 조절할 수 있어요……. 그들 중 몇몇은 그것을 느끼기는 하지만, 통제할 수는 없어요. 그들은……. 나는 그것에 대해 너무 많이 보고 들었는데, 조금은 견딜 수 있어요.

칼 로저스: 그와 같은 것들은…….

로레타: 나는 그것이 원인이라고 생각해요. 내 무릎이 떨리는 이유는 내가 벽에 머리를 박는 것보다 무릎을 떠는 유형이기 때문이라고 생각해요.

칼 로저스: 음, 음. 그래서 느낌상으로는 당신은 스스로 충분히 통제할 수 있고 벽에 머리를 박지 않아요. 그렇지만 아직 그것은 어디에서든 나올 수 있는…….

로레타: 갑자기 떨릴 수 있어요. 그것은 무서운 일이에요!

칼 로저스: 당신 무릎이 갑자기 떨리네요.

로레타: 나는 밖에서도 본 적이 있어요. 내가 알고 있는 건……. 머리를 박는 건 헛수고라는 거예요. 이유가 어떻든 내 머리는 벽에 부딪히기에는 너무 가치 있는 거예요. (웃음) 내 머리니까. 난 내 머리를 좋아해요.

칼 로저스: 당신은 정말 "나는 벽에 내 머리를 부딪히지는 않을 거야."라고 하는 거군요.

로레타: 맞아요. 결국 하나님은 나에게 머리를 주셨고, 그건 나에게도 중요한 머리예요. 나는 그러고 싶더라도 내 머리를 벽에 박지는 않을 거예요. 난 정말 그러고

싶지 않아요. 아무튼 문을 잠그고 소리를 지르는 여자를 어떻게 도울까요? 그녀가 밖으로 나갈 수 있도록 도움을 줄 수 있는 좋은 방법은 무엇일까요?

칼 로저스: 추측건대 이 질문은 당신이 당신 자신에게 묻는 것 같군요. "이 세상에 올바른 것은 무엇인가?"라고.

로레타: 아니요. 난 당신에게 묻고 있어요.

칼 로저스: 나에게 묻는 거군요. 나는 병원 직원이 아니고 그녀를 잘 모르기 때문에 특별히 대답할 것이 없어요. 의사에 대해 아는 것도 없어요. 그렇지만 그것이 당신에게 영향을 미치고 있고 동요시킨다는 건 알 것 같아요. 특별히 그녀에게서 나오는 소음뿐 아니라 그것이 당신을 동요시키면서 (주변에서 소리가 난다.) 혼란스럽게 하고 있기 때문에…….

로레타: 모르겠어요. 나는 모든 것이 혼란스러워요. 나는 제1건물(Building one)로 가고 싶지만 (주변에서 큰 소리가 들린다.), 나는 그 건물이 집과 같지는 않다는 것을 알아요……. 그렇지만 만약 그 건물에서 집으로 갈 수 있다면 행복할 거예요……. 나는 그 전에 그곳에 갔었어요. 나는 이 건물에 큰 변화가 있을 것이라는 것을 알아요……. 나는 이 건물을 떠나기 싫어요. 아주 아름답기 때문이에요. 하지만 매일 하루 종일 그녀가 소리를 지르는 것을 듣는 것보다는 나을 거예요.

칼 로저스: 그건 정말 힘든 선택이네요.

로레타: 하지만 세탁실로 일하러 가야만 하는 것은 생각만 해도 싫어요. 나는 더구나……. 병동 주변에는 할 것이 그리 많지 않다는 것을 너무나 잘 알고 있어요.

칼 로저스: 음, 음. 당신은 그렇게 느끼는군요.

로레타: 당신은 침대가 있으면 쉴 수 있고 잠을 잘 수 있지만, 그들은 그렇게 하지 못하도록 할 거예요. 그들은 당신이 할 수 있는 만큼 최대한 일하기를 기대할 거예요. (칼 로저스: 음, 음.) 그들은 당신에게 휴식 시간조차 주지 않을 거예요. (주변에서 소리가 난다.) 당신에게 항상 일을 하도록 할 거예요.

칼 로저스: 만약 쉴 수 있는 기회가 주어지면 쉬겠지만, 항상 일을 할 수 있는 기회가 생

긴다면 그것이 당신이 원하는 것인지는 확신할 수 없군요.

로레타: 나는 그것을 할 준비가 되어 있지 않아요. (칼 로저스: 아.) 내 무릎이 떨리기 때문에 아마도 그것은……. 세탁실에서 일한 적이 있어요. 나는 그럭저럭 잘 지냈어요. 지금도 잘 지낼 수 있다는 걸 알지만…….

칼 로저스: 나는 그것을 할 수 있긴 하지만, 그것을 할 준비가 되었는가를 걱정하는 것 같군요.

로레타: 이유가 뭘까요?

칼 로저스: 이유요? 음.

로레타: 나는 가방을 싸고 갈 준비가 되어 있어요. 나는 "아니요. 나는 가지 않을 거예요."라고 말하지 않았어요. 늘 그것 때문에 큰 다툼이 있어서 (칼 로저스: 음, 음.) 그것이 좀 나아진다면 잘 지낼 용의가 있어요.

칼 로저스: 음. 당신은 스스로 잘 지낼 수 있는 기회, 그것에 대해 많은 의문을 느끼고 있군요.

로레타: 나는 그들이 악화되는 것을 보고 싶지 않고, 받아들여지는 것을 보고 싶어요. 그래서 그들이 나아질 때, 그들이 병동에서 나가는 것을 보는 건 아주 즐거워요.

칼 로저스: 당신 안에 그들이 힘들 때 돕고 싶은 마음이 있군요.

로레타: 다른 사람들이 잘되고 집으로 갈 수 있다는 것을 알려 주기 위해서.

칼 로저스: 음, 음. 그래서 당신은 다른 사람들에게 일어나는 일에 따라 좌절하거나 희망을 갖거나 하는군요.

로레타: 나는 내가 심각한 행동을 하지 않았기 때문에 집으로 돌아갈 수 있다고 생각했었어요. (칼 로저스: 음.) 나는 누구와 어떤 폭력적인 싸움도 하지 않았어요.

칼 로저스: "나는 잘못된 행동을 하지 않았다. 나 자신을 자제했고, 폭력적이지 않았어. 나는 많은 규칙을 어기지 않았어."와 같이 느끼는 부분이 있군요.

로레타: 나는 어떤 것도 어기지 않았어요. 나는…….

칼 로저스: 당신은 어떤 것도 어기지 않았군요.

로레타: 당신은 그들이 무슨 규칙이 있는지 자주 말해 주지 않기 때문에 확인해 봐야 해요.

칼 로저스: 음, 음. 그렇지만 당신은 "나는 잘 했어."라고 생각하는군요.

로레타: 그러나 그렇게 좋지는 않았어요. (주변에서 소리가 난다.) 당신은 선하게 보이려고 과장하지 말아야 해요. (칼 로저스: 음.) 나는 그렇게 하면 믿지 않아요. (칼 로저스: 음.) 내가 어떻게 하는지를 아는 것이 가장 선한 거예요. (칼 로저스: 음.) 그렇게 되고 싶지만 난 그렇지 않아요.

칼 로저스: 그렇지만 당신이 할 수 있는 선에서 당신은 최선을 다하고 있다고 느끼잖아요.

로레타: 내게는 내가 어떻게 행동하는지를 아는 것이 가장 선한 거예요.

칼 로저스: 음. 로레타, 나는 사람들이 계속 나아갈 수 있다는 걸 알고 있어요. 여기까지 합시다. 나는 당신과 함께 이야기할 수 있는 이런 기회를 소중하게 생각해요.

로레타: 너무 고맙습니다. 나는 당신이 매우 중요한 사람이라는 것을 알아요. 익히 들어 왔어요.

로레타 사례

–정신병동 환자–

Nathaniel J. Raskin

인터뷰와 상황

"저는 칼 로저스입니다. 혼란스럽고 이상할 수 있겠지만, 나는 당신이 정말 말하고 싶었던 게 따로 있다고 느꼈기에 인터뷰가 짧았던 것이 아쉽네요." 이런 방식으로 칼 로저스는 1958년 여름, 병원에 입원해서 편집증적 정신분열증 진단을 받은 로레타와 인터뷰를 시작했다. 미국 심리치료학회는 위스콘신 대학교에서 일 년에 두 번, 4일 동안 진행되는 워크숍 중이었다. 30명가량의 치료자(참여자)들이 다른 사람들의 실습을 관찰하기 위해 병원의 작은 강당에 모였다. 로레타는 앞서 합리적-정서적 접근을 설명하려는 알버트 앨리스와 그의 애틀랜타 그룹[칼 위테이커(Carl Whitaker), 톰 말론(Tom Malone), 존 워켄틴(John Warkentin)이 속해 있는]의 체험적 방법을 설명하고자 하는 리처드 펠더(Richard Felder)가 인터뷰했다.

엘리스와 펠더는 로레타와 힘든 시간을 가졌었고, 여러 다양한 체험 치료자들도 로저스가 그녀와 접촉하려고 노력하는 것에 불만을 토로했다. 로저스는 두 인터뷰에서 어려움이 있었기에 이를 진행하려는 의지가 더욱 대단했다. 그의 관점으로 보면 이 여성의 감정과 태도를 공감적으로 반영하지 못했기 때문이었다. 이 날 엘리스는 이전에 로레타의 행동에 비이성적 측면이 있음을 알려 주면서 도움을 주려 하였고, 이보다 앞서 펠더는 인간 대 인간으로 대화하면서 그녀가 전날 밤에 꾸었던 꿈에 대해 이야기하는 것에 참여해 보려고 시도했었다. 로레타가 인터뷰를 짧았다고 느꼈을 것이라고 로저스가 언급한 부분은 펠더의 인터뷰와 관련 있다. 로저스는 인터뷰의 동의를 얻은 이후 병동으로 돌아갔던 로레타에게 다른 심리치료사와 이야기했을 때 어떻게 느꼈는지를 질문했다. 그녀의 반응은 긍정적이었다.

미국 심리치료학회 초대 회장으로 이 워크숍에 참여한 것과는 별도로 로저스는 심리학과 정신의학 교수직을 겸임하기 이전 시카고 대학교에서 위스콘신 대학교로 옮겼었다. 위스콘신에서 내담자 중심 치료를 통해 정신분열증 집단을 연구할 수 있다는 가설을 입증할 기회를 제공할 것이라는 약속을 알고 있었기에 로레타와의 인터뷰도 가능했던 것이다. 이것은 포괄적으로 거대한 규모의 연구 프로젝트에서 탐색된 것이다(Rogers, Gendlin, Kiesler, & Truax, 1967). 로레타와 진행한 인터뷰는 로저스의 가설 중 유일한 단 하나의 임상적 검증이었다.

인터뷰의 의미

로레타의 사례는 두 가지 면에서 의미가 있다. 첫째, 어떤 방향성을 두고 정신증 환자들과 함께 치료적 인터뷰를 기록한 드문 자료라는 점이다. 둘째, 편집증적 정신분열증으로 진단받은 입원 환자들에게 내담자 중심 치료를 적용한 구체적인 사례라는 점이다. 인터뷰는 극한 심리적 어려움을 가지고 있는 개인이 공감, 일치성 그리고 무조건적인 긍정적 존중과 같은 치료자가 제공하는 조건에 어떻게 긍정적으로 반응하는지를 보여 준다.

내담자 중심 치료의 한 가지 고정관념은 본질적으로 '정상인', 예를 들어 대학생들이 소소한 문제를 가지고 있는 것에 대해서만 연구하며 피상적으로 접근한다는 것이다. 로저스는 그의 접근을 최초로 길게 설명한 책 『상담과 심리치료(Counseling and Psychotherapy)』(1942)에서 이에 대한 신념에 기여하고 있고, 그가 진술하고 있듯이 '불안정감을 넘어서서 합리적으로 자유로운' 개인이 되는 어떤 심리치료를 시도하면서 실험적인 기준을 하나 제시하고 있다(p. 77). 그의 입장은 다음 책 『내담자 중심 치료(Client-Centered Therapy)』(1951)에서 완전히 달라졌다.

> 적용 가능한 현재 우리의 견해는 체험을 고려해야 한다. 내담자 중심 접근은 3세 아동과 65세 성인, 사소한 적응 문제(예: 학생 학습 습관) 그리고 가장 심각한 장애로 진단되는 정신증까지 다룰 수 있어야 한다. ……(중략)…… 수용과 존중, 깊은 이해를 동반한 분위기는 인간 성장에 좋은 바탕이 되고 우리의 내담자들('정상'이든, 신경증적이든, 정신증적이든)뿐 아니라 우리의 아이들, 대학들, 학생들 모두에게 적용된다. 이것은 이런 내담자 중심 접근이 모든 심리학적 조건을 다 치료할 수 있다는 것을 의미하지는 않지만, 치료에 대한 개념은 접근에 따라서 다른 것이다(pp. 229-230).

로레타와의 인터뷰는 약 30분 정도로 끝을 맺었다. 이런 짧은 만남에서도 주목할 만한 몇 가지가 있었다. 각각은 다음 내용을 포함하면서 더 확장되었다.

1. 펠더 박사와 함께한 인터뷰 후반부에서 그녀 자신의 입장에 대해 이야기한 로레타의 설명. 정확하게 말할 기회는 그녀에게 중요했다.
2. 다른 병동으로 이동하는 것이 임박했던 것에 대한 그녀의 설명은 그녀의 '현재

문제'와 관련된 실제적인 것

3. 특정 주제에서 그녀가 사람들을 신뢰할 수 있는지 그리고 그녀의 치료를 맡고 있는 병원 직원을 신뢰할 수 있는지의 문제로 전환된 것
4. 인터뷰를 하는 동안 지속적으로 주변에서 한 환자가 소리를 지르는 것을 듣고 이 환자의 치료에 대한 스트레스로 혼돈스럽다는 그녀의 표현
5. 그녀의 무릎이 떨리는 것과 같은 특정한 감각과 그녀가 병원 세탁실에서 일했을 때 공중에서 퍼지는 긴장의 느낌을 설명한 것
6. 인터뷰가 진전될 때 긍정적인 자기 존중감이 발휘된 것

로레타는 방금 끝난 인터뷰의 종결 과정에서 자신의 입장을 설명하고 있다. 또 다른 병동으로 이동하는 것에 대한 주제를 꺼낸 이후, 로레타는 펠더 박사와 함께 종결지었던 인터뷰 말미에 그녀의 태도에 오해가 생긴 것을 가능한 분명히 하기를 바라고 있다. 그녀는 이것을 분명히 할 수 있는 기회가 중요하다고 표현했다. "한 가지 정확히 짚고 넘어가고 싶은 것이 있어요. 내가 이전에 '아니요.'라고 말했을 때, 이건 의사와 이야기하는 것에 지쳤다는 것을 의미하지 않아요. 내가 '아니요.'라고 한 건 내가 준비가 되었는데도 집에 갈 수 없는 이유가 궁금했기 때문이에요." 로저스는 강조한다. "그래요, 그래요. 당신은 그 의사가 당신의 의도를 이해하지 못했다고 느꼈군요."

이 시점에 주변에서 큰 소리가 들렸지만, 로레타는 로저스의 논평에 반응한다. "아마도 그는 내가 솔직했다고 생각했을 것이고, 내가 말한 '아니요.'는 내가 더 이상 그와 이야기하고 싶지 않다고 이해했을 거예요." 로저스는 이에 대해 다음과 같이 반응한다. "당신은 조금 긴장하고 있었던 것 같은데, 펠터는 그것을 알아차리지 못한 것 같군요. 아마도 그는 당신이 그만하고 싶어 한다고 생각했을 거예요." 로레타는 동의한다. "맞아요. 나도 그렇게 생각해요."

이 대화에서 로저스의 공감적 반응은 로레타의 설명을 촉진시키고, 그녀의 입장

을 명확하게 하도록 하였다. 이후 그녀는 병동 이동 주제로 다시 돌아온다.

로레타는 병동을 이동하는 문제에 대해서도 탐색한다. 로레타는 지금의 관심사를 설명하고, 현재 문제에 대해 이야기한다. “모르겠어요. 나는 바로 그곳으로 옮겨질 거예요. 내가 정말 옮길 준비가 되어 있는지 궁금했어요. ……그건 나를 짜증나게 하는 건데, 여자는……. 그렇게(주변에서 소리를 질렀던 환자를 일컬음) 소리를 지를 거예요. 나는 정말 내 병동에 있는 게 훨씬 좋아요.”

병동 이동은 분명히 로레타에게는 굉장히 중요한 주제인데, 그녀는 이 문제와 관련하여 로저스와 함께한 인터뷰의 4분의 1을 차지할 정도로 집중하고 있다. 이것과 관련된 그녀의 태도를 요약하면 다음과 같다.

- 나는 이동해서 일을 할 준비가 되었는지 모르겠어요. 나는 세탁실에서 일하는 것을 싫어해요. 나는 지금 나의 세탁실에서 일을 하지도 못해요. 병동 푸드 센터에서 일할 때도 너무 힘들어서 정신을 잃었었어요.
- 병원은 환자들이 중요하다는 듯 시늉을 하지만 나는 현재 병동이 그리 중요하지도 않고 새로 옮길 병동도 지금보다 더 낫지 않아요.
- 한때 옮기고 싶었지만, 지금 당장 요구하는 건 아니에요. 혼란스러워요.
- 옮기는 것이 병원에서 퇴원하는 것에 가까워지는 것이라면 나는 더 없이 좋겠어요.
- 나는 내가 있는 빌딩이 좋고, (그것이 아름답기 때문에) 여기서 할 수 있는 게 좀 더 있을 거예요. 하지만 소리를 지르는 여자에게서 벗어나는 건 좋아요.
- 그들이 옮긴 병동에서 나를 쉬게 해 준다면 새로운 병동으로 가는 것도 괜찮지만, 그들은 나에게 일을 시킬 거예요.
- 나는 이전에 세탁실에서 일할 수 있었어요. 내가 지금 그 일을 할 수 있다는 것을 알지만 확실한 준비가 되었는지는 잘 모르겠어요.

• 나는 옮기는 것을 거부하지 않을 거예요. 짐을 쌌어요. 더 좋아진다면, 나는 기분 좋게 옮기고 싶어요.

로저스는 그의 공감적 이해를 전달한다. 특히 그는 로레타가 삶을 변화시킬 준비가 되었는지와 관련하여 혼란스럽고 불확실한 감정을 인식한다. 그는 이것이 굉장히 힘든 선택이라는 것과 이런 결정은 그녀의 감정과 관련 있으며, 이것은 정말 그녀가 원하는 것이 아닐지도 모른다고 인지하고 있다. 이것은 로레타를 도우려는 것에서 찾을 수 있는 것인데, 이후 고려해 봐야 하는 것은 해결하기 어렵고 곤혹스런 주제다. 그녀는 자신이 준비가 되었는지를 확실히 알 수 없다 해도 기꺼이 옮기려는 의지를 일으키게 된다.

병동을 옮기는 주제에 대한 로레타의 설명은 그녀가 사람들을 신뢰할 수 있는지에 대한 문제를 다루도록 한다. 로저스는 로레타의 혼란스러운 감정을 강조하고("지금 당신은 혼란스러운가요?"), 그녀를 새로운 주제로 이동시킨다. "글쎄요. 그녀가 나에게 충격요법을 쓰는 유일한 사람이기 때문에 나는 병동의 아니타(Anita)를 매우 신뢰하지 못해요." 이후 이 문장에서 로저스는 한 사람에 대한 그녀의 불신감을 이해하고 수용하고 있다. 로레타는 불신감의 정도에 대해 나눈다. "아무튼 나는 사람들을 신뢰하지 않아요." 잠시 후에 그녀는 "당신은 사람들을 신뢰하기에 너무 쉽게 상처를 받을 수 있어요."라고 덧붙인다. 그녀가 이 문장에서 표현한 태도는 다음과 같이 요약할 수 있다.

• 나는 충격 요법을 책임졌던 병원 직원을 신뢰하지 않아요. 그녀는 친절하게 행동했어요. 그건 '의사의 처방'이라고 말했지만 내가 아는 한 내 의사와 이야기한 적이 없어요.
• 나는 사람들을 더 이상 신뢰하지 않아요. 내가 사람들을 신뢰했을 때 상처를 받

았어요.

- 나는 그들이 갑자기 나에게 충격 요법을 쓴 것을 이해할 수 없어요. 나는 내가 일할 수 없다고 말했었는데, 그들이 내가 말한 사실을 믿지 않기 때문에 충격 요법을 쓴 것인지 궁금해요.
- 갑자기 나는 충격을 받았고 일을 해야 했어요.

로저스는 구조적으로 사람을 신뢰하는 데 대한 로레타의 어려움을 다루면서 그녀의 감정과 인식한 것을 이해하려고 노력한다. 예를 들어, 로레타는 병원 직원이 충격 요법을 사용하면서 통제하려는 것을 신뢰하지 못한다고 표현했다. 로저스는 이에 대해 "그것이 당신을 정말 혼란스럽게 만드는 부분이군요. 이런! 당신을 좋아할 것 같은 사람이 당신 옆에 있었지만 충격 요법을 한다는 명목으로 그녀가 팔로 당신을 붙들어 놓고 있군요." 또한 그는 충격 요법을 사용하는 것이 그녀의 의무를 수행하는 것이었다는 그녀의 감정에 초점을 둔다. "글쎄요, 충격 요법은 당신이 그들이 원하는 것을 하지 않을 때 그들이 당신에게 처벌을 가하는 수단이 되는군요?"

암묵적으로 로저스가 자신이 반응하는 방식으로 그녀의 감정을 정확히 이해하지 못했을 때, 로레타는 로저스를 올바른 방향으로 이끈다. 불가피하게 입은 상처 탓에 그녀가 사람들을 신뢰하지 못하는 것을 토론하기 시작한 시점이 좋은 예가 된다. 로저스가 정확한 공감을 통해 표현하고 반응한다. "그건 당신이 상처받기 쉬운 방식이군요." 로레타는 좀 더 나아가서 진술한다. "그건 내가 상처를 받았던 방식이에요." 그것에 대해 로저스는 그녀의 설명을 수용한다. "그건 당신이 상처받던 방식이었네요."

로레타는 인터뷰 도중 주변에서 자주 소리를 질렀던 한 환자의 치료에 대한 고통과 혼란스러움을 표현한다. 이 인터뷰와 관련하여 오디오테이프 기록의 극적인 관점은 주변에서 소리를 지르는 또 다른 여성 환자의 소리다. 이에 대해 처음 언급한 이후 로레타는 그 소리가 끊임없이 영향을 미쳐도 로저스와의 대화가 중반 이상 흘러갈 때까지 이 주제를 떠올리지 않았다. "나는 저 여자가 소리를 그만 질렀으면 좋겠어요." 로저스의 공감적 반응은 다음과 같았다. "그녀가 멈추지 않는 이유는 뭘까요?" 로레타의 대답은 개인적인 관심사로 그녀의 초점을 이동시킨다. "그녀는 멈출 수가 없어요. 그게 가장 큰 문제예요. 만약 그녀처럼 되면 어떻게 하지. 그 느낌은 당신을 끔찍하게 만들 거예요."

이와 관련하여 로레타가 표현한 몇 가지 태도는 다음과 같다.

- 여자의 소리가 정말 괴로워요. 당신은 이 소리가 들리는 곳에서 벗어날 수 있나요?
- 나는 결국 그렇게 끝나 버릴까 봐 걱정이 돼요.
- 내가 그녀 옆에 앉았을 때, 그녀는 정말 괜찮았던 것 같았어요. 그녀는 조용했고 아무 이야기도 하지 않았어요.
- 당신은 그녀가 더 나빠지지 않도록 병원에서 누군가가 도울 수 있다고 생각하는군요.
- 나는 아마도 의사들이 그녀에게 준 약물 때문이라고 생각해요.
- 나도 약물을 복용하고 그녀처럼 될지도 모른다고 걱정해요.

항상 그렇듯 로저스는 이런 관심사에 공감적 이해를 가지고 솔직하게 반응한다. 그는 병원 직원이 병을 낫게 하는 것이 아닌 장애를 불러일으킬 수 있다는 그녀의 의심뿐 아니라 이렇게 소리 지르는 일이 그녀에게도 일어날 수 있다는 것에 대한 공포를 언어적으로 표현해 주고 있다. 다음과 같은 공감적 반응에 주목해 보자. "당신에게 '그들이 약물로 당신의 상태를 나빠지게 만들 것 같은' 느낌이 드나요?" 로레타와 함께한 대화를 바탕으로 혹자는 그녀가 소리를 지르는 환자에 대한 치료 의혹과 그녀가 똑같은 방식으로 끝을 맺을 수 있다는 공포감을 이해하고 있다고 합리적으로 결론맺을지도 모른다.

로레타는 무릎이 떨리는 감각과 공중에서 퍼지는 전류의 느낌에 대해 설명한다. 로레타는 자신의 체험을 다음과 같이 설명한다. "나는 세탁실에서 일하는 것을 원하지 않아요. '나는 두 번 다 그것을 좋아하지 않았기 때문에…….' 푸드 센터에서 일하는 것도 그리 좋아하지 않아요. 그전에 일을 해 봤기 때문에 나는 그것을 좋아하지 않아요. (칼 로저스: 음, 음.) 글쎄요, 나는 어떤 것도 하지 못해요.…… 나는…… 첫째 날은 괜찮았지만, 둘째 날 30분 정도 일했는데 정신을 잃었고, 이후 3일 더 하려고 노력했지만, 매일 정신을 잃었어요.…… 나는 거기에서 일하는 것을 그만두었어요. 그곳에는 너무 많은 긴장이 흘러요."

이것에 대해 로저스는 응답한다. "음, 당신은 거기에 있으면 뭔가 나빠지는군요? 너무 많은 전류와 함께 '정말 내가 거기에서 일했을 때 나쁜 결과가 있었던' 것이군요." 로레타가 기절했을 때 얼마나 놀랐는지에 대해 설명한 이후, 로저스는 이에 대해 반응한다. "그건 당신에게 매우 이상한 일이 일어난 것 같았겠어요." 그리고 "음, 그건 정말 혼란스러웠을 것 같아요. '나에게 무슨 일이 일어난 거지?'"

잠시 후, 로레타는 또 다른 증상에 대해 설명한다. "알아챘는지 모르겠지만…… 내 다리가 움직여요." 로저스는 그에 대해 반응한다. "그렇군요. 알고 있었어요." 로레타는 한걸음 더 나아가 설명한다. "내가 말했듯이 무릎이 떨려요. (칼 로저스: 음, 음.) 약 때문인지는 모르겠지만, 이것에 대해 할 수 있는 게 아무것도 없어요. 앉지 못하는 것이 굉장히 두렵지는 않아요. 그룹 미팅이나 비슷한 어떤 일을 할 때 그런 일이 일어나는데, 조절할 수 없어요. 이건 정말 당황스러워요(불안하게 웃음)."

로저스는 이런 감각이 특별한 상황에서 나타난다는 로레타의 체험을 존중하며 듣는다. "이런 증상은 그룹에 가면 더 나빠지는 것 같군요." 또한 그는 그녀의 증상이 복용하는 약 때문이라는 로레타의 신념에도 반응하고 있다. "글쎄요, 아마도 그건 약 때문이라는 건가요?" 후에 로레타는 무릎에 대한 감각에 대해 또 다른 설명을 한다. 그녀는 소리를 지르던 환자에 대해 토론했었다. "당신이 그에 대한 방법이 있다 해도 무슨 일을 할 수 있겠어요? 단지, 단지, 나는 그들이 어땠는지를 알았고, 그것을 볼 수 있을 뿐이죠. 그래서 나는 자신을 충분히 통제할 수 있었고, 머리를 벽에 부딪히지 않게 할 수 있었어요. ……그것들 중 어떤 것은 느낌이 있었는데 통제할 수 없다는 것이었죠. 그들은…… 나는 그것에 대해 너무 많이 보고 들었기 때문에, 약간은 스스로 견딜 수 있어요. ……그렇지만 무릎이 떨리는 이유는 벽에 머리를 부딪히는 것보다 나았기 때문에 그렇게 반응한 것 같아요."

이후 로저스는 반응한다. "음, 음. 그래서 어떻게 보면 당신은 충분히 통제할 수 있기 때문에 머리를 벽에 부딪히지 않을 수 있네요. 하지만 그것은 마치 어디에서나 그렇게 해야만 하는 것으로 보이고, 어……." 로레타는 로저스의 말을 끊는다. "무릎이 떨려요." 로저스는 그것을 있는 그대로 받아들인다. "당신 무릎이 떨리네요."

그녀의 이상한 감각과 관련된 주제에 대해 로레타와 로저스의 상호작용의 주요한 특징을 보면, 그는 마치 '정상인' 내담자가 체험하는 것과 같이 입원한 환자의 정신분열증적인 일부분의 체험을 공손하게 존중하고 있다. 무조건적이고 긍정적인 로레타를 향한 그의 존중감은 공감과 일치성과 함께 초기의 황폐한 증상에 대한 논리적인 설명으로 이끌어 그녀를 나아가도록 촉진하고 있다.

로레타는 인터뷰가 진행됨에 따라 긍정적인 자기 수용을 더 많이 표현한다. 로레타와 함께한 인터뷰는 내담자 중심 치료의 초기 시기보다 로저스의 역동적인 측면이 더 관찰된 사례다. 만약 치료자가 내담자의 부정적인 감정을 공감적으로 이해하고 수용하는 것을 전달하면 내담자는 자아와 타인에 대해 긍정적인 관점을 체험하는 데 자유롭다. 예를 들어, 무릎이 떨리는 증상에 대한 대화 이후 즉시 로레타는 말한다. "당신의 머리를 부딪히는 것은 헛수고예요. 그건 내 머리이고 난 내 머리를 좋아해요." 여기에서 그녀가 가치 있는 사람이라는 신념이 역동적으로 표현된 것이다. 이와 동일하게 이후에 로저스와 이야기를 주고받은 대화에서 그녀는 말한다. "맞아요. 결국 하나님이 나에게 주신 머리잖아요. 내가 원한 머리예요. 나는 벽에 머리를 부딪히지 않을 거예요. 그러고 싶다 하더라도. 아무튼 난 정말 그렇게 하지 않을 거예요…… 글쎄요, 감금당하고 소리 지르는 그 소녀를 어떻게 도울 수 있을까요? 그녀를 그것에서 구할 수 있는데 유용한 도움은 무엇이 있을까요? 어떤 것이 있을까요?"

로저스는 "나는 당신이 스스로 자신에게 묻는 질문 같은데, 이 세상에 선한 것은 무엇인가……?"라고 응답한다. 로레타는 이에 대해 로저스에게 갑자기 대응한다. "아니요. 나는 당신에게 묻고 있어요." 여기서 우리는 로레타가 의도적으로 어떤 것에 주목하여 설명하려는 심리학자에게 맞서는 것을 보게 된다. 그녀는 소리를 지르는 환자의 치료에 대해 그가 어떻게 생각하는지 알고 싶어 한다. 정확히 이해되기를 바라는 로레타의 주장에 관한 또 다른 인터뷰 사례가 여기에 있다. 그와 같은 자세 중 하나는 로레타 자신이 의식을 잃은 것을 설명할 때 나타난다. 로저스의 반응 중 하나는 "음, 음. 당신은 정말 필사적으로 그 상황에 있다고 느꼈군요. 그렇게 봐야 하나요?" 였다. 로레타는 로저스의 진술을 명확히 한다. "아니요, 나는 그렇게 절망적이지 않았어요. 나는 단지 그것을 이해하지 못한 것뿐이에요. 나는 내가 정신을 잃은 이유를 잘 몰랐어요."

정확하게 이해받고 싶은 로레타의 이런 사례는 이 인터뷰에서 자기 존중감을 발휘하는 두 번째 지표다. 세 번째는 더욱 직접적인데, 치료가 자신에게 도움이 되었다는 그녀의 주장이 반영된 표현이다. "나는 이런 만남이 매우 즐거워요 (약간 웃음)……. 나는 약보다는 이야기를 하면서 더욱 많은 도움을 받았다고 생각하고…… 상황이 어떻든 더 좋아진 것 같아요." 전문가와 이야기하는 것이 약보다 더 많은 도움이 되었다는 로레타의 진술은 치료 과정에 참여한 것이 가치가 있었음을 제시한다. 그와 같은 상황에서 로저스와 함께한 인터뷰는 그녀가 매우 적극적인 태도를 보여 준 예를 제공한다.

로저스와 대화를 나누는 동안 로레타가 다른 사람들이 자신을 선하지 않거나 반사회적으로 행동하는 것으로 인지하는 것에 대한 걱정을 표현하는 것은 어떤 방식에서든 가치 있는 것이다. 첫 번째 예는 인상에 대해 분명하게 하기를 원했을 때다. "오, 나는 한 가지를 정확하게 하고 싶은 게 있어요. 내가 '아니요.'라고 한 것은 내가 준비가 되었는데도 집으로 갈 수 없다는 이유가 궁금했기 때문이에요." 그녀는 무례를 범하려는 의도는 없었으며, 그런 방식으로 인식되기를 원하지 않았다는 것을 설명하고 있다.

수용적인 태도를 가진 사람으로 알아 주기를 바라는 그녀의 바람을 나타내는 또 다른 예는 충격 치료를 받았던 것과 관련된 토론에서 나타난다. 그녀는 이야기한다. "나는 아무것도 하지 않았지만 치료를 계속 이어 가게 될 것을 알았어요." 은연중에 그녀는 자신이 '나쁘게' 행동하는 것으로 비춰질 것에 대한 걱정을 표현한다. 이런 가정은 그녀가 몇 분 후에 말한 것에 의해 확실해졌다. "그리고 다음번에 그들은 '당신은 준비하고 치료를 받아요.'라고 말했어요. ……나는 말했어요, '왜요? 나는 아무것도 안 했어요. 누구와 싸우지도, 다른 어떤 것도 하지 않았어요.'"

이후의 인터뷰에서 로레타는 자신을 표출하는 것과 퇴원 결정이 연관되어 있다는 인식이 생겼음을 이야기한다. "나는 내가 매우 심각한 어떤 행동을 하지 않았기 때문에 집으로 갈 수 있다고 생각했어요. ……나는 누구와도 폭력적인 싸움을 한 적이 없었어요." 그의 반응에서 로저스는 이것이 인터뷰를 통해 계속 나왔던 주제라는 것을 알아차린다. "내가 어떤 나쁜 행동도 하지 않고 나 자신을 잘 견디었다는 것 그리고 정말 폭력적이지 않았고, 많은 법칙을 깨지 않았다는 것은 줄곧 당신의 감정의 일부분이 관여되고 있는 거군요." 로레타는 응답한다. "나는 어떤 것도 깨지 않았어요, 나는 생각한 적 없어요." 그녀는 덧붙인다. "그들이 아무것도 말해 주지 않기 때문에 당신은 규칙이 무엇인지 알아서 찾아내야 해요." 그러고 나서 로저스는 기저에 깔려 있는 주장을 반영한다. "음, 음. 그러나 당신의 감정은 '나는 선했다.'라는 거죠."

이 지점에서 로레타의 반응은 흥미롭고 유의미하다. "그러나 나는 선하지 않아요. 그 정도로……. 당신이 너무 선하다고 과장하지 않았으면 좋겠어요. ……나는 그렇게 믿지 않아요. ……내가 아는 한 나는 선했어요. ……나는 완벽하지는 않아요. 그러길 바라지만 그렇지 않아요." 로저스는 응답한다. "그러나 당신은 당신이 할 수 있는 최선을 다하고 있는 것 같아요." 로레타는 이 코멘트를 확고히 한다. "나는 어떻든 간에 선하게 행동하려 해요."

그녀가 긍정적인 자기 존중감을 표현하는 방식은 로레타에게는 중요한 주제다. 그녀는 자아를 놀랍게 받아들이고 있음을 말로 표현하고 있다. 그녀가 정말 그만큼 선하다는 것, 완벽하지는 않다는 것, 그녀가 '선한 것을 과장하는 것'을 신뢰하지 않은 것.

인터뷰에서 로저스의 행동

로레타와 함께 이 인터뷰에서 여섯 가지 주제를 어떻게 다뤘는지를 입증하는 과정에서 로저스는 그녀와 상호작용하는 방법에 관한 많은 사례를 보여 주고 있다. 인터뷰 전체를 검토해 보면 로저스는 일부분 공감적인 반응의 놀랄 만한 일치성을 보여 준다. 그의 모든 반응에는 로레타가 그와 나누고 싶어 하는 것에 대해 이해하려는 노력을 그녀에게 보여 주려는 한두 가지 의미가 있다.

로레타는 이런 공감적 접근에 반응했다. 그녀는 한 영역에서 또 다른 토론으로 나아가고 있고(예: 병동 이동과 관련된 현재 문제로부터 단체와 사람들을 믿기 어렵다는 주제로 옮겨감), 그녀는 특정한 영역 안에서도 진전을 이뤄나갔다(예: 이동하는 것이 좋은 결과를 가져올지도 모른다는 것과 그녀가 이것을 두고 싸우지 않을 것을 결심하면서 이동에 대한 그녀의 갈등을 해소한 것). 더불어 로저스의 공감적 접근은 더 정확히 문제를 바라볼 수 있는 능력을 증진시켰을 뿐 아니라 확장된 자기 이해와 수용을 촉진한 것 같다. 마지막으로, 로저스의 치료 방식에 대한 로레타의 반응은 그의 반응에 즉각 코멘트를 하는 것에서 드러난다. "그건 정말 그래요." "맞아요. 그것이 내가 생각한 것이에요." "그건 사실이에요."와 같은 진술을 통해서 그녀는 이 모든 것을 진실로 이해했고 느꼈음을 인정하고 있다.

높은 수준의 공감과 더불어 로저스는 '치료적 성격 변화의 필수적이고 효율적인 조건'의 고전적인 형태를 포함하고 있는 치료자의 두 가지 특징, 즉 무조건적이고 긍정적인 존중감과 일치성을 제공하고 있다. 그는 다른 내담자들을 존중했던 것처럼 로레타에게도 일치감을 보였다. 그녀의 인터뷰 동기가 첫 번째와 두 번째 인터뷰에서 충분히 이해받고 존중받지 못했다는 느낌이 있다는 것을 로저스가 알아차렸기 때문이다. 그는 세탁실의 공기에 긴장이 흐르는 것 그리고 무릎이 떨린다는 그녀의 신념을 무조건 존중했다. 그는 주제에 대한 그녀의 선택, 각각을 탐색하는 그녀의 태도를 존중했고, 또 다른 주제로 넘어가는 것도 그대로 존중했다. 나는 로레타가 새 피험자가 되어 실시한 짧은 인터뷰를 네 번 검토했다. 그녀가 초기에 탐색했던 것으로 다시 돌아가거나 통찰 혹은 새로운 태도가 나올 때나 자기 방향성의 또 다른 형태를 시연하기 위해서다.

이 인터뷰의 내담자 중심성에 대한 또 다른 지표는 로레타의 진술(218)과 로저스의 진술(131)을 인쇄한 양이다. 많은 심리학자가 내담자의 힘을 존중하는 것에 대해 말로만 표현할 뿐이다. 그러나 이런 축어록은 아들러 학파, 융 학파, 게슈탈트 치료자들, 인지치료자들, 가족치료자들 그리고 내담자와 치료자 사이의 상호작용을 중시하는 또 다른 치료자들에게 내담자의 힘을 존중해 주는 내담자 중심성에 대한 특징을 잘 보여 준다. 정신분석을 바탕으로 하는 치료자에게도 역시 마찬가지다. 내담자 중심 치료자들은 전문가 역할을 하려 하지 않기 때문에 공감적인 이해를 전달하는 용어에 대한 의존도가 항상 있는데도 장황하게 말을 계속하지 않는다.

이런 주장을 지지하는 몇 가지 사례는 『심리치료의 사례 연구』(Wedding & Corsini, 1989) 인터뷰 자료 분석을 통해 나온다. 이 책은 치료자가 다양한 접근으로 치료한 사례를 포함하고 있다. 인터뷰를 기록한 모든 사례는 내담자나 환자가 이야기한 양과 치료자가 이야기한 양이 부합했다. 〈표 2-1〉에서 보여 주듯이 아들러 학파, 인지-정서, 인지치료자들은 상당히 여유 있게 내담자나 환자들을 압도했다. 질적으로 그들은 아주 지시적이다. 예를 들어, 게슈탈트 치료자인 프리츠 펄스(Fritz Perls)가 그렇

표 2-1 치료자와 내담자가 진술한 횟수

이론	치료자(들)	치료자 횟수	내담자 횟수
아들러 학파	모젝과 마니아씨(Mosak and Maniacci)	268	227
내담자 중심	**칼 로저스(Carl Rogers)**	**165**	**401**
인지행동	알버트 엘리스(Albert Ellis)	554	290
인지	아론 벡(Aaron Beck)	398	182
게슈탈트	프리츠 펄스(Fritz Perls)	200	540
가족 치료	페기 펩(Peggy Papp)	253	325

주: Wedding & Carsini(1989) 자료에 있는 축어록 인터뷰를 바탕으로 함.

다. 그가 진술한 양이 그리 지배적이지 않았다 할지라도 그의 인터뷰는 "이것을 그들에게 말하세요." "침실에서 놀아 보세요." "지금 부엌에 머무르세요." "당신이 지금 체험하는 것에 머무르세요." "가짜가 되어 보세요."와 같은 논평으로 가득하다. 가족치료자 페기 펩(Peggy Papp) 역시 지시적이다. 그녀는 한 방향 거울을 통해 치료자들을 관찰하면서 '그리스어 코러스(Greek chorus)'로 이야기한다(표에 있는 내담자 횟수 325는 펩이 치료한 5명의 가족에게서 산출한 것임).

반대로 로저스는 1950년대부터 오랜 기간 봐 왔던, 그리고 웨딩과 코시니(Wedding & Corsini, 1989)에 포함시켜 인터뷰했던 한 내담자에게 '오크 씨'라고 말한 것도 끊임없는 공감의 표현이다. 더불어 1940년과 1986년 사이에 있었던 34개의 인터뷰에서 로저스 반응을 정리한 브로들리(Brodley, 1991)는 전체 1,928개의 반응 중에서 1,659개의 공감적 반응을 보여 공감이 86%를 차지한 것을 발견했다. '허버트 브라이언(Herbert Bryan)'[상담과 심리치료(Rogers, 1942)의 대략 2/5를 차지했던 여덟 가지 인터뷰 사례]의 사례에서 브로들리(1991)가 1940년에 세 차례 실시한 인터뷰는 생략되었다 할지라도 로저스의 공감 반응은 놀랍게도 90%에 이른다.

로저스는 '치료적 성장을 이끄는 태도의 가장 기본 조건'으로 일치성 혹은 솔직성을 꼽았다(Rogers, 1980, p. 2158). 나는 당연히 솔직성에 대한 판단은 매우 주관적이라고 생각한다. 그러나 나는 로레타와 함께한 로저스의 인터뷰에 참석했고, 조심스럽게 축어록을 다시 읽었다. 이를 통해 로저스가 로레타와 함께하기 전 매우 많은 것을 준비해 놓았고, 그녀에게 진심으로 관심이 있었다는 것을 발견한다. 그는 진심으로 말했고 전문가의 기준으로 반응하기보다는 한 사람으로서 그녀에게 반응했다.

로저스가 끊임없이 공감적이었지만, 나는 로레타에 대한 로저스의 반응에 한 가지 실패한 부분이 있음을 주목했다. 로레타는 몇 번 가족에 대해 설명했다. 초기 인터뷰에서 그녀는 말한다. "아버지가 나를 찾아오지 않았기 때문에 주말에 밖으로 나가지 못했어요." 몇 분 후에 로레타는 말한다. "나는 이동하는 걸 꺼리지는 않아요, 내가 말하고자 하는 건 만약, 어……. 어, 집으로 가는 또 다른 방법이라면……. (칼 로저스: 음.) 그렇지만 나는 아무튼 밖으로 나가지 못했고, 모르겠어요. 나는 오빠에게 편지를 썼지만 답장을 받지 못했어요. ……(칼 로저스: 음.). 그는 결코 답장을 하지 않았어요."

로레타가 집으로 돌아가고 싶다는 것과 오빠에게 아무 반응이 없다는 표현에 대해 로저스가 '음.'이라고 반응하는 동안, 로저스는 그 주제로 다시 돌아가서 로레타의 감정과 태도를 수용하면서 이것을 추가로 재인식하지 않았다. 만약 로레타가 이 주제에 몰입했다면, 로저스는 다시 돌아봤을 것으로 보이지만, 이 지점에서 그는 로레타가 아버지와 형제를 보지 못하고 있는 데 대한 실망감 그리고 퇴원하여 집으로 가는 것에 강한 관심을 촉진하는 데 실패했다.

이것이 공감을 하는 데 유의미한 실패 요소인가? 이 인터뷰의 오디오테이프를 들을 때, 그냥 축어록을 읽는 것과의 차이점을 확인해 보면 이것과 또 다른 오류는 극명한 차이가 없었다. 이것은 로레타와 관련된 로저스의 인터뷰 토론 기록에도 반영되어 있다. 미국심리학회 심리치료사 약 30명(내담자 중심 치료자가 아님)은 이 인터뷰를 관찰했고, 로레타가 떠난 이후 바로 로저스와 함께 회기에 대한 질의문답에 참석했다. 반응은 공손했지만, 그들은 극히 비판적이었다. 로저스가 병원 직원을 옹호하는 데 실패한 이유가 무엇인가? 로레타가 이야기한 몇 가지를 연결해서 지적하지 않은 이유가 무엇인가? 이런 유형의 언급은 또 있었지만, 로레타가 오빠와 아버지에 대해 언급한 것에 로저스가 반응하지 않았던 부분에 대해서는 청중으로 참석했던 저명한 정신분석가들 중 어느 누구도 언급하지 않았다.

이 글에서 로저스가 이런 특별한 주제를 지향하지 않았던 이유에 대해 분석해 보는 것이 가치 있을지도 모른다. 로저스의 삶의 어떤 부분—성장 배경—이 로레타가 가족에 대해 언급한 부분을 거절하게 만든 것은 아닐까? 로저스의 생애를 연구한 커쉔바움(Kirschenbaum, 1979)은 다음을 주목한다.

> 로저스와 함께한 첫 번째 인터뷰에서 그는 나에게 말했다. "나는 과거를 회상하는 노인들을 별로 좋아하지 않아요." 그는 자주 "우리는 자기 나이대로 정말 즐거워하는 사람들을 보면 설레요."라고 말하곤 했다. 1965년 한 유명한 심리학자가 자신의 자서전 작업을 할 때, 과거를 살펴보는 시간을 너무 많이 가져서 그것을 회복하는 데 그와 아내는 오랜 시간이 걸렸다고 말했다. 그에게 과학적인 면과 예술적인 면이 동시에 있다는 것이 나타났다. 이 양측은 새로운 도전을 하는 데 필요했고, 과거의 성취에 머무르지 않을 수 있었다. 또한 이것을 넘어서 로저스는 미래에 대한 관심으로 젊은 사람들과 계속해서 조합을 이뤄 나갔다. 그는 항상 졸업생들과 연락하는 데 의미를 두었고, 대학을 떠난 이후에도 이는 계속되었다. 그는 "아마도 나를 유지하는 주요 요소는 철저하게 평등한 것을 기반으로 젊은 사람들과 지속적으로 연합하면서 성장하는 치료자로 살아가는 것이다."라며 이것을 설명했다. 나는 항상 젊은 연구진과 함께 연구해 왔다. 나는 그렇게 진귀한 것을 찾고, 행운을 가지고 있었기에 내 또래에게 자극을 주는 대상을 찾을 수 있었을 것이다. 젊은 사람들은 새로운 생각으로 가득하고 우리 훈련의 경계선을 탐색하며 내가 사랑해 마지않는 어떤 두려워하는 일 혹은 연구에 대한 질문을 제기하는 것으로 가득하다. 이것은 나에게 자극을 주고 또 다른 것으로 옮겨 갈 수 있게 하는데, 나는 성장하고 싶다(p. 396).

로저스의 가족 관계는 이런 태도와 동일한 것 같다. 그는 55세인 부인 헬렌, 자녀들, 데이비드와 나탈리 그리고 여섯 손자들과 더 가깝게 지냈다. 형제들에 대한 관심은 점점 줄었는데, 아마도 가치관과 관심을 나누는 것이 결핍되었기 때문일 것이다.

로레타에 반응하는 데 있어 로저스 자신의 주제는 그녀의 형제와 가족에 대한 언급을 '간과'하는 데 영향을 미쳤다. 명확히 그는 그녀의 병실 이동과 병원 직원을 신뢰하기 어려운 부분 등 현재 문제에 더욱 초점을 두고 있다. 그러나 이런 부분은 광범위한 인터뷰에서 아주 작은 부분에 해당한다. 이 인터뷰는 편집성적 정신분열증으로 진단된 정신과 환자인 장애가 심한 여성을 성공적으로 내담자 중심 접근에 적용한 훌륭한 사례를 제공하고 있기 때문이다.

참고문헌

Brodley, B. T. (1991, July 1-6). *Some observations of Carl Rogers' verbal behavior in therapy interviews.* Paper presented at the Second International Conference on Client-Centered and Experiential Psychotherapy, University of Stirling, Scotland.

Kirschenbaum, H. (1979). *On becoming Carl Rogers.* New York: Delacorte Press.

Rogers, C. R. (1942). *Counseling and psychotherapy.* Boston: Houghton Mifflin.

Rogers, C. R. (1951). *Client-centered therapy.* Boston: Houghton Mifflin.

Rogers, C. R. (1980). Client-centered psychotherapy. In A. M. Freedman, H. I. Kaplan, & B. J. Sadock (Eds.), *Comprehensive textbook of psychiatry/III* (pp. 2153-2168). Baltimore: Williams & Wilkins.

Rogers, C. R., Gendlin, E. T., Kiesler, D. J., & Truax, C. B. (Eds.). (1967). *The therapeutic relationship and its impact: A study of psychotherapy with schizophrenics.* Madison: University of Wisconsin Press.

Wedding, D., & Corsini, R. J. (Eds.). (1989). *Case studies in psychotherapy.* Itasca, IL: Peacock.

CARL ROGERS

제 3 장
글로리아의 사례(1964)

summary by Debra Rosenzweig

이 회기는 여러 다른 분야의 세 치료자[인지-정서치료: 알버트 앨리스(Albert Ellis), 게슈탈트 치료: 프레드릭 펄스(Frederick Perls) 그리고 칼 로저스(Carl Rogers)]가 시행했던 글로리아(Gloria)의 인터뷰 시리즈 중 하나다(Shostrom, 1965). 글로리아의 사례는 다른 어떤 사례의 기록보다도 정신건강 수련생에 초점을 둔 사례였다. 로저스의 인터뷰도 처음으로 이루어졌다.

초기에 언급했듯이 사례 요약은 전체 축어록을 발간하는 게 쉽지 않기 때문에 여기에 실었다. 그러나 사례 전체 축어록은 로저스와 우드(1974)에게서 찾을 수 있고, 로저스(1984)와 앨리스(1986) 양쪽 다 유용하게 사용했던 사례의 토론도 볼 수 있다. 이것에 흥미가 있는 독자는 바인라흐(Weinrach, 1990)를 보면 된다. 이 책에서는 논란이 되는 필름 기록을 흥미롭게 볼 수 있으며, 결말에 포함되어 있지 않은 249단어가 들어가 있는 대화 축어록과 글로리아와 로저스 사이에 실시된 후기 회기까지 이어지는 관계의 상세한 부분도 포함되어 있다.

로저스는 "좋은 아침이에요."라고 말하면서 회기를 시작하고 있고, 그와 글로리아가 30분가량 이야기를 나눌 것이지만 그 시간을 의미 있게 만들 수 있기를 바란다고 설명한다. "나는 당신이 무엇에 관심이 있는지 알고 싶어요."라고 그는 말한다. 글로리아는 신경이 날카로워져 있었지만 테너 톤인 로저스의 목소리 덕분에 지금은 편안하다는 느낌을 전달한다. 그녀는 그가 엄격하지 않기를 기대하고 있고, 로저스는 그녀의 목소리가 약간 떨리는 것을 들을 수 있었다고 한다. 그러고 나서 글로리아는 토론하기를 원하는 '주요 문제'에 대해 이야기하였다. "나는 최근 이혼을 했고, 이전에 치료를 받고 편안해지긴 했지만 이제는 가지 않아요. 요즘 갑작스러운 큰 변화는 내가 혼자가 되는 것에 적응하는 거예요." 그녀는 과거 정서적 문제가 있었던 아홉 살 딸 파미(Pammy)가 집에 남자가 있는 것에 충격을 받을까 봐 걱정하고 있다고 설명한다. 글로리아는 파미가 어떤 영향을 받을지를 자각하고 있고, 그들이 솔직하게 터놓고 대화했던 것을 설명하는데, 점차 성관계 관련 주제로 확대된다. 최근 "딸은 내가 아빠와 헤어진 후 다른 남자를 사랑하게 되었는지를 물었어요. 나는 딸에게 거짓말을 했어요. 거짓말을 한 것에 대한 죄책감이 있었기 때문에 갑자기 이 주제가 머릿속에서 떠오르면서도 '나는 거짓말을 하지 않았어. 나는 딸이 나를 믿어 주길 바라.'라는 관점을 가지고 대화를 했어요." 그녀는 "나는 당신에게 대답을 듣기를 원해요. 나는 당신이 내가 딸에게 진실을 말하면 아이에게 나쁜 영향을 줄 것이라고 말해 주었으면 좋겠어요." 로저스는 글로리아와 딸의 개방적 관계가 위협받을까 봐 그녀가 걱정하는 것에 반응한다. 글로리아는 그녀가 어머니와 아버지가 사랑을 나누는 것을 처음 본 느낌에 대해 설명한다. 그녀는 그것이 더럽고 무서웠고, 그 이후 잠시 어머니가 싫었다고 말한다. 이에 글로리아는 딸과의 솔직한 관계를 원하는 것과 결과에 대한 두려움 사이에서 몹시 슬픔을 느꼈다.

로저스는 말한다. "나도 당신이 딸에게 말해야 하는 것에 대해 내가 답을 줄 수 있기를 바라요. …… 당신이 정말 원하는 것이 그 답이기 때문에……." 글로리아는 자신이 가장 원하는 것은 완전하게 마음을 열어 정직해지는 것이고, 그녀의 거짓말로 딸이 나쁜 영향을 받는 것이 신경 쓰인다고 말한다. 그녀는 거짓말을 하는 것이 그들의 관계를 긴장으로 이끌 것 같다고 말하고 있는데, 로저스는 "음, 당신은 딸이 의심할 것이고 모녀 관계가 나빠질 수 있다고 느끼고 있군요."라고 반응한다. 글로리아는 딸이 그녀를 신뢰할 수 없게 될 것이라는 느낌을 설명하고, "글쎄요. 딸아이가 더 자라서 스스로 이러한 민감한 상황을 어떻게 깨닫게 될까요? 그녀는 아마도 내가 좋은 사람이고 사랑스럽다고 생각하기 때문에 그것을 나에게 말하지 않을 것이고, 그러나 나를 악마라고 생각할까 봐 두려워요." 이후의 토론에서 글로리아는 자신의 '어두운 면'에 대해 수치심이 있음을 설명하고, 로저스는 "음, 알겠어요. 더 깊은 부분은 차단해 버리는군요. 만약 딸이 정말 당신을 안다면, 당신을 받아들일 수 있을까요?" 글로리아는 이것에 동의하고 어떻게 그녀가 한 남자와 관계를 가질 때 죄책감을 느끼는지를 설명한다. 그녀는 어떻게 특별히 준비해 놓는지, 그리고 아이들이 "이런 것들을 전혀 알지 못하도록 해야겠죠."라고 말한다. 그녀는 딸에게 정직하게 말하지 못하는 부분과 관련하여 딸이 다른 남자와의 관계를 알지 못하게 하고, 죄책감을 느끼고 싶지 않다고 말한다. 그러나 그녀는 "나는 내가 받아들이지 못하는 부분이 있는 것 같아요." 로저스는 "만약 당신 안에 있는 그 부분들을 받아들이지 못한다면, 어떻게 당신이 딸에게 그것에 대해 이야기할 때 편안할 수 있겠어요?"라고 다시 진술하고, "당신은 이런 바람을 가지고 있고 당신이 느끼는 부분이 있지만, 그것들에 대해 실제로는 좋게 느끼고 있지 않아요."라고 덧붙인다.

글로리아는 이에 동의하고 나서 그가 의자에 앉아 있는 것 자체가 조바심이 난다고 이야기했다. 그녀는 그로부터 더 많은 것을 원하기 때문이다. "나는 내가 거짓말한 것과 한 남자와 침대로 간 것에 대한 죄책감을 줄이는 데 당신이 도움을 주길 원해요. ……그래야 편안할 수 있어요." 로저스는 이에 대해 "나는 '아니요.'라고 말해야 할 것 같은데, 나는 당신이 조바심이 들게 하고 싶지 않지만 한편으로는 이것이 내가 당신에게 답을 주기에는 매우 사적인 것 같아요. 하지만 당신 스스로에게 답해 주는 작업을 도와줄 수는 있어요. 나는 당신이 어떤 기분인지 모르겠지만, 어쨌든 그렇게 말하고 싶어요."라고 응답한다.

글로리아는 그의 말에 감사하다고 말했지만, 스스로 이 질문에 대해 어떻게 응답해야 하는지를 모르고 있었다. 그녀는 죄책감에 대한 주제를 이미 앞에서 다뤘다고 생각했는데, 이것들은 여전히 계속해서 떠올라 스스로에게 실망하고 있음을 이야기했다. 이 부분은 그녀의 성격 중에 '고집 센 악마'로 보이는 면에 대한 갈등과 동일하다. 그녀는 그것을 부인하기를 원하지 않았지만, 사랑스럽지 않은 부분을 항상 다른 사람에게 보일 수는 없었다. 로저스는 그녀가 가지는 실망감을 이해한다고 이야기한다. 그녀는 많은 부분을 다루었다고 생각했는데, 지금 그녀가 가지고 있는 일부 죄책감과 감정을 다른 사람들이 수용하게 하려는 부분은 모두 분명히 제기되고 있다. 그는 "계속 표출해 보세요. 내가 지옥에 있는 것 같이 고통스러운 것처럼 당신이 느끼는 진정한 깊은 혼돈을 알겠어요. 내가 무엇을 할 수 있을까요?"라고 계속 이어간다.

글로리아는 로저스가 말했던 것을 확인하고, 편안해지고 싶은 그녀의 욕구는 아동기에 받았던 영향을 살펴보면서 이루어지는 것 같다고 기술한다. "이것들이 떠오르는 순간에는 모든 것이 혼란스러워요." 그녀는 얼마나 이중속박을 느끼고 있는지에 대해 이야기한다. 그녀는 밤에 일하기를 원하고 그것을 즐긴다. 또한 여분의 돈이 생기는 것이 즐겁지만, 아이들에게 잘해 주지 못한다는, 혹은 많은 시간을 아이들과 함께하지 못한다는 것에 죄책감을 느끼고 있다. 그녀는 좋은 어머니가 되는 것과 밤에 일을 하는 것 둘 다를 원한다. "나는 점점 더 내가 완벽주의자가 되어 가는 것을 깨달아요. ……해결책은 두 가지 중 하나인데, 내 기준에서 완벽해지거나 더 이상 그런 욕구를 가지지 않는 거예요." 로저스는 그녀가 실제적으로 느끼는 어느 부분은 좀 다르다 해도 좋은 엄마가 되기를 원하는지 물었지만, 글로리아는 이에 대해 부인한다. "내가 정말로 그렇게 느끼는 것은 아니에요." 로저스는 이에 대해 "아니군요. 그래요, 그래요."라고 반응한다.

글로리아는 그녀 자신에 대해 이야기하면서 자신을 수용하기를 바라고 있다. 그러나 그녀는 자신의 행동이 '그녀 자신이 되도록' 하지 못하기 때문에 좌절하고 있다. 로저스는 "나는 그것을 이해하고 싶어요. 당신의 행동이 당신에게서 벗어난 것처럼 들리는군요. 당신은 스스로를 받아들이기를 원하지만 어떤 행동에 대해서는 스스로 받아들이려 하지 않는군요."라고 반응한다. 글로리아는 그의 진술을 확인하고, 그녀가 사랑하는 사람과 파트너로 맺어진다면 성적 삶에 대해 죄책감을 느끼지는 않을 것이라고 설명한다. 그녀가 죄책감을 느끼는 부분은 육체적 욕망으로 누군가와 자게 되는 그 순간을 말한다. 이럴 때 그녀는 "나는 아이들을 마주하는 게 싫어요. 나 자신을 보이고 싶지 않고 스스로가 좋았던 적이 거의 없어요. 만약 환경이 다르다면 내가 그것을 옳다고 느끼기 때문에 죄책감을 느끼지 않아도 된다고 생각해요."라고 말한다.

글로리아는 그녀가 원하는 것은 완벽한 상황과 같이 건전한 상태라고 언급하고, 그와 같은 바람은 어쩔 수 없다고 진술한다. 그녀 스스로 "그래, 나는 그렇게 할 때 내가 싫어지기 때문에 더 이상 그렇게 하지 않을 거야."라고 하지만 이것은 그녀가 아이들을 원망하고 있다는 느낌을 갖게 한다. 그녀는 아이들이 자신이 원하는 것을 하지 못하도록 막고 있는 이유를 질문하기 시작하고, 로저스는 "어쨌든 때로 당신이 가지는 감정에 대해 책망하고 있는 것처럼 느껴지는데, 내가 말하고자 하는 것은 그들 때문에 당신이 정상적인 성생활을 중단해야 하나요?"라고 말한다. 글로리아는 신체적 유혹을 느껴 성관계를 가지는 것이 건강하지 못하다는 기분이 든다고 설명한다.

로저스는 "그렇게 행동한 것이 자신의 내적 기준과 맞지 않다고 느꼈지만 그전에 당신은 그것을 어떻게 할 수 없다고 했어요."라고 진술한다. 글로리아는 하고 싶었으나 할 수 없다고 한다. 그녀는 평소처럼 자신을 통제하지 못했다고 느낀다. "나는 죄책감을 느끼게 하는 나쁜 행동을 너무 많이 했고, 그런 것을 좋아하지 않는 건 확실해요."라고 말한다.

그녀는 로저스에게 "당신은 내게 가장 중요한 건 열려 있는 마음과 정직해지는 것이라고 느끼나요? ……예를 들어, 내가 파미에게 말할 수 있다면, '나는 네게 거짓말을 해서 기분이 안 좋아. 하지만 지금 나는 너에게 진실을 말해 주고 싶단다.' 내가 딸에게 진실을 말하면 딸은 나에게 충격을 받고 자신을 더 괴롭히겠죠. 나는 죄책감을 없애기를 바라고, 그건 내게 도움이 되겠지만 파미에게 강요하고 싶지는 않아요." 로저스는 "이것이 당신에게는 회피하는 것처럼 들릴 수 있겠지만, 당신 스스로를 너무 정직하지 않은 사람으로 여기고 있는 것 같아요."라고 반응한다. 그는 "당신이 말했던 사실에 너무 많이 집착하고 있는 탓인지는 모르겠지만 '만약 내가 했던 것에 대해 옳다고 느낀다면—한 남자와 침대로 가든지 그렇지 않든지 간에—나는 내가 딸에게 진실을 말하거나 딸과의 관계를 걱정하지 않을 거예요."라고 계속 말한다.

글로리아는 "나는 나를 받아들이는 작업을 하길 원해요. 내가 괜찮은 사람이라는 느낌으로 작업하기를 원해요. 그렇게 된다면 그건 자연스러워질 것이고, 나는 파미에 대해 걱정하지 않게 될 거예요."라고 말한다. 그러나 이후 글로리아는 파미에게 나쁘게 보이는 것 같은 그런 충동을 어떻게 수용할 수 있는지 묻고, 로저스는 "당신이 원하는 행동에 대해 스스로 나쁘다고 여기고 있을 때, 수용한다는 느낌을 어떻게 받을 수 있을까요?"라고 말한다. 글로리아가 이에 동의했을 때, 그는 그것은 힘든 과제로 들린다고 말한다.

글로리아는 그녀가 진실하게 사랑하는 상대가 아닌 사람과 성관계를 가지는 것에 대해 좋지 않다는 느낌을 말한다. 그녀가 치료에서 배웠던 것이 있고, 그녀의 바람이 당연한 것이라 해도 그렇게 느낀다고 말한다. 그녀는 무력감을 가졌다고 말하고, 로저스는 "그래서 당신은 이것을 갈등이라고 하였고 해결되지 않을 것 같다고 느끼고 있는데, 그래서 무력감이 든다고 했어요. 지금 당신은 나를 보고 있는데, 나는 당신에게 어떤 도움도 주지 못한 것 같아요." 글로리아는 이것에 대해 긍정적으로 반응하고, 그녀에게 필요한 것은 그를 통해 안내받을 수 있고, 또한 그녀가 더 이상 무력하지 않기 위해 어디에서부터 시작해야 하는지를 보여 주고 있다고 말한다.

로저스는 그녀에게 무엇을 말해 주기를 원하는지 묻고 파미에게 마음을 여는 것에 대한 위험을 말해 주길 원한다고 말한다. 그녀는 "만약 딸이 내가 악마라는 것을 알고도 여전히 나를 사랑하고 받아들여 준다면, 그건 나 자신을 받아들이게 도울 수 있고, 스스로를 형편없지는 않다고 여기게 해 줄 거예요."라고 설명한다. 그녀는 엄마로서 성적인 부분에 대해 좀 더 개방하고 좀 더 관대하게 그것을 다루어도 되는지 궁금해한다. 그녀는 파미가 자신을 충분한, 한 여성으로, 사랑스럽고 섹시한 여성(악마 같은 면도 있고)으로 봐 주기를 바란다. 파미가 충분히 자신을 수용하기를 원한다고 말한다.

로저스는 "음, 그렇게 불확실하게 들리지는 않네요."라고 말하고 난 이후 "당신은 거기에 앉아서 파미와 그런 관계에 있기를 원하는 것에 대해 말하고 있어요."라고 말한다. 글로리아는 권위자가 그녀에게 OK라고 말해 주지 않으면 위험을 감수하지 않을 것이라고 반응한다. 로저스는 '위험하게' 사는 삶을 이해한다고 말한다. "당신은 딸과의 관계 개선을 운에 맡겨 봐야 해요. 당신은 딸에게 당신이 정말 누구인지 알려 줄 기회가 필요해요." 글로리아는 "맞아요, 그렇지만 내가 기회를 가지지 못한다면, 그녀에게 사랑받고 수용받지 못한다면, 나의 기분은 나아지지 않을 거예요." 라고 계속 이야기한다. 로저스는 "만약 당신을 향한 그녀의 사랑과 수용이 당신에게 거짓된 것으로 비춰진다면, 좋았던 것도 안 좋아지게 되나요? 당신이 말하고자 한 것이 맞나요?"라고 질문한다.

글로리아는 그에게 동의하고 자신이 엄마로서 너무 많은 책임감을 느끼고 있다고 말한다. 그녀는 아이들에게 어떤 외상도 입히지 않기를 원했다. 로저스는 "음, 내가 말했던 삶이 위험하다고 한 부분은…… 그것은 책임에 대한 고통이에요. ……매우 놀라운 것이죠."라고 응답한다. 그러고 나서 로저스와 글로리아는 그녀의 아이들에게 항상 정직할 수만 있다면 자신을 얼마나 자랑스럽게 느낄지에 대해 이야기한다. 그러나 그녀는 그들(자녀)의 아버지가 그들에게 정직하지 않았지만 아이들이 그를 상냥하고 밝다고 생각하는 것에 질투심을 느낀다. 로저스는 글로리아가 아이들이 아버지에게 그랬던 것처럼 자신도 아이들에게 좋은 모습으로 비춰지길 바라고, 그렇게 하기 위해 그녀는 작은 위조품(little phony)이 되어야 했다고 말한다.

글로리아는 아이들의 아버지보다 자신이 더 '고집 센' 부분이 있다고 기술하고 아이들이 자신을 더 나쁘게 생각할 수 있다고 한다. 로저스는 "아이들이 당신을 알면 당신을 사랑하기 어려울 거라고 하는 것 같네요."라고 반응한다. 글로리아는 그녀가 앞으로 나아가 위험을 감수하기 전에 그녀가 옳게 행동하고 있다는 확신이 필요하다고 하고, 로저스는 그녀가 누군가에게 승인을 받고 싶은 것은 확실하다고 말하면서 반응해 주고 있다. 글로리아는 적극적으로 이에 동의하고, 그녀가 행동하는 것이 옳다고 말해 주는 책을 읽었을 때 그녀가 얼마나 희망을 가졌는지에 대해 이야기했지만, 무슨 일이 있든 정직에 대해서는 그렇지 못했다. 로저스는 "음, 당신 스스로가 선택을 하는 것은 정말 힘들어요. 그렇지 않아요?"라고 반응한다.

글로리아는 결정을 내리지 못하고 그에 매어 있으면서 힘든 시간을 보내고 있는 것 때문에 미성숙하다고 느낀다. 그녀는 정말 자신을 도와줄 누군가가 필요하다고 자신을 몰고 간다. 로저스는 그녀 스스로가 그런 욕구를 비난하는 것을 반응해 주고 글로리아는 이에 동의한다. 그녀는 자신을 수용하고 싶다는 바람을 이야기하고, 만약 "당신이 나와 아이들에게 어떤 질문을 할 때 적어도 나는 당신에게 진실을 말했어요. 당신이 그것을 좋아하지 않을 수 있지만 그건 진실이었어요."라고 말할 수 있다면, 자신을 존중할 수 있다고 말한다. 로저스는 "당신의 목소리 톤을 봤을 때, 아마도 당신은 자신의 행동이 수용받지 못하는 것보다 당신이 거짓말할 때 자신을 더 싫어하는 것처럼 들려요."라고 반응한다. 글로리아는 그녀가 파미에게 거짓말을 한 것은 오래전이지만, 그것 때문에 계속 괴로웠다고 말하면서 이를 확실히 한다. 그녀는 '지금' "나는 이것이 해결되었다고 느끼지만 어떤 부분은 해소되지 않았어요. 그렇지만 안심이 돼요."라고 말한다.

글로리아는 로저스가 자신의 본능을 따르는 것을 허용하며 그녀를 지지해 주고 있음을 느낀다고 말한다. 그는 "나는 당신이 원하는 것이 무엇인지 알고 있음을 나에게 표현했다는 것을 알아요. 나는 사람들이 무엇을 원하든 간에 그들을 지지해 주고 믿어요. 그것은 당신이 생각하는 것과는 약간 다른 태도라고 할 수 있어요." 글로리아가 혼란스러워하자 로저스는 "보세요, 내가 중요하게 생각하고 있는 한 가지는 당신이 선택하지 않은 어떤 행동을 하는 것은 좋지 않다는 거예요. 그래서 나는 당신의 내적인 선택이 무엇인지를 발견하도록 돕고자 노력하고 있어요."라고 분명히 한다.

글로리아는 그녀의 느낌 중 어느 것이 가장 강렬한지를 이야기한다. 만약 그녀가 실제로 어떤 방식으로 행동하면, 종종 이후에 자신을 수용하지 못하기 때문에 그것을 강하게 느끼는 것인지 잘 모른다는 것이다. "당신은 스스로 모순된 감정을 느끼고 있는 것처럼 들려요. 내가 당신이 정말 편안한 가운데 자신이 원하는 방식으로 이야기한 것을 듣고 있다고 해도 말이에요."라는 로저스의 말에 글로리아는 "맞아요."라고 말했지만, 여전히 어떻게 진실된 느낌을 가지고 응답할지를 결정하는 데 의문이 든다고 말한다. 로저스는 "음, 그래서 정말 어느 순간 그것에 대해 편안해질 수 있지만, 사실은 힘들 수 있기 때문에 이후 모든 것에 대해 편안해질 수 없게 되는데, 정말 당신은 이런 모든 행동의 과정을 해야 하는 것인가요?"라고 말한다.

글로리아는 그녀가 남편을 떠났을 때 정말 옳은 결정을 했다는 것을 알았다고 말한다. 그녀는 선택에 대해 갈등하지 않았고, 진실한 감정을 따랐다는 것을 알았다. 로저스는 그녀가 무엇을 말하든 완벽히 그녀가 옳다고 여기는 것을 행동으로 그대로 옮겼을 때, 그 안에서 일어나는 감정을 완벽하게 알고 있음을 제시한다. 글로리아는 이에 동의하고, 로저스는 "당신은 정말 때로 스스로에게 귀 기울이고 있고 깨닫고 있어요. 아니야, 아니야, 이건 옳은 느낌이 아니야. 이것은 내가 원하는 것을 할 때의 그 느낌이 아니야."라고 덧붙인다. 글로리아는 "그러나 아직 많은 부분에서 나는 잘 지내고 있고, 아무튼 그렇게 그냥 행동해요. 오, 글쎄, 나는 지금 이런 상황에 있어. 다음번에 이것을 기억해야지."라고 말한다.

글로리아는 자신에 대해서 좋은 감정을 느낄 때 마치 유토피아와 같은 형태라고 말한다. 로저스는 "내가 느끼기에 이상적인 순간에 당신은 정말 온전한 자신이 되는 느낌이고, 감정의 일부가 전체가 되는 느낌이 드는군요."라고 반응한다. 글로리아는 "맞아요."라고 말하고 나서 "나는 종종 내가 원하는 것을 얻지 못하기 때문에 당신이 그에 대해 말했을 때 화가 나는 느낌이었어요."라고 추가로 덧붙인다.

로저스는 모든 감정을 아는 사람은 없다고 말한다. 글로리아는 그와 이야기하는 것이 얼마나 좋은지 생각하고 있었다고 말하면서 반응한다. 그녀는 아버지가 로저스처럼 자신과 이야기하지 않은 것이 아쉽다고 말한다. "내가 말하고 싶은 건 '나는 당신이 아버지 같아서 좋아요.'라는 거예요." 로저스는 "당신은 아버지에게 마음을 열 수 없다는 사실을 정말 아쉬워하고 있기 때문에 나의 아주 좋은 딸처럼 보이네요."라고 반응한다.

글로리아는 로저스처럼 이야기할 수 없는 아버지에 대해 비난하고 싶다고 말한다. 그녀는 아버지가 자신의 이야기를 듣지 않았다고 이야기한다. 아버지는 그녀의 모습보다 더 나아지기를 원했기 때문에 더 완벽해져야만 했다는 것을 깨닫는다. 로저스는 "당신은 아버지가 원하는 모습이 되기 위해 힘들게 노력해야만 했군요."라고 말한다. 글로리아는 "맞아요, 동시에 반항하게 되었어요."라고 말한다.

그녀는 밤에 일했던 것에 대해 아버지에게 글을 쓸 생각을 했던 것을 떠올리며 미소를 지었다고 말한다. 그녀는 그가 허락하지 않을 것을 알았는데, 그녀는 아버지에게 일하는 것에 대해 말하면 상처를 입을 수도 있다는 것을 느꼈다. 여전히 그녀는 아버지가 그녀를 수용해 주기를 바라고 그녀를 사랑하기를 바란다(삶에서 그녀의 역할이 있다 할지라도). 로저스는 "그가 이 일에 대해 말할 수 있는 기회를 거의 놓쳤다고 생각하면 당신이 정말 기분이 나빠지는 것 같아요."라고 제시한다. 글로리아는 아버지가 자신의 이야기를 듣지 않았다고 말한다. 2년 전에 그녀의 감정에 대해 이야기하려고 노력했던 것과 아버지를 두려워했지만 사랑했던 것에 대해 설명한다. 그의 반응은 "사랑하는 딸아, 너는 내가 너를 사랑하는지 알 거야. 내가 항상 너를 사랑해 왔다는 것을 알고 있지?"라고 반복적으로 이야기하는 것이었다고 한다. 로저스는 "음, 결코 당신에 대해 알지도 못하고 사랑하지도 않은 것 같았고, 이것은 결국 당신을 눈물짓게 했군요."라고 반응해 준다. 글로리아는 그녀가 이것을 이야기할 때, '내팽개쳐진' 기분이 들지만, 그녀가 계속 앉아 있을 때 굉장히 큰 상처를 느끼며 로저스는 "당신은 너무 많이 쉽게 내팽개쳐졌기에 그 안에 아주 큰 상처가 있는데도 이를 잘 느끼지 못하는군요."라고 응답한다.

글로리아는 아버지와의 관계가 또 다른 좌절스러운 상황이었다고 말한다. 그것을 회복하기 위해 노력했지만 그녀가 수용되어야만 한다는 것 역시 더 강하게 느낀다. 그녀의 아버지는 그녀가 소통할 수 있는 타입의 사람은 아니다. 그녀는 아버지가 노력은 하지만, 그녀와 협력하거나 대화할 만큼은 아니라고 한다. 로저스는 글로리아의 감정을 이렇게 설명한다. "글쎄요, 나는 영원히 속고 있어요." 글로리아는 이것이 대리자(substitutes)를 좋아하는 이유라고 말한다. 그녀는 그녀를 존중해 주는 로저스와 또 다른 사람들과 이야기하는 것에 가치를 둔다. 그녀는 내적으로 로저스가 매우 가깝고, 그가 아버지의 대리자와 같다고 설명한다. 로저스는 "나는 그것을 가장하고 있지 않아요."라고 말하고, 글로리아는 "그렇지만 당신이 정말 내 아버지는 아니에요."라고 말한다. 그는 이것에 대해 "그래요, 아주 친밀한 관계예요."라고 응답한다. 글로리아는 이것은 가장된 느낌이라고 말한다. 그녀는 로저스가 그녀를 잘 알지 못하기 때문에 그녀와 가깝게 느끼는 것을 그에게 기대하지 못할 수 있다. 로저스는 "글쎄요, 내가 아는 모든 것은 내가 느끼는 것이에요. 즉, 나는 이 순간에 당신과 가깝게 느껴요."라고 말하며 인터뷰를 끝낸다.

회기의 오디오 부분을 분리하고 필름 안에 포함되지 않은 부분(서로 이야기를 나눈 부분)을 담았다(짐링의 논평에서 토론됨). 글로리아는 아버지처럼 그녀를 사랑해 줄 누군가를 찾고 싶은 욕구를 계속해서 이야기한다. 그녀는 진실로 사랑하지 않았던 남자와 데이트를 한 것과 관련하여 의아하다고 한다. 로저스는 놀랍게도 직면시켜 해석해 준다. "당신은 아버지를 정면으로 모욕하고 있어요. 그렇지 않나요?" 글로리아는 이해하지 못한 것 같았다. "네? 성숙한 남자를 원하는데도요?" 로저스는 "그래요, 당신이 정말 원하는 사람과는 전적으로 다른 사람들과 데이트하고 있어요." 마지막으로 기록된 것은 글로리아였다. "그렇지만 나는 그러려던 게 아니었어요. 나는 그들이 주변을 맴도는 이유를 모르겠어요."

참고문헌

Ellis, A. E. (1986). Comments on Gloria. *Psychotherapy, 23,* 647-648.

Rogers, C. R. (1984). Gloria-A historical note. In R. F. Levant & J. Shlien (Eds.), *Client-centered therapy and the person-centered approach: New directions in theory, research, and practice* (pp. 423-425). New York: Praeger.

Rogers, C. R., & Wood, J. K. (1974). Client-centered theory: Carl R. Rogers. In A. Burton (Ed.), *Operational theories of personality* (pp. 237-254). New York: Brunner/Mazel.

Shostrom, E. L. (Producer). (1965). *Three approaches to psychotherapy (Part 1)* [Film]. Orange, CA: Psychological Films.

Weinrach, S. G. (1990). Rogers and Gloria: The controversial film and the enduring relationship. *Psychotherapy, 27,* 282-290.

해 설

로저스와 글로리아
-필요충분 조건에 있어 전부는 아니지만 몇몇 만남의 결과-

Fred Zimring

우리는 전문가가 명확하게 행동하는 것뿐 아니라 비생산적으로 행동한 부분을 보면서 많은 것을 배운다. 로저스는 상당히 긴 몇몇 사례의 축어록을 완전하게 검토하는 것이 시종일관 '필요하고 효율적인' 조건이라는 것을 분명하고 쉽게 보여 주었다. 한편, 현재 글로리아와의 인터뷰를 토론하는 데 있어 몇 가지는 그가 그 자신의 목표(종종 공감적 이해 면에서)에 미치지 못했다고 나는 주장한다. 로저스의 일관성이 그의 목표와 잘 맞는 것이기 때문에 글로리아와의 인터뷰는 그의 몇 가지 실수와 내담자 중심 치료의 효과를 생각해 볼 수 있는 흔하지 않은 기회를 제공하고 있다. 더불어 인간 중심적 흐름이 인간 중심 치료로 성장했기 때문에 진실성과 내담자 자신의 참조 틀을 가지고 이야기하는 것에 대한 강조점이 증가하였다. 로저스가 글로리아와의 인터뷰에서 이런 몇 가지 부분을 행했기 때문이다. 우리는 내담자와 내담자의 삶의 참조 틀에서 이야기하는 경향성이 가지는 몇 가지 의미를 검토할 기회를 가지게 된다.

로저스는 글로리아와 인터뷰하면서 어떻게 행동하기를 원했는지에 대해 솔직하게 털어놓았다. 회기 이전에도 그는 치료 분위기를 만드는 세 가지 조건을 설명했다. 한 가지 조건은 그가 솔직하고 진실했으며, 내담자와의 관계에서 느끼기를 원하는 어떤 감정을 표현했다. 둘째, 그가 가지는 자연스러운 존중감은 내담자와의 담화 내용에 대해 판단하지 않고 내담자에게 긍정적인 존중감을 느끼게 한다. 셋째, 그는 내담자의 내적 세계를 이해하고 내담자가 어떤 느낌을 갖는지를 알았다. 그는 내담자의 시각으로 그 세계를 보고 공감적으로 내담자의 내적 참조 틀을 이해한다. 치료자의 무조건적인 존중뿐 아니라 솔직성과 진실성을 동반하면서 치료자가 내담자에게 문제에 대한 견해를 보이는 것을 명확히 한다. 공감적으로 내담자 중심 치료자는 내담자가 어떻게 자신의 문제뿐 아니라 자신의 세계를 볼 수 있게 하는지에 초점을 둔다.

로저스가 치료 중에 행동한 것이 그가 진술한 조건과 기대를 충족시켰는지를 알아보기 위해, 글로리아에게 반응하는 데 있어 그가 어떤 것은 했고 어떤 것은 하지 않았는지를 상세하게 검토할 것이다. 더불어 우리는 그의 반응에 대한 효과를 살펴볼 것이다. 우리는 로저스가 주관적으로 반응하거나 글로리아가 언급했던 것을 바탕으로 감정을 느꼈을 때, 그녀가 자신의 주관적인 세계의 관점을 탐색했던 것을 보게 될 것이다.

인터뷰

로저스가 자신을 소개하며 인터뷰를 시작할 때, 30분의 시간을 유용하게 만들 수 있을지 모르겠다. 그러나 유용하게 만들 수 있다는 희망이 있다고 따뜻하게 말한 부분은 글로리아와의 상호작용에서 자신의 감정을 열었던 부분이다. 이것은 특히 인터뷰 시작 부분에서 인터뷰와 관련 없는 주제들을 이야기하는 것으로 시작하는 그의 경향성과는 다른 것이다. 즉, 몇 번의 경우, 로저스는 글로리아와의 관계에서 크게 관련이 없다고 여겨지는 주제에 대한 생각과 감정을 나누었던 그의 참조 틀로부터 진실하고 솔직한 생각과 감정을 나누는 상호관계로 적합하고 중요하게 옮겨 가고 있다.

글로리아가 말한 첫 번째 부분은 로저스가 반응을 보이지 않는 것이 불안하다고 하였고, 그에게 그의 목소리 톤이 편안하며 판단하거나 비판하지 않는 것 같다고 말해 준다. 로저스는 따뜻하게 그녀의 목소리가 떨리는 것에 대해 말하지만 특별히 그녀의 언어(words)에 대해서는 반응하지 않았다. 로저스는 인터뷰 초기에 이런 일시적인 감정이 무엇인지 확인하기보다 그녀가 대화하고 탐색하기를 바라고 있다고 생각한다. 그리고 즉각적인 글로리아의 부적 감정이나 그에 대한 그녀의 논평에 반응하는 것을 회피하기로 결정한 것 같은 부분을 주목해 보자. 로저스는 인터뷰 순간에 그녀가 대화 나누기를 원했던 것과 관련하여 그녀가 긴장하고 있음을 감지하고 이를 존중했었다.

토론의 주제가 옮겨지면서 그녀의 '주요' 주제를 다루게 되었다. 주요 주제는 그녀의 집에 남자를 데려올 때, 아이들에게 미칠 영향력에 대한 것이었다. 이 시점에서 그녀가 이런 주제를 다루는 이유는 확실하지 않다 할지라도, 내담자는 자신의 즉각적인 감정에 치료자가 반응을 보이지 않는다는 상실감을 느낄 때 더 주관적인 문제를 이야기하게 되는 것은 흔한 일이다. 그가 부드럽고 따뜻하게 미소를 짓더라도 그녀가 흔들리는 것에 대해서는 언어적으로 어떤 논평도 하지 않는다.

글로리아에 대한 로저스의 접근은 그녀가 이혼한 이후 어떤 남자와도 함께 자지 않았다고 딸 파미에게 거짓말을 한 부분에 대해 '죄책감'을 느낀다고 말할 때, 또 다른 주제로 이야기가 옮겨지는 것으로 명확해진다. 그녀가 딸에게 진실을 말하는 것이 좋은 영향을 주지 않을지에 대해 물어보았을 때, 그는 딸과의 관계를 걱정하는 것에 대해서는 반응해 주었다. 하지만 그녀가 가지는 죄책감이나 그녀가 어떻게 행동했어야 한다는 말을 해 주기를 바라는 요청에는 반응해 주지 않았다. 여기에서 로저스는 두 가지를 행하고 있다. 그는 그녀 스스로에게 가지는 부적 감정을 회피하고 그녀의 문제를 해결해 주기를 바라는 글로리아의 경향에 대해서는 제재하고 있다.

이후 글로리아는 부모님이 사랑을 나누는 것을 처음으로 발견했을 때 어머니에게 가졌던 부정적인 감정, 즉 '더럽고 무서웠던' 감정이었음을 깨달으면서, 딸인 파미에게 다른 남자와 관계를 가지는 진실을 말해야 하는 딜레마에 빠졌다. 아마도 로저스는 글로리아가 여전히 자신에게 충고해 주기를 바라는 것을 알아차리며 그가 생각한 것("나는 당신이 그녀에게 말해야만 한다는 것에 대해 답을 줄 수 있었으면 좋겠네요.")을 그녀에게 말하며 그녀의 요청에 반응하고 있다. 한편, 그는 여전히 성과 어머니에 대한 부정적 감정과 언제 파미에게 그녀의 성 생활을 이야기할지를 결정하지 못하는 것이 파미에게 어떤 영향을 줄지에 대해 반응해 주지 못한다.

글로리아는 딸에게 마음을 열지 못하는 것에 대한 갈등이 아니라 정직해지면 파미가 그녀를 수용하는 것이 어려울지도 모른다는 갈등을 탐색한다. 또한 글로리아는 스스로 '어두운 면'이라고 부르는 것에 대해 약간의 수치심이 있다는 것을 인정한다. 로저스는 딸에게 수용받기를 바라는 그녀의 소망에 반응해 주고 있지만("만약 그녀가 정말 당신을 안다면 당신을 받아줄 수 있지 않을까요?") 그녀의 수치심에 대한 것이나 더 주관적인 체험 부분은 피하고 있는데, 이는 아마도 부정적인 감정과 관련 있기 때문으로 보인다.

잠시 후 인터뷰에서 글로리아가 로저스에게 죄책감을 덜기 위해 도움을 요청했을 때, 그는 그녀에게 어떻게 행동하라고 말할 수는 없지만 스스로 이 일을 할 수 있도록 돕기 위해 노력하겠다고 대답해 준다. 글로리아는 이를 받아들이고 싶지만 여전히 무엇을 해야 할지 몰랐다. 자신에 대해 좋은 사람이 되고 싶지만 스스로에게 실망한다. 로저스는 그녀의 실망감("맞아요, 나는 실망했어요.")에 대해 반응했지만, 그녀의 무력감에는 반응해 주지 못한다. 즉, 로저스는 그녀가 그 순간에 약해지는 느낌에 대해 반응해 주지 못한다. 로저스는 글로리아가 아동기(혼란스러웠던 것을 지적하면서)에 어떤 영향을 받았는지를 기억하고, 이후 파미에게 말하는 것을 편안하게 느낀다고 말할 때 또 반응해 주는 것을 실패한다.

로저스는 글로리아가 충고를 바라는 요청과 함께 자기 패배적 진술로 보이는 부분에 대해서는 반응하지 않았던 것이 명확하다. 그녀가 완벽주의 기질이 있고, 밤에 일하는 것과 좋은 엄마가 되는 것 사이의 갈등에 대해 이야기할 때, 로저스의 인간중심적 접근에서의 가정은 글로리아를 이해하는 데 방해가 되는 부분이 있는 것 같다. 즉, 로저스는 그녀가 완벽해 보이기를 바라는 그녀의 갈등을 듣는다. 이런 해석은 보통 사람들은 타인에게 어떻게 보이기를 원하는지에 대한 부분이 있기 때문에 이런 느낌과 체험을 거부할 때, "문제가 일어난다."라고 하는 로저스의 신념을 반영하는 것 같다. 인터뷰 초반에 글로리아는 완벽하게 보이기를 원하는 것은 그녀가 느끼는 부분은 아니라는 것을 지적하면서 이에 동의하지 않는다. 그녀가 느끼는 것은 그녀 스스로 인정받기를 바라고 있지만, 그녀의 행동은 그렇게 행동하지 않고 있다는 것이다.

로저스는 그녀의 행동이 자기 자신에게서 벗어나 있는 것 같다고 응답한다. 그녀는 자신을 수용하기를 바라면서, 특히 성에 관련해서 그렇다고 말하지만 이 언급을 간과해 버린다. 만약 그녀가 친밀하게 여기는 남성과 사랑을 하면, 그녀는 자신을 수용할 수 있다. 로저스는 이것을 정확하게 이해한다고 말하고 이렇게 재진술한다. " '어떤 남성과 침대로 갔을 때 내 행동이 정말 진솔했고 사랑으로 가득했으며, 존중받는 느낌이 있다면, 나는 파미와 관련해서 죄책감을 느끼지 않아야 해. 나는 정말 그 상황이 편안했으면 좋겠어.'라고 말하고 있는 것 같아요."

로저스의 치료적 조건들과 관련하여 인터뷰 안에서 적용되었던 것을 요약하는 것은 유용하다. 이 시점에서 어떤 것이 이루어지기를 바라는 그의 솔직한 바람이 나타나면서 그들은 함께하게 되고, 그는 '투명성(transparent)'을 가진 한 사람으로서 전적으로 자신을 표현하는 것 같다. 그러나 그의 무조건적인 존중과 글로리아의 세계를 이해하려는 목표가 전부 성취되지는 않은 것 같다. 공감적 반응을 시도하는 데 있어 로저스는 하나의 패턴이 있는 것 같다. 글로리아의 초기 불안감이 시작되고 욕망을 통제할 수 없다는 그녀의 진술과 무력감을 표현하였으나, 로저스는 그녀가 체험하고 있는 것 중에 부정적인 관점에 대한 인식은 회피하는 듯하다. 이렇게 하는 것이 로저스가 빠르게 관계를 형성하고 글로리아가 당황해하는 것을 피하는 데 동기부여가 된다 할지라도, 내담자가 체험한 의미 있는 부분을 인지하지 못한다면, 치료자는 전적으로 내담자의 내적 세계를 이해하였다고 할 수 없다. 치료자가 내담자의 내적 참조 틀을 반영했다고 볼 수 없으며, 또한 이런 회피는 치료자가 내담자를 한 사람으로 대하는 치료자의 무조건적인 존중으로 인해 생긴 결과다. 만약 치료자가 내담자의 약한 면이나 무력한 체험을 인식하지 못한다면, 자아에 대해 부정적인 관점을 가지고 있는 내담자의 경우, 치료자가 참여해서 좀 더 긍정적인 관점으로 존중되거나 수용받을 수 있는 느낌을 받지 못할 것이다. 그 이상의 일반적인 느낌으로 보면, 로저스는 그가 그렇듯 자신이 중점적으로 보는 것에 초점을 두고 그 순간에 내담자의 체험을 함께하지는 못하는 것 같았다. 그 대신 그녀의 질문에 대한 압박이나 빠르게 진행된 것(시연된 회기임)으로 인해 인터뷰의 초반부에서 그녀의 자기 구성(self-configuration)에 더욱 초점을 둔 것으로 보인다. 즉, 자아의 관계, 행동 그리고 자기 판단과 같은 주제와 관련되는 것 같다.

치료자가 자신의 참조 틀을 가지고 반응할 때, 내담자는 치료자의 참조 틀에 반응하는 경향이 있으며, 종종 치료자의 견해를 묻기도 한다. 이에 인터뷰 초기에 언급했듯이 글로리아가 스스로를 통제하지 못했던 성생활에 대해 진실을 말하고, 딸이 상처를 입는 것과 관련하여 그에게 충고를 요구했다. 그때, 그는 자신의 참조 틀을 가지고 말하면서 문제는 그녀가 정직해지는 것이라고 반응해 준다. 이를 설명하면서 그는 딸에게 말하는 것에 대해 어떤 걱정도 하지 않고 모든 것이 괜찮다고 느꼈다는 그녀의 이전 논평을 바탕으로 말하고 있다. 글로리아는 이를 수용하면서도 자신을 받아들이는 작업을 해야 한다고 말하지만, 만약 수용받지 못하는 어떤 일을 충동적으로 하게 될 때 어떻게 이런 일이 있을 수 있는지에 대해 의문을 던진다. 그녀는 자신의 기준에서 성이 옳은 것인지 그른 것인지에 대한 확신이 없다.

로저스는 계속해서 그녀 행동의 당혹스러운 면을 회피하고 있지만, 그녀에게 갈등이 있다는 인식은 하고 있었다. 그녀는 동의한 이후 무력감을 느낀다고 말한다. 로저스는 그녀가 스스로 문제를 해결할 수 없는 것 그리고 그가 어떤 도움도 주지 못할 것 같다는 사실에 대해 반응해 준다. 로저스는 자신이 말해 주기를 바라는지 그녀에게 물었고, 그녀는 그가 정직하게 말해 주기를 바란다고 했다. 이후 글로리아는 만약 어머니가 자신에게 좀 더 열린 마음으로 말해 주었다면, 성에 대해서 그렇게 편협한 태도를 가지지는 않았을지도 모른다고 추측한다. 로저스는 그녀의 어머니에 대한 언급에 반응하지 않았다. 그 대신에 자신의 참조 틀로부터 그는 그녀가 몇 분 전만큼 불확실하지는 않은 것 같다고 반응하고, 그녀가 파미와의 관계에서 원하는 부분을 분명히 설명했다고 말한다. 글로리아가 위험해지기를 바라지 않는다고 답할 때, 로저스는 자신의 관점에서 "살아가는 건 아주 위험한 일이에요."라고 표현한다. 그녀는 동의하면서도 충분한 기회를 가지지 못한 채로 진심으로 수용받는 것은 그렇게 좋지만은 않다는 것에 추가로 동의한다. 로저스는 이것을 이해한다고 하였고, 그녀는 아이에게 어떤 큰 상처를 주고 싶지 않다고 하였다. 그것에 대해서 "책임감에 대한 고통은…… 매우 두려운 것"인 것처럼 삶이 위험한 것은 당신이 원하는 사람이 되기를 바라기 때문이라고 설명하면서 반응해 준다.

여기에서 로저스는 자기수용과 위험을 감수하는 것에 대한 관점을 보여 준다. 그녀의 충동과 기준(그녀가 존중하는 기준점도 아닌 그녀 자신만의 기준점) 사이에서 발생하는 갈등에는 거의 초점을 두지 않고 있다. 또한 그녀의 문제에 대해 그녀가 느꼈던 감각 경험에 대해서도 거의 초점을 두지 않는다. 그녀가 가깝게 느꼈던 감각 경험은 그녀의 무력감에 대한 이야기다. 로저스는 반응하지 않았고, 그녀가 무력감을 가지고 앉아 있을 때조차도 반응하지 않았다. 결과적으로, 무력감을 느꼈던 감정은 밝혀내지 못했다.

인터뷰가 진행되면서 글로리아는 그녀의 행동에 대해 있는 그대로 아이들에게 수용받고 싶은 것과 자녀에게 아버지처럼 '사랑스러운' 존재로 보이기 바라는 희망 사이에 갈등을 표현한다. 그녀는 이전 남편보다 약간 더 '고집 센' 부분이 있기 때문에 아이에게 정직했을 때 그리 좋은 모습은 되지 못할 것이라고 말한다. 로저스는 그녀의 아이들이 그녀의 진실을 알고서는 그녀를 사랑할 수 있을 거라는 믿음을 가지기 어렵다고 말한다. 그녀는 공감적으로 동의하면서 위험을 감수하기 전에 확신이 필요하다고 말한다. 그녀는 자신의 정직함에 대한 기준점을 지지해 주는 책을 읽으면서 이에 주목할 때 편안함을 느낀다. 로저스는 안심하고 싶은 그녀의 욕구를 지지하는 대신 인간 중심적인 태도로 그녀의 책에 대한 생각을 반영하여 대답해 준다. "혼자서 무언가를 선택하는 것은 끔찍하게 어려운 일이지요." 이것은 그녀를 비난하는 소리로 들릴 수도 있다. 왜냐하면 책이 그녀를 미성숙하게 느끼도록 하고 그녀는 결정을 내릴 수 있고, 계속 그렇게 할 수 있기를 바라기 때문이다. 그녀는 이중속박(double-bind)에 처해 있는데, 나쁘게 행동하는 것뿐 아니라 거짓말을 할 때도 스스로를 거부하게 된다고 한다. 로저스는 그의 참조 틀이기는 하지만 그녀의 감정에 동참하고 있고, 그녀가 수용받지 못했을 때보다 거짓말을 할 때 자신을 더 싫어한다는 것을 판단적인 목소리 톤으로 반응한다. 그녀는 동의하지만, 파미에 대해 어떻게 행동해야 하는지에 대한 우유부단함으로 다시 돌아갔다. 그녀는 예전에 파미에게 거짓말한 것에 대해 말하길 원하고, 로저스가 그렇게 해도 된다고 지지해 주기 원한다.

역설적으로 글로리아는 문제가 해결되지 않았다고 생각되더라도 해결되는 느낌을 가진다. 로저스가 마치 글로리아가 어떻게 행동하기를 원하는지 잘 알고 있고, 그녀가 이것을 잘 해결할 것이라고 말해 주었던 것처럼 편안함을 느낀다. 그는 그들이 하고자 하는 것을 지지해 준다고 믿는데, 사람들은 정말 자신이 원하지 않는 것과 관련해서 '좋지 않게' 여기기 때문이다. 그녀는 원하는 것을 하는 것에 대한 갈등이 있다고 응답한다. 때때로 그녀는 자신이 원하는 것을 알고 있고, 그녀가 그렇게 했을 때 옳다고 느끼나, 한편으론 모두 명확하지 않다.

로저스가 이것에 대한 그녀의 감각 경험에 집중하면서 그녀의 갈등에 대한 이해와 그녀의 욕구를 명확히 하지 못한 것에 대한 결핍을 서로 나눌 때, 글로리아는 초점을 옮긴다. 이런 경험에 주의를 기울이는 결과로 그녀는 문제에 대한 내적 느낌에 집중하고, 그녀 자신의 감정을 따라갈 때 유토피아적인 느낌을 가진다고 말한다.

그 순간 그녀의 감정에 다가가면서 글로리아는 몇 가지 자각을 한다. 그녀는 로저스와 이야기하는 것이 좋고, 아버지와 이런 방식으로 대화할 수 없었음을 후회하며, 아버지를 대하듯이 로저스를 좋아하는 부분을 보인다. 로저스의 진솔성은 치료자와 내담자 사이의 관계와 관련이 있다는 것을 기억해야만 한다. 여기에서 그는 진솔하게 반응하며 "당신은 내게 아주 좋은 딸처럼 보이는군요."라고 말하고, 아버지에게 마음을 열 수 없었다는 그녀의 아쉬움을 재진술한다. 이후에 그는 그녀의 아버지가 그녀를 잘 볼 수 없고 수용할 수 없었다고 말하고, 그녀의 아버지는 결코 "진정으로 당신을 알지는 못했고 사랑하지도 못한" 것이라고 말한다. 글로리아가 아버지와 대화를 나누지 못했다는 사실을 탐색할 때, 그녀는 그 안에 '큰 상처 덩어리'를 체험하고 속임을 당하는 듯한 느낌을 받는다. 그녀는 이것에 대해 이야기할 때 "그것은 확 던져진 느낌이에요."라는 것을 자각한다. 그녀는 이를 이야기할때 '더 던져진 느낌'을 알아차린다. 로저스는 이런 획 뒤집혀진 느낌은 상처받고 배신당한 느낌을 피하는 거라고 알아차린다. "그래서 그건 내가 대리자를 좋아하는 이유예요."라고 글로리아는 대답하는데, 그녀는 그녀가 존경할 수 있는 로저스 그리고 의사와 같은 또 다른 사람과 이야기하는 것이 좋다는 것을 언급하고 있다. 한편, 그녀는 "나는 당신이 나에게 매우 가까운 존재로 느껴지는 것을 기대할 수 없어요."라고 추가로 덧붙인다. 로저스는 이 관계에 대한 그의 감정을 말하고, 이런 친밀함이 가장된 것이라고 느끼지 않았으며, '지금 이 순간'을 가깝게 느끼는 것이라고 솔직하게 반응해 주고 있다. 진솔성과 관련해 주목할 점은 명확히 이 마지막 진술에 담겨 있다. 그리고 촬영된 인터뷰는 끝을 맺었다.

추후 관찰

많은 내담자는 주관적인 세계 그리고 그 세계에서의 문제와 기준과 관련된 주제들을 가지고 치료를 받는다. 만약 우리가 내담자의 주관적인 세계와 문제에 초점을 둔다면, 우리는 그들의 세계에 중요성을 부여하는 데 성공할 수 있다. 치료에서 로저스 구조는 인간의 주관적인 세계의 구조에 초점을 두고 신뢰감을 가지는 것이다. 이를 실행하면서 인간에 대한 주관적인 세계의 중요성을 가르쳐 주며 주관적인 세계에 대한 중요성은 그들 안에서 증가되었다.

수많은 인터뷰 동안 로저스와 글로리아는 감정보다는 행동과 태도에 대해 이야기했다. 놀랍게도 로저스는 그녀의 어려운 점을 같이 느끼는 것보다 삶을 어떻게 살아가야 하는지에 대한 태도를 이야기했다. 인터뷰 동안 로저스가 글로리아의 참조 틀을 이해하는 것보다 로저스 자신의 참조 틀로 반응하며 공감적이지 않았던 반응이 약 20개 정도 있었다. 이것의 반 정도는 질문으로 반응한 것이었고, 또 다른 반은 글로리아의 삶에 대한 관찰과 주장이었다.

이런 관찰 효과는 그녀의 주관적인 세계를 이해하려 하는 것보다는 주관적인 세계에 대한 그녀의 인식에 초점을 두고 있다. 촬영을 멈춘 이후, 짧은 시간 동안 로저스와 글로리아가 나누었던 대화에 249단어가 사용된 예를 살펴보라(Weinrach, 1990 참조). 이 책에는 요약본이 포함되어 있지 않다. 글로리아는 그녀와 아버지처럼 자신을 사랑해 줄 누군가가 필요하다는 이야기를 계속 했다. 그녀는 그녀가 존경하지 않았던 사람과 데이트하는 것이 아이러니하다고 말했다. 로저스는 “당신은 당신의 아버지를 정면으로 모욕하고 있어요. 그렇지 않나요?” 라고 반응했고, 글로리아는 “네? 성숙한 사람을 원하는 데도요?” 라고 말했는데, 이에 대해 로저스는 “그래요. 당신이 정말 원하는 사람이 아닌 다른 사람들과 데이트하고 있어요.” 라고 반응했다. 로저스가 관찰한 이것은 너무 많은 자신의 참조 틀이 들어가 있다. 글로리아는 “그렇지만 나는 무슨 말인지 모르겠어요. 그들이 내 주위를 맴도는 이유를 모르겠어요."라고 반응했다.

치료자가 자신의 참조 틀로 반응하는 것에는 몇 가지 영향력이 있다. 가장 심각한 것은 치료자가 자신의 참조 틀에 더 초점을 맞추고 내담자의 참조 틀에 대해서는 초점을 맞추지 못한다는 것이다. 이것은 여기에 나타났고, 결과적으로 글로리아가 남성을 선택하는 것—그의 평소 치료적 반응과는 매우 다른 논평—과 관련된 로저스의 마지막 관찰로 이루어진 것이었다(후속 회기에서).

또한 치료자가 자신의 구성 틀을 가지고 이야기할 때, 내담자에게 영향력을 미친다. 내담자의 내적 참조 틀을 가지고 반응하는 것의 긍정적인 효과는 내담자가 그것에 대한 이야기를 계속하게 한다는 것이다. 또 다른 한편으로 치료자의 참조 틀을 가지고 반응하는 것은 내담자가 자신의 내적 세계를 보는 것을 멈추게 하고, 그 대신에 외부 세계에 더 초점을 맞추게 된다. 로저스는 글로리아가 정말 원하는 남성과는 '매우 다른' 남성과 데이트하는 것을 관찰한 후, 그녀가 자신의 감정을 이야기하기보다는 자신의 의도("나는 그러려던 게 아니에요.")에 대해 진술했던 것에 더 주목한다.

로저스가 글로리아의 내적 참조 틀에 공감하고 집중해 주었을 때, 주목할 만한 다른 효과가 있었다. 그가 그녀의 감정에 공감하자 인터뷰 마지막 부분에서 그 순간 그녀의 삶에 대한 새로운 감정이 나타났다. 이런 새로운 느낌에 대한 관점은 그녀가 치료를 위해 가져왔던 문제를 해결하는 데는 별 필요가 없는 것이었다. 정말 그녀가 딸과 이야기하는 것에 대한 문제의 해결점은 명백하게 드러나지 않았다. 그 대신 치료와 삶 양쪽 다 진실이 요구되듯이 그 순간 삶에 대한 느낌에 집중한 것은 감정을 끌어올려 주요 문제를 인지적으로만 바라보지 않게 하였다. 이에 인터뷰 마지막 단계에서 로저스는 그녀의 망설임과 갈등의 감정에 동참했는데, 이것은 로저스와 함께 대화를 나누었던 그녀의 감정이었다. 갑자기 그녀의 아버지에 초점이 맞추어지기도 했는데, 이것은 그녀에게 가장 진실한 부분이었다.

글로리아가 딸과 이야기를 나누고, 그녀의 딸이 그녀를 받아들일지에 대한 부분 그리고 인터뷰 후반부에 아버지에 대한 느낌을 말하고, 아버지가 그녀를 수용하지 않았다고 말했던 내용으로 인터뷰의 많은 시간을 보냈던 것은 주목할 만하다. 이는 흥미로운 의견을 이끌어 낸다. 만약 인터뷰가 더 길었다면, 그녀의 딸과 그녀의 아버지와의 수용과 대화라는 공통된 주제가 명백해지고 하나의 욕구로 다루어질 수 있었을 것이다.

이와 비슷하게 그녀의 아버지가 그녀를 받아들이지 못하고 속였던 상처를 고려하면 글로리아는 현재 딸과의 상황과 왜 딸의 수용이 그렇게 중요했는지에 대해 새롭게 깨닫게 된다. 이것은 딸을 위해 정서적으로 만족감을 주는 행동을 이끌어 내는 과정일지도 모른다. 한 가지 가능성은 수용과 사랑을 필요로 하는 그녀의 감정이 해결된다면, 딸의 수용에 대한 문제는 더 이상 중요하지 않다는 것을 발견할지도 모른다. 또는 딸에게 수용받으려 하기보다는 그녀가 딸을 수용한다는 관점에서 행동을 계획할 수도 있다.

이런 사례는 우리가 내담자의 주관적인 세계(내담자의 내적 참조 틀)에 반응하는 것과 반응하지 않을 때 일어날 수 있는 부분을 살펴볼 수 있는 좋은 예다. 사람은 위험을 감수하기도 해야 한다면 좋은 것에 대한 자신의 생각이 의욕적이고, 그녀의 내적 참조 틀에 주의를 주지 않으면 그녀는 자신의 세계 속에서 무엇을 할 수 있는지 그리고 무슨 행동을 하든 간에 딸과 함께 이 문제를 헤쳐 나가야 한다는 외부 중심으로 집중하게 된다. 로저스가 공감적이었을 때 그리고 그의 태도가 그녀의 내적 참조 틀에 초점을 두었을 때, 그녀의 주관적인 환경은 더욱더 풍부해졌다.

캔톨과 나(Kantor & Zimring, 1976)는 문제를 해결하기 위해 주관적 풍부함이 얼마나 증가하는지를 연구했다. 피험자가 한 문제에 대한 느낌에 초점을 두었을 때, 해결책은 잘 일어나지 않았다. 그 대신 기대할 수 있는 것은 해결책을 만들어 낼 수 있는 새로운 변화다. 글로리아에게 일어났던 감정과 의미는 인터뷰 후반부에 로저스가 그녀의 감정에 초점을 두었을 때(진실하게 공감하며), 그녀에게 문제를 다시 생각하게 하면서 있는 그대로의 자료로 제공되었다. 그녀는 딸에게서 수용과 대화를 고려했던 것에서 아버지와 관련된 수용과 대화로 초점을 옮길 수 있었다.

인터뷰를 하는 동안 로저스의 투명성과 따뜻함은 지속적으로 효과를 거두었다. 그녀와 함께한 시연 인터뷰를 시행하고 난 2년 후에 글로리아는 로저스의 워크숍 중 한 곳에 등록했다. 그녀는 15년 후에 예기치 않은 죽음을 맞을 때까지 로저스와 꾸준히 연락했다.

이 사례는 공감이 '필요한' 조건이라는 것에 대한 로저스의 미래를 볼 수 있는 중요한 통찰력이 타당하다는 증거를 제공한다. 이 조건이 충족되고 치료자가 내담자의 내적 참조 틀에 함께 동참할 때(물론 내담자의 부정적 관점까지 포함하여), 내담자는 자신의 참조 틀에 더 많이 집중할 것이다. 반대로 그와 같은 공감이 결여될 때—치료자가 실수로 자기 자신의 가치를 두고 이야기하면서 진솔성을 시도할 경우 혹은 치료자가 내담자의 부정적 관점에 참여하지 않을 경우—내담자의 집중력은 자아에서 벗어날 수 있고, 내담자보다는 치료자의 틀에 더 초점을 둘 수 있다.

참고문헌

Kantor, S., & Zimring, F. (1976). The effects of focusing on a problem. *Psychotherapy: Theory, Research and Practice, 13,* 255-258.

Weinrach, S. G. (1990). Rogers and Gloria: The controversial film and the enduring relationship. *Psychotherapy, 27,* 282-290.

제 4 장

질의 사례(1983)

축어록

칼 로저스: 좋아요. 나는 준비가 되었는데, 당신은 준비가 되었나요?

질: 네.

칼 로저스: 당신이 어떤 이야기를 하고 싶은지 잘 모르지만 나는 들을 준비가 되어 있어요. 30분 정도 진행을 할 텐데, 30분 동안 우리가 깊이 있게 서로를 알아가기를 바라지만, 너무 부담을 가질 필요는 없어요. 이건 아마도 내 느낌이겠지만요. 당신은 마음속에 있는 어떤 느낌에 관해 말하고 싶나요?

질: 나는 딸을 대하는 데 문제가 너무 많아요. 그녀는 스무 살이에요. 곧 대학에 입학할 예정이에요. 나는 딸을 대학에 보내는 것에 대해 너무 걱정이 많아요. ……나는 딸에 대한 죄책감이 너무 많아요. 딸에게 매달리려는 욕구가 있어요.

칼 로저스: 매달리려는 욕구가 당신에게 죄책감이 들게 하는군요. 그런가요?

질: 그런 부분이 너무 많아요. ……그뿐만 아니라 딸은 나에게 진실한 친구였고, 내 삶을 가득 채웠어요. ……너무 힘들어요. ……딸이 지금 나와 함께하지 않는 너무 많은 공간이…….

칼 로저스: 딸이 없을 때, 너무 큰 공백이 느껴지는군요.

질: 맞아요. 그래요. 나는 강한 어머니가 되고 싶고 당신이 말했듯이 "가서 좋은 삶을 살아야 해."라고 말해 주는데, 이렇게 말하는 것이 너무 어려워요.

칼 로저스: 당신의 삶을 값지게 했던 어떤 것을 포기하는 것이 너무 어렵지만, 당신이 죄책감에 대해 이야기할 때 거기엔 당신의 고통을 이끄는 어떤 것이 있는 것 같아요.

질: 맞아요. 나는 내가 항상 원하던 것을 얻지 못할 때, 그녀에게 조금 화가 난다는 것을 깨달았어요. 나는 뭔가 올바르지 않은 욕구를 가지고 있어요. 내가 그런 욕구를 가지고 있는 것이 옳지 않은 것 같아요. 당신도 알다시피……. 그녀는 딸이에요. 딸은 내 어머니가 아니에요. 때때로 딸이 내 어머니와 닮은 부분이 있는 것처럼 느껴지더라도……. 나에게 질문을 던지고 그것이 옳다고 여기는 것은 너무 어려워요.

칼 로저스: 그래서 불합리한 부분이 있지만 여전히 딸이 당신의 욕구와 맞지 않으면 그것이 당신을 미치게 만드는군요.

질: 맞아요. 나는 딸 때문에 너무너무 화가 나요.

칼 로저스: (침묵) 내가 보기에 당신은 지금 약간 긴장하고 있는 것 같군요.

질: 맞아요. 맞아요. 갈등이 너무 많아요. ……(칼 로저스: 음.) 너무 고통스러워요.

칼 로저스: 고통이 너무 많은 것 같군요. 그것에 대해 좀 더 이야기해 줄 수 있나요?

질: (침묵) 내가 다가가면 딸은 멀리 달아나요. 딸은 뒤로 한 걸음씩 뒷걸음쳐서 후퇴하고……. 그러면 내가 마치 괴물처럼 정말 나쁜 사람으로 느껴지는데, 그녀는 어렸을 때처럼 내가 접촉하거나 밀착되는 것을 원하지는 않았어요.

칼 로저스: 거기엔 두 가지 감정이 강하게 존재하는 것처럼 들리는군요. 일부분은 "나는 너와 더 가까워지고 싶어." 이고, 한편으론 "내가 너를 보내지 못하는 괴물 같아." 이군요.

질: 음. 맞아요. 나는 더 강해지고 싶어요. 나는 성숙한 여성이 되고 싶고 이런 일들을 허락할 수 있었으면 좋겠어요.

칼 로저스: 그렇지만 때때로 당신은 당신이 딸 같다고 느끼는군요.

질: 음. 그래요. 종종 내가 딸과 포옹할 때, 나는 내가 포옹받고 싶어요.

칼 로저스: 음. (침묵) 그렇지만 당신은 "나는 달라져야만 해." 라고 하면서 스스로 너무 많은 기대를 하고 있어요.

질: 맞아요. 나는 좀 더 어른스러워져야 해요. 나는 내 욕구대로만 하려고 하기 때문에 딸에게서 어떤 것도 얻지 못해요.

칼 로저스: 당신의 욕구에 맞는 다른 방법과 수단을 찾아야만 할 것 같은데, 어떻게 하면 좋을 것 같나요?

질: 글쎄요, 나는 많은 욕구를 충족하고 있다고 느끼지만 딸에 대한 욕구는 다른 것보다 더 강해요. 그건 여자라면 누구나 지닌 욕구인데, 내 생각에는……. 그건 남성에게서 얻을 수 있는 것은 아니에요.

칼 로저스: 당신은 딸에게 원하는 어떤 것이 있군요.

질: 음. 맞아요. 딸에게. (한숨을 쉰다.)

칼 로저스: 그래서 딸이 한 걸음 물러설 때 아주 고통스러워지는군요.

질: 그래요. 정말 상처를 받죠. 정말 상처를 받아요. (큰 한숨을 쉰다.)

칼 로저스: (침묵) 당신은 지금 상처 입은 것처럼 보여요.

질: 네. 나는 정말 딸이 한 걸음 뒤로 물러서려는 느낌을 받아요.

칼 로저스: 음, 음. (침묵) 당신에게서 물러서려는?

질: 맞아요……. 물러서려는…….

칼 로저스: 당신은 딸이 물러서려는 느낌을 받고……. 그리고 그것에 대해 상처를 받

는…….

질: 네. 나는 혼자 앉아 있어요. ……나는 당신도 알다시피 딸이 가 버려서 혼자 남겨진 것 같아요.

칼 로저스: 음. 당신은 지금 그것을 느끼고 있군요. 딸이 떠나가고 여기에 당신은 혼자 남겨졌다는 것을.

질: 맞아요. 그래요, 그래요. 나는 정말 혼자인 것 같아요. (눈물을 흘린다.)

칼 로저스: 음, 음. 만약 내가 잘 이해한 것이라면 모든 관계에서 혼자는 아니지만 딸에 대해서만큼은 혼자가 되는군요.

질: 딸에 대해서는 혼자예요. 맞아요, 그래요. (눈물을 흘린다.)

칼 로저스: 나는 좋은 치료자는 못되겠네요. 휴지 상자를 잊어버렸어요. 가지고 있었던 것 같은데……. (웃음)

질: 고마워요. (웃음) 나는 그 생각만 하면 엄청나게 많은 눈물을 흘릴 수도 있을 것 같아요. (웃음)

칼 로저스: 음. 이 점에서 계속 눈물이 날 수 있을 것 같다고 느끼는군요.

질: 네. 멈추지 않네요.

칼 로저스: 딸이 떠나는 것이나 딸이 한 걸음 물러나는 것에 당신이 감당할 수 있는 것 이상의 무엇이 있네요.

질: 맞아요. 그래요. 정말 딸 없이 살아가는 것이 너무 힘들어요. (눈물을 흘린다.)

칼 로저스: 딸이 거의 당신 삶의 중심인 것처럼 들려요.

질: 당신도 알다시피 그것과 비슷해요. 남편, 아이들, 집……. 일 역시 중요하지만 딸과 마음이 닿고 싶은 어떤 부분이 있어요. (한숨을 쉰다.)

칼 로저스: 딸이 떠나는 것은 당신에게 정말 큰 고통이군요.

질: 네, 맞아요. (눈물을 흘린다.) (침묵) 오……. 나는 딸이 떠나지 않았으면 좋겠어요.

칼 로저스: 나는 딸을 지키고 싶어. 나의 어린 딸, 내가 언제까지나 안을 수 있는…….

질: 맞아요. 그래요. 내가 안을 수 있는. 딸이 어렸을 때는 안기는 걸 너무 좋아했어요.

칼 로저스: 음, 음.

질: (눈물을 흘린다.) 당신도 알다시피 딸에 대해 두려운 것이 있었어요. 딸이 바깥세상에 나가는 것이 두려웠어요. 나는 내가 겪어야만 했던 일들을 딸이 경험하고 그것이 얼마나 고통스러운지를 알게 되는 것이 두려웠어요. 나는 그것으로부터 딸을 구하고 싶어요.

칼 로저스: 당신이 경험했던 고통스러운 세상에서 딸을 보호하고 싶군요.

질: 네, 맞아요. 그리고 모든 젊은 사람이 경험하는 새로운 모든 일……. 그것은 매우 힘들어요. 딸은 힘겹게 싸우고 있어요.

칼 로저스: 그건 힘든 세상이겠군요.

질: 네, 매우 힘들어요.

칼 로저스: 그리고 당신은 딸에게 쿠션이 되어 주길 원하구요.

질: 네, 완벽하게 그렇게 해 주고 싶어요.

칼 로저스: 딸과 떨어지더라도 그녀의 무릎이나 다른 부분이 충격을 받지 않도록 해 주고 싶은 거군요. 당신은 모든 것을 다 좋게 해 주고 싶어 하네요.

질: 좀 더 그렇게 만들어 주려고 노력해요.

칼 로저스: (침묵) 딸을 위해 더 잘 해 줄 게 없는 것을 당신은 매우 힘들어하는군요.

질: 나는 그것에 잘 대처할 수 없을 것 같아요. (웃음)

칼 로저스: 좋아요.

질: 나는 내가 딸을 위해 여전히 노력하고 있다고 생각해요.

칼 로저스: 좋아요.

질: 그게 내가 딸에게 매달리게 되는 부분이에요.

칼 로저스: 그렇지만 여전히 당신 마음속에는 딸을 위해 좀 더 잘 해 줘야 한다는 생각이 남아 있어요. 또한 하느님에 의해 당신은 그렇게 해 나갈 거예요.

질: 맞아요. 신에 대한 믿음으로 나는 그것이 더 잘 되도록 노력할 거예요. 딸이 그것을 원하든 그렇지 않든 상관없이……. (청중이 더 웃는다).

칼 로저스: 딸이 그것을 싫어하더라도 딸을 구하려 하는군요.

질: 나 자신을 구하기 위해서 나는…….

칼 로저스: 당신이 구하고자 하는 사람이 누군지 궁금하네요.

질: 네. 그래도 나는 죄책감을 느끼지 않을 거예요. 내가 모든 것을 다 옳게 행동하지는 못하니까요.

칼 로저스: 당신은 "나는 완벽한 부모가 아니었다."라고 느끼는군요.

질: 실수를 많이 하기도 하죠. (한숨을 쉰다.)

칼 로저스: 그리고 당신은 자신과 혹은 그런 실수를 하는 스스로를 용서하지 못하는군요.

질: 네, 네. 난 정말 나 자신이 힘들어요.

칼 로저스: 당신은 스스로를 너무 힘들게 하네요.

질: 음. 그래요. 나는 정말 그래요. 나는 정말 나 자신을, 특히 내 몸을 너무 힘들게 해요.

칼 로저스: 당신이 자신을 대하는 것처럼 그렇게 딸에게 나쁘게 대하지는 않는다는 생각이 드네요.

질: 그건 사실이에요. 내가 나 자신을 나쁘게 대하는 것처럼 딸을 다루기 시작하려 하면 나 자신을 멈춰요.

칼 로저스: (침묵) 당신 안에 무슨 일이 일어나고 있는지 말해 줄 수 있나요?

질: (눈물을 흘리며) 당신이 나를 그렇게 친절하게 볼 때, 내 이야기를 들어준다고 느끼고, 누군가가 내 이야기를 정말 들어준다고 느껴지면 나는 슬퍼져요.

칼 로저스: 그런 일이 드물어서 슬픈 건가요?

질: 네. (눈물을 흘린다.)

칼 로저스: 당신은 누군가가 당신의 이야기를 자주 들어주지 않는다고 느끼는군요.

질: (눈물을 흘린다.) (침묵) (흐느낀다.)

칼 로저스: 그로 인해 눈물을 쏟게 되고요.

질: (흐느낀다.) 당신도 알다시피, 딸은 제 이야기를 정말 잘 들어줘요.

칼 로저스: 딸이 정말 당신의 말을 잘 들어주나요?

질: 네. 정말로 그래요. (눈물을 흘린다.)

칼 로저스: 그래서 그건…… 음. 그래서 그런 관계가 당신에게 너무나 소중한 것이군요.

질: 네. 딸은 너무나 소중한 사람이에요. 그렇게 해 주는 건 정말 힘든 것이에요.

칼 로저스: 음.

질: 딸은 정말 마음을 돌볼 줄 알아요.

칼 로저스: 휴지를 드릴까요?

질: 내가 좋아하는 사람을 잃기도 하는데, 이것이 그런 느낌이에요.

칼 로저스: 당신의 삶에서 좋은 사람이 많지는 않다고 생각하는 것처럼 들리네요.

질: 네. 그렇게 많지는 않아요.

칼 로저스: 그리고 그들 중에 하나를 잃는…….

질: 네. 아주 큰 상실이죠.

칼 로저스: 알아요.

질: 큰 상실이에요.

칼 로저스: (침묵) 당신은 그만큼 당신 자신을 돌볼 수 있나요?

질: (한숨을 쉰다.) 그건 나에게 정말 힘든 일이에요. 나는 내가 가치 있는 사람이라고 느껴지지 않아요.

칼 로저스: 그래서 당신을 좋아하는 것이 합리적이지 못하다고 생각하는군요. 당신에게 그럴 자격이 없어서…….

질: 네……. 그래요. 나는 원하지만, 내가 정말 그런지는 잘 모르겠어요.

칼 로저스: 당신은 자신을 좋아하고 싶지만, 정말 그럴 수 있을지 확신하지는 못하는군요.

질: 네. 나는 여전히 자기혐오가 너무 많아요.

칼 로저스: 당신은 나쁜 사람이라고 생각하는군요.

질: 맞아요. 정말 괴물 같아요. 나는 못됐어요. 그런 느낌이에요.

칼 로저스: 끔찍한 사람이요.

질: 네, 끔찍한 사람이에요. (한숨을 쉰다.)

칼 로저스: 그런 사람을 누가 좋아할 수 있을까요?

질: 맞아요. 그런 느낌이에요. 어떻게 그러겠어요? 딸이 나를 떠나서 연락하고 싶어 하지 않는 것도 이상한 일이 아니에요.

칼 로저스: 당신이 너무 나쁜 사람이기 때문에 딸이 당신을 떠난다는 느낌이군요.

질: 네. 내가 정말 나쁘게 행동하기 때문에. 그래요. 딸은 내가 행동하는 것이 어떤지 알기 때문에.

칼 로저스: 딸은 당신의 비밀을 알고…….

질: 맞아요. 딸은 내 비밀을 알아요. 그거예요. 딸은 내 비밀을 알아요.

칼 로저스: 그래서 딸은 이런 괴물과 관계 맺으려 하지 않는군요.

질: 네. 딸은 뒤로 물러서서 도망가려 할 거예요. 괴물로부터 도망가서 편안해지려 해요.

칼 로저스: 결국 그런 끔찍한 사람에게서 도망가는 것은 누구나 반기겠군요.

질: 맞아요. 맞아요. 그게 맞아요. 그런 느낌이에요. 내가 옳게 행동하지 못하는 나쁜 사람이기 때문에.

칼 로저스: 그렇기 때문에 당신 자신을 받아들일 수 있는 방법이 없군요.

질: (한숨을 짓는다.) 나는 나의 일부분은 받아들일 수 있지만, 전부는 아니에요. 나의 어떤 부분은 좋아할 수 있지만, 전부는 아니에요.

칼 로저스: 당신의 일부분 중에는 당신이 받아들일 수 없는 끔찍한 부분이 있어서 그 부분을 좋아하지 않는군요.

질: 맞아요. 나는 그것들을 좋아하지 않아요. 나는 그런 부분이 너무 나빠서 벌을 주어야 해요.

칼 로저스: 그것들을 용서할 수 없군요.

질: 네. 용서할 수 없어요. 맞아요. 그건 용서될 수 없는. 내가 한 행동은 용서받을 수 없어요. 나는 그것이 무엇인지조차 모르겠어요.

칼 로저스: 음. 그래서 당신이 상세하게 이야기할 수 없는 거군요. 그건 단지 "나는 끔찍하고 용서할 수 없는 무엇을 했다는 것을 알아요."군요.

질: 음. 내가 그랬음에 틀림없는…….

칼 로저스: 틀림없이요.

질: 나는 끔찍하고 용서받을 수 없는 짓을 했음에 틀림없어요. 누구도 나와 접촉하기를 원하지 않기 때문에.

칼 로저스: 그 모든 것이 명확하지는 않지만 그런 느낌이 있는 거군요.

질: 그런 느낌이에요……. 그래요……. 맞아요.

칼 로저스: 당신이 끔찍한 어떤 짓을 했기 때문에 그 누구도 당신에게 연락하기를 원하지 않는군요.

질: 맞아요. 그래요. 만약 누군가 당신과 접촉하기를 원하지 않고 누구도 당신을 사랑하지 않으며 누구도 당신과 관계 맺지 않으려 한다면, 당신이 정말 나쁘게 행동했다는 분명한 하나의 근거가 돼요. 나는 나쁘게 행동한 것이 틀림없어요. 그런 느낌이네요. 그런 느낌이에요.

칼 로저스: 그래서 당신은 어쨌든, 때로 어떻게 하든 괴물과 같은 끔찍한 느낌을 내면의 세계에 가지고 있는 거군요.

질: 네. 그래요. 그렇게 설명할 수 있겠네요.

칼 로저스: 그것이 모든 것을 설명해 주는군요.

질: 음, 음. 맞아요.

칼 로저스: 그것은 당신을 좋아하고 수용해 줄 사람이 아무도 없다는 것을 의미하나요?

질: 아니요. 지금 나를 좋아해 주고 수용하며 들어주고 가치 있게 여겨 주는 사람은 있다고 느껴요. 그렇지만 매우 소수라는 거죠.

칼 로저스: 그래서 당신을 좋아하고 수용하며 가치 있게 보지 않는 사람은 바로 당신 자신인 거군요.

질: 음. 맞아요. 그건 대부분 나 자신이에요.

칼 로저스: 용서할 수 없는 무엇을 알고 있는 것도 당신이죠.

질: 네. 그래요. 누구도 나를 힘들게 하지는 않아요.

칼 로저스: 음. 누구도 당신에게 잔인하게 할 수 없고 그와 같은 끔찍한 판단을 할 수도 없다고 느끼는군요.

질: (한숨을 쉰다.)

칼 로저스: 혹은 그렇게 당신을 싫어하는.

질: 혹은 그렇게 나를 싫어해요. 맞아요.

칼 로저스: 당신은 판사, 배심원이나 집행자처럼 말하고 있네요.

질: 맞아요. 나 자신이 가장 큰 적이에요.

칼 로저스: 당신은 스스로에게 아주 힘든 선고를 내리고 있군요.

질: 네. 그래요. 나는 그래요. 나 자신에게 아주 좋은 친구는 아니죠.

칼 로저스: 그러네요. 당신은 자신에게 아주 좋은 친구는 아니네요. 음. (질: 음.) 그리고 당신은 스스로에게 하는 방식처럼 친구에게 행동하면 안 된다고 생각하고 있어요.

질: 맞아요. 나는 내가 나를 다루는 방식으로 누군가를 대할 때 정말 끔찍해요.

칼 로저스: 음, 음, 음. (침묵) 당신이 그렇기 때문에 당신 자신을 정말 사랑하지 못하는 군요.

질: 글쎄요. 나를 사랑하는 부분도 있어요.

칼 로저스: 좋아요. 좋아요.

질: 네.

칼 로저스: 좋아요. 당신의 일부분은 사랑하고 있군요.

질: 네. 나의 일부분인 그 작은 아이를 사랑하고 가치 있다고 여겨요. (칼 로저스: 음.) 그 아이는 정말 투쟁을 하기도 하면서 극복해 나가기도 하죠. (칼 로저스: 음.) 그리고 살아남았죠. (칼 로저스: 음.) 그렇게 두려운 많은 부분을.

칼 로저스: 음. 정말 사랑스러운 작은 소녀네요.

질: 네. 그녀는 정말 특별해요. (칼 로저스: 음.) 그녀는 내 딸이에요.

칼 로저스: 아하.

질: (한숨을 쉰다.)

칼 로저스: 그녀는 당신이 지키고자 하는 딸이군요.

질: 맞아요. 그래요. 나는 여전히 제 딸을 포옹할 수 있어요. 그리고 딸에게 예쁘다고 말해 줘요. 사랑한다고요.

칼 로저스: 그리고 당신의 딸은 생존자이고 강하군요. 그리고 그녀는 많은 것을 겪었지만 괜찮고요.

질: 네. 그래요, 그녀는 정말 특별해요.

칼 로저스: (침묵) 당신의 삶에 그런 사람이 있다는 것은 정말 좋은 일이 틀림없어요.

질: 맞아요. 그건 좋은 일이에요. 그녀는 정말 착해요.

칼 로저스: 당신의 딸이 당신의 다른 부분도 돌볼 수 있을까요?

질: 그녀는 그렇게 하기 시작했어요.

칼 로저스: 딸이 그렇게 하기 시작했다고요?

질: 네.

칼 로저스: 음.

질: 막 그러기 시작했어요.

칼 로저스: 음. 당신의 딸은 성인으로 당신을 대하는 것을 그리 어려워하지 않는군요.

질: 네. 맞아요. (칼 로저스: 음.) 딸은 엄청 많이 이해해 줘요. (칼 로저스: 음.) 인정도 많아요. (칼 로저스: 음.) (한숨을 쉰다.)

칼 로저스: (침묵) 딸은 당신을 사랑하는 것처럼 들리는데요.

질: 맞아요. 제 딸은 내가 얻지 못했다고 느꼈던 무조건적인 사랑을 줘요.

칼 로저스: 음, 음, 음. (침묵) 그리고 당신의 딸은 당신의 모든 부분을 사랑하는군요.

질: 그래요. 맞아요. 그녀는 나의 전부를 사랑해 줘요.

칼 로저스: 딸에게는 용서하지 못할 것이 없군요.

질: 네. 모두 수용해 줘요.

칼 로저스: 모두 말인가요?

질: 네. (한숨을 쉰다.)

칼 로저스: (침묵) 나는 그녀가 좋아요.

질: 나도 딸이 좋아요. (한숨을 쉰다.) 딸은 나를 구해 줄 거예요.

칼 로저스: 음?

질: 딸은 나를 구해 줄 거예요.

칼 로저스: 그녀가 당신을 구해 준다.

질: (웃음) 나 자신의 상처로부터.

칼 로저스: 음. (침묵) 당신의 딸은 당신을 힘들게 하는 것으로부터 당신을 지켜 줄 수 있군요. 정말 당신을 구해 주는 거죠.

질: 네. 나도 그렇다고 생각해요. 나는 딸이 나를 구할 수 있다고 생각해요. 그녀에게 약간의 도움을 주어야만 해요.

칼 로저스: 음, 음. 우리가 함께 일을 감당할 수 있듯이……. 나를 구해 주는 딸은 좋은 동료군요, 그렇지 않나요?

질: 네. 그래요. 그런 친구가 있는 것은 좋은 일이죠.

칼 로저스: 맞아요. 음. 정말 당신의 마음을 만져 주는 친구와 같은.

질: 맞아요. 정말 그래요. 결코 떠나지 않죠. (칼 로저스: 음.) 항상 거기에 있을 거예요.

칼 로저스: 음. 그녀는 떠나지 않고 또…….

질: 세상으로 나가서 자신의 할 일을 하겠죠. (웃음) 그녀는 엄마와 함께 집에 있으려 해요.

칼 로저스: 음, 음. 그리고 엄마를 위해서 엄마가 되는…… 그렇죠?

질: 맞아요. 그래요. (침묵) (한숨을 쉰다.)

칼 로저스: 왜 웃나요?

질: 당신의 눈이 반짝거려요. (모두 웃는다.)

칼 로저스: 당신 눈도 그래요. (미소를 짓는다.)

해설

비지시적 접근의 신화
-질의 사례-

Maria Villas-Boas Bowen

칼 로저스가 1942년에 그의 책 『상담과 심리치료(Counseling and Psychotherapy)』에서 처음으로 '비지시적 상담'이라는 용어를 소개했을 때, 1930년대 이미 지시적 진단이 가지고 있는 규범적 접근이 널리 통용되는 상황에서 이는 큰 반향을 불러일으켰다. 최근 그는 내담자를 인터뷰하고 진단하며 조언을 하는 것보다 내담자가 말한 것을 그대로 들었을 때 더 효과적인 도움을 줄 수 있다는 결과를 로체스터 가이던스 센터에서 발견하였다(Rogers, 1980).

로저스는 지시적인 관점과 비지시적 관점 사이에 기술과 가치의 차이점을 분명히 한 포터(Porter, 1941)의 연구를 이용했다. 포터의 연구에서 지시적 상담은 특정한 응답을 얻기 위한 매우 상세한 질문을 자주 사용하는 한편, 상담자가 정보와 설명을 주는 것을 특징으로 한다. 지시적인 상담자는 내담자가 변화할 필요가 있는 행동을 제안했고, 이런 행동이 일어나고 있는 것을 확실히 하기 위한 증거와 개인적인 영향력을 이용했다. 이와 대조적으로 비지시적 상담에서 내담자는 가장 많이 이야기를 했고, 상담자는 내담자가 그들의 감정, 태도 그리고 반응 패턴을 인식하고 이해하며 표현하도록 돕는 기술을 사용했다. 이런 목표를 위해 비지시적인 치료자들이 가장 많이 사용하는 기술은 내담자 반응 내용을 재진술하거나 명료화하는 것이고, 내담자에게 자신의 감정을 표현하도록 기회를 주는 것이다. 포터(1944) 연구를 기반으로 비지시적 상담의 가치와 지시적 상담과의 차이점을 고려하였다. 로저스(1942)는 지시적인 상담은 사회적으로 더 적합하고, 가능한 많은 아이디어를 얻을 수 있지만, 효율적으로 안내해 줄 가능성은 적다는 결론을 내렸다. 한편, 비지시적 접근은 심리적인 독립성과 진솔성을 지속하고 싶은 모든 개인에게 가치가 높다. 지금 인간 중심적 접근을 볼 때, 로저스의 초기 작업은 두 가지 업적을 가진다. 첫째, 공감을 전달하는 방식으로 감정에서 의미의 재진술 기술을 강조한 점, 둘째, 비지시적인 것에 대한 관심이 그것이다.

로저스는 『상담과 심리치료』를 쓰고 40년이 지난 이후, 1983년에 캘리포니아 라호야에서 개최된 시연 워크숍의 지원자였던 질을 인터뷰했다. 이 30분의 회기 동안 로저스의 작업이 얼마나 많이 변화되었는지를 입증한다. 그의 작업은 여전히 깊은 공감과 내담자의 자율성에 대해 변하지 않는 존중감과 자각에 대한 내담자의 무의식적 수준이 어떻게 흘러가는지를 알아내는 불가사의한 능력을 특징으로 한다. 그러나 질과 함께한 그의 작업은 『상담과 심리치료』에 기재된 사례 자료와 비교했을 때, 변화된 증거가 두 가지 있다. 첫째, 그는 내담자가 말한 것을 단순히 재진술하고 감정을 명료화하는 데 그치지 않고 좀 더 넓고 다양한 기술을 사용한다. 그는 해석을 사용한다. 그는 지금 여기에 존재하는 내담자의 신체적 단서를 이용한다. 그는 은유, 유머를 사용하면서 자기 비난을 과장하고 되풀이하는 내담자에게 그것의 불합리성을 부각시키고 좀 더 적절한 자기 평가를 촉진시킨다. 둘째, 그는 지시적인 것을 허락한다. 그는 문제의 근원에 대한 가정을 세우고 매우 열린 마음으로 그의 가정을 점검한다. 더불어 그는 주제를 제시하고 침묵을 깨기도 한다.

심리치료에서 로저스가 해석 사용을 반대했다는 것은 전반적으로 알려진 사실이다. 『상담과 심리치료』(1942)에서 정신분석에 대한 반발로 인지적 해석을 강력하게 반대했던 것도 사실이다. 그는 아동기 증상에 대한 원인과 해석에 의미를 부과하는 것은 내담자에게 큰 도움이 되지 않는다고 믿었다. 한편, 그는 같은 책에서 해석을 진술하면서 "내담자가 받아들일 수 없다면, 이는 치료가 효과가 없거나 부정적인 결과를 얻게 된다."(p. 27)는 입장을 보였다. 우리는 이런 인용에서 추측해 볼 수 있는데, 만약 치료자가 공감적이고 내담자에게 일치성을 가지고 있다면 해석은 내담자에게 좋은 느낌으로 받아들여진다. 그것은 효과적이다.

질과의 인터뷰에서 로저스가 보인 첫 번째 반응은 해석이다. 인터뷰가 어떻게 시작되었는지 주목해 보자.

> 질: 나는 제 딸을 대하는 데 너무 문제가 많아요. 그녀는 스무 살이에요. 곧 대학에 입학할 예정이에요. 나는 딸을 대학에 보내는 것에 대해 너무 걱정이 많아요……. 나는 딸에게 죄책감이 너무 많아요. 그녀에게 매달리려는 욕구가 있어요.
>
> 칼 로저스: 매달리려는 욕구가 당신에게 죄책감이 들게 하는군요. 그런가요?

로저스는 그녀의 딸을 보내는 것에 대한 죄책감과 어려움 사이에서 원인과 결과의 관계를 해석한다. 이런 연결을 만들어 낸 것은 그녀가 한 것이 아니다. 그럼에도 그가 해석을 하면서 불확실한 면에 주목하는 것이 흥미롭고, 그런 방식으로 로저스는 질이 그것을 수용할 수 있는지를 확인한다. 그는 부분적으로 해석을 사용한다. "그런 부분이 너무 많아요." 그녀가 이것을 수용하지 않더라도 로저스가 그것을 또 그런대로 내버려 두었다고 확신한다. 그는 자신의 것을 주장하지 않았다. 내담자가 부인하거나 저항하면서(치료자 자신이 부정확한 해석을 하지 않았음에도) 해석을 받아들이지 못한다고 판단하는 겸손하지 못한 동료들이나 미경험적인 치료자와는 달리, 로저스는 옳거나 그르게 판단하는 사람이 되기보다 내담자를 도우려는 데 더 관심을 두었다.

다음은 로저스가 명료화한 것을 질이 수용하지 않았던 상황의 예다. 로저스는 즉시 이를 포기하고 새로운 해석을 했는데, 질은 이것을 받아들였다. 그는 해석을 하기 위해 심지어 그녀가 무언가 말을 하려는 것을 차단한다.

칼 로저스: 그것은 당신을 좋아하고 수용해 줄 사람이 아무도 없다는 것을 의미하나요?

질: 아니요. 지금 나를 좋아해 주고 수용하며 들어주고 가치 있게 여겨 주는 사람은 있다고 느껴요. 그렇지만 매우 소수라는 거죠.

칼 로저스: 그래서 당신을 좋아하고 수용하며 가치 있게 보지 않는 사람은 바로 당신 자신인 거군요.

질: 음. 맞아요. 대부분 나 자신이에요.

그는 독단적이고 단호한 입장을 유지하는 대신 다음 두 조건을 부합하여 해석을 사용했던 것 같다. 첫째, 해석은 인지적으로 내담자의 행동에 대한 근거와 의미를 설명하는 것보다는 내담자가 그 순간 표현했던 생각과 감정을 따라가야 한다. 둘째, 내담자가 해석을 받아들이지 않는다면 치료자는 그것에 집착하지 말고 이를 기꺼이 포기할 수 있어야 한다.

로저스는 "그래서 당신을 좋아하고 수용해 주고 가치 있게 보지 않는 사람은 당신이군요."라고 질에게 알려 주면서 내담자 문제의 근원에 대한 가정을 세우고 있다. 동시에 이런 가정은 내담자가 직접적으로 말한 것이나 자신의 성격적—문제의 중요한 근원으로 자기수용의 결핍을 알아봄—이론을 바탕으로 한다. 그는 해석을 사용한다. 그녀가 딸에게 의존하는 것은 그녀 스스로를 돌볼 수 없고 자기수용을 하지 못하기 때문이라는 가정을 내담자가 인식하도록 하면서, 로저스는 그녀의 딸로부터 그녀 자신에게로 탐색의 초점을 옮기도록 했다.

내담자 중심 치료자는 결코 내담자가 이전에 표현하지 않았던 어떤 부분을 끌어오지 않는다는 신념과는 반대로 이 인터뷰에서 로저스는 자신을 돌보는 것에 대한 그녀의 무능력함을 제기하고 있다.

칼 로저스: 당신의 삶에서 좋은 사람이 많지는 않다고 생각하는 것처럼 들리네요.

질: 네. 그렇게 많지는 않아요.

칼 로저스: 그리고 그들 중에 하나를 잃는…….

질: 네. 아주 큰 상실이죠.

칼 로저스: 알아요.

질: 큰 상실이에요.

칼 로저스: (침묵) 당신은 그만큼 당신 자신을 돌볼 수 있나요?

질: (한숨을 쉰다.) 그건 나에게 정말 힘든 일이에요. 나는 내가 가치 있는 사람이라고 느껴지지 않아요.

인터뷰를 하는 동안 로저스는 반복적으로 그녀 자신을 돌보는 것에 대한 무능력이나 자기수용이 낮은 것에 초점을 두었고, 때로 매우 즉각적으로 내담자에게 희망을 불어넣어 주고 있다. 그는 이를 흥미로운 방법으로 이뤄 나가고 있다. 그는 질이 자신에 대해 표현하는 부정적인 관점을 반복적으로 다시 되돌려주거나 좀 더 과장하고 있는데, 그녀가 사용했던 것보다 좀 더 강한 단어와 억양을 사용하면서 이를 강조하고 있다. 질의 자기비난이 극에 달하면 그들의 대화에서 불합리성을 인식하고 자신의 긍정적인 면을 표현하면서 균형을 맞추기 시작하고 있다. 여기 좋은 예가 있다.

칼 로저스: 용서할 수 없는 무엇을 알고 있는 것도 당신이죠.

질: 네. 그래요. 누구도 나를 힘들게 하지는 않아요.

칼 로저스: 음. 누구도 당신에게 잔인하게 할 수 없고 그와 같은 끔찍한 판단을 할 수도 없다고 느끼는군요.

질: (한숨을 쉰다.)

칼 로저스: 혹은 그렇게 당신을 싫어하는.

질: 혹은 그렇게 나를 싫어해요. 맞아요.

칼 로저스: 당신은 판사, 배심원이나 집행자처럼 말하고 있네요.

질: 맞아요. 나 자신이 가장 큰 적이에요.

칼 로저스: 당신은 스스로에게 아주 힘든 선고를 내리고 있군요.

질: 네. 그래요. 나는 그래요. 나 자신에게 아주 좋은 친구는 아니죠.

칼 로저스: 그러네요. 당신은 자신에게 아주 좋은 친구는 아니네요. 음. (질: 음.) 그리고 당신은 스스로에게 하는 방식처럼 친구에게 행동하면 안 된다고 생각하고 있어요.

질: 맞아요. 나는 내가 나를 다루는 방식으로 누군가를 대할 때 정말 끔찍해요.

칼 로저스: 음, 음, 음. (침묵) 당신이 그렇기 때문에 당신 자신을 정말 사랑하지 못하는군요.

질: 글쎄요. 나를 사랑하는 부분도 있어요.

칼 로저스: 좋아요. 좋아요.

질: 네.

칼 로저스: 좋아요. 당신의 일부분은 사랑하고 있군요.

이렇게 그들은 질의 사랑스러운 면을 함께 탐색한다.

중요한 것은 언어를 신중하게 사용해야 한다는 것이다. 로저스는 질을 인터뷰하는 동안 부정적인 것을 몇 번 역설적으로 과장되게 사용하였기 때문에 이것을 기술로 고려하는 데 대한 유혹이 있다. 기술은 바람직한 결과를 이끌어 내기 위해 어떤 특정한 상황에서 사용하게 되는 행동 전략이다. 한 가지 확실한 것은 치료 중에 그가 한 작업은 로저스 접근이라는 사실이다. 그는 이와 같은 치료 기술을 사용하는 것을 고려하지 않았다. 그의 반응은 자발적으로 그 순간에 내담자의 세계에 참여하면서 나온 것이다. 나는 그의 성공에 대한 비밀이 그가 온전히 그 순간에 초점을 맞추었고, 아마도 "나는 지금 이 순간에 무엇을 해야만 하는가?"에 대한 질문을 내담자와 함께하는 것이라고 믿는다. 그는 『상담과 심리치료』를 저술했을 때, 그가 행동한 것을 개념화하려고 시도하던 중에 자신의 자발적 반응을 한 가지 기술로 설명했다. 이를 '감정의 명료화'라고 명명했던 것은 어쩌면 유감스러운 일인지도 모른다. 이후 그의 자발적 패턴은 한 내담자에게만 반응했던 유일한 것으로 널리 알려져 있다. "음, 음." 하는 것조차도 기술로 변형되었다. 내 추측으로는 내담자 중심 치료자들은 다른 심리치료적 이론을 지지하는 치료자들보다도 더 많이 "음, 음."을 말한다.

그가 사망하기 4년 전, 질과 했던 인터뷰는 10년 동안 로저스 작업이 변화되었음을 입증하고 있다. 그는 비지시적 용법에 대한 관심은 줄이고, 좀 더 융통성 있고 내담자에게 좀 더 다양하게 반응해 주고 있다. 예를 들어, 로저스는 한 회기 동안 열여섯 번의 침묵을 깨면서 종종 내담자의 현재에 집중하도록 하기 위해 신체 신호를 말하도록 하였다. 여기에 몇 가지 예가 있다.

질: 맞아요. 나는 딸 때문에 너무너무 화가 나요.

칼 로저스: (침묵) 내가 보기에 당신은 지금 약간 긴장하고 있는 것 같군요.

질: 맞아요. 맞아요. 갈등이 너무 많아요.

또 다른 부분에서는,

질: 그래요. 정말 상처를 받죠. 정말 상처를 받아요. (큰 한숨을 쉰다.)

칼 로저스: (침묵) 당신은 지금 상처받은 것처럼 보여요.

질: 네. 나는 정말 딸이 한 걸음 뒤로 물러서려는 느낌을 받아요.

이후,

칼 로저스: 당신이 자신을 대하는 것처럼 딸에게는 그렇게 나쁘게 대하지는 않는다는 생각이 드네요.

질: 그건 사실이에요. 내가 나 스스로를 나쁘게 다루는 것처럼 딸을 다루기 시작하려 하면 나 자신을 멈춰요.

칼 로저스: (침묵) 당신 안에 무슨 일이 일어나고 있는지 말해 줄 수 있나요?

질: (눈물을 흘리며) 당신이 나를 그렇게 친절하게 볼 때, 내 이야기를 들어준다고 느끼고, 누군가가 내 이야기를 정말 들어준다고 느껴지면 나는 슬퍼져요.

회기 끝부분에 로저스는 다시 신체 신호에 초점을 맞추면서 침묵을 깬다.

질: (침묵) (한숨을 쉰다.)

칼 로저스: 왜 웃나요?

질: 당신의 눈이 반짝거려요. (모두 다 웃는다.)

칼 로저스: 당신 눈도 그래요. (미소를 짓는다.)

이 해석은 또한 내담자에게 직접 응답을 이끌어 낸 로저스 질문의 좋은 예로 비언어적인 단서를 고려하고, 내담자가 현재의 체험으로 되돌아가서 집중할 수 있도록 인터뷰 방향을 이끈다. 또한 이것은 과정 가운데에서 그의 인간적인 따뜻함, 공감 그리고 '완벽'에 가깝게 조절해 나가는 것을 계속 이어 갔다는 증거가 된다. 그는 지시적이었지만, 내담자의 자율성을 깊이 있게 존중하였다.

나는 치료자가 과도하게 수동적이라는 것을 제외하면 비지시적 접근이 내담자 안에 무슨 일이 일어나고 있는지, 내담자가 어려워하고 있는 것이 어떤 부분인지, 기술(technique-bound)을 바탕으로 하고 있는지를 명확히 하기 위해 과도하게 느리게 반응한다는 오해가 있다고 생각한다. 심리치료가 그렇듯 내담자와 치료자가 관계를 맺을 때, 주요한 주제를 다루면서 치료자 자신의 성격을 막는 것은 불가능하다. 치료자는 의식이든 무의식이든 끊임없이 내담자가 말하고 있는 것을 바탕으로 어떻게 반응할지 선택한다. 질과 함께한 인터뷰에서 그녀가 딸에 대한 욕구를 이야기할 때 이와 관련된 예를 생각해 보자.

질: 글쎄요, 나는 많은 욕구를 충족시키고 있다고 느끼지만 딸에 대한 욕구는 다른 것보다 더 강해요. 그건 여자라면 누구나 지닌 욕구인데, 내 생각에는……. 그건 남성에게서 얻을 수 있는 것은 아니에요.

칼 로저스: 당신은 딸에게 원하는 어떤 것이 있군요.

질: 음. 맞아요. 딸에게. (한숨을 쉰다.)

나는 치료자가 여전히 공감적이라 할지라도 페미니스트 관련 주제에 초점을 맞추는 것을 쉽게 생각해 볼 수 있는데, 이것은 딸에 대한 그녀의 욕구를 이해하는 차원에서 그녀 자신의 여성성을 탐색해 보도록 이끈다.

치료자: 당신은 여성으로부터 필요한 무엇이 있군요.

여기에서 말하고자 하는 것은 어느 한 방법이 다른 방법보다 더 좋다고 이야기하는 것은 아니다. 이것은 단순히 내담자가 표현한 내용에 대해서 똑같은 공감을 한다고 해도 치료자에 따라서 다르게 반응한다는 사실을 나타내는 것이다. 그는 최근 마무리한 질의 인터뷰와 관련하여 내가 제시했던 몇 가지 반응에 대답했는데, 특히 로저스는 1983년에 이 주제들을 이야기했다.

나는 그의 집에서 세미나가 진행될 때 그가 틀어 준 질의 녹음테이프를 처음으로 들었다. 학생 중 한 명이 반응을 어떻게 선택했는지 물었다. "나는 내담자에게 가장 중요한 부분에 반응하려고 노력해요." 이후에 나는 이 언급에 이의를 제기하는 편지를 썼다. 내가 똑같은 테이프를 들었다 해도 그의 방식과는 확연히 다르게 내담자에게 표현했을 것이라는 관점을 가지고 반응하는 나를 상상했다고 그에게 설명했다. 나는 그와 내가 내담자에게 중요했던 문제를 서로 다르게 판단했기 때문이라고 추측했다. 그는 이후에 이렇게 썼다.

> 나는 내담자의 가장 중요한 감정에 반응하려고 노력한다. 내담자가 본인에게 가장 중요한 것이 무엇일지 선택할 때, 확실히 나 자신의 성격이나 과거 살아 온 역사 등에 영향을 받는다. 나는 그것이 틀림없이 가장 진실하다는 데 동의하고, 나도 내가 다른 것을 말하고 있다고 생각하지 않는다. ……(중략)…… 만약 그와 같은 반응이 부분적으로 치료자의 인식에서 나온 것이고, 그 인식이 내담자의 표현과 치료자 성격 모두에서 나온 것임을 열린 마음으로 인식하게 되면, 우리는 무조건 모방하는 '모델링'을 피할 수 있게 될지도 모른다(개인적 대화, 1 · 16, 1983).

치료자의 성격이 치료 과정에 영향을 미치지 않는다는 가정은 비현실적이다. 과정은 내담자 혹은 치료자 각각이라기보다는 내담자와 치료자 사이의 상호작용에 초점을 둔다. 부버(Buber)가 볼 때, 이것은 참여자들 사이의 깊이 있는 상호 관계를 반영하는 '나-상대방 관계(I-thou relationship)'다.

로저스가 지속적으로 선택한 한 가지 방법은 인간의 건강한 측면과 동맹을 맺는 것이다. 다른 한편으로 이런 동맹은 자기수용의 발달을 촉진시켰고 좀 더 평화로운 환경을 제공했다. 또한 이것은 내담자가 자신의 '어두운 면'을 깊이 있게 탐색하는 것을 방해할지도 모르고, 이로 인해 좀 더 통합적이고 균형적인 자아개념의 발달을 회피하기도 한다.

질과 함께한 그의 인터뷰에서 부정적인 면을 탐색하지 않으려는 로저스의 경향성을 쉽게 볼 수 있다. 예를 들면, 다음과 같다.

칼 로저스: 당신이 구하고자 하는 사람이 누군지 궁금하네요.

질: 네. 그래도 나는 죄책감을 느끼지 않을 거예요. 내가 모든 것을 다 옳게 행동하지는 못하니까요.

칼 로저스: 당신은 "나는 완벽한 부모가 아니었다."라고 느끼는군요.

질: 많은 실수를 하기도 하죠. (한숨을 쉰다.)

칼 로저스: 그리고 당신은 자신과 혹은 그런 실수를 하는 스스로를 용서하지 못하는군요.

질: 네, 네. 난 정말 나 자신이 힘들어요.

칼 로저스: 당신은 스스로를 너무 힘들게 하네요.

로저스는 질이 자신의 실수를 재점검하며 좀 더 많은 것을 얻을 수 있는 기회를 주기 전 이미 용서에 대한 생각을 안내했다. 아마 그녀가 했던 실수를 이야기하고 충분히 탐색할 기회가 주어졌다면 용서는 좀 더 쉬웠을 것이다. "당신은 스스로를 너무 힘들게 하네요."라는 로저스의 논평은 그 자체가 용서에 대한 논평인 것 같다. 그녀가 자신을 용서하기 이전에 로저스가 이에 대해 언급한 사실은 그녀를 안심시키고 긍정적인 마음을 가지게 한다. 그러나 이 질문은 종종 내담자 중심 치료자에게 제시되었다. 예를 들어, 내담자가 아동 학대자라면 그리고 자신에 대해 나쁘게 느낄 만한 합리적인 이유가 있다면 어떨 것인가? 그녀가 변화할 필요가 있는 부분을 보지 못하도록 막으면서 로저스가 이에 대해 빠르게 반응해 주지 못했다면 어땠을까? 로저스가 용서에 대해 이야기하는 것은 안전감을 주기 때문이라기보다는 도덕적으로 비난받을 만한 행동을 하지 않았다는 것을 더 강조하기 위해서였던 것 같다.

여전히 인간의 본성 중에 '선'에 대한 확고한 신념을 가지고 로저스는 내담자의 실수는 쉽게 용서받을 수 있다고 의미하는 것 같다. 사실상 인터뷰하는 동안 그는 자주 내담자에게 자각의 실제를 탐색하도록 돕는 대신, 질이 가지고 있는 '어두운 면'을 최소화시키려 한다. 이후 회기에서 로저스는 다시 그녀의 자기 비난 언급을 역설적으로 과장하면서 그녀의 건강한 면과 동맹을 맺는다.

칼 로저스: 당신은 자신을 좋아하고 싶지만, 정말 그럴 수 있을지 확신하지는 못하는군요.

질: 네. 나는 여전히 자기혐오가 너무 많아요.

칼 로저스: 당신은 나쁜 사람이라고 생각하는군요.

질: 맞아요. 정말 괴물 같아요. 나는 못됐어요. 그런 느낌이에요.

내 추측으로는 만약 로저스가 "당신은 나쁜 행동을 했다고 느끼는군요."와 같이 말하면서 현재 그녀의 감정을 반영했었다면, 질이 자신을 그렇게 나쁘게 여겼던 것에 대해 이야기했을지도 모르고, 그녀는 자신의 '악함'에 대한 것을 재점검하는 더 좋은 기회를 가졌을지도 모른다. 그는 그녀가 '나쁘다.'라고 자기를 묘사하는 것에서부터 '끔찍함'으로 점차 확대시킨다.

칼 로저스: 끔찍한 사람이요.

질: 네, 끔찍한 사람이에요. (한숨을 쉰다.)

칼 로저스: 그런 사람을 누가 좋아할 수 있을까요?

질: 맞아요. 그런 느낌이에요. 어떻게 그러겠어요? 딸이 나를 떠나서 연락하고 싶어 하지 않는 것도 이상한 일이 아니에요.

칼 로저스: 당신이 너무 나쁜 사람이기 때문에 딸이 당신을 떠난다는 느낌이군요.

질: 네. 내가 정말 나쁘게 행동하기 때문에. 그래요. 그녀는 내가 행동하는 것이 어떤지 알기 때문에.

칼 로저스: 딸은 당신의 비밀을 알고…….

질: 맞아요. 그녀는 내 비밀을 알아요. 그거예요. 딸은 내 비밀을 알아요.

다시 그녀의 '어두운 면'의 비밀을 그녀가 탐색하도록 촉진하는 것 대신에 로저스는 내담자의 부정적인 자기 개념을 과장하는 것을 지속적으로 선택한다.

칼 로저스: 그래서 딸은 이런 괴물과 관계 맺으려 하지 않는군요.

질: 네. 딸은 뒤로 물러서서 도망가려 할 거예요. 괴물로부터 도망가서 편안해지려 해요.

칼 로저스: 결국 그런 끔찍한 사람에게서 도망가는 것은 누구나 반기겠군요.

질: 맞아요. 맞아요. 그게 맞아요. 그런 느낌이에요. 내가 옳게 행동하지 못하는 나쁜 사람이기 때문에.

칼 로저스: 그렇기 때문에 당신 자신을 받아들일 수 있는 방법이 없군요.

질: (한숨을 짓는다.) 나는 나의 일부분은 받아들일 수 있지만, 전부는 아니에요. 나의 어떤 부분은 좋아할 수 있지만, 전부는 아니에요.

마침내 질은 자신을 비난하는 것에서 벗어나서 좀 더 자신을 수용하는 균형적인 관점을 확립한다.

치료자의 성향은 치료자가 어떤 반응을 할지에 영향을 미쳤다. 로저스가 끊임없이 부정적인 면을 탐색하는 것을 회피하기로 선택하는 것은 놀라운 일이 아니다. 그가 질이 말한 부분을 과장하면서 잘 지내보려 했다고 해도 말이다. 로저스의 성격을 알고 있는 사람들은 그가 매우 따뜻하고 아주 차분하며, 화를 잘 내지 않는 것을 안다. 만약 그가 내담자에게 부정적인 감정이 든다 할지라도 이를 표현하는 예는 아주 드문 경우라는 것은 분명하다. 그는 이 주제에 대해 일부 알아차린 것으로 보인다(아마도 그것에 대한 혼돈스러운 부분이 있었다 해도). 내가 이 장에서 표현하고 있는 것과 같은 생각을 그에게 표현했을 때 그는 이렇게 반응했다.

확실히 내가 내 성격의 어두운 면이나 다른 사람의 어두운 면에 직면하지 못한다고 느끼는 사람이 당신이 유일한 건 아니지만, 여기에는 어떤 진실이 있다. 나는 당연히 내가 체험했던 방식대로 체험하지만은 않으며, 내 행동을 변화시킨다. 그러나 그와 같은 비평은 나를 민감하게 만들었는데, 내가 생각하기에 어두운 면에 대해선 아마도 나 자신보다 타인의 어두운 면에 좀 더 민감해진다(개인적 대화, 1·16, 1983).

공정하게 말하자면, 30분 동안 진행되었던 질과의 인터뷰를 마음에 새기는 것은 중요하다. 이것은 하나의 데모시연이 되었고, 아마도 로저스와 질과의 완전한 일대일 만남이었다. 그가 그녀와 후속 작업을 할 예정이 아니라면 그녀에게 내적 삶에 좀 더 깊은 휴식을 취할 수 있도록 희망을 불어넣는 것은 적절하지 못하다. 그는 시연 인터뷰에서 이것을 항상 유념했다.

요약하면, 질의 사례는 『상담과 심리치료』에서 상담치료에 대한 그의 생각을 처음 표현했던 이후 그의 연구에 많은 변화가 있었다는 것을 입증한다(1987년에 그의 사망 4년 전). 그는 1942년에 상담자는 결코 내담자가 표현했던 것 이상을 넘어서는 안 된다고 썼다. "너무 많이, 너무 빠르게 진행하는 것과 내담자가 아직 깨닫지 못한 것을 언어화하는 것은 실제 손상으로 이어질 수 있기 때문에 매우 중요하다. 이를 이루기 위해서는 내담자가 표현했던 느낌을 완전히 수용하고 인식하고 있어야 한다."(p. 39)

45년 이후 우리는 내담자가 미처 소개하지 않은 태도를 언어화하는 것을 들을 수 있었는데, 이는 해석을 제공하고 시험하며 내담자에게 지시적일 수 있는 것들이다. 가장 큰 변화는 그가 좀 더 내담자를 신뢰한 것이었다고 나는 생각한다. 그는 치료자로서 내담자에게 영향을 적게 주고 쉽게 상처받지 않도록 고려했다. 그는 내담자의 자기 결정력과 자기 조절 능력을 더 신뢰하도록 하고 내담자들에게 치료자의 영향력을 최대한 줄이려 하였다. 이것은 좀 더 자기 자신이 되고자 하는 사람에 대해 융통성 있고 자유로우며, 일관성을 주었다고 믿는다. 그러나 무엇보다도 결코 변하지 않았던 한 가지는 심리치료에서 그의 연구를 바탕으로 핵심 가치를 믿었다는 것이다. 1942년에 그는 "비지시적 관점은 심리적으로 모든 개인에게 독립적인 권리를 주고, 심리적인 진실성을 유지하고자 하는 고도의 가치를 가진다."(p. 127)라고 썼다. 역설적으로 비지시적인 접근을 엄격하게 고수하려 하지 않으면서 궁극적으로는 내담자의 독립성과 심리적인 진실성에 매우 큰 신념이 있음을 입증했다.

참고문헌

Porter, E. H. (1941). *The development and evaluation of a measure of counseling interview procedures.* Unpublished thesis, Ohio State University, Columbus, Ohio.

Rogers, C. R. (1942). *Counseling and psychotherapy.* Boston: Houghton Mifflin.

Rogers, C. R. (1980). *A way of being.* Boston: Houghton Mifflin.

제 5 장
메리와 루이즈의 사례(1986)

summary by Debra Rosenzweig

메리의 축어록

칼 로저스: 자, 모든 것은 준비되었고, 마이크도 들어오네요. 나는 인터뷰를 준비하기 위해 1~2분 정도 조용히 있고 싶어요. 당신도 원한다면 그렇게 해요.

메리: 좋아요. (침묵)

칼 로저스: 좋아요. 나는 워크숍에 참석한 사람들을 조금 알고 지내 왔어요. 하지만 당신은 만난 적이 없어요. 당신을 알지 못하죠. 나는 당신을 알아가길 기대하고, 당신이 무슨 얘기를 하든지 잘 들을 준비가 되어 있어요.

메리: (한숨을 쉰다.) (15초간 침묵) 음, 내가 생각하기에, 음, 내게 있어 지금 얘기를 한다는 것은 내가 어디에 있는가, 내가 이 워크숍에 온 것에 대해서예요. 나는 계속 저기 있는 최근에 그린 그림을 보고 싶었어요. (칼 로저스: 음, 음.) 어, 음,

내가 첫 단계에 들어갔을 때 나는 내가 잠자고 있다는 것을 깨달았어요. (칼 로저스: 음, 음.) 음, 내 인생에서요. 나는 내 인생의 어떤 한 지점에 온 것 같아요. 나는 내 주변과 내가 가진 많은 부정적인 패턴을 정리하고 싶어요. 많이 정리했다고 느꼈죠. 그러나 그건 내 생각처럼 되지 않았어요. 지금 나는 이 지점에 와 있고, 내 인생을 창조할 준비가 된 것처럼 느끼는데, 방법을 모르겠어요. 음, 나는 본보기를 가지고 있지 않아요. (칼 로저스: 음, 음, 음.) 음, 그리고…….

칼 로저스: 당신은 쓸모없는 많은 것을 버리고 싶어 하는 것처럼 들리네요. 지금 당신은 거기에 무엇인가를 세우고 싶은가요?

메리: 네, 맞아요. 생각해 봤는데, 나는 여전히 내 능력을 발휘하는 데 어떤 장벽이 있어요.

칼 로저스: 네, 음…….

메리: 그 연결이 무엇이든 나의 깊은 자아나 진정한 자아를 알고 싶어요. 세상에서 내 삶은 음, 좀 이상한 것 같아요. 나는 항상 다른 사람들이 경험했거나 좋아하는 것과는 다른 것을 느끼고, 다른 곳으로 가기 위해 시도했기 때문에 내 삶에 대해 이야기하는 것이 어려워요.

칼 로저스: 당신이 하고자 하는 것은 다른 사람들이 얻으려 노력하지 않는 것이고, 그 사람들은 당신이 하고 있는 것을 정말로 모르기 때문에 당신이 애쓰고 있다는 것을 이해하지 못하는 것 같군요.

메리: 네, 맞아요. 나는 주위에서 그것에 관련된 본보기를 본 적이 없어요.

칼 로저스: 음, 음. 당신은 무엇이든 만들어 내기 위해 노력했지만, 그에 관련된 본보기가 없었군요. 뭔가, 그와는 다른 것들뿐이었군요.

메리: 네. 맞아요. 정확히 말하면, 뭔가 있을 수 있지만, 나는 그것을 깨닫지 못하고 있어요.

칼 로저스: 네.

메리: 그게 아니라면 내가 그것을 깨닫는 것을 스스로 막고 있는 건 아닌지 궁금해요.

(칼 로저스: 음.) 혹은 단지 내가 그 본보기를 만드는 방법을 알지 못하는 건지. (칼 로저스: 음, 음, 음.)

칼 로저스: 그렇지만 당신을 시작하지 못하게 하는 지점으로, 무엇인가 당신을 뒷걸음질치게 만드는 것을 느끼고 있나요? 그런가요?

메리: 네, 많이 있어요. 음, 나는 이 세상을 살아가면서 많은 것을 다뤄 봤어요. 그리고 황폐한 세상에 저항하기도 하면서도 (칼 로저스: 음, 음, 음.) 음, 사회는 너무 이상해요. 음, 지금 무엇이 나의 진실이고 내 주위에 무엇이 있는지도 불확실하기 때문에 나는 그것에 대해 이야기하기가 어려워요. (칼 로저스: 음.) 그것들이 모두 함께 뒤섞인 느낌이에요.

칼 로저스: 음, 그러면 당신은 이 이상한 세상에 있고 싶은지, 아닌지 확실하지 않겠군요.

메리: 음, 나는, 내가 한 행동을 받아들일 수 있는 지점에 온 것 같아요. 나는 나를 표현하고, 나 자신이 되고 싶고, 누군가를 도와주고 싶은 지점까지 도달한 것 같아요. 그것들을 하기 위해 나를 찾고 싶어요. 나의 진실이 무엇인지, 그것이 무엇이든 간에, 그것은 내게 도움이 될 거예요.

칼 로저스: 그래서 그렇게 이상하고 괴상한 세계에서 내가 도움이 되고 싶은데 어떤 방법이 있을까요?

메리: 글쎄요, 나 자신과 만나는 것과 관련이 있는 것 같아요.

칼 로저스: 음, 음.

메리: (한숨을 쉰다.) 음, 모르겠어요. 심지어 나는 더 높은 수준의 자아를 말하고 싶은 건지 아닌지도, 난 모르겠어요.

칼 로저스: 당신은 당신 안에 있는 진실과 가까워지길 원하고 있군요. 그것이 무엇이든지 간에.

메리: 네, 네. 그리고 음, (한숨을 쉰다.) 잘 모르겠지만, 항상 그래 왔어요. 어, 나는 어떻게 하면 그것을 찾아낼 수 있는지, 내 인생에 대해 생각해요. 그건 나에게 너

무 어려워요. (칼 로저스: 음, 음, 음.) 주위에 두려운 것이 많아요. 나는 그것을 해결하려 하지만 여전히 약해지는 걸 느껴요. 음. (칼 로저스: 음.) 쉽게 짓눌려요.

칼 로저스: 음, 네. 세상 밖으로 나가는 것은 매우 위험한 과정일 수 있어요. 왜냐하면 당신은 연약하고, 억눌려 있고, 두려워하기 때문이에요.

메리: (한숨을 쉰다.) 네, 그래요. 나도 그렇게 생각해요. 나 자신에 대해서 내가 가치 있게 여기는 것을 인정받지 못한 것 같은, 꺼내 놓기에는 말이죠. 음, 그걸 남에게 보이지 않게 했는데, 왜냐하면 그들이 그 안의 가치를 보지 못하거나 그것과 관련되려 하지 않기 때문이에요, 음.

칼 로저스: 음, 음, 나는 당신이 외로운 사람이라고 느껴져요. 어느 누구도, 당신이 원하는 방식대로 가치 있게 여기리라는 확신이 없기 때문에.

메리: (짧은 침묵) 네. 그런 것이 너무 많아요. 많이 있죠. 나는 매우 외롭게 살아 왔어요. (칼 로저스: 음, 음.) 매우 독립적인데, 그 이유는 세상에서 인정받기 위해 의존하고 싶지 않았기 때문이에요. (칼 로저스: 음, 음, 음.) 그렇지만, 그렇지만, 한편으로 난 내가 의존적이라고 생각해요.

칼 로저스: 그렇지만 나는 거기에 진짜 의문이 있는 것 같아요. "이 세상에 나를 위한, 이 외롭고 남과 다른 누군가를 위한 장소가 있을까?"

메리: (짧은 침묵) 맞아요. 맞아요. 나는……. 나는 느껴요. 내가 정말 도움이 되고, 도움을 줄 수 있는 유일한 방법은(한숨을 쉰다.), 다른 사람들이 이해할 수 있고 다른 사람들과 적응하기에 적합하며 세상의 틀이나 가치 같은 것에 적응하기 위해서 나 자신을 좀 변화시켜야만 해요.

칼 로저스: 내가 정확하게 들었는지는 모르겠지만, 당신은 "나는 내가 어떻게든 해서 다른 사람의 개념에 맞추거나 적응해야 해."라고 하는 것처럼 들리네요.

메리: 맞아요. 혹은 다른 사람들에 대한 인식이나 그들이 필요로 하는 기대 같은 거요. 나는 어떻게든 변해야만 해요. 내가 어디에 있고 그것의 가치가 무엇인지에 대해 탐색하고 발견하기 위한 공간은 없어요.

칼 로저스: 당신은 진정한 당신을 위한 공간이 없다고 꽤 확신하네요. 당신은 다른 사람들의 기대에 맞춰 가도록 자신을 바꿔야 하는군요.

메리: 네, 네. (칼 로저스: 음.) 모르겠어요. 아마도 그것은 내 자아가 말하는 것처럼 들리지만. 그렇지만 모르겠어요. 아니에요, 그것은 깊고, 더 깊은 두려움에서 나온 것 같아요.

칼 로저스: 음, 음. 그래서 당신이 실제 어느 지점에 와 있는지 확신할 수 없다고 한 것은 나에게 이젠 매우 진실처럼 다가오는데, 당신은 다른 사람들이 당신을 찾거나 이해할 수 있도록 자신을 조금 변화시켜야 했던 거군요.

메리: 맞아요. 그리고 난 진정한 나에 대해 생각해요. 아마도 이것은……. 어, 네, 내가 생각하기에 실제 나는 그렇게 완벽하지는 않아요. 그렇지만 많은 힘을 가지고 있고, 음, 많은 에너지와 선함 그리고 진실과 아름다움도 있어요. 그렇지만 이건 일부분이에요. 그것은 그리 완벽하진 않죠.

칼 로저스: 음, 음, 음. 그래서 당신은 그렇게 완벽하지는 않고…….

메리: 나는 두려워요. (한숨을 쉰다.) 외면당할까 두렵고, 비난받을까 두렵고, 어 음, 그 힘도 역시 두려워요. (칼 로저스: 음, 음.) 나는 이것을 볼 수 있는 영성적 수준이 있어요. 나는 (한숨을 쉰다.) 더 많은 업보가 있을까, 그것이 무엇인지, 그것이 돌아올 파장이 두렵고, 나에게 있는 힘을 잘못 사용한 것 같고, 그 힘을 어떻게 적절히 사용해야 하는지 몰라서 두려워요. 그리고…….

칼 로저스: 음, 음.

메리: 그리고 그 힘은 어떤 결과를 가져오지요. (칼 로저스: 네, 음.) 그리고 음…….

칼 로저스: 당신이 가진 내적 힘이 강하다는 것에는 의문의 여지가 없네요. 그건, 당신이 확신하지만, 불완전한 상태로 배출하기에는, 와우, 너무 위험하네요.

메리: 맞아요. 내가 그렇게 하는 게 옳은지, 아닌지도 잘 모르겠어요.

칼 로저스: 음, 그것이 너무 강하기 때문인가요?

메리: 나는 못하기 때문에, 음, 내가 그것을 적절하게 사용할 수 있을 거란 확신이 없

기 때문이에요.

칼 로저스: 그렇군요.

메리: 다른 사람에게 상처 주거나 옳지 않은 일을 하는 것 없이 말이에요.

칼 로저스: 그래요. 그것 자체가 불완전할 뿐만 아니라 불완전한 결과를 가져올 수도 있어요. 그것은 해를 입히거나 항상 도움이 되지는 않을 거예요.

메리: 맞아요. 나는 나뿐만 아니라 다른 사람에게 피해를 주는 것이 두려워요. (칼 로저스: 음, 네, 네.) 난 나의 힘이 두려워요.

칼 로저스: 나는 당신이 충분한 힘을 가지고 있다는 느낌을 받았어요. 맙소사! 그것은 무엇을 의미하나요? 그건 위험해질 수 있고, 상처를 입힐 수도 있고, 놀라운 것일 수도 있어요. 그러나 그건 완벽하지는 않아요.

메리: 네. 그게 위험한 것이라는 걸 잘 알고 있었어요. 그건 그랬어요. (칼 로저스: 어허, 음, 음, 음.) 그래서 제 느낌은요, 두려움과 금지된 것들, 억제, 이런 제가 저항하고 있는 것들이 종교와 관련 있다고 봐요. (칼 로저스: 음.) 제 생각엔 두려움은 영적인 것보다 종교적인 관련성에서 오는 것 같아요. 그러니까 제 말은요. (한숨을 쉰다.) 모르겠어요. 그냥 뭔가 답답한 곳으로 끌려가는 기분이에요. (20초 침묵) (한숨을 쉰다.) 제가 마녀가 된 것 같아요. 그래서 다른 사람들이 저를 저주하는 것 같아요. 제가 가지고 있는 힘이 무엇이든 그 자체가…… 그러니깐 다시 말하면 그게 완벽하지 않다면 바로 그거예요.

칼 로저스: 그래서 그게 무엇인지 순수하게 드러날지도 모르지만 "세상에 마녀가 될지도 몰라." 이군요.

메리: 맞아요.

칼 로저스: 마녀는 모두에게 경멸당하죠.

메리: 네.

칼 로저스: 혹은 많은 사람에 의해.

메리: 도덕적 방법으로만이 아닌 삶과 죽음의 방법으로요.

칼 로저스: 음, 네, 네. 당신에게 있는 그 힘이 실은 사형 선고를 받은 느낌이군요.

메리: 음, 음. 그래요. 맞아요, 제 생각엔 지금 이 모든 두려움이……. 제가 지금 얘기하면서 실제보다 더욱 신체적이고 감정적인 것 같아요.

칼 로저스: 그럼 그것들은 무엇이죠?

메리: 그것들은 좀 더 육체적인 거예요, 그들은 생존 단계에 있어요. (칼 로저스: 음.)

칼 로저스: "나는 살해당하고 싶지 않아요."

메리: 네. 그들은 내 잠재의식 안에 깊이 뿌리박았어요. 내 뒤를 붙잡고 있다고 생각해요. 그게 무엇이든 저들의 패턴은 나를 붙잡아요. 음, 나는 그것을 의식적으로 다룰 수 없어요.

칼 로저스: 실제 방해물의 일부는 "만약 내가 그 세계에서 내 힘을 보인다면 나는 살해당할지도 몰라." 이거군요.

메리: (침묵) (한숨을 쉰다.) 어떤 것은 끔찍해요. 그것은 다른 것보다 이름을 붙이기도 더 어려운 거예요.

칼 로저스: 네, 그렇군요. 어떤 것은 끔찍하군요.

메리: 그리고 그건 좀 더 알려지지 않았고, 좀 더 나빠요.

칼 로저스: 어허, 어허. "그것은 나를 끔찍한 운명으로 이끌어." 군요.

메리: 맞아요. (침묵) 그건, 그건 또한 기분 나쁘고, 혼란을 줘요. 어떻게 그것이 나를 그토록 나쁘게 만들 수 있는 거죠? (칼 로저스: 음, 음, 음.) 그렇게 받아들일 수도 없고, 너무 엄청난 결과예요. 음……. (한숨을 쉰다.)

칼 로저스: "진정한 내가 되는 것이 어떻게 그렇게 무섭고 치명적인 결과를 가져올 수 있을까?" "정말 그럴까?" 정말 혼란스러워 보이는군요.

메리: 맞아요. 어쩌면 그렇게 나쁠 수 있을까요.

칼 로저스: 네.

메리: 네, 맞아요.

칼 로저스: 그래요. 음, 음. "내가 나의 진정한 내면을 내보인다고 해서 그것이 그렇게

잘못된 것인가? 어떻게 그것이 나쁠 수 있지?"

메리: (침묵) 네, 네, 나는 실제로 느껴요. 나는 내 자신의 진실을 끌어안아 내 자아에 통합하고 싶어요. 음, 당신도 알다시피 자아는 전체 거대한 확장된 자기이고, 모든 것과 많이 연결되어 있어요. (칼 로저스: 음, 음, 음, 음.) 음. 세속적인 것과 영적인 것 모두요. (칼 로저스: 음) 혹은 자연과 영적인 것 모두요. (칼 로저스: 음.) 나는 그것들에 강한 충동을 가지고 있지만, 이런 충동이 거대해진다면 그건 거부할 거예요!

칼 로저스: 당신은 정말 자신을 사랑하는군요. 하늘만큼, 땅만큼.

메리: 네.

칼 로저스: 그리고 매우 크고, 총체적이군요.

메리: 네. 항상 '나는 괜찮아.'라고 해요. 그러나 세상에서, 세상에서는 난 괜찮지 않아요. 나는 매우 불안정해요. (칼 로저스: 음, 음, 음.) 다른 사람과 조화를 이루는 느낌이 너무 어렵고, 나와 신 또는 세상 또는 우주, 그 무엇이든지 하나가 되는 느낌이 어려워요.

칼 로저스: 그럼 당신 자신에게 자신감을 주는 것이 바로 이것인가요?

메리: 일치요. 어. 하나가 되거나 함께 조화를 이뤄야 해요.

칼 로저스: 하나가 되어, 으흠, 음.

메리: 음. 동시에 다른 영적인 수준에서 더 종교적 수준으로 가는 것을 말해요. 거기서 완전히 잘못되죠. (칼 로저스: 음.) 이건 내 안에서 일어나는 큰 분열이에요. (칼 로저스: 음.) 그건…….

칼 로저스: 영적인 수준에서는 괜찮아 보이네요. 당신은 정말 스스로를 기뻐했어요.

메리: 영적인 수준에서, 나의 내부에 있는 영적 수준에선 그렇지만…….

칼 로저스: 그러나 종교적인 수준에서는.

메리: 종교적 수준, 그건 내가 주입받아 온 종교적인 영적 차원이에요.

칼 로저스: 네, 으흠, 으흠. 외부로부터 오는 종교적인 영적 차원.

메리: 네, 그래요.

칼 로저스: 그건 놀랍군요.

메리: 내 안에 전체 역사가 다 들어 있는 느낌이에요. 마치 원시종교와 세계의 시초로 돌아가 모든 역사를 품고 있는 것 같아요.

칼 로저스: 시간의 시작이군요.

메리: 나는 내가 여기에서 괜찮은지, 그렇지 않은지에 대한 감각과 관련해서 항상 분열이 일어나요.

칼 로저스: 그래서 일부 감각에서…….

메리: 다시 말하면, 나는 이번 생을 좋아하지 않아요. 나는 가톨릭교회에서 태어났고, 수세기에 걸친 감각을 가지고 있어요.

칼 로저스: 음, 음. 당신은 처음부터 종종 분열되는 것을 느끼는군요.

메리: 네.

칼 로저스: 당신의 진짜 영적인 본질이군요.

메리: 네.

칼 로저스: 그것은 괜찮지만, 시대의 종교적이고 영적인 사회 풍토는 나쁜 것이군요.

메리: 맞아요. 과연 내가 속한 모든 사회에서 어떻게 적응해 나갈지……. (칼 로저스: 음.) 내가 나 자신을 부인하지 않는다면, 나는 이 사회에 적응하지 못하고, 영원히 어울리지도 못할 거예요.

칼 로저스: 당신은 그렇게 느끼는군요…….

메리: 설사 그렇다 해도 나를 둘러싸고 있는 이 세상과 나의 사회, 문화, 인종 그리고 이 모든 움직임에서 내가 필요로 하는 것이나 이 세상에 일부분으로서 함께 조화를 이뤄 나가는 것 그리고 그 안에서 일하며 우리가 어디로 가고 있는지 아는 느낌은 모두 차단될 거예요.

칼 로저스: 당신은 이런 광범위하고 실제적인 정신 세계에서 심판받는 느낌이고, 결코 그 세상에는 적합하지 못할 것 같군요.

메리: 난, 나는 결코 희망을 포기하지 않을 거예요.

칼 로저스: 좋아요. 지금으로서는 그 세계에 적합하지 않아요.

메리: 네. 네.

칼 로저스: 음, 음.

메리: (한숨을 쉰다.)

칼 로저스: 희망을 포기하면 안 돼요.

메리: 네.

칼 로저스: 사실은 적합할지도 모르잖아요.

메리: 나는 그것에 대해 계속 작업하고 있어요. 그렇지만 내가 했던 작업으로 모든 일을 해결하지는 못했어요. 난 감정이 느껴지지 않아요. (침묵). 나는 외부에서 잘 생활할 수 있는 기준을 만들었을 뿐이에요. 내가 말하고 싶은 건 외부에서 할 수 있는 수준을 만들기 시작했지만, 나는 그 방법대로 하고 싶지 않아요. 나는 통합적인 사람이 되길 원해요.

칼 로저스: 음, 음. 당신은 이 세상에 적합하지는 않지만 당신의 자아를 통합하기 원해서 마음속에서 이미지를 끌어내거나 자신의 일부분을 차단해 버리는 생각을 하는군요.

메리: 네. 그것이 나의 선물이라는 느낌을 주기 때문이에요.

칼 로저스: 네, 음. 그것은 당신에게는 선물이고, 당신의 독특한 점이며, 또 그런 모습이 되길 원하는군요.

메리: 그리고 한편으로 그것은, 음, 우주로부터 온 나의 지침서 같은 거예요. (칼 로저스: 음. 음. 음.) 그건 인류나 인종의 일부분이기도 하죠.

칼 로저스: 그래서 우주는 정말 당신이 전인적 인격체가 되길 원하는군요.

메리: 글쎄요, 음, 난 모르겠어요. 음. 그건 다시 잘 생각해 봐야…….

칼 로저스: 그건 너무 강하게 밀어붙이네요.

메리: 분열은 거기에도 적용돼요. (칼 로저스: 음, 음.) 음, 모르겠어요, 그건 이치에 맞

지 않아요. 논리적이지도 않아요. 그래도……. (한숨을 쉰다.)

칼 로저스: 그럼에도 당신은 지시하는 것의 일부라고 느끼고, 이 우주는 이미 구조화되어 있군요. 당신은 총체적인 자아가 될지도 모르는…….

메리: (15초간 침묵) 더불어 나는 스스로 갈등을 만들어 내는데, 이건 남자와 여자 사이에 갈등이고, 내가 그렇다 해도 그건 완전히 사실적인 건 아니에요. 하지만 나는 나의 가장 깊은 본질과 접촉하면서 이것을 다루려는 의지가 있고, 외부로 나가서 나를 이 우주 밖에서 적응하도록 만들어요. 나는 이렇게 그것을 해결해 가고 있어요. 계속 이것을 해 나가면서…….

칼 로저스: 음. 그리고 당신은 남성과 여성의 관점으로 그것을 보았군요…….

메리: 네. 과거에 많이 그랬어요. 맞아요. 음, 잘되지는 않았지만요. 여성으로서 내가 체험할 수 없는 느낌이었어요. 이를테면 접촉 같은 거요.

칼 로저스: 이건 어떤 건가요? 당신은 정말 여자로서 우주에서 총체적 자아(whole self)가 될 권리를 가지고 있지 않나요?

메리: 맞아요. 왜냐하면 음, 종교는 결국 매우 남성지……, 지……, 음…….

칼 로저스: 지향적인.

메리: 남성 지향적이고, 중심적인, 남성 중심적인 것이었죠. (칼 로저스: 음.) 그리고 음, 영적인 차원이기 때문에 나는 너무 많이 투쟁했었고, 음, 나는, 나는 이와 접촉하기 위해 다시 되돌아가려고 했지만, 이 세상을 다스리는 신에게 너무 오랜 시간 화가 나 있었어요. 신은 남성이에요.

칼 로저스: 신은 말하지요. "너는 여자일 뿐이야. 너는 거기에서 나갈 권리가 없어."

메리: 네. 그래서 나는 영적인 것이든 근원적인 것이든 그 느낌에 갇혀 버렸어요. (한숨을 쉰다.)

칼 로저스: (침묵) 일종의 체념과 같은 거군요…….

메리: 네. (한숨을 쉰다.) 나는 그게 무엇인지 명확해진 느낌이지만, 여전히 그건, 음, 움직일 수 없는, 움직일 수 없는 힘처럼 느껴지고, 그 둘은 각자 대항해서 충돌

하고 있는 중이에요.

칼 로저스: 그렇군요…….

메리: 그 안에서 해결할 방법이 보이지 않아요.

칼 로저스: 네. 단념하는 것에 대해 한숨이 나오는군요. 그래요, 좋아요, 그것이 어떤 것이든지 간에 여전히 그곳에 남아 있군요. 거기에 있어요. (침묵) 여전히 벗어날 수 없군요.

메리: 난 그걸 통합하고 싶어요, 음, 나의 모든 단계에서 내 안의 세포 하나하나까지도요. (칼 로저스: 음.) 그런 식으로, 음, 갈등하는…….

칼 로저스: 당신은 당신 몸 안 깊숙한 수준에 있는 모든 세포에게마저도 스스로 자유롭지 못한 것 같아요. 당신이 그렇게 하는 것을 허락하지 않는군요.

메리: 맞아요, 우주는 이미 구조화되어 있는 것으로 나에게 다가오는 것 같아요. 잘 모르겠어요……. (칼 로저스: 음, 음.) 해결책이 보이지 않아요.

칼 로저스: 음, 음. 약간의 체념이나 절망감마저 느껴지는군요.

메리: 네.

칼 로저스: 음. "그것은 우주가 구성되어 있는 방식이다. 나는 있는 그대로의 나를 내보일 수 없을 것이다."

메리: 네, 그래요. (침묵) 또한 내 안에서 "죽으면 안 돼, 포기하면, 포기하면 안 돼."라고 고함치고 있어요.

칼 로저스: 당신은 물러서고 싶고 약간은 무기력하지만 여전히 당신에게 말하고 있군요. "안 돼, 아니야, 나는 포기하지 않을 거야."라고요.

메리: 나의 일부분은 (한숨을 쉰다.) 전체가 있다는 걸 알아요. 나의 일부분은 알아요. 나는 그것을 어떻게 만들어 내는지 몰라요. (칼 로저스: 음.) (한숨을 쉰다.)

칼 로저스: 음. 당신은 스스로를 허용하는 법, 기회를 만드는 방법 또는 자신을 진정으로 편안하게 해 주는 방법을 잘 모르는군요.

메리: 나는 그런 느낌을 가지고 있는 것 같아요, 음, 내가 반드시 해야만 하는 것

은…… 마음을 열고, 어 그리고 세상을 수용하는 거예요. 어. 내가 원하는 것은……. (칼 로저스: 음, 음, 음.) 나는 그것을 거부하고 싶고, 그것도 나를 거부하길 원해요. (칼 로저스: 음.) 어떻든 그것을 삼켜 버려야 해요. (칼 로저스: 음, 음.) 그리고 어…….

칼 로저스: 당신이 세상을 거부하고, 세상이 당신을 거부한다고 느끼는 것에 대해서는 그냥 넘어가려 하고, 어떻게 해서든 좀 더 개방되어야 한다는 것에 대해서만 얘기하는 것처럼 들려요.

메리: 네. 아마도 그것이 유일한 방법이니까요.

칼 로저스: 음?

메리: 어, 아마도, 그건, 그건 잘 모르겠어요. 난 그것에 대한 이미지를 가지고 있어요. (칼 로저스: 음, 음, 음.) 그건, 그건 잘 안 됐어요. (칼 로저스: 음, 음.) 글쎄요. 난 확실히 시도를 하긴 했지만, 그건…….

칼 로저스: 잘 되지 않았군요. 그리고 어쨌든 "난 계속 시도하고 있어."라고 하면서 이를 유지하고 있군요.

메리: 음. (한숨을 쉰다.) 계속 저항하려고 하고 있지만, 그냥 그렇게 돼요. 나는 뱀의 이미지를 가지고 있어요. (칼 로저스: 음.) 큰 무엇인가를 삼키고 있는 뱀이요, 큰 동물을 삼키는 뱀……. (칼 로저스: 음, 음, 음.) 그것을 소화시키겠죠.

칼 로저스: 내가 말하려던 것이었어요.

메리: 그 모든 것을요.

칼 로저스: 그 전체를 소화시키는. 으흠, 뼈들과 모든 것까지도.

메리: 그 전부를 삼키죠.

칼 로저스: 음, 음. 네, 그래요. 음.

메리: 그러면 뱀에게 영양분이 되었으니 먹힌 것은 뱀의 일부가 되는 거예요.

칼 로저스: 음?

메리: 뱀의 일부가 되었다고요.

칼 로저스: 음, 음, 음.

메리: (한숨을 쉰다.)

칼 로저스: 뱀이 꽤 건강해졌다는 소리로 들리네요!

메리: 음. 그것은 그 세상의 방법이에요. 그것은 그 세상의 이미지죠. (칼 로저스: 음.) 그 행성에선.

칼 로저스: 음. 그들이 나에게 당신의 시간이 다 되어 간다고 말하네요.

메리: (웃음) (20초간 침묵) 네, 나는 지금 뭔가 기회를 엿보고 있는 느낌이에요. 바로 당장 어떤 방향이든 흘러가도록 기회를 엿보고 있어요. 이 두 가지는……. (칼 로저스: 음, 음, 음.) 음, 이것을 움직이고 있어요.

칼 로저스: 그것은 이 갈등을 해결하는 방법을 찾는 것과는 정말 다른 거네요. 그건, 그건…….

메리: 내가 이 갈등을 붙잡고 있는 한 해결책은 없어요.

칼 로저스: 어, 그것을 삼키고 움직이는 것과 같군요.

메리: 네. 그래서 난 또 다른 방법으로 행동해야만 해요. (칼 로저스: 음, 음, 음, 음.) 나는 지금 문제의 중심에 있다는 것이 느껴져요. (칼 로저스: 음.) 갈등은 여기에서 끝날 거예요.

칼 로저스: 네. 그건 다른 거군요. 다른 의견이나 대안 또는 그 어떤 것이네요.

메리: (한숨을 쉰다.) 음, 네. 새로운 본보기예요.

칼 로저스: 음. 새로운 본보기군요.

메리: 네.

칼 로저스: 좋아요. 음. 그것을 가까이 가져와도 괜찮겠어요?

메리: 네. (칼 로저스: 음.) 고마워요.

칼 로저스: 음. 고마워요.

메리: 고마워요.

칼 로저스: 여기에 잠깐 머물러 보죠. 그리고 한번 봅시다. 1~2분 후에 만약 당신이 느

낄 수 있다면, 그 느꼈던 것을 함께 나누기 위해 여기 있는 사람들에게 이야기할 수 있고, 나는 그것을 어떻게 느꼈는지 그들에게 말할 거예요. 그러면 우리는 그들과 함께 이 작업을 할 수 있게 되겠죠.

메리: 좋아요. 당신은 내가 그렇게 하길 원하나요?

칼 로저스: 당신이 할 의지가 있거나 할 수 있다면.

또 다른 제3자: 쉬는 시간이 좀 필요한가요?

메리: 아니요. 아니요.

칼 로저스: 음 .

메리: 음, 나는 이렇게 하는 것이 좀 수월해졌어요. 음, 내가 말하고 싶은 건 뭐냐면…… 어, 음. 나는 얘기하기를 원했었어요. 그렇지만 난 다른 사람들과 함께 이야기하는 것이 어려웠어요. ……왜냐하면 얘기하고자 하는 것의 본질 때문에……. 음, 난 잘 모르겠는데, 꺼내 놓고 싶지 않은 뭔가가 있어요. 나는……. 사람들이 그것을 거의 이해하지 못하거나 공감하지 못한다고 느꼈어요. 잘 모르겠어요, 뭔가 이상하고 이상한, 환상적인 것들이 있어요.

칼 로저스: 조금 이상한 것 같군요. 음.

메리: 맞아요. 그렇지만, 당신은 거기에 있었고, 나 또한 기꺼이 그것에 따르려는 의지가 있었고, 또 함께했어요. 내가 거기에 있으라고는 생각도 못했지만. 어, 그것은 그렇게 되었고, 나는 그것에 대해 무엇을 말해야 할지 모르겠어요. 그것은 완벽했다고 할 수 있어요. 바로 결론으로 갔고 그리고 마침…….

칼 로저스: 어, 나는 당신과 함께 많은 것을 느꼈고, 부분적으로 나는 개인적인 느낌이 있어서……. 당신이 이야기했던 다른 것들을 참조하지 않고 좀 더 기초적인 것에 기반을 두었는데, 나는 당신과 함께하는 것이 그리 어렵지 않다는 것을 깨달았어요. 나는, 정말로 당신이 느낀 것을 나도 느낄 수 있었다고 생각하고요, 음, 음, 알다시피, 당신이 정말로 어떤 것을 꺼내 놓는다면, 아마도 당신은 마녀일 것이다, 그리고 점차 명확히 보게 되어 마침내 그 부분을 떼어내서 점차 다른 방

식으로 세계를 이해하게 되었죠. 그건 흥미로웠어요.

메리: 당신은 매우 공감적이었어요.

칼 로저스: 네, 나는 그래요, 나는 그것을 느꼈어요.

메리: 그것이 나에게 무언가 할 수 있도록 만들었어요, 어, 왜냐하면 그게 적어도 내 안에서 지시하려는 것을 멈췄기 때문이에요.

칼 로저스: 음, 맞아요. 나는 그렇게 느꼈어요. 관점 중 하나는 나에게 많은 의미를 가지게 했어요. 공감은 매우 정교함이 필요해요. 다시 말하면, 당신은 자신의 가장 취약한 부분을 노출하고 있고, 적어도 오해나 거절, 판단으로 보이는 작은 부분이 모든 것을 하지 못하게 차단하고 있는 것 같아요.

메리: 그런 건 조금도 없었어요. 아주 작은 부분 하나까지도 없어요.

칼 로저스: 네. 나 역시도 그런 것이 있다고 느끼지 못했었어요. 그건 사실이에요. 음, 음. 당신이 한번 시도해 본다면, 나는 당신이 느꼈던 것 저변의 그늘진 곳으로 갔는데, 당신은 그것을 아니라고 정정했지만, 난 느꼈어요, 나는 실제로 느꼈어요. 실제적인 연대가 있음을, 음, 그건 그랬어요.

메리: 네. 당신이 찾았던 방법은 나에게 도움이 됐어요.

칼 로저스: 음, 음. 나는 이해하고 싶었어요. 나는 실제보다 좀 더 많은 것을 더 이해하려고 했는지도 모르겠어요.

메리: 네, 저도 알아요.

칼 로저스: 네. 나는 당신이 경험했던 것을 정말 체험하길 원했고,당신의 대화는 아주 생생해서 내가 그대로 그 느낌을 가질 수 있게 도와주었어요.

메리: 당신의 의지 덕분에 음, 좀 더 마음을 열 수 있었어요. 그건 분명해요. 이 공간은 분명히 그렇게 해 주었어요.

칼 로저스: 당신이 스스로 어디에 도달했는지를 몰랐던 것처럼 나도 그랬어요. 어쨌든 이 상호작용의 증거는 당신이 가장 잘 알고 있는 거예요. 당신은 당신이 가장 잘 안다는 것을 몰랐고, 당신은 당신이 어디를 향해 가는지 깨닫지는 못하지만, 만

약 내가 당신과 함께 길에서 서로 낯선 걸음을 걷고 있다는 믿음을 가지고 간다면, 어디로든 길을 인도하죠. 다소 황당하지만 만약 내가 어떤 목표를 가지고 이 인터뷰에 임했다면 나는 인터뷰를 엉망으로 만들었을 거예요. 완전히 망쳐 놓는 거죠. 그렇지만 마침 당신은 당신이 원하는 곳으로 가려고 노력했고, 정말 새로운 문을 열고 들어가는 것을 보았는데, 이건 당신이 한 행동에서 얻은 것이에요. 당신도 알다시피요.

메리: 나는 어떤 방식으로든 지시받는 것에 대해서 정말 예민해요. (칼 로저스: 음.) 강요당하는 것도요 (칼 로저스: 음, 음.) 그렇지만 이건 나에게 잘 맞는 유일한 방법이에요. 나는 말로 할 수 없는 두려움을 경험한 적이 있어서 이런 느낌은 잘 알아요……. 그렇지만 그것도 당신과 함께라면 괜찮아요. 그런데 음, 내가 아는 게 또 있어요. 음. 아무래도 약간 벽이 느껴지는 장소에 가게 될 수도 있고 나를 온기 있게 만들어 주는 사람들 일부를 떠나게 만들 수도 있겠죠.

칼 로저스: 음, 음, 네. 그리 오랜 시간이 걸리지는 않았군요.

메리: 그것으로 인해 나는 좀 더 피상적인 수준에 있었고, 좀 더 사람들이 받아들일 수 있는 어떤 것을 찾아야만 했어요.

칼 로저스: 좋아요. 우리 다른 사람들하고 같이 얘기해 볼까요?

메리: 네.

루이즈의 축어록

칼 로저스: 기꺼이 내담자가 되어 주어서 고맙게 생각해요. 지금 하고 싶은 이야기가 무엇인지 잘 모르겠어요.

루이즈: 음. 나도 마찬가지예요. 잠깐만요, 음. 나는 내가 어떻게 느끼고 있는지 말하고 싶어요. (칼 로저스: 음.) 음, 어, 약간 나는 생각하고 있는 게 있는데, 나는 불안

에 대해 이야기할 거예요. 어제 내 손에 땀이 나고 있던 것을 기억해요. (칼 로저스: 음.) 그리고 음, N의 요청으로 우리가 무엇을 하고 있을 때, 특히 춤을 추고 난 이후 갑자기 나는 내가 옷을 걸치고 있지 않다는 것을 깨달았어요. 그리고 나는 생각했어요. "이게 내가 느끼고 있는 느낌이야. 나는 위기에 처했어."라고요. 발가벗겨진. 맞아요. (칼 로저스: 음, 음.) 음…….

칼 로저스: 불안과 노출된 느낌 둘 다군요.

루이즈: 네.

칼 로저스: 음. (약간 미소)

루이즈: 어떤 점에서 그것은 좋은 느낌이기도 했는데, 오늘 아침에 세 점의 그림과 했던 작업을 우리 소그룹에서도 비슷하게 했었어요. 나는 그 작업이 끝날 때쯤 느꼈어요. 음, 그 그림 중에서 특히 두 점을 되돌아봤을 때, 내가 저 그림들에 꽤 압도당하고 있다는 것을 느꼈어요. (칼 로저스: 음.) 음, 어떻게 그런 그림들이 나올 수 있을까요. (칼 로저스: 음.) 음, 그림들이 아름다워 나는 눈을 감고도 그것들이 보여요. (칼 로저스: 음.) 그래서 그것을 통해 깨닫게 되어 좋았고, 그것과 접촉해서 나의 내면의 아름다움이 즐거워지는 것이 좋다고 생각했어요. (칼 로저스: 음, 음.) 음, 또 그건 오늘 아침까지 계속 이어졌어요. (그녀의 얼굴은 그녀의 그림을 배치해 놓은 방의 코너로 향해 있음).

칼 로저스: 이건 내 방식은 아닙니다만……. 당신이 원한다면 여기로 그림을 가져와서 그림에 대해서 이야기해 보는 것이 어떨까요?

루이즈: 음, 네. 당신에게 그림들을 보여 주고 싶어요.

칼 로저스: 좋아요. 나는 잘 모르겠는데……. 누가 그림들을 좀 가져다주시겠어요?

루이즈: 저기, 저 파일, 오렌지 색 파일이요. 네, 맞아요. 그거 맞아요. 네 그것 세 개, 노란색 그건 아니에요. 네. (침묵) 저것들 중 두 점이 인상 깊었어요. (그림을 가져왔고 의자 옆 바닥에 내려놓음.) 음, 저것이 그중 하나예요. 이것은 첫 번째 거예요. (칼 로저스: 음, 음.) (침묵) 나는 어떤 건지 기억할 수 없지만, 이거라고 생

각해요. (침묵). 그것들의 형태, 색상이 나에게 새롭지 않은 것임을 알았지만, 이것을 완벽하게 깨닫는 데는 시간이 오래 걸렸어요. (칼 로저스: 음.) 네.

칼 로저스: 그러면 당신은 어떤 것에 대해 이야기하고 싶은가요? (침묵) 당신은 이것을 제일 먼저 이야기하고 싶은가요? 그런가요?

루이즈: 네. C가 우리에게 두 점을 그리라고 제안했어요. 우리는 두 점을 그렸어요, 어, 두 점의 그림을 그리면서 어떤 것은 좀 나를 괴롭혔고, 어떤 것은 내 안에 머물렀어요. (칼 로저스: 음.) 그리고 어떤 것은 음, 떠오르는 무엇인가가 있었는데, 모두 비웃겠지만 어쨌든, 음, 나는 소그룹에 오기 전 이번 주에 정원 부근에서 나뭇잎을 줍고 있던 어떤 사람과 인사를 했어요. 그런데 갑자기 나에게 데이트를 신청했어요. (칼 로저스: 음, 음, 음.) 나는 그와 이야기하는 것을 좋아해요. 그러나 그가 데이트를 신청하면 나는 두렵고, 음 어……. 나는 그와 함께 데이트를 할 수 없다는 것을 깨달았어요. 시간이 없어요. 그래서 나는 그에게 이야기했고 여기로 왔어요. 음, 나는 파트너를 간절히 바라지만, 아직은 두려워하는, 내 인생에서 그러한 양면성에 대해 생각하게 돼요.

칼 로저스: 매우 작은 사건이었지만 여전히 당신에게는 상징처럼 남아 있군요.

루이즈: 맞아요.

칼 로저스: 갈망과 두려움 둘 다군요.

루이즈: 맞아요.

칼 로저스: 음. (침묵) 그리고 이건 첫 번째 그림이네요…….

루이즈: 나는 갈망과 두려움에 대해 그리고 싶었어요. 그래서 갈망에 대해서는 그렸어요. (칼 로저스: 음.) 다음으로 두려움에 대해 그리려고 했는데, 또 갑자기 검은 장면이 떠올랐고, 그건 나의 즐거움과 아름다움과 관련된 것이 나온 것 같았어요. (칼 로저스: 음, 음.) 그것은, 어, 나에게 좀 더 확장된 방법이었던 것 같아요. (칼 로저스: 음, 음.) 반대되는 것이라기보다는. (칼 로저스: 음.)

칼 로저스: 그것들은 어쨌든 함께 있는 것 같지만 아주 다르게 나타났군요.

루이즈: 네, 네.

칼 로저스: 내가 이해한 바로는, 하나는 양극화된 것이고, 다른 하나는 진짜 즐거움이군요.

루이즈: 네, 맞아요. 그들은 어떤 면으로는 반대가 아니라 진전된 것처럼 보여요. (칼 로저스: 음, 음.) (25초간 침묵) 음, 내가 아버지에 대한 실패의 느낌이 들 때 오늘 아침에 썼던 것이 떠올랐어요. 어, 그리고 난 잘 모르겠어요. 이것이 실제 탐색에서 나온 것인지, 분명하게 뭔가 나타났던 것인지 잘 모르겠지만……. (칼 로저스: 음, 음.) 어, 나와 아버지와의 관계가 내 남자 관계에 어떻게 영향을 미쳤는지 궁금해요. (칼 로저스: 음, 음, 음, 음.) 사실 나는 엄마와 매우 친밀했어요……. (칼 로저스: 음.) 가끔 나는 내가 아버지를 전혀 몰랐던 것 같이 느껴져요. 그리고 음, 나는 아버지가 하고 싶었던 것을 하지 못하고 실패한 것에 대한 슬픔이 있어요. 내가 아버지에 대해서 알고 싶었던 만큼 그를 잘 몰랐다는 것도 슬퍼요.

칼 로저스: 음, 음. 그래서 그의 상황과 관련된 슬픔도 있지만 당신이 그를 잘 알지 못하는 것에 대한 슬픔도 한 부분을 차지하고 있군요.

루이즈: 네, 네.

칼 로저스: 당신은 실패라고 언급했는데, 당신이 이야기한 것이 아버지 자체에 대한 것인가요? 아니면 그의 시선 속에 있는 당신에 대한 것인가요?

루이즈: 음, 난 그의 실패라고 생각해요, 음, 음, 아버지는 그의 실패를 인정할 거예요. 나는 그가 R___에서 매우 좋은 자리에 있었기 때문에 실패를 훨씬 더 크게 느꼈어요. 나는 외적인, 외부 세상만을 걱정했어요. 그때 내가 마음을 썼던 건 바로 그것이었지요. (칼 로저스: 음, 음.) 그러고 나서 우리는 E___로 돌아왔고, 마흔이었던 아버지는 그의 능력보다 못한 일을 잡아야 했어요. 그것만이 유일한 방법이었고, 아버지는 지금 65세예요. (칼 로저스: 음, 음, 음.) 그리고 나는 아버지를 따라간 내 실패에 대해 생각했어요. 나는 학교에서 사람들의 기대뿐 아니라

스스로의 기대만큼 잘하지 않았어요. (칼 로저스: 음.) 부모님은 나에게 부담을 주지 않았어요. 내 성취에 대해서도 부담을 주지 않았죠. (칼 로저스: 음, 음.) 그러고 나서 대략 10년 정도 계속됐어요. 나는 대학에서 학위를 받지 못했어요. 음. 이후에 내가 무엇을 하려 했을까 생각해 본 뒤, 결국 학교로 돌아가 학위를 받았어요. 나는 가정교사에 대한 안 좋은 경험이 있어요. (칼 로저스: 음, 음.) 그는 내게 사실상 실패한 선생님이라고 말했어요. 그건 시간이 지나도 해소될 것 같지 않아요. (칼 로저스: 음.) 네.

칼 로저스: 그래서 당신 아버지의 시선 속에서 혹은 가정교사의 시선 속에서, 때로는 당신 자신에 대한 시선 속에서 자주 실패를 맛보았군요. 가정교사와 관련된 것조차도 당신은 "나는 옳고 그는 틀려. 나는 실패자가 아니야."라고 느끼면서도요.

루이즈: 네. 내 머릿속에서. (칼 로저스: 흠?) 난 머릿속에서는 손쉽게 말할 수 있어요. (칼 로저스: 으흠, 음.) 그렇지만 내 마음으로는…… (칼 로저스: 음, 음.) 그건 여전히 받아들이고 있는 과정이에요.

칼 로저스: 당신의 마음속에서는 "그는 괜찮을 거야, 그는 괜찮을 거야."라고 말하는군요.

루이즈: 네, 맞아요.

칼 로저스: "아마 난 실패자인가 봐."

루이즈: 네, 그래요. 이건 변화를 위한 시작이었다고 생각해요. 지난밤에 난 그것을 좀 더 이해할 수 있게 되었어요. (칼 로저스: 음.) 오늘 오후에도 나의 힘과 모든 긍정적인 면을 인정하고 있어요.

칼 로저스: 그런데 내가 아는 바로 당신은 세 번째 그림에 대해 언급하지 않았어요.

루이즈: 음? 이거요?

칼 로저스: 내 생각에는 그래요.

루이즈: 글쎄요. 나는 그것이 노란색의 연속이었다고 느꼈어요. 네. 맞아요. N은 우리에게 그것을 움직여서 움직임을 표현하라고 제안했고, 음, 나는 절벽 위에 있는

내 자신을 보았어요. 어, 그건 일출을 맞이하는 흥미로운 것이었어요.

칼 로저스: 음, 그랬군요. (그림을 바라본다.)

루이즈: 네.

칼 로저스: 음, 그건 세 점 중에서 가장 강렬해 보이네요. (그림을 본다.)

루이즈: 네.

칼 로저스: 당신의 느낌으로는, 그 그림은 당신이 일출을 맞이하며 절벽에 서 있던 것이군요.

루이즈: 네. (침묵) 나는 비유에 대해 생각하고 있었어요. 나는 일출이 마치 나인 것처럼 일출의 비유에 대해 생각하고 있었다는 걸 알았어요……. (칼 로저스: 음.) 음, 나 자신을 인정했어요.

칼 로저스: 당신은 일출이군요.

루이즈: 맞아요. 네.

칼 로저스: 어둠으로부터 나오는.

루이즈: 네. (칼 로저스: 음.) 느낌이 좋네요.

칼 로저스: 아, 그것은 가라앉아 있었던 것처럼 보여요.

루이즈: 네. (칼 로저스: 음.) 네. 매우 좋은 느낌이에요. 나는 당신에게 내가 썼던 것을 읽어 주고 싶어요. 그래도 되나요?

칼 로저스: 그래요, 음.

루이즈: 음, 나는 놀라웠고, 경이로웠어요. 이것은 나예요. 나에게 나왔던 느낌과 아름다움의 형태예요. 크고 어둡고 검은 음울한 여인이 거기서 비난하고 앉아 있는데도, 그녀가 거기 있는데도, 나는 여기서 시를 쓰고 있어요. 아름다워요. 이건 엄청나게 놀라운 일이에요. (침묵) 정말 좋은 느낌이에요.

칼 로저스: 엄청난 놀라움이군요. 당신의 가정교사는 여성이었나요?

루이즈: 네.

칼 로저스: 오, 재밌네요. 나는 그가 남자일거라고 연상했어요.

루이즈: 남자요, 네.

칼 로저스: 그렇군요. 음, 음, 음.

루이즈: 공교롭게도요.

칼 로저스: 그래서 그것은 일출의 또 다른 버전이었군요.

루이즈: 네, 네. (침묵)

칼 로저스: 음. 엄청난 놀라움이네요. 그렇죠? (대중 웃음)

루이즈: (웃음) (침묵) 어. 저는 그 어두운 여자에 대해 생각했어요. 내가 S와 함께 작업하고 있던 지난밤에 그녀는 음, 우리가 게슈탈트 방식으로 작업하는 것을 제안했어요. 음, 나는 어떤 여자와 이야기를 했는데 그러면서 비난하는 나의 어느 부분을 만나게 되었어요. 그녀도 나처럼 이를 내면화한 거죠. (칼 로저스: 음, 음.) 그리고 음, 나는 그녀가 그리 힘이 세다고 여겨지지 않았어요. 내가 말하고 싶은 건……. (칼 로저스: 음, 음.) 나 자신의 비판적인 측면은 여전히 거기 남아 있지만, 훨씬 더 건강한 측면이에요.

칼 로저스: 당신 안에 있는 어두운 여자는 밖으로 움직였던 것 같지만, 조금은 남아 있는 것처럼 들려요. 아마도 그건 괜찮지 않았던 것 같아요.

루이즈: 음. 재밌네요……. 나는 거의 남아 있지 않다고 생각했어요.

칼 로저스: 그래요.

루이즈: 그러고는 나는 비판적인 사람이 있어도 좋다고 말했던 D에 대해 생각했어요. 그래서 나는 "맞아, 아마도 거기에 있어."라고 생각했어요. 그런 것처럼 그녀가 이것의 일부처럼 생각돼요. (칼 로저스: 음.) 맞아요.

칼 로저스: 어쩌면 어떤 다른 힘도 그 안에 있나요?

루이즈: 네. (칼 로저스: 음.) 건강함 안에 자기 비난의 부분……. (칼 로저스: 음.) 그렇지만 아주 강하지는 않은, 음.

칼 로저스: 아마 당신은 비난하는 측면이 아닌 건강한 부분을 좀 더 유지할 수 있어요.

루이즈: 네, 네. (20초간 침묵) 음, 음. 전 정말 거기에 몰입해 있어요. (대중 웃음)

칼 로저스: 네. 나도 그게 보여요. 음, 음. 당신은 그것을 보고 또 보면서 "이게 진정 나야."라고 하는 것처럼 보여요.

루이즈: 네, 네. 음. 생각해 봤는데, 음, 그렇게 깨닫기까지 오랜 시간이 걸렸는데, 정말 낯설었던 것 같아요. (긴 침묵) 난 그 흑인 여자가 "루이즈, 솔직히 말해서, 여기까지 오는데 너무 오래 걸렸어."라고 할 것 같아요.

칼 로저스: 아하, 아하. "넌 왜 그렇게 오래 걸렸니? 도대체 왜?"

루이즈: "워크숍에 이 돈을 들이고."

칼 로저스: 무슨 말인지 알겠어요. 끔찍하군요.

루이즈: 음. 그건 정말 끌려요! (대중 웃음 그리고 침묵) 뭔가를 느꼈는데, 음, N이 나에게 이것(이 인터뷰)을 할지 물어본 다음에 말인데요. 나는 매우 좋은 지점에 도달했고, 더 이상 할 말이 없고 당신도 알다시피 이걸 당장해야겠다고 하는, 그런. 이와 같은 방식으로 진행되었던 과정은 완성되었다고 생각했어요.

칼 로저스: 당신은 "정말 좋은 지점에 있고, 그래서 내가 더 말할 것이 도대체 뭐가 있을까?"라고 생각했군요.

루이즈: 네, 네.

칼 로저스: 그리고 난 이게 일종의 축하할 일이라는 느낌을 받았어요.

루이즈: 네. 네. 정말 그래요.

칼 로저스: 당신은 정말 그 그림에 몰두해 있군요! (대중 웃음)

루이즈: 맞아요. 지금은 죄책감이 들려고 해요. 당신에게 집중해야겠어요.

칼 로저스: 그 기분 알겠어요. 정말 당신 작품에서 눈을 떼지 못하는군요! (대중 웃음)

루이즈: (웃음) 당신은 당신의 그림을 대할 때 그러나요?

칼 로저스: 네?

루이즈: 당신이 정말 당신의, 음, 좋아하는 그림을 그렸을 때 말이에요.

칼 로저스: 네, 네. 난 그걸 보는 걸 좋아해요. 음, 음. (짧은 침묵) 음. 당신이 정말 그 그림을 감상하고 당신 자신을 감상하는 것처럼 보여요.

루이즈: 네, 네. 네. 난 내가 이런 경외심을 느껴본 적이 없는 것 같은데, 갑자기 그런 마음이 든 것이 여전히 낯설어요.

칼 로저스: 음, 음, 의문이 들고 그리고 "정말?" 하는 마음.

루이즈: 네.

칼 로저스: "내가 그것에 생명을 불어넣었어."

루이즈: 네. 맞아요. 나는 무언가 만들어 내는 것을 생각했어요. 음. 그건 정말 내가 무언가를 할 수 있다고 느끼게 해 줬어요. (칼 로저스: 음, 음.) 네.

칼 로저스: 어떤 것을 할 수 있는 그런 사람 말이죠.

루이즈: 네, 뭔가를 할 수 있는 거요. 네. (칼 로저스: 음.) 어젯밤에 나를 놀라게 한 것 중 하나는 C하고 한 게슈탈트 작업이었어요. 음, 난 가정교사이자 교수님인 이 선생님과 이야기하고 싶었어요. (칼 로저스: 음.) 그리고 음, 내가 가지고 있는 잠재력이나 내 분야에서 리더가 될 수 있다고 인정해 주기를 바랐어요. 나는 그걸 그녀에게 말하는 것이 부끄러웠지만, 말하고 싶었고 그리고 어, 이후에 내가 말한 것에 대해 생각해 봤어요. (칼 로저스: 음, 음.) 그래요.

칼 로저스: 당신이 말한 것에 대해 확실하지는 않았군요. 당신은 스스로에게 인정받기를 원했거나 혹은 지난밤에 교수에게 인정받고 싶었다는 거죠?

루이즈: 음. 같은 건인 것 같아요, 네.

칼 로저스: 그래요, 그래요. 네.

루이즈: 네.

칼 로저스: 당신은 당신 안의 어두운 여자가 그걸 인정하기를 바랐군요.

루이즈: 그것에 대한 인정. 네. (침묵)

칼 로저스: 나는 당신이 당신의 어두운 면을 인정받는 것을 볼 수 있다고 생각해요.

루이즈: 네. 그렇게 생각해 본 적은 없었어요. (침묵). 맞아요. 난 생각하고 있어요, 음. 만일 이것이 내가 좀 더 나 자신의 실패를 수용하고 과거를 받아들이는 것을 의미한다면, 지금 나는 정말 뭐든지 할 수 있어요. (칼 로저스: 음, 음.) 아마 나는 우

리 아버지를 똑같이 도울 수 있다고 생각하고 있어요. (칼 로저스: 음, 음, 음.) 음, 나는, 어, 내가 아버지와 가깝게 지내지 못하는 이유 중 하나는 그가 숨기고 있는 고통 때문인데, 나는 그것에서 도망가고 싶었어요. 아버지의 가장 힘든 점은 아버지가 나에게는 별 의미가 없는 정치 이야기를 계속해서 했어요. (한숨) 음, 그렇지만 내가 진심으로 들으려 했을 때 그게 그 자신의 내면의 고통을 방어하려는 것으로 들리는데, 음, 종종 난 그걸 참을 수 없었어요. 나는 도망치고 싶었어요.

칼 로저스: 음, 음, 음. 당신은 그런 아버지의 말 밑바탕에 있는 것을 느낄 수 있기 때문에 그런 대화를 참지 못하는군요.

루이즈: 그 밑바탕에 있는 것, 네.

칼 로저스: 지금 당신은 궁금해하네요. "아마 나는 아버지와 가까워질 수 있을 거야. 아마 내가 도움이 될 수도 있지 않을까?"

루이즈: 네, 네. 내가 그곳으로 돌아가서 사람은 그럴 수 있다고 (태양이 떠오르는 그림 안에서의 사람을 가리키며) 나 자신을 안심시키면서요. (웃음)

칼 로저스: 음, 음, 음. 만일 당신이 그것을 당신 안에 되찾을 수 있다면요. 음, 음. 나는 당신의 방식을 확신하지 못하지만 그게 당신이 하고 싶은 것이라는 생각이 드네요.

루이즈: 맞아요.

칼 로저스: (20초간 침묵) 그 그림이 당신의 머릿속에 새겨질 것 같군요. 그렇지 않나요?

루이즈: (웃음) 난 아버지가 곧 은퇴할 거라고 생각하고 있었어요. (칼 로저스: 흠?) 아버지는 곧 은퇴하실 거예요. 그래서 아버지는 시간이 더 많아질 거예요.

칼 로저스: 오. 음.

루이즈: 음, 그러니까요, 음. (침묵). 난 그에 대한 생각이 바뀌었어요. 난 그렇게 느껴요. 나는 태양처럼 빛나지 않아요. 난 슬퍼요.

칼 로저스: 음, 음, 음. 그에 대해서 생각하면 빛이 사라지는군요, 말하자면. 당신은 아버지를 안쓰럽게 여기는군요. 당신의 생각과 마음속에 아버지가 너무 많은 부분

을 차지하고 있는 것처럼 들려요.

루이즈: (울음 섞인 목소리로) 내가 이 모든 기회를 가지고 있었던 것 같아요. 그는 너무 일찍 갇혀 있었고, 계속 그 상태로 갇혀 지냈어요.

칼 로저스: 음, 음, 음.

루이즈: (울며) 아버지는 워크숍에 한 번 간 적이 있어요. 그리고 어…… 그는 이제 일종의 성장해야겠다는 것에 대해서 마음을 열었어요. (칼 로저스: 음.) 그는 전화기를 부수……. 그는 그 후에 전화기를 부쉈어요. 그건 회합 워크숍이었는데, 당신도 거기에 있었던 것 같아요……. 그가 그 워크숍에서 돌아왔을 때, 전화기를 부쉈는데, 그 이유는 극복하지 못해서였던 것 같아요……. 그는 그렇게 좋은 경험을 하고 나서 세상에 대해 화가 났던 거예요. 난 그래서 좀 더 그를 탐색하는 걸 멈춰야겠다고 생각해요.

칼 로저스: 그래서 그가 전화기를 부수면서 표현의 자유는 멈추었나요? (웃음)

루이즈: 네.

칼 로저스: 그렇지만 그가 그 자유를 맛보았다는 것을 당신은 느끼죠.

루이즈: 네. 이제 나는 아버지가 정말로 노력한다고 느껴요……. 엄마가 집에 있을 때 내가 전화를 한다면 무엇을 할지 말이에요, 그는, 그는 나한테 매우 짧게 얘기하고 이렇게 말할 거예요. "응, 엄마 여기 있다." 나에게 아무 할 말이 없다는 것처럼요. 그러나 엄마가 집에 없고, 내가 전화를 하면, 어, 난 난처해요, 난 일종의 도움을 바라고 있어요, 아버지가, 아버지는 정말 노력할 거고요. (침묵) 음, 아버지가 춤추기 위해 일어났던 때가 생각나네요, 어, 아버지는 자기가 피노키오인 것 같아서 춤추는 것을 그만두었다고 하는데, 나는 어쨌든 그가 지지를 바란다면, (한숨을 쉰다.) 긴장을 좀 풀고 그리고 (목소리가 점점 작아지며) 자신을 좀 더 믿을 필요가 있어요.

칼 로저스: 당신은 정말 자신이 경험한 것과 같은 과정을 경험하기를 간절히 바라고 있군요. (긴 침묵)

루이즈: (놀란 목소리로) 네. 네. 난 그가 자기 자신을 좀 더 잘 알게 되기를 바라는 거 같아요. (침묵) (울음 섞인 목소리로). 자기 자신이 얼마나 좋은 사람인지를요. (칼 로저스: 흠?) 그가 얼마나 좋은 사람인지를요.

칼 로저스: 네. 당신은 그가 그런 그림을 더 깊이 그릴 수 있기를 바라고 있군요.

루이즈: 네. (칼 로저스: 음, 음, 음.) 그는 자신에 대해 정말로 비판적이에요. 그는 그것을 외부에 내비칠 때도 있는데, 공격적인 대처나 레이건 또는 카다피 같은 정치인에게도요. 그렇지만 어, 그건 그가 자신을 공격하는 거하고 관계 있는 것 같아요.

칼 로저스: 음. 당신은 그가 그 안에 어두운 비평가를 두고 있다고 느끼는군요.

루이즈: 네. 매우 어두운.

칼 로저스: 나에게는 너무 좀 짧은 것 같은데, 우리 시간이 다 됐다고 하네요.

루이즈: 맞아요. 정말 놀라워요. 10분처럼 느껴졌어요.

칼 로저스: (웃음)

루이즈: 음. 난 확실히 저 그림의 힘을 인정한 적이 없던 것 같아요.

칼 로저스: 당신은 정말 그 그림을 넋을 잃고 바라봤죠, 안 그래요?

루이즈: 네. (칼 로저스: 음.) 난 여기에서 꼭 그것을 다뤄야 한다고는 생각하지는 않았어요. 그 이유는 내가 당신하고 같이 있으면서 이야기를 계속 해야 했고, 나는 그림을 그리게 됐으니까요.

칼 로저스: 음, 그건 그냥 자석 같은 힘이었군요.

루이즈: 네.

칼 로저스: 음, 음. 우리는 그냥 당신의 그림을 계속 볼 수 있을까요?

루이즈: 네. (웃음)

칼 로저스: 좋아요.

루이즈: 고마워요, 칼.

칼 로저스: 그거 정말 좋군요. 당신이 괜찮다면, 이 인터뷰가 당신에게 어떠했는지 조

금 말해 주어도 좋을 거 같아요. 나도 똑같이 할게요.

루이즈: 좋아요. 음, 초반에 난 내가 아무것도 이야기하지 못할 것 같은 느낌으로 시작했어요. (칼 로저스: 음.) 음. 그리고 내가 그걸 당신에게 알렸을 때, 난 당신이 내가 할 말이 없다는 것을 받아들였다고 확신했어요. 그냥 여기 있는 것도 좋다고요. 음, 그건, 그건 날 조금 더 편하게 했어요. 음, 나는 이상한 착잡함이 있었어요. 어, 아마도 난 아주 옳은 것을 하고 있지는 않은 것처럼 느껴졌고, 또 그러면서도 하고 있고, 나 자신이 그렇게 판단하고 있으면서도 말이죠.

칼 로저스: 음, 어떤 어두운 여성도 그것이 맞았는지 틀렸는지 말해 주려 하지 않을 거예요.

루이즈: 맞아요. 난 그냥 말했어요. "지옥에나 가라." 그리고 난 그냥 했어요. 그러고 난 이후, 계속 그림을 그려 나가면서 당신에게 괜찮다고 했을 때 안도감이 느껴졌어요. 맞아요. 그리고 어, 내게 무슨 일이 일어났는지를 알았을 때 참 신비로웠어요, 내가 사용한 '놀라움'이라는 용어는 내가 교감했을 때 하는 말이에요. 그러니까 내가 말하고 싶은 건 내 남자 관계에 대해서, 나 자신의 실패에 대해서, 우리 아버지의 실패에 대해서, 즐거운 기분과 관련해서 모든 것과 연관된 교감이 이루어졌을 때와 관련돼요. 어쩌면 그렇게 함께 통합되어 있는지, 음, 특히 아버지에 대한 느낌과 어떻게 아버지와 교감할 수 있는지에 대한 느낌도 그랬고요. (칼 로저스: 음.) 그의 어두움에 대한 깨달음에 대해서도. (칼 로저스: 음, 음.) 나는 완벽하게 긴장이 풀리지는 않았지만, 어떤 면에선 괜찮았던 것 같고, 음, 나는, 나는, 나는 비평이라는 것이 얼마나 힘이 없는지를 보았어요. 즉, 당신도 알다시피 "루이즈, 넌 완전히 긴장을 풀지 않았어!"와 같은 거예요. 그래도 괜찮다고 느껴졌고, 난 그렇게 하지 않았어요. 음…….

칼 로저스: 당신은 문제에 대해서 말하지 않았어요. 당신은 효율적으로 긴장을 풀지 못했어요. 모든 잘못된 것에 대해서 말이죠.

루이즈: 네, 맞아요.

칼 로저스: 단지 긴장을 풀지 않았을 뿐이죠.

루이즈: 아직도 그것들이 그리 많은 비중을 차지한다고 느끼지 못했어요. (칼 로저스: 음.) 맞아요.

칼 로저스: 음. 그리 적절하지는 않았어요! (웃음)

루이즈: "오, 하나님, 내가 어깨가 아픈 것도 이상한 일이 아니네요!" (칼 로저스: 음, 음.) 아!

칼 로저스: 음, 나한테 그건 정말 흔치 않은 경험이었어요. 왜냐하면 보통 사람들은 문제가 있어서 상담에 오잖아요. 근데, 어……. 이건 정말 새로웠어요. 잘 모르겠지만, 일종의 새로운 여성의 출현을 보는 것 같아요. 그건, 음, 음, 그리고 어, 여기서 우리가 표현치료의 모든 과정을 하고 있는 것이 조금 이상하네요! (웃음)

루이즈: 그렇지만 결국 다 잘됐잖아요!

칼 로저스: 결국 다 잘된 것 같죠. 맞아요. 그래요.

루이즈: 네. 난 당신이 보통 이렇게 작업하지 않는다고 말했을 때 정말 좋았는데, 정말 우린 그렇게 했잖아요.

칼 로저스: 그래요. 난, 어, 당신이 그랬다고 느꼈고, 그룹 가운데에서 무슨 일이 일어났어도 괜찮았을 것이라고 느꼈어요. 그래서 나 역시 편했어요. 난 아주 잘은 모르지만, 내가 잘못 아는 것일 수도 있지만, 그래요. 나는 그것에 작은 빛이 될 수 있어요. 당신의 걸작을 인정하면서 말이죠.

루이즈: 네, 그래요.

칼 로저스: 음, 그리고 난 당신이 고통 속에 있을 때 좀 더 많이 교감할 수 있었고, 그래서 매우 기뻤어요. 음. 우리 다른 사람들이 어떻게 생각하는지 들어 볼까요?

루이즈: 네.

칼 로저스: (청중에게) 질문이나 코멘트 있으신가요?

내담자의 자기 결정력과 관련된 논의

Peggy Natiello

내담자의 자기 결정력에 대한 치료자의 신뢰는 내담자 중심 치료의 두드러진 특징이다. 로저스(1977)는 이런 신뢰를 다음과 같이 설명했다.

> 치료자가 내담자를 통제하거나 내담자를 위해서 결정하는 것을 의식적으로 포기하고 피하는 것이다. 그것은 내담자가 자기 주도권 갖기를 촉진하는 것이고, 이것을 달성할 수 있는 전략을 촉진하는 것이다. 결정의 중심이 되고, 이런 결정의 결과에 대한 책임을 스스로 지는 것이다. 이것은 내담자가 전략적으로 중심이 되는 것이다(p. 14).

내담자의 자기 결정력은 내담자 중심 치료의 현장에서 나에게 절대적으로 중요한 것이다(Natiello, 1987). 단번에 보기에 이것은 단순한 개념으로 보이지만 반영에 있어서는 그렇지 않다. 자기 결정력과 내담자 개개인의 힘에 대한 신념은 치료자의 전문성과 권위에 의존하는 여타의 다른 치료와는 출발점부터 다르다. 내 경험으로 로저스는 내담자의 자기 결정력에 대한 그의 신념에서 멀어지는 일이 거의 없었고, 이를 현장에서 그대로 이행했다.

내담자 중심 치료자가 내담자의 개인적 힘과 자기 결정력에 대해서 가지고 있는 깊은 존중감은 치료자의 의지로 설명할 수 있다. 이 의지는 심리적 여행을 함께하며 각 단계를 걷는 동안 내담자가 과정을 이끌고 머무르는 것을 함께 따라가고자 하는 것을 말한다. 이런 치료는 기술이 아니다(Brink, 1987). 사실상 그랜트(Grant, 1990)는 도덕적 가치로 보았다. 이는 인간이 자기 자신에게 가장 좋은 전문가라는 깊은 가치와 철학에서 나온다. 인간은 타인보다 자신의 욕구를 훨씬 잘 알고 자기 자신을 스스로 이끌 수 있다는 신뢰감을 가질 수 있다. 그들의 신념과 감정은 수용받고, 존중받을 가치가 있다는 것이다. 로저스가 말했듯이(1977, p. 14), '자기 결정을 하고, 이런 결정의 결과를 스스로 책임지게 하는 것'은 정략적으로 내담자가 중심이 되는 것이다. 이것이 바로 '내담자 중심'이다.

내담자의 자기 결정에 대해서 신뢰한다는 것은 치료자가 앵무새처럼 내담자가 말하는 모든 것을 반영하거나 반복해 준다는 것이 아니며, 또한 치료자가 치료적 관계에서 한 인간으로서 관계하지 않는다는 의미도 아니다. 내담자 중심 접근에서 치료자는 간혹 내담자의 자기주도적인 질문이나 요구에 응답하기도 하며, 농담을 하기도 하고, 다가가거나 접촉하기도 하며 질문을 한다. 그리고 치료자 자신이 어떻게 느끼거나 무엇을 생각하고 있는지 말하기도 하고, 내담자가 말하지 않은 것을 직관으로 알아차리기도 하며, 아무 말도 하지 않을 수도 있고 진솔성을 나타내는 수많은 다른 행동을 할 수도 있다. 그들이 시도하지 않는 것은 내담자에게서 통제권을 가져오는 것이다. 또한 해석하고, 이끌며, 내담자를 조종하는 것 등이다. 그리고 내담자가 요청하지 않은 충고를 하는 것이다. 또한 회기의 방향이나 내담자의 경험을 바꾸려고 시도하는 것 또는 치료자 자신의 문제를 만족시키는 무언가를 하는 것 등이다.

로저스의 연구가 내담자 중심 치료자가 어떻게 행동해야 하는지를 보여 주는 모델로만 사용되는 것은 분명히 문제가 있고, 그것은 많은 오해를 불러일으켰다. 로저스의 잘 알려진 사례들은 그가 심리치료를 하지 않았던 말년에 이루어진 것들이기 때문에 1회기나 2회기로 이루어졌다. 그런 공감적이고 반영적인 반응의 모델은 한두 번의 상호작용에 적당한 것으로 좀 더 성숙하고 장기간의 치료를 요하는 관계에는 어울리지 않는데, 이런 점에서 대부분의 치료자가 여기에 속해 있다.

여전히 한 회기의 제한된 인터뷰에서도 로저스의 행동은 다양하고 풍부하게 내담자 중심 치료자를 빗대어 말하는 앵무새처럼 반영하는 것을 훨씬 넘어서고 있다.

이 장에서 보여 주는 비디오로 녹화된 두 인터뷰는 각각 한 회기씩 진행된 것이다. 이는 칼 로저스가 진행한 인터뷰이기 때문에 내담자 중심적인 것과 부분적인 내담자 중심적인 것 사이의 영향력이 어떤 차이를 가지는지 대조해 볼 수 있는 기회로, 흔하지 않은 경우다. 더불어 효과를 살펴보고, 내담자 중심 치료자에게 던지는 상상력이 부족한 사무적인 반응의 오해를 떨쳐내기 위해 나는 한 회기 인터뷰의 제한된 맥락에서 로저스가 보여 주는 예술적이고, 다양하며, 폭넓은 반응에 특별한 주의를 기울일 것이다.

인터뷰들

이 인터뷰는 1986년 8월에 있었다. 이때는 로저스가 세상을 떠나기 6개월 전이었다. 그 인터뷰들은 표현치료 훈련 프로그램의 주말 모임 동안 이루어졌다. 두 명의 인터뷰 대상자는 훈련 중인 치료자들이었다. 로저스의 치료 스타일과 일치하지는 않았지만, 특정한 형태의 창의적인 표현, 이를테면 그림, 글쓰기, 몸 움직임 등은 이 프로그램에서 통찰을 촉진하고 자기 자각을 강화하기 위해서 사용되었다. 이 두 회기에서 쓰인 그림들은 내담자가 개인 훈련 작업의 일환으로 로저스와의 상담 이전에 그린 것이라고 추측한다.

메리와 함께한 첫 번째 인터뷰에서 예외 없이 로저스는 내담자의 지혜에 대한 믿음을 보여 주었다. 그는 메리가 회기를 이끌도록 기다려 주고, 결코 그녀가 선택한 것과 다른 방향으로 그녀를 이끌지 않았다. 이 인터뷰는 매우 예민하게 이루어졌고, 내담자는 여정의 각 단계를 책임지고 있었다. (인터뷰 후의 집단 토의에서 관찰자 중 한 명이 로저스에게 말했다. "당신은 그녀의 소울 메이트군요.") 이에 대한 효과는 내담자의 경험이 변화되고 통합되는 것으로 볼 수 있는데, 이는 회기 끝에 로저스와 함께한 토론 과정에서 확인되었다. (대화에서 메리는 "나는 내가 거기에 도달할지 몰랐어요……. 그건 정말 완벽했고, 결말에 바로 도달했어요.") 그러므로 이것은 이론과 완전히 일치하는 내담자 중심 치료의 훌륭한 예시다.

루이즈와 함께한 두 번째 인터뷰에서 로저스는 내담자가 스스로 방향을 설정해야 한다는 것에 대한 그의 굳은 신념을 잠시 내려놓고 인터뷰 당일 오전에 루이즈가 그린 그림을 가지고 인터뷰를 진행하고 싶은지 물으면서 즉각적으로 이끌어 간다. 그는 그녀가 스스로 주도해 나가도록 기다리지 않고, 그녀를 여러 번 그림으로 돌아가게 하였다. 메리의 인터뷰뿐 아니라 이 인터뷰에서도 로저스의 반응은 대체로 공감적이었으나, 메리의 사례와 달리 루이즈의 사례에서는 깊이 있는 교감을 형성하는 데 실패했고, 인터뷰는 치유와 성장의 가능성에 한참 도달하지 못했다.

메리와의 인터뷰를 좀 더 자세히 살펴보고, 그녀 스스로 주도권을 갖게 하려는 로저스의 의지뿐 아니라 로저스 반응의 특징도 자세히 살펴보고자 한다.

메리와의 인터뷰

이 회기는 로저스가 메리를 대화로 초대하면서 시작한다. 그는 자신이 그녀가 얘기하고 싶은 모든 것을 들을 준비가 되어 있다고 얘기한다. 그들이 취할 방향과 그들이 진행해 나가는 방법은 그녀의 통제하에 있다는 것을 확실히 한다. 그는 어떤 안건도 가지고 있지 않다.

메리는 한숨을 쉬면서 얘기한다.

메리: 음, 내가 생각하기에, 음, 내게 있어 지금 얘기를 한다는 것은 내가 어디에 있는가, 내가 이 워크숍에서 어디에 와 있는가 하는 거예요. 나는 계속 원해요. 나의, 저기에 있는, 내가 최근에 그린 그림을 보고 싶어요. (칼 로저스: 음, 음.)

루이즈의 사례와 비교했을 때 이것은 매우 중요하다. 로저스가 그녀의 그림에 대한 언급을 부정하지도 지지하지도 않는 것에 주목해 보자. 그는 어떻게 진행하느냐 하는 결정을 온전히 그녀에게 맡겼다. 그녀는 그림을 언급할 때, 매우 간단하게만 소개하는 데 초점을 두면서 매우 짧게 그림을 다시 설명하고 있다.

이때 메리의 이야기는 전개되기 시작한다. 그녀는 표현치료 프로그램에 참여하여 자신에게 존재하는 많은 부정적인 것을 없애고, 다른 사람에게 도움이 되고, 또한 충분히 자기 자신이 되기 위해 "내 인생을 만들어 갈 준비가 되었다."라고 이야기한다. 이제까지 실패한 것을 검토하면서 그녀는 자신의 힘에 대한 불신감을 드러낸다. 만일 그녀가 자신의 힘을 주장한다면 거절당하거나 혹은 더 나빠질 것이라는 두려움, 그녀는 사회에서 진심으로 '온전히 자기 자신'이 될 만한 공간이 없다고 믿고 있다.

메리와의 초기 단계에서 로저스의 반응은 단순히 주의 집중하는 것을 표현한다. "음." "예." 혹은 메리가 말한 것을 재진술하고 있는데, 이는 그가 이해한 것을 점검하거나 심화시킬 목적으로 사용한다. 회기가 진행되고, 로저스는 "당신은 쓸모없는 많은 것을 버리고 싶은 것처럼 들리네요. 지금 당신은 거기에 무엇인가를 세우고 싶은가요?" "당신은 정말 자신을 사랑하는군요. 하늘만큼 땅만큼."과 같이 그녀에게 동감하면서 종종 재진술하는 것은 문자 그대로 의미라기보다는 은유적으로 표현된다.

그녀의 경험에 대해 그의 이해가 다소 왜곡되면 메리는 그것을 바로잡아 준다.

칼 로저스: 음, 그러면 당신은 이 이상한 세상에 있고 싶은지, 아닌지 확실하지 않겠군요.

메리: 음, 나는, 내가 행동한 것을 수용할 수 있는 지점까지 온 것 같아요. 나는 나를 표현하고, 나 자신이 되고 싶고, 도움이 되고 싶어 하는 그런 지점까지 도달한 것 같아요.

메리가 로저스의 인식을 쉽게 수정할 수 있었던 것은 그의 반응이 정확한 이해와 느낌을 바탕으로 하고 있고, 단지 그녀의 경험을 거울처럼 반영해 주는 것이 아니라 그녀 자신이 되기 원하고 있다는 것을 신뢰하는 데에서 잘 나타난다. 그녀는 로저스가 그녀의 현실을 그녀의 시선으로 보는 것이 중요하며, 그녀가 이 회기를 이끌어 가는 사람으로 생각하고 있다는 것을 매우 확신하는 것으로 보인다.

때때로 로저스는 그녀가 이야기할 수 있는 것보다 훨씬 깊은 수준에서 이해하고 있는 것처럼 보인다. 다음 대화에서 그의 공감은 그녀의 체험 중에 미처 알아차리지 못했던 부분을 깨닫게 돕는다.

메리: (한숨을 쉰다.) 네, 그래요. 나도 그렇게 생각해요. 나 자신에 대해서 내가 가치 있게 여기는 것을 인정받지 못한 것 같은, 꺼내 놓기에는 말이죠. 음, 그걸 남에게 보이지 않게 했는데, 왜냐하면 그들이 그 안의 가치를 보지 못하거나 그것과 관련되려 하지 않기 때문이에요, 음.

칼 로저스: 음, 음, 나는 당신이 외로운 사람이라고 느껴져요. 어느 누구도, 당신이 원하는 방식대로 가치 있게 여기리라는 확신이 없기 때문에.

메리: (짧은 침묵) 네. 그런 것이 너무 많아요. 많이 있죠. 나는 매우 외롭게 살아 왔어요. (칼 로저스: 음, 음.) 매우 독립적인데, 그 이유는 세상에서 인정받기 위해 의존하고 싶지 않았기 때문이에요. (칼 로저스: 음, 음, 음.) 그렇지만, 그렇지만, 한편으

로 난 내가 의존적이라고 생각해요.

회기가 진전될수록 여러 흥미로운 현상이 일어난다. 로저스가 메리를 이해하고 그에 대한 반응은 좀 더 복잡해졌다. 단순히 공감적으로 주의를 기울이는 것 대신 그는 인터뷰 초기로 돌아가 역사를 좀 더 살피면서 이해하려고 시도한다. 예를 들면, 메리가 자신의 힘을 남용하는 것에 대한 두려움과 그에 대한 결과를 이야기할 때, 로저스는 그녀가 그녀의 힘에 대한 신념을 주장하던 인터뷰 초기의 주제와 연결시킨다.

칼 로저스: 당신이 가진 내적 힘이 강하다는 것에는 의문의 여지가 없네요. 그건, 당신이 확신하지만, 불완전한 상태로 배출하기에는, 와우, 너무 위험하네요.

인터뷰가 진행될수록 로저스의 반응에는 또 다른 변화가 생긴다. 메리가 좀 더 자기 개방을 하고 자신의 경험으로 깊이 들어갈수록 로저스는 그녀에게 더욱 깊이 연결된다. 그의 목소리는 따뜻함이 점점 증가하고(심지어 "음."에서도), 비언어적으로는 더 열심히 응시하고 자세를 취한다. 간혹 그는 의자 가장자리에 앉기도 한다. 가장 극적인 증거는 그가 점점 더 '나'를 '너'보다 더 많이 사용한다는 것이다. 그는 그가 내담자인 것처럼 말하기 시작한다. "나는 살해당하고 싶지 않아요." "만약 내가 그 세계에서 내 힘을 보인다면 나는 살해당할지도 몰라요." 혹은 "내가 실제 모습을 보이면 얼마나 더 나빠질까요?" 여러 번 그는 그녀가 사용했던 단어를 찾아내거나 그녀의 문장을 마무리 짓는다.

메리: 음, 난 확실히 시도를 하긴 했지만, 그건…….

칼 로저스: 잘 되지 않았군요. 그리고 어쨌든 "난 계속 시도하고 있어."라고 하면서 이를 유지하고 있군요.

메리는 한 번도 세상에 완전하게 그녀 자신을 보이지 못한 감정을 계속 정교화하고 있다. 그녀가 좌절 속으로 더 깊이 빠지는 것처럼 보일 때 로저스는 일부러 그녀의 감정을 배재하고 얘기하거나 그녀가 바라보는 시선을 바꾸려고 하지 않는다. 그는 굳건히 그녀의 경험을 수용한다.

인터뷰를 위해 주어진 30분의 후반부로 갈수록 그녀는 자신의 문제를 분명히 했다는 것을 인정하지만 어떤 해결책도 찾지 못한다. 그녀는 깊은 한숨을 쉬고 침묵에 빠진다.

칼 로저스: 단념하는 것에 대해 한숨을 쉬게 되는군요. 그래요. 좋아요. 그것이 어떤 것이든지 간에 여전히 그곳에 남아 있군요, 거기에 있어요. (침묵) 여전히 벗어날 수 없군요.

메리: 난 그걸 통합하고 싶어요, 음, 나의 모든 단계에서 내 안의 세포 하나하나까지도요. (칼 로저스: 음.) 그런 식으로, 음, 갈등하는…….

칼 로저스: 당신은 당신 몸 안 깊숙한 수준에 있는 모든 세포에게마저도 스스로 자유롭지 못한 것 같아요. 당신이 그렇게 하는 것을 허락하지 않는군요.

메리: 맞아요. 우주는 이미 구조화되어 있는 것으로 나에게 다가오는 것 같아요. 잘 모르겠어요. (칼 로저스: 음, 음.) 해결책이 보이지 않아요.

칼 로저스: 음, 음. 약간의 체념이나 절망감마저 느껴지는군요.

메리: 네.

칼 로저스: 음. "그것은 우주가 구성되어 있는 방식이다. 나는 있는 그대로의 나를 내보일 수 없을 것이다."

메리: 네, 그래요. (침묵) 또한 내 안에서 "죽으면 안 돼. 포기하면, 포기하면 안 돼."라고 고함치고 있어요.

칼 로저스: 당신은 물러서고 싶고 약간은 무기력하지만 여전히 당신에게 말하고 있군요. "안 돼, 아니야, 나는 포기하지 않을 거야."라고요.

여기가 회기가 전환되는 시점이다. 메리는 세상에서 총체적인 자아로 존재할 수 있는 지점을 알고 있다는 것을 인정하고, 그녀는 자신의 인생에서 그것을 만들어 낼 수 있을까 의심하기 시작한다.

메리: 나는 그런 느낌을 가지고 있는 같아요, 음, 내가 반드시 해야만 하는 것은…… 마음을 열어, 어 그리고 세상을 수용하는 거예요. 어, 내가 원하는 것은……. (칼 로저스: 음, 음, 음.) 나는 그것을 거부하고 싶고, 그것도 나를 거부하길 원해요.

메리는 그게 어떻게 실현될 수 있는지 은유적으로 묘사해 나간다. 그녀의 은유에는 큰 동물에 대항해서 다가오는 뱀이 한 마리 있는데, 그 뱀은 동물을 통째로 삼키고 소화해서 자양분을 얻는다. 그녀의 은유적 표현과 중요성이 증가할수록 신체에 변화가 생긴다. 그녀의 긴장—팽팽해진 얼굴, 때론 입술을 잡아당기거나 입을 가리는 손, 깊은 한숨과 찡그림, 그리고 자신의 몸을 강하게 끌어안는 팔—은 줄어들고, 그 대신 낄낄 웃는 것, 미소, 부드러워진 얼굴 그리고 의자에서 몸을 이완하는 것 등이 나타난다.

이후 회기에 대한 반응에서 그녀는 설득력 있는 미소를 띠며 말한다. "나는 그것에 대해 어떻게 말해야 할지 모르겠어요. 그건 완벽했어요. 바로 결론으로 왔네요."

메리와 함께한 인터뷰를 검토하는 것은 인간 중심 상담자에게 사용 가능한 반응의 범위를 보여 주는 좋은 실례가 된다. 30분간 보여 줬던 상호작용에서는 로저스의 반응 형식이 미묘하게 변화했고 확장되었다. 그가 보여 준 반응의 대부분은 공감적 이해에 초점을 두었으나, 공감의 형식은 매우 다양했다. 그는 좀 더 깊이 이해하기 위해서 직접적인 질문을 한다. 그는 간혹 문자 그대로 혹은 은유적으로 들은 것을 반복해서 생각한다. 회기 초기에 나타났던 주제를 이후의 내담자가 자기 개방한 것과 연결시킨다. 내담자의 문장을 완성한다. 그녀가 적절한 단어를 찾도록 돕는다. 그녀 자신인 것처럼 1인칭으로 이야기하고, 유머를 사용하기도 한다.

로저스의 반응이 어떤 형태이든 지속적으로 나타나는 한 가지는 있다. 로저스의 반응 중 어떤 것도 자신이 선택한 방향으로 내담자를 조종하거나 회기 중에 의사결정을 하지 않는다. 그는 상호작용의 다음 단계에 대한 내담자의 선택을 신뢰하고, 그녀의 경험을 절대적으로 존중하면서 각각의 반응을 한다. 사실상 인터뷰 후의 집단 토의 시간 동안 그는 "상담의 방향을 조종하려고 하는 것은 끔찍하다. 그것은 신성모독인 것 같다."라고 이야기했다. 이에 대해서 어떤 사람은 로저스를 직면하면서 이런 표현 치료 훈련 그룹은 내담자들에게 서로 다른 방법으로 반응하도록 시도하기 때문에 그가 사용한 '끔찍한' '신성 모독'이라는 단어 선택은 판단적이라고 말했다. 관찰자는 만일 자신이 메리와 인터뷰를 했다면 내담자의 그림을 그들 앞으로 가져와서 그들이 할 수 있는 가장 적절한 과정으로 사용했을 거라고 말했다. 로저스는 내담자를 조종하는 것이 자신의 작업 방식이나 신념과는 맞지 않다고 여기기 때문에 그에게는 '끔찍한' 것이 될 수 있다고 서둘러 설명했다. 그는 모든 학생에게 치료를 하는 자신만의 방식을 찾는 것과 그것을 지키는 것은 중요하다고 덧붙였다.

앞 토론에 반응하려 했던 것으로 로저스는 루이즈와의 인터뷰에서 자신의 치료방식과는 다른 모습을 보이고 있는데, 아마 이는 그가 참가했던 훈련 프로그램에서 사용하는 치료 과정에 적응하기 위해서였을 것이다. 다음 회기에서 나는 로저스가 인터뷰를 주도하고, 내담자의 그림으로 인터뷰 주제를 설정한 것을 설명할 것이다. 그 내용은 그 자신이 그녀와 교감하는 것뿐 아니라 그가 제시한 것이 내담자의 역량을 방해하게 된 점과 메리가 인터뷰 후반부에 느꼈던 완전함과 해방감을 누리지 못했던 점이다.

루이즈와의 인터뷰

로저스는 평소와는 약간은 다른 방식으로 인터뷰를 진행했다. 그는 루이즈와의 인터뷰 당일 오전 중에 표현치료 훈련의 일환으로 그린 그림을 생각해 보도록 루이즈를 안내한다. 자신의 그림에 대한 메리의 언급을 단순하게 받아들이는 것과 대조적으로 그는 루이즈의 그림은 사용해서 상담할 의도가 있었던 것 같다. 이 의도는 그가 여전히 카메라가 켜져 있는지 물어보았던 회기 후반부에 명백해진다. 이를테면, 그는 루이즈로 하여금 그녀의 다른 그림들을 가지고 있게 하였고, 그들이 비디오테이프를 통해 볼 수 있도록 제시한다.

인터뷰 도중 루이즈는 그녀의 개인적인 경험을 연결시키는 것 같았고, 로저스는 공감과 이해로 응답한다. 그러나 대부분의 시간에 그녀는 그림들 때문에 주의가 분산된 것 같았는데, 아마도 로저스가 공감할 수 있는 개인적 정보가 많이 제공되지 못했기 때문으로 보인다. 그녀가 주의 분산되었던 것으로 보이는 동안 로저스는 그녀가 그림에 몰입하고 있는 것과 그림에 대한 긍정적인 측면을 반영해 주기 위해 밝은 톤을 사용한다. "당신은 정말 거기에 빠져 있군요!" "당신은 당신의 작품에서 눈을 떼지 못하는군요!" "그 그림이 당신의 머리에 새겨지겠어요, 안 그런가요?" 한편으론 그녀 안의 '어두운 여인'인 내적 비판자에 대해서 얘기할 때, 그는 비판자를 조롱하는 것에 따뜻한 유머로 그녀와 함께한다.

루이즈: 난 그 흑인 여자가 "루이즈, 솔직히 말해서, 여기까지 오는데 너무 오래 걸렸어."라고 할 것 같아요.

칼 로저스: 아하, 아하. "넌 왜 그렇게 오래 걸렸니? 도대체 왜?"

루이즈: "워크숍에 이 돈을 들이고."

칼 로저스: 무슨 말인지 알겠어요. 끔찍하군요.

이 인터뷰의 다양한 반응 유형에도 불구하고 나는 메리와 함께한 그의 작업에서 깊은 교감을 이뤄 나간 것은 로저스 작업의 특징이었고, 또한 그가 치유로 생각했던 것이며, 역설적이지만 그림을 관련시킨 그의 의도에 영향을 주었다고 믿는다. 회기에서 여러 번 그는 내담자는 스스로 결정한다는 자신의 신념을 버렸는데, 그 신념은 그가 메리와의 인터뷰 후 집단 토의 시간 동안 분명히 이야기되었다.

> 이 상호작용에서 무엇보다 명백한 것은 내담자가 가장 많이 알고 있다는 것입니다. 당신은 당신이 어디로 가고 있는지 잘 인식하지 못하지만 만약 내가 믿음을 가지고 매순간의 낯선 단계를 함께 걸을 수 있다면 어디론가는 가게 됩니다. 조금은 터무니없어도 말이에요. 만일 내가 이 인터뷰에 어떤 목적을 가지고 임했다면 인터뷰를 완전히 망쳤을 거예요.

로저스가 치료의 개인적인 형식(자신만의 유형)에서 벗어난 것은 메리와 마찬가지로 루이즈가 그녀의 그림을 언급했던 인터뷰 초반부에서 명백해진다. 로저스는 말한다.

칼 로저스: 이건 내 방식은 아닙니다만……. 당신이 원한다면 여기로 그림을 가져와서 그림에 대해서 이야기해 보는 것이 어떨까요?

루이즈는 이에 동의한다. 공적인 인터뷰에 대한 어색함에도 로저스의 현재 상황을 고려한다면, 그녀가 그의 제안에 동참한 것은 그리 놀라운 일은 아니다. 그러나 그녀는 그림에 대해서는 거의 이야기하지 않았고, 지속적으로 그 주제에 관심을 보이지도 않았다. 그럼에도 로저스는 그림에 대한 주제로 이끌어 가길 원했던 것으로 보인다.

칼 로저스: 당신은 어떤 것에 대해 이야기하고 싶은가요? (침묵) 당신은 이것을 제일 먼저 이야기하고 싶은가요? 그런가요?

루이즈는 다소 머뭇머뭇하면서 그림에 대해서 짧게 이야기한다. 실제로 한 문장을 이야기한 다음 그녀는 그림에서 그녀가 만났던 한 남자와의 상호작용으로 주제를 옮긴다. 그녀는 로저스가 공감적 반응을 해 주는 동안 이 주제를 이야기했지만, 어색한 침묵이 흐른다. 이야기 나눌만 한 것이 없어지면서 로저스는 그림으로 다시 되돌아간다. "그리고 이것이 첫 번째 그림이네요……."

이 부분에서 루이즈는 그녀가 앉은 의자 오른편에 있는 그림들을 보기 위해 오랜 시간 고개를 돌린다. 그녀는 로저스를 거의 똑바로 보지 않는다. 그녀가 아버지와의 관계에 대해서 이야기했던 때를 제외하고, 그들 사이에는 매우 짧은 눈맞춤만이 있었을 뿐이다. 이것 때문에 그들은 교감하지 못하고 친밀감을 가지지 못한다.

그들은 그림에 대해서 좀 더 이야기 나누고 나서 25초간 침묵을 지킨다. 루이즈는 로저스를 올려다보고 그림에 대한 어떤 언급도 없이 그녀의 아버지에 관해 얘기한다. 이 부분 혹은 여러 다른 지점에서 그녀는 관계에 대해 탐색하고자 하는 갈망이 있었다는 것을 명백히 보여 주는 것 같다.

루이즈: 음, 내가 아버지에 대한 실패의 느낌이 들 때 오늘 아침 썼던 것이 떠올랐어요. 어, 그리고 난 잘 모르겠어요. 이것이 실제 탐색에서 나온 것인지, 분명하게 뭔가 나타났던 것인지 잘 모르겠지만……. (칼 로저스: 음, 음.) 어, 나와 아버지와의 관계가 내 남자 관계에 어떻게 영향을 미쳤는지 궁금해요.

이것이 그림에서 다른 이야기로 옮겨 갔었던 두 번째 전환점이었고, 그녀의 아버지와 남자들과의 관계에 대한 그녀의 감정을 탐색하는 시도가 되었다. 이런 사건과 여러 번의 다른 사건들은 로저스가 그림을 주제로 유도하지 않았다면 그녀는 다른 관심사로 옮겨 가는 데 이것을 발판으로 삼았을 수 있음을 제시하고 있다. 그녀는 아버지와의 관계에 대해서 그리고 직장생활의 실패와 관련된 슬픔에 대해서 계속 얘기한다.

루이즈: 가끔 나는 내가 아버지를 전혀 몰랐던 것 같이 느껴져요. 그리고 음, 나는 아버지가 하고 싶었던 것을 하지 못하고 실패한 것에 대한 슬픔이 있어요. 내가 아버지에 대해서 알고 싶었던 만큼 그를 잘 몰랐다는 것도 슬퍼요.

이 마지막 주제를 따라가면서 로저스는 루이즈에게 아버지의 실패나 그녀 자신의 실패에 대한 슬픔을 이야기하고 싶은지 물었다. 이러한 질문은 나를 완전히 놀라게 하였고, 로저스와 루이즈 사이에 교감이 부족하다는 단서를 얻게 하였다. 그녀는 아버지의 실패에 대해서만 이야기하고 있는 것이 너무 분명해 보인다. 실제 이 지점에서 루이즈는 자신의 실패에 대해서는 어떤 단서도 준 적이 없었다. 인터뷰에서 루이즈가 말하는 것에 대한 로저스의 교감이 부족하다는 것을 드러내는 두 곳의 중요한 지점이 있다. 어느 순간 그는 "뭐라고요?"라고 말하며 다시 묻고 있는데, 이는 그녀가 그에게 질문한 것을 그녀가 다시 반복하도록 하기 위한 것이었고, 또 그는 "나는 당신이 말했던 것에 대한 확신이 없네요."라고 말하기도 한다. 나는 이런 간격이 로저스가 그림 설명과 토론을 하는 데 있어 초점이 앞뒤가 바뀌어 나타나게 했다고 믿고 있고, 결과적으로 주제에 대한 설득력이 있었거나 치료자와 내담자 간에 깊은 개인적 교감은 일어나지 못했다고 본다.

루이즈는 아버지의 실패에 대해서 얘기하고 있는지 아니면 그녀 자신에 관한 것인지에 대한 로저스의 질문에 반응하고 있는데, 그녀는 아버지의 실패에 대해 조금 더 얘기하고 있다고 응답한다. 그러나 몇 문장을 말한 후 그녀는 방향을 바꾸고 처음으로 자신의 실패에 대한 감정을 검토하기 시작한다. 이러한 의심을 검토하는 것은 루이즈에게 유용한 것인데, 메리와 달리 그녀는 자신의 인터뷰를 이끌어 가고 있지 않았기 때문이다. 이 사례에서 그녀는 로저스가 말하는 것에 쉽게 이끌리거나 질문을 한다. 초기에 주도권을 가진 이후 로저스는 열의로 인해 힘의 불균형을 가지기 시작했다.

자신의 실패에 대한 경험을 계속해서 탐색한 후, 루이즈는 그녀가 표현치료 훈련 프로그램에 참가하고 "오늘 오후, 나 자신의 힘과 모든 긍정적인 면을 인정하는 것"을 받아들이면서 많은 변화가 일어나고 있다는 자신의 생각을 이야기한다. 로저스는 다시 그녀에게 자신의 성격과는 다른 방식으로 반응하고 있는데, "그런데 내가 아는 바로 당신은 세 번째 그림에 대해 언급하지 않았어요."라고 하며 루이즈가 선택했던 것과는 다른 방향으로 진행하고 있다.

루이즈는 그림에 대해서 짧은 문장으로 이야기하고 있는데, 이렇게 적게 언급하고 있는 것에 대해서 로저스는 "음, 그래서 그것을 의미하나요?"라고 반응한다. 인터뷰의 다음 문장은 어색하고 딱딱해졌다. 루이즈의 시선은 바닥의 그림들에 단단히 고정되어 있다. 그녀가 그녀의 '작품'에 매혹된 것과 그녀가 웃으면서 동의한 것을 제외하고 그녀와 로저스 사이의 접촉은 매우 드물다.

인터뷰에 할당된 30분의 끝을 향해 갈 때, 루이즈는 아버지 그리고 그와의 관계에 대한 자신의 고통으로 되돌아간다. 심지어 이때에도 잠시 쉬는 시간은 어색하고, 그녀는 다시 그림을 내려다본다. 로저스는 유머를 섞어 "그 그림이 당신의 머릿속에 새겨질 것 같군요. 그렇지 않나요?"라고 말한다. 그녀의 반응은 실제로 그림들을 탐색해 보고 싶었던 것이 아니라 여전히 아버지에 대해서 생각하고 있음을 나타내 준다.

루이즈: (웃음) 난 아버지가 곧 은퇴할 거라고 생각하고 있었어요. (칼 로저스: 흠?) 아버지는 곧 은퇴하실 거예요. 그래서 아버지는 시간이 더 많아질 거예요.

이 시점에서 루이즈는 아버지에 대해서 얘기한다. 그녀는 그녀의 경험에 깊이 접촉한 채로 로저스를 마주하고 있고, 로저스가 공감적으로 "당신은 아버지를 안쓰럽게 여기는군요. 당신의 생각과 마음속에 아버지가 너무 많은 부분을 차지하고 있는 것처럼 들려요."라고 말할 때, 그녀는 눈물을 흘린다. 회기 끝 무렵 매우 드문 순간이었지만 그녀가 아버지와 함께하기를 희망하고 있다는 것을 이야기할 때, 루이즈와 로저스 사이에 교감이 형성된다.

이 부분에서 자신의 자아를 인정하고 자신의 내적 비평자에 직면한 것은 루이즈에게는 분명히 가치가 있었던 것 같다. 그러나 루이즈의 회기의 많은 부분에서 메리 회기의 특징이었던 깊이와 교감이 부족했다는 내 평가는 인터뷰 후에 집단 토의에서 입증되었다.

집단 토의에서는 메리의 인터뷰 이후에 있었던 것처럼 열정적인 참여는 없었다. 두 명의 참관자가 인터뷰에 대한 생각이나 감상을 나누었을 뿐이다. 나머지는 조용했다.

루이즈는 인터뷰의 긍정적인 면이 몇 가지 있었다고 했으나 "모든 과정이 완전히 편하지는" 않았다고도 언급했다. 그녀는 "오, 하나님, 내가 어깨가 아픈 것도 이상한 일이 아니네요!"라고 하면서 어깨가 아픈 것에 대해서 이야기한다. 이런 말은 메리가 회기 이후에 말했던 해방감이나 완전함과 같은 내담자의 체험을 반영하고 있는 것 같지는 않다.

로저스는 인터뷰에서 마치 '새로운 여성의 출현'을 축하하는 것처럼 루이즈의 그림에 대해 표현하면서 반영하고 있다.

칼 로저스: 음, 나한테 그건 정말 흔치 않은 경험이었어요. 왜냐하면 보통 사람들은 문제가 있어서 상담에 오잖아요, 근데, 어……. 이건 정말 새로웠어요. 잘 모르겠지만, 일종의 새로운 여성의 출현을 보는 것 같아요.

그러나 인터뷰를 비디오로 찍어 연구한 것을 볼 때, 인터뷰 주제가 문제에 초점이 있는 것이 아니라 '새로운 여성의 출현'에 초점을 두고 있다는 증거는 거의 나타나지 않는다. 로저스는 회기 동안 그가 노력한 만큼 루이즈가 아버지에 대해 느끼는 고통과 혼란을 알아차리지 못한 것 같다. 로저스는 인터뷰 동안 그가 체험한 것에 대해 "내가 관심을 두고 본 느낌은…… 나는 작은 빛을 비춰 준 것 같군요."라고 말했다.

로저스는 자신이 그림(표현치료의 과정)들에 초점을 두었고, 그것들을 사용할 목적을 갖고 있었다는 것을 인터뷰 이후 토론 시간에 두 번 정도 특별히 언급하였다.

칼 로저스: 그리고 어, 여기서 우리가 표현치료의 모든 과정을 하고 있는 것이 조금 이상하네요! (웃음)

루이즈: 그렇지만 결국 다 잘됐잖아요!

칼 로저스: 결국 다 잘된 것 같죠. 맞아요. 그래요.

회기 마지막 부분에 다시 한 번 그림을 이용했던 것은 자신의 의도였다는 것을 분명히 한다. 로저스는 카메라가 여전히 켜져 있는지 묻고 루이즈가 그림들이 비디오테이프에 찍히도록 잡고 있을 것을 제안한다. 그는 치료자 중심적인 면에 몰입하면서 내담자 중심 과정에 대한 자신의 약속을 저버리기도 했다.

결론

내담자의 자기 결정에 대한 신념과 헌신은 내담자 중심 치료의 실습 현장에서 중요하다. 바바라 테매너 브로드리(1988)는 내담자 중심 실습이 이런 신념을 얼마나 잘 증명하고 있는지 설명한다. "실습에서 비지시적인 태도를 안내받는 치료자는 지시적인 태도를 보이지 않는다. 치료자의 의도는 태도와 관련된 조건을 뚜렷하고 유일하게 제공하고 있다." (p. 7) 또한 로저스(1977)는 내담자의 자기 결정권을 신뢰하는 개념이 근본적으로 치료적 관계를 변화시킨다는 것을 명확히 기술했다.

지금까지 알려진 것처럼 내담자 중심 접근이 치료자와 내담자의 관계를 극적으로 변화시킬 것이라고 말하기는 어렵다. 치료자는 변화를 위한 '산파' 역할을 할 뿐 변화의 창시자는 아니다. 치료자는 치료자의 반응을 수정하는 작은 부분이나 내담자 인생의 방향성을 설정하는 과정과 같은 큰 부분에 이르기까지 내담자에게 최종 권위를 둔다. 평가와 결정은 명확히 내담자의 몫으로 남는다(p. 15).

루이즈와의 인터뷰에서 로저스는 지시적인 의향을 내비쳤다. 즉, 루이즈가 표현치료 훈련 프로그램의 일환으로 그렸던 그림을 사용한 것이다. 로저스는 미묘하지만 지속적으로 루이즈의 초점을 그녀의 그림으로 돌려놓는데, 이는 앞에서 그가 묘사했던 관계에 대한 특징에 어긋나는 것이다. 여러 면에서 그는 이 회기에서는 변화의 산파이기보다는 변화의 창시자였다. 결과적으로 루이즈는 회기 동안 최종 권위를 가진 것처럼 행동하지 못했지만, 그녀가 단호하게 아버지의 주제에 머물렀던 마지막 부분에서는 그의 방향성에 크게 영향을 받았던 것 같다. 인터뷰 후의 토의에서 그녀는 편하지 않았다고 이야기했다. 그녀는 어떤 한 시점에서 그녀의 남자와의 관계, 그녀 아버지의 실패, 그녀 자신의 실패 그리고 기쁜 감정 모두 "특히 [그녀의] 아버지와 관련해서 그런 감정이 아버지와 어떻게 연결되고 있는지" 와 함께 통합되고 있는데, 이것은 중요한 생각이었던 것 같다고 말했다. 그러나 축어록에서 그녀는 로저스가 고수하는 방식으로 그림과 함께 작업하기보다 아버지에 대한 감정에 머무르려는 투쟁을 했었다는 것을 보여 준다. 덧붙여 말하자면, 나는 훈련된 표현치료자라고 해도 루이즈를 그렇게 고집스럽게 이끌어 가는 것을 믿을 수 없었으며, 오히려 그녀가 회기에서 자신의 방법을 찾도록 허용했을 것 같다.

이와 반대로 메리는 회기의 시작부터 변화의 '산파' 였다. 로저스는 그녀가 가는 모든 발걸음을 따라갔으며, 방향을 방해하거나 바꾸지 않았다. 메리는 회기가, '완벽했다고 얘기했다. 그녀는 "나는 내가 그 단계에 도달할 거라고 생각하지 못했다." 라고 말했고, "그렇지만 당신은 바로 그 지점에 있었고, 나 또한 기꺼이 그것을 흘러가게 했으며, 그것과 함께했어요." 라고 로저스도 인정했다. 또한 그녀는 "어쨌든 작은 방해물이 있거나 어, 나를 밀어내는 사람이 있다면 그렇게 태연할 수는 없을 거예요." 라고 말했다.

1987년 로저스가 사망한 후, 나는 내담자의 자기 결정에 대한 신념과 헌신으로 내담자 중심 치료자를 평가하기에는 위험한 부분이 있다고 느꼈다. 전문성과 권위에 대한 유혹이 만연화된 세상에서 접근하기에는 너무 근본적인 관점이고 실습하기에도 가장 어렵다. 같은 맥락에서 같은 동시대의 틀을 가지고, 동일한 관찰자와 함께 이루어졌던 메리와 루이즈의 인터뷰는 로저스가 어떤 치료적 접근이 내담자의 자기 결정과 방향 설정을 신뢰하고 있는지, 그리고 리더나 지시자 역할을 하는 치료자가 사용하는 접근이 어떻게 다른 과정을 거치고 어떻게 다른 영향력을 미치는지에 대해 강력한 예시를 보여 준다. 이 인터뷰들은 신중한 연구와 의견을 바탕으로 했음을 보증하고 있는데, 특히 내담자 중심 실습자 훈련에 매우 중요하게 사용된다.

참고문헌

Brink, D. (1987). The issues of equality and control in the client-centered or person-centered approach. *Journal of Humanistic Psychology, 27*(1), 27-37.

Brodley, B. (1988). *Client-centered and experiential-Two different therapies.* Paper prepared for the International Conference on Client-Centered and Experiential Psychotherapy, Louvain, Belgium.

Grant, B. (1990). Principled and instrumental non-directiveness in person-centered and client-centered therapy. *Person-Centered Review, 5*(1), 77-88.

Natiello, P. (1987). The person-centered approach: From theory to practice. *Person-Centered Review, 2*(1), 203-216.

Rogers, C. R. (1977). *Carl Rogers on personal power.* New York: Delacorte.

CARL
RGERS

The Psychotherapy of Carl Rogers: Cases and Commentary 제 2 부

로저스의 치료 사례
-내부와 외부 관점에서

제2부

로저스의 치료 사례-내부와 외부 관점에서

Patricia M. Raskin

이 책은 칼 로저스의 작업을 더 자세히 배우는 데 관심이 있는 사람들을 위한 것이지만, 우리는 미묘한 인간의 행동에 충분히 주의를 기울이고 있다고 확신하지 못하거나 로저스의 이론이 충분히 명석하고, 분석적이며, 깊이가 있고, 실질적으로 효과적인 이론이라는 것에 대한 신념이 부족하다고 생각하는 학파의 사람들도 이 책을 읽었으면 하는 바람이 있다. 모든 주요 이론가처럼 로저스는 열렬하게 지지하는 사람들뿐만 아니라 비판하는 사람들도 있었고, 이 책을 읽는 독자들 가운데에도 심리학 내에서의 그의 공헌에 대한 평가가 올바른지를 의심하는 사람이 있을 수 있다. 따라서 이 책에서 작가가 다른 이론적 관점들을 가지고 로저스의 작업에 관해 집필한 것은 중요한 점이라 할 수 있다. 후에 다시 주목해서 보겠지만, 그 당시 이에 공헌한 사람은 상당히 예리하게 로저스의 임상적 연구의 결점이나 과도한 점의 윤곽을 그렸다. 더욱 놀라운 점은 이 책의 저자들조차도 내담자 중심 관점을 지지하지만,

로저스의 연구에 대해서는 자주 결함을 찾아낸다는 것이다. 그러나 우리는 이것이 긍정적이라고 생각한다. 또 다른 놀라운 점은 내담자 중심 커뮤니티 내에서 상당히 뛰어난 여러 저자가 '창시자'에게 건설적인 비판을 제시함으로써 다른 이론적 접근법에서는 결핍되어 있는 타당성과 자신감을 내담자 중심 치료에서 제시하고 있다는 것이다.

로저스의 접근법을 평가하는 이론적 비판과는 별도로 방법론적 관점에서 볼 때, 가장 유명한 내담자(예: 글로리아)의 대다수를 실제로 치료한 그의 연구에 의문을 던질 수 있다. 왜냐하면 그의 많은 사례는 학습 목적으로 사용되는 필름 영상에서나(예: 글로리아), 워크숍에 등록은 했지만 아직 참여하지는 않은 '내담자'의 단일성 회기였음이 밝혀졌기 때문이다. 이런 사례들에서 보이는 한 가지 문제점은 일반적인 치료 상황과 결정적인 방법상의 차이가 있기 때문에 이처럼 인위적인 조건하에서 일어나는 치료적 성공이 반드시 일반적인 치료 조건하에서 일어날 것이라고 결론내릴 수는 없다는 것이다. 즉, 로저스의 내담자들은 많은 사례에서 이미 그의 치료 체계를 믿는 '그의 마법'에 걸려 있다. 이러한 내담자들은 자기 개방 및 로저스의 공감, 긍정적 수용과 일치성에 반응할 준비가 되어 있다. 더불어 그의 내담자들은 회기 이전에 잠시 로저스를 만났었고, 이것은 치료적 변화의 중요한 조건인 라포가 이미 형성되었다는 점에서 논쟁이 여지가 있다.

정신건강 치료자들은 첫 치료 회기가 얼마나 중요한지 잘 알고 있다. 치료자의 첫 인상은 내담자와 효과적인 치료적 동맹을 맺는 데 영향을 미치는데, 이것은 결국 내담자가 자신의 문제를 꺼내는 것에 대한 내담자의 선택과 다음 회기에 또 오도록 하는 데 영향을 미친다. 만약 로저스가 시연 이전에 내담자를 알고 있었고, 더 중요하게는 내담자가 로저스가 누구인지를 알고, 그의 작업에 익숙하며, 로저스와 함께하는 워크숍에 참석하기 위해 경비를 지불했다면, 최상의 조건을 만들어 낼 수많은 조건은 이미 회기 이전에 달성된 것이다. 물론 이에 대한 비판은 공개 시연을 하는 다른 치료적 접근에도 해당된다(예: 합리적-정서 치료, 사이코드라마). 이와 더불어 분명히 고려해야 할 것은 로저스 생애 후반기에 그가 저명인사가 되었을 시점에는 그의 신념과 성과에 익숙하지 않은 누군가를 만난다는 것이 로저스에게는 어려운 일이 되었다는 점이다.

폭넓은 관점에서 로저스의 업적은 내담자 중심 심리치료자들의 커뮤니티 밖에서도 인정받고 있다. 로저스와는 다른 관점을 가진 치료자들은 심리치료 과정 가운데 공개 시연들, 그의 연구에 대한 관심, 내담자에 대한 존중, 친절함 그리고 일반 대중이 그의 저서를 쉽게 접할 수 있는 접근 가능성에 주목한다. 이 책의 소개 부분에도 적어 놓은 바와 같이 이것은 보편적이지 않은 장황한 찬사로 느껴질 수도 있다. 그러나 전통적 심리치료 커뮤니티에서는 그의 접근법에 대한 진정한 가치를 인정하기를 꺼리기도 한다. 그의 접근은 '보잘것없는' '친절한' '실질적인 내용이 없는'과 같은 언급을 자주 듣게 된다.

이런 점과 관련하여 이 책 2부의 목적은 로저스의 작업에 대한 반대 관점을 제시하는 것이다. 특정 사례에 대한 내담자 중심 치료자의 논평은 다른 치료적 관점을 가진 치료자나 치료자들의 언급 이후에 제시되기도 한다. 로저스가 발간한 사례의 대부분은 그의 경력 후반부에 나왔는데, 장기적인 내담자 치료를 행하지 않았던 기간 동안 그는 연구를 실시하거나 설립자 역할을 하며 내담자 중심 운동을 이끄는 이론가들을 배출하는 작업을 하고 있었다. 제2부의 회기에 상대적으로 그의 명성과 관련이 적은 내담자를 포함시키는 것은 바람직한 일이다. 짐 브라운과 로저스가 널리 알려지기 전에 그를 만났던 메리 제인 틸덴이 이 기준에 부합한다. 우리의 가정은 특정한 회기의 특별한 사람들을 고려하는 것이었는데, 비평가들은 로저스의 저서에 대한 그들의 편견과 가정을 넘어서서 그의 집필을 새로운 방법으로 평가하는 데 초점을 두었다. 구체적으로 우리는 그들에게 자료 안에 논의할 만한 강점, 약점, 이론적인 가정, 주목할 만한 특징과 집필 내용의 불일치점을 토론하면서 '비평적 해석'을 제공하도록 요청했다. 사실상 이 모든 것을 통해 어떤 행동에 대한 약간의 개입이나 상호작용의 결핍을 발견하였다. 한편, 자신을 내담자 중심으로 묘사하는 대부분의 저자는 내담자 중심 원칙을 분명하게 하고 설명하는 기회로 삼았으나, 내담자 중심 운동에 참여하지 않는 사람들은 과정과 내용에 대한 대안을 탐색했다. 제1부에서와 같이 제2부에서도 사례는 시간 순으로 제시되었다.

메리 제인 틸덴의 사례(1947년 출판)에서 그녀는 20대의 심각한 내성적이고 고립적인 여성으로, 다른 사람과는 다르게 느끼는 것을 불편해했고, 항상 자기 비난이 증가하는 것에 초점을 둔다. 그녀는 어머니의 권유로 치료를 하게 되었다. 이 사례가 특별히 가치 있는 것은 11회의 상담 회기를 진행한 초기 로저스의 상담 회기 작업을 볼 수 있는 기회이기 때문이다. 이 회기의 6~7회는 전체를 기록하였고(다른 회기는 요약되었음), 두 내담자와 치료자의 많은 반응은 로저스 자신이 각주를 달아 견해를 밝혀 놓았다. 이 각주들은 『내담자 중심 치료(Client-Centered Therapy)』를 출판하기 5년 전, 로저스가 유일하게 신뢰하던 '감정 반영'과 함께 '비지시적 기법'이라는 용어를 사용하면서 제공되고 있다. 그의 접근법은 여전히 새로운 것으로, 이런 각주들은 정보가 필요한 상담자에게 이론적 근거를 제공하고 있다.

이 사례는 '고전적 로저리안' 접근법의 훌륭한 실례다. 이 기록을 통해 로저스의 진수를 볼 수 있다. 메리 제인 틸덴은 매우 절망적일뿐 아니라 양가감정을 가지고 있어 치료자로 하여금 더 많이 말해 주고 싶고, 무언가 더 해 주고 싶고, 해석을 많이 해 주고 싶도록 유혹한다. 이는 진정한 실존적 수용으로 인한 성장 잠재력의 향상을 진심으로 믿지 않는 치료자들에게서 더욱 현저히 나타난다. 그와 관련해 로저스는 자신이 연구한 것을 묘사함으로써 기술보다는 이를 믿는 신념의 깊이의 중요성을 언급했다. 로저스의 치료는 그가 서술한 이론들보다 더욱 풍성했다. 예를 들어, 그가 단순히 반영해 주는 것을 넘어서서 "당신은 두 발로 그녀 앞에 서 있어요."와 같이 진술하고 있는 것을 주목해 보자.

이 사례에 대한 토론에서 로버트 딩맨(Robert E. Dingman)은 내담자 중심 관점과 관련하여 내담자의 '치료되었으면' 하는 기본적인 바람과 천천히 변화되어 가는 내면에 대해 기술하고 있다. 딩맨은 메리 제인의 절실한 욕구에 직면하면서 "그녀가 생각했던 나이에 적합한 태도와 행동을 구체화하는 것'에 대해서 로저스가 충고나 안내를 자제했음을 언급한다. 그 대신 로저스는 "현재에 머물 수 있도록 공감하기, 변화를 강제로 이끌려고 하지 않고 그녀의 좌절과 혼란을 이해해 주고 단순히 메리 제인의 움직임을 충분히 따라가면서 그녀의 욕구와 느낌을 약화시키지 않도록 하는 것"을 선택했다. 딩맨에 의하면, 로저스가 전문가로서 간섭하지 않으려 한 것은 이 사례에서 아주 분명했고, 도움이 되었다.

제시 D. 겔러(Jesse D. Geller)와 에디스 굴드(Edith Gould)는 현대 정신분석의 관점에서 똑같은 회기를 관찰한다. 그들이 이 사례에서 강조하는 두 가지 주제는 다음과 같다. "긍정적인 여성성의 느낌을 만들기 위한 메리 제인의 노력의 중심" 그리고 "그녀가 심리치료를 받기 시작했을 때 어머니와의 관계와 사회문화적인 조건들 사이에서 있었던 상호작용"의 결과로 '진정한 자기'를 찾기 위해 노력하는 것에 대한 어려움이다. 겔러와 굴드는 "메리 제인의 자율성과 성숙함의 능력을 증대시키는 데 성공함으로써" 권위를 내려놓고 로저스의 평등주의적 방식을 인정하는 한편 "1946년에 고졸의 무직인 20세 여성과 중년의 남성 박사와의 치료 관계가 진정으로 평등할 수는 없을 것"이라고 믿었다. 치료가 끝날 때쯤 이 내담자의 자기수용이 증가되었음을 인정하면서도, 그들은 "로저스와 메리 제인은 치료 목표에 대한 완전한 합의, 그들 각자와 관련된 책임감 혹은 치료 작업을 하는 데 필요한 애착이나 관계는 형성하지 못했다."고 반박한다. 또한 갤러와 굴드는 "로저스는 성과 성 정체성과 관련된 문제를 다루는 데 치료적으로 가장 취약했다."는 것을 제시한다. 그들은 로저스가 메리 제인의 병리적인 면보다는 장점에 더 반응했다는 것을 지적하면서 로저스가 그녀의 부정적인 감정에는 공감적으로 반응하거나 통찰력 있게 접근하지 못했는데, 이 영역에 대해서 깊이 있게 탐색하지 못했다는 한계점도 지적한다.

두 번째 기록—1962년 한 주간 내에 실시한 2회기—에서 28세의 남성이고, 입원 상태였으며, 때로는 침묵하는 정신분열증 환자인 짐 브라운은 '좋지 않은' 상태였고, 도움을 받지 못하는 느낌을 표현했다. 로저스는 많이 베풀었으며(예: 로저스가 짐에게 담배나 잡지를 주었음) 지속적으로 공감해 주었다. 그러나 로저스가 '뒤집을 수 없는 변화의 순간'으로 특징지은 것을 촉진하면서 차이를 만들어 내는 듯한 자기 개방이 있었다. 이 사례는 입원치료를 받고 있는 정신병 환자의 몇 안 되는 심리치료 작업(로저스와 다른 사람에 의해) 기록 중의 하나다. 제롤드 보자드(Jerold Bozarth)는 로저스의 이론, 그의 실행 그리고 내담자에 대한 치료적 움직임과의 관계에 초점을 맞추면서 이 사례에 대한 내담자 중심적 접근을 표현한다. 그의 해석에서 보자드는 이 회기 안에서 로저스의 '일관성'에 주목한다. "그는 무조건 내담자를 긍정적으로 수용했을 뿐 아니라 일관적으로 내담자의 참조 체계를 체험하고 함께 대화를 나누려고 노력했다. 로저스는 오랜 침묵과 부정적인 반응에 제한되어 있는 이 사람을 이해하려고 꾸준히 노력한다." 또한 보자드는 로저스의 개인적인 의견—"나는 이렇게 말하고 싶네요.—나는 당신에게 마음이 쓰여요. 그리고 무슨 일이 일어나는지 관심이 가요." 이 치료의 중요한 전환점이었다는 것을 강조한다. 흥미롭게도 로저스가 부정적 감정을 다루는 데 실패했다고 말한 겔러와 굴드와는 달리 보자드는 로저스가 짐 브라운의 '비참한 감정'을 지속적으로 다루었다고 주장했다.

레슬리 그린버그(Leslie Greenberg)는 이 사례를 게슈탈트/체험 접근법의 관점으로 언급한다. 그는 로저스의 '지금-여기를 돌아보는 것'이 짐의 '방어막을 깨뜨리는 핵심'이 되었다는 것에 주목한다. 그러나 그는 내담자 중심 이론에서 구체적으로 치료적 변화를 충분히 설명해 주는 공감, 존중과 일치성의 원칙을 가정하는 것과 관련된 주제를 다루고 있다. "나는 여기에서 이 세 가지 조건의 중요성에 동의하지 않는다는 것을 말하려는 게 아니다. ……그러나 로저스의 공식적인 이론적 요인들이 과정의 치료적 요인들을 충분히 설명하고 있지는 않다." 그린버그에 의하면, 로저스의 실제 작업은 그의 작업에 대한 저술 내용보다 훨씬 더 복잡하다. 커뮤니케이션에서 그가 반응하는 말투, 반응하는 타이밍과 그 내용, 이 모두는 미묘하게 시의적절하면서도 매우 세련되고 (비록 논리 정연하지 않더라도) 직접적으로 이루어진다. 그는 이렇게 썼다. "로저스는 의도적으로 자신만의 과정을 감독한다. ……(중략)…… 짐에게 그의 내적 경험에 집중하고 특정한 시간에 특별한 느낌에 집중하도록 부드럽고 일관되게 압력을 준다." 그린버그에 의하면, 로저스는 내담자를 수용하거나 내담자의 감정을 반영하는 것보다 훨씬 더 많은 것을 한다. 오히려 "그는 공감적으로 탐색하고, 추측하며, 내담자의 경험을 최대한 자각하고자 한다."

이 절의 세 번째 사례는 텍사스 대학교에서 실비아와 1976년에 진행한 로저스의 공개 시연이다. 실비아는 최근 깨달은 흑인 남성에게 느끼는 감정의 갈등과 자신의 성장에 관한 자부심에 대해서도 토론하고 있다. 이 회기는 워크숍 두 번째 시간으로 1980년에 〈자기수용을 위한 투쟁(Struggle for self-Acceptance)〉이라는 제목으로 비디오로 출시되었다(그녀는 이전 해에 로저스와 세 차례 작업한 적이 있다). 이 내용과 앞선 두 기록의 내용과 비교해 보면, 내용과 과정 모두에서 아주 다르다. 로저스가 언급하는 억양, 스타일 또는 취지는 유의미하게 다르지 않다 할지라도 그는 메리 제인 틸덴이나 짐 브라운보다는 형식적이지 않았고 좀 더 교감하고 있는 것으로 느껴진다. 더불어 실비아는 분명히 '원칙'이 내재화되어 있었다. 그녀는 자신의 자각과 경험을 수용하는 것이 그녀가 해야 할 일이라는 점과 해답을 제공하는 것이 치료자의 몫이 아니라는 점을 알고 있었던 것이다.

이 사례의 축어록이 가치 있는 것은 회기 내에서 수많은 진술 가운데 두 참여자들의 인터뷰 후 논평이 포함되어 있기 때문이다. 독자 입장에서 우리는 두 내담자와 치료자의 즉각적인 경험을 이해할 수 있는 기회를 가진다. 『인간 중심 리뷰(Person-Centered Review)』의 전 편집자인 데이비드 케인(David Cain)은 이 회기의 상호작용의 강도를 특히 인상 깊게 본다. "로저스와 실비아는 세상 저편에 관통할 수 없는 거품 안에 있는 것 같았다. ……(중략)…… 배경 속으로 희미하게 사라질 듯한" 보자드와 같이 그도 "깊이 있고 정확하게 공감하고, 수용적이며, 지지해 주고, 충분히 존재하고 함께 머물러 주는" 것을 보고 감명을 받는다. 그린버그와 비슷하게 케인도 자신이 '추론적 공감'—내담자의 확실한 진술과 근본적인 감정을 반영하는 것을 넘어선 반응—이라고 언급했던 로저스의 경향성을 주목한다. 그린버그와 같이 그는 로저스의 세 가지 조건이 치료의 성공을 설명하기에는 부족하다는 것을 느낀다. 케인에 의하면, 로저스의 가설은 치료의 성공과 실패에 대한 내담자의 기여를 강조하지 않는다. 케인은 실비아와 함께한 이번 회기는 실비아의 수용과 반영 때문이라고 지적한다. 또한 케인은 로저스의 '수용은 이해보다 더욱 중요하다.'는 신념을 저평가하고 있는데, 로저스의 이런 경향은 이번 회기에서 실비아의 손상 원인을 다뤘을 때 나타났던 것을 주목하게 한다. "로저스와 같은 훌륭한 치료자도 때로 내담자의 욕구나 신념과 관련하여 갈등이 발생할 때 자신의 개인적인 신념을 희생하게 될 것이다." 그러나 전체적으로 케인은 "상담자와 내담자가 함께 내담자의 개인적인 배움과 성장의 원천을 끌어오면서 파트너십으로서 함께 이끌어 가는 공통의 특징, 성숙함" 때문에 이 회기가 대단히 강렬하고 의미가 크다고 느낀다.

모린 오하라(Maureen O'Hara)는 대안적인 관점, 즉 남녀평등주의 분석을 제시한다. 그것은 로저스의 전통적인 백인 남성 관점에 대해 그리고 그러한 관점에 대해 실비아가 비판적인 측면을 내재화한 것을 그녀가 분명하게 평가한 것이다. 이에 모린 오하라는 로저스와의 작업에 대한 깊은 애정과 존중감을 가지고 있으면서도 유럽 중심적이고, 가부장적이며, 유대-그리스도교적인 세계에 대한 관심을 보존, 유지 및 보호하려는 로저스의 접근적 관점을 지적한다. 예를 들어, 그녀는 실비아가 새롭게 발견한 성정체성을 로저스가 '위험한 것'이 아니라 오히려 '자기주장적이며, 자신감 있고, 진실하며 정치적으로 혁명적인 행동'으로 보고 이것에 힘을 불어넣으려 했는지를 궁금해한다. 또한 그녀는 실비아나 로저스 모두 실비아가 흑인 남자에게 매력을 느끼는 주제를 인종주의나 성차별주의와 관련지어 언급하지 않았던 이유에 대해 질문을 던진다. 비록 오하라가 로저스의 전반적인 도움—특히 그녀와 대화하면서 "그녀의 말에 대한 정교한 상호작용은…… 실비아가 깊이 있게 자아에 귀 기울일 수 있도록 돕는다."—과 같은 방식을 인정하고 있다 할지라도 그녀는 '엄격한 반영, 공감적 치료'에 대한 한계에 주목하고 있고, 로저스가 실비아의 딜레마를 개인 내면에서 기인하는 것이 아닌 사회적인 문제에서 기인하는 방향으로 볼 수 있기를 바란다.

네 번째 사례에서는 '분노와 상처'로 알려진 사례로, 두 개의 인터뷰 중 두 번째로 1977년 촬영되었다. 첫 번째 인터뷰에서 회복중인 남자 백혈병 환자가 분노에 관해 먼저 이야기했으나, 효과는 거의 없었던 것으로 보였다. 이 책에 나온 회기는 로저스가 이 내담자와 행한 두 번째 인터뷰다. 내담자가 흑인이었기 때문에 이 사례는 로저스의 소수 인종 내담자와의 작업 과정을 관찰하고, 이 사회에서 부당하게 대우받은 것에 분노하는 내담자를 어떻게 고무시키는지를 볼 수 있는 흥미로운 기회를 제공한다. 바바라 테매너 브로드리(Barbara Temaner Brodley)는 내담자 중심 관점에서 이 회기를 '풍부하고 긴장된' 회기라고 논평한다. 그녀는 로저스의 '고도로 집중된 공감 반응'과 '내담자에게 나타나는 문제와 취약점에 대해 민감하고 적응적인' 능력에 깊은 인상을 받았고, 그가 항상 비지시적인 자세로 시작하고 있는 것이 놀라웠다고 논평한다. 그녀는 로저스가 '회기를 진행하는 동안 구체적인 목표'를 가지고 있었고(예: 내담자가 분노나 슬픈 감정을 표현하도록 하는), 이런 지시적인 자세는 내담자를 혼란스럽게 했으며, 이는 내담자가 다소 조정당하게 되는 느낌을 가지게 할지도 모른다는 것을 제시한다. 더불어 그녀는 로저스가 한 해에 걸쳐 작업했던 다른 9명의 내담자와 비교하고 있는데, 여기에서는 로저스가 다르게 반응했다는 자신의 주장을 입증한다.

새뮤얼 E. 메너헴(Samuel E. Menahem)은 이 사례를 초개인심리치료법의 입장에서 접근하고 있는데, 로저스의 관점이 초개인심리학 치료를 근간으로 하는 것 중 하나라는 것과 그의 영적 교감은 일생 동안 계속되고 있음을 지적한다. 브로드리와 같이 메너헴도 로저스는 이 회기에서 평소와는 달리 지시적이었다고 느낀다. 내담자가 분노를 표현하도록 촉진하는 로저스는 "이 남성에 대한 순수한 보살핌과 염려의 결과"에서 기인한 것일 뿐 아니라, 로저스 자신이 가지고 있는 '직관적 치료 개입'의 능력을 신뢰했던 결과물이기도 했다. 한편 브로드리와는 대조적으로 메너헴은 이런 로저스의 자세가 내담자의 빠른 통찰을 도왔다는 것을 제시한다. 메너헴에게 있어,

로저스가 이 내담자에게 개입하는 과정은 "영성은 정서의 치유에서 시작된다."는 것이다.

실비아 사례의 여성주의 분석과 유사하게 교차 문화 분석에서도 '분노와 상처' 사례를 적용해 볼 수 있다. 오하라가 주목했던 것처럼 로저스는 시대의 산물이었다. 그는 백인과 남성 중심 사회에서 특권을 누리는 위치인 중간계급 남성이었다. 그는 백인 남성이었기 때문에 여성에 공감하는 능력은 한계가 있었다. 흑인 남성을 공감하는 능력도 마찬가지였다. 만약 교차 문화 상담의 관점의 배경을 가지고 이 사례를 본다면, 이에 대한 한계는 어쩔 수 없었을 것이다. 드래건스(Draguns, 1989)가 제안한 것처럼 문화는 항상 치료에 조용히 관여하는 참여자다.

로저스의 접근법과 로저스의 개인적인 방식의 중요한 점은 가능한 한 완벽하게 내담자의 참조 체계 안으로 들어가는 능력이다. 그러나 이 사례의 경우, 이러한 그의 능력은 제한되었다. 에스핀(Espin, 1987)은 치료자가 인종이나 성격 그리고 상호작용 방식에 대한 민족성의 영향을 스스로 깨달을 때, 그들은 좀 더 내담자에게 민감하게 반응할 수 있다는 것을 지적했다. 치료자는 자신이 내담자에게 끼치는 영향력에 더욱 민감해야 한다. 내담자는 겉보기에는 백인 여성과 결혼한 흑인 남성이었다(그는 비디오에서 '다른 인종'과 결혼했다고 언급한다). 결혼은 실패했는데, 어떻게 해서 그렇게 되었고, 왜 실패하게 되었는지에 대해 반드시 알아야 할 필요는 없다. 우리가 알아야 할 것은 내담자가 그의 장인(백인 남성)을 중요하게 여기면서도 동시에 자신의 시민권을 박탈한 남성과 동일시하기 시작했다는 점이다. 내담자의 분노와 상처는 일부분 그가 흑인의 특성을 가지고 있는 것과 백인 사회에서 이것의 의미를 자각하도록 하는 것과 관련 있을까? 로저스는 그의 이런 고통을 탐색하도록 내담자에게 마음의 문을 열 것인가? 사실상 로저스에게는 그렇게 할 수 있는 기회가 여러 번 있었다. 예를 들어, 이 인터뷰의 처음 몇 분간 내담자는 이렇게 말한다. "그건 이런 것일 것 같아요. 어, 내 주변에서 무슨 일이 일어나거나 내 환경에서 무슨 일이 일어나서 나를 다시 그 속으로 끌어당기고 있는 것 같아요. 그건 덫이나 시스템 같은 거예요." 로저스는 "나는 이해하고 있다고 생각하지만, 당신은 마음속으로 이 시스템 안에서 일어나는 것에 대해 이렇게 말할 거 같아요. '그것을 옳게 만들어야 해. 적절하게 행동해.'라고요."라고 반응해 준다. 여기에 로저스는 내담자가 '시스템'에 대해 가지고 있는 생각과 감정에 대해 반영을 하지도 질문을 하지도 않았다. 단지 공감적이고 일관적으로 행동하기 위해 그는 좀 더 문화적으로 확장된 자기 자각이 필요했을지도 모른다.

1977년에 진행된 회기였기 때문에 흑인에 대한 인식과 인종 문제가 모두 영향력이 있었고 논쟁적이었다. 따라서 회기 중에 내담자가 분노 표현을 꺼렸던 것은 사회 안에 인종과 힘의 관계에 대한 중요성을 감지했고, 그가 로저스의 격려 없이 분명하게 말할 수 없었을 것이라는 느낌을 보여 준 것일 수도 있다. 로저스가 내담자로 하여금 분노를 표현하도록 이끌었다 할지라도, 그는 그 당시의 흑인 문화는 백인들이 있는 곳에서 그런 강한 감정을 보이는 것은 금지되어 있었다는 것을 미처 자각하지 못했을 것이다.

제2부의 마지막은 마크의 사례를 보여 준다. 그는 임상심리학자로서 다른 사람들로부터 소외됐다고 느끼며, 남아프리카 정부의 인종차별주의자들을 위해 일해야 하는 역할에 대해 심각한 갈등을 겪고 있었다. 이 사례를 특히 가치 있게 만드는 것은 로저스와 마크의 추후 인터뷰 토의인데, 마크가 쓴 두 통의 후속 편지(한 통은 인터뷰한 지 3년 후에 쓰임)와 이 편지들에 대한 로저스의 개인적인 반응이다. 줄리어스 씨먼(Julius Seeman)은 내담자 중심 진로상담의 초기 지지자로, 로저스와 그의 작업에 관해 여러 해 동안 광범위하게 저술해 왔으며, 이 회기에 대해 논평하기도 했다. 그는 마크에 대한 로저스의 작업—'현상학적 방법으로 내담자의 세계로 들어가 전체를 자각하는 그의 능력'을 이용하는—은 심리치료 접근법의 특징이라고 제안한다. 씨먼이 말한 '마크의 자기 탐색을 재빠르게 불러일으켰던' 이 접근법은 그의 내적 의구심을 탐색할 수 있도록 한다. 또한 씨먼은 마크와 로저스 양쪽 모두 인터뷰 결과에 실망했음을 지적한다. 씨먼은 그 결과가 '청중이 존재'할 때 일반적으로 나타나

는 결과였다는 것과 비록 정당하다고 할지라도 의심의 여지가 남는 부분은 로저스의 결론이 마크의 간청에 더욱 더 공감적이고 지지적으로 반응하지 못했다는 점이다. 여전히 마크에게 이 회기는 무척 유의미했다. 여러 가지 심리치료법으로 간단히 분석해 보면, 씨먼은 이 회기와 다른 성공적인 단기 치료들 사이에 일치하는 점을 여러 가지 발견한다. 전체적으로 씨먼은 "로저스와 마크의 이 짧고 복잡한 만남은 분명히 마크에게 삶을 나아지게 했고 수용하게 하는 경험을 할 수 있도록 했다."고 주장한다.

애델 H. 헤이즈(Adele H. Hayes)와 마빈 R. 골드프리드(Marvin R. Goldfried)는 이 사례를 인지행동치료 기법의 관점에서 관찰했다. 그들은 부호화 체계(Goldfried & Hayes, 1989)를 적용하여 마크에 대한 로저스의 피드백을 분석하고 있다. 그들은 로저스가 진술한 이론적 접근법과 경험적 증거가 일치한다는 것을 제시하며, 로저스는 마크가 스스로 "이전에 부정하고 인정할 수 없었던 부분을 보고, 소외감을 줄이며, 자아의 붕괴되어 있는 감각을 통합하고 강화하는 과정을 이뤄 나갈 수 있도록" 수용한다. 그들은 이 공개시연이 '마크에게 깊은 영향'을 주었음을 인지한다. 그러나 로저스가 마크의 가치와 신념을 명확히 하려 하기보다는 '마크 자신이 자아의 느낌을 탐색'하도록 한 로저스의 결정에 의문을 제기한다. 그들은 인지 행동과 게슈탈트를 포함하고 있는 가능한 대안적 접근법을 제안하고 있는데, 이는 좀 더 직접적으로 '지각적 정밀함'을 가지고, '경험에 대해 의심스러워하는 반응'을 수정하는 데 초점을 두고 있다. 그러나 그들은 이 내담자가 쉽게 해결책을 얻기에 어려울 수 있는 주제를 제시했다는 것 또한 인정하고 있다.

내담자 중심 접근과 다른 접근을 이용한 사례 가운데 로저스의 치료적 개입의 효과성과 일치되는 사례는 거의 없다는 것을 알고 있다. 오히려 대안적인 접근법이 제시되는데, 이러한 대안적인 이론적 근거는 치료적 개입의 효율성을 설명한다. 이러한 챕터를 집필한 저자들은—내담자 중심 치료의 내부와 외부 관점에서—치료 효과의 주요한 본질에 대한 흥미로운 질문들을 제기한다.

참고문헌

Draguns, J. G. (1989). Dilemmas and choices in cross-cultural counseling: The universal versus the culturally distinctive. In P. B. Pedersen, J. G. Draguns, W. J. Lonner, & J. E. Trimble (Eds.), *Counseling across cultures* (3rd ed., pp. 3-21). Honolulu: University of Hawaii Press.

Espin, O. M. (1987). Psychotherapy with Hispanic women: Some considerations. In P. B. Pedersen (Ed.), *Handbook of cross-cultural counseling and psychotherapy* (pp. 165-171). New York: Praeger.

Goldfried, M. R., & Hayes, A. M. (1989). Can contributions from other orientations complement behavior therapy? *The Behavior Therapist, 12,* 57-60.

제 6 장
메리 제인 틸덴의 사례(1946)

축어록*

메리 제인 틸덴(Mary Jane Tilden)과의 첫 만남은 딸을 돕고 싶어 한 그녀의 어머니에게서 걸려 온 전화에서 시작된다. 그녀의 어머니는 상담에 대해 몇 가지 질문을 했다. 그녀의 어머니는 딸이 '어떤 일이든 빨리 처리할 필요가 있고' '지나치게 꾸물대며' '이상한 행동'을 한다고 설명했다. 어머니는 메리 제인이 혼자 치료를 받으러 갈 수 없을 것이라 생각하고 그녀와 함께 방문하기로 했다. 아직 확신이 서지는 않았지만 상담자와 이야기를 나눠 보기로 계획을 세웠다.

* 이 사례는 로저스가 요약했다. 각주는 윌리엄 스나이더(William Snyder)가 집필했으며, 『비지시적 상담의 사례집(Casebook of Non-directive Counseling)』(1947)은 독자적으로 출판되었다.

어머니와 메리 제인은 약속 시간보다 몇 분 늦게 도착했다. 메리 제인은 매력적인 외모를 가진 스무 살의 젊은 여성으로 첫 상담에 기꺼이 참석했다. 어머니는 다른 상담자와 이야기했는데, 메리 제인 때문에 가족이 어려움을 겪고 있다고 과장해서 이야기했다. 대화의 일부분을 요약하면, "내 딸은 항상 잠만 자요. 내가 깨우면 이불을 덮고 웅크리며 기어들어 가서 깨우기가 너무 힘들어요." "12시까지 그냥 자게 내버려 둬야 하나요? 잘 모르겠어요. 그럴 수는 없어요. 옷도 제대로 입지 않아요. 그녀는 라디오 근처로 가서 앉거나 다시 침대로 가요. 가끔은 억지로 옷을 챙겨 입히고 산책을 시켜요. 그러면 누군가를 만나게 되고 그 사람들은 왜 일을 하지 않는지 물어서 그녀를 무척 창피하게 하죠. 딸은 남들이 자기 이야기하는 것을 두려워해요." "그녀는 자주 정신 이상이 될까 봐 두렵다고 말해요." 어머니는 친척 중 한 사람이 이런 비슷한 행동을 보이다가 정신병에 걸렸는데, 이러한 사실이 걱정이 된다고 고백했다. 그녀는 메리 제인이 얼마 전에 일을 그만두었고, 사회생활 역시 포기했다고 설명했다.

어머니는 두 번 정도 상담에 왔으나 더는 상담에 오고 싶어 하지 않았다. 그녀는 세 번째 상담에 메리 제인을 데려왔지만, 인터뷰 동안 그냥 기다리기만 했다. 이후 네 번째 상담부터는 메리 제인 혼자서 상담에 왔다.

첫 번째 인터뷰: 10월 7일

칼 로저스: 나는 당신이 어떻게 상담에 오게 되었는지 잘은 모릅니다. 그것에 관해 이야기하고 싶은가요?[1)]

1) 내담자에게 자신의 방법으로 이야기를 전개시킬 수 있는 자유를 완전히 허락하는 좋은 시작이다. 또한 내담자와 함께하는 동안 책임은 내담자에게 있다.

메리 제인: 이것은 아주 긴 이야기예요. 나는 나 자신을 찾을 수 없어요. 내가 하는 모든 게 다 잘못된 것처럼 보여요. 사람들과 어울릴 수가 없어요. 어떤 비난을 하거나 누가 나에 관해 이야기를 하면 그걸 그냥 받아들일 수가 없어요. 내가 일을 할 때 누가 나를 비난하면 난 거기에 그냥 휘둘려 버려요.

칼 로저스: 모든 게 다 잘못됐다고 느끼고, 당신은 그런 비난에 그냥 휘둘리는군요.

메리 제인: 그게 비난이라고 말할 필요도 없어요. 어린 시절, 초등학교 때 한 번도 내가 그 안에 속해 있다고 느껴 본 적이 없어요. 아, 내가 더 낫다고 느껴 보려 한 적은 있지만, 그러고 나면 바로 기분이 가라앉았어요. 난 선생님한테 사랑받는 아이였어요. 하지만 그게 다른 아이들과 어울리는 데 도움이 되지 않았어요.

칼 로저스: 오래전부터 어딘가에 진짜 소속감을 느껴 본 적이 없었군요. 심지어 초등학교 때로 거슬러 올라가네요.

메리 제인: 최근에는 더 나빠졌어요. 나는 내가 정신병원에 입원해야 할 것처럼 느껴져요. 나한테 뭔가 잘못된 게 있는 것만 같아요.

칼 로저스: 당신이 비정상일 수도 있다고 느낀 건 그리 좋지 않았겠네요.

메리 제인: 네, 물론 그랬어요. 학교 다닐 때 난 성적이 좋았어요. 하지만 그냥 단순 암기를 했던 것 같아요.

칼 로저스: 잠깐만요. 무척 빨리 이야기를 하셔서 노트에 다 받아 적을 수가 없네요. 마이크를 설치해서 당신과 이야기 나누는 것을 녹음해도 괜찮을까요?[2)]

메리 제인: 네, 괜찮아요. (이 부분부터 인터뷰는 녹음되었다).

칼 로저스: 녹음기가 있다는 사실은 신경 쓰지 말아요. 아무 문제 없을 거예요. 성적이 좋았군요.

메리 제인: 네. 성적은 그랬죠. 하지만 나는 책을 다 외워야 한다고 생각했어요. 난 항

2) 상담 장면에서 녹음을 하기 위한 일상적이지 않은 기술을 사용했지만 여기서는 흔쾌히 허용된 것으로 보인다.

상 공부만 했어요. 나는 다른 사람들과 어울리기 위해 밖으로 나가려고 하지 않았죠. 나는 상처를 너무 많이 받았기 때문에 스스로를 격리시키려 했어요. 그래서 나는…….

칼 로저스: 상처를 많이 받았다고 말했고요?[3)]

메리 제인: 네, 다른 사람들과 함께 있을 때 편하지가 않아요. 사회적인 관계나 그런 류의 관계에서 소외되는 것 같아요. 공부를 하는 것은 일종의 나 자신을 위한 탈출구로 그런 상황을 잊으려고 하는 거죠. 하지만 나는 공부를 한 게 아니에요. 나의 딜레마에서 벗어나기 위해서 배우는 것은 올바른 태도로 공부한 게 아니에요. 나는 공부를 하면서 또 다른 세상을 하나 만들었죠. 그것은 일종의 은둔이었던 거예요. 무슨 뜻인지 아시죠? 내가 공부한 것이 나를 정상으로 이끌어 주고, 다른 사람들과 함께하게 해 주며, 그들과 공통적인 것을 갖게 해 주지는 않았어요.

칼 로저스: 당신이 공부를 하고 좋은 성적을 얻으면서 느꼈던 것은 단지 인생을 다른 것과 분리하는 것이었고, 그게 스스로에게 큰 도움이 되지는 못했군요.

메리 제인: 음……. 맞아요. 그건 옳은 태도가 아니었다는 것을, 그게 아니었다는 것을 알아요. 왜냐면 그건 삶과 나를 통합하는 것이어야 하잖아요. 하지만 내 태도는 그게 아니었고, 나는 그냥 도망가려고 했죠.

칼 로저스: 공부와 일이 당신을 다른 것들과 멀어지게 했다고 생각하는군요?

메리 제인: 맞아요. 사람들은 모두 내가 왜 숙제하기를 좋아하는지 궁금해했고, 나는 그냥 그걸 즐겼어요. 즐기는 것처럼 보였죠. 그게 나를 약간 뛰어나게 만들었죠. 하지만 많은 것을 배운 것 같지는 않아요. 왜냐면 내 기억력은 지금은 별로 좋지 않거든요. 모든 것이 뒤죽박죽이에요. 나는 생각을 너무 반복해서 하고 밑바닥에 닿으려고 하거든요. (침묵) 하지만 그럴 수가 없어요. '삶을 살아 보려고 노

3) 여기서 우리는 상담자가 직접적으로 이끌어 가면서 내담자가 가지고 있는 표현이나 감정을 따라가는 것을 발견한다. 이것은 내담자에게 그녀의 불행한 어린 시절에 대해 계속 이야기할 수 있도록 돕는다.

력해 보자.'라고 생각을 하는 동시에 '무언가를 했어야 하는데'라는 생각이 들어요. 그건 옳지도, 정상적이지도 않아요. 가끔 나는 길을 걷기 위해 애를 써요. 이건 정말로 미친 짓이에요.

칼 로저스: 심지어 그런 사소한 일, 그냥 일반적인 일들이 당신은 많이 어렵군요.[4)]

메리 제인: 음, 맞아요. 내가 그걸 극복할 수 있을 것 같지가 않아요. 그냥 하루하루가 사소하고 똑같은 일들의 반복인 것 같아요.

칼 로저스: 그래서 진전되지도 못하고 더 나아지지 않는군요.

메리 제인: 그래요. 나는 그냥 모든 것에 대한 신념을 잃은 것 같아요. 잘 모르겠어요. 다른 사람들에게서는 좋은 모습이 보여요. 하지만 내게서는 아니에요. 나한테 그런 일이 생기리라는 사실을 믿을 수가 없어요. 그건 끔찍한 일이에요. (웃음) 긍정적인 것을 믿는다는 것은 좋은 일이지만, 내 생각에 그건 일종의 나 자신을 학대하는 방법으로 자기 비난을 하는 것과 비슷해요. 그건 오랜 시간에 걸쳐 점점 더 굳어져 왔죠.

칼 로저스: 그래서 스스로를 책망하고 자신에 대해서 많이 생각하지 않게 되면서 점점 더 나빠졌군요.

메리 제인: 맞아요. 음. (침묵) 심지어 무언가를 시도하고 싶지도 않아요. 제 말은 일을 하거나 무엇인가를 할 때면 실패할 것처럼 느껴져요. 이건 끔찍한 일이에요. 하지만…….

칼 로저스: 시작하기도 전에 자신을 채찍질하는 느낌이군요.

메리 제인: 음, 내가 사람들과 접촉하게 될 때 그래요. 난 영업부에서 일을 했어요. 외부로 나가서 사람들과 함께해야 한다고 생각했기 때문이에요. 그 일과 관련된 나 자신을 생각하자마자 그 일에 맞닥뜨리는 대신 그 상황 안에 있는 나를 생각

4) 이 반응은 내담자의 인생 경험에서 가지게 되는 어려움에 대해서 절망감을 인식하게 되는 장면이다. 이것은 그녀의 무력감과 한 인간으로서 느끼게 되는 부적합성을 좀 더 알아주고 반영해 주면서 한걸음 더 나아가고 있다.

하면서 왠지 두렵고 아무것도 못할 것 같았어요. 다른 사람들은 그들이 어떤 것에 반응하고 스스로가 어떻게 그것들을 받아들이는지를 알고 있는 것 같은데, 이것은 내가 올바르게 반응하고 있지 못하다는 느낌을 가지게 해요. 그리고 이런 일들로 인해 나는 열등감을 가지게 되고, 정상이 아닌 것처럼 느껴져요. 언제나 그래 왔어요.

칼 로저스: 다른 사람들이 해내는 일들을 당신은 유능하게 해내지 못할 거라고 느끼는군요. 당신은 다른 소녀들처럼 무리 지어 섞이지 못하는군요.

메리 제인: 음, 그건 일종의 비교예요. 그래요. 내가 다른 소녀들과 나를 비교할 때 나는 모든 면에서 그 아이들만큼 되지 못한다고 느껴요. 최근에는 이에 대해서 걱정을 해 왔어요. 내 여자친구들은, 이런 말 하는 건 우습지만, 그 아이들은 모두 결혼할 예정이거든요. 질투하는 건 아닌데, 그 아이들은 그럴 준비가 되어 있는 게 사실이에요. 모든 면에서 아주 정상으로 보이고, 그 아이들은 모든 사람이 이 세상에서 살아가는 방식대로 살아가고 있어요. 그렇지만 나에 대해 생각하면 '이런 세상에, 난 그 근처에도 못 미치는구나.'라는 생각이 드는 거죠. 그러면서 내가 마땅히 해야 했던 것을 아무것도 진행시키지 못했다는 것이 생각나기 시작하면서 충격을 받아요.[5)]

칼 로저스: 질투하는 것은 아니지만 점점 사람들은 인생의 새로운 부분을 준비하고 있는데, 당신은 그럴 준비가 아직 안 되었다는 것을 깨닫게 되었군요.

메리 제인: 음, 그건 끔찍한 느낌이에요. 다른 사람이 그렇게 했으니까 나도 그렇게

5) 이것은 진정한 자기 평가로 문제진술 및 통찰을 포함하고 있다. 이것은 이 소녀가 첫 번째 인터뷰에서 문제를 다루고자 하는 동기를 드러낸 유일한 실제 지표가 된다. 여기서 긍정적인 성장을 이끄는 힘을 보여주는 지표가 나타난다. 매우 주저하는 성격이지만, 그녀가 친구들의 상황을 목격하면서 자신의 삶에서 보다 풍성한 면을 계속 진전시켜 나갈 수 없는 존재라고 느끼고 후회한 부분이다. 이것은 아마도 로저스가 치료에서 기본적으로 일어나는 것, 즉 내담자가 자기 자신의 변화를 이끄는 개인 내적인 힘으로 가정하는 '성장을 위한 긍정적 욕구'의 한 예가 될 수 있을 것이다.

했었어야 해요. 자연스럽게 나도 그렇게 되었어야 했어요. 나는 그렇지 못했지만요.

칼 로저스: 어쨌든 그것은 당신이 진전되어야 하는데 그렇게 하지 못했던 것을 좀 더 느끼게 했군요.

메리 제인: 그래요. (침묵) 사람들과 같이 있을 때, 나는 그 사람들을 관찰하려고 노력하면서 나 자신을 잃어버리고 잊어버리려고 해요. 다른 사람과 함께 있는 것은 괜찮지만, 나는 무엇인가 생각을 시작하면 '내가 무엇을 하고 있지?' 하는 끔찍한 생각이 들고, 뭐랄까, (웃음) 그건 나 자신을 두렵게 해요. 그건 아무도 그 사실을 모르기를 바라는 엄청난 자기 비하 같은 거예요. 그건 아주 끔찍한 느낌이에요. 다른 사람들은 가지고 있는 자신감이 나는 없어요.

칼 로저스: 자신감이 전혀 없군요.

메리 제인: 네. (웃음) 사람들은 항상 내 행동을 비난해요. 내 짐작엔 내가 자연스럽게 행동하지 않기 때문인 것 같아요. 나는 겁이 나서 나 자신을 찾아보려 하는데 사람들은 항상 나보고 행동이 자연스럽지 않다고 해요. (침묵) 어찌할 바를 모르겠어요. 왜냐하면 자연스럽게 행동하기가 두렵기 때문인 것 같아요. 나는 스스로를 좋아하는 것 같지 않거든요.

칼 로저스: 당신은 자연스럽게 행동하기가 힘들고, 사람들이 당신의 행동을 자연스럽지 않다고 여기는 것이 당신을 방해하는군요.[6)]

메리 제인: 음. 그보다는 더 깊은 신념에 가까워요. 그건 너무 멍청한 것이에요. 사실 나는 그런 것에 대처하지 못하는 것 같아요. 항상 내가 지능이 모자라는 것 같아요.

칼 로저스: 당신은 이런 일들을 할 충분한 능력이 없다고 느끼는군요.

메리 제인: 음, 그건 지능 이상의 것이에요. 맞아요. 내 말은 나는 이런 것들 이상의 것을 볼 수 있어야 해요. 나 자신에게 설명할 수 있어야 해요. 하지만 그럴 수 없

6) 이것은 내담자가 말한 것에 대한 지적이라기보다는 감정에 대한 좋은 수용(good recognition)이다.

어요.

칼 로저스: 무엇을 해야만 하는지 스스로에게 이야기해야 하지만 그렇게 하지를 못하는군요, 그런가요?

메리 제인: 네. 나는 항상 거꾸로 가고 있는 것 같아요. 사실 나는 내가 왜 살아야 하는지도 모르겠어요. 가끔 자살을 생각하기도 해요. 왜냐하면 살아가야 할 정당성을 찾을 수가 없거든요. (침묵) 다른 사람들은 그걸 찾을 수 있지만, 나는 찾을 수 없다는 것이 너무 한심해요. 다른 사람들은 자신감이 넘치고 능력도 충분해 보이는데, 나는 그 이유를 찾을 수 없어요.[7)]

칼 로저스: 다른 사람들은 왜 삶을 살고 싶어 하는지 알지만, 당신 자신을 위해서는 어떤 것도 찾을 수가 없군요.

메리 제인: 맞아요. 나는 어떤 희망도 가질 수 없을 것 같아요. 엄마는 이건 지나갈 거라는데, 탈출구가 보이지 않아요. 그것을 어떻게 찾아야 할지 모르겠어요.

칼 로저스: 사람들은 당신을 안심시키려고 하지만 그건 도움이 되지 않는군요.

메리 제인: 네, 도움이 안 돼요. (긴 침묵) 나를 성가시게 하는 게 또 있어요. 나는 "당신이 결혼할 준비가 되어 있지 않으면 결혼을 하지 마세요."라고 말하고 싶어요. 하지만 나는 스스로에게 "이건 옳지 않아." 내 말은 다른 사람들은 그렇게 하는데, 왜 나는 안 되지? 라고 말해요. 나는 결혼한 언니가 둘 있어요. 하지만 나는 결혼에 적합하지 않을 것 같아 두려워요. 아무것도 이루어지지 않을 거예요.[8)]

칼 로저스: 어떤 식으로든 자신에 대해 확신을 얻고 싶지만 당신이 옳다고 느낄 수 있도록 그렇게 만들지를 못하는군요. 기대에 부합할 수 없을 거라고 느끼시네요.

메리 제인: 그래요. 당신도 알다시피 내가 다른 사람들과 다른 것을 구분 짓기 위해 벽을

7) 이 내담자는 매우 빠르게 자신의 무기력감과 무가치함의 깊이를 표현한다.

8) 결혼할 가능성이 없다는 것에 대한 내담자의 걱정은 여기서 분명하게 나타난다. 이 문제는 이 사례에서 다른 관심사에 비해 복잡한 형태로 나타나고 있지 않으나, 이 나이대 젊은 여성에게서 나타나는 평범한 주요 문제는 아니다.

세웠기 때문에. 마치 사랑이 중요한 것처럼 사랑은 인생에서 가치 있는 설렘 같은 것이기 때문에. 제 말은 어디를 가든 그렇게 보인다는 거죠. 내 주위에 벽을 세워 혼자서 다른 누군가를 좋아하지 못하게 만든 거죠. (침묵) 이건 매우 혼란스러운 거예요. 원을 그려놓고 돌고 도는 거죠. 하지만 나는 그게 옳지 않다는 것을 알아요.

칼 로저스: 당신이 사랑과 결혼 등에 적합할지 의문이 생기는군요. 지금은 그것이 굉장히 중요한 거구요.

메리 제인: 저는 곧 스물한 살이 되기 때문에 (침묵) 더욱 그렇게 되는 것 같아요. 제가 어렸을 때는, "당분간 이런 기분이 들지는 않을 거야. 무슨 일이든 생길 거야." 라고 말했어요. 하지만 항상 그런 식이었죠. 나이를 먹는다는 의미는 나는 그 나이가 됐다고 느끼지 않지만, 세상은 나를 보고 이렇게 생각한다는 거죠. "그녀는 스물한 살이야, 이제 어른이 되어야 해."라고요. 여전히 이런 유치한 생각들로 가득 차 있어요. 이건 옳지 않아요.

칼 로저스: 그게 당신을 우울하게 하는 것이군요.[9)]

메리 제인: 맞아요. (침묵) 때때로 나는 내가 미쳤다고 생각해요. 쳇바퀴 돌 듯이 생활을 반복하는 대신 정신병원이나 도움을 얻을 수 있는 곳에 입원해야 하는 게 아닌가……. 이건 옳지 않아요.

칼 로저스: 당신은 정말 스스로를 비정상인 것 같다고 느끼는군요.

메리 제인: 네. 저는 그렇게 되어 가고 있는 게 틀림없다고 느껴요. 그건 내가, 그러니까 부정적인 방식으로 나를 느끼고 있다는 것을 입증할 때와 같은 기분 문제가 아니에요. 내 말은 내가 다른 사람들처럼 정상적인 상황에 대처해 나갈 수 없을 것 같다는 거죠. 만약 무엇인가 잘못되면 그건 너무나 어이없는 일이 되는 거잖아요. 그게 제대로 되고 있다고 해도 나는 승리자처럼 그것을 받아들일 수가 없

9) 내담자의 느낌에 대해 적당하게 수용해 주고 있다.

어요. 나는 그것에 대해 생각조차 못하겠어요.

칼 로저스: 그래서 부정적인 생각이 모든 것을 지배해 버리는군요.[10)]

메리 제인: 네. (침묵) 내가 왜 부정적으로 생각하고 있는지 모르겠어요. 어떻게 해야 할지 모르겠는데, 어떤 것이든 부정적으로 느끼고, 이로 인해 어디에도 가지 못하도록 스스로를 잡아당겨요. (침묵) 그건 마치 인생이 당신을 스쳐 지나가는 것을 보고 있고, 당신이 다른 모든 사람을 그냥 방관하고 있는 듯한 느낌이에요. 끔찍한 기분이죠.

칼 로저스: 그건 정말 당신이 이야기했던 것을 모두 합쳐놓은 것 같아요. 그렇죠? 인생이 당신을 스쳐 지나간다고 느끼고 지금 당신은 그것을 잡을 준비가 되어 있지 않다는 거죠.[11)]

메리 제인: 음. (침묵) 나는 책에서 평범한 상황, 사람들이 결혼하는 것, 아이를 가지는 것 모두를 읽었어요. 여자라면 누구나 걱정을 하고 있을 거라고 생각해요. 남자도 마찬가지이고요. 그러면서도 그들은 그냥 그것을 즐기고 자연스럽게 받아들이는 것 같아요. 나는 그럴 수 없어요. 그게 나한테는 너무 커다란 장애로 다가와요. 아주 사소한 모든 것이요.

칼 로저스: 심지어 사소한 것도 너무 크게 느껴지는군요.

메리 제인: 그래요, 맞아요. 나는 여동생이 한 명 있어요. 그 아이는 열네 살이고 저와는 반대예요. 그 아이는 친구도 많고 아이들을 아주 좋아하고 잘 어울리고 아이들을 긍정적으로 봐요. 정상적인 방식으로요. 그 아이는 남자친구들과도 잘 지내고 데이트도 하고 이것저것 하죠. 그런 것들을 그녀는 아름답게 받아들여요. 어디에든 가고 무엇이든 하고 그것들을 즐기고 그 아이가 해야 할 일이 역시 많

10) 상담자가 내담자에게 정신적인 문제가 아니라는 안심을 주기보다는 이에 대한 내담자의 감정의 강도를 알아 준 것에 주목해 보자.

11) 내담자가 이전 진술에서 명확하게 표현하지 못한 감정에 대해 단순화시켜 재진술하면서 감정을 명료화한 좋은 예다.

지만, 아무런 걱정도 하지 않아요. 그렇게 그녀는 자기 삶을 받아들일 것 같아요. 당신도 알다시피 당신도 그렇잖아요. 그런데 지금 나는 큰 언니인데도 집에 앉아 있어요. 그건 너무 말도 안 되는 것 같아요.[12)]

칼 로저스: 여동생보다 좀 더 성숙해야 한다고 느끼네요. 실제로 당신보다 여동생이 인생을 좀 더 잘 살아가는 것 같군요.

메리 제인: 음. (매우 긴 침묵) 이렇게 넋두리하는 게 바보 같아 보여요. 내가 말하는 모든 게 끔찍할 뿐이에요 미친 소리죠. 하지만 그게 내가 느끼는 방식이에요.

칼 로저스: 비관적으로 느끼는군요. 하지만 적어도 그건 진실인 거죠.[13)]

메리 제인: 맞아요. (침묵) 나는 내가 다른 사람들처럼 사회 안에서 내 자리를 찾을 수 있을 것 같지 않아요.

칼 로저스: 음.

[그녀는 계속해서 실제로 성격적 결함이 느껴지는 것에 대해 이야기한다. 그녀는 이타적인 사랑을 하게 되어 상처를 받을까 두려워한다. 사람들은 스스로가 옳다는 생각으로 무엇인가를 계속해 나간다고 느끼지만, 그녀 자신에게는 이런 느낌이 없다. 사람들이 그녀에게 지적이라고 말하면, 그것은 그 사람들이 진짜 그녀를 알지 못하기 때문이라고 생각한다. 그녀는 다른 사람보다 뛰어난 척을 해 본 적도 있지만 그것은 도움이 되지 못했다. 적응을 잘하는 여동생을 보고 여동생처럼 되어 보려고 노력해 왔다. 하지만 그것은 그런 척 가장했던 것뿐이었다. 때때로 그녀의 두뇌가 무엇인가 잘못되었거나 실제 손상을 입었을 것이라고 생각한다. 인터뷰는 계속된다.]

메리 제인: 이 모든 것에 대응할 만한 것이 무언가 있을 거예요. 제 말은 다른 사람들도

12) 내담자 자신을 향한 기분의 강도와 현실적 기반은 그녀와 여동생을 비교하는 것으로 나타난다.
13) 양가감정에 대해 좋은 수용을 하고 있다. 내담자가 자유롭게 이야기할 수 있도록 안심시키려 하지 않는 것에 다시 주목하자.

내가 겪어 온 것들의 일부분을 겪을 거라는 거죠. 어쩌면 그들 모두는 그걸 겪어 낼 수 있다고 느낄 거예요. 그들이 어떻게 그렇게 하는지 잘 모르겠어요. 나는 모두가 느끼는 것을 나도 느끼고 있다고 생각해요. 내가 그것을 만들어 낼 수 없는 것은 내가 있기 전에 그것들이 이미 여기에 있었던 것이라고 생각해요. 그렇지만, 난 잘 모르겠어요, 나는 해결 방법을 찾을 수가 없어요.

칼 로저스: 다른 사람들도 당신이 느낀 것을 똑같이 느끼고 있다고 짐작하고 있군요. 사람들은 그들 방식으로 잘 대처해 가지만, 당신은 그것을 어떤 방식으로 다루어 할지 모르는 거군요.

메리 제인: 그래요. 나는 모든 것을 발명해 낼 만큼 똑똑하지 않다는 것을 알아요. 내가 고안해 낸 것은 대단한 게 아니에요. 다른 사람들도 다 그렇게 하잖아요. 난 그에 관해 읽었고 그게 내가 아는 전부예요. 사람들은 보통은 이런 것에 관해 이야기하지 않아요. 그래서 나는 다음 단계가 어떻게 되어야 하는지 무척 궁금해요. (침묵-10초)[14]

칼 로저스: 나는 우리가 여기서 할 일에 대해 그리고 당신이 오늘 시도해 볼 만한 것을 시작하기 위해 이렇게 말할 수 있겠네요. 당신을 괴롭히는 걱정에 대해 이야기를 해 볼 수 있을지……. 이것은 적어도 당신이 그 상황에서 할 수 있는 것들을 스스로 찾아볼 수 있는 기회가 될 거예요. 내가 생각하기에는 그것이 시도해 볼 만한 가치가 있는지 없는지를 결정하는 것은 당신이에요. 내가 말할 수 있는 것은 이런 것들은 많은 사람이 시도해 봤고, 도움이 된다는 것을 발견해 왔다는 거예요. 하지만 아무것도 장담할 수는 없어요. 당신에게 그것이 도움이 될 수도, 되지 않을 수도 있어요. 내가 생각하기에 도움이 될지 아닐지 궁금해하는 것 같네요.

14) 이 시점에서 내담자는 실제로 말한다. "문제는 나를 넘어섰어요. 내가 다음 단계에 무엇을 해야 할지는 당신에게 달려 있어요." 내담자(그의 반응에서)는 치료 상황에서 무엇을 기대하는지 설명한다. 이것은 구조화다. 더욱 중요한 것은 상담자가 내담자로 하여금 스스로 긍정적인 노력을 통해서 해결책을 얻을 수 있음을 알려 주는 것이다. 또한 상담자는 조심스럽게 어떤 결과가 나올지 보장하는 것을 거부한다.

메리 제인: 음, 나는 그냥 내가 무엇을 해야 하는지를 알고 싶어요. 그러나 아무도 나에게 그런 것을 알려 주지는 않겠죠.[15)]

칼 로저스: 어느 누구도 즉답을 주지 못한다는 것을 알고 있군요.

메리 제인: 잘 모르겠어요. 내가 무엇을 찾고 있는지도 잘 모르겠어요. 나는 때때로 내가 제정신인지 궁금해요. 미친 것 같아요.

칼 로저스: 정상적인 것에서 멀어지는 것 같이 느껴져서 걱정이 되는군요.[16)]

메리 제인: 맞아요. 내가 걱정하기 때문에 걱정하지 말라고 말하는 것은 바보 같은 거예요. 이건 내 인생이에요. 이런 것들 뒤에 숨겨진 원리는 무엇일까요? 당신은 자신을 위해 무엇을 발견할 수 있나요? 난 모르겠어요. 내 생각에 나를 진짜로 도와줄 수 있는 사람은 아무도 없어요. 그렇죠?

칼 로저스: 우리는 자신의 문제를 스스로 다룰 수 있도록 도울 수 있어요. 상당 부분 당신에게 달려 있는 거죠.[17)]

메리 제인: 그냥 그렇게 이야기를 할 수 있는 건가요? 내 말은, 그게 전부인가요? 당신은 한마디도 말하지 않네요. (웃음) 내 말뜻은 당신은 이해하려고 노력하지만 사람들을 어떤 길로 안내하지는 않네요, 그렇죠?

칼 로저스: 나는 당신이 만족할 만한 어떤 해답을 이끌어 내는 데 도움을 주는 것을 제

15) 내담자는 자신의 문제에 간단히 대답할 수 없음을 인지하는데, 내담자가 이 문제를 얼마나 깊이 있게 알고 싶은지가 계속되는 몇 번의 인터뷰에서 하나의 문제로 남아 있다.

16) 위와 같이 상담자는 내담자의 정신 상태에 대한 걱정을 이해하고 명확하게 하려는 시도를 한다. 그러나 내담자를 안심시키려는 시도는 하지 않았는데, 이런 안정된 느낌을 주는 것은 좀 더 직접적으로 그녀가 문제를 이해하고 감정을 완화시키도록 하지 못하게 한다. 그 대신 내담자는 이런 위로가 그다지 많은 도움이 되지 않는다는 것을 인정하고, 내담자 스스로 문제에 대처할 수 있도록 자신을 돕는 문제에 직면한다.

17) 상담자는 그와 내담자가 함께 작업해야 한다는 것을 보여 주면서 상담 상황을 정리한다. 이 대화에서 많은 내담자가 그렇듯 내담자는 새로운 경험에 직면할 때 많이 느끼는 곤혹스러운 감정을 명확히 진술한다. 해설은 '안내'를 해 주는 것을 피하기 위한 근거로서 매우 분명한 진술이 된다. 이후의 증거는 이 내담자의 인생에서 '안내'가 부족했던 것이 아니라 정반대로 너무 많은 안내가 있었을 수도 있음을 제시한다.

외하고 많은 해답을 주지는 않을 거예요. 말한 것처럼 누군가는 "너는 미쳤어." 라고 말할 수 있고 어떤 사람은 "아니야, 너는 정상이야."라고 말할 수도 있어요. 나는 당신이 정상이라고 말할 수 있고, 다른 누군가도 그렇게 할 수 있어요. 다른 누군가는 당신이 미쳤다고 할 수도 있는 거고요. 스스로를 어떻게 느끼는지와 관련된 것 이외에 중요한 것은 아무것도 없다는 거죠.

메리 제인: 나는 내 자아개념을 어떻게 변화시켜야 할지 잘 모르겠어요. 그게 내가 느끼는 방식이기 때문이니까요.

칼 로저스: 당신은 스스로를 다른 사람들과는 매우 다르다고 느끼고 그것을 어떻게 변화시켜야 할지 모르는군요.

메리 제인: 물론 이 모든 것이 오래전부터 시작됐다는 것은 알아요. 모든 것은 어딘가에서부터 시작되기 때문이죠. 나는 어느 지점부터 어떻게, 어떤 것을 실패했는지조차 모르겠어요. 그리고 내 생각에 우리는 그 지점으로 다시 가서 재교육을 해야 할 것 같아요. 나 혼자 그것을 할 수 있을 것 같지가 않아요.[18]

칼 로저스: 당신은 그 근원을 찾아들어 가서 그 즈음에서 다시 작업을 시작해야 하지만 그렇게 할 수 있을지 없을지 확신이 없군요.

메리 제인: 맞아요. (침묵) 나는 오십, 육십 그리고 칠십이 돼도 이런 방식으로 내 삶을 볼 수도 있다고 생각해요. 계속 이런 끔찍한 생각을 하죠. 이런 것은 아무런 가치가 없어 보여요. 이런 건 너무 말도 안 되는 거예요. 다른 사람들은 자신의 방식으로 인생을 살아가는 동안 나는 가장자리에 서서 그저 바라보고만 있는 거죠. 이렇게 사는 건 옳지 않아요.

칼 로저스: 미래를 그런 식으로 보면 매우 밝지 않겠군요.

메리 제인: 아니죠. (긴 침묵) 나는 용기가 부족해요. 용기가 부족하다는 것은 큰 문제

18) 내담자는 이 문제에 대한 해결 방법을 찾는 데 있어 자신의 내면에 있는 힘에 대해 진지하게 의심하고 있음을 분명히 진술하고 있다.

죠. '다른 사람들은 그렇게 쉽게 흔들리지 않기 때문에' 나도 그렇게 되어야 해요. 이건 웃긴 건데 내가 이런 생각을 할 때 이런 질적인 측면들, 나는 항상 그것들에 대해 생각하죠. 잘 모르겠어요. 현실적인 것이 아니라 멀리 떨어져 있는 무언가를 생각하면서 말이죠. 이런 것들을 설명하기는 힘들어요. 그것은 진실이기는 하지만 나는 이런 방식이 웃겨요. 나는 그것을 비웃는 것 같아요. 하지만 그게 진실인 것을 알아요. 다른 사람들은 이런 것들을 빙 둘러서 이야기하잖아요. 이것은 매우 혼란스러운 감정이에요.

칼 로저스: 논리적으로 말하면, 용기가 없는 건 당신의 결점 중 하나이지만 당신 내면에서 이런 생각을 비웃고 있고 그것은 정말로 당신과 아무런 상관이 없는 것처럼 느끼는군요. 그런가요?[19)]

메리 제인: 맞아요. 나는 항상 나를 다르게 만들어 버려요. 그래요.

칼 로저스: 음, 다른 사람들에게는 적용될 수 있는 것이지만, 당신은 다르기 때문에 이에 해당하지 않는다고 생각하는군요.

메리 제인: 그게 정확히 그런지 아닌지는 잘 모르겠어요. 뭐라고 꼭 집어서 말할 수가 없네요. 가끔 외로워요. 가끔은 다른 방식으로 느끼죠. 이렇게 나쁜 사례를 만나본 적이 있나요?

칼 로저스: 당신은 다른 사람들도 그럴 수 있는지 궁금해하는군요.

메리 제인: 내 생각에 나는 주변 누구보다도 좋지 않은 것 같아요. 그래요. 아주아주 끔찍하게 좋지 않다고 느껴요. 이것은 무가치한 거죠. 그게 방해가 돼요. 그것은 가치 있어 보이지 않아요. 나는 처음부터 튼튼한 기반에서 일어설 수 없는 거죠.[20)]

19) 내담자의 감정을 훌륭하게 반영해 주고 있다.

20) 여기서 다시 (몇 문장 뒤에) 내담자는 자신의 무기력함의 깊이를 표현한다. 방법을 찾기 위해 단순히 투쟁만 하는 것은 가치가 없다. 로저스는 그와 같은 상황에서 상담자는 한 가지 요인, 즉 각 개인의 성장을 향한 기본 욕구에만 의존해야 한다고 믿었다. 각 개인의 성장을 향한 기본 욕구. 상담자는 단지 내담자의 무기력함에 대해 깊이 있고 공감적인 이해를 하려고 노력한다.

칼 로저스: 당신은 투쟁하는 것에 대해 생각하고 있기는 하지만 이것이 가능할 것 같다고 생각하지는 않는군요.

메리 제인: 그래요. 다른 사람들이 문제나 그런 것을 발견했을 때 어떻게 하는지 궁금해요. 사람들이 그것을 포기하지 않고 끝까지 해내는지 혹은 다른 것을 찾으려고 하는지 궁금해요.

칼 로저스: 다른 사람들이 어떻게 그것을 다루는지 알고 싶군요.

메리 제인: 맞아요. 나는 그 상황을 겪으면서 그냥 내버려 둬요. 그러고 나서 (몇 단어를 놓침) 예를 들면, 댄스파티를 가서 춤을 추자는 제안을 받지 못하면 엄청나게 상처를 받아요. 바로 내가 '좋은 모습이 아니구나.'라고 느껴요. 그것을 증명하려 하죠. 그렇지만 똑같은 상황을 경험하는 사람들도 있는데, 그들은 그것을 잘 견뎌내요. 그런 후에 나는 춤을 추자는 제의를 받고 다른 사람들은 받지 않았던 때를 생각하기도 했는데, 그건 나에게 해를 주지 않잖아요. 그렇게 하면 나를 더 이상 다른 사람과 다르지 않다고 느껴도 되니까요. 나는 다만 그렇게 받아들였고, 아무것도 더하지 않았는데, 당신이 말해 줄 수 있는 최선은 이것이 나쁘지 않다고 하는 거예요.

칼 로저스: 당신이 도달할 수 있는 최고의 좋은 상태는 단지 기분이 나쁘지 않을 때군요. 다른 한편으론 부정적인 어떤 사소한 일이 생기면 자신을 완전히 내쳐 버리네요. 오늘은 시간이 다 됐네요. 다음 주에 다시 오시겠어요?[21)]

메리 제인: (웃음) 아마도요.

칼 로저스: 다시 올지 말지 정말 혼란스럽죠, 그렇죠?

메리 제인: 이게 나한테 도움이 될지 잘 모르겠어요. 그러니까 어떤 것이 나한테 도움이 될지 모르겠다는 거예요. (침묵) 이렇게 안 좋은 사례를 다뤄 본 적이 있으신

21) 상담자는 내담자가 자신의 욕구에 의해 다시 오는 것이지, 상담자가 내담자를 설득하기 때문이 아님을 분명히 한다.

가요? (웃음) 이와 비슷한 경우라도요?

칼 로저스: 그 질문으로 다시 돌아왔네요. 그렇지요? 궁금하네요. ……나는 그 질문에 답할 수 있죠. 대답은 '그렇습니다.' 입니다.[22)]

메리 제인: 그 사람들은 결국 정신병원에 가나요? (웃음 & 칼 로저스 웃음) 미친 소리죠, 그렇죠? 그렇겠죠. 그럴 것 같아요.

칼 로저스: 당신은 다음 주에 다시 오고 싶은지 아닌지를 말하고 있었어요. (긴 침묵)

메리 제인: 좋아요, 다시 올게요. (매우 부드럽게 말함)[23)]

칼 로저스: 좋아요. (시간 종료)

〈첫 번째 인터뷰에서 표현된 의미 있는 감정들〉

1. 모든 것이 잘못되었어요. 나는 내가 비정상이라고 느껴요.
2. 내가 공부를 했던 것은 나를 위해 도망쳤던 것이라고 느껴요.
3. 나는 일상의 평범한 것들조차 할 수 없어요.
4. 나는 모든 것에 대한, 특히 나 자신에 대한 믿음을 잃었어요.
5. 나는 무엇을 하든 실패할 게 분명해요. 나는 열등감이 있어요.
6. 다른 소녀들은 정상적으로 성장해서 결혼한다는 것을 알게 되었어요. 나는 그럴 준비도 하지 못했어요.
7. 나는 절대적으로 자신감이 없어요.
8. 나는 자신을 좋아하지 않기 때문에 자연스럽게 행동할 수가 없어요.

22) 내담자의 질문은 어려운 사례에서 보여지는 특이한 것은 아니다. 상담자는 자신이 가장 나쁜 사례인지를 알고 싶어 하는 내담자의 욕구를 강조하지만, 나쁜 다른 사례들을 언급하면서 그녀를 안심시키고 있다.

23) 비록 이 진술은 긴 주저함 뒤에 속삭이듯이 말했던 것이지만, 전체 인터뷰를 통해 긍정적 혹은 결단력 있는 태도를 보인 하나의 지표다. 이것은 내담자가 행한 첫 번째 긍정적인 표현이다. 그녀는 엄마의 독촉으로 왔기 때문에 스스로의 상황을 절대적으로 무기력하게 보고 있으나, 행동을 할 수 있는 기회가 주어졌을 때 어떤 희망이 있는 것처럼 행동을 한다. 로저스는 이런 건설적인 힘이 모든 내담자에게 존재함을 믿는다.

9. 나는 자살에 대해 생각해요. 왜냐하면 살아야 할 합당한 이유를 찾을 수가 없으니까요.
10. 나는 어린아이 같아요. 그러나 나를 제외한 사람들은 어른이에요.
11. 나는 비정상이에요.
12. 성공은 나를 뒷받침해 주지 못해요. 실패, 심지어 사소한 것까지, 나를 바닥으로 꺼지게 해요.
13. 나는 여동생보다 더욱 어른스러워야 해요. 하지만 나는 그렇지 못하죠.
14. 나는 사회 안에서 나의 정상적인 위치를 찾을 수가 없어요.
15. 내 성격에는 결함이 있어요.
16. 나는 이타적이지 못한 것이나 두려움으로 인해 상처를 입을 거예요.
17. 나는 성공한 사람들을 모방하려고 할 때, 그런 척만 해요.
18. 내가 가진 문제들을 다른 사람들은 잘 다루고 있는 것 같아요. 하지만 나는 그럴 수 없어요.
19. 내 문제의 뿌리는 오래전으로 거슬러 올라가야 한다는 것을 알아요. 하지만 내 상황을 바꿀 수 있을 것 같지는 않아요.
20. 나는 이와 같은 것을 계속 할 수는 없어요.
21. 나는 용기가 부족해요. 왜 그런지는 모르겠는데 이런 생각을 비웃게 돼요.
22. 내가 아는 누구보다 내 상황이 나쁜 것 같아요.
23. 당신이 나를 도울 수 있을지 궁금해요. 나는 그것을 확신할 수 없어요.
24. 나는 다시 올 것 같아요.

두 번째 인터뷰 요약: 10월 14일

메리 제인은 인간관계에 대해 탐색하면서 인터뷰를 시작한다. 그녀는 깊이 있는 관계를 맺을 수 있는 능력이 없고, 결코 어딘가에 소속되어 있다고 느껴 본 적이 없다고 했다. 그녀는 사람들 앞에서 적절하게 행동하지 못할 것에 대한 두려움 때문에 어떤 시도도 하지 않았고, 관심조차 두지 않았었다. 그녀는 다른 사람들이 특히 남자들이 그녀가 얼마나 '멍청한지'를 알게 될까 봐 두렵다. "나는 무슨 해답이 있는지 궁금해요. 해답이 있을 거라는 믿음이 없는 사람에게 당신은 어떻게 해 줄 수 있나요? 정말 그런 사람에게는 당신도 어쩔 수 없지 않을까요? 그렇지 않을까요?" 그녀는 작은 아이에게 초점을 두지 않고 이를 좀 더 넘어서야 한다고 느낀다. "나를 위한 어떤 해결책이 있나요? 상담자는 첫 번째 인터뷰에서와 다소 유사하게 관계를 의식적으로 구조화한다. 메리 제인은 외출도 하고, 심리학 책에서 제안한 대로 해 보았지만, 그녀에게 별로 도움이 되지 않았다고 응답한다. 인터뷰는 다음과 같이 끝을 맺는다.

메리 제인: 내가 말하고자 하는 요점은 아무도 나를 진정으로 도울 수 없다는 것을 알고 있다는 거예요. 부분적으로는 방법을 알려 줄 수 있다고 봐요. 하지만 그들은 내가 생각한 것처럼 그렇게 해 줄 수 없다는 거죠.[24)]

칼 로저스: 당신은 다른 사람들이 어떤 도움을 줄 수 있다고 느끼지만, 본질적인 것은 자신에게 있어야 한다는 것을 깨달았군요.

메리 제인: 맞아요. (침묵) 나는……, 나는 혼란스러워요. 내가 실제로 희망하는 것을 얻을 수 있을지 잘 모르겠어요.

칼 로저스: 당신이 정말 어떤 것을 목표로 하고 있는지 확신하지 못하는군요.

24) 여기서 내담자는 비지시적인 기법의 기본이 무엇인지에 대한 개념을 분명히 이야기하고 있다. 그러나 그녀가 도움을 받을 수 있을지에 대한 의심은 여전하다. 이후, 그녀는 똑같은 질문을 다시 제기한다. 상담자는 기술적으로 그의 입장을 재진술하고, 내담자가 이것을 받아들일 수 있도록 한다. 그녀는 포기하고 부적응을 유지하는 것 혹은 자신 내면의 답을 찾고자 노력할 것인지에 대해 그녀가 선택을 해야할 때, 그녀는 후자를 선택한다.

메리 제인: 맞아요.

칼 로저스: 시간이 거의 다 된 것 같네요. 다음 주에도 다시 오고 싶은가요?

메리 제인: (웃음) 어떤 식으로든 나를 도울 수 있다고 생각하세요? 제 말은 당신이 할 수 있다고 느껴지나요?

칼 로저스: 그 질문을 다시 하네요. 그건 남겨 놓아야 될 거 같아요. 그것을 계속 다루어 보고 싶은가요? 만약 그렇다면 우리는 다음 주에 시간을 절약할 수 있을 거예요. 만약 당신이 아무것도 할 수 없을 것 같이 매우 무기력하다고 느끼면…….

메리 제인: 그것은 정말 내 태도에 달려 있군요. 그렇죠? (침묵) 좋아요. 그러면 다음 주에 그것을 다루죠.

세 번째 인터뷰: 10월 21일

칼 로저스: 오늘은 시간을 어떻게 보내고 싶은가요?[25)]

메리 제인: 잘 모르겠어요. (긴 침묵) 책을 읽다가 궁금해진 적이 있어요. 『여성으로서의 당신의 삶(Your Life as a Woman)』이라는 책인데, 소제목이 '그것을 최대한 활용하는 방법'이에요. 책에서는 여러 유형의 사람들과 그들의 일을 보여 주고 있지만 그것을 쓴 이유는 다루지 않고 있어요. 책에서는 사람들이 어떻게 완전한 삶을 살지 못하는지를 보여 주고, 왜 사람들마다 각기 다른 반응을 하는지 그리고 사람들이 왜 그런 것들을 좋아하지 않는지에 대한 이유를 말하고 있어요. 그 책에서는 사람들이 그룹 안에 있을 때, 자신에 대한 생각을 얼마나 지나치게 많이 하는지를 다루고 있죠. 그들은 다른 것은 설명하지 않고, 매우 조심스럽게 인간은 단지

25) 이것은 좋은 인터뷰의 시작이다. 내담자가 자유롭게 자신에게 적합한 시간을 쓸 수 있는데, 이것은 상담자가 인터뷰를 이끌어 가는 것이 아니라는 생각을 강조한 것이다.

게으르고, 그 때문에 어떤 것도 노력하지 않는다는 것을 설명해요. 내 생각에 이 책은 매우 좋은 것 같아요. 책에서는 인간이 확실하게 무엇인가를 붙잡고 있지 못한다고 해서 그게 반드시 미친 건 아니라고 말하고 있어요. 인간은 그저 노력하지 않았을 뿐이며, 변화와 향상을 위한 끊임없는 노력이 중요하다는 거죠. 그 책을 읽었을 때, 나는 뭔가 분명한 통찰 같은 것을 얻었어요. 그러나 여전히 어디서부터 시작해야 할지 모르겠어요. 책을 읽고 사람들은 그런 것들을 잘 겪어 낸다는 것을 알게 되었어요. 내가 왜 이 이야기를 꺼냈는지 모르겠는데, 시작하기에는 좋은 이야깃거리 같아 보였어요.[26)]

칼 로저스: 음. 당신은 책을 읽으면서 한 그룹과 잘 어울리지 못한다고 해서 그것이 반드시 비정상은 아니라는 것을 느꼈군요. 그렇지만 그룹과 유대감을 쌓아가기 위해서는 지속적으로 노력해야 할지도 모르겠군요. 그런가요? 하지만 여전히 "어디서부터 시작해야 하지?" 라는 느낌이 있군요, 맞나요?[27)]

메리 제인: 맞아요. (긴 침묵) 우선은 내가 지금 당장 취직을 한다면, 그것은 고용주에게 공평하지 않다고 생각해요. 내 말은 난 정말로 이런 틀에 박힌 생활 같은 것은 생각하지 않아요. 중요한 것은 내가 이렇게 하는 것이 밖으로 나가지 않기 위한 방어기제를 발동시킨 건가요? 혹은 내가 정말로 이건 공평하지 않다고 생각하는 건가요? 이건 내게는 중요한 질문이에요.[28)]

칼 로저스: 당신은 불공평하다고 느끼지만 동시에 의문을 가지고 있네요. 당신이 어려

26) 내담자는 행동에 관하여 무엇인가를 배우려고 노력해 왔다. 그녀가 학습해 온 것이 확실하지 않더라도 그녀의 입장에서 긍정적인 노력을 해 온 것은 좋은 신호다.

27) 상담자는 책 자료를 검토하는 것을 회피하고 있다. 그 대신 내담자가 현재까지 해 왔던 행동에 대한 느낌은 반응해 주고 있다. 만약 그가 책을 비판했다면, 마땅히 책에 대한 지적인 토론과 내담자에게서 일어나는 방어를 다루었을지도 모른다. 그와 같은 토론은 내담자가 자신의 감정을 더 잘 이해하도록 하는 데 결코 도움이 되지 않는다.

28) 내담자는 심리학적 관점에서 세련됨을 보인다. 그녀의 생각이 방어체계인지를 묻는 질문으로 그녀의 꽤 높은 지적 수준과 행동 방식의 세련됨을 가늠해 볼 수 있다.

운 일을 계속 감당하면서 이 일을 계속 해 나갈 수 있을지에 대해서요.

메리 제인: 맞아요. (침묵, 웃음) 당신은 머리를 흔드네요. 그게 다인가요?[29]

칼 로저스: 당신은 어쩌면 내가 그 답을 알고 있을 것이라고 느끼네요.

메리 제인: 그래요. 당신이 생각하기에 내가 밖으로 나가서 취직을 하는 게 고용주한테 공평한 일인가요? 음, 그게 나한테는 도움이 되지만, 고용주한테는 별로 그렇지 않을지도 모르는? (침묵) 이게 정당할까요?

칼 로저스: 당신은 그렇게 하면 고용주를 속이는 거라고 생각하는군요.

메리 제인: 맞아요. 전에 그렇게 말했잖아요. 이전에 이 문제를 한 번 다룬 적이 있다는 걸 알고 있어요. 어…… (긴 침묵, 웃음) 해답이 무엇인가요? 해답을 기대해도 될까요?

칼 로저스: 역시나 그 해답이 당신 안에 있을지 궁금해하고 있어요, 그렇죠?

메리 제인: 다시 말하면, 내가 태도를 바꾸고 모든 것을 바꾸기 전에 나는 근본적으로 변해야만 한다는 거예요.

칼 로저스: 그것은 꽤 근본적인 변화라는 것을 자각했네요……. 어……. 만약 당신이 노력했다면요.

메리 제인: 맞아요. (긴 침묵) 그것은 나를 더 나은 사람으로 만드는 변화여야 해요. 처음에는 내가 그것을 좋아하지 않을 수도 있겠죠. 하지만 나한테 도움이 될 수는 있을 거예요. 그렇지 않나요? 그건 내가 원하지 않는 어떤 것을 하도록 나에게 강요하는 거잖아요.[30]

칼 로저스: 당신이 생각하기에 그건 좀 힘든 제안일지도 모르겠지만, 당신에게 많은

29) 내담자는 상담자로 하여금 그녀의 질문에 대해 강압적으로 대답하게 하려는 시도를 계속 한다. 우선 그녀는 자신이 스스로 이런 일을 해낼 수 있을지 그리고 두 번째로 왜 상담자가 그녀에게 어떤 제안—즉, 취직을 해서 일을 하는 것이 맞는지 아닌지를 말하는 것과 같은—을 해 주지 않는지를 묻는다. 그녀는 해결 방법이 실현 가능하지 않을 것 같은 느낌과 상담자가 제시한 것을 어쩔 수 없이 해야 할 것 같은 감정 사이에서 양자택일을 해야 한다.

30) 그녀는 자신의 생각을 떠나 취직하는 것이 확실히 자신에게 이득이 되는지를 평가해 볼 수 있다.

것을 가져다줄지도 몰라요.

메리 제인: 네, 그것은 아마도 내가 무엇인가를 하게끔 만들거예요. (침묵) 하지만 그 다음에는 뭐죠? 다음은 뭘까요?

칼 로저스: 당신은 만약 그것을 한다 하더라도 여전히 풀리지 않은 많은 질문과 어려움이 앞에 놓여 있을 거라는 것을 깨달았군요.

메리 제인: 그래요. (침묵) 정말 도움을 받으려고 책을 읽었다 해도 내 말은, 만약 당신이 해답을 찾을 수 없고, 상황에 대처할 수 없을 것 같으면, 책이 도움이 될까요? 어떤 것이 있을 것 같지 않아요. 당신이 생각해 본 적이 없어서 읽은 것을 받아들이고 싶지 않은 느낌 같은 거요.

칼 로저스: 당신은 어떻게 하든 책 안에 이런 것들을 접하는 데에서 그치는 것이 아니라 좀 더 심각해져야만 한다고 느껴지는군요.[31)]

메리 제인: 네. 나는 그런 것들을 생각했어야 할 것 같아요. 비록 그럴 수 없었지만 그렇게 해야만 할 것 같아요. (긴 침묵) 내가 그래야 하나요? (웃음) 내 생각에 책의 목적이 그거 같아요. 책은 사람들을 돕기 위해서 쓰인 거죠. 사람들이 책을 쓰는 것은 다른 사람들을 돕기 위한 것이거든요. 나는 왜 내가 그것을 받아들이기 어려운지 궁금해요. 책에서 말하는 게 옳다는 것을 알면서도.

칼 로저스: 다시 말하면, 당신은 긍정적인 생각이 떠오르기는 하지만, 그것들을 항상 받아들일 수 있는 것은 아니네요.

메리 제인: 맞아요. 내가 그렇게 느끼는 이유는 만약 당신이 맨 처음 책에서 아이디어들을 얻었을 때, 그 책들이 당신의 상황과는 크게 관련이 없는 것처럼 보이기 때문이에요. 만약 당신이 또 다른 상황에서는 유익하지 않을 것 같은 아이디어를 얻게 되면 마치 책에서 얻은 아이디어처럼 같이 보여요. 제 말은, 아이디어 하나

31) 내담자가 책을 읽는 것(독서치료)을 이용하는 이 흥미로운 토론은 심리치료자가 자주 검토할 수 있는 질문들과 유의미하게 관련 있을지도 모른다.

를 택하고 적용하고 그런 다음 생각하고 그러면 그 아이디어가 어디론가 이끌어 가고 그때부터는 무엇을 해야 할지 모르게 된다는 거예요. (웃음)

칼 로저스: 음, 당신은 그것이 하나의 조각(patchwork)과 같은 것이라고 느끼는군요. 책에서 하나의 아이디어를 얻고 사용하면 그다음은 어떻게 하지? 내 말은 그것은…….

메리 제인: 맞아요. 나머지는 내면의 추론에서 자연스럽게 얻게 되겠죠? 내 말은 그것은 자연스러워야 한다는 거죠.

칼 로저스: 당신은 아마도 자기 내면에서 이 일을 계속 진행해 나가야 할 거라고 생각하네요.

메리 제인: 그래요. 사람들은 책에서 아이디어나 그런 것을 얻을 때, 곧장 그것들을 적용하고, 결합시키죠. 그런데 사람들은 그렇게 시작하면서도 자신이 읽은 것에 그렇게 의존하지는 않아요. 중요한 것은 읽은 것을 실제로 해 보는 거예요. 나는 그것이 도움이 된다고 봐요. 한 시점에 머물러 보는 것도 나쁘지는 않다고 생각해요. 그렇게 하다 보면 또 다른 과정으로 나아가지 않을까요? 자신의 힘으로 어떤 것을 시작해 보는 것과 같지요?

칼 로저스: 책에서 읽은 것 중에서 좋았던 것들을 단계별로 실행해 볼 수 있을지 궁금해하는군요. 책처럼 다음에는 무엇을 해야 할지 알려 주는 것들을요.

메리 제인: 맞아요. (중지, 웃음) 해답은 무엇일까요? (침묵) 내가 내 마음을 결정할 수 없는 한 가지 확실한 건……. 그것을 풀어 보려고 노력은 했는데……. 그건 뭘까요? 이렇게 정체되어 있는 이때에 내가 정말 원하는 것은 무엇일까요? 생각해 봐도 내가 정말 원하는 게 무엇인지 잘 모르겠어요. 그저 다른 사람들이 원하는 것을 바라보는 것이 내가 원하는 것일지도 모르겠어요. 그건 매우 이상한 거고, 나는 그러고 싶지 않아요. 그게 바로 내가 느끼는 거예요. 내가 정말 원하는 것이 무엇인지 모르기 때문에 원하는 것을 할 수 없는 거죠.

칼 로저스: 당신은 다른 누군가가 좋다고 여기는 목표에 맞춰서 성취하는 것이 최선이

었다고 느끼는군요. 그렇지만 당신이 확실히 원하는 것을 얻었다는 느낌은 없는 거네요.

메리 제인: 맞아요. (매우 긴 침묵) 그것 자체가 매우 이상하다고 생각해요. 내 생각에 모든 인간은 욕망이 있고 그들은 진짜 그것을 원하는 것처럼 보이거든요. 그래서 나도 무언가를 갈망해야 할 것 같아요. 그래서 앉아서 이에 대해 생각해 보려고 하지만 할 수가 없어요.[32)]

칼 로저스: 정말 원하는 것을 알아내고자 시도하고 있군요. 아직은 그런 것들이 무엇인지 생각을 할 수 없네요.

메리 제인: 글쎄요. 나는 당시에는 그것들을 알아내려고 했어요. 예를 들면, 다른 사람들과 있을 때 편안해지기를 바라고 따뜻하게 느끼기도 하지만 내가 앉아서 생각해 보면, 그건 그리 큰 바람은 아닌 것 같아요. 내 말은 혼돈스럽다는 거예요. 음, 그것과는 별개로 나는 내가 정말 원하는 방향으로 삶을 사는 것이 무엇인지에 대해 생각해요. 그렇지만 그 방향으로 가려고 하면 내가 정말 원하는 것이 무엇인지 잘 모르겠어요.

칼 로저스: 당신이 그런 바람을 가지고 있다는 것을 알게 되었고, 때로 그것들이 꽤 명확한 것 같지만 대체로 당신이 정말 원하는 것을 얻기 위해 노력할 때는 확신이 서지 않는군요.

메리 제인: 맞아요. 내 말은 그때 당시에 불편하다는 사실을 제외하고 다른 것을 깊이 생각하거나 두려움 같은 것에 대해 가만히 생각하지만 그건 어쨌든 달라요. 그건 그냥 두려운 감정 같은 거예요. 하지만 실제로 내가 원하는 바를 정확하게 알고 있다면, 그게 나한테는 도움이 될 거라고 생각해요.

칼 로저스: 당신은 원하는 지점을 분명히 확신할 수 있다면, 다음 단계로 나아갈 수 있

32) 이 대화에서 내담자는 그녀 자신과 타인 양쪽 모두의 욕구와 관련된 매우 유의미한 문제를 토론하기 시작한다. 이것은 상담에서 해결되기를 바라는 많은 문제 상황과 직접적인 관련이 있다.

을 것이라고 생각하네요.

메리 제인: 정확하게 한 지점은 아닌데요.

칼 로저스: 글쎄요. 내 말은 일반적으로 느껴지는 건……. (메리 제인: 음.) 당신이 도달하기를 원하는 것들 말이죠.

메리 제인: 맞아요. 정말 인생에서 얻고 싶은 것들. (침묵) 그렇지만 그게 정말 도움이 될까? (웃음) 그러고는 생각하죠, 그게 정말 도움이 될까?

칼 로저스: 다시 말하면, 당신이 인생에서 얻고 싶은 것을 알 수 있다면 그것이 당신을 도와 줄 수 있을지 궁금하네요.

메리 제인: 만약 내가 무엇인가에 강한 욕망을 느낀다면 그리고 그게 정말 정직하고 성실한 욕망이라면 다른 것들은 따라올 거예요.

칼 로저스: 진정한 목적을 가지고 있다면, 당신을 괴롭히는 다른 여러 가지 것 또한 할 수 있겠군요.

메리 제인: 맞아요. (긴 침묵) 그러면 어떻게 목표를 찾나요?

칼 로저스: 원하는 한 가지 목표. 음……?

메리 제인: 맞아요. 왜 일상의 작은 것들이 해답이 될 수 없었을까요? 왜 직업에만 국한시켰을까요? 나는 일을 할 때 우울하고 그때를 생각조차 하지 않고 잊어버렸어요. 나는 매우 불만족스러웠는데…… 더 나은 것을 찾아야 할 때를 무심코 지나쳐 버리죠. 그러니까 내 말은 좀 더 나아가야 한다거나 불안정한 느낌에 빠지게 되는 것은 일종의 방어기제라는 거죠. 그러고 나면 정말로 내 감정을 찾을 수 없고, 다음에 무엇을 해야 하는지 확신이 없어지는데, 이 사실이 나를 괴롭혀요. 그것은 앞으로 나아가는 데 필수적인 거죠. 내 말은 무언가를 얻는다는 거예요. 그것이 바로 다음 단계인 것이지요.[33)]

33) 통찰을 얻은 좋은 출발은 여기에서 관찰되었다. 그러나 이것은 일반적인 것이고, 이 내담자의 특정한 상황에만 구체적으로 적용된 것은 아니다.

칼 로저스: 다시 말해, 만일 목표를, 즉각적인 목표를 가지고 있고, 그것을 이루었다면 나아가고 있다고 느낄 수 있지만, 계속해서 목표가 바뀐다고 생각할 때는 당신이 어디에 있는 건지 모르겠다는 거네요. 그런가요?

메리 제인: 네, 그래요. 어느 정도는 그래요. (침묵) 요점은 만약 내가 대단한 무엇인가를 하길 원하거나 고려하고 있다면 당신은 그런 것을 만들어 가야 한다고 하는데, 나는 자격증이 있지는 않아요. 그런 종류는 (웃음) 무엇보다 그렇게 하려는 의지도 없지만요.

칼 로저스: 좀 더 낮은 중간 목표를 세우려는 의지도 없다고 느끼는군요. 여전히 높은 수준에 이르거나 그보다 더한 목표를 위해 준비되지 않았다고 생각하네요, 그런가요?

메리 제인: 맞아요. (침묵) 내 요점은 내가 발전해 나가지 않으려는, 더 성장해 나가지 않는 정신 나간 생각을 가지고 있다는 거예요. 그건 그냥 미친 거예요. 나는 쇼에 가서 성장해 나가는 사람들을 보는데, 그들이 가고 싶어 하는 길을 찾고 끊임없이 노력해서 모든 것을 찾아내는 사람들을 봐요. 그렇지만 내가 발전해 나갈 수 있다는 느낌은 없어요.

칼 로저스: 당신 스스로는요.

메리 제인: 그래요. (매우 긴 침묵) 요점은 내가 걱정거리나 내 자신에 대해 너무 많이 생각하지 않았다면 그리고 내 마음에 다른 것들이 들어왔다면, 이것을 고려하는 방향으로 당신의 태도가 확실히 달라지지 않았을까요? 무슨 말인지 아시겠어요?

칼 로저스: 즉, 당신은 당신이 직업과 같은 어떤 목적이 있었다면, 혹은 분명히 할 일이 있었다면, 당신의 기본적인 어떤 생각이 변화되거나 잠시 위안을 얻을 수 있다는 건가요?

메리 제인: 네, 그래요. 다시 말하면, 나를 성가시게 하는 것이나 그런 생각을 하는 것을 멈추면 왜 그런지 나는 계속해서 한 달이나 두 달 동안 그런 것들에 대해 아무 생각도 하지 않아요. 다른 것들을 생각하려 하죠. 여전히 기본적으로는 많은

변화를 이끌었다는 느낌이 없어요.

칼 로저스: 그것은 그냥 한 켠에 밀어두거나 일부를 당신의 머릿속에서 쓸어내 버리고 싶은 기분이군요. 그건 그다지 당신이 찾는 것이 아니거나 정말 도움이 되는 것은 아니네요.

메리 제인: 맞아요. (침묵) 사실 내가 같은 것을 다시 반복하는 건 그리 도움이 될 거라고 보지 않아요. (침묵) 그래서 이런 경우 우리는 보다 나은 것을 위해 생각을 바꾸어야 한다고 생각해요. 제 생각엔 어떤 것에 대해 "아니야, 넌 이것에 대해 이렇게 생각해서는 안 돼."라고 말해요. 당신에게 어떤 아이디어가 떠오를 때 그것을 공격하는 것이 도움이 되었나요?

칼 로저스: 당신은 당신이 행한 것뿐 아니라 당신의 생각이 잘못되었다고 느끼는 것에 대해 따져 볼 수 있는지 궁금하군요.

메리 제인: (진술을 이해할 수 없음)

칼 로저스: 당신은 타인에 대한 당신의 생각과 당신에 대한 그들의 태도를 왜곡하는 모든 상황을 고려하는 건 쓸모없다고 느끼는군요.

메리 제인: 그래요. (긴 침묵) 그리고 다음 단계는. (웃음) 이 모든 것에 대해 내가 무엇을 해야 할까요?

칼 로저스: 또 다른 행군을 해야 하는 것처럼 느끼는군요. 그렇죠?

메리 제인: 네. 하지만 우스운 건 우리가 그것을 할 때 누군가가 더러운 술수를 쓰는 거죠 . 그러면 다시 신념을 모두 잃게 되죠. 그것은 조화를 이루지 못해요. 그것이 가장 옳다고 생각하지만 그들은 더러운 술수를 쓸 거예요. 그리고 당신이 느끼기에 그렇게 생각하는 것이 정당하지 않은 것처럼 되는 거죠.

칼 로저스: 만약 당신이 다른 사람들을 신뢰하려고 노력하고 그들이 관대하고 아량이 넓다고 느끼면 사람들은 '당신을 헐뜯고 당신에게 환멸을 느낀다.'고 확신하고 있네요.

메리 제인: 음, 그런 일이 꽤 자주 있었거든요. (침묵) 그런 일을 당하곤 했어요. 그냥

그걸 받아들이죠. (침묵) 내 생각에는 사람들이 종종 그렇게 알아서해야 한다고 생각해요.

칼 로저스: 당신은 누구도 항상 완벽하지는 않고, 넘어지고 실수할 수 있다는 것을 생각해야 한다고 느끼는군요.

메리 제인: 네. 그렇게 생각해요. (긴 침묵) 요점은 다른 사람들은 무슨 생각을 가지고 있냐는 거예요. 그 사람들은 무슨 생각을 하죠? 그게 내가 항상 궁금한 점이에요. 난 항상 그 점이 궁금하고, 그 사람들은 무슨 생각을 하는지 궁금해요. 이건 내가 만들어 낸 강박인가요? 이게 정말 내가 원하는 건가요? 그 사람들이 하는 것만큼 나도 잘 할 수 있다고 느끼는 것, 그게 바로 내가 해결해 보고자 하는 것……. 내가 원하는 것은 뭐죠?[34)]

칼 로저스: 당신의 진정한 목적이, 옆 사람만큼 그런 일들을 잘할 수 있는 것, 단순히 그것이라고 느끼나요?

메리 제인: 네. 당신이 그렇게 생각한다는 것은 다른 사람이 하고 있는 것에 따라 목표를 잡는 것은 일종의 미친 목표라는 거죠. 그것은 반복되어 계속 돌아오죠.

칼 로저스: 외부 환경에 의해 당신의 모든 계획이 결정되어 버리네요. 이런 의미가 맞나요?

메리 제인: 맞아요. (침묵) 왜 나를 그렇게 많이 괴롭힐까요? (침묵) 왜 무슨 일을 하든 얼마만큼 일을 하든 외적인 일이 다시 내면으로 돌아올까요? 나는 언제나 그것에 대해 생각하게 될 거예요.

칼 로저스: 당신은 무엇을 하든 다른 사람들의 생각으로 자신을 판단하고 있다고 느끼는군요, 그렇죠?

메리 제인: 음. 나는 외부의 것이 당연한 것처럼 그 이상으로 훨씬 많이 나에게 영향을

34) 내담자는 그녀의 생각 중에 매우 기본적인 생각을 표현한다. 타인들만큼 자신이 지적이거나 능력이 있는지에 대해 질문한다.

미칠 수 있는 여지를 줘요. 그들이 나에 대해 생각하는 것이 실제로 내가 생각하는 내 자신이자 내가 누구인지를 보여 주는데, 그게 결합되는 거죠. 요점은 나는 주변을 살펴보고, 남들이 엄청나게 발전해 나가고 있는 것을 봐요. 내 가족도 그랬어요. 그들은 대학을 졸업하고 훌륭한 일들을 해 왔고, 그게 나에게는 묘한 결과를 불러와요. 자극이 되는 것이 아니라 무엇인지는 잘 모르겠지만……. 나를 그냥 무너뜨려요.

칼 로저스: 그게 당신을 쓰러지게 하는군요.[35)]

메리 제인: 음, 맞아요.

칼 로저스: 앞으로 나아가게 하기보다는 움츠러들게 하는군요.

메리 제인: 그래요. 그건 나에게 영향을 주지 말았어야 해요. 그렇지 않나요? (긴 침묵) 실제로 자기 성찰이라는 건 뭐죠? 내 말은 어떤 사람들은 그냥 타성에 젖어서 그것을 지속하거나 혹은 어떻게든 그런 것들을 잘해 나가기도 하는데, 어느 정도일까요? 모든 사람은 어느 정도의 자기 성찰을 할까요?

칼 로저스: 당신은 다른 사람들이 어느 정도 자기 성찰을 하는지 궁금하군요?

메리 제인: 그래요.

칼 로저스: 네. 나는 그렇다고 생각해요.[36)]

메리 제인: 내 생각에 그건 아주 병리적인 수준이어야 하는 것 같아요.

칼 로저스: 당신은 그건 좀 과장될 수 있다고 느끼는군요.

메리 제인: 네. 정말 그래요. 요점은 내가 당신에게 도움이 되어야 하지만 도움이 되지 않는다면, 당신은 더 이상 좋지 않겠죠. (긴 침묵) 어떻게 말해야 할지 모르겠네요…….

칼 로저스: 무슨 말을 해야 할지 잘 모르겠군요.

35) 이것은 내담자가 표현한 좀 더 깊은 감정을 은유적으로 표현한 성공적인 시도다.
36) 상담자가 정보를 요구하는 질문에 잠정적인 견해를 주는 작은 기술적인 포인트에 주목해 보자.

메리 제인: 네. (매우 긴 침묵) 실제로 이상적인 자신에 도달했다고 느끼는 사람이 정말 있을까요? 내 말은 자신이 정한 어떤 목표요. 실제로 자기 자신에 만족하는 사람이 있나요? 내 말은……. 자신에 대한 확신 같은 것이 있는 사람이 있을까요?

칼 로저스: 당신은 자신이 세워 놓은 목표나 이상적인 곳에 정말로 이른 사람이 있는지 혹은 그들이 자신의 목표를 이룬 지점을 알고 있는지 혼란스러워하는군요.

메리 제인: 음, 정확하지는 않아요. 내 말은 그냥 그들의 관점에서 그들이 그것을 다루고 행하는 방식 같은 거를 뜻하는 거예요.

칼 로저스: 누군가는 정말로 자신의 목표를 성취하며 스스로 정말 만족하는지에 대한 것이군요.

메리 제인: (침묵) 보세요. 나는 뭔가를 할 수 있고 아니면 경험하려 할 수 있어요. 나는 그렇게 나쁘게 행동하지는 않았다고 느끼는데, 이후에는 "오, 아니야."라고 해요. 다시 희망을 잃어버리고 그것을 더 반복하고 싶지 않을 정도로 내 희망을 꺾어 버려요.

칼 로저스: 다시 말하면, 스스로의 평가에 편차가 심하네요. 그래서 매우 좌절하는군요.

메리 제인: 맞아요. 편차가 심한, 그것은 좋은 표현이네요.

칼 로저스: 한순간은 꽤 좋다고 느끼지만 다음 순간에는 자신을 싸구려로 취급해 버리네요.

메리 제인: 그렇게 하는 원인이 뭘까요? 내 말은 누군가가 그 원인을 알고 있는지 궁금해요. 악마일까요? (칼 로저스와 메리 제인 둘 다 웃음)

칼 로저스: 당신은 아무튼 그것이 당신의 악마같은 면이라고 느끼는군요.

메리 제인: 네. 문제는 "음, 내가 잘해 왔어."라는 말에 왜 나는 답을 할 수 없는가예요. 항상 내가 잘하지 못하고 있다는 의심이 들어요. 그게 왜 그토록 문제가 되는지 모르겠어요. 모르겠어요. 어쨌든 그래요.

칼 로저스: 당신은 자신을 물어뜯는 것처럼 느껴져요.[37)]

메리 제인: 맞아요. (침묵) 이것을 끄집어내어 이야기하면 어리석어 보일 것 같지만 나는 이런 것들을 생각해야 해요. 왜냐면 내가 하는 것들, 하려는 것들을 말하기 때문이에요. (침묵) 이 점은 내가 생각할 때 정말 중요해요. 이것이 내가 항상 생각하던 그런 것인가 혹은 생각해 온 어떤 것인가 하고요. (침묵) 네. (웃음) 계속하시죠. (상담자에게 답을 구하고자 시도함)

칼 로저스: (진지하게) 나는 그것을 이해하려 하고 있어요. 다시 말하면, 당신은 스스로 이기적이라고 생각해서 이런 모든 일을 너무 많이 만들고, 또 이런 많은 어려움을 일으킬 수 있는 가능성이 있다고 여기는 거죠.

메리 제인: 할 수 없다는 건 너무 웃겨요. 나는 열등감이 있는 사람에 대해 들었어요. 그렇지만 그 사람들은 열등감을 극복했고, 그들은 그것을 지배했어요. 다시 말하면, 뒤로 움츠러드는 대신 열등감을 가지고 앞으로 나아갔어요. 그건 매우 좋은 일이에요. 중요한 것은 당신을 파괴하는 그것으로부터 어떻게 하면 스스로 자신을 이겨 낼 수 있는가 하는 거예요.

칼 로저스: 열등감 콤플렉스가 있었던 사람이 사용한 원동력은 옳은 방식으로 판명된 것이 아니기 때문에 누군가를 파괴할지도 모른다고 느끼는군요.

메리 제인: 맞아요. 음, 내 말은 좌절하는 대신 앞으로 발전해 나가도록 해야 할 것 같다는 거예요. 생각해 보면, 음, 나는 그것을 망치고 있어요. (매우 긴 침묵) 재미있는 건 그 당시 나는 너무 심하게 우울해서 아무것도 하고 싶지 않았어요. 실제로 내가 그러고 있을 때면 너무 불안정해지고, 생각이 수시로 변화하는 데 이건 너무 이상해요. 글쎄요……, 나는 내가 직장에서 너무 잘하고 있다고 생각해요. 나는 그런 식이었던 거죠. 때때로 내가 할 수 있을 것 같지 않아요. 내가 잘하고 있을 때도 내 안에서 어떤 것이 일어나는데 그건 정말 끔찍한 거예요. 나는 그것

37) 마지막 부분은 내담자의 감정에 대한 매우 좋은 반영이다. 앞선 반응은 시간이 많이 소비되고 성과 없는 토론이 될 수도 있는 종교적인 질문에 대해 주의 깊게 회피되었다.

에 만족하지 말았어야 해요. 그건 자기만족적인 기분이기도 해요. 너무 건방졌던 거죠. 내 말은 나는 실제로는 그렇게 느껴지지 않았어요.

칼 로저스: 당신은 부적절감 때문에 우울한 기분이 되거나 원하지 않는 또 다른 극단적인 기분—자신의 내면에 있는 매우 자기만족적인 기분—으로 가 버린다고 느끼고 있군요. 나 자신은 이렇게 행동하는 데 너무 능숙하구요.

메리 제인: 네. 하지만 이웃이나 다른 사람들은 이런 일들을 잘 겪어 내면서 그렇게 받아들이지는 않을 거예요. 내가 이런 일을 하기에는 정말 괜찮다고 느끼는 것처럼 그들은 그렇게 느끼지 않을 거라는 거예요. 그건 설명할 수 없는 기분이에요. (침묵) 내가 다른 사람이었다면 그렇게 할 필요가 없거나 다른 사람들은 그런 생각을 할 필요가 없는 것이거나 그런 거예요. 이건 설명하기가 좀 힘드네요.

칼 로저스: 음.

메리 제인: 그리고 다른 한편으론 다른 사람들은 그것을 극복해 나갈 거라는 것을 알아요. 그러나 그에 대한 그들의 태도는 너무나 다르죠. 그들은 그걸 그냥 하나의 과정으로 받아들여요. 나도 그러고 싶지만 내 경우는 마치 작은 악마가 머리를 기울여서 내게 말을 하죠. 위에서 말한 것처럼. 그래요. 그건 나에게 너무 많은 부분을 차지하고 있는 것 같아요.

칼 로저스: 그 작은 악마가 당신의 태도에 대한 권리를 가지고 있는 것처럼 느끼는군요.

메리 제인: 맞아요. (침묵) 태도를 바꾸려고 하면 나는 '아, 너는 그냥 얼간이야. 너는 그냥 바보처럼 느껴질 뿐이야.'라는 생각을 해요. 이건 정말 웃겨요. 그렇게 떠오르는 생각을 극복하는 것이 문제라고 생각해요. 그런 생각이 많이 떠오를수록 그것들은 더욱 강력해져요. 내 생각은 그냥 그래요. 그건 내가 느껴왔던 것인데, 다른 사람들이 어떤 것을 극복해 내는 것을 알고 있고, 나도 그렇게 하고 싶다고 말은 하는데 나는 그런 방식으로 받아들이지 못하는 것 같아요. (침묵) 나는 단순하게 인생이라는 건 안락한 지위를 갖는 것이라고 생각해요. 그런 인생을 살 수 없다면 그건 옳은 것이 아닌 거죠.

칼 로저스: 당신은 깊은 내면에서 느꼈던 것이 당신에게 좀 더 편안하고 완벽해야만 한다고 느끼는군요. 그런데 당신은 그것들을 전혀 얻지 못했고요.

메리 제인: 네. 제 생각에는 그래요. (긴 침묵) 이전에는 그런 식으로 생각하지 않았지만, 지금은 그냥 그러네요. 좀 창피하지만 나는 항상 완벽하지 못하거나 완벽해지려고 노력하지 않는 것에 대해 수치감을 느껴 왔어요. 모르겠어요. 내 생각에 이건 일종의 속물근성인 것 같아요.

칼 로저스: 당신은 정말 고군분투해야 하는 상황에서 그리 적합하게 행동하지 못했다고 느끼는군요.

메리 제인: 맞아요. (침묵) 그것은 정말 엄청난 게으름이죠! (둘 다 웃음) 그건 정말로 그래요. 난 항상 그래 왔지만, 실제로는 잘 몰랐던 것 같아요. (긴 침묵) 이것은 멍청한 태도 아닌가요? 그것은 항상 내가 가지고 있던 것이지만 제대로 알지 못했던 거예요. 그건 정말로 손해죠, 그렇죠?

칼 로저스: 당신 내면에서는 항상 그래 왔지만 당신은 그걸 그다지 자랑스럽지 못한 것으로 느끼는군요.

메리 제인: 맞아요. 내가 그것을 변화시킬 때 내 말은 그것을 변화시키려고 노력할 때, 항상 우쭐한 기분이 들었어요. 그런 기분이 들면 안 되는 때조차도 말이죠. 그러고는 역시 원망하게 되요. (웃음) 다른 사람들은 항상 그래 왔기 때문에, 그걸 당연하게 받아들이는데 말이죠. 그건 다시 극단적인 상태가 되는 거예요. 한쪽에서 다른 쪽으로 뛰어오르는 것과 같이요.

칼 로저스: 당신은 결코 직면하고 받아들일 수 없는 것들과 싸우고 있는 것 같네요.

메리 제인: 음, 네. (긴 침묵) 나는 그냥 오페라나 그런 비슷한 것들을 보는 것처럼 봐요. 이건 그냥 웃겨요. 이건 아주 사소하고 웃기는 초등학교 때 일에서 시작했어요. 나는 선생님에게 사랑받는 학생이었어요. 나는 변호사 딸이고 모든 사람이, 모든 것이 내가 너무 훌륭하다고 느끼게 했어요. 나는 다른 아이들보다 낫다고요. 사람들에게 상냥하게 대하려고 노력할 필요도 없었어요. 그럴 필요가 없었

거든요. 내가 더 나았으니까요. 그렇게 자라고 자라서, 내가 누군가에게 어떤 인상을 남기고 싶었을 때, 정말 어떻게 해야 하는지를 알 수 없었던 거죠.

칼 로저스: 그렇게 보는 것은 그런 경험에서 나온 것이라고 느끼는군요.

메리 제인: 맞아요. 난 정말 유치했죠. 내가 살았던 웃기는 세계였죠. 이건 정말로 실존하는 세계가 아니었어요. 나는 정말 그것을 즐겼다고 생각해요. 그런 세상을 말이죠. 왜 나는 그것에 대해 아무것도 하지 않았을까요? 왜 나를 일깨워 준 어떤 것이 없었을까요?

칼 로저스: 당신이 어떻게 그런 세상을 받아들였는지 궁금하군요.

메리 제인: 맞아요. (침묵)

칼 로저스: 잠자는 숲 속의 공주는 깨어나지 못했던 거군요.[38)]

메리 제인: 네. 전혀요. 나는 정말로 항상 기대했어요. 나는 어떤 일을 하지 않고도 얻을 수 있을 것이라 기대했어요. 그냥 그랬었죠.

칼 로저스: 당신은 중간에서 어떤 것을 얻고자 노력하거나 일을 하지 않고 목표를 이루기를 기대했군요.

메리 제인: 그래요. 아! 점수를 잘 받기 위해서는 노력했죠. 하지만 사회적으로나 내 태도를 결정하는 다른 것들에서는 아니었어요. 난 그런 것들은 어떤 방식이 있을 거라 기대했죠. 그냥 그건 그럴 거라고 생각했어요. 왜냐하면 그렇게 생각하고 싶었으니까요. 제 말은……. 어……. 만약 그들이 나를 애완동물로 만들었다면, 그것을 즐겼을 거예요. 그렇게 생각하는 게 좋았어요. 그렇지만 그게 정말 옳지는 않았어요. 다른 것들도 마찬가지로요.

칼 로저스: 그걸 즐겼지만, 저한테는 그조차도 당신이 정말 원했던 것은 아니었다는 느낌이 들어요.[39)]

38) 이것은 내담자의 감정을 더욱 명확한 방식으로 표현하고자 하는 수단으로 사용된 비유적 표현이다.
39) 내담자의 양가적인 감정이 인식된다.

메리 제인: 맞아요.

칼 로저스: 아, 우리 시간이 다 되었네요.[40)]

메리 제인: 음, 그런 것 같네요.

칼 로저스: 다음 주 월요일 어떤가요?

메리 제인: 아, 그 시간이 괜찮을지 잘 모르겠어요. (침묵) 다른 시간을 제안해 주실 수 있으신가요? 사무실에 가장 늦게까지 계시는 건 몇 시인가요?[41)]

칼 로저스: 음, 5시까지요.

메리 제인: 제가 전화해도 되나요?

칼 로저스: 네.

메리 제인: 제 말은, 제가 언제쯤 예약해야 할까요?

칼 로저스: 아, 그건 지금 말하기가 힘든데, 제 스케줄이 얼마나 예약되어 있느냐에 따라 달라요. 하지만 원한다면 시간을 미리 정해 놓고 내가 당신이 원하는 날을 따로 잡아 놓을게요. 그렇게 하실래요, 아니면 전화해서 언제 오고 싶은지 알려 주실래요?

메리 제인: 그럼, 이렇게 하죠. 아무 시간이나 예약해 주시면 제가 가능한지 연락드릴게요. 제가 언제 전화해야 할까요?

칼 로저스: 그럼, 할 수 있으면 목요일이나 금요일까지는 전화 주세요. 괜찮죠?

메리 제인: 음.

40) 보통의 사례처럼 상담자는 종결 회기의 책임을 가진다.

41) 최근 전개된 관점에서 보면, 이 질문에 대한 가장 타당한 해석은 메리 제인이 취직한 가능성을 생각하고 있다. 따라서 근무 시간 중의 약속은 불가능할 수 있다. 실제로 그녀는 일곱 번째 인터뷰 후까지 취직할 용기를 갖지는 못했다.

세 번째와 네 번째 인터뷰 사이의 전개

메리 제인의 다음 약속 날짜 바로 전날, 그녀의 어머니에게 그녀가 아프다는 소식을 전해 들었고, 약속은 일주일 뒤로 미뤄졌다. 연기 전화를 받은 지 한 시간이 채 지나지 않아 그녀의 어머니는 다시 전화를 해서 메리 제인이 "인터뷰에 가고 싶어 하지 않는다."고 이야기한다. 나는 그녀에게 방문해 줄 것을 요청했지만 그녀는 거부했다. 나는 이렇게 하는 것이 그녀에게 그다지 좋지 않은 것임을 알고 있다. 그녀는 인터뷰 후에 기분이 나아졌다고 느꼈으나, 그 이후 다시 우울해졌고 다시 침대로 되돌아가 버렸다. 나는 그녀가 좋지 않은 상황일 때 상담이 괜찮을지 의문이다. 나는 그녀에게 정신과 의사에게 가 보도록 제안할 수 있는가? 그 가능성에 대하여 다시 한 번 곰곰이 생각해 보고, 메리 제인에게 치료가 도움이 되지 않았는지 의견을 물어보는 것에 대해 대답했다. 그러나 우선 메리 제인에게 메모를 보내야겠다고 생각했다. 그녀의 어머니는 그녀가 전화하도록 하겠다고 했지만 그럴 필요는 없다고 말했다.[42)]

편지는 따뜻함과 관심 어린 그러나 가급적 비지시적인 표현으로 세심하게 작성했으며, 그 내용은 다음과 같다.[43)]

42) 여기에 유의미한 요소들과 이와 관련된 기술들이 사용되고 있다. 상담자는 자신과 어머니 사이에 이런 관계가 형성되는 것을 수용하지 않으면서 그녀 자신을 결정하게 하였다. 그는 또한 "이런 방법을 사용하는 것이 헛된 것임을 어머니나 내담자 자신이 수용할 준비가 되어 있나요?"라는 질문도 포함되어 있다. 이에 대한 해석은 소녀가 만약 변화를 원한다면 이 방법은 여전히 응답을 제시해 주는 것임을 암시했다. 이후에 이 어머니는 딸이 부적응을 보이며 과도한 의존을 하게 하는 데 주요한 책임이 있는 것으로 보이는데, 예측 가능한 방식으로 여기에서 자신의 역할을 수행하고 있는 것은 유의미하다.

43) 이 편지를 준비하는 데 있어서의 신중한 생각은 비지시적 기법에 익숙하지 않은 독자에게는 분명하지 않은 것일 수 있다. 이 편지 안에 쓰인 모든 단어는 의도적으로 계획되었고 그래서 다음과 같은 아이디어 중 하나가 의도된 것임을 내포한다.

친애하는 틸덴 양

어머니에게서 당신이 다시 오고 싶어 하지 않는다는 메시지를 들었습니다. 나는 당신이 거부하는 것을 이해하고, 당신이 상황에 대해 좌절한다는 것을 알고 있습니다. 나는 어떤 방법으로도 당신에게 강요하고 싶지는 않습니다. 당신이 다시 방문하고 싶지 않다고 할지라도 괜찮습니다.

하지만 나는 다음 화요일부터 이번 주 금요일까지 자유 예약 시간을 가지려 합니다. 나에게 전화를 해서 당신이 약속 시간을 잡고 싶은지 아닌지를 알려 주신다면 감사하겠습니다.

화요일부터 금요일까지 아무 소식도 듣지 못한다면, 당신이 다시 오고 싶지 않은 것으로 알겠습니다. 아무튼 당신에게 내 안부를 전합니다.

당신의 진실한 친구로부터

메리 제인은 금요일 오후에 전화해서 약속을 잡겠다고 이야기했다.

네 번째 인터뷰: 11월 11일

메리 제인은 그녀의 감정에 대해 이야기하는 것이 어렵다는 것을 발견했고, 이 사실을 언급했다. 그녀는 집에서 있었던 사회적 모임에 관해서 이야기했고, 그녀가 그

① 다시 회기를 계속 할 것인지에 대한 결정은 당신에게 달려 있다.
② 상담자는 결정을 내리는 데 어려움이 있음을 이해할 수 있다.
③ 만약 다시 방문하지 않기로 결정한다면, 나는 당신을 비판하지 않는다. 그러나 나는 당신이 계속해서 방문할 수 있도록 하겠다.
④ 당신이 방문하지 않기를 원하는 것에 대해 설명할 필요는 없다. 혹은 당신이 설명하지 않는 것에 대해서 너무 지나친 죄책감을 가질 필요는 없다.

다음 번의 전화가 그녀 어머니가 아닌, 그녀에게서 온 것은 유의미하다.

모임 안에서 소속감을 느꼈다고 말했다. 실제로 그녀 자신에 대한 많은 생각을 잊어버렸다. 그녀는 잘 해냈다. 그녀는 특히 그 자리에 있었던 소녀 중 한 명을 알게 되었다. 그 소녀와 꽤 친근하게 대화도 나누었고, 그녀가 자신을 있는 그대로 받아주는 것을 알게 되었다. 자신보다 예쁜 여동생과 더 명석한 동료들에게 질투심도 느끼지 않았다. "이것은 굉장한 일이에요."라고 메리 제인은 언급했다.

메리 제인은 여러 영역에서 자신의 경험을 회상했고, 그 패턴이 어떻게 유사한지를 보여 주었다. 음악에서, 조각에서, 댄스에서, 교사가 그녀를 이끌고 가르쳐 주는 대로 완전히 만족스럽게 행동할 수 있었다. 그 당시 그녀는 자신이 할 수 있는 수준까지 해 보고 싶었으나, 그렇게 계속해 나갈 수 없었다. "나는 항상 무엇인가를 올바르게 하지 못하는 것 같아 두려웠어요. 나는 그냥 기회를 가지는 것이 두려웠어요."

메리 제인은 그녀가 그린 그림에 싫증을 냈다. "이건 좀 우스꽝스럽게 보이지 않나요? 바뀔 수 있을까요? 그래야 한다고 생각해요. 정말로." 그녀는 다른 사람들이 도움이 될 수 있다는 것을 믿고 있었으나, 스스로는 이 사실을 받아들일 수 없었다. 결론적으로 그녀 안에 두 가지 힘이 존재하는데, 그중 하나는 매우 '오만한 힘'이라서 어떤 것을 받아들이거나 도움 받는 것을 원하지 않는다고 했다.

그녀는 자연스러워지는 것에 대한 문제에 대해 이야기했지만 "내가 언제 자연스러운지를 잘 모르겠어요."라고 말했다. 결혼 문제와 그녀가 항상 모든 면에서 실패할 것이라는 생각에 대해 말했다. "보세요. 그건 오래된 방식으로 계속 똑같이 반복되죠. 나는 언제나 완벽해지길 바랐어요. 그 오래된 습관이 계속 유지되고 있는 것이 두려워요." 그녀는 특히 그녀가 다른 사람들과 다르지 않다는 느낌을 가지기를 원한다.

인터뷰하는 동안 지난주에 오지 못한 것에 대해 이야기하거나 편지에 관해 언급할 시간은 없었다. 상담자는 이에 대해 아무런 말도 하지 않았다. 그녀는 다시 방문하기를 원했는데, 늦은 오후나 저녁 시간이 가능한지 궁금해했다. 그녀는 시간을 바꾸고 싶은 이유를 말하지는 않았다.

다섯 번째 인터뷰: 11월 17일

메리 제인: 안녕하세요.

칼 로저스: 오늘은 무엇에 대해 이야기할까요?

메리 제인: 잘 모르겠어요. 난 항상 여기 올 때 무슨 이야기를 해야 할지 잘 모르겠어요. 그냥 왔어요. (침묵) 중요한 건 여기 와서 이야기를 하지만 나에게 그다지 많은 인상이 남는 것 같지는 않다는 거예요. 여기 있는 동안은 기분이 나아져요. 그렇지만 이 자리를 떠나면, 그런 기분을 계속 유지할 수가 없어요.

칼 로저스: 인터뷰 동안에는 어떤 진전이 있는 것을 느끼는군요. 하지만 그 이후로는 사라지는 것 같네요.

메리 제인: 네. 제가 말하고자 하는 것은 여기 있는 동안에는 상황을 명확하게 볼 수 있지만 집으로 가면 그런 것들이 달라졌다고 생각할 수 없다는 거예요. 그게 좀 터무니없죠. 분명히 그래요. 달라지지 않아요.

칼 로저스: 당신은 그것을 삶 속으로 가져가지는 못하는 느낌이군요.

메리 제인: 맞아요. 아, 이전보다는 조금 많이 외출을 하고 사람들과 함께하죠. 하지만 기본적으로는 여전히 똑같은 것 같아요. 제 말은 제가 사람들과 같이 있든 혼자 있든 그건 크게 다를 바가 없다는 거예요. 사람들과 같이 있으면 제가 위축되는 것 같아서 좀 떨어져 있게 되는데, 그것에 대해서 죄책감이 들어요. 하지만 그 이후에 외출을 해서 사람들 사이에 섞일 때 나 자신을 잃어버리는 것 같지는 않은 것 같아요. 그러나 여전히 그렇게 많은 도움이 되지는 않네요.

칼 로저스: 내가 보기에 당신은 그에 대해 어떤 것을 해 봤고, 사람들과 좀 더 어울려 보려고 노력도 했지만, 여전히 바라는 무엇인가가 남아 있군요.[44]

44) 상담자는 내담자가 세운 계획의 방향과 그녀가 자신의 상황을 개선하는 방향으로 행동하는 것이 첫 번째

메리 제인: 네. 음. (침묵) 나는 사람들의 이야기를 듣는 것을 좋아해요. 내 말은 어, 그건 정말 멋져요. 언니네 집으로 놀러 갔었는데, 다른 사람 몇몇도 놀러 왔었고, 그들은 매우 흥미로운 것들에 관해서 이야기를 했죠. 그것을 듣고 있는 동안 자극이 되더라고요. 그건 매우 좋았어요. 그들이 냉담한 관점으로 보는 것을 나도 그렇게 보려고 노력했어요. 그 사람들은 완전히 정상인 사람들이고, 그게 나한테 도움이 되지 않았어요. 나도 도움을 얻기 위해 노력했어요. 그렇지만 잘되지 않았어요.

칼 로저스: 타인에 대해 좀 더 많이 이해할 수 있어서 즐거웠군요. 심지어 당신이 이해한 것의 일부를 적용해 보려는 시도도 했네요. 하지만 그렇게 효과가 크지는 않았군요.

메리 제인: 맞아요. 거기에 내가 정말 너무 매력적이라고 생각했던 다양한 사람이 있어서 감사했어요. 그렇지만 내가 그들을 생각했던 것에 대해 무엇을 더 추가하지는 않았어요. 집에 돌아와서 엄마에게 즐거웠다고 말했어요. 하지만 그렇게 대화에 많이 참여한 것 같지는 않았어요. 엄마는 거기에 있었던 것은 잘한 일이고 그냥 남의 말을 잘 들어준 것도 좋은 일이라고 말했죠. 모임에는 이야기하는 사람 말고도 듣는 사람 역시 필요한 거라고. 그래서 좋은 청취자가 된 거죠. 하지만 그게 만족스럽지는 않아요. 왜냐하면 나는 그 이면을 봐요. 아마도 그 사람들은 볼 수 없지만 나는 그 이면의 것을 알죠.

칼 로저스: 어머니가 당신이 잘했다는 확신을 주었군요. 하지만 내가 받아들이기로 당신은 그냥 좋은 청취자가 되는 것이 목적이었다면, 실제 듣는 것 이면의 동기는 약간 달랐다고 느끼는 것 같아요.

메리 제인: 정확히 그래요. 음, 내가 모임에 기여했다는 느낌은 없었기 때문이에요. (침묵) 다시 말해 나는 사람들이 나에 대해 생각했을 때 괜찮다고 느끼기를 원하

시험적인 단계임을 인식하면서도 그러한 과정에 대한 그녀의 양가감정도 이해하고 있다.

는 것이 아니라 그것이 옳은 것인가에 대해 알고 싶은데, 내가 옳다는 것을 알 수가 없어요. 제 말이 무슨 뜻인지 아시겠어요?

칼 로저스: 확신할 수는 없지만, 내가 이해했는지 보죠. 내면에서 허용될 수 있는 자격이 있기를 바라는군요……. 다른 사람들로부터 얻고 싶은 것인지 아닌지 모르겠어요. 이건, 어…….[45)]

메리 제인: 맞아요. (침묵) 하지만 지속적으로 내가 그러지 못할 것 같은 느낌이 있죠. 그건 그냥 그래요. 그렇다 하더라도, 그건 단순한 느낌이 아니에요. 그건 거의 확실한 거예요. 그건 쓸쓸한 거죠. 그건 그래요.

칼 로저스: 당신이 허용될 자격이 없다는 수많은 증거가 있다고 생각하는군요, 그런가요?

메리 제인: 그래요. (긴 침묵) 때로 나는 이게 옳은 길인지 궁금해요. 모르겠어요. 이렇게 지내온 지 아주 오래되었고, 이런 식으로 변화할 수 있을 거라는 기대를 할 수 없어요. 왜냐하면 이건 정말 오래된 것이에요. 그렇지만 표면적으로 나는 내 반응이 그다지 많이 좋아지지 않은 것은 아닌가 궁금해요. 나는 정말로 말할 수 없어요. 당신이 좀 더 잘 말할 수 있을 것 같은데, 하지만, 어…….

칼 로저스: 어쨌든 분명한 변화가 없는 상황에서 다소 실망스러웠던 건 어쩔 수 없겠네요. 다른 한편으론 그 문제가 너무 오랜 시간 지속되었기에 느린 과정과 같다는 걸 알게되죠.

메리 제인: 네. 그건 사실이에요. 분명한 것은 내가 자신에게 불리하게 행동하고 있다는 느낌은 저버릴 수가 없어요. 내가 불리하다는 것은 너무 분명해요. 그것에 대해 단 일 분이라도 뭔가 해 보고자 노력하는 건 바보 같은 일인 것 같고, 어떤 것도 하고 싶지 않은 건 확실해요. 전체적인 문제는 단지…….[46)]

45) 상담자의 불확실한 반응 태도(gesture)는 그 당시에는 유용한 기법이었을 것이다. 내담자가 너무 빨리 직면하기에는 어느 정도 힘든 스스로의 감정의 표현일 수 있다.

칼 로저스: 그래서 오래전부터 당신의 일부분은 전반적인 상황을 유지하려 하고, 또 다른 한 부분은 전체 상황을 파괴하려 하는군요.

메리 제인: 맞아요. (침묵) 전체적인 것은 어떻게 하든지 그 길을 가는 데 있어 나는 용기를 잃었어요. 나는 그것을 느꼈기 때문에 그렇게 된 걸 알았어요. 누군가 "아! 힘내. 그냥 다른 각도에서 그것을 봐."라고 말할 수도 있어요. 나는 그냥 그것이 바람 빠진 커다란 풍선 같아요.

칼 로저스: 사람들이 인생을 정상적으로 살아가는 데 필요한 용기가 당신 안에서는 모두 빠져나가 버렸음을 알게 되었군요.

메리 제인: 맞아요. 음, 내 말은 만약 누군가가 어떤 말이나 행동을 하거나 또는 상황이 그러하다면, 우호적이지 않다면 나 자신을 북돋우는 대신 나는 '이 모든 것은 잘못됐고, 어떤 것도 할 수 없어.'라고 생각했어요. 이것이 계속해서 쌓여 왔고, 나는 항상 그런 식으로 봐 왔어요. (침묵) 내가 마땅히 그렇게 해야만 하는 것들에 맞서 싸우는 대신에요.

칼 로저스: 당신은 오랫동안 연속해서 실패감을 경험했고, 이것으로부터 자신을 방어하는 것이 너무 어려웠군요.

메리 제인: 네. 그래요. 여전히 내가 한 일에 대해 확신을 가지지 못하겠어요. 난 정말 이해할 수가 없어요. (웃음) 내 말은 선택하고 그에 관한 무엇인가를 하는 것에 대해 여전히 생각해요. 아마도 나는 옳은 것을 하지 못하고 있다고요. 여전히 옳은 일을 하고 있는 것인지를 확신하지 못해요. (침묵) 강박증이 되는 거죠.

칼 로저스: 당신이 무슨 일을 하려고 계속 노력해도 여전히 위험이 높은 도박을 하는 것처럼 느껴지는군요.

46) 내담자는 그녀 안에서 변화에 대한 열망과 건강에 대한 욕망을 좌절시키는 '신경증적'인 욕구 사이에서 근본적인 갈등을 인식하기 시작한다. 건강하지 못한 목표는 환자가 자신의 과거에 매달리고 있다는 가치 있는 증거가 된다. 상담자는 그의 다음 반응에서 효과적으로 이 갈등을 인지하고 있다.

메리 제인: 음. 그래요. 사실 당신이 그렇게 말하고 내가 그것에 관해 이야기할 때, 만약 누군가가 그것을 듣는다면 그들은 "차이가 뭐야, 왜 그것을 안 하는 거지? 도대체! 네가 잃는 것이 뭔데?"라고 말하겠네요. 보세요. 그건 그렇다니까요. 나는 그런 태도를 가질 수 없을 것 같아요. 모든 것이 너무 심각하죠. 왜 그래야 하는지는 모르겠지만 그건 그래요.

칼 로저스: 당신은 도박하는 것처럼 행동을 취할 수도 있지만 심각하게 손실을 가져올 가능성도 있다는 것을 발견했네요.

메리 제인: 음, 내 생각에 그것은 내가 항상 나 자신을 평가하기 때문이에요. 내 방식대로요. 모든 것은 내게 언제나 테스트에요. 꼭 그럴 필요가 없는데도요. (침묵) 내가 어떻게 그렇게 했는지 상상할 수 없을 정도로 정말 우스운 행동이죠. 왜 나는 항상 나를 시험해야만 할까요? 실제로 이건 너무 어린아이 같고 어리석어요.

칼 로저스: 모든 경험에서 당신이 어떤 기대에 부합해야 한다고 느끼네요.

메리 제인: 맞아요. 이전에는 아무것도 아니었던 것 같은데, 내 말은 그러니까, 각각의 상황을 완벽하게 증명하려고 해요.

칼 로저스: 당신은 그것을 끌어오는 것에서 시작하려고 하는군요.

메리 제인: 네. 맞아요. 음.

칼 로저스: 당신은 당신에게 끌어올 수 있는 어떤 쌓인 것이 없군요. 그래서 각각의 경험에서 그것을 새롭게 증명해 보여야 하고요.

메리 제인: 그것은 음, 아마도 그렇게 해야 한다고 느껴요. 언제나 그런 식으로 느끼지만 내 말은 내가 누군가를 만나면 그 사람들에게 무엇인가를 증명해야 할 것 같아요. 미친 짓이지만 그렇게 해야 한다고 느껴요. (침묵) 물론 그건 정상적인 태도가 아니고 사람들도 그걸 느끼죠. 아마도 그들은 분명 그렇게 느낄 거예요.

칼 로저스: 당신에 대해서 무엇인가를 증명해야 할 필요성을 항상 느끼네요.

메리 제인: 맞아요. (침묵) 문제는 사람들인데, 사람들은 어떤 일을 하기 시작하면 내게 그것을 해도 좋다고 말하죠. 그러면 내가 그걸 할 수 있는지 스스로 증명하고

나서야 나는 계속해 나아갈 수 있어요. 그러나 요점은 내가 그렇게 무엇인가를 했을 때, 아마도 잘했겠지만, 여전히 나는 잘했는지 의심을 해요. 나는 '아니야, 아마도 잘하지 못했을 거야.'라고 생각했어요. 당신도 알다시피 이게 항상 이렇다니까요. 항상 다른 한 편에서는 방해하기를 원했어요. 당신이 말한 것처럼요.

칼 로저스: 다시 말하면, 당신에 대해 무언가 증명되는 걸 경험할 때도 여전히 그 증거를 받아들일 수 없는 거군요. 그것은 당신이 무엇을 잘한건지, "그것 참 잘했어."라고 말할 이유가 있는지, 그렇게 느껴도 될지 하는 것이지요.

메리 제인: 음. 나는 정상에서 그런 것을 느꼈어요. 그때 의심을 하게 되고 궁금해하기 시작해요.

칼 로저스: 피상적으로 받아들인 것에 대해 받아들여야 하는 것이군요.

메리 제인: 음. 그래요. 그런 것 같아요. (침묵) 나는 멋진 작은 선물들이 놓여 있는 문 뒤에 있었던 것 같아요. (칼 로저스와 메리 제인 둘다 웃음.) 그렇지만 그것이 내가 느끼는 방식인 거네요.

칼 로저스: 음.

인터뷰의 나머지 부분은 메리 제인이 주로 표현했던 태도를 요약 진술하여 제시하는 게 좋을 듯하다.

1. 나는 모험을 하기가 두려워요. 실패할까 봐 두렵기 때문이에요.
2. 나도 한때 일하면서 약간의 자신감을 얻었어요. 하지만 그 자신감은 무너졌어요. 그것은 충격이었죠.
3. 나는 일반적인 방식으로 어떤 사람의 상황을 판단할 수 없다고 느껴요.
4. 이 일을 하면서 한 소녀와 다정하게 지내려 했지만 나는 환멸을 느꼈어요.
5. 나는 그녀가 내가 관심 있어 했던 한 소년과 함께 나갔을 때 질투심이 들어 매우 당황했어요.

6. 그것은 내 감정을 믿는 것을 두렵게 만들었죠.
7. 나는 인생의 경험에서 배우지를 못했어요. 배우는 데 자발적이지 못했어요.
8. 나는 이런 모든 것을 알지만 어떤 것도 할 수가 없어요.
9. 과거에 발전해 보려고 노력했지만 언제나 실패했어요.
10. 나는 그런 일에 대처할 능력이 없다는 것을 알아요.
11. 나는 그런 면이 더 악화될까 봐 두려워요.

여섯 번째 인터뷰: 11월 24일

다른 인터뷰에서와 같이 이 인터뷰도 부정적인 태도로 시작된다. 메리 제인은 그녀가 항상 '변화되지 않는 엄숙한 신념'과 싸우고 있다고 말한다.[47] 그녀는 자신이 상담에서 다룰 수 있는 기초적인 자료들을 가지고 있지 않다고 느낀다. "내가 인터뷰에 오는 이유는 무엇인가를 해야만 하기 때문이라고 생각해요." 하지만 그녀 자신의 감정과 스스로에 대한 판단을 믿지 못하고 만약 새로운 선택을 한다면 그것은 견고하고 불변의 것이어야만 한다고 느낀다. 그러나 이런 정신을 가지고 행동으로 옮기려 하면, 그녀는 다시 일부분만 해 버린다.

그녀는 사람들이 그녀의 실체에 대해 알게 될까 봐 깊은 두려움을 느낀다. 또한 그녀는 성인이 아니라고 느끼는데, 그것은 스스로가 어린아이 같은 생각을 가지고 있다고 여기기 때문이다. 그에 대해 무엇인가를 해야만 한다고 느끼지만, 그렇게 하지는 않는다. 그녀는 매우 비현실적인 이상한 세계에 빠져 있다. 점점 타인들과 아

47) 메리 제인이 실패할 것이라는 신념에 '항상 싸워 온' 것은 로저스가 가정했던 '성장을 위한 힘'의 다른 지표일 수 있다. 그녀가 상담에 오는 이유에 대해 말할 때 "무엇인가를 해야만 해요."라는 것이 이에 대한 강력한 증거가 될 수 있다.

무런 관계를 맺고 있지 않다는 것을 자각하게 되었으나, 시간이 지나감에 따라 그와 관련된 무엇인가를 한다는 것은 더욱 더 무서운 일이 되었다. 이후 그녀는 "나는 지금 정상이 아니고 결코 정상이 될 수 없을 거야……. 그건 역시 만족스럽지가 않아." 라는 것을 느꼈다.

인터뷰는 그녀가 자신의 생각을 신뢰할 수 없지만, 타인들의 생각에는 흔들린다는 것에 주목하면서 결론을 짓는다. "나는 다른 사람들이 옳다고 생각해요. 왜냐하면 그 사람들은 바르게 성장했다고 생각하거든요. 나는 그렇지 않지만요."

일곱 번째 인터뷰: 12월 2일

메리 제인: 글쎄요. 나는 또 다른 면이 있는데, 오늘 그런 것들에 관해 생각하는 게 조금 피곤해요. 그냥 그에 대해 많은 생각을 하고 싶지 않아요. 취직하는 것에 관해 진지하게 생각하고 있는 중이에요. 비록 해고를 당한다고 해도, 어쩔 수 없죠. 여하튼 나는 일하러 갈 생각이에요. 그렇게 할 거예요. 나는 다른 것을 하는 것도 그리 도움이 될 것이라고 생각하지 않지만, 내가 지금 하려고 하는 것 역시 그리 큰 도움이 되지는 않을 거예요.[48]

칼 로저스: 그래서 그 의미는, 당신은 이것을 충분히 생각했고, 행동으로 옮기고 싶군요. 그런가요?

메리 제인: 네. 그것이 내 생각인지는 잘 모르겠지만, 난 무엇인가를 하고 싶다고 생각했다기보단 그냥 변화를 원하기 때문이에요.

칼 로저스: 알겠어요. 다소 현재 상황에 대해 짜증이 나고 취직을 하는 게 반드시 도움

48) 어떤 행동을 해 보는 방향으로 결정을 내린 것은 지금 분명히 좋아 보인다. 그러나 상담자가 다음에 반영을 해 주었을 때, 내담자가 그런 의미로 행동을 수용하려 했던 것이 아님을 보여 주고 있다.

이 될 거라는 희망이 많은 것은 아니지만, 그렇게 하려고 하는군요!

메리 제인: 네, 맞아요.

칼 로저스: 음.

메리 제인은 취직을 하려는 계획을 약간 비관적으로 이야기한다. "두려운 것은 어떤 일이 분명히 일어날 것이고, 나는 다시 신념을 모두 잃겠죠. 그런 후에 나는 깨달거나 생각하겠죠. 나는 그리 많이 발전해 나가지 못할 것이라고……. 나의 의지력은 약해서 내가 하는 모든 것은 불안정해 보이고, 나는 어떤 것도 기대할 수 없어요."

그녀는 과거에 의지와 엄청난 집중력과 사고력을 가지고 무엇인가를 해 보려고 노력했을 때 중요한 결과를 만들어 냈었고, 그래서 이 모든 것에 대해 "사태를 보는 시각의 균형감을 잃은 것 같아요. 아마도 나는 한 가지를 마쳤지만 여전히 내가 원하는 것은 아니라는 거죠."라고 말한다.

그녀는 이러한 어려움을 생각하는 동시에 "아마도 내가 밖으로 나가서 취직하려고 하면, 어머니는 즉시 귀를 쫑긋 세울 거예요. 그러고는 그것에 대해 이야기하겠지요. 엄마가 그에 대해 이야기를 시작하자마자 나는 흥미를 잃을 거예요.[49] 왜냐하면 더 이상은 그렇게 하고 싶지 않기 때문이에요."라고 생각했던 것을 말한다.

내담자는 많은 것에 방해받는 것은 어리석다고 생각한다. 그녀는 어느 곳에 있든지 이런 생각을 하게 되지만, 꼭 그런 것만은 아니다. 그녀는 어떤 누구보다도 괜찮은 사람이라는 것을 알고 있는데 "난 내가 성공을 원하지 않는 모습에 대해 알고 싶어요. 스스로를 제대로 알면 좋을 것 같아요."라고 말한다.

그녀는 그녀가 바라는 변화를 위하여 충격이 필요하지는 않은지에 대해 질문을 한다. 그녀는 '비결'과 같이 쉬운 방법을 찾고 싶어 한다. 또한 사람들이 그녀의 두

49) 이것은 내담자의 가족에 대한 첫 번째 비판으로 보인다. 그리고 일부분 가족들은 그녀의 부 적응을 발달시켜 왔다.

뇌를 검사한 후, 두뇌에 어떤 기질적인 결함이 있는지를 찾을 수는 없는지 궁금해한다. 아마도 그녀는 미쳐 가고 있는지 모른다.

인터뷰가 후반으로 진행되면서 그녀는 건설적인 힘과 퇴행하는 힘 사이에서 분명하게 갈등을 빚고 있었다. 그녀는 자신이 의심하고 있는 것에 대해 다음과 같이 말한다.

메리 제인: 그곳에는 언제나 분명한 부정적인 힘이 있어요.

칼 로저스: 그래서 당신이 실제적인 방향으로 당신의 힘을 더 강력하게 바꾸려고 할 때조차도 그 모든 것을 의심하게 되는군요.

메리 제인: 네. 맞아요. (침묵) 왜냐하면 그것은 매우 강하기 때문이에요. 나는 그것을 그냥 받아들여요. 내 생각에 그것은 더 큰 힘이 되는 것 같아서 그냥 그것을 받아들여요.

칼 로저스: 확실히 의심하는 힘이 건설적인 힘보다 강력하다고 느끼는군요.

메리 제인: 네. (매우 긴 침묵) 바로 그거예요. (침묵) 나는 관계를 잘해야 하기 때문에 다른 누군가를 믿으려 했고, 그것은 중요한 것이기 때문에 진실해야 한다고 믿었어요. (매우 긴 침묵) 나는 전혀 생각해 보지 않았어요. (매우 긴 침묵) 내가 의심을 없애려고 하면 할수록 그것은 더 크게 소리를 지르는 것처럼 보여요. 내가 아니라고 말하려 할 때마다 그것은 더 크게 소리치죠. 그러면 또 다른 많은 의심이 나타났고 그건 너무 많이 확연히 나타나는 것 같아요. 긍정적인 것들보다 더 크게요. 나는 그것을 그냥 받아들이게 돼요.[50)]

50) 이제 내담자는 이전 인터뷰에서 일시적으로 인지하게 된 갈등에 대한 질문에 직면하고 있다. 상담자가 내담자의 사고 과정을 방해하지 않기 위해서는 긴 침묵을 허락해 주는 것이 중요하다. 그리고 이러한 침묵이 진술에서 나타나고 있는 바와 같이 중요한 통찰과 밀접하게 연관되어 있다. "그것은 내가 결코 생각해 보지 않았던 거예요."

칼 로저스: 의심의 군대가 무적의 군대로 느껴졌군요.

메리 제인: 음. 네.

칼 로저스: 다른 것은 매우 약하고 고군분투하고 있네요.

메리 제인: (웃음) 네, 그래요. (매우 긴 침묵) 전체적으로 말하려는 것을 전부 요약하자면 나는 고군분투하기를 바라지 않았어요. 나는 큰 싸움을 하기보다는 다른 어떤 것(의심)을 믿으려 했죠.

칼 로저스: 당신은 다른 절대적인 강한 힘이 있기 때문에 무조건 항복을 해야한다고 느끼는군요.

메리 제인: 맞아요. (침묵) 상황을 해결하려고 시도하거나 더 나아지게 하려는 대신 나는 그것을 그냥 차단해 버리죠. 다시 돌아가서 그것을 극복해 보려고 노력하는 대신에 거기로 가는 길을 차단해 버리는 것처럼요. 나는 그냥, 그냥 그렇게 할 수가 없었어요. 그냥 그것을 막아 버렸어요.

칼 로저스: 음.

여덟 번째 인터뷰: 1월 6일

지난번 마지막 인터뷰와 이번 인터뷰 사이에는 약 한 달의 간격이 있었다. 이번 인터뷰에서는 갈등적인 태도와 함께 메리 제인이 표현했던 주요한 주제를 언급하며 제시해 주는 것이 가장 좋은 것 같다.[51]

51) 주요 태도를 분석하는 이런 방법은 인터뷰한 형식 그대로 표현되고 있는데, 진전된 정도를 연구하는 상담자에게 유용한 지침이 될 수 있다. 인터뷰를 요약해서 적어 놓은 기록과 더불어 태도의 주요 변화, 진전이 일어났을 때를 상세히 기록하고 있다. 비지시적 방법이 약간 다르게 사용되고 있을 때는 치료 과정에서 진전이 이루어지고 있는 적절한 장면을 보여 주는 기록이 필요하다.

1. 나는 지금 일을 하고 있어요. 나는 취직을 했어요.
2. 내 문제는 더 이상 해결되지 않아요.
3. 나는 내 문제를 좀 더 이해하게 되었지만, 어떻게 변해야 할지 잘 모르겠어요.
4. 나는 심리학 책을 보면서 내가 모두 잘못하고 있다는 것을 알았어요.
5. 그것은 장애처럼 쌓여 온 것이에요. 나는 그것에 대해 아무것도 할 수 없어요.
6. 나는 일하면서 점점 나아지고 있지만, 그게 내 덕분인 것 같지는 않아요.
7. 나는 친구를 많이 사귀고 싶지만 그럴 수가 없어요. 모든 것이 엉망이에요.
8. 취직을 할 수 있게 되고 그런 과정을 거치는 데 약간 진전이 있었던 것 같아요. 그러나 여전히 나에게는 자기방어라는 벽이 있어요.
9. 나는 내가 전에 성공하지 못했던 이유를 이제 알겠어요.
10. 나는 여전히 사람들과 실제 접촉을 할 수 없다고 느껴요.
11. 부모님이 나에게 어떤 영향을 주었는지 매우 잘 이해되지만 그에 대해 내가 할 수 있는 것은 거의 없어요. (울음)
12. 최하층의 길을 가는 내 삶의 방식들을 느끼는 것이 정말 끔찍해요. (울음)
13. 내가 사람들과 함께하면 할수록 좌절하게 돼요.
14. 내 태도는 변화를 원하지 않는 것처럼 보여요. 모든 게 실망스러워요.
15. 나는 우월하지 않은 사람들과 함께 있을 때 기분이 더 좋아요.
16. 나는 내 수준에 머물러 있고 싶어요.
17. 내가 어떤 것을 한다고 생각만 해도 실패할 거라는 것을 알아요.
18. 그런 생각들을 떨쳐 버리고 계속해 나갔으며, 또 그렇게 해 왔어요.
19. 나는 창의력이 없어요. 나를 그렇게 몰아댈 만한 힘이 없어요.
20. 내가 하는 모든 것에 대해 남들이 하는 것과 비교할 때, 나는 잘해 내지 못할 것 같아요.
21. 나는 스스로의 기준이 없어요.
22. 나 스스로 확신할 수 있다면, 나를 그렇게 괴롭히지 않겠죠.

23. 나의 형제와 자매는 더 의지가 강한 것처럼 보여요.
24. 나는 칭찬받기 위해 살았지만, 아버지는 내가 칭찬받을 만한 행동을 하지 않을 때도 나를 칭찬했어요. 그것은 모두 잘못된 거예요.
25. 내가 어떻게 하면 이런 오랜 습관을 버릴 수 있을까요?
26. 내가 다른 무엇인가를 하려고 시도하는 것은 안식처를 떠나는 것처럼 느껴져요. 내가 잘 적응하며 다른 사람들과 어울릴 때 나는 길을 잃은 것처럼 느껴져요.
27. 나는 타인을 불신해 왔지만 그렇게는 살 수 없다고 느껴요.
28. 남성에 대한 나의 전반적인 태도는 그들이 나보다 훨씬 우월하다는 거예요. 여자들도 그렇지만, 특히 남자들이 더 그렇죠.
29. 인생에서 가치 있는 것을 얻어 가고 있는 중이에요. 그러나 그것은 즐겁지 않아요. 나는 내 과거로 인해 벌 받고 있어요. (울음)
30. 나는 내 자존감을 세울 수 없어요.
31. 내가 변할 수 있다는 확신이 있다면, 나는 그렇게 하겠지만 확신이 없어요.

내담자의 사고에서 매우 중요한 많은 통찰이 여덟 번째 인터뷰에서 나타나고 있다. 두 번째와 세 번째 인터뷰와 비교해서 상담 초기에 주요하게 자리 잡고 있던 무력감이 현저하게 변화하고 있는 것을 분명히 알 수 있다.

아홉 번째 인터뷰: 1월 13일

메리 제인은 그녀가 나아지고 있지 않다는 느낌으로 시작한다. "나는 이곳을 계속 방문하고 있지만 다른 곳은 어디도 가지 않게 되는 것 같아요. 그건 좋지 않다고 생각해요." 그러나 재빨리 다음과 같이 말했다. "음, 실제로 나는 뭔가를 얻기 위해 다른 데를 가 보기도 했지만, 별다른 느낌은 없었어요." 그녀는 자신이 현실과 잘 연결되지는 않는 듯한 태도로 말한다. 그녀는 이것에 대해 토론하고 나서 과거의 많은 문제가 그녀 내면에 남아 있음을 깨닫는다. "나는 기꺼이 변화하고 싶어 하지 않았던 것 같아요. 모든 문제가 내 자신의 것이라는, 다시 말해서 내가 보는 방식이라는 것이 결코 떠오르지 않았거든요."

"사실은 진정한 '나'라는 것이 무엇인지 정말 알지 못했다는 거예요. 그것은 정말 가리워져 있었지만, 나는 결국 나라는 것을 생각하게 된 거예요. 그러고는 '나'는 어디에서도 떠오르지 않았어요. 그건 아주 어려웠어요." 그녀는 진정한 자신을 발견하기 위해 노력하는 것에 관하여 계속 이야기하며, "나는 모든 사람이 항상 찾고 싶은 것을 찾고 있는 중이라고 생각해요. 그건 아마도 자신을 찾는 것일 거예요."

그녀는 자신이 하는 것은 무엇이든 그것이 직업이 되었든 또 어떤 일이 되었든 항상 불만족스러웠음을 깨닫는다. 그녀의 일이나 혹은 수반되는 다른 일들, 이에 대한 부분적인 이유는 아마도 그녀가 보통 수준 이상의 것을 성취하지 못하고 있는 것을 결코 받아들일 수 없지만 "나는 그것에 직면해야 해요."라고 느끼기 때문이다. 그녀는 자신이 무슨 일을 하든 그 일이 잘되지 않을 거라고 확신했다. 그녀는 선생님을 따를 수는 있으나 자신이 주도적으로 행동하지는 못하는 것 때문에 자신을 바보라고 확신하고 있다.

메리 제인: 나는 내 능력을 믿는 것이 두려웠고 무엇인가를 내 의지대로 해 나가기가 두려웠어요. 그건 그냥 습관이에요. 일종의 습관처럼 내가 만든 것이죠. 그저 단지 의미를 겨우 찾아 가면서 선생님에게 의존해요.

칼 로저스: 다른 누군가가 책임을 지고 있다면 그건 괜찮군요. 그냥 따라가면 되니까요. 그렇지만 스스로의 능력과 방향으로 무엇인가를 선택하거나 통제하는 것에서는 왠지 모르게 운이 따르지 않는군요.

메리 제인: 맞아요.

칼 로저스: 무언가 또 다른 방식으로 계획을 마련하면 그렇게 하는군요. 그렇죠? 당신

은 타인들은 믿지만 당신 자신은 믿지 않아요. 그것은 불가능하죠.

메리 제인: 네. 그래요. 어떤 상황에서 무슨 일이 갑자기 일어난다고 생각하지 않으시나요? 무엇인가가 뜻밖에 나타나는, 매우 재미있는 상황이요.

칼 로저스: 당신은 자신 안에 자신감을 주는 어떤 것이 있어야 한다고 느끼는군요.

메리 제인: 네. 그래야 해요. 나는 그렇게 생각하고 있어요. (울음) 어린아이를 볼 때……. 자신이 무언가에서 벗어나길 원하는 것 있잖아요. 아이도 이것에서 벗어날 때 행복해지지요.[52)]

칼 로저스: 그것을 매우 마음 깊숙이 느끼고 있군요. 심지어 아주 작은 아이도 자신의 의지대로 할 때 큰 기쁨을 느끼는 것처럼.

메리 제인: 음, 아마도 그런 것 같아요. 이런, 여기 비바람이 밀려오네요. (울음)

칼 로저스: 비 온 뒤 땅이 굳는다는 말이 있지요.[53)]

메리 제인: 정말 그래요. (긴 침묵, 울음) 음, 집에 있으면 무엇인가를 해야 해요. 제 말은 엄마가 언제나 저한테 아주 잘해 주시거든요. 엄마는 아주 비참한 어린 시절을 보냈어요. 조부모님께서 엄마한테 아무런 관심도 주지 않으셨어요. 엄마는 그것을 만회하기 위해 애썼죠. 다른 사람들은 그것을 받아들이지 못해서 아무런 영향도 받지 않았지만, 나는 엄마가 내게 하는 것을 받아들였고 그것을 당연하다고 생각했어요. 그래서 더욱 더 엄마에게 의지하게 되었죠.[54)]

칼 로저스: 어머니가 실제 원했던 것들, 당신을 위해 했던 많은 것과 당신이 받아들이고 의지했던 것 때문이라고 느끼는군요.

52) 내담자는 문제에 대해 매우 고통스럽게 접근하고 있는데, 예를 들면, 그녀는 자신이 주도성과 독립성이 부족한 것과 관련해서 울음을 터뜨린다. 여기서는 내담자가 표현한 생각과 관련되어 있는 감정의 깊이를 자주 측정한다.

53) 상담자가 제시한 해석적인 비유는 내담자에게 자신의 수용하기 어려운 성격적 특성을 직면할 수 있는 확신과 용기를 준다. 내담자는 "매우 적절하다."고 언급하며 이 해석을 받아들이고 있는 것으로 보인다.

54) 내담자는 어머니의 과보호적인 태도의 이유에 대한 부정적인 감정을 인식하면서 아울러 긍정적인 느낌도 표현한다.

메리 제인: 맞아요.

칼 로저스: 당신은 엄마의 힘으로 살았군요.[55)]

메리 제인: 그래요. 내 여동생은 그렇지 않아요. 지금 청소년기에 있거든요. 그 아이는 스스로 성장해 나가고 있는 중이죠. 내 말은 그녀는 그것을 좋아하지 않았어요. 그 아이는 자신이 하는 모든 것을 협의하기 원해요. 모든 면에서 그렇죠. 음, 내 여동생은 영향을 받도록 내버려 두지 않아요. 내가 알기로 그녀는 무엇이 옳은지에 대한 강한 믿음이 있었던 것 같아요. 나는 그런 것에 대해 항상 어떻게 할까 하고 생각하는데 말이죠. 내 말은 언제나 나는 무엇인가를 생각한다는 거예요. 음, 아마도 그녀가 옳을 거예요. 아마 나도 그 아이가 하는 것처럼 해야겠죠. 그러면 나는 바뀌게 될 테고요. 나는 스스로 자립하지 못했어요.

칼 로저스: 엄마의 생각과 요구에서 벗어나 있는 여동생을 발견했군요. 하지만 당신은 그런 단계에 있지 못했고요. 당신은 그런 문제에 대해서 엄마에게 벗어나서 홀로 선다는 것이 옳게 느껴지지 않았군요.

메리 제인: 그래요. 그리고 내가 그렇게 하면 죄책감이 들곤 했어요. 그건 나를 혼란스럽게 해요. 내가 옳다고 느꼈던 것에 대해 왜 죄책감을 느껴야 하는지 이유를 모르겠어요. 나는 '이게 옳지 않아서일 거야.'라고 생각을 했죠. 나 자신의 마음을 알지 못해서 계속해서 혼란스러웠어요. 무엇이 정말로 옳은 것인지 모르겠어요.

칼 로저스: 그런 죄책감이 스스로를 신뢰할 수 없다고 느끼게 만드는군요. 비록 그 이전에 어떤 것이 옳다고 생각했어도.

메리 제인: 맞아요. 사람이 일반적으로 느끼는 죄책감을 가지고 있지만 정도의 차이가 달라요. 요점은 전보다 지금은 이것을 좀 더 명확하게 알 수 있지만, 여전히 내가 정말 하고자 하는 것은 해낼 수 없을 것 같아요. 지금까지 만들어 온 습관이

55) 특징상 감정 인식을 단순화한 것은 풍자에 가깝다. 독창성인 표현 방식을 사용한 감정 인식의 명료화는 풍부한 임상 경험을 통해서만 얻을 수 있다.

너무 강해서 이것이 불가능하다고 느껴져요.

칼 로저스: 음.

그녀는 이런 생각들로 인해 매우 좌절해 있다. 그러나 '내 생각에는 오직 실행의 문제'라고 하며 독립성을 느낀다. 그녀는 스스로를 이끌 수 없다고 느껴 왔고, 그녀의 유일한 기준은 타인들과의 비교였다. "내 생각에 나의 기준은 다른 누군가가 하는 행동이었지만, 실제로는 내가 경험해야만 하는 것이었어요." 긴 침묵 이후 그녀는 자신에 대한 생각에 직면하며 눈물을 흘린다. 인터뷰는 이 좌절스러운 주제로 마무리된다.

메리 제인: 내 요점은 이런 습관을 들인 사람이 어떻게 문제를 해결할 수 있을까예요. 내가 보기에 그것은 무척 불가능해 보이거든요. 이와 관련해서 당신이 해 줄 수 있는 게 있나요? 책을 읽거나 다른 무엇인가를 하는 것은 분명히 쉬워요. 다른 사람이 하는 것을 보고 말하는 것도 쉬워 보여요. 단, 그렇게 할 수 없다고 느끼지 않는다면 말이죠.

칼 로저스: 당신은 20년 동안 타인들의 생각과 기준에 이끌려 온 사람이 스스로를 통제할 수 있다고 느끼는 것이 가능한지와 관련해서 직접적으로 묻고 있네요.[56]

메리 제인: 그래요. 내가 대답하기 어려운 이유는 그에 대한 답은 항상 '아니요.'이기 때문이에요. 스스로 그 질문을 계속 해 보면, 그 답은 언제나 '아니요.'예요.

그녀는 이때부터 일주일에 한 번씩 오던 것을 2주에 한 번씩 오기로 결심했다.

56) 상담자는 그 질문이 '매우 깊이 있는' 질문이라는 암시를 주어 안도감을 준다. 그것은 마치 그가 다음과 같이 말하는 것과 같다. "이런 문제를 직면하는 것은 어려운 일이라는 것을 나는 알아요."

열 번째 인터뷰: 1월 28일

비록 인터뷰 초반의 메리 제인의 진술은 첫 문장이 여전히 부정적으로 들리지만 많은 진전이 있음을 보여 준다. 다음은 인터뷰 첫 부분이다.

칼 로저스: 오늘은 어땠나요?

메리 제인: 음, 오늘은 울지 않을 거예요. 휴지가 없으니까. 그래서 울 수가 없어요. (둘 다 웃음)

칼 로저스: 오늘 기분은 어떤가요?[57)]

메리 제인: 음, 좀 우중충하지만 울지는 않을 거예요. 내 태도에 실제로 그렇게 큰 변화는 없어요. 여기 올 때마다 무슨 말을 해야 할지 모르겠어요. 사실 할 말도 별로 없어요. 그게 제가 느끼는 거예요. 제가 말할 게 아무것도 없다는 것.

칼 로저스: 당신이 오기 전에, 아무것도 느끼지 못했군요.

메리 제인: 맞아요. 그냥 똑같은 옛 이야기를 반복하고 있는 것 같아요. 음, 생각에는 진전이 좀 있었던 것 같아요. 모자 디자인을 배우기 시작할까 생각하고 있어요. 항상 그 일을 해 보고 싶었거든요. 그래서 해 보기로 결심하고 이번 주에 등록하려고 해요. 예전처럼 기대하지는 않아요. 제 말은 그걸 배운다고 행복해질 거라고 기대하지는 않는다는 거예요. 내가 하고 싶었던 것이니까 그냥 배우려고 해요. 그게 다예요.

칼 로저스: 당신이 하고 싶어 했던 것을 하려는 진전이 있었다고 느끼는군요. 이제 그것을 하려고 결심을 했고, 하지만 그것을 한다고 해서 어떤 환상 같은 것은 가지고 있지 않다고 느끼네요. 맞나요?

57) 상담자는 내담자의 울고 싶은 욕구를 수용하면서 지속적으로 라포를 형성해 간다.

메리 제인: 맞아요. 그건 그냥 관심이 가요. 그것을 하면 그것이 나의 삶이 좀 더 흥미로워질 것 같아요. 그래서…….

칼 로저스: 당신은 자신이 결정한 것을 하고 있네요. 당신이 그렇게 했네요.58)

메리 제인: 맞아요. 그리고 물론 어머니의 개혁적인 시도로 그것을 배우기 시작한 거지만, 제 말은 어머니가 저를 도우려 한다는 거예요. 음, 아직까지 그것을 하고 싶은 욕망을 억누르지 못하겠네요. 나는 여전히 어머니가 그렇게 하는 게 화가 나요. 그녀는 오직 나를 그냥 도와주려는 것이라지만, 여전히 화가 나요. 이렇게 화내는 게 정상적이고 자연스러운 건가요?

칼 로저스: 당신이 시작했었던 일에 어머니가 관여하면서 어머니가 세워놓은 전략대로 열심히 밀어붙이려 하는군요.59)

메리 제인: 그래요.

칼 로저스: 어머니가 통제권을 당신에게서 뺏으려 한다고 느끼네요. 그런가요?

메리 제인: 그래요. 어머니는 그럴 의도는 아니지만……. 어머니에게 전혀 그럴 의도가 없다는 것은 확신해요. 어머니는 그냥 그렇게 하는 거예요. 과거에 나는 아무것도 열심히 하지 않았으니까요. 어머니는 그냥 나를 도와주고 싶은 거예요. 그런 거예요. 하지만 내가 조금이라도 독립적으로 뭔가 해 보려는 시기에 그러는 게 화가 나요.

칼 로저스: 음.

그녀는 보다 모험적이라고 느껴질 때 기분이 좋아진다는 사실에 대해서 계속 이

58) 상담자는 여기서 다시 조용히 암묵적으로 내담자가 개선을 향한 자발적인 행동을 보여 주고 있음을 지적하면서 인정해 준다.

59) 상담자는 여기에서 안도감을 주는 것을 조심스럽게 피하며 내담자의 감정을 반영해 준다. 비지시적 방법에서 지켜야 할 규칙은 실제로 개선된 것을 지지해 줄 때나 내담자의 감정 정도를 인식하면서 지지해 주어야 할 때를 제외하고 안도감을 주는 것(지지해 주는 것)을 피하는 것이다.

야기한다. 다가오는 여름에는 직장에서 만나 친해진 여자와 같이 매우 색다르고 흥미로운 일을 해 볼까 생각하고 있다고 이야기한다. 그녀는 가족이 이를 수락하지 않을 것이고 자신에게는 맞지 않다고 할 것임을 확신하고 있다. 이런 생각은 그녀를 불안하게 만든다. 하지만 그녀는 그녀를 위해 가족들이 결정해 온 것들을 되돌아보며, 이에 대해 자신감을 가지지 못하고 있다. 물론 그녀 자신도 그다지 신뢰할 수는 없지만, 가족들의 태도와 기준과는 달라진 자신을 알고 있다. 어머니에 관한 이런 감정을 표현하면서, 그녀는 말한다.

메리 제인: 최근에 어머니가 나와 함께 외출하고 싶어 하고, 어머니와 외출하는 게 그렇게 기분 좋지 않다는 것을 알게 됐어요. 내가 좋아하지 않는 것은 어머니의 성격이에요. 나는 반드시 그렇게 하지 않아도 된다는 것을 깨달은 후로 어머니와 함께하는 것이 즐겁지가 않았는데, 그런 것에도 죄책감이 느껴져요.

칼 로저스: 당신은 정말 그렇게 느끼는군요. 당신은 어머니를 특별히 좋아하지 않아요. 그런데 당신은 어머니를 좋아해야 한다는 것에 괴로워하네요.[60)]

메리 제인: 그래요. 어머니를 좋아하지 않는 것은 잘못되었다고 생각해요. 어머니가 나를 위해 많은 것을 해 오셨기 때문이에요. 그렇지만 생각해 보면, 음, 어머니는 나에게 잘못했던 적이 없어요. 어머니는 자식들과 융화되려고 노력했고 실제로 너무 많이 그래 왔던 거죠. 제 생각엔, 그냥 회피했어요. 어머니는 현실을 직시하고 싶지 않았던 거예요. 이제는 모든 것이 떠나가 버렸다고 불평해요. 내 생각에 딱히 떠나가 버린 것은 아무것도 없는데 말이에요. 어머니 자신의 관심사를 개발하는 것 대신에요. 그렇더라도 어느 정도는 행복해해요. 그것이 작은 것이더라도 어머니는 그렇게 해요.[61)]

60) 상담자는 내담자의 양가감정에 반응한다.

61) 여기서 실제적인 통찰이 나타난다. 내담자는 자식을 향한 어머니의 태도를 생각하면서 어머니의 약한 면

그녀는 최근에 기분이 나아진 것에 대해 이야기한다. 그러나 다음과 같이 덧붙인다.

메리 제인: 그럼에도 여전히 항상 나와 함께하는 작은 환영은 남아 있어요.

칼 로저스: 외출하는 순간에도 환영은 함께하는군요.

메리 제인: 그래요. 누군가와 함께 외출을 하면, 남자든 여자든 여전히 내가 그 사람한테 해 줄 것이 아무것도 없다고 느껴요.

칼 로저스: 다른 누군가에게 의미가 있는 존재인가 하는 오래된 의심이군요. 여전히 당신의 우정은 타인에게 별것이 아니라고 느끼네요.

메리 제인: (울음) 또다시 시작이네요. 그게 언제나 저를 붙잡아요.

칼 로저스: 다른 누군가에게 좋은 사람이라고 느껴지지 않기 때문에 눈물이 나네요.

메리 제인: 맞아요. 그건 멍청한 생각이에요.

칼 로저스: 눈물을 조금 흘렸다고 해서 바보 같다고 생각하는군요.

메리 제인: 그래요. 우리 다른 것에 대해 이야기해요.

칼 로저스: 좋아요.

그녀는 읽을 만한 책을 추천해 달라고 하고 로저스는 트라비스와 바루크의 『일상에서의 개인적인 문제들(Personal Problems of Everyday Life)』이라는 책을 권해 주며, 그 책이 그녀에게 도움이 될 수도 있고 아닐 수도 있다고 언급했다.

그녀는 사귀었던 친구에 대해 이야기하고 있는데, 처음에 그녀는 이 친구를 거절했지만 지금은 잘 어울리고 있다고 했다. 그녀의 여동생은 이 친구를 우정에 대해 열등감을 가지고 좌절해 있다고 생각한다. 그러나 메리 제인은 여동생이 친구들이 많고 자신에게 어울리는 사람들을 사귀고 있기는 하지만, 그녀는 그녀 자신만의 친

을 인식할 수 있게 된다.

구들을 사귈 거라고 느낀다. 그녀는 계속 가족의 상황을 이야기한다. 여동생은 가족의 상황에서 벗어나려 하지만 "나는, 음, 그건 나를 좌절하게 해요."

열한 번째 인터뷰: 2월 10일

(이 인터뷰는 전체 축어록을 적어 놓은 것이다.)

메리 제인: 음, 이번 주는 매우 진지한 생각을 하며 지냈어요. 당신이 소개해 준 책을 구해서 읽고 있어요. 그 책은 재미있어요. 책을 통해서 좋은 것을 많이 얻고 있어요.62)

칼 로저스: 책을 읽으면서 무엇인가 얻은 게 있군요.

메리 제인: 네, 그래요. 그리고 여성 모자 과정을 시작했어요. 모자 디자인 과정이 아니었지만 대부분의 시간에 모자를 만들어요. 그래서 즐거운 시간을 보내고 있죠. 이번에는 스스로 잘 버텨 내고 있어요. 이건 뭔가 좋을 거라는 신호의 시작이에요. 전에는 새로운 뭔가를 시작하면 금방 싫증이 나 버렸어요. 하지만 이번에는 좀 더 자연스럽고 차분하게 적응해 나가고 있어요. 나는 정말 달라지고 있어요.63)

칼 로저스: 정말 다른 사람이 되어 가고 있다고 느끼는군요.

62) 내담자가 요구할 때, 읽을거리를 제시하는 기법의 사용은 로버트 윈슬로우 스미스(Robert Winslow Smith)의 사례에 논평되어 있다. 이는 이 회기의 인터뷰에서 나타나고 있듯이 약간의 실제적인 도움이 되는 것으로 보인다. 흥미로운 것은 내담자가 이전의 독서를 통해서는 그다지 만족스러운 결과를 얻을 수 없었다는 것이다. 아마도 지금 이것이 가능한 이유는 그녀의 감정을 가로막고 있던 것을 통과한 이후 책에서 읽은 것을 흡수할 수 있는 준비가 되었기 때문이다. 물론 책 자료도 변화를 이끌었다는 것을 인정해야 한다.

63) 이번 진술을 비롯하여 이후에 진행되는 대부분의 진술에서 통찰 및 계획에 대한 토론은 놀랍도록 빠르게 진행되는데, 내담자가 자신을 이해하기 시작하면서 과정은 빠른 속도로 진행되고 각각의 단계는 명백하게 다음 단계로 쉽게 넘어간다.

메리 제인: 네. 최근까지는 이렇게 느껴 본 적이 없어요. 하지만 지금은 이게 사실이라고 깨닫기 시작했어요. 내가 알게 된 여성과 친하게 지내고 있는데, 그녀는 나를 많이 도와줘요. 당신이 내가 변해야 한다는 생각을 가지고 있다는 건 알고 있죠. 나는 언제나 그건 너무 어렵다고 생각했어요. 나는 항상 내가 어떤 사람이 되어야 한다는 느낌을 가지고 있었는데, 지금은 변했어요.

칼 로저스: 예전에는 올라야 할 목표가 너무 높았지만 이제는 달라졌군요.

메리 제인: 네. 학교 다닐 때는 점수도 잘 받고 모든 것을 잘했어요. 라틴어 수업이 그 예예요. 나는 그냥 라틴어를 외웠고 점수는 아주 좋았죠. 나만큼 잘했던 사람은 몇몇 남학생밖에 없었죠. 하지만 그들은 그걸 기억했던 게 아니라 학습을 했던 거예요. 그래서 나는 너무 혼란스러웠어요. 그 사람들이 알고 있는 것처럼 나는 지식이 없었거든요.

칼 로저스: 당신은 그저 앵무새처럼 그걸 따라 하기만 했는데, 그 사람들은 정말로 스스로를 위해 공부를 해서 지식을 습득했다고 느끼네요.

메리 제인: 네. 내가 이해하지 못하는 것은 내가 진정으로 알지 못하는 것을 그 사람들은 알고 있는 것 같다는 거예요.

칼 로저스: 좋은 점수를 얻어 훌륭한 인상은 주었지만, 속으로는 진짜 지식은 습득하지 못했다고 느꼈겠네요.

메리 제인: 이 책을 읽으면, 어떤 면에서는 내가 다른 사람들과 같다고 느껴요. 타인들과 그다지 많이 다르지 않다는 것을 알기 시작했고, 행복해지는 법을 알았어요. 다른 사람들도 나와 공통점이 있다는 것을 깨닫기 시작했어요.

칼 로저스: 당신이 남들과 완전히 다르지는 않고, 스스로를 위해 행복해지는 법을 알았다고 느끼는군요.

메리 제인: 네. 그래서 이게 옳은지는 모르겠지만 한 가지 결심을 했어요. 있는 그대로의 나를 보면, 나는 그런 것을 이룰 수 없다고 생각돼요. 나는 언제나 다른 사람들이 '이렇게 되어야만 해.'라고 생각하는 것을 하려고 시도해 왔어요. 하지만

지금은 '나 자체로서의 나를 생각하지 않았었구나.'라고 생각해요.

칼 로저스: 과거에는 타인의 기준에 따라 살았다고 느끼네요. 그렇게 하는 것이 옳은지 확신할 수 없었고요. 그러나 스스로를 위해 가장 좋은 것은 있는 그대로의 나를 그냥 인정해 주는 것이라고 느끼기 시작했네요.

메리 제인: 네. (침묵) 물론 어떤 사람은 그런 생각을 가로막는 말을 할 수도 있어요. 있는 그대로의 나를 인정하면, 너는 아무것도 얻을 수 없을 거야라고. 그게 맞다고 생각하세요? (침묵) 여전히 나는 다른 것들을 하려고 노력하고 있고, 그게 잘되지 않을 거라는 것을 알아요.

칼 로저스: 몇몇 사람은 당신의 현재 행동이 앞으로 나아질 것이라고 생각하지만 당신 내면에서는 자신의 것이 아닌 그리고 자신이 해 보지 않았던 기준점을 적용하려 했었다는 것을 깨달았군요.

메리 제인: 그래요. 아마도 내가 멍청하다는 사실을 인정하고 나답지 않은 것은 시도하지 말았어야 했어요. 그렇죠, 박사님? (웃음)

칼 로저스: 당신 스스로 마음속에서 잘 결정하고 싶었던 것 같고 자신을 받아들이려고 노력하면서 결정하려 했었던 것 같네요.

메리 제인: 음, 그런 것 같아요. 나를 그토록 많이 변화시켰던 것이 무엇인지 모르겠어요. 맞아요. 그거 같아요. 이렇게 이야기하는 것이 도움이 되었고, 내가 읽은 책에서도 도움을 받았어요. 나는 어떤 차이점을 알게 되었어요. 내가 어떤 것을 느낄 때 싫은 느낌조차도 상관없다는 것을 알았어요. 괜찮아요. 아무튼 더 자유로워요. 무언가에 대해 죄책감을 느끼지 않아요.

칼 로저스: 이런 이야기와 생각이 당신을 변화하게 했고 그래서 스스로에 대해 더 편하게 느끼는군요.

메리 제인: 네. (침묵)

칼 로저스: 누군가를 미워할 수 있지만 더 이상 그것이 당신을 괴롭히지 않는다는 것을 알았고요.

메리 제인: 네. 나는 그냥 상관하지 않아요. 갑자기 커다란 구름이 걷혀 버린 것 같아요. 더 큰 만족감이 들어요. 이제까지 내가 많이 변화되었다는 것을 별로 인정하지 않았어요. 하지만 나는 많이 달라졌다고 느끼기 시작했어요.

칼 로저스: 당신은 편안함을 경험하면서 이 모든 것에서 많은 차이점을 느끼는군요. 나도 역시 당신이 달라진 것을 알아보았고, 언제 당신이 그 모든 것을 극복하고 변화를 깨달았는지 궁금했어요.64)

메리 제인: 음, 역시 그 여자와의 우정이 많은 도움이 되었어요. 그녀의 남편과 그녀가 정말로 나를 수용해 주었어요. 그 사람들은 내가 다른 사람들만큼 밝다고 이야기해요. 아, 물론, 그건 듣기 좋으라고 하는 말이지만 그게 나에게는 도움이 되요. 그 사람들이 나를 정말로 좋아하는 것처럼 보인다는 사실이 나를 많이 변하게 만들었어요.65)

칼 로저스: 실제로 우정을 쌓아 가고 있고, 그들이 당신을 좋아하는 것이 도움이 되고 있다고 느끼는군요.

메리 제인: 나는 항상 고군분투해 왔어요. 다른 사람들, 주로 가족이 원하는 '나'라는 사람이 되기 위해서요. 진정한 내가 되는 것에는 만족할 수가 없었어요. 항상 다른 사람들이 원하는 대로 살려고 노력해 왔죠.

칼 로저스: 당신이 이루고자 했던 기준은 항상 외부의 타인들에 의한 것이었네요. 정말 자신을 믿었던 것이 아니었고요.

64) 이 장에서 이 진술은 솔직하게 인정하고 있다. 내담자가 변화를 보였다는 상담자의 언급은 어떤 내담자에게는 큰 도움이 되지 않을 수 있는데, 이런 내담자는 상담자가 조금 더 일찍 변화에 대한 용기를 주는 말을 하지 않는다면 이를 더 의아해하는 경향이 두드러질 수 있기 때문이다.

65) 여기서는 외부의 환경이 내담자의 적응 과정에 긍정적으로 영향을 미치고 있는 것을 볼 수 있다. 이 사례에서는 결혼한 커플과의 우정이 그 역할을 했다. 그러나 아마도 보다 더 중요한 사실은 내담자가 이 우정을 키워 나가는 노력을 할 수 있는 시점에 와 있다는 것이다. 그래서 도움이 될 수 있었던 것이다. 이것이 치료를 시작하기 이전에도 가능했을지는 알 수 없다.

메리 제인: 문제의 일부분은 나의 부모님이에요. 그분들은 결코 나와 마주 앉아서 함께 이야기한 적이 없어요. 그분들은 나를 이해하지 못해요. 물론 아버지는 내가 해 왔던 것에 대해 언제나 자랑스럽게 여기시고 내가 좋은 성적을 받아 오면 항상 칭찬해 주셨죠. 음, 그게 전부예요. 나는 항상 칭찬받기 위해 살았고 부모님의 기대에 부응하는 데 실패하면 비참함을 느꼈어요. 나는 부모님과 이렇게 관계를 맺어 왔다고 생각해요.

칼 로저스: 이해받는 관계라기보다는 아버지에게 칭찬받기 위해서 살아왔다고 느끼는군요.

메리 제인: 네. 내 생각에는 그게 문제인 것 같아요. 물론 일곱 살 때까지는 나는 집안의 막내였어요. 그분들께서는 나를 위해 많은 것을 해 주셨죠. 그러다가 여동생이 태어났고 나는 그냥 내버려졌다고 생각해요. 음, 그리고 부모님의 칭찬이 나에게는 너무 지나치게 중요해졌다고 생각해요. 당신도 책에서 이런 것에 대해 읽어 봐서 아시죠. (침묵)

칼 로저스: 이제 스스로 겪었던 상황을 이해하게 되었군요.

메리 제인: 네. 그래요. (침묵) 나는 항상 멍청한 사람들을 무시하는 마음이 있었어요. 나는 결코 그런 사람이 되고 싶지 않았는데, 내 속에 이런 우월한 것에 대한 모순된 생각이 있었다는 걸 보지 못했어요.

칼 로저스: 스스로를 명확하게 바라보는 것이 두려웠군요.

메리 제인: 네. 지금 나는 나를 좋아하는 또 다른 사람이 있다면 이제 잘 어울릴 수 있다고 생각하기 시작했어요. 능력이 많지 않은 사람들과도 함께 어울려요. 나도 존재할 권리가 있거든요.[66]

66) 내담자는 다른 누군가와 다르게 보이려 하기보다 자신을 수용하기로 결정했다. 이론적인 질문이 여기에서 대두될 수 있는데, 내담자가 생각한 것만큼 실제로 '멍청한가'와 관련된 것들이다. 이 치료에서 그녀의 많은 반응을 보면 그녀가 인지적으로 꽤 명석하다는 것을 알 수 있다. 비지시적 기법이 추구하는 동기

칼 로저스: 다른 사람들과 잘 어울릴 수 있다고 믿게 되었군요.

메리 제인: 음, 내 여동생의 경우……. 그녀는 기꺼이 자신이 멍청하다는 것을 인정해요. 이에 대해 그 아이와 이야기를 했어요. "어떻게 너는 너보다 더 똑똑하다고 생각되는 사람들과 어울리면서 아무렇지도 않을 수 있니?"라고 물었어요. 그랬더니 "음, 어떤 면에서는 내가 그 사람들보다 더 낫다고 생각하거든."이라고 말했어요.

칼 로저스: 당신은 그녀가 다른 사람들이 더 명석하다 하더라도 자신을 수용하면서 '나도 어떤 장점이 있어.'라고 생각하고 있다는 것을 느끼는군요.

메리 제인: 네. 음, 그 아이는 편안하고 만족해해요. 그래서 다른 사람들과도 잘 어울리고 있죠.

칼 로저스: 그녀 자신을 그렇게 보는 것이 그녀가 다른 사람들과 함께 적응해 나가는 것을 쉽게 만드는군요. (침묵)

메리 제인: 그래서 나는 많이 나아졌죠. 나도 이런 면에 직면하게 되었어요. 나는 그다지 명석하지 않다는 것을 인정해요. 하지만 어떤 식으로든 어울려 나갈 거라고 생각하기 시작했어요.

칼 로저스: 네. 당신은 좋아졌고 진실로 이런 점들에 깊이 있게 직면하고 있군요.[67)]

메리 제인: 있잖아요. 결혼에 대한 생각 역시 받아들이고 있어요. 나는 이렇게 생각하게 되었어요. 책 어딘가에서 읽었는데, 그 의견에 동의해요. 내가 읽은 바로는 만약 한 사람의 기본 욕구가 결혼을 통해 충족되지 못한다면, 이로 인해 결혼을 망칠 거라고 하더군요. 내 생각에 만약 나의 어떤 욕구와 맞는 남자를 찾을 수 있다

부여에 대한 철학은 실제 상황과 관련해서 약간 다른 차이점을 가지고 있다. 그녀의 지적 능력에 대한 내담자의 태도가 중요하다는 것이 바로 그 관점이다. 매우 똑똑한 사람도 자신이 열등하다고 믿고자 하는 정서적 이유가 있는 경우에는 자신의 우월성을 확신하지 못하는 경우가 자주 있다.

67) 여기서 다시 상담자는 솔직히 인정하고 있다. 로저스는 이렇게 하는 것이 내담자를 돕기 위한 것이라기보다는 상담자를 만족시키는 것이라고 느낀다.

면 그리고 그 남성이 내가 본인의 욕구를 충족시킬 수 있다고 느낀다면 결혼을 해도 좋아요. 그러나 내가 그런 사람을 찾을 수 없다면 결혼하지 않을 거예요.

칼 로저스: 서로에게 만족스러운 동반자 관계를 찾을 수 있다는 사실에 대해 편안함을 느끼는군요. 음, 그렇다면 결혼을 할 것이고요. 그렇지 않다면, 결혼하지 않고 살 수 있다고 생각하네요. (침묵)

메리 제인: 그래서 제 생각은 그래요. (웃음) 당신도 알다시피 나는 볼링을 치러 가고 다른 여자들과 함께 외출을 했죠. 이전보다 훨씬 활동적이 되었어요.68)

칼 로저스: 정말로 우정을 쌓아 가고 있고 사회 활동을 하기 위해 외출을 하는군요.

메리 제인: 네. 음, 어떤 여자가 있는데, 그녀는 어렸을 때 할머니와 함께 살았대요. 할머니는 그녀가 친구들과 함께 놀지 못하게 했대요. 그래서 다 자랄 때까지 다른 사람들과 어울릴 기회를 가지지 못했대요. 그녀는 최근에서야 사람들과 조금씩 어울릴 수 있게 되었다고 말해요. 그녀와 함께하는 게 도움이 돼요. 우리는 함께 어울리고 있다고 느껴요.

칼 로저스: 둘이 비슷한 상황에 있었고, 그래서 더욱 쉽게 어울릴 수 있었군요.

메리 제인: 네. 내가 직면하고 있는 또 한 가지가 있어요. 그녀는 상업 미술을 선택해서 잘하고 있어요. 음, 사람들과 있으면서 나는 어떤 면에서 그들과 비슷하지만, 그녀는 정말 그것을 잘해요. 나는 여전히 내적으로는 잘하는 게 아무것도 없다는 좋지 않은 기분이 있거든요. 난 잘 해낼 수 있는 것이 없어요.

칼 로저스: 여전히 당신은 그 무엇도 잘하는 것이 없다는……. 어떤 것 하나도 확실히 성취해 내지 못했다는 좋지 않은 감정을 가지고 있군요.

메리 제인: 그래요. 내가 내적으로 그런 감정을 가지고 있다 해도 그것에 집중할 필요는 없을 거예요. (침묵) 물론 내가 실제로 성취해 내지 못하는 이유를 알게 되면

68) 내담자는 적응 능력을 향상시키기 위한 수많은 노력을 하고 있다. 진정한 향상을 나타내는 지표는 치료의 행동적인 측면을 반영하는 것이다.

도움이 될 거예요. 왜 이 모든 것이 이런 식으로 되었는지를 생각하고 있어요.

칼 로저스: 당신이 성과를 내는 데 부족한 원인을 아는 것이 도움이 되고 있군요.

메리 제인: 네. 또 모자 강의에서 한 여성을 만났어요. 그녀는 재미있는 사람이에요. 그녀는 그다지 능력이 많아 보이지는 않지만 모두 그녀를 좋아해요. 그녀는 아들을 어떻게 대하는지에 대해 이야기 했어요. 그녀는 결혼은 했고, 아들이 원자폭탄에 관한 작문을 해야 한다며 도와 달라고 말했대요. 그녀는 웃으며 이야기했어요. "나는 그 아이를 도와줄 수 없다고 말했어요. 나는 멍청하거든요. 남편은 영리한 사람이에요. 남편이 아들을 도와줘야 해요." 당신도 알다시피 그 이야기는 나를 기분 좋게 했어요. 그녀는 그것을 직시하며 인정했어요. 그러고는 그 사실에 대해 웃었죠. 그건 정말 좋은 일이라고 생각해요.[69)]

칼 로저스: 자기 능력의 한계를 자각할 수 있다는 점에서 정말 존경스럽군요.

메리 제인: 네. 하지만 어떻게 그녀의 남편이 그녀를 받아 줄 수 있을까요? 남자가 능력 면에서 자신보다 훨씬 열등한 여자를 받아 줄 수 있나요? 어떻게 생각하세요?

칼 로저스: 나는 우리 모두 그에 대한 예를 볼 수 있을 거라 생각해요.[70)]

메리 제인: 음, 네. 그런 것 같아요. 내가 생각하기에 그녀의 남편은 아마도 그 사실을 받아들일 수 있을 거예요. 그녀보다 자신이 우월하다는 것에 대해 기분이 좋겠죠. 하지만 그가 친구들을 만날 때 그녀와 함께 갈 수 있을까요? 그녀를 부끄럽

69) 어떤 상담자도 이 내담자가 그녀의 친구에 대해 "직면하고 그냥 받아들였어요. 그리고 그 사실에 대해 웃었죠."라고 묘사하면서 자신의 열등함에 관해 스스로 느끼는 것보다 더 명확하게 할 수는 없을 것이다.

70) 상담자는 바로 질문에 반응해 주면서 안도감을 형성하는 응답을 한다. 이것이 내담자에게 도움이 되는 동안에 그녀가 다시 의구심을 표현하면서 안도감을 얻기 위해 집요하게 요청하는 것으로 되돌아갔던 것은 흥미롭다. 그러나 그녀의 안도감에 대한 욕구가 반영되었을 때, 그녀는 자신을 더욱 수용할 수 있다는 생각을 받아들이고 있는 것 같다. 한편, 그녀는 이것에 대한 큰 확신을 가지기 전, 그녀의 입장에서 약간 더 심사숙고하고 있다. 그렇지만 그녀의 다음 진술에서 그녀는 지적 능력이 결혼을 하는 데 기여하는 유일한 것이 아님을 인식한다. 그리고 또 다른 측면에서 배우자와의 불일치를 보완할 수도 있다고 자각한다.

게 생각하지 않을까요?

칼 로저스: 불일치가 너무 커서 그가 아내를 부끄럽게 여길 수 있고, 불행해질 수도 있다고 느끼는군요.

메리 제인: 네. 물론이죠. 나는 이 질문을 할 때, 스스로에게 물어봤어요. 그것이 괜찮은지 나에게 물었어요. 나는 있는 그대로의 나예요. 심지어 친구들은 내가 더욱 자연스러울 때 나를 더 잘 인정해 주지요. 하지만 지속적이고 친밀한 결혼과 같은 것에서도 어떤 한 사람이 훌륭하다고 생각하지 않는데도 그 사람을 인정해 줄 수 있을까요?

칼 로저스: 진정한 자기(self)는 당신을 더욱 편안하게 만들고, 당신을 수용하면서 친구들도 편안하게 만들어 주는군요. 하지만 그것이 지속적인 관계에서도 통할까 하는 거네요?

메리 제인: 맞아요. (침묵) 한편으로는 균형을 깨뜨릴 수도 있다고 생각해요. 매우 지적인 사람이지만 심각한 결점이 있어서 다른 사람들과 어울리기 힘들 수 있잖아요. 이런 건 일종의 균형이 깨지는 거죠.

칼 로저스: 당신이 약간 결핍되어 있는 것과 같이 남편도 성격 면에서 실제로 결점을 가지고 있을지 모른다고 느끼는군요.

메리 제인: 당신은 약간의 결핍이라고 말하네요. 나는 그것이 굉장히 큰 것 같아요. 나는 내가 원하는 대로 다 극복할 수 있다고 생각하지 않아요. 물론 모든 사람은 더 나아지기를 바라지만, 언제나 내가 생각하고 있던 기준에 도달해 이를 극복할 수 있을지는 미지수예요.[71)]

칼 로저스: 당신의 결점이 당신에게는 무척 커 보이고, 당신이 정말 원했던 높은 수준의 것을 포기할지에 대해 고민하는군요.

71) 내담자는 자신의 단점의 심각성을 상담자가 최소화하도록 내버려 두지 않았다. 그녀는 자신이 결점을 가지고 있다고 확신하고 있다. 다음 진술에서 내담자 스스로 개선되고 있음을 표현하였다.

메리 제인: 음, 나는 분명히 나아졌어요. 어제는 모임에 갈 수 있었고 거기서 다른 사람들이 나를 어떻게 생각하는지 궁금해하지 않을 수 있었어요. 그러고는 춤을 추러 갔고 나 자신에 대해 아무것도 생각하지 않으면서 춤을 추었어요. 이건 많이 좋아진 거예요.

칼 로저스: 스스로에 대한 큰 변화가 있었음을 알게 되었군요.

메리 제인: 네. 거기에 많은 것을 적으시네요.

칼 로저스: 당신이 많은 것을 이야기하고 있어요.72)

메리 제인: 음, 그것 역시 한 가지 단서가 되겠네요. 이제는 이렇게 말하는 게 너무 쉬워요. 내가 무엇을 말해야 할지 많이 생각하지 않아요. 독서를 하고 남들에게 이야기를 할 때, 또 공통적인 유대감을 형성하려고 할 때 다른 사람들과 함께 그것을 만들어 가요. 음, 나는 그것을 매우 의식적으로 했었어요. 그런 것에 관해 너무 깊이 생각하면서 시작도 하기 전에 너무 불안하고, 잘되지 않는 거죠. 이게 자연스러운 건가요?

칼 로저스: 나는 그렇다고 생각해요. 어쨌든 너무 계획적으로 할 때 그게 잘 전달이 안 됐는데 지금은 스스로 더 편해졌고 전반적으로 덜 불안해졌다고 느끼네요.

메리 제인: 음, 이제는 이전에 그랬던 것보다 직감을 더 많이 사용한다고 느껴요. 처음에 내가 다른 사람들이 어떻게 자신의 자연스러운 감정을 따라가는지 이야기했던 것을 기억하세요? 나는 언제나 내가 뭘 했는지를 생각해야만 했어요. 지금은 내가 그냥 자연스럽게 행동할 수 있다는 것을 발견했어요.

칼 로저스: 이전보다 훨씬 당신 안에 있는 내면의 진정한 감정에 의해 이끌리는 자신의 존재를 느끼고 있군요.

메리 제인: 네. 함께 일하고 있는 사람들과도 훨씬 편해졌어요. 이건 부분적으로 내가

72) 여기에서 다시 상담자는 내담자가 자기 이해를 잘 해 나가고 있다는 것을 분명하게 느끼도록 독창적인 방식으로 확신해 주고 있다.

거기에 오래 머물러 있었기 때문이라고 생각해요. 자신감을 가지려면 시간이 좀 걸리거든요. 고객들에게 관심을 갖게 되었다는 것을 알게 되었어요. 모든 것이 훨씬 나아지고 있어요. 나 자신에 대해 생각하거나 물건을 파는 것 대신 그냥 고객에 대해 흥미를 느끼게 되었고, 정말로 그 사람들을 도와주려고 노력해요. 그런 방식으로 하면 고객과 흥정을 하는 데 오래 걸리지만, 나는 그게 더 좋아요.

칼 로저스: 고객들에게 더 관심을 두고 있군요.

메리 제인: 네. 그리고 고객들은 그것에 대해 나에게 고마워해요. 그 점이 자신감을 키우는 데 도움이 돼요. 그분들이 무엇을 좋아하는지에 대해 잘 생각해야 정말로 그 사람들을 도와줄 수 있어요. (그녀는 영업에 관해 특별히 호감을 가지게 된 일화를 한 가지 이야기한다.) 내가 생각하기에는 그런 방식이 수익을 올리는 데도 더 좋은 것 같기도 해요. 그 고객들이 나에게 다시 물건을 사러 오기 때문이죠.

칼 로저스: 자신에 대해 잊고 물건을 파는 것에 대해서도 잊어버리는 것이 결국에는 오랫동안 좋은 비즈니스를 할 수 있는 비결이라는 것을 발견했군요.

메리 제인: 네. 그래요. 그래서 실제로 내가 실패한다면 우울해질 거예요. 내 말은 일에서 실패하는 거요. 하지만 나는 친절하게 하면서도 잘 해나가고 있다는 생각이 들었어요. 그렇게 고객들에게 관심을 갖는 것이 나에게 도움이 되는 거죠.

칼 로저스: 그 일에 정말로 성취감을 느끼고 있군요.

메리 제인: 음, 이제는 사람들이 나에게 더욱 관심을 보인다는 것을 알게 되었어요. 나에 대해 더 좋게 생각하고 나에게 더 쉽게 이야기를 해요. 나는 더욱 친근해졌고 사람들이 그걸 느끼는 것 같아요.

칼 로저스: 스스로 더 자연스러워지는 것이 사람들이 당신에게 더 관심을 갖게 만들었다고 느끼는군요.

메리 제인: 네. (침묵) 말은 이렇게 하지만, 이게 오래 지속되지 않을까 봐 두려워요. 그

에 대해서는 정직해지고 싶어요. 이게 정말로 계속될지는 모르겠어요.

칼 로저스: 이런 일들이 일어났다는 확신은 들지만 여전히 이런 일들이 사실이라고 믿기에는 너무 좋은 것이라고 생각하는군요. 다시 슬럼프가 올지도 모르고요.

메리 제인: 네, 전에도 그랬던 적이 있었거든요.

칼 로저스: 이건 그냥 또 다른 일시적인 희망일지도 모른다고 느끼는군요.

메리 제인: 음, 의심을 하는 거죠. 만약 기분이 가라앉거나 슬럼프가 오면, 이제는 그건 내가 스스로에 대해 인내심이 없기 때문이라는 것을 알게 되었다고 생각해요. 항상 그게 내 문제 중 하나예요. 나는 그걸 그냥 기다릴 수가 없어요. 그리고 그 때문에 좌절하게 되죠.73)

칼 로저스: 당신이 좌절하는 것은 초기에 너무 빠르게 진행하려는 조바심 때문일 수 있다고 생각하는군요.

메리 제인: 맞아요. 그러면 나는 궁금해지죠. 이렇게 하다가 나 자신에 대해 싫증을 내게 될까 두려워져요. 전에는 항상 그런 일이 일어났었거든요. 당신에게 말했듯이 나는 다른 사람이 되어 보려고 노력하지만 그러면 그것에 지치게 되는 거죠.

칼 로저스: 당신은 지금 새로운 자신과 마주했지만 어느 시기가 되면 당신을 좋아하지 않을 수도 있다고 생각하는군요.

메리 제인: 음, 다른 사람들을 보면 그들 중 일부는 꽤 지루한 사람들인 것 같은데, 그들은 자신을 지겨워하지는 않는 것 같아요. 아마도 나는 그렇지 않을 것 같아요. 요점은 내가 진정한 시작을 하고 있다는 거예요. 더 이상 나는 우월한 존재가 되기를 바라지 않아요. 그냥 다른 사람들과 동등하다고 느끼기를 바라요. 내가 제일 바닥이라도 괜찮고요.

칼 로저스: 당신에게는 그것이 매우 중요한 것 같은데, 더 이상 다른 사람들 위에 있기

73) 내담자 자신은 새로운 감정이 지속적으로 그녀에게 남아 있을지 의문이 들기는 있지만, 그것에 대한 믿음이 생겨서 그렇게 되는 것에 그리 많은 의문을 가지고 있지는 않은 듯하다.

를 바라지 않고 그들 중 몇몇과 동등해질 수 있다면, 당신은 더불어 살 수 있고, 그것이 옳다고 느끼는 거죠.

메리 제인: 음, 분명 어떤 종류의 사람이 될 수는 없다는 것을 스스로 깨달았어요. 이런 생각을 받아들이지 않는다면, 매우 불행할 거예요. 항상 그렇게 느껴 왔던 거예요. 음, 똑똑한 여자들은 대학에도 갈 수 있고 유명해질 수도 있겠죠. 언제나 그런 여자가 되려고 열심히 노력해 왔지만 그렇게 될 수가 없었어요. 내가 그런 사람은 아니라는 것을 깨달았어요. 사실 내 친척 대부분은 그런 사람들이에요. 그렇게 되려고 열심히 노력하는……. 제 말 이해하시겠어요?

칼 로저스: 지적인 그룹의 사람들을 항상 존경하고 우러러보아 왔군요. 이제는 아마도 당신이 거기에 포함되지 못하고 다른 그룹에 속한다는 것을 어렵게 받아들이고 있고요.

메리 제인: 네, 정말 그래요.

칼 로저스: 시간이 다 되었네요. 다시 오고 싶은가요, 어떤가요?

메리 제인: 음, 이제 이렇게 끝나도 되겠다고 생각해요. 전화로 알려드릴게요. 나는 이렇게 하는 게 좋지 않다고 느끼지만 괜찮겠죠. 그렇지만 당신과 연락을 끊고 싶지는 않아요. 아직은 완전히 안정적이라고 느껴지지 않아요. 아마도 3주 안에 다시 찾아오게 될 것 같아요. 연락 드릴게요.

칼 로저스: 좋아요. 사무실로 전화해요. 내가 없더라도 약속을 잡아 줄 거예요. 정말로 먼 길을 왔네요. 그렇지 않나요?

메리 제인: 안녕히 계세요. 그리고 감사했어요.

칼 로저스: 잘 가요.

〈열한 번째 인터뷰에서 표현된 중요 감정들〉

1. 내가 선택한 새로운 과정을 수강할 거예요.
2. 나는 정말로 변하고 있어요.

3. 나는 스스로 기준이 너무 높았어요. 하지만 그것들은 달라지고 있어요.
4. 나는 항상 진짜가 아닌 거짓된 삶을 살려고 했어요.
5. 나는 내가 실제로 다른 사람과 같다는 것을 알았어요.
6. 나는 타인이 생각하는 내 모습 대신 나 자신으로서 무엇을 해야 할지 궁금했어요.
7. 내가 하고 싶은 것이라고 믿어요.
8. 나는 무척 많이 변화되고 있어요.
9. 나는 더 이상은 두려워하거나 죄책감을 느끼지 않아요.
10. 나는 더욱 자유로워요.
11. 나는 더욱 만족스러워요.
12. 내가 달라졌다는 것을 인정하지 않았어요. 하지만 나는 달라졌어요.
13. 이런 대화, 책, 내가 쌓아 온 우정은 나에게 도움이 돼요.
14. 내 가족관계가 어떻게 과거의 나를 만들었는지 나는 알고 있어요.
15. 내가 그렇게 똑똑하지 않다는 것을 알게 되었어요. 하지만 나는 어떤 식으로든 해나갈 거예요.
16. 만약 부족함을 인정하게 되면, 나는 결혼을 받아들일 수 있을 거예요.
17. 나는 친구들과 훨씬 많이 외출하게 되었고 그것을 즐겨요.
18. 나와 비슷한 어려움을 겪었던 친구들과 함께하는 것은 사회에 적응하는 걸 더욱 쉽게 해 준다는 것을 알게 되었어요.
19. 나는 여전히 특정한 어떤 것을 잘하고 있다는 느낌은 들지 않아요.
20. 자신의 한계를 인정할 수 있는 사람을 존경해요.
21. 능력이 부족한 아내를 남편이 인정해 줄 수 있을지 궁금해요.
22. 나는 다른 긍정적인 것들로 결핍된 것의 균형을 맞출 수 있다고 생각해요.
23. 더 이상 나 자신에 대해 많이 생각하지 않아요.
24. 예전보다 더 자유롭게 이야기해요.
25. 나의 진정한 감정에 이끌려 그냥 자연스럽게 행동한다는 것을 알게 되었어요.

26. 나는 사람들과 함께하는 것이 더욱 편해졌어요.
27. 나는 일을 하면서 성취감을 느끼고 있어요.
28. 이것이 지속되지 않을까 봐 두렵지만, 나는 지속될 거라고 생각해요.
29. 새로운 나 자신에 대해 싫증을 느끼게 될까 봐 두렵지만, 그렇게 될 거라고 생각하지 않아요.
30. 내가 능력이 우월하지 않다는 것을 받아들이는 것은 정말로 힘들었지만, 나는 그렇게 하고 있어요.
31. 이것은 정말로 나에게 도움이 된다고 느껴요.
32. 아직은 안정적이라고 느끼지 않지만, 필요하면 도움을 구하기 위해 찾아오고 싶어요.

추후 정보

메리 제인은 상담 인터뷰 종결 후에도 계속해서 직업을 유지하고 있다. 그녀는 더욱 활동적으로 사교적인 삶에 동참하고 있다. 가족들과 함께 여행도 가면서 사교적으로 활동하고 있다. 그녀의 발전은 상담 인터뷰가 종결된 후에도 10개월 넘게 계속되고 있는 것으로 보인다.

일 년이 막 지났을 때, 메리 제인은 추후 인터뷰에 초대되었다. 그 당시에 그녀는 최근까지 많은 일이 훨씬 잘 진행되고 있다고 보고하였다. 그러나 지난 2개월 동안은 예전 허무함이 다시 나타나고 있다고 했다. 최근에 그녀는 직장을 그만두었다. 스스로에 대한 이야기의 일부분은 첫 번째 인터뷰를 반복하는 것처럼 들렸다. 그녀는 자신을 돕기 위해서는 '더욱 강력한' 것이 필요하지 않은지 질문을 던졌다. 또한 그녀는 정신과 의사를 찾아가야만 하는 것은 아닌지 궁금해했다. 상담자는 그런 정보나 상담을 좀 더 받을 수 있도록 기꺼이 돕겠다고 표현했다. 하지만 결정은 그녀에게 맡겼다. 그녀는 약속을 잡거나 정보를 얻기 위해 연락을 하겠다고 말했다. 그녀는 연락을 하지 않았다. 그녀는 슬럼프의 원인으로 사귀고 있는 남자 친구가 그녀의 능력을 부족하게 여기고 무시하는 것처럼 보인다는 것을 꼽았다. 이것은 그녀의 자신감을 망가뜨린다고 말했다.

몇 주 후 그녀의 어머니는 전화로 메리 제인은 더욱 잘 지내고 있다고 이야기해 주었다. 그녀는 친척과 새로운 일을 하고 있고 다시 더욱 명랑하게 잘 적응하고 있는 것처럼 보였다.

이 사례에서 최종 결과에 대한 평가는 약간 의심스럽다. 11시간의 상담 기간에 적응이 향상된 것은 의심할 바가 없다. 최근 퇴행이 나타난 것이 일시적인 것인지는 지켜봐야 한다.

해설 1

내담자 중심 치료와 분열되지 않는 집중력
-메리 제인 틸덴의 사례-

Robert E. Dingman

우리는 항상 고통을 없애고, 장애를 가지지 않기 위해 고군분투한다.
그러나 너무 지시적이려고 하는 것은 장애를 증가시키거나 또 다른 문제를 야기한다.
–지두 크리슈나무르티(J. Krishnamurti), Krishnamurti to himself(1987), p. 54

성격은 골프에서 좋은 샷을 치는 것과 같이 의식적으로 집중한다고 해서 항상 잘 형성되는 것은 아니다.
–칼 로저스(Carl R. Rogers), Client-Centered Therapy(1951a), p. 100

어떤 사람이 되고자 하는 특정한 형태, 이미지 혹은 모델이 되기 위한 노력은 실제 경험으로 빠르게 실행되며 내면에 깊은 분열과 혼돈을 겪게 된다. 상담자든 내담자든 어떤 노력을 해도 갈등을 해결하기는 힘들 것이다. 이렇게 즉각적인 경험이 적용되는 방식은 억압과 복종, 비의식화 및 비구조화된 태도와 감정을 포함한다. 1946년 10월, 스무 살의 메리 제인 틸덴은 자신의 나이에 합당한 태도와 행동을 갖추기 위한 노력과 싸움으로 지친 듯 보였고, 여동생이 친구들과 쉽게 타협하는 것을 부러워했다. 스스로 비정상적이고 뒤쳐지고 결점이 있다고 느끼면서 자신을 결혼을 하고 자주성을 가진 타인들과 비교했다. 부모님과 함께 살면서 메리 제인은 삶에서 구경꾼으로, 관중으로 배제되는 것을 느꼈다. 그녀는 '자연스러워지는 것'을 갈망했고 어려움을 느낄 때 죄인이 된 것처럼 행동했다. 메리 제인은 자신을 고쳐 보고자 하는 거대한 욕망과 주변 사람들과 자신을 무자비하게 비교하면서 자신에게 끔찍한 잘못이 있다고 결론지어서 변화하기 힘들 거라고 여기는 것 사이에서 갈팡질팡했다.

로저스와의 첫 번째 인터뷰에서 메리 제인은 변화에 대한 전략이 얼마 못 가 실패했던 것을 범주화하였다. 언제나 내면이 변화되지 않을 것에 대해 자신과 싸우며 스스로 믿을 만한 이유를 찾고자 애쓰면서 책을 통하여 배우려 했고 타인들이 했던 것을 흉내 내어 연습해 보고자 했다.

메리 제인: 나는 그것을 정복할 수 있다고 생각하지 않아요. 제 말은 매일 문제되지도 않을 사소한 것들이 계속해서 반복적으로 존재해요.

메리 제인: 이런 것들……. 나 자신에게 이유가 될 만한 것들을 내다볼 수 있어야만 해요. 하지만 나는 그렇게 할 수 없을 것 같아요.

의지, 노력, 야망…… 이들 중 어느 것도 메리 제인에게 변화를 이끌어 내지 못했지만, 그녀는 '정상적'이고 편해지기 위해 스스로를 도왔다. 그러나 이것들은 그녀 내면의 갈등을 깊어지게 하였다.

메리 제인: 나는 아직도 그것들을 한 두달 정도 생각을 하려 하지 않거나 다른 생각을 하려고 노력하는 것들은 여전히 나를 많이 변화시켰다고는 느껴지지 않아요.

그녀는 반드시 달라지기 위해 그녀가 살고 있던 침체된 물 바깥으로 빠져나오기를 원했다. 그러나 판단, 자기 비난, 자신에 대한 경멸 없이 그녀가 상상한 젊은 여성으로 바뀔 수는 없었다. 메리 제인은 심지어 치료 초반에 이런 가혹한 평가에 대한 허무감을 느꼈다. "중요한 건 우습게 보였다는 거예요. 달라질 수 있을까요?"

메리 제인은 자신에 대해 끊임없이 생각하는 중압감에서 벗어나길 원했다. 그녀는 유능하지 못해서 사랑과 결혼이라는 인생 최고의 삶이 그냥 지나갈까 봐 두려웠다. 자신이 분열되었다는 것을 자각하면서 메리 제인은 '나는 어떤 사람인가.'가 '나는 어떤 사람이 되어야만 하는가.'라는 생각에서 너무 멀어졌다는 것을 떨쳐 버릴 수 없었다.

메리 제인: 나를 잊어버리고 내가 사람들과 함께 있다는 것을 잊고자 애쓰며 다른 사람들을 관찰해 왔어요……. 하지만 나는 어떤 사람인가라는 생각을 하자마자 나는 어떤 사람인지에 대한 끔찍한 갈등을 겪게 되었어요. (웃음) 그런 느낌이 나를 힘들게 만들죠.

'나는 어떤 사람인가.'에 대한 답은 추하고 혐오스럽고 아무런 가치가 없는 것 같았다. 힘들었던 것을 제쳐 두고라도 변화되고자 하는 메리 제인의 엄청난 노력은 그녀를 더욱 퇴행적으로 악화시켰다. 그녀는 이런 생각을 견딜 수 없었다.

메리 제인: 나는 항상 퇴행하는 것 같아요. 사실 내가 살아야 하는 이유를 모르겠어요. 가끔은 자살에 대해서도 생각해요. 왜냐하면 내가 살아야 할 정당성을 찾을 수가 없거든요.

메리 제인은 자신을 변화시킬 수 있는 새로운 전략에 대해 반복적으로 로저스에게 대답을 요구했다. 그녀의 집요함과 좌절감에도 불구하고 로저스는 늘 대답을 해주지 않는 쪽을 선택했다. 메리 제인이 자신의 나이에 맞다고 생각되는 가치와 행동을 형성하는 데 어려움을 겪고 있었기 때문에 로저스는 충고나 조언을 자제했다. 그는 그녀의 문제나 치료 과정에 대한 설명을 자제했는데, 이것이 메리 제인이 자신을 평가하고 비교하는 역효과를 가져오는 또 다른 외적인 기준이 될 수 있기 때문이었다. 로저스는 그 대신 공감적인 상태를 유지하는 쪽을 선택하고 있는데, 변화를 이끌어 내기 위한 지시를 하는 대신 그녀의 좌절과 갈등을 이해하려 했다. 그는 '나는 누구인가.'에 대한 '응답'을 제공하고 희망을 부여하면서 메리 제인의 노력을 약화시키지 않았다. 로저스는 이러한 상담자의 선택에 대한 중요성을 분명하게 말했다.

> 어떤 사람에게 앞으로 나아가야만 하는 단계를 미리 설명해 주고, 삶을 더 만족스럽게 할 수 있는 지식을 전달해 줄 수는 있다. 그러나 내 경험상 그런 방법은 무익하고 중요하지 않다. 이렇게 해서 성취할 수 있는 것은 이내 사라지는 일시적인 변화인데, 이는 곧 사라질 것이며, 자신의 부족함을 점점 더 확신하게 할 것이다 (Rogers, 1963, p.33).

자기(self)에 대한 체험을 하면 할수록 내담자 중심 치료는 자기 체험적이다 (Rogers, 1951a, p. 108). 따라서 로저스가 제공하는 공감 영역 안에서 메리 제인의 자기 성찰적이며 지적인 관심은 천천히 초기 체험으로 전환되었다. 점차 메리 제인은 자신이 행동을 고치거나 달라져야 한다는 절망적인 탐색을 그만두게 된다. 그 대신에 초반 일시적이었던 것과는 반대로 점차 집중력을 높이고 직관을 유지하면서 실제 감각과 본능적인 반응에 초점을 맞췄다. 그녀가 진실로 원하는 것에 대해 생각하고, 회피했던 것을 마주하기 시작했다.

메리 제인: 내가 마음의 결정을 할 수 없는 것이 한 가지 있어요. 나는 그것을 해결하려고 노력했어요. 음, 그게 뭐냐 하면, '내가 정말로 원하는 나는 어떤 사람이지?' 하는 질문에 한 번 빠지면 스스로를 탐색할 때 내가 정말 원하는 것을 알아낼 수가 없어요. 그것은 내가 생각하기에 다른 사람들이 원하는 것이 무엇인지를 보는 건데, 그게 아마 내가 원하는 것일 거예요.

여기에서 상황을 어떻게 변화시켜야 할지에 대한 전략적인 계획 대신 질적인 측면을 탐색하면서 바로 얼마 전까지는 접근할 수 없었던 '나는 무엇인가.'를 단순히 관찰한다. 메리 제인은 내면에 있는 두려움을 바라보면서 굳건한 토대를 찾을 수 없다는 것을 깨달았다.

메리 제인: 모든 인간은 욕망을 가지고 있어요. 사람들은 정말로 그것을 간절히 원하죠. 나에게도 역시 어딘가에는 그런 욕망이 존재하는 것 같아요. 그럼에도 내가……. 내가 앉아서 그것을 찾아보려고 해도 그렇게 할 수가 없어요.

그녀는 분명히 자신의 욕망이 자신이 갈망하는 길로 인도해 줄 수 있을지 궁금해 했다.

메리 제인: 만약 내가 무언가에 대한 강력한 욕망을 느낀다면, 그것은 정말로 진실되고 진정한 욕망일 거예요. 아마도 다른 것들도 함께 따라오는……. 나는 다음에 무엇을 해야만 하는지 확실한 감정이 없어요. 그것이 나를 괴롭게 해요.

로저스가 경청할 때, 메리 제인은 좀 더 천천히 그리고 깊이 있게 표현했고, 그녀 내면에 문제를 초래하는 분열에 대해 좀 더 이야기했다. 그녀는 어린 시절에 자신이 특별했다는 믿음을 가지게 된 것과 어떻게 이 태도가 그녀가 가지게 된 낮은 기준점과 모순되는지를 말했다. 그녀는 선생님의 사랑을 독차지했으며, 그녀의 아버지는 변호사였다. 그녀는 자신이 다른 사람들보다 낫다고 믿었다. 적당히 노력해도 칭찬을 자주 받았다. 메리 제인은 자신의 능력에 대한 불확실성에 두려움을 가지고 있고, 고군분투하지 않아도 된다는 비현실적 신념을 버려야 했던 것에 대해서도 이야기했다. 후반부 세 번의 인터뷰에서 메리 제인은 부끄러움에 사로잡힌 채로 이 태도에 직면했다.

메리 제인: 나는 항상 수치심을 가지고 있다고 생각해요. 완벽하지 않다는 것이나 혹은 고군분투하지 않는 것에 대해서요……. 나는 항상 그렇게 생각해 왔지만 실제로 나는 그에 대해 정말 잘 몰랐어요. (긴 침묵) 그냥 무엇인가……. 나는 항상 잘 몰랐던 것 같아요.

이후에 메리 제인은 중요한 갈등에 대해 로저스에게 말했다. 변화에 저항하는 것과 강한 의심을 품는 것 사이의 투쟁. 그것은 어둡고 부정적인 현실이었다. "항상 부정적인 강력한 힘이 있어요."

로저스는 메리 제인의 위험한 미지의 영역에 대한 탐색을 방해하지 않았다. 그는 방향 전환이나 메리 제인의 경험에 영향을 받지 않고 공감적 경청을 계속해 나갔다. 이렇게 하는 것은 발전하고자 하는 인간 유기체의 경향성에 대한 깊은 믿음 없이는 불가능하다.

칼 로저스: 당신은 스스로를 긍정적인 방향으로 바꾸고자 할 때, 내면의 더욱 강력해진 힘으로 모든 면을 의심하게 되는군요.

메리 제인: 네. 맞아요. (침묵) 그것은 너무나 강력하기 때문에 나는 그냥 받아들여 버려요. 그 힘은 점점 커지는 것 같아 보이기 때문에 나는 그저 인정하는 거라 생각해요.

칼 로저스: 당신의 의심하는 힘이 확실히 당신의 건설적인 힘보다 강력하다고 느끼는군요.

메리 제인: 네. (매우 긴 침묵) 그게 문제예요. (침묵) 나는 또 다른 것이 있다고 믿게 되었는데, 그것이 너무 굳건하게 세워져 있었기 때문에 사실로 믿게 되었죠. 그건 내가 생각해 본 적 없었던 거였어요. (매우 긴 침묵) 그 힘을 몰아내려 할수록 그 힘은 더 크게 소리 질러 대지요.

여기서 새로운 통찰이 나타났다. 저항의 발견, 현실을 벗어나고 싶게 하는 투쟁, 자기가 원하지 않는 부분과 결별하는 것인데, 이것은 점점 더 분열을 심화시켰다. 이에 반응하면서 로저스는 메리 제인의 무력감의 감정을 소멸시키려 하거나 투쟁할 수 있는 어떤 것을 주거나, 선점하여 압도하고 있는 힘에 저항하기 위한 방어를 강화시키지 않았다. 공감적인 일치는 계속된다.

칼 로저스: 의심의 군대는 절대로 무찌를 수 없다고 느끼는군요.

메리 제인: 음. 네.

칼 로저스: 건설적인 군대는 무척 약해서 고군분투하네요.

메리 제인: (웃음) 네. 맞아요. (매우 긴 침묵) 전반적으로 모든 것이 단단한 껍질 안에 있다고 말할 수 있겠네요. 그것을 나는 항상 다르게 표현하려고 해요. 내가 생각하기에 나는 그것과 그냥 싸우고 싶지 않았어요. 큰 싸움을 하고자 하기보다는 다른 힘을 믿으려 했어요.

여기에서 메리 제인은 진술을 할 때, 새롭고 객관적인 톤을 사용했다. 표현된 태도에서는 그녀의 초기 치료에서 많이 나타났던 가혹한 판단과 자책의 두꺼운 껍질이 보이지 않았던 것 같다. 이 진술들을 할 때, 그녀는 단순히 저항할 수 없고, 의심과 수치심에서 자유로울 수 없는 패배한 어린아이와 같았다.

칼 로저스: 당신은 다른 힘이 불가능할 정도로 강력하다고 믿기 때문에 무조건 항복을 하며 내던져진다고 느끼는군요.

메리 제인: 맞아요. (침묵) 상황을 개선하거나 더 나은 것을 하기 위해 노력하는 대신 나는 그냥 그것을 차단시켜 버렸어요.

매우 긴 침묵의 시간이 있었고, 이후 눈물을 흘린 것은 메리 제인 치료의 중심에 통합된 자각, 흐트러지지 않은 집중력 그리고 초기의 본능적인 자료와 즉각적으로 연결된 무의식적 접촉에 중요한 의미를 준 것 같다. 이는 아마도 부인했던 경험이 새롭게 살아 있는 게슈탈트(형태)로 동화되는 바로 그 순간이었을 것이다. 비록 언어—메리 제인의 언어적인 자기 탐색과 그녀에 대한 로저스의 언어적인 공감적 지지—가 통합된 자각의 문턱까지 이끌었다 해도 언어의 사용은 주관성과 객관성, 경험과 경험의 주체자를 가장 기본적으로 구분 지어 주는 것임을 내포하고 있고, 또한 직접적인 접촉을 일어나지 못하게 하고 있음에 틀림없다. 메리 제인의 침묵과 눈물에서 이러한 구분은 의미가 없었다.

이러한 새로운 패턴의 정립은 메리 제인이 변화되었다는 것을 보여 주었다. 자기에 대한 태도는 좀 더 명확하고 수용적이 되어서 그녀는 부모님을 향한 분노와 원망에 대한 자신의 표현을 찾아갔다. 그러면서 메리 제인의 자기에 대한 자각은 '경험의 공식화나 구조화보다는 자신의 경험에 기반을 두는 방향'으로 요약되었고, 자신의 기본 체험에 초점을 두게 되었다(Rogers, 1951b, p. 323). 메리 제인과 함께 작업을 하고 난 오랜 후에 로저스는(1951a)는 아무런 노력 없이도 이상하게 딱 맞아 떨어지는 경험을 하게 되는 놀라운 상황을 다른 내담자를 통해 인용했다.

> 임의적인 방식으로 유지되었던 모든 힘은 아주 불필요한 것으로 한 덩어리의 쓰레기인 것 같다. 당신은 자신의 방식을 만들어 가야 한다고 생각한다. 그러나 거기에는 너무 많은 조각이 존재해서 조각들이 어디에 맞을지 알기가 매우 어렵다. 때로는 그 조각들을 잘못된 곳에 놓기도 한다. 잘못 놓인 조각이 많을수록 그 조각을 제자리에 놓기 위하여 더 많은 노력을 하게 되는데, 당신이 잘못된 결론으로 너무 지쳐서 그런 지독한 혼돈 상태가 차라리 이것을 계속 지속하는 것보다 더 나을지도 모르겠다고 생각할 때까지 그렇다. 그러면 당신은 그들을 떠나서 혼돈스러운 조각들을 자연스럽게 그것들이 있던 곳으로 떨어뜨리게 되는 것을 발견한다. 삶의 패턴은 아무런 노력 없이도 나타난다. 당신이 해야 할 일은 다만 과정 중에서 그것을

찾으면 되는데, 이를 통해 당신 자신과 당신의 위치를 발견하게 될 것이다(p. 97).

갈망하던 변화가 나타난 부분은 그녀의 직접적인 자각과 이것이 기묘하게 노력하지 않고 명확해진 것 외에도 로저스와 함께한 메리 제인의 회기에서 조금 늦게 나타나고 있다. 비록 그녀의 과정이 순조롭지도 단순하지도 않았지만, 치료 후반부에서 메리 제인의 무질서하고 어수선한 조각은 빠르게 통합되었다.

메리 제인의 행동은 그녀의 입장에서는 거의 깨닫지 못했던 자아 개념이 변화하면서 같이 변모되어 갔다. 중요한 세 번째 인터뷰 후—처음에 끔찍하게 내면을 들여다보는—두 번의 약속 일정을 놓치고 치료가 거의 중단될 듯한 이후에 메리 제인은 한 주 동안 고립되어 있었는데, 집에서 사람들과 어울리는 자리에 참석했다고 보고했다. 여기서 그녀는 스스로에 대해 많이 생각하는 것을 정말로 잊어버렸다고 느꼈다. 몇 주 후, 그녀는 더 나빠졌다는 느낌을 이야기하는 동안 언니의 집을 방문해서 다른 사람들과 이야기도 나누고 한 젊은 여성에게서 긍정적인 영향을 받았다고 로저스에게 이야기했다.

메리 제인의 중요한 행동 변화는 놀랍게도 마음을 괴롭히는 절망감, 과거의 방식에서 결코 달라지지 않을 것이라는 신념과 함께 나타나는 것으로 보인다. 여섯 번째 인터뷰에서, 메리 제인은 결코 변화되지 않을 것이라는 깊은 신념뿐만 아니라, 사람들이 진짜 그녀의 모습을 알게 될지도 모른다는 두려움을 이야기했다. 한 주 후에는 다시 일을 하려고 진지하게 고려하는 중이라고 언급했고, 그다음 주에는 새로운 직업을 갖고 일하기 시작했다. 한 달 후에 상담 치료가 계속 같은 곳을 맴돌고 있을 뿐이라고 불평하는 한편, 모자 만들기 교습반에 관심을 갖게 되었지만 이것은 그저 대수롭지 않은 경험일 뿐이라고 말했다. 이후에 모자반에 들어갔고 그곳에서 만난 편안한 느낌의 한 여성을 이야기했다. 그녀는 볼링을 치러 갔으며 파티에도 참석했다. 자신에 관해 아무 생각하지 않고 춤을 추었다.

이러한 행동 변화에 대해서 "자기 구조를 변화시키는 것은 고통스럽지도 어렵지도 않았다."(Rogers, 1951b, p. 325)라고 한 부분은 메리 제인이 오랜 후에야 깨닫게 된 것이다. 마지막 인터뷰에서 변화가 유의미하게 그녀의 자각 속에서 흘러넘쳤을 때, 메리 제인은 예전처럼 어떤 모습을 가장하지 않아도 되는 체험의 기쁨을 묘사했다. 이것은 다른 것들 사이에서 자신이 자연스럽고 편안해지는 것이었다.

메리 제인: 내가 전에 사람들은 자연스러운 느낌을 가지고 있는 반면 나는 항상 내가 한 것에 대해 생각을 한다고 말한 것 기억나세요? 이제 나는 자연스럽게 행동할 수 있을 것 같아요.

추가로, 메리 제인 치료의 역설적인 측면은 그녀의 유기체적인 경험이 자각을 하는 데 유용하면 할수록 자각의 유기체인 그녀의 '자기'는 점차 사라지는 경향이 있다는 것이다. 자기에 대한 가장 고통스러운 검열과 체험이 결국 좀 더 자기-의식화를 하지 못하도록 한다는 것은 얼마나 이상한 일인가를 생각해 보자. 최종 회기에서 메리 제인은 멋진 자유를 이렇게 표현했다.

메리 제인: 어제는 모임에 갈 수 있었고 거기서 다른 사람들이 나를 어떻게 생각하는지 궁금해하지 않을 수 있었어요. 그러고는 춤을 추러 갔고, 나 자신에 대해 아무것도 생각하지 않으면서 춤을 추었어요.

메리 제인: 이제는 이렇게 말하는 게 매우 쉬워요. 내가 무엇을 말해야 할지 많이 생각하지 않아요.

메리 제인: 이제는 이전에 그랬던 것보다 직감을 더 많이 사용한다고 느껴요.

메리 제인: 고객들한테 관심을 가지게 되었어요. 모든 것이 훨씬 나아지고 있어요. 나 자신에 대해 생각을 하거나 물건을 파는 대신, 그냥 고객들에 대해 관심을 가지게 되었고 정말로 사람들을 도와주려고 노력해요. 그런 방식으로 하면 고객과 흥정을 하는 데 오래 걸리지만, 나는 그게 더 좋아요.

메리 제인과 상담하고 난 몇 년 후, 로저스는 그녀와의 회기를 인용하며 부적응적인 사람의 자기에 대한 무겁고 우울한 집착을 설명했다.

> 치료 초기에 내담자는 타인들이 자신의 실제 자기를 발견하게 되는 것에 대한 두려움을 자주 표현한다. "내가 누구인가를 생각하기 시작하자마자 내가 나 자신을 두렵게 만들고 있는 존재라는 끔찍한 갈등에 사로잡혀요……. 나는 자연스럽게 행동하기 두려워요. 왜냐하면 나 자신을 스스로 좋아한다고 느낄 수 없기 때문이라고 봐요." 정신 행동(mind behavior)의 틀 안에서 항상 조심스럽게 주의를 기울이고, 자기 의식화를 해야 한다. 하지만 이 내담자가 "나는 나예요."라는 사실을 내면 깊이 받아들일 때, 그녀는 자연스러운 상태의 자신이 될 수 있고, 자기 의식을 잊어버릴 수 있다(Rogers, 1951a, p. 515).

로저스와 메리 제인은 단지 11회기 동안 치료했을 뿐이지만, 치료의 결과는 놀라워 보인다. 믿기 어렵지만 메리 제인은 여러 진술을 통하여 변화 과정의 이해를 증대시키고, 수용을 확대하고 자기를 소중히 여기는 모습을 보여 주고 있다. 후반부로 갈수록 메리 제인은 '나는 누구인가.'라는 생각에서 벗어나기를 바라고 더불어 체험에 대한 계속되는 부정적 흐름, 강요받는 구조를 바꾸고 싶은 소망을 깨달았는데, 이것은 늘 그런 바람이 되돌아오는 것에 대해 경계하게 하면서 그녀에게 너무나 큰 고통을 야기시켜 왔던 것이었다.

메리 제인: 만약 기분이 가라앉거나 슬럼프가 있다면 그것은 내가 스스로에 대해 인내심이 없기 때문이라는 것을 이제는 알게 되었다고 생각해요. 항상 그게 내 문제 중 하나였죠. 나는 그걸 그냥 기다릴 수 없어요. 그러고는 그 때문에 좌절하죠.

메리 제인: 나는 분명 어떤 유형의 사람이 될 수 없다는 것을 깨달았어요. 이런 생각을 받아들이지 않는다면 나는 매우 불행할 거예요.

1947년 2월경에 치료받은 지 4개월이 지난 후, 메리 제인은 그녀가 오랫동안 갈망했으나 얻을 수 없었던 자유로움을 느끼기 시작했다. 아무런 판단 없이 그저 자유로웠다.

메리 제인: 내가 무엇인가를 느낄 때, 심지어 싫다는 것을 느껴도 나는 상관하지 않아요. 어쨌든 나는 더 자유롭게 느껴져요. 나는 무언가에 대해 죄책감을 느끼지 않아요.

상담이 종결에 이를 즈음에 메리 제인은 로저스가 더욱 더 그녀를 수용적인 태도로 묘사하는 것을 경험했다. '나는 누구인가.'에 대해 더 편안해지면서 그녀는 더 이상 '어떻게 되어야 한다.'는 것을 추구하지 않았다.

메리 제인: 나는 언제나 다른 사람들이 생각하던 바대로 행동하려고 노력했어요. 하지만 지금은 '그때는 내가 나를 나 자체로 생각하지 않았구나.'라고 생각해요.

메리 제인: 나는 항상 고군분투해 왔어요. 다른 사람들이나 가족이 원하는 사람이 되기 위해서요. 나는 진정한 내가 되는 것에 만족할 수가 없었어요.

메리 제인: 실제 나는 결코 진정한 '나'를 알지 못한다는 거예요. 그것이 완전히 나를 휘감아 버렸고, 그게 내가 생각했던 나였어요.

메리 제인에게 적응을 향한 움직임은 특정한 특성과 능력을 갖춘 특별한 사람이 되는 것에 과도하게 몰입하면서 모든 것을 이에 맞추도록 자신을 포기하는 것과 관련되어 있었다. 이런 구별에 대한 치유, 경험의 내적 좌절에 대한 자기의 재구조화는 메리 제인이 '나는 무엇인가.'에 대한 저항을 내려놓았을 때, 수용과 공감 안에서 확실히 나타났다. 이는 평가, 비교, 분석, 갈망을 버렸을 때—이 모든 것이 새롭게 떠오르는 '삶의 방식'을 위해 사라질 때—나타난다. 내담자 중심 치료는 모든 치료

기법 가운데서도 독창적인데, 즉각적으로 이런 장해들과 왜곡되지 않은 지각을 깨닫고 이런 것(평가, 비교, 분석, 갈망)들을 피하려 한다. 내담자가 해결해야만 한다고 강화하지 않는다. 내담자가 현재의 체험을 계속 이어 가는 흐름에서 단순하고 분열되지 않는 집중력을 가지는 것을 저해하게 된다.

상담자 혹은 내담자는 관계 안에서 어떤 다른 면을 기대하기도 하고, 좀 더 자기를 수용하거나 과정이 빠르게 진행되도록 하기도 한다. 이런 일은 주의(attention)의 질을 저해하고, 로저스가 치료를 위해 일어날 것이라 믿었던 직접적인 접촉의 기회를 갖도록 하는 데 장애를 초래한다.

의지력은 상담자 혹은 내담자의 입장에서 변화의 요인은 아니다. 메리 제인은 '자기 자신'이 되기 위한 시도로 고독과 갈등이 더욱 깊어진 풍부한 예를 보여 주었다. 로저스는 불화를 일으키지 않고 경청하면서 미묘하게 방해되는 것을 조심스럽게 피했고, 그는 그녀가 타인과 비교하면서 저항이나 비교하지 않고 자신을 있는 그대로 보려는 태도와 지각에 자신을 몰입시키면서 메리 제인의 종합적인 치료 결과를 얻었다.

> 우리가 알아낸 것은 내담자가 그 순간에 자신을 어떻게 이해하고 있는 것과 같은 방식으로 우리가 이해를 해준다면 나머지는 내담자 스스로 알아서 할 수 있다는 것이다. 치료자는 진단과 진단을 내릴 때의 통찰력에 사로잡히지 않아야 하고, 전문가적인 평가를 하려는 경향성을 버려야 한다. 또한 정확한 진단을 공식화하려는 노력을 그만두고, 개인을 미묘하게 이끌어 가려는 유혹을 포기하고 개인이 이끌어 가도록 하는 데 초점을 두어야 한다. 깊은 이해와 수용적인 태도는 내담자가 의식하는 것을 거부했던 위험한 영역으로 한 걸음 한 걸음 탐색해 들어갈 때, 내담자가 지금 여기에 있을 수 있게 도와준다(Rogers, 1951a, p. 30).

메리 제인이 깊은 고통, 안도감, 재구성 혹은 해석의 순간에 저항했었던 가운데,

아직 미숙한 경험으로 소통을 하는 것은 신뢰할 수 없는 방법이며, 그렇게 이끄는 것도 불가능하다. 메리 제인과 접촉하고 그녀를 무조건 수용하기 위해서 로저스는 인간 유기체의 기본 경험 질서의 흐름에 따라 개인적인 이해를 하도록 요구받는데, 이것은 강요될 수는 없는 것이다. 그의 촉진은 변함없는 수용과 정확한 공감을 통해서 단단하게 고정되어 있던 메리 제인의 체험 패턴을 느슨하게 만들어 준다. 그렇게 함으로써 로저스는 자신에게도 이런 자유를 주면서 확장시켜 나가고 있고, 관계 안에서 그의 체험을 이루어 나가고 있다. 그가 진술하고 있듯이 결과는 강력하다.

> 그러나 내 경험상 역설적인 측면은 복잡한 인생 속에서 기꺼이 나 자신이 되려고 할수록, 그리고 나 자신과 타인의 현실을 인정하고 이해하려 하면 할수록 더 많은 변화가 일어난다는 것이다. 이것은 매우 역설적인 것으로 우리 각자는 기꺼이 자신이 되려는 정도에 따라 자신의 변화뿐만 아니라 자신과 연관되어 있는 사람들 역시도 변화한다는 것을 발견하게 된다(Rogers, 1963, p. 22).

로저스는 관계를 도울 때 언급했던 모든 조건 중 가장 중심이 되는 것으로 일치성을 꼽았다(Rogers, 1986, p. 131). 그는 생애 후반에 아주 드문 상황 하나를 기술했다. 상담자 혹은 내담자에게 명백하게 '자기'에 대한 자각이 일어나지 않아도 심오하고 우연한 일치성이 이성을 초월하고 절묘하게 나타나면서 '나는 무엇인가.'와 '나는 무엇이어야만 하는가.'의 사이에 마찰을 중단시킨다는 것이었다.

> 단순하게 내가 여기 존재한다는 것은 해방감을 주고 도움을 준다. 이런 경험을 억지로 일어나게 할 수는 없다. 그러나 내가 이완되어 나의 초월적인 중심에 근접하게 될 때, 나는 관계 안에서 낯설고 충동적인 방법으로 행동할 수 있게 된다. 그런 방법들은 이성적으로는 규정할 수 없고, 내 사고의 과정과는 아무런 관련이

> 없다. 그러나 이런 낯선 행동은 약간 이상한 방식을 통해 옳은 것으로 판명된다. ……(중략)…… 깊은 성장과 치료와 에너지가 존재한다(Rogers, 1986, p. 130).

로저스는 자신의 실제적이고 진실된 것을 꺼내 보이는 것만이 메리 제인과 같은 내담자가 자신 안에 진실된 모습을 관찰할 수 있다는 것을 믿었다. 메리 제인에게 자신의 실제 체험과는 다른 구조를 가지고 그녀 자신이 되고자 하는 것이 불가능한 것처럼 로저스는 효과적인 내담자 중심 치료는 진실한 것이어야 한다고 주장했다. 이것은 속임수를 쓰거나 도구를 사용할 수 없는 것이다. 치료자의 성격으로 될 수 있는 것도 아니다(Rogers, 1951a, p. 30). 결론적으로 로저스는 많은 치료의 기반으로 엄격하고 놀라운 결론을 이끌었다.

> 이 문제를 가진 사람에게는 어떤 지적인 것이나 훈련 과정으로는 접근할 수 없다는 결론에 이르렀다. 지식, 훈련, 교육받은 것을 이용할 수 있는 접근법은 없다(Rogers, 1963, p. 32).

여러 해 전 메리 제인은 로저스와 함께 낯설고 매력적인 곳에 있었다. 신기하게도 그곳의 지도와 안내서는 도움이 되지 않았고, 주요 특색은 유동적이고 파악하기 어려웠다. 로저스가 자신의 방법뿐 아니라 적용하고자 하는 지침을 가지고 있고, 내담자 중심 치료 역시 교육을 바탕으로 한 지적인 훈련 절차를 따르고 있는 한, 이런 낯섦이 나타날 가능성은 없고 유용하지도 않을 것이다.

내담자와 치료자 모두를 위한 로저스의 접근법은 소심하고 용기 없는 접근법이 아니다. 나는 메리 제인이 이에 동의하리라 믿는다. 아무도 그녀를 구원해 줄 수 없고 그녀를 고통에서 보호해 주지 못했을 때, 그녀는 자신의 싸움을 중지했고, 저항 없이 그녀 내면의 어둠과 직면했다. 메리 제인은 자신이 선택했던 방식으로는 자기 자신이 될 수 없었다. 이것은 그녀가 갈망해 왔던 평화로부터 더 멀어지게만 했다.

이와 비슷하게 치료자의 입장에서 이런 입장을 무조건 교육받기 위해 그리고 모방하거나 따라 하기 위해 '내담자 중심'이 되려고 노력하는 것은 로저스가 기술했던 방식이나 과정과는 모순되는 것이다. 이런 것만을 촉진시키려는 목적을 가진 사람이라면 메리 제인이 젊은 여성은 마땅히 그러해야만 한다는 생각을 가지고 있다는 것을 그녀에게 명확히 해 주는 것 이외에 내담자 중심이 어떤 의미를 가지는지를 구체화시킬 수 없다. 무엇보다도 나는 로저스와 함께한 메리 제인의 이런 경험을 통하여 배웠던 것이 있다. 나는 수년 전에 그녀가 그랬던 것처럼 여행을 하면서 내담자 중심에서 내가 이상적으로 따라야 한다고 생각하는 개념을 버리고, 직접 풍경을 탐색하기를, 그것을 내 스스로의 것으로 만들 것을 요구받았다. 무언가 얻기 위해 포기하고, 내가 바라는 것들을 잃은 것에 대해 애도하는 것은 역설적인 작업이다. 그러나 나는 존재하고, 살아 있다. 이는 메리 제인과 같이 자신의 길을 잃은 사람에게 유용할 것이다.

참고문헌

Krishnamurti, J. (1987). *Krishnamurti to himself: His last journal.* New York: HarperCollins.

Rogers, C. R. (1951a). *Client-centered therapy: Its current practice, implications and theory.* Boston: Houghton Mifflin.

Rogers, C. R. (1951b). Perceptual reorganization in client-centered therapy. In R. R. Blake & G. V. Ramsey (Eds.), *Perceptions: An approach to personality* (pp. 323-325). New York: Ronald Press.

Rogers, C. R. (1963). *On becoming a person: A therapist's view of psychotherapy.* Boston: Houghton Mifflin.

Rogers, C. R. (1986). Rogers, Kohut, and Erickson: A personal perspective on some similarities and differences. *Person-Centered Review, 1,* 125-140.

현대 정신분석적 관점
–메리 제인 틸덴과 함께한 로저스의 단기 심리치료–

Jesse D. Geller
Edith Gould

칼 로저스의 이 선구적인 작업은 심리치료의 역사에서 특별한 위치를 차지한다. 로저스는 실제로 내담자와 함께 공적인 조사와 과학적인 연구를 가능하게 한 최초의 주요 이론가였다. 1946년에 메리 제인 틸덴이라는 가명의 젊은 여성과 함께한 단기 심리치료의 상세한 기록은 그의 유산이다. 이 장에서는 현대 정신분석적 관점에서 이 사례를 살펴보고자 한다. 이 사례의 시대에 로저스의 작업을 이끌었던 이론적 원리에 비추어 치료 가능성과 제한점을 탐색하는 데 특별한 주의를 기울일 것이다.

프로이트처럼 로저스도 지속적인 연구를 통하여 자신의 이론 체계를 수정하고 다듬었다. 짐링(Zimring)과 라스킨(Raskin, 1992)에 의하면, 1940년대 중반 로저스 이론의 중심이 되는 가정이 다음과 같이 세워졌다. "내담자가 표현한 감정을 치료자가 수용하고 인식하며 분명하게 해 준다면, 부정적인 감정은 통찰과 긍정적인 행동을 수반하면서 긍정적인 감정으로 변화될 것이다." (p. 634)

우리는 현재 심리치료 상황과 치료 과정은 사회문화적인 맥락과 그들이 처해 있는 상황과 관련하여 고려해야 한다는 것을 알고 있다. 심리치료 형태와 치료에 내담자가 가져온 문제는 시간과 공간의 산물이다. 그러므로 우리는 현재 정신분석의 규정에 포함되어 있는 간단한 개요와 제2차 세계대전 이후의 미국 여성의 삶에 대한 논평을 살펴볼 것이다.

정신분석 치료: 개요

'기술적인 문제와 치료적 변화가 어떻게 일어나는가.'라는 질문에 대한 정신분석 이론은 1946년보다 훨씬 더 다양해졌다. 1992년 샌들러(Sandler)는 "모든 분석에 공통적으로 적용되는 기술적인 한 가지 이론을 말할 수는 없다."(p. 190)고 결론내렸다. 그러나 1950년대까지 정신분석 이론가들 사이에서는 정신분석에서 특징적으로 나타났던 억압된 유아기의 갈등을 밝히고 이를 다루기 위해 '전이신경증(transference neurosis)'이라는 용어를 사용하고, 이를 설명하고자 하는 합의가 있었다(Wallerstein, 1989). 정신분석 기술의 기본 구성 요소는 자유 연상, 소파의 사용, 꿈의 해석과 관계에서의 중립성 그리고 분석가의 비활동성이다.

1940년대 후반 로저스가 메리 제인을 치료했을 때, 정신분석가들은 정신분석과 정신분석 치료를 명확히 구분할 수 있다고 생각하고 있었다. 로저스는 아직 '상담'과 '정신분석'을 구분하지 않았다(Rogers, 1951). 현재는 정신분석과 정신분석 치료가 확실하게 구분되는 다른 형태의 치료라기보다는 부분적으로 겹치는 것이라고 보인다. 더불어 협소한 의미에서의 전이 신경증 개념은 유용성에서 의문이 제기되었고(Cooper, 1987), 남근 선망(Grossman & Stewart, 1976)과 여성 피학증(Person, 1990)과 같은 또 다른 개념으로 다시 공식화되기도 하였다. 전이라는 보다 넓은 개념(예: Gill, 1982)과 저항이라는 보완적 개념이 남아 있는 한편, 정신분석 이론의 중심에서 무의식적 역동과 상상의 내용물, 증상과 행동 등의 위장된 형태로 이 개념이 나타나기도 했다.

현재 흐름에서 정신분석 치료의 주요 목적과 방향은 치료 관계를 성립하는 것으로 이어진다. 내담자와 치료자는 치료 관계 안에서 특별히 두드러지게 나타나고 있고 문제시되는 징후의 시작, 정의 그리고 결과에 대해 함께 알아보고 해석하면서 부정적인 패턴과 증상적 징후를 명확히 하고 해결하는 데 공동의 목적을 둔다(Eagle, 1984).

다양성 안에서의 통일성

1940년대 후반 고전적인 방식으로 훈련받은 분석가들은 과거에는 잊혀졌던 무의식 과정을 좀 더 정서적으로 이해하려 하였다. 이는 정신분석의 변화를 양산해야 한다는 책임을 지고 있었기 때문이었다. 이것을 배타적으로 강조하는 근거는 조언하고 설득하는 방식의 여타 치료와 정신분석을 구분지으려는 프로이트의 노력에서 찾아볼 수 있다. 그러나 오늘날의 주요 견해는 변화를 단 하나의 기제로 보는 것은 실패를 초래한다고 본다. 일부 정신분석가는 작고 선택적인 역할을 했던 과거로 회귀하는 것이 치료적인 변화를 가져온다고 생각한다(Gill, 1982). 많은 현대 치료자가 이 입장을 받아들이고 있고, 우리는 내담자와 치료자 사이에 통찰을 얻는 것이 중요한 만큼 내담자와 분석가의 관계의 질 역시 중요하다는 데 의견을 같이 하고 있다(예: Eagle, 1984). 더불어 최근에는 치료적 관계에 잔잔하게 영향력을 미치는 관점인 내면화(internalization)가 긍정적인 분석으로의 변화를 가져오고 종결 이후에도 치료에서 얻은 것이 유지되게 하면서 독립적이고 긍정적인 기여를 하게 만든다는 가설을 강조하도록 새로 개정되었다(예: Dorpat, 1974; Geller, 1988; Kohut, 1971; Stolorow & Lachmann, 1980).

한마디로 말하자면, 정신분석은 '다양성 안에 융합'되는 방향으로 움직이고 있다(Loewald, 1978). 파인(Pine, 1988)에 의하면, 정신분석가들은 실제로 인간의 마음의 기능에는 개념적으로 분리된 네 가지 관점이 작용하고 있다고 보았는데, 이에는 '추동, 자아, 대상 관계 그리고 자기 심리학'이라는 용어를 사용한다(p. 571). 이 각각의 관점은 듣기, 관찰하기 그리고 고유한 임상 자료를 바탕으로 한 독창적이고 탁월한 관점을 제공한다. 치료가 계속되는 동안 서로 다른 내담자와의 정신분석 작업이 다양하게 교대로 이루어진다. 다음 페이지에서 메리 제인의 사례를 보면서 네 가지 관점이 어떻게 형성되어 있는지를 설명할 것이다.

본문을 여러 번 읽으면 두 가지 매우 중요한 결론을 얻을 수 있다. 첫째, 우리는 자기에 대한 긍정적인 여성성을 확립하기 위한 메리 제인의 분투에 깊은 인상을 받는다. 둘째, 우리는 로저스와 심리치료를 시작했을 때 어머니와 사회문화적 조건과의 관계 사이의 상호작용으로 인해 좌절한 메리 제인이 '보다 진정한 자기'(Winnicott, 1960)를 발견하기 위해 노력했음을 믿게 된다.

여성의 역할과 이미지: 1946

여성에 대한 문화적 개념과 여성 심리학의 정신분석적 관점과 관련하여 그들이 살았던 1946년은 현재와 많은 차이가 있다. 통계 정보, 사회학적 연구와 매스 미디어의 분석 내용을 보면, 제2차 세계대전이 끝나면서 미국 내 가정이 증가하고 전문적인 경력을 가진 여성을 폄하하는 태도가 다시 부활하기 시작했다. 혼인 증빙국은 미국 역사상 그 어느 때보다도 1946년에 가장 바빴다(미국인구조사국, 1946). 사회역사학자 필렌에 의하면(1974), 이 '결혼 열풍'은 그다음 10년 동안 지속되었고, 혼인 인구의 비율을 전례 없는 크기로 증가시켰다. 결혼하는 평균 연령은 전례 없이 낮아졌고, 특히 대학을 졸업한 20대 도시 백인 여성에게서 이 현상이 두드러졌다. 이 시기 동안 여대생들 사이에서 인기 있는 문구는 "나는 MRS 학위를 따기 위해 여기에 있어요."라는 것이었다. 출산율 또한 치솟아 제2차 세계대전 이후 동안 상승하였다. 1945년도에 31%의 백인 여성은 이상적인 자녀의 수를 네 명이라고 생각했다(Filene, 1974). 유명한 자녀 교육 권위자였던 벤자민 스포크 박사(Benjamin Spock, 1946)는 여성들에게 가정에 머물며 자녀를 양육하라고 촉구하였다.

제2차 세계대전이 끝났을 때, 전례 없이 많은 수의 여성, 특히 기혼여성이 일터에 있었다(Faludi, 1989). 그러나 많은 여성의 노동시장 유입에도 이전 세대의 여성처럼 새롭게 고용되는 대다수는 커리어가 필요하지 않은 단순 업무를 담당했다. 대부분의 젊은 여성은 일을 가정(결혼)으로 가는 길에 잠시 들르는 정거장으로 간주하거나 중상위 수준의 풍요를 누리기 위해 자신의 집안 수준을 상위 계층으로 높이는 수단으로 사용하였다. 이는 자신의 관심을 추구하고 최대한 재능에 맞는 일과는 반대되는 것이었다. 결론적으로, 소위 '커리어 우먼'으로 불리는 존재는 소설(Faludi, 1989)이나 영화(Haskell, 1974)에서나 존재하며, 세기가 바뀐 이래로 그 어느 때보다도 더욱 여자답지 못하고, 매력적이지 못하며 행복하지 못한 존재로 묘사되었다. 이런 경향이 두드러지면서 조언가들은 여성의 교육과 직업이 여성성의 상실, 결혼과 모성성의 부인을 가져오며 아울러 여성의 고용은 '정신적 불안정성'을 높인다는 경고로 가득 찬 수많은 책을 출간하였다(Faludi, 1989).

이러한 문화 개념들을 반영하여 정신분석이론에서는 이 시기 동안 여성 발달에 대한 남근 선망과 피학증의 역할을 강조하였다(Deutsch, 1944~1945). 여성의 성적 오르가슴은 여성 적응과 정신건강에 필수 불가결한 것으로 여겨졌다. 남근 선망이 이론화되어 있어서 '거세된' 소녀의 유일한 해결책은 결혼과 출산을 통해서 이상적인 남근을 얻을 수 있다는 소망을 얻는 것뿐이었다. 현대 정신분석학자들은 1940년에서 1950년에 걸친 정신분석 치료는 이러한 결론으로 인하여 절대적으로 편향되어 있고, 이에 따라 스스로를 모성과 결혼에 국한시키지 않으려는 여성에게는 문화적인 제재를 가하는 것을 지지했다고 지적했다(Eichenbaum & Orbach, 1982; Person, 1990).

요약하면, 메리 제인이 청소년기에서 성인기로 전환되는 시기의 문화는 그녀에게 아내와 어머니 말고는 다른 가능한 역할 모델을 제공하지 못했다. 돌이켜 보면, 이 내담자의 상태에서 가장 좋은 것은 차기 청소년기에 여성의 협소한 성 역할로 규정된 자기 자신을 해방시킬 수 있다는 전조로 해석하는 것이다.

치료의 시작에서

중상위층 가정의 다섯 자녀 중 넷째로 태어나 고등학교를 막 졸업한 메리 제인 틸덴은 어머니 손에 이끌려 1945년 로저스가 설립한 시카고 대학교 상담센터로 오게 되었다. 그녀의 어머니는 그녀를 '지나치게 집에만 있고' 또 '이상하게 행동한다'면서 "그 아이는 항상 잠만 자요……. 골똘히 생각에 잠겨 있는데, 잘 지내기가 점점 더 힘들어요."라고 설명했다. 그녀가 본 딸의 일탈은 분명히 걱정스럽고 유쾌해 보이지 않았다. 메리 제인의 어머니는 로저스에게 딸이 "정확히 무슨 문제가 있는지" 알고 싶다고 말했다. 딸이 '노처녀'가 되는 것을 막기 위해 가장된 간청을 한 것이었을까?

현대 진단적 기준에 의하면, 메리 제인은 주요우울장애를 겪고 있는 것으로 보인다. 자살 사고, 강한 자기 비판적 태도, 낮은 자존감, 자율 신경 증상, 동기 결여와 사회적 고립은 모두 우울증의 특징으로 정의된다. 그러나 로저스는 놀랍게도 체계적인 진단적 인터뷰를 수행하지 않았다. 아마 그는 우리와 똑같이 메리 제인의 전체적인 자아 기능에 인상을 받았을 것인데, 자아 기능은 자기 탐색을 할 수 있는 통찰력과 자발성을 포함하고 있다. 1946년의 정신역동적 치료자가 초기 면접을 실시했다면, 그는 메리 제인의 증상에 대한 병력의 특징, 발병 시기, 변천 과정을 조사했을 것이다. 정신분석을 지향하는 치료자는 그녀의 아동기와 청소년기 발달의 기억을 재현하고, 그녀를 위한 치료의 적합성을 평가하면서 이를 역동적으로 공식화했을 것이다.

첫 번째 인터뷰를 시작하는 순간부터 로저스는 지속적으로 지금–여기를 강조하며 탐색적인 분위기를 가능한 빨리 확립하려고 했다. 그는 그녀가 지금 여기에 오게 된 이유를 공손하게 개방형 질문을 하면서 시작했다. 그녀의 응답은 "그건 긴 이야기예요. 나는 나 자신을 찾을 수가 없어요. 내가 하는 모든 것이 다 잘못된 것처럼 보여요. 나는 사람들과 어울릴 수가 없어요. 만약 누군가가 나를 비판한다면, 나는 그것을 받아들일 수가 없어요. 내가 일을 했을 때, 누군가 비판적으로 말하면 나는 그냥 무너져 버려요." 였다.

그녀가 방금 이야기한 부분을 로저스가 명료화하고 있는데, 그녀는 계속 "그건 옛날로 거슬러 올라가요. 초등학교 때 나는 결코 어딘가에 소속되어 있다고 느끼지를 못했어요. 아, 가끔 나는 내가 우월하다고 느끼고 싶었지만 우울해졌어요. 나는 선생님들이 예뻐하는 아이였어요. 그렇지만 그것은 다른 여자아이들과 함께 지내는 데 별 도움이 되지는 못했어요."라고 이야기했다. 이러한 진술은 정보를 제공하고, 관련성이 있으며, 일관적이다. 메리 제인의 진술은 정확하고 심리학적으로 유효하며, 상호작용을 하며 참여할 수 있고, 그녀의 주 호소를 더 발전적인 관점에서 볼 수 있게 한다. 이런 태도는 그녀가 정신분석 치료에 적합한 내담자였다는 것을 보여 준다.

권위를 행사하는 방식

로저스가 세 번째, 일곱 번째 그리고 열 번째 회기에 질문으로 시작하고 있다는 것에 주목할 필요가 있다. "그럼, 오늘 이 시간은 어떻게 보내고 싶은가요?" "오늘은 무엇을 하는 날이죠?" 와 "오늘은 어때요?" 이렇게 개방형 질문을 하더라도 맞다 혹은 아니다라고 제한된 방식으로 응답할지도 모른다. 그럼에도 이런 질문은 내담자에게 자유 연상을 요구하는 것보다 훨씬 덜 직접적이다. 정신분석적 기법은 프로이트(1913)가 그의 환자들에게 마음에 떠오르는 것을 거르지 않고 말하기를 '지시' 했을 때 적절히 시행되었다.

로저스가 이렇게 개방형 질문을 하는 것은 권위를 행사하는 정신분석적인 방식을 자신만의 가치를 바탕으로 변형한 것으로 이해할 수 있는 많은 변형 중 하나다. 그는 권위를 행사하는 방식으로 '평등주의적인' 입장을 받아들였고, 자신의 전문 지식을 대단하다고 생각하지 않았다. 그는 메리 제인에게 어떻게 의사소통해야 하는지를 명쾌하게 이야기하지 않았을 뿐만 아니라 그녀가 무엇에 대하여 이야기해야 하는지도 말하지 않았다. 대신에 그녀가 인터뷰 과정에 대해 책임질 것을 부드럽게 격려해 주었다. 치료를 통하여 그는 그녀가 이야기하고 싶은 것을 선택하고 하나의 주제를 토론하고 마무리 짓는 것에 대해 그녀가 선호하는 방향대로 이끌 수 있도록 반복적인 기회를 제공했다. 메리 제인이 지속적으로 이렇게 이끌어 가도록 하면서 우리는 로저스가 그녀의 자주성과 상호 관계의 능력을 강화시키는 데 성공하였다고 믿는다.

정신분석 치료자들은 치료의 목적을 실현하기 위하여 내담자가 완전하고 동등한 파트너라는 것을 체험할 수 있도록 돕는다. 한편, 이런 방향성을 가지는 정신분석적인 노력은 내담자들이 치료자와 협력하려고 노력하면서 가까이서 충분히 체험한다는 가설을 바탕으로 하고 있는데, 어떤 내담자는 '권위자'와 관련하여 처음으로 분투하기도 하고, 이해하기도 하며, 어린아이같이 되기도 하고, 갈등적인 패턴을 보이기도 해야 한다. 예를 들면, 매우 의존적인 내담자를 돕기 위해서 단순히 치료자의 따뜻함, 지지를 받아들이는 입장을 넘어서는 것으로 자신을 스스로 도울 수 있도록 해야 한다. 또 다른 사람들은 권위에 도전하고자 하는 그들의 욕구를 다룬 이후에 치료 목표를 실현하기 위한 책임을 나눌 수 있다고 느낄 수 있게 된다.

우리는 그녀가 부모에게 수동적이고, 유순하며, 승인을 구하는 것에서 나오는 강력한 힘이 치료적 동맹을 통해 충분히 발전해 나갈 수 있는 것에 방해가 된다고 믿는다. 그리고 1946년에 갓 고등학교를 졸업한 스무 살 무직의 여자와 중년의 남자

박사와의 치료적 관계는 진정으로 평등한 관계일 수 없었을 것이라고 가정한다.

치료적 동맹

1940년대에 정신분석학자들은 치료적 관계에서의 '전이적 관점'과 '치료적 동맹'(Zetzel, 1956) 또는 '작업 동맹'(Greenson, 1967) 등으로 다양하게 불리는 것 사이에서 체계적으로 구분하지 못했다. 가장 폭넓게 정의된 전이적 반응은 소원, 희망 그리고 두려움의 방식으로 내담자에게 떠오른 본래의 어린 시절 상황과 유사한 것을 인식하여 반응하도록 이끌어 내는 것이었다(Basch, 1980).

오늘날 치료적 동맹은 적어도 두 가지 요인으로 구성되어 있다는 좀 더 발전된 의견이 제시되었다(Luborsky & Crits-Christoph, 1990). 첫 번째 요인은 내담자가 따뜻함을 받는 수혜자로 치료자를 따뜻하고, 도움이 되며, 지지적으로 경험한다는 것이다. 두 번째 요인은 내담자를 방해하는 것과 공동으로 싸우며 공동으로 작업하는 감각에 기인한다. 여기서 강조할 것은 치료 목적을 실현하기 위한 공동의 책임감이다. 첫 번째 유형의 동맹이 지배적일 때, 내담자는 치료에 의해 변화를 느끼고, 치료 과정은 유의미한 변화를 이끄는 내담자 자신의 노력과 능력을 경험하지 않고도 문제를 극복하게 되어 중요한 변화를 가져오는 데 기여하게 된다.

우리의 이론적 관점에 의하면, 첫 번째 종류(예: 따뜻함, 보살핌과 지지에 기반한)의 동맹이 구축된다면, 그들의 관계 안에서 무조건적으로 정직해야 한다는 의무감에 저항하는 내담자의 방식과 내담자와 치료자의 관계 내에서의 힘의 격차와 지위 불평등에 대한 내담자의 갈등적 반응 모두를 탐색하는 것이 가능해진다. 이 작업은 점차 치료적 관계를 평등하게 하고, 두 번째 종류의 동맹 관계의—공동의 노력과 작업에 대한 책임—출현을 가능하게 한다.

현재 치료적 관계의 구축은 치료적 개입에서 빠질 수 없는 중요한 전제 조건으로 간주된다. 동맹 관계에서 우려되는 것이나 불화에 일관적으로 초점을 두는 것은 일반적으로 작업의 성공에 필수적인 것으로 가정했다. 지속적으로 동맹 관계의 질을 관찰하고 동맹 관계 내에 혼란이 발생할 때, 특히 정신역동적 심리치료의 단기 형태 지지자들 사이에서는 즉각 개입할 것을 강조하고 있다(예: Davanloo, 1980; Malan, 1976; Sifneos, 1979).

로저스는 그렇게 분류한 적은 없지만, 그도 치료적 동맹을 구축하기 위한 기반을 세우려 했다. 예를 들면, 첫 번째 인터뷰 중반부에 로저스는 그의 심리치료 방식을 메리 제인에게 교육하려는 시도를 한다. 그는 그녀에게 치료 목적을 달성하기 위해서는 어느 정도의 박탈감과 고통을 견뎌야만 한다는 개념을 전한다. 그녀의 어려움에 대한 그의 기술의 이론적 근거를 제공한다. 그는 심리치료의 성공을 보장하지는 않지만, 자신만의 접근법으로 자신감 있는 태도를 보여 줬다. 예를 들어, 로저스는 메리 제인에게 "많은 사람은 이것을 시도해 왔고, 이렇게 하는 것이 도움이 된다는 것을 발견했어요. 하지만 당신에게 아무것도 보장해 줄 수는 없네요. 그것이 도움이 될지 안 될지는요."라고 말한다. 이후의 인터뷰에서 그는 "나는 당신이 만족할 수 있는 답을 찾아내는 데 도움을 주고자 하겠지만, 당신에게 많은 것을 대답해 주지는 않을 거예요."라고 말한다. 이런 모든 발언은 평소답지 않게 장황하고 투박한 방식으로 이루어졌다.

이 인터뷰들을 주의 깊게 살펴보면 로저스와 메리 제인이 결코 치료 목표, 관계에 대한 책임이나 치료 작업에 필요한 일종의 애착이나 치료 작업에서 요구되는 관계에 대하여 완전한 합의점에 이른 적이 없다는 것을 알 수 있다. 메리 제인의 부재, 취소, 반복적으로 종결하고자 하는 조짐과 치료에 대해 직접적으로든 간접적으로든 실망감을 표현하는 것은 수정될 필요가 있는 동맹의 진단적 특징이다. 앞에서 제시한 이론적 발달 때문에 만약 로저스가 오늘날 작업한다면 그는 현재 진행하는 방식으로 메리 제인의 양가적인 감정에 치료 개입을 검토하고 명료화했을 것을 알고 있다.

치료적으로 경청하기

내담자가 자신과 타인, 타인과의 관계에 대해 이야기하는 거의 모든 자료는 여러 가지로 해석될 수 있다. 이른바 치료 학파나 이론 간의 차이는 내담자의 커뮤니케이션에 내재되어 있는 여러 다양한 의미의 다른 양상을 강조하고 있는 것이다. 결과적으로 파인이 명료화한 네 가지 이론에 초점을 맞추면서 임상가들은 동일한 임상적 자료라 해도 각기 다른 측면에 주의를 기울이게 된다.

예를 들어, 대상 관계적 입장에서 볼 때 임상가는 메리 제인의 성과 공격성의 문제에 관련된 갈등에는 관심을 적게 기울일 것이고, 상대적으로 임상가가 본능적 추동과 그에 따른 파생의 중요성을 강조하는 관점을 가지고 있다면 분리-개별화의 갈등에 더 많은 주의를 기울일 것이다. 본문을 읽어 보면, 우리는 청소년 후기의 발달 과업을 성취하는 데 실패해서 좌절하지만 그런 자기(self)에 독립성과 가치를 만들어 내는 메리 제인의 노력에 가장 깊은 인상을 받았다(예: 자기와 비자기 사이의 구분을 지속적으로 계속 해 나가는 동안 초기 성인의 정체성을 확고히 하고, 친밀한 관계를 발전시킬 수 있는 능력을 발달시킨 것).

모든 치료 이론은 무엇을 경청해야 하는가에 대한 것뿐만 아니라 어떻게 경청해야 하는지 역시 제시하고 있다. 이론 자체가 가진 제한적이고 편향된 부분에 대응하기 위하여 프로이트(1913)는 정신분석가들에게 '균등하게 주의를 주기'를 통해 환자가 이야기한 것에 경청하도록 충고하였다. 이 특별한 듣기 방식에 요구되는 것은 초점과 초점이 맞지 않는 이야기 간에 주의를 할당해서 지속적으로 주기적 전환을 하는 것이다. 파인(1988)은 "분석적으로 경청하는 과업은 인간 기능에 대한 지식을 잠시 보류하고, 특정 시간을 함께하는 특정 환자를 가장 잘 이해하기 위해 개방적인 무지함을 남겨둔다."라고 주장한다(p. 578).

로저스의 경청 방식은 참을성 있고, 주의 깊으며, 관심을 두고, 개입을 최소화하며, 목적 지향적이고, 공감적인 것으로 가장 잘 묘사될 수 있다. 그가 메리 제인이 말하는 것에 대해 다양한 함축을 하고 있다 해도 그의 경청은 사실상 '균등하게 나뉜' 것으로 특징지을 수 없다. 오늘날 최적의 경청과 관련된 정신분석적 모델은 치료자의 효과적인 경청에 대해 '무지향적인' 것뿐만 아니라 내담자의 욕구, 감정, 관점에 공감적으로 적절히 대응해야만 한다는 가정에 근간을 두고 있다(Schwaber, 1983; Spence, 1982). 1951년이 되어서야 로저스는 정서의 명료화보다는 공감적 경청을 치료 이론의 중심에 놓았다. 그럼에도 로저스가 메리 제인의 관점에서 세상을 보려고 시도했다는 증거는 충분하다. 그것은 물론 공감적 경청이다. 그는 개방적이고, 비판단적인 능력을 가지고 있었고, 그녀의 사적이고 직관적인 세계에 매 순간순간 함께 했다. 더불어 코헛의 예상대로 로저스는 공감을 단순히 관찰의 도구로 사용하는 것이 아니라 그 자체를 치유제로 여기는 최초의 이론가였다(Kahn, 1985).

일반적으로 치료를 할 때면 비록 가장 경험 많고 잘 교육받은 치료자일지라도 때때로 내담자를 공감적으로 이해하는 데 실패하거나 방어적으로 이해만을 추구하면서 철수하게 하는 경우도 있다. 로저스의 기술은 부분적으로 치료자의 이해 능력이 항상 불완전하고 완벽할 수 없다는 사실을 다루고자 하는 시도로 이해할 수 있다. 이런 현실에 이어 코헛(1971)은 임상가가 공감을 계속해 나가는 것과 공감의 실패, 그들의 회복의 치료 가능성에 주목한다. 코헛에 의하면, 오해할 수 있고 불확실한 내담자의 부정적 감정에 대해 공감적이고 반복적인 언어적 개입을 하는 것은 점차 '내재화를 변형시키는 것'과 자기에 대한 감각을 구조화하는 것을 촉진시킨다. 로저스는 직관적으로 공감, 분열, 회복의 순환이 나타난다는 코헛의 가설은 어떤 사건이 일어났을 때, 순차적으로 일어날 수 있다고 제시했다.

초기 회기를 통해 메리 제인은 그녀가 바라는 것처럼 자기의 관점을 차별화하고, 정의하며, 명료화하는 것에 어려움을 가지고 있을 뿐 아니라, 자기 주장에 대한 억압, 여성으로서의 자기에 대한 의심과 부적절한 느낌, 자기 지시를 해야 하는 책임감에 대한 갈등, '진정한 자기'를 드러내야 하는 두려움 등의 풍부한 예를 로저스에게 제시하고 있다.

반면, 메리 제인은 그녀의 장점과 재능은 물론 자기 확대와 자기 과시욕이 강한 성향을 오히려 숨기려 하였다. 주목할 만한 예는 세 번째 인터뷰의 끝부분에서 나타났다. 이 시점에서 내담자는 용감하게 자기 이미지의 자기애적 요소를 약간 드러냈다. "나는 선생님들의 귀여움을 받았어요. 나는 변호사 딸이고 모든 사람이 나 자신이나 내가 하는 것을 너무 좋게 생각했어요. 그렇지만 나는 다른 누군가보다 더 나아질 수 없어요. 나는 사람들과 잘 지내려고 노력하지 않았어요. 그럴 필요가 없었거든요. 내가 더 나았으니까요."

우리는 메리 제인이 '명예에 맞게 살아가는 것'에 부응하지 못한 것(Horney, 1950)보다 '과장된 자기'에 관하여 더욱 수치스럽게 느낀다는 것(Kohut, 1971), 치료자에게 타인에 대한 그녀의 우월감을 드러내야 하는 것에 굴욕감을 느낀다는 것을 알 수 있다. 루이스(Lewis, 1980)는 우리에게 자기 노출의 결과에 대한 수치심을 인식하고 받아들이는 것이 중요하다는 것을 깨닫게 했다. 우리는 로저스가 그의 이론적 지향 때문에 메리 제인의 표현되지 않은 수치심에 부주의했던 것은 로저스가 그녀의 자존감을 강화시키고 자기애적 손상을 막으려 하는 것에 메리 제인이 공감하지 못하게 하고 이후에 이를 철회하게 했을 수 있음을 가정한다.

세 번째 회기 이후 메리 제인의 어머니가 메리 제인이 '아프기' 때문에 다음 약속 일정을 취소하려고 전화하는 것에 주목할 필요가 있다. 그다음 주 메리 제인의 어머니는 두 번째 건 전화에서 로저스에게 딸이 "방문하기를 꺼려 한다."며 치료가 그녀에게 많은 도움이 되지 않았다는 것을 알려 주었다. 거기에는 분명히 치료 관계의 균열이 있었다. 세 번째 인터뷰가 끝났을 때, 그녀가 그다음 주 약속 일정에 관해 애매하게 대답하는 것은 '마음에 내키지 않는' 것임을 시사하는 것이었다.

결국 이 시기 로저스는 메리 제인에게 편지를 쓰기에 이르렀다. 편지에서 그는 그녀의 좌절감에 대해 따뜻함과 관심, 이해를 표현했으나, 치료를 다시 받는 것에 대한 결정은 그녀에게 맡겼다. 우리는 이 편지가 세 번째 인터뷰에서 발생한 치료적 동맹 관계의 균열을 회복하고, 메리 제인이 다시 치료에 참여하게 만들었다고 믿는다.

명료화, 직면 그리고 해석

로저스의 이론적 입장에 의하면, 그는 메리 제인의 감정을 언어적으로 표현하는 데 정교한 민감성을 발휘하며 경청했다. 그의 경력에서 감정의 명료화를 통찰력과 동일한 것으로 간주했다 할지라도 로저스는 메리 제인의 자기 개방의 의식이나 무의식적 주제 내용을 명료화하거나 해석하려는 시도는 하지 않았다. 장기심리치료뿐 아니라 단기심리치료에서도 해당하는 현대 정신역동적 접근의 두 가지 기본적인 출발점이다(예: Luborsky, 1984; Strupp & Binder, 1984).

해석은 본질적으로 설명하는 것이다. 이 설명은 새로운 의미를 제시하고, 행동을 하는 근본적인 이유를 설명한다. 해석은 여러 형태를 띠지만, 이것은 모두 내담자가 새로운 방식이나 새 관점을 형성할 수 있도록 자신을 이해하도록 하는 데 목적이 있다. 전통적인 정신분석적 접근에서는 명료화와 직면을 포함한 다른 모든 치료 개입은 전이 해석과 통찰의 새로운 결과물을 얻기 위한 기초적 토대로 간주되어 왔다.

오늘날 많은 분석가는 해석을 통해 통찰을 이끌어 내는 것을 계속 강조함으로써 더욱 의식적인 삶을 살게 한다. 또 다른 부류는 해석을 통한 관계 전이의 힘을 강조하는데, 이는 치료자의 '분석적 태도'를 대변해 주는 건설적인 공감을 촉진시키는 능력을 포함하고 있다(Schafer, 1983). 오늘날 정신분석적 치료자들은 현재 행동의 의미를 과거의 정서적으로 중요한 사건과 효과적으로 연결시키고 회기 중에 단독으로 진술한 것과 일어난 사건들과 연결시켜 나가는 해석에 의존한다. 이런 방법으로 잠재된 주제들이 떠오르고, 내담자들은 그들의 저항에 익숙해지게 된다.

이렇게 표준화된 기술 안에서 저항하는 내담자는 자신의 순진성이나 무지함을 유지하기 위하여 분석자에게 '숨기거나' '반항하는' 것을 시도하는 적군으로 비춰진다. 그러나 저항에 대한 더욱 긍정적인 재해석은 저항을 시도함으로써 내담자의 외상에 대한 두려움에 공감적 이해를 표현하고자 하는 것임을 강조한다(Schafer, 1976).

우리는 앞의 두 가지로 저항을 개념화하여 사용한다. 그러나 로저스의 접근에서 이 두 관점은 분명하지 않다. 예를 들어, 저항의 개념에 반대하는 관점에서는 다음과 같은 질문을 제시한다. 메리 제인이 약속을 취소했을 때 무엇을 회피하려고 했나? 왜 메리 제인은 아버지나 오빠에 대해서는 많은 것을 말하지 않았나? 반면, 긍정적인 관점에서 다른 질문을 할 수 있다. 즉, 메리 제인이 약속을 취소했을 때 무슨 목적을 이루려고 했나? 그녀가 약속을 자주 변경하려고 한 것은 로저스의 권위에 도전하기 위해서라기보다는 그녀의 자주성을 주장하려는 시도가 아니었을까?

이런 두 가지 관점은 메리 제인 회기의 갑작스런 종결과 관련 있다. 한편, 그녀의 갑작스럽고 일방적인 종결은 어머니와의 관계에서 이별에 대한 죄책감을 회피하려는 시도로 해석될 수 있다. 다른 한편으로 그것은 그녀의 소망과 독립적 기능에 대한 능력 향상의 긍정적인 신호로 여길 수도 있다. 우리의 경험상 내담자의 저항에 대한 해석을 본질적으로 하지 못한 것은 그 의미가 무엇이든 결국 조기 종결을 이끌게 된다.

해석과 반대로 명료화는 내담자의 경험을 치료자가 아닌 내담자의 말로 옮기기 위한 시도다. 명료화는 근본적으로 재진술, 반영 혹은 요약으로 내담자와 언어적 혹은 비언어적으로 의사소통하는 것을 말한다. 내담자가 자신의 내면이나 갈등에 대해 분명히 묘사하는 것은 항상 정신역동적 치료에서 매우 중요한 역할을 했다. 내담자가 한 말을 단순히 반복하는 것일지라도 그것은 주목할 만한 효과를 가져온다. 왜냐하면 '치료자가 공감할 때 환자는 매우 다른 의미로 듣는 것'(p. 74)이 관찰되었기 때문이다(Horowitz, Marmar, Krupnick, Wilner, & Wallerstein, 1984). 내담자가 두려워하는 용어를 침착하게 사용하는 것은 정말 위험하기 때문에 그들에게 잠재적 불안을 일으키는 말의 의미를 떨쳐 버리고 충분히 표현하지 못하게 하는데, 이것은 내담자로 하여금 용기를 주어 위협적인 주제를 더욱 용기 있게 이야기하도록 한다.

이것은 로저스와 메리 제인을 통해 이해할 수 있다. 로저스는 그녀에게 마음속에서 문제가 되거나 일시적인 문제의 원인이 되는 사건들을 재구성하도록 요구하지 않았다. 예를 들어, "나는 무척 상처받았어요." "누군가 나에게 더러운 속임수를 쓸 거예요."와 같이 메리 제인이 '핵심적인 갈등 주제'에 사로잡혀 있다는 것을 표현했을 때(Luborsky, 1984), 또한 일곱 번째 회기의 요약 내용에서 "직장 동료가 내가 관심 있는 남자와 같이 나갔을 때, 질투심이 든 것은 나를 매우 놀라게 했어요."라는 말에서 로저스는 그녀에게 이런 체험을 좀 더 충분히 경험하도록 요구하기보다 그녀의 감정을 명료화하는 것을 계속했다. 우리는 이렇게 제한하는 것이 치료 회기 동안 메리 제인의 기능의 신속성과 깊이를 억제시키는 데 영향을 주었다고 믿는다.

로왈드(Loewald, 1978)가 '능동적 반영'이라고 언급했던 것은 명료화와 해석의 경계를 희미하게 한다. 로왈드에 의하면 이러한 치료적 개입은 더욱 정확하고, 생생하며, 통합적이고, 감정을 더 구분 짓는 방식으로 내담자가 한 말을 명백히 진술한다. 로저스는 메리 제인이 표현한 생각과 감정 이상으로 명료화하기를 꺼려했다. 그녀가 바라보는 시선으로 메리 제인의 경험을 말로 옮기면서 로저스는 그녀의 이해받고, 존중받고, 존경받는 감정을 강화하는 데 성공했다. 그러나 우리는 그녀가 언어적 혹은 비언어적으로 커뮤니케이션 했던 내용을 바꾸거나 해석하지 않고도 좀 더 구체적이고 분명하며 개인적이고 친숙하게 이를 다루고 있는데, 로저스는 그녀의 힘들었던 모습과 관련하여 무엇을, 언제, 어떻게, 왜와 같이 너무 깊이 있게 자기 탐색을 하는 것을 제한하였다.

로저스 이론의 발전에 있어서 이 단계에서의 기술은 직면의 사용을 또한 금지하고 있다. 직면은 치료자의 탐색 욕구로 인한 현상으로 내담자에게 의식적 자각을 가져온다(Greenson, 1967). 예를 들어, 직면은 내담자의 말과 행동의 불일치나 두 진술 간의 불일치를 자각하도록 돕는 데 사용되곤 했다. 현대 정신분석적 기법에서는 어떤 식으로 내담자가 이야기했는지, 어떤 말은 하고 어떤 말은 하지 않았는지를 인식시키는데, 원칙적으로 다른 것들만큼 중요한 '치료적 자료'로 여겨졌다(Shapiro,

1989). 다시 말해, 자아의 출현에 대한 연구에서는 어떤 내담자가 유아기적 소망, 환상과 관련된 연상, 의식 속에 있는 기억이 나타나는 것에 저항하면서 '방식'에 민감하게 초점을 두었다(Shapiro, 1965).

임상적 가설은 내담자의 표현 방식, 어떤 것을 토론할 때의 태도, 치료자를 향한 전이된 태도와 관련 있다. 예를 들어, 히스테리적 경향을 강하게 보이는 문제는 메리 제인이 '그것(it)'이라는 용어와 갈등적인 문제를 대변하는 다른 애매한 지시어를 사용할 때, 알아볼 수 있다. 현대 정신분석 치료자들은 내담자가 막연하게 이야기할 때, 치료자는 더욱 구체적이고 사실적으로 말하도록 되묻거나 그들이 막연하게 말하고 있는 것에 직면하도록 한다. 로저스는 메리 제인이 무엇을 말하고 있는지와 어떻게 말하고 있는지의 차이를 구분하여 직면할 수 있는 중요한 기회를 놓쳤다. 예를 들어, 메리 제인은 첫 번째 인터뷰에서 "그리고 나는 그냥 모든 것에 대한 신념을 잃은 것 같아요……. 이것은 정말 끔찍한 일이에요."라고 말한 뒤 웃는다. 회기 후반부에 그녀는 다시 "나는 무엇인가에 대한 정말 끔찍한 갈등을 겪고 있어요. 그것은 나를 매우 끔찍하게 만들어요."라고 말하고 웃는다. 정신역동 심리치료의 단기치료 지지자들(예: Sifneos, 1979; Strupp & Binder, 1984)은 불일치되는 것에 대한 의미와 결과를 내담자가 계속적으로 자각하는 것에 대하여 그 중요성을 강조해 왔다.

심리치료의 목적

정신분석이나 정신분석 심리치료의 목표나 목적을 기술하는 데에는 여러 방법이 있다. 고전적인 추동 이론의 주된 목적은 통찰을 만들어 내는 것이다. 이것의 기본 전제는 무의식적인 방어를 의식적 선택으로 바꿔 의식하고 언어화하는 것에 대한 저항을 점차 줄여 주고자 하는 것이다. 몇 가지 중요한 관점에서 통찰을 높여 주는 능력은 자아 발달을 조성하는 것과 같은 의미라고 전제한다. 로왈드(Loewald, 1978)

는 의식과 자아에 의해 다른 무엇이 전달되든 이러한 용어들은 "그의 역사에서 책임을 져야 하고, 그가 살아온 역사와 만들어 갈 역사를 이야기한다(p. 34)." 고 썼다. 바꾸어 말하면, 단기 정신분석적 심리치료의 목적은 "명백하게 수동성을 가지고 있는 활동에 대한 확장된 이해"를 가져오는 것이다(Schafer, 1973, p. 138).

로저스의 치료적 노력은 내담자에게 도움이 될 수 있는 방향으로 치료를 진행하거나 그녀의 주관적인 체험에서 자신에게 소유권이 있음을 받아들일 수 있도록 하는 것이었다. 로저스와 함께하는 치료 중에 타인이나 메리 제인 자신에 대한 실망감에 대해서는 반응을 하지 않았던 것을 포괄하고 있다. 로저스의 작업 방식은 메리 제인이 자기와 화합하는 느낌을 구축하고, 충분히 내재화할 수 있는 능력을 갖추도록 돕는 방향이라 할 수 있다. 확실히 경력과 자기 심리학에 기대를 가진 로저스의 주요 목적은 내담자가 독창적 개성과 표현력을 개발하도록 지지하는 데 있었다.

우리는 간헐적으로 기술을 제외하려는 시도를 하는 로저스의 기술이 메리 제인의 고통을 경감시켰고, 기술적 변화를 촉진시키는 다양한 정신 내부와 개인 내적 변화 과정을 일으켰다는 것을 믿는다. 우선 극도의 좌절감을 완화시키면서 그는 메리 제인에게 공감적 반응을 지속적으로 제공했다. 대부분의 분석적으로 훈련 받는 분석가들처럼 로저스는 충고, 지도, 안심시키는 말을 했다. 그는 관대하지도 비판적이지도 않았다. 그녀가 '응답'을 자주 요구하는 데에도 응하지 않았고 로저스는 내담자가 스스로의 삶에 대한 책임을 더 많이 가질 수 있도록 했다.

두 번째로 몇몇 상황에서 비해석적 입장에 있었던 로저스는 메리 제인에게 그녀의 감정, 욕구와 관점에 대한 깊은 이해를 전달할 수 있었다. 아홉 번째 인터뷰에서 두 가지 예를 찾아 볼 수 있는데, 메리 제인은 울기 시작하면서 "비바람이 부네요." 라고 말한다. 로저스는 "사람들이 말하기를 비 온 뒤 땅이 굳는다고 하죠."라고 반응한다. 잠시 후에 그녀는 자신이 어머니에게 의존하는 것에 관해 이야기한다. 여기서 로저스는 "당신은 그녀에게 의지했네요."라며 해석을 해 준다.

더불어 메리 제인이 충분히 경험하고 그의 접근 방식에 대해 명확히 비판하도록 함으로써 그녀가 자신의 진정한 감정 반응에 더욱 완전히 책임지도록 한 것도 사실이다. 몇몇 주요한 경우에 비지시적으로 개입하는 것과는 별도로 로저스는 메리 제인에게 '교정적 정서 체험(corrective emotional experience)'을 제공했다(Alexander & French, 1946). 예를 들어, 열 번째 인터뷰에서 로저스는 메리 제인에게 그녀 마음속에 있던 어머니에 대해 분노를 표출할 수 있도록 '허락'해 주었고, 그녀의 의견과 어머니의 의견에 분명한 선을 그을 수 있도록 하였다. 그녀의 공격적인 감정을 수용하면서 그녀가 더욱 자연스럽게 느끼고 차분해질 수 있도록 했다.

정신분석자인 알렉산더와 프렌치(Alexander & French, 1946)는 유전적 이해에 대한 중요성에 도전하는 단기 중심 심리치료의 방법론을 평가할 때, '교정적 정서 체험'이라는 용어를 고안해 냈다. 알렉산더와 프렌치는 내담자에게 교정적 정서 체험을 제공하기 위해 조작과 통제를 이용한다는 것을 주장하기도 했는데, 로저스의 노력은 그가 깊이 느꼈던 정치적이고 철학적인 가치에서 나온 것 같았다.

정체성의 형성과 성정체성

우리는 로저스가 치료적으로 가장 약한 부분은 성과 성정체성을 다루는 문제와 그에 따른 전이를 표현하는 것과 관련 있다고 믿고 있다. 예를 들어, 회기에서 메리 제인은 결혼에 관련하여 여러 번 이야기했다. 첫 번째 인터뷰에서 그녀는 로저스에게 결혼한 두 자매가 있다고 말했으나, 그녀는 "결혼을 하는 것에 적합하지 않을 것 같아." "두렵다."고 표현한다. 네 번째 인터뷰에서 그녀는 '자연스러워지려는' 문제와 어떤 식으로든 결혼은 실패할 것이라고 말했다. 이 내담자는 "나는 내가 완벽하게 할 것이라는 확신을 가지고 싶어요. 이런 생각이 반복되는 것이 두려워요."라고 계속해서 이야기했다. 우리에게 메리 제인은 성과 성정체성에 대한 두려움을 암시하고 있는 것처럼 보인다. 그러나 로저스는 이 모호한 주제를 끄집어내지 않았다.

그녀는 성적으로 '자연스러워' 지고자 하는 소망을 표현했지만, 그녀가 자각하고 있는 것을 벗어난 주제는 간섭을 받았다.

로저스와 작업을 하는 동안 메리 제인은 어머니가 자신을 옥죄고 있음을 깨달았다. 그녀의 통찰과 심리학적 지향의 인상적인 본보기로 그녀는 어머니를 살아 있는 대리인으로 보면서 "자신의 자녀들과 융합되려고 시도하는" 으로 묘사한다. 왜냐하면 "어머니는 어떤 일들을 직면하고 싶어 하지 않기" 때문이라고 한다. 메리 제인은 큰 갈등에 사로잡혔다. 그녀는 자신만의 "발달적 자기분화 과정을 겪어야만 한다." (Stolorow, Brandchaft, & Atwood, 1987, p. 50)는 것인데, 이런 과정은 독립적이고 성적인 여성이 되려는 욕구를 포함하고 있다. 동시에 그녀의 어머니와의 생명줄을 유지하고 영속하려는 욕구에 압박을 받는다는 점이 특이하며, 자기 분화와도 반대되는 것이다. 결혼하고 성적으로 되는 것은 자신의 딸이 의존하기를 요구하는 어머니를 포기하는 것이다.

메리 제인에게 성정체성은 무의식적으로 어머니에게서 분리되는 것과 같다. 그녀를 살펴봤을 때, 자신을 어머니로부터 분리하고 구분하고자 하는 이런 매우 필수 불가결한 중대성에 대해 로저스는 이런 은폐된 방법으로 그녀를 성적인 사람이 되게 하고, 남성과 친밀감을 얻게 할 수 있을까? 로저스는 그녀가 자립하도록 지지했고 용기를 주었다. 그러나 그는 성적인 것과 관련된 한 젊은 여성의 두려움과 걱정에 대한 구체적인 언급은 피했다. 그의 비지시적인 이론적 자세는 가능한 가까이 내담자의 명백한 표현에 머무르는 것이었다.

메리 제인도 물론 성(sex)을 직접 언급하지는 않았고, 로저스도 그것을 언급하지 않았다. 메리 제인의 결혼에 대한 느낌을 깊숙이 탐색하지 못하고 로저스는 결혼이 여성의 성공의 증표라는 그녀의 믿음과 암암리에 결탁했다(현대 분석가들이 스무 살에 결혼을 안 한 것을 실패자라고 자가 평가하는 것에 동의할까?).

로저스가 메리 제인의 치료에서 성정체성에 관한 주제를 회피한 것은 그가 여성과의 관계에서 무의식적으로 가지고 있던 편견 때문이었을까? 1946년에 나라 전체가 결혼 열풍에 사로잡혔는데도 대부분의 영역에서 여성의 성 정체성은 인식되지 못했고 승인받지 못했다. 미디어에 퍼져 있는 여성의 이미지는 성적인 특징을 빼고, 앞치마를 두른 엄마, 부엌에서 더없이 열심히 일하며 즐거워하는 어머니의 이미지였다. 성모 마리아와 매춘부라는 양분화가 지배적인 문화였다. 아마도 내담자가 『여성으로서의 당신의 삶(Your Life as a Woman)』과 같은 자립과 관련된 여러 가지 서적을 읽은 것은 그녀의 어머니나 로저스에게서 얻지 못한 성적 깨달음을 구하고자 하는 시도였을 것이다.

로저스는 다른 정신분석가들과는 달리 여성의 본질과 능력에 대한 성적 고정관념을 결코 지지하지는 않았다. 그럼에도 메리 제인의 질문에 대해 혼자서 초월하도록 놔두며 아무런 도움도 주지 않았다. 그녀에게는 완고하게 규정된 여성의 역할이 그녀에게 적용되었다. 이 젊은 여성은 열등감이 매우 크다는 이야기를 했고, 지성, 아름다움 그리고 남녀 모두의 자발성을 부러워했다. 한편으로 그녀는 자신이 다른 사람들보다 우월하게 느낀다는 것을 인정했고, '오만한' 그리고 '우쭐해하는'이라고 자신에 대해 묘사했다. 특별히 다른 여성들과 비교했을 때 "[학교에서] 남학생들만큼 잘하는 유일한 사람이었어요."라고 말했다. 그녀는 로저스에게 자신의 위치와 자신을 이기적이라고 느꼈던 것, 타인의 욕구보다 앞서 있는 자신의 야망에 대하여 인정해 줄 것을 요구했다. 그녀는 또한 '평범한' 것이 아닌, 무엇인가 위대한 것을 하기 원하는 자신을 비난했다.

네 번째 인터뷰에서 메리 제인은 당시 상황에서 자신이 일을 갖는다는 것이 고용주에게 공평하지 못하다는 상상을 했다. 로저스는 이것을 그녀의 '자기애적' 포부에 대한 반영의 기회로 삼았다. 그는 그녀의 뒤에서 단순히 반영해 주는 대신 "당신은 그것을 공평하다고 느끼는군요."라고 해 주었다. 비록 메리 제인은 분명 미술, 조각과 춤에 흥미를 가진 우수한 학생이었지만, 그녀는 이런 재능과 흥미를 과소평가하거나 본질적으로 방어하기 위해 로저스에게 동조를 요구하였다. 심지어 첫 번째 인터뷰에서 그녀는 로저스에게 공부가 어떻게 '다른 세계'를 만들어 냈는지에 대해 말했다. 그 세계는 그녀를 무엇인가 '조금 뛰어나게' 해 주었다. 우리가 보기에 내담자는 자기 향상 능력과 고독, 지적인 행동에서 유래한 즐거움을 묘사했다. 공부를 하는 것이 그녀를 존재감 없지 않은 실질적인 사람으로 느끼도록 만들었다. 메리 제인의 자기애적 과장이 조절되지 않아서 자존심이 심각히 저하된 것은 분명하지만, 로저스는 약점을 강점으로 바꾸려 하지 않았다. 우리는 치료 과정 동안 그녀의 과장이 더욱 실재적인 이상적 자아로 바뀌었다고 믿는다. 한편, 치료적 종결에서도 본질적으로 남성을 동경하고자 하는 메리 제인의 열망을 통해 성공과 야망을 이루려는 노력은 결과적으로는 회피된 것으로 여겨지는데, 거기에는 이유가 있다. 현대 정신분석적 치료자들은 이 관점이 성 역할과 성 기대에 대한 왜곡된 믿음이라고 도전하고 있다.

최종적으로, 로저스와 함께한 관계에서 메리 제인이 어머니와 아버지의 상호작용에 대해 이야기했었던 것을 정리한 핵심 갈등 주제를 요약했던 것이 문맥에서 제시되고 있다. 메리 제인은 어머니에게 불만이 있었다. 그녀는 어머니가 약점과 한계를 과도하게 보완해 주려 했었다고 이야기했다. 어머니의 심리적 의존을 강화시키고 확신을 주기 위해 그녀는 자신을 희생시켰다.

메리 제인 스스로 성적 주제에 대해 회피한 것은 그녀가 큰 변화를 보였고, 그런 주제에 대한 로저스의 불편감에 민감했기 때문일 수 있다. 그녀에게 이 무의식적인 담합은 어머니에 대한 순응적인 태도, 자기 희생을 하는 자세로의 복귀로 이해할 수 있다. 로저스의 치료적 개입에 계속해서 동의(그녀가 얼마나 자주 "맞아요."라고 했는지 주목해 보라)한 것은 자신을 위해 아버지에게 매우 절박하게 얻고 싶었던 칭찬을 로저스에게 해 주려는 의도일 수 있다. 이러한 무의식으로 재연된 전이의 영역은 결코 분석될 수 없다. 왜냐하면 그는 자아 개념을 점차 차별화되고 안정적이며 현실감이 있고 긍정적으로 세워 나가려는 내담자의 노력을 직접적으로 수반하고 있는데, 우리는 이런 노력이 탐색의 핵심적인 초점을 만들었다고 믿는다.

메리 제인에 관한 로저스의 노력에 대해 우리의 전반적 판단은 다음 일화로 설명될 수 있다. 재즈 음악가 존 라 포터(John La Porta)가 학생 한 명의 소문을 듣고는 이렇게 말했다. "네 연주에 대해 좋은 소식과 나쁜 소식이 있다. 좋은 소식은 네가 많은 테크닉을 익혔다는 것이다. 나쁜 소식은 네가 많은 테크닉을 익혔다는 것이다." (Crow, 1990, p. 45)

결론

심리치료의 목적이나 목표를 고려하면 심리치료에서는 어떤 성취를 이끌어 내든 제한적인 주제를 양산할 수밖에 없다. 메리 제인은 심한 자기비판, 절망감, 억압, 수용받지 못할 것에 대한 두려움, 목적을 잃은 것, 고독, 친구들로부터 소외된 것과 관련된 치료를 시작했다. 치료가 종결에 이르렀을 즈음 그녀는 훨씬 자기수용적으로 바뀌었다. 실패와 성공에 대한 두려움은 줄어들었다. 인생의 주요한 선택에 대해서도 명확해졌다. 결혼에 대한 관점을 수정하고, 아내로서의 자신을 상상할 수 있었다. 이별에 대한 죄책감이 줄어드는 경험을 했고, 특히 여성들과의 우정을 잘 형성하고 유지할 수 있었다. 이로써 칼 로저스는 20년 전 현대인에게 단기 정신역동적 심리치료를 시연한 것이다. 그것은 상대적으로 짧은 시간에 의욕적인 치료 목적을 성취할 수 있다는 가능성을 보여 주었다.

이 사례의 후기는 다음과 같다. 로저스와의 치료를 마친 1년 후, 메리 제인은 추후 인터뷰에 초대되어 왔다. 이때 그녀는 예전의 무가치감, 자신의 능력에 대한 의심과 무력감이 재기되는 것을 경험하고 있다고 보고했다. 이런 퇴행이 남자친구와 이별한 것에 대한 일시적 애도 반응으로 나타난 것이었을까 혹은 심리치료가 추가로 필요하다는 것을 의미하는 것이었을까? 이 사례의 최종 결과에 대한 로저스 자신의 의심은 우리 스스로에게 여러 가지 질문을 남긴다. 보통 예상되는 환경에서 어쩔 수 없는 좌절과 박탈감에 처해 있는 내담자에게 어떤 심리치료 과정이 효율적으로 이를 예방해 줄까? 메리 제인의 치료 효과는 전이치료로 설명될 수 있을까? 다시 말해, 그녀가 일시적으로 나아진 것은 로저스가 전이에 대해 분석하지 않고 순응적이었기 때문일까? 만약 우리가 제안한 것과 같이 로저스가 메리 제인의 무의식적 갈등인 성 정체성, 공격성 그리고 분리-개인화 문제를 좀 더 구체적으로 이야기했다면 치료 효과가 좀 더 있었을까? 만약 그랬다면 메리 제인이 로저스와의 관계에 대해 긍정적 영향력을 충분히 내재화하지 못했을 것이다. 예를 들어, 그녀는 치료자의 부재로 심리치료 작업을 계속할 수 없었다. 그럼에도 우리는 심리치료를 받고자 했던 메리 제인의 의견이 로저스의 따뜻함, 지지와 도움을 지속적으로 내면화했음을 나타내는 것이라고 믿는다.

참고문헌

Alexander, F., & French, T. (1946). *Psychoanalytic therapy: Principles and applications.* New York: Ronald Press.

Basch, M. F. (1980). *Doing psychotherapy.* New York: Basic Books.

Cooper, A. M. (1987). The transference neurosis: A concept ready for retirement. *Psychoanalytic Inquiry, 7,* 569-585.

Crow, B. (1990). *Jazz anecdotes.* New York: Oxford University Press.

Davanloo, H. (1980). *Short term dynamic psychotherapy.* New York: Jason Aronson.

Deutsch, H. (1944~1945). *The psychology of women* (2 vols.). New York: Grune & Stratton.

Dorpat, T. L. (1974). Internalization of the patient-analyst relationship in patients with narcissistic disorders. *International Journal of Psycho-Analysis, 55,* 183-191.

Eagle, M. N. (1984). *Recent developments in psychoanalysis.* New York: McGraw-Hill.

Eichenbaum, L., & Orbach, S. (1982). *Understanding women: A feminist psychoanalytic approach.* New York: Basic Books.

Faludi, S. (1989). *Backlash: The undeclared war against women.* New York: Crown.

Filene, P. G. (1974). *Him/her self: Sex roles in modern America.* New York: Harcourt Brace Jovanovich.

Freud, S. (1913). On beginning the treatment: Further recommendations on the technique of psychoanalysis. In J. Strachey (Ed. and Trans.), *The standard edition of the complete psychological works of Sigmund Freud* (Vol. 12). London: Hogarth Press.

Geller, J. D. (1987). The process of psychotherapy: Separation and the complex interplay among empathy, insight, and internalization. In J. Bloom-Feshbach & S. Bloom-Feshbach (Eds.), *The psychology of separation through the life span* (pp. 459-514). San Francisco: Jossey-Bass.

Gill, M. (1982). *Analysis of transference* (Vol. I). New York: International Universities Press.

Greenberg, J., & Mitchell, S. (1983). *Object relations in psychoanalytic theory.* Cambridge, MA: Harvard University Press.

Greenson, R. (1967). *The technique and practice of psychoanalysis* (Vol. I). New York: International Universities Press.

Grossman, W. I., & Stewart, W. A. (1976). Penis envy: From childhood wish to developmental metaphor. *Journal of the American Psychoanalytic Association, 24,* 193-212.

Haskell, M. (1974). *From reverence to rape.* New York: Holt, Rinehart & Winston.

Horney, K. (1950). *Neurosis and human growth.* New York: W. W. Norton.

Horowitz, M., Marmar, C., Krupnick, J., Wilner, N., & Wallerstein, R. (1984). *Personality styles in brief psychotherapy.* New York: Basic Books.

Kahn, E. (1985). Heinz Kohut and Carl Rogers: A timely comparison. *American Psychologist, 40,* 893-905.

Kohut, H. (1971). *The analysis of the self.* New York: International Universities Press.

Lewis, H. B. (1980). *Shame and guilt in the neuroses.* New York: Wiley.

Loewald, H. (1978). *Psychoanalysis and the history of the individual.* New Haven: Yale University Press.

Luborsky, L. (1984). *Principles of psychoanalytic psychotherapy: A manual of supportive-expressive treatment.* New York: Basic Books.

Luborsky, L., & Crits-Christoph, P. (1990). *Understanding transference.* New York: Basic Books.

Malan, D. (1976). *Frontiers of brief psychotherapy.* New York: Plenum.

Person, E. S. (1990). The influence of values in psychoanalysis: The case of female psychology. In C. Zanardi (Ed.), *Essential papers on the psychology of women* (pp. 305-331). New York: International Universities Press.

Pine, F. (1988). The four psychologies of psychoanalysis and their place in clinical work. *Journal of the American Psychoanalytic Association, 36,* 571-597.

Rogers, C. R. (1951). *Client-centered therapy.* Boston: Houghton Mifflin.

Sandler, J. (1992). Reflections on developments in the theory of psychoanalytic technique. *International Journal of Psycho-Analysis, 73,* 189-198.

Schafer, R. (1973). The termination of brief psychoanalytic psychotherapy. *International Journal of Psychoanalytic Psychotherapy, 2,* 135-148.

Schafer, R. (1976). *A new language for psychoanalysis.* New Haven: Yale University Press.

Schafer, R. (1983). *The analytic attitude.* New York: Basic Books.

Schwaber, E. A. (1983). Psychoanalytic listening and psychic reality. *International Review of Psycho-Analysis, 10,* 379-392.

Shapiro, D. (1965). *Neurotic styles.* New York: Basic Books.

Shapiro, D. (1989). *Psychotherapy of neurotic character.* New York: Basic Books.

Sifneos, P. (1979). *Short-term dynamic psychotherapy.* New York: Plenum.

Spence, D. P. (1982). *Narrative truth and historical truth.* New York: W. W. Norton.

Spock, B. (1946). *Common sense book of baby and child care.* New York: Duell, Sloan and Pierce.

Stolorow, R. D., Brandchaft, B., & Atwood, G. E. (1987). *Psychoanalytic treatment: An intersubjective approach.* Hillsdale, NJ: Analytic Press.

Stolorow, R. D., & Lachmann, F. M. (1980). *Psychoanalysis of developmental arrests: Theory and treatment.* New York: International Universities Press.

Strupp, H. H., & Binder, J. L. (1984). *Psychotherapy in a new key: A guide to time-limited dynamic psychotherapy.* New York: Basic Books.

U.S. Bureau of the Census. (1946). Marital status and family status. *Current Population Reports Series* (p. 20). Washington, DC: U.S. Government Printing Office.

Wallerstein, R. (1989). Psychoanalysis and psychotherapy: An historical perspective. *International Journal of Psycho-Analysis, 70*, 563-593.

Winnicott, D. W. (1960). *The maturational processes and the facilitating environment.* New York: International Universities Press.

Zetzel, E. R. (1956). Current concepts of transference. *International Journal of Psycho-Analysis, 37*, 369-376.

Zimring, F. M., & Raskin, N. J. (1992). Carl Rogers and client/person-centered therapy. In D. K. Freedheim (Ed.), *History of psychotherapy* (pp. 629-657). Washington, DC: American Psychological Association.

제 7 장
짐 브라운의 사례(1962)

축어록

화요일

칼 로저스: 여기 서랍 속에 담배가 있는 것을 보았어요. 흠? 예, 날씨가 덥군요. (25초 동안 침묵)

칼 로저스: 오늘 아침은 화가 좀 나 보이는데 내 착각일까요? (짐 브라운은 약간 머리를 흔들었다.) 화가 났나요? 어떤가요? (1분 26초 동안 침묵)

칼 로저스: 무슨 일이 일어나고 있는지 알고 싶군요. (12분 52초 동안 침묵)

칼 로저스: (부드럽게) 나는 내가 함께해서 도움이 되길 원해요. 마음속에 어떤 느낌이 든다면, 그 느낌이 무엇이든 괜찮아요. 또 다른 부분에서 "신경이 쓰여요. 나는

단순히 막대기처럼 여기 앉아 있는 건 아니에요."라고 정말 말하고 싶어요. (1분 11초 동안 침묵)

칼 로저스: 내 생각에 당신의 침묵은 원하지 않거나 지금 당장 내보일 수 없다고 말하는 것 같은데, 괜찮아요. 당신을 난처하게 하고 싶지 않아요. 하지만 내가 여기 있다는 사실을 알아줬으면 좋겠어요. (17분 41초 동안 침묵)

칼 로저스: 몇 분 후면 마쳐야 할 시간이군요.[1] (20초 동안 침묵)

칼 로저스: 당신이 어떻게 느끼는지 아는 것은 매우 어려운 일이었어요. 잠시 동안이지만 내가 당신이 어떤 기분인지를 잘 모를 거라고도 생각했죠. 아무튼 잠시라도 그런 느낌을 내려놓는 것은 좋아 보여요. 긴장을 완화시키는 것 말이에요. 하지만 난 정말 당신이 어떤 기분인지 잘 몰라요. 이것은 내 입장에서 본 것이에요. 최근에 안 좋은 일이 있었나요? (45초 동안 침묵)

칼 로저스: 오늘 아침, 당신은 내가 그만 말하기를 바라는 것 같네요. 그렇게 해야 하겠지만, 나는 어떠한 방식이라도 당신과 교감하기를 원해요. (2분 21초 동안 침묵) (짐 브라운은 하품한다.)

칼 로저스: 낙담했거나 피곤해 보이네요. (41초 동안 침묵)

짐 브라운: 아니요. 단지 비참할 뿐입니다.

칼 로저스: 모든 것이 비참한가요? 그런가요? 당신은 그렇게 느끼나요? (39초 동안 침묵)

칼 로저스: 평소처럼 금요일 12시에 오길 원하나요?

짐 브라운: (하품을 하며 이해할 수 없는 말을 중얼거린다.) (48초 동안 침묵)

칼 로저스: 비참한 기분에 깊이 빠져 있는 것처럼 보이는군요. 비참한 기분, 그렇죠? 그런 것 같나요?

1) 나는 짐이 떠나는 것이 매우 어려울 것이라는 것을 오랜 경험을 통해 알고 있다. 이런 이유로 점차로 짐 브라운에게 시간이 끝나기 10분에서 12분 전에 우리 시간이 거의 다 되어 간다고 알려 주는 방식을 선택했다. 이것은 내가 서두른다는 느낌을 주지 않고 떠나는 과정을 작업할 수 있게 해 준 것이다.

짐 브라운: 아니요.

칼 로저스: 아닌가요? (20초 동안 침묵)

짐 브라운: 아니요. 나는 누구에게도 쓸모없는 사람이에요. 결코 쓸모 있었던 적이 없었어요. 앞으로도 그럴 거예요.

칼 로저스: 지금 그렇게 느끼나요? 그런가요? 당신은 스스로를 쓸모없는 사람이라 여기고 다른 사람들에게도 쓸모없는 존재라고 여기는군요. 결코 누구에게도 가치 있지 않을 것이고요. 그런 당신은 완전히 가치가 없는 거군요. 그렇죠? 그래서 정말 비참한 기분이 드는 거군요. 당신은 전혀 쓸모없다고 느끼는군요.

짐 브라운: 예. (풀이 죽은 목소리로 나지막이 중얼거린다.) 그것은 일전에 나와 마을에 함께 간 남자가 나에게 말한 것이에요.

칼 로저스: 당신과 함께 마을에 간 남자가 정말로 당신에게 쓸모없다고 말했나요? 당신이 한 말이 맞나요? 내가 제대로 이해했나요?

짐 브라운: 음.

칼 로저스: 내가 제대로 들었다면 당신에게 의미하는 누군가가 있다는 생각이 드네요. 그는 당신을 어떻게 생각할까요? 그가 당신에게 쓸모없다고 말한 이유는 무엇일까요? 그것은 실제로 당신 안의 버팀목을 무너뜨렸군요. (짐 브라운은 조용히 눈물을 흘린다.) 이것이 눈물 나게 하는군요. (20초 동안 침묵)

짐 브라운: (상당히 도전적으로) 그래도 신경은 안 써요.

칼 로저스: 당신은 스스로에게 전혀 신경 쓰지 않는다고 말했지만, 울고 있는 것을 보면 조금은 신경 쓰고 있다는 생각이 드네요. (19초 동안 침묵)

칼 로저스: 내가 짐작하기에 당신의 마음은, "이곳에서 일생 동안 사람들이 나를 싫어한다고 느낄 때, 마치 나는 이런 충격을 받아 본 적이 없는 것처럼 또 다른 충격을 받았어요. 여기에 있는 누군가에게 애착을 느끼기 시작했다고 생각했는데, 지금 그는 나를 좋아하지 않아요. 나는 상관없다고 말할 거예요. 그것이 나에게 어떠한 변화를 만들지는 못하겠지만, 눈물이 뺨에서 흐르고 있어요."라고 느끼는 것 같

아요.

짐 브라운: (중얼거리면서) 항상 그것을 알고 있었다고 생각해요.

칼 로저스: 네?

짐 브라운: 나는 항상 그것을 알고 있었다고 생각해요.

칼 로저스: 내가 잘 이해했다면, 당신에게 끔찍한 상처가 되는 것은 그가 당신에게 쓸모없다고 말할 때인 것 같아요. 그것을 그냥 무시할 수도 있었지만, 이건 당신이 항상 느껴 왔던 것이군요. 그런가요? (짐 브라운은 작게 고개를 끄덕이며 동의한다.) 음. 그래서 이미 알고 있는 것을 그가 확인시켜 주었다고 느끼는군요. 그는 당신이 어떤 방식으로든 이미 느끼고 있던 것을 확인해 주고 있군요. (23초 동안 침묵)

칼 로저스: 그래서 그가 말한 것과 당신 안의 감정 사이에서 당신은 타인이 느끼는 것처럼 당신이 쓸모없는 사람이라고 느끼는 거군요. (2분 1초 동안 침묵)

칼 로저스: (신중하게) 나는 당신의 감정과 함께 당신이 느끼고 있는 것을 느끼려 하고 있어요. 이런 방식은 내 안에서 무언가를 떠오르게 하겠지만 나는 모르겠어요 . 여기에 당신이 만났던 누군가가 있고, 누군가와 함께 무언가를 하고 있어요. 당신에게 의미가 있는 누군가와 말이에요. 바로 지금! 그는 당신이 쓸모없는 사람이라고 말하면서 당신의 얼굴을 때려요. 이것은 정말 깊은 상처로 남았고 당신은 견딜 수 없어요. (30초 동안 침묵)

칼 로저스: 오늘 그 사람을 조용히 불러 보려고 해요. 짐 브라운. (1분 18초 동안 침묵)

칼 로저스: 정말로 상처가 되었군요? (그의 조용한 눈물에 대한 반응이다.) (26초 동안 침묵)

칼 로저스: 그 느낌이 분명했기 때문에 계속해서 울고 또 우는 것 같군요. (1분 3초 동안 침묵)

칼 로저스: 당신이 원한다면 휴지를 마음껏 사용하세요. 지금 계속할 수 있겠어요? (23초 동안 침묵)

칼 로저스: 나는 당신이 정말로 싫어할 것이라 생각되지만 다른 누군가를 보고 있어요. (20초 동안 침묵)

칼 로저스: 그것은 정말 나쁘군요. 그렇죠? (22초 동안 침묵)

칼 로저스: 나는 당신에게 한 가지 질문을 하고 싶고, 또 말하고 싶어요. 당신은 여전히 내 전화번호가 적힌 종이와 설명서 등을 가지고 있나요? (짐 브라운이 고개를 끄덕인다.) 좋아요. 만약 상황이 좋지 않아 우울할 때, 나에게 전화를 주세요. '그것 때문에' 나는 여기에 있고 당신이 필요할 때 도움을 주고 싶어요. 당신이 필요하다면 전화 주세요.[2)]

짐 브라운: 나는 도움을 받을 수 없을 거라고 생각해요.

칼 로저스: 네? 당신은 도움을 받을 수 없다고 느끼는군요. 나도 알아요. 당신은 자신에 대해 완전히 희망이 없다고 느끼는군요. 이해할 수 있어요. 나는 희망이 없다고 느끼지 않지만 나는 당신이 그렇다는 것을 알 수 있었어요. 누구도 당신을 도울 수 없고 당신은 도움을 받을 수 없군요.[3)] (2분 1초 동안 침묵)

칼 로저스: 나는 당신이 그렇게 느낀다고 생각하니 기분이 가라앉네요. 끔찍하군요. (2분 동안 침묵)

칼 로저스: 나는 다른 것도 있다고 생각해요. 나, 나는 아마 조금 후부터 오후 4시까지 바쁠 것 같아요. 그렇지만 오후에 우리가 다시 만나길 바란다면 4시쯤 만날 수 있어요. 괜찮나요? 우리는 금요일에 만날 거예요. 당신이 전화하지 않는다면 말이죠. 만약 누군가 당신이 우는 모습을 보는 것이 두려워 걱정이 된다면 잠시 동

2) 여기에서 두 단어에 대한 설명이 필요하다. 그는 너무 우울한 것 같아서 나는 그가 자살하고 싶은 감정을 느끼는 것에 걱정을 했다. 나는 그가 만약 절망감을 느낀다면 그가 나를 이용하기를 원했다. 환자는 허가 없이 전화하는 것이 허용되므로 나는 직원들과 짐에게 언제라도 그가 나와 접촉하기 바랄 때면 전화할 수 있도록 허용된 쪽지를 나의 집과 사무실 전화번호와 함께 주었다.

3) 내가 지금 이 순간 느끼는 감정을 표현하려 굉장히 큰 의지를 보여 주는 예다. 동시에 환자들은 나와 얼마나 다른지와 상관없이 그만의 느낌을 가질 환자의 권리를 받아들이다.

안 밖에 나갔다 오거나 나를 기다렸던 곳에 앉아 있으세요. 원하는 대로 하세요. 아니면 대기실에 내려가서 잡지를 읽으며 있기를 원하나요? 진짜로 가야 할 시간이라고 생각되는군요.

짐 브라운: 직장으로 돌아가기를 원하지 않습니다.

칼 로저스: 직장으로 돌아가기를 원하지 않는군요. 그런가요?

여기가 인터뷰의 끝이다. 이날 이후 치료자는 짐 브라운을 병원 앞에서 보았다. 그는 이전보다 활기차 보이는 것 같았고, 그가 오후에 차를 얻어 타고 시내에 갈 수 있었다고 생각했던 것에 대해 언급했다.

치료자가 짐 브라운을 다시 본 것은 3일 후 금요일이었다. 그 인터뷰는 다음과 같다.

금요일

칼 로저스: 원한다면 당신이 가져갈 수 있는 잡지를 몇 권 샀어요.[4] (47초 동안 침묵)

칼 로저스: 나는 그때 이후로 당신에게 듣지 못했어요. 그날 시내에 갈 수 있었나요?

짐 브라운: 예. 나는 트럭을 운전하는 꼬마와 함께 타고 갔어요.

칼 로저스: 음. (옆 사무실에서 목소리가 들린다.) (2분 동안 침묵)

칼 로저스: 잠시만 기다려 주세요. (소음을 멈추기 위해 간다.) (2분 20초 동안 침묵)

칼 로저스: 이유는 잘 모르겠지만, 왠지 당신이 손으로 얼굴을 가리지 않는 것이 나를 기분 좋게 한다는 것을 깨달았어요. 그래서 조금 더 당신을 볼 수 있어요. 평상시

4) 나는 적당한 때에 짐 브라운에게 잡지와 소액의 돈을 주었고, 나는 그에게 책을 빌렸다. 여기에 숨겨진 특별한 이유는 없다. 짐 브라운과 같은 유형의 사람에게 병원은 열악한 환경이다. 그리고 나는 이것이 그의 단조로움을 없애 준다고 느꼈다.

보다 당신이 조금 더 여기에 있는 것처럼 느껴지는 이유가 궁금했는데, 이제 깨달았어요. 당신이 손으로 자신을 가리고 있지 않다고 느꼈기 때문이에요. (50초 동안 침묵)

칼 로저스: 내 착각일 수 있겠지만, 다른 날과 마찬가지로 당신이 여기에 들어올 때, 당신은 오늘도 내면 깊숙이 들어가 감정을 가라앉힐 것 같아요. 가끔 당신은 지난번과 같이 아주 기분 나쁜 감정을 느끼거나 때로는 그렇게 나쁘지 않을 수도 있는데 나는 당신이 여기 있을 때 그런 감정을 가지고 기분이 가라앉는 것에 대해 이해하고 있어요. 그리고 지금도…….

짐 브라운: 나는 떠날 겁니다.

칼 로저스: 네?

짐 브라운: 나는 떠날 거예요.[5)]

칼 로저스: 떠날 거라고요? 정말로 여기를 떠날 건가요? 그것은 무슨 의미이죠? 이유는 무엇일까요? 말해 줄 수 있나요? 내 말의 정확한 의미는 나는 당신이 이곳을 좋아하지 않는다는 것은 알고 있지만 특별한 일이 일어났는지 알고 싶어요.

짐 브라운: 나는 단지 도망가서 죽고 싶어요.

칼 로저스: 음, 음, 음. 여기를 떠나 다른 곳으로 가고 싶은 것은 아니군요. 당신은 단지 여기를 떠나서 구석에서 죽는 것을 바라는군요, 음. (30초 동안 침묵)

칼 로저스: 내가 진짜로 어떻게 느끼는지, 그 느낌이 얼마나 깊게 들리는지 생각해 볼 때 내 마음속에 떠오르는 당신의 이미지는 뭐랄까 도망가서 죽기를 원하는 상처 입은 동물 같아요. 마치 여기서부터 도망가서 사라지길 바라는 것처럼 들리네요. 사라져서 존재하지 않는. (1분 동안 침묵)

짐 브라운: (거의 들리지 않게) 어제 하루 종일 그리고 아침 내내 죽고 싶었어요. 심지어

5) 이전 두 반응에 대해 내가 명확히 공감적 추측을 한 것은 완전히 실수였다. 이것은 나에게 그리 끔찍한 것은 아니며, 그에게도 그렇기를 바란다. 그러나 내가 당황스러워하는 것을 보인 것은 의심할 여지가 없다.

어제 저녁에는 죽을 수 있게 해 달라고 기도까지 했어요.

칼 로저스: 무슨 말인지 이해했어요. 이틀 동안 당신은 죽기를 소망했고, 심지어 어제 밤에는 죽을 수 있게 해 달라고 기도도 했어요. 당신에게는 살아 있는 것이 너무 끔찍하다는 것, 당신이 죽기를 소망하고, 사는 것을 바라지 않는다는 것이 내게는 충격적이네요. (1분 12초 동안 침묵)

칼 로저스: 그래서 당신은 죽는 것을 계속 바라고 또 바라고 있군요. 당신은 삶이 당신에게서 떠나가기를 바라는군요. (30초 동안 침묵)

짐 브라운: 나는 여기에 머물고 싶지 않았어요.

칼 로저스: 음, 음, 음. 당신은 정말 바라는 것이 많았다는 생각이 드는군요. 맙소사! 당신이 살고 싶지 않아 하는 소망은 이전에 소망해 왔던 어떤 것보다 더 깊고 더 강한 소망처럼 들리는군요. (1분 36초 동안 침묵)

칼 로저스: 도와줄 수는 없지만 나는 그 친구가 당신에게 말하는 것이 여전히 진실인지, 여전히 당신의 기분을 끔찍하게 만드는 것의 일부인지 궁금하군요.

짐 브라운: 보통은 그래요.

칼 로저스: 음. (47초 동안 침묵)

칼 로저스: 내가 이해한 것은 당신을 살고 싶지 않게 만드는 전반적인 감정은 당신을 쓸모없다고 느꼈던 것에서 시작하고 있다는 사실이에요. 비슷한가요?

짐 브라운: 나는 누구에게도 쓸모없어요. 또 나는 잘하는 것이 하나도 없어요. 삶을 살아가는 힘은 무엇이죠?

칼 로저스: 음. 당신은 "나는 살아 있는 다른 사람들에게 어떤 쓸모도 없는데 왜 내가 살아 있어야 하지?"라고 느끼는군요. (21초 동안 침묵)

칼 로저스: 일부는 추측한 거예요. 당신은 내 추측을 바로잡을 수 있어요. 당신은 "나는 그가 관심을 두는 것에 대해 무엇인가를 훌륭히 해내려고 노력했어요. 정말 노력했어요. 지금 내가 그에게 쓸모없다면, 그가 나를 쓸모없다고 느낀다면, 나는 누구에게도 쓸모없다는 것이 입증된 거예요."라고 느끼는군요. 비슷한가요?

짐 브라운: 오, 글쎄요. 다른 사람들도 내게 똑같이 말했어요.

칼 로저스: 예. 음. 알겠어요. 그래서 몇몇 사람이 말해 왔던 것을 바탕으로 보면 당신은 쓸모없다는 것을 느끼는군요. 다른 사람에게 쓸모없다고요. (3분 40초 동안 침묵)

칼 로저스: 이것이 도움이 될지 안 될지 모르겠지만 나는 이렇게 말하고 싶군요. 내 생각에는 당신이 다른 사람들에게 쓸모없다고 느끼는 감정에 대해 나는 잘 이해할 수 있다고 말하고 싶어요. 나 역시 그렇게 느꼈던 시간이 있었기 때문이죠. 그 생각이 자신을 정말 힘들게 할 수 있다는 것을 알아요.[6] (13초 동안 침묵)

칼 로저스: 내가 떠나야 할 시간이 조금 남아 있네요. (2분 51초 동안 침묵)

칼 로저스: 평소처럼 다음 주 목요일 11시에 약속을 잡을까요? (1분 35초 동안 침묵)

칼 로저스: 당신이 어떤 대답이라도 준다면……. 나는 정말 아무것도 받지 못했어요. 다음 주 화요일 11시에 나를 만나기를 원하나요?

짐 브라운: 모르겠어요.

칼 로저스: "나는 잘 모르겠군요." (34초 동안 침묵)

칼 로저스: 지금 이 순간 당신은 "예."라고 말하기를 원하는지 혹은 그렇지 않은지에 대해 모르겠죠? 추측하건대 당신이 너무 가라앉아 있고 또 끔찍해서 당신이 멀리 볼 수 있는지 없는지 그저 잘 모르는 것 같네요. 음? (1분 5초 동안 침묵)

칼 로저스: 그때 당신을 보는 것이 좋다고 확신하기 때문에 그 시간에 예약을 할 것입니다. (예약지에 쓴다.) (50초 동안 침묵)

칼 로저스: 또 하나 말하고 싶은 것은 만약 이것이 계속 머물면서 당신을 너무 힘들게 하면 나에게 전화하는 것을 망설이지 마세요. 당신이 떠나기로 결심했다면, 그때 나에게 전화를 해서 당신을 떠나기 전에 볼 수 있다면 나는 정말 고마울 거예

6) 이것은 내가 일반적으로 잘 사용하지 않는 반응 중 하나다. 그것은 단지 내가 내 경험을 그와 공유하고 있다고 느꼈고 그가 혼자가 아니라는 것을 알려 주기 위한 것이었다.

요. 나는 당신을 설득하려 하지 않을 것입니다. 단지 당신을 만나고 싶어요.

짐 브라운: 난 아마도 오늘 떠날 것 같아요. 어디로 갈지는 나도 모르지만 신경 쓰지 않아요.

칼 로저스: 당신은 떠나기로 마음먹은 것처럼 들리는군요. 당신은 어디에도 가지 않을 거예요. 당신은 그렇게 떠나려는 건가요, 그런가요? (53초 동안 침묵)

짐 브라운: (풀죽은 톤으로 중얼거린다.) 그게 내가 가고 싶은 이유죠. 나는 어떤 것도 신경 쓰지 않기 때문에.

칼 로저스: 네?

짐 브라운: 나는 가기를 원하고 무슨 일이 일어나든 신경 쓰지 않아요.

칼 로저스: 음, 음. 당신은 가기를 원하고 정말 신경 쓰지 않는군요. 무슨 일에도 신경 쓰지 않는군요. 그렇지만 나는 당신에 대해 신경을 쓰고 있고, 일어날 일에 대해 신경 쓰고 있어요.[7] (30초 동안 침묵) (짐 브라운이 눈물을 흘리고 이해하지 못하게 흐느낀다.)

칼 로저스: (상냥하게) 왠지 모르게 모든 감정이 쏟아져 나오네요. (35초 동안 침묵)

칼 로저스: 당신은 계속 울고 있어요. 매우 좋지 않죠. (짐 브라운은 계속해서 흐느끼고 코를 풀고 숨을 헐떡인다.)

칼 로저스: 나는 당신 내면을 느끼는 것이 얼마나 끔찍할지 이해해요. 당신은 흐느끼고 있군요. (짐 브라운은 머리를 책상 위에 놓는다. 단숨에 소리를 지르고 숨을 헐떡이며 흐느낀다.)

칼 로저스: 지난 며칠 동안 느껴왔던 모든 억눌린 감정이 드러나는 것 같아요. (짐이 계속해서 흐느끼는 가운데 32초 동안 침묵)

칼 로저스: 원한다면 거기에 휴지가 있어요. 음. (안타깝게) 당신은 마음속이 산산조각

7) 이것은 나의 가장 높은 수준의 자발적인 감정이었고, 나는 그것을 표현했다. 이것은 분명히 계획한 것은 아니었는데, 이런 폭발적인 반응을 가져올지는 생각하지 못했었다.

났다고 느끼네요. (1분 56초 동안 침묵)

짐 브라운: 내가 죽을 수 있다면 좋겠는데. (흐느낀다)

칼 로저스: 당신은 죽을 수 있었으면 좋겠지요. 그렇죠? 음. 당신은 끔찍함을 느끼고 죽기를 원하죠. (이 기간 동안 치료자는 손을 부드럽게 짐 브라운의 팔에 놓아두었다. 짐 브라운은 확실하지 않은 반응을 보였다. 그러나 폭풍은 가라앉았다. 매우 무겁게 숨을 쉬었다.) (1분10초 동안 침묵)

칼 로저스: 끔찍해서 마음에 구멍이 생긴 것 같군요. 그것이 당신을 죽고 싶게 만드는 거 같아요. (3분 29초 동안 침묵)

칼 로저스: 삶은 힘든 것 같아요. 그렇죠? 눈물이 나고 마음은 흐느끼고 당신은 죽을 수 있다면 좋겠다고 생각해요.[8)] (무거운 숨쉬기가 계속된다.) (6분 14초 동안 침묵)

칼 로저스: 나는 당신이 서두르지 않았으면 좋겠어요. 당신이 나를 필요로 하는 만큼 있겠지만, 나는 또 다른 약속이 있고, 정말 늦었어요.

짐 브라운: 예. (17초 동안 침묵)

칼 로저스: 확실히 어떤 것을 경험했나요, 그런가요? (1분 18초 동안 침묵)

칼 로저스: 화요일에 볼 수 있을까요?

짐 브라운: (들리지 않는 응답)

칼 로저스: 네?

짐 브라운: 모르겠어요. (거의 들리지 않는다.)

칼 로저스: "나는 모르겠어요." 음. 당신은 내가 말했던 것들을 모두 알고 있어요. 정말 많은 이야기를 했어요. 나는 화요일에 당신을 만나기를 원하고 당신이 나를 만나고 싶다면 그 전에 만날 수 있어요. 당신에게 내가 필요하다면 망설이지 말고 전화하세요. (1분 동안 침묵)

8) 이 인터뷰의 녹음을 듣고 나서 나는 절망감 자체뿐만 아니라 그의 절망감을 쏟아 보내는 체험을 했다는 신념을 가지고 반응했기를 바란다.

칼 로저스: 정말 힘들군요. 그렇죠? (24초 동안 침묵)

짐 브라운: 네.

칼 로저스: 확실히 그러네요. (짐 브라운은 가기 위해 일어난다). (29초 동안 침묵)

칼 로저스: 이것도 가져가기를 바라나요? (짐 브라운은 예약지를 가져간다.) (20초 동안 침묵)

칼 로저스: 홀 바로 아래층에 얼굴을 씻을 수 있는 세면실이 있어요. (짐 브라운은 문을 열었고, 복도에서 소음과 목소리가 들린다.) (18초 동안 침묵) (짐 브라운이 방으로 돌아온다.)

짐 브라운: 담배 있나요? (치료자가 담배를 찾는다.)

칼 로저스: 하나 있네요. 담뱃갑을 보았지만 모르겠어요. 얼마나 오래 되었는지 모르겠지만 매우 오래된 것처럼 보여요.

짐 브라운: 다시 만나요. (무겁게 들린다.)

칼 로저스: 네. 화요일에 기다릴게요. 짐.

해설 1

침묵하는 어린 청년
-짐 브라운의 사례-

Jerold D. Bozarth

짐 브라운의 사례는 칼 로저스와 '정신분열병적 반응, 단순형'으로 진단된 개인의 166회기로 구성되어 있다. 짐은 정신분열병으로 진단된 입원 환자에게 인간 중심 치료의 효과를 검증하기 위한 연구(Rogers, Gendlin, Kiesler, & Truax, 1967)의 참가자 중 한 사람이다. 로저스에 의하면, 이 책에서 제시하는 두 회기의 녹취록은 짐 브라운의 치료에서 매우 의미가 있고 중요한 인터뷰다(p. 401).

로저스와 짐의 작업은 몇 가지 이유에서 매우 중요하다. 그중 하나는 이 사례가 병원에 입원한 정신병 환자를 다루는 인간 중심 치료(혹은 다른 심리치료 접근)의 몇 안 되는 예시라는 점이다. 이 책에 인쇄된 두 차례 전체 회기 중에서 로저스와 짐의 166회기 중 154분의 분량이 선택되었고(거의 11회기당 한 개), 이는 출판된 연구의 축어록을 포함한다. 같은 책에서 이 대표적인 표본은 여섯 명의 주목할 만한 숙련된 치료자에 의해 논의되었다(O. Spurgeon English, William C. Lewis, Rollo May, William

Alanson White, Julius Seeman, & Carl A. Whitaker; See Truax & Commentators, 1967). 앞으로 나는 이 두 가지 표본과 논평에 대해 논의할 것이다.

이 논의에서 내 전략은 치료적으로 중요한 두 가지 질문에 중점을 둘 것이다. 첫째, 이 회기에서 로저스는 그의 이론적이고 치료적인 목표를 유지하고 있는가. 둘째, 두 번의 회기 안에서 로저스는 무엇을 했는가.

로저스의 치료 목표

로저스(1951, 1957, 1959, 1986)는 치료 목표를 명확히 했다. 그의 목적은 신뢰하는 분위기를 만들어 또 다른 개인의 실현화 경향성을 촉진시키는 것이다. 브로드리와 나(Bozarth & Brodley, 1991)는 "인간 중심 치료자는 환자가 치료적 전문성을 당연하게 받아들여 중재하고 치료하기보다는 내담자가 건설적인 방향으로 움직일 수 있다고 굳게 믿는 것이다. 발전적인 방향으로 변화하려는 내담자의 움직임은 인간에게 존재하는 단 하나의 내재된 동기에 의해 나아간다. 이것은 실현화 경향성이다."라고 설명하였다(p. 3).

로저스에게 기능적인 관점에서 치료의 전체 목표는 "내담자가 가지는 감정을 경청하고, 수용하며, 인정하는 것"이었다(Baldwin 인용, 1987, p. 47). 그는 치료자의 목적을 치료 결과가 아닌 치료 과정으로 제한하는 것이 효과적이라고 여겼다. 그는 다음과 같이 진술했다. "나는 치료자가 '가능한 내담자가 존재하는 방식 그대로 함께하기를 원한다. 나는 정말 무슨 일이 일어나고 있는지를 경청하기를 바란다. 나는 이 관계가 진실하기를 원한다.'와 같이 느낀다면, 이것이 바로 치료자에게 가장 적합한 목적이 될 것이다."(Baldwin 인용, 1987, p. 47).

건설적인 성격 변화를 위한 '필요충분적인 조건들'로 생각되는 로저스(1957)의 가설은 심리치료 분야에 거대한 영향을 끼쳐 왔다. 이 방식에 따르면, 변화는 다음과 같을 때 발생한다.

1. 두 사람은 심리적 접촉 상태에 있어야 한다.
2. 먼저 내담자라고 불리는 사람은 취약하거나 불안을 가진 불일치 상태에 있다.
3. 치료자라고 불리는 2위격의 사람(second person)은 관계에서 일치되어 있고 통합되어 있다.
4. 치료자는 내담자에 대한 무조건적인 긍정적 존중감을 체험한다.
5. 치료자는 내담자의 내적 참조 틀에 대해 공감적 이해를 체험하고, 이 경험을 환자에게 전달하도록 노력한다.
6. 치료자의 공감적 이해와 무조건적인 긍정적 존중을 가지고 내담자와 상호작용하는 것은 최소한의 수준에 도달해야 한다(p. 96에서도 강조되고 있다).

로저스에 의하면 다른 조건은 필수적인 것이 아니다. 만약 이 여섯 가지 조건이 존재한다면 그리고 전 시간에 걸쳐 이것이 지속된다면 그것으로 충분하다. 발전적인 성격 변화 과정은 이끌어져 나올 것이다.

내담자의 실현화 과정, 무조건적인 긍정적 존중, 공감적 이해를 촉진하는 분위기를 만들어 내는 세 가지 치료자 조건은 내담자와 상호작용하려는 치료자들이 필수적으로 경험해야 할 것이라는 것에 주목해 보자. 치료자의 일치성은 환자에게 전달하려는 노력 없이도 나타날 수 있다.

로저스는 그가 세 가지 조건을 과도하게 강조해 왔다는 것을 보여 준다. "아마도 나의 자기(self)가 명백하고 확실하게 나타날 때, 치료에서 가장 중요한 그와 같은 치료 조건의 주변에 도달할 수 있을 것이다."(Baldwin 인용, 1987, p. 45) 이 진술은 짐의 사례와 관련이 있기 때문에 중요한데, 이 사례의 가장 '중요한' 관점은 명백히 로저스가 자기를 이용하는 것과 관련되어 있기 때문이다.

한 사람의 치료자로 로저스가 진화한 것에 관한 나의 분석(Bozarth, 1990a)은 30년

이 넘는 기간 동안, 특히 1955, 1965, 1975년 혹은 1985년에 행한 그의 압도적인 반응 노력은 확실히 내담자의 세계를 이해하는 데 초점을 두고 있다는 결론을 내리게 했다. 좀 더 포괄적인 리뷰(Bozarth, 1990b)에서는 내담자/인간 중심 치료의 필수 요소가 환자의 방향성, 환자의 진행 속도 그리고 환자의 독특한 존재 방식과 함께하는 치료자의 헌신이라는 결론을 이끌었다.

전체적으로 우리는 짐에 대한 로저스의 목표는 오로지 촉진적인 분위기를 이끌어 내는 것으로 가정할 수 있다. 로저스는 짐을 향한 무조건적인 긍정적 존중과 공감적 이해를 체험하고, 이런 태도를 그에게 전달하는 것이 성공하기를 기대했다. 그의 목표는 관계 가운데 일치성을 느끼는 것이다. 자신이 '충만하게' 되고, 내담자에게도 동일하게 나타나는 것이다. 그는 치료의 본질을 따라가면서 짐의 방향성과 진행 속도 그리고 짐만의 독특한 방식과 일치시키는 것에 전념했다.

짐 브라운의 사례: 개관

로저스에 따르면(1967), 로저스가 연구 프로젝트의 일환으로 짐 브라운을 처음 보았을 때, 짐은 스물여덟이었다. 이때 짐은 세 번째 입원 상태였다(처음 입원은 짐이 스물다섯 살 때 3개월 동안 입원했었다). 로저스가 그를 만나기 시작했을 때, 그는 19개월째 병원에 있었고, 이 인터뷰는 이후 11개월 동안 기록되었다(짐과 로저스의 치료적 만남은 2년 반 동안 지속되었다). 로저스는 짐이 고등학교 교육을 받았고, 일부 대학 과정을 이수했다는 점을 지적했다.

이 두 회기는 이 연구 프로젝트의 다른 부분에서 선정된 15개 부분과 차이가 충분하다(Truax & commentators, 1967). 이 선정 과정에서 15개의 무작위로 선정된 4분 분량은 로저스가 증명한 다른 치료의 반응 패턴과 더 많이 유사했다. 그것은 대부분 치료자 반응에 의해 이끌려 나오는 내담자 반응의 명백한 패턴이다. 더불어 선택한 부분에서 침묵에 대한 것은 거의 나타나지 않는다. 대조적으로 침묵은 짐의 회기에서 중요한 측면이다. "그가 비통함이나 화를 표현할 때 조금 더 자유롭게 말할 수 있다고 했으나, 짐은 절대 분명히 표현하지 않았고, 종종 침묵은 지속되었다."(Rogers, 1947, p. 408). 이 책에 나오는 두 회기에서 치료적 상호작용 이상의 것을 포함하는 관계가 존재한다는 것은 명백하다. 예를 들어, 로저스는 짐에게 돈을 빌려 주고 주기적으로 담배를 준다. 요컨대, 여기에서 논의되는 두 회기보다 선정된 15개 부분에서 긴장감이 줄어들고 내적 갈등이 감소한다.

15개 부분에서 로저스와 짐 사이의 전형적인 상호작용에 대한 숙련된 여섯 명의 치료자 논평은 이 책에서 두 회기를 검토하는 데 유익하다는 것을 증명할 것이다. 그들의 초기 반응은 "만약에 변화가 있다면, 어떤 변화가 일어나는가?"를 질문하는 것이다. 네 명의 치료자는 어느 정도의 변화를 확인했지만 두 명은 확인하지 못했다. 변화와 변화가 일어나지 못하는 결핍에 대한 그들의 근거는 다음의 계속되는 질문과 관련이 있는데, "치료자는 어떤 면에서 도움이 되었는가?"와 "치료자가 어떤 면에서 도움이 되지 못하는가?"이다. 변화를 파악하지 못하는 사람들에게 실패는 그들이 "감정을 반영하려고 시도하는 것을 근본적으로 효과가 없다고 보는 것"에서 기인했다(Truax & commentators, 1967, p. 446). 변화 있음을 확인한 사람들은 그들의 느낌이 단독으로 혹은 결합적으로 존재하는 치료의 두 가지 측면을 확인했다. "첫째, 치료자의 효과적인 감정 반영과 이해에 대한 전달과, 둘째, 치료자의 따뜻함과 개인적인 헌신을 포함하는 태도의 질"이다(p. 446). 15개 부분을 읽은 것을 바탕으로 나는 변화를 본 논평자들의 평가에 동의한다. 또한 나는 로저스가 이 부분에서 이론적이고 치료적인 목적에 근접해 있다는 느낌을 받았다.

로저스에 의해 선정된 두 회기와 이 책의 논평은 짐과의 관계와 상호작용의 신랄한 예를 보여 주고 있다고 믿는다. 이는 이전에 로저스가 제공한 자료에서 명백해지는데(다음을 보라), 그는 치료 과정은 더 발전되어야 한다고 생각하고 있다. 물론 모든 평가를 하는 과정에서 짐의 모든 변화가 로저스의 행동이 원인이 되었다고 결정하기는 어렵다. 그러나 로저스가 짐의 변화라고 생각하는 부분을 증진시키는 데 일정 부분 역할을 했다는 것은 타당하다.

치료적 만남이 끝나기 전에 짐은 로저스에게 편지를 썼고(Rogers 인용, 1967), 병원에서 퇴원했다. 이 편지에 대한 인용은 짐의 발전에 대한 통찰력 있는 반영을 제공하고 있다. "다른 치료자들이 해 왔던 것과 비교하여 모든 것이 더할 나위 없이 너무 좋아졌어요. 나를 괴롭힐 때 '지옥에나 가라.'라고 말할 수 있어 확실히 좋아요." (p. 415) 로저스는 다음 방법에 따를 때, 좀 더 일반적으로 변화가 있었음을 인지했다.

> 짐이 만들어 낸 진전은 일차적으로 관계의 질적 측면의 성장으로 나타났다. 새로운 통찰이나 새롭고 의식적인 자기 지각은 거의 관련이 없는 것으로 나타났다. 짐은 다양한 방식에 의해 새로운 사람이 되어 갔지만, 이것에 대해서는 거의 이야기하지 않았다. 아마도 짐은 다양한 방법으로 자기 자신으로서의 삶을 살고, 늘 그랬던 것처럼 살았다고 말하는 것이 더 정확한 표현일 것이다. 몇몇 기능적인 특성상, 짐은 여전히 같은 사람이다. 짐은 이 글을 통해서 자신이 완전해지고 있고 기능이 좋아지며 남녀 친구와 함께했지만, 사설 병원이나 연구 그룹과는 완전히 접촉을 끊었다(p. 416).

합리적인 평가를 통해서 짐에게 변화가 일어났다는 것이 확실히 나타나고 있다. 더불어 이 두 회기에서 로저스와 함께한 짐의 작업은 로저스의 이론적이고 치료적인 목적과 일치했음을 보여 준다. 그는 "굉장한 양의 공감적인 추론(p. 403)"을 했고, 자신이 잘못 추정했을 때, 짐이 그것을 알려 줄 것이라고 확고하게 느꼈다. 또한 로저스는 그가 짐과의 관계에서 그의 감정을 '그대로 있게 하기 위해' 노력했다고 지적했다. 그는 이런 감정은 '주된 관심, 친절함, 연민, 이해에 대한 열망, 나 자신의 것 중 무엇인가를 공유하기 바람, 절망적인 체험에서 다시 일어서려는 열망과 같은 것들이었다.'라고 생각했다(p. 403).

두 번의 회기

로저스는 이 두 회기에서 실제로 무엇을 했는가? 이것을 설명할 수 있는 것은 침묵의 패턴을 묘사하는 것이다. 첫 번째 회기는 50분이 넘는 침묵(짐은 약 50개의 단어를 말했다)이 있었으며, 3일 후 두 번째 회기에서는 약 52분의 침묵이 있었다.

첫 번째 회기

로저스는 50분 동안의 침묵에서 약 다섯 번의 '공감적 추론' 반응을 만든다. 로저스는 두 개의 개인적인 진술을 만들고, 짐의 의미를 점검하려는 의도를 가진 반영으로 분류되는 11개의 반응을 만든다. '공감적 추론' 반응의 대부분은 회기 초기에 나타난다. 이런 반응은 "오늘 아침 매우 화가 나 보이는데 내 착각인가요?" 부터 "낙담하거나 피곤해 보이네요." 에 이르기까지 다양하다. 대부분 짐 브라운은 치료적 반응이 정확하지 않을 때, 로저스의 반응을 수정했다. 예를 들어, 로저스가 "낙담했거나 피곤해 보이네요." 하고 말했을 때, 짐은 침묵 후에 "단지 비참할 뿐이에요." 라고 대답했다. 그러고 나서 짐은 일반적으로 침묵을 유지하거나 서서히 자발적으로 진행해 나간다. 이 회기에서 주요한 개인적 표현은 초기에 나타나는데, 로저스가 배려하면서 "단지 막대기처럼 여기 앉아 있는 건 아니에요." 라고 말한 부분이다. 또한 로저스는 회기 후반부에 "나는 이곳에 있으면서 도움이 되려고 노력할 거예요." 라고 표현한다.

반영적 반응 중 두 가지는 '압박하는' 것의 의미를 생각하게 할지도 모른다. 첫 번째 부분은 짐이 '쓸모없다'는 지인의 말을 듣고 얼마나 상처를 받았는지에 대해 로저스가 상대적으로 긴 반영을 함으로써 발생한다. 로저스가 정확한 반영을 보이는 것에 저항적인 반응을 보이는 짐은 "나는 신경 쓰지 않아요." 라고 말한다. 하지만 로저스는 "당신 스스로 아무것도 신경 쓰지 않는다고 말했지만 울고 있는 것도 당신의 일부이기 때문에, 나는 당신이 어떤 부분에서는 신경 쓰고 있다고 생각돼요."라고 반응하였다. 19초의 침묵 후에 로저스는 계속한다. "내가 짐작하기에 당신의 일부분은 '사람들이 나를 싫어한다고 느낄 때 나는 내 평생 받아 본 적이 없는 충격을 받았어요. 여기에 있는 누군가에게 애착을 느끼기 시작했다고 여겼는데, 지금 그는 나를 좋아하지 않아요. …… 그러나 볼에 눈물이 흐를 뿐이에요.'라고 느끼는 것 같아요." 두 번째 '압박'하면서 하는 반영은 로저스가 짐의 눈물에 다시 반응할 때, 몇 분간 일어난다. "정말로 상처를 받았군요?"라고 말하고, 26초 동안의 침묵 후에 덧붙인다. "그 느낌을 알았기 때문에 울고 또 우는 것이라고 생각합니다." 로저스가 짐을 인식하고 상처받은 느낌에 초점을 두고 있다는 것은 명백한 것 같다. 이에 대한 초점은 짐의 기분에 대한 로저스의 공감적 추론 중 하나에 대한 반응으로 "아니요. 단지 비참할 뿐이에요."라고 말하며 수정해 주는 지점에서 나타난다. 내담자의 '좋지 않은 기분'을 따라간 것은 물론 로저스의 이론적 목표에 부합하는 것이다. 그러나 간혹 내담자가 의미하는 것을 추구하는 것은 내담자의 실제 언어 이면에 있는 좀 더 깊은 감정을 적극적으로 이해하려는 시도를 하게 한다. 예를 들어, 짐이 "나는 도움을 받을 수 없다고 생각해요."라고 단언했을 때, 로저스는 "도움을 받을 수 없다고 느끼는군요……. 당신은 완전히 스스로에 대해 무력감을 느끼는군요."라고 반응한다.

두 번째 회기

이 회기는 대략 52분의 침묵을 포함하고 있다. 이 회기 중 로저스의 49개 진술 중에서 19개는 반영으로 볼 수 있다. 그는 짐의 정서적 강렬함을 경험한 것 같았고, 로저스는 이런 강렬함의 표현으로 반영하고 있다. 더불어 이 회기에는 몇 가지 중요한 공감적 추론이 있다. 예를 들면, 로저스는 회기 동안 짐이 '당신 안으로 깊이 있게 들어가 감정 속으로 몰입하도록' 자신을 수용하고 있다고 추론하고 있다. 짐은 이 말을 무시하는 것으로 보이고 그 대신에 "나는 떠나고 싶어요."라고 언급하고 있다. 로저스는 "당신은 떠나고 싶은 건가요? 정말 여기에서 벗어나고 싶은가요?"라고 반영해 줄 뿐 아니라 그런 감정을 느끼게 된 근본적인 부분도 함께 묻는다. 짐은 자신만의 방향성을 가지고 계속해 나감에 따라 로저스는 '멀리 쫓겨서 죽기를 바라는 상처 입은 동물'이라는 은유를 통해 짐의 강렬한 감정에 반응한다. 대화의 일부분에서 로저스는 다시 공감적 추론을 보여 준다. "이 친구가 말했던 것이 여전히 진실인지 궁금하지 않을 수 없네요. 이것이 여전히 당신을 끔찍하게 느끼게 하고 있나요?" 이 진술은 브라운이 긍정적으로 (필요에 의한 것이라 할지라도) "대체로 맞아요."라고 반응하고 나서 이것을 정확하게 하려 했던 것 같다.

로저스는 회기 동안 세 가지 분명한 개인적 표현을 했다. 이 중 하나는 "오늘 당신이 손으로 얼굴을 가리지 않아서 당신을 좀 더 볼 수 있었는데, 기분이 좋아요……. 나는 당신이 손 뒤로 숨는다는 느낌이 들지 않아요."라고 짐에게 한 진술이다. 이 회기 이후에 로저스는 이런 개인적인 반응을 한다. "나는 당신이 누군가에게 좋지 않게 생각된다는 느낌에 대해 아주 잘 이해할 수 있어요." 그는 덧붙인다. "왜냐하면 나도 그렇게 느낀 적이 있었기 때문이에요. 이 시간이 매우 힘들 수 있다는 것을 알아요." 이 구절에 있는 각주에서 로저스는 그에게 가장 색다른 반응이었다는 것을 인정한다. 그는 "그가 혼자가 아니라는 것을 알려 주고 싶었다."라고 말하며 짐과 함께 그의 경험을 나누고 싶어 했다. 로저스는 다음 개인적인 표현의 순간을 통해 짐에게 의미를 분명하게 하려는 시도를 했다. 그는 "음, 음. 당신은 스스로를 진심으로 좋아하지 않기 때문에 떠나고 싶었던 것이군요. 당신은 무슨 일이 일어나는지 상관하지 않아요. 그렇지만 나는 내가 당신을 생각하고 있다는 것을 말해 주고 싶어요. 무슨 일이 일어나는지도 나는 신경 쓰고 있어요."라고 반응하였다. 짐은 눈물을 터트리며 알 수 없는 눈물을 흘렸고, 10분에서 15분의 침묵 속에 로저스는 이전에 나왔던 감정을 반영하려 하였다.

각주에서 로저스는 계획을 세우지 않고 그에게서 느껴지는 '잘하고 있는' 자발적인 느낌으로 이 개인적인 표현을 설명했다. 그는 이 같은 진술을 치료에서 '결정적인 전환 시점'으로 볼 뿐만 아니라(아래의 인용을 참고), 치료에서 자기(self)의 '존재감'을 사용하는 것의 중요성을 각인시키는 데 도움을 주었다고 보았다. 로저스는 이렇게 회상하였다.

> 내가 열심히 내담자에게 초점을 맞출 때, 내 존재가 치유된다는 것을 인식하고, 이것이 아마도 참된 치료자의 모습이라고 생각한다. 나는 1~2년 중 한 기간 동안 위스콘신에서 함께했던 정신분열증 환자와 작업을 하면서 많은 기간 침묵이 있었던 것을 기억한다. 중요한 전환 시점은 그가 포기했을 때, 살든지 죽든지 신경 쓰지 않는다고 했을 때 그리고 연구소에서 벗어나고 싶어 할 때였다. 나는 말했다. "나는 당신이 스스로를 돌보지 않는다는 것을 알았어요. 하지만 내가 당신을 신경 쓴다는 것을 알았으면 해요. 당신에게 무슨 일이 일어나는지도 신경을 쓰고 있어요." 그는 10~15분 정도 울음을 터트리기 시작했다. 그것이 치료의 전환점이었다. 나는 그의 느낌에 대해 반응했었고, 그것들을 수용했지만 내가 그에게 한 사람으로서 다가가고 진정으로 내 감정을 표현했을 때, 그에게 진실로 다가가게 되었다(Baldwin, 1987, p. 45에서 인용).

요약

로저스는 이 두 회기가 짐의 치료에서 특히 중요한 부분들로 이루어져 있다고 믿었다. 그는 이 회기들이 치료에서 치료자 자신을 이용한 좋은 예라고 생각했다. 더불어 이 회기들은 활동적인 치료의 부분을 검토했던 체험적 치료자들에게 질문을 받을 때 우세한 점이 있음을 발견했다. "만약 있다면 어떤 진전이 있었는가?" "치료자는 어떤 점에서 도움이 되었는가?" "치료자는 어떤 면에서 도움이 되지 않았는가?"

변화는 짐에게 두 단계로 나타났다. 첫째, 그는 병원을 떠날 수 있었으며 자기 효능감과 독립심이 커지고, 유능하게 분별력 있는 수준에서 기능하며, 행복하고, 친구들과도 상호작용을 했다. 둘째, 로저스(1967)는 자신을 '고집스럽고, 억울하며, 학대당하고, 가치 없으며, 쓸모없고, 무력하며, 사랑받지 못하는' 것으로 인식했던 짐의 관점이 더 이상 '단단한 껍데기 그리고 비통함, 유연한 대처가 힘든 사람'을 경험하지 않는 부드러운 사람으로 변화되었다는 점을 생각했다(p. 411). 두 가지 또 다른 주제에 대해서 로저스의 유용함은 초기에는 '돌봄'에 있었는데, 아마도 이는 내담자를 돌보고 있다는 것을 전달하고자 하는 것이다. 로저스의 그 잘못된 추론은 별 문제가 없는 것으로 보인다. 이 두 가지 질문은 제시된 논평을 고려하였다.

1. 로저스의 이론적 그리고 치료적 목표와 일치하는가?
2. 로저스는 이 두 번의 '중요한' 회기에서 무엇을 하였는가?

앞에서 언급했듯이 이 회기에서 로저스의 이론적이고 치료적인 목표에 대한 일관성은 분명하다. 그는 내담자에 대한 무조건적인 존중과 더불어 끊임없이 내담자에 대한 준거 틀을 경험하려고 노력하고 소통하려 했다. 로저스는 긴 침묵으로 자신을 억제하고 부정적인 반응을 하는 짐을 이해하기 위해 지속적으로 노력했다. 그는 그에게 돈을 빌려주면서까지 한 인간으로서 내담자에 대한 헌신을 보여 주었다. 비록 로저스는 간혹 그의 강렬한 느낌에 대해 표현하도록 강요하기도 했지만 보통 내담자의 방향성과 독특한 존재 방식을 따라가려는 이론적 자세를 유지했다. 또한 이 특별한 사람과 함께한 로저스의 경험은 그가 지지했던 일반적인 이론과 치료적인 태도를 예측했던 것과 별다른 차이가 없다. 그가 일치감을 가졌던 것과 동일하게 로저스는 그가 "단순히 그와의 관계에서 나의 감정을 있는 그대로 따라갔다."고 느꼈다(p. 403). 이와 비슷하게 로저스는 "지금 이 순간에 한 사람으로 있으면서 짐 브라운과 관계 속에서 함께하는 것"을 원했다(p. 402).

마지막으로 이 두 번의 '중요한 인터뷰'에서 로저스가 한 것은 그만의 단어들로 요약한 것이라 할 수 있다. "나는 한 사람으로서 그에 대해 따뜻하고 자발적인 배려를 느꼈고, 이것을 여러 방법으로 표현했어요. 하지만 짐이 절망했을 때 그 순간에 난 가장 깊이 있게 느꼈어요……. 우리는 두 명의 진정한 그리고 진실된 사람으로 교감하고 있었어요(p. 411)."

개인적 반응

나는 만성적인 장기 입원 내담자들과 초기 작업을 했기 때문에 짐과 함께한 로저스의 회기들을 리뷰하고 논평할 수 있는 기회를 갖게 되어 매우 기뻤다. 나는 1950년대 후반에서 1960년대 초반 동안 이와 같은 내담자와 함께 작업하면서 내담자 중심 치료를 배웠다. 나는 일리노이 주의 정신과 폐쇄 병동에서 처음으로 행해진 '직업적/치료적' 프로그램 중 하나를 시작했던 보건사회복지 상담가 중 한 명이었다. 나는 '환자들'과 개인 집단과 집단치료를 하거나 자료를 제공하였으며, 그들에게 병원을 떠날 수 있는 기회를 제공하였다. 나와 함께 작업을 한 내담자들은 '불가능'하다고 생각되었다. 그러나 그들은 믿을 수 없을 만큼 높은 퇴원율을 보였고, 재발 기록도 낮았다. 이들 대부분은 20년에서 30년 동안 병원에서 살았다. 나는 어떤 '변화의 순간'이나 '중요한 전환 시점'을 기억하지는 못하지만, 병원을 나갈 수 있거나 최소한 폐쇄 병동에서 나갈 수 있을 정도로 행동과 태도가 변화된 100명이 넘는 환자를 기억한다. 그들은 주된 치료적 만남을 나와 함께했는데, 때로 초기에 직장 혹은 교육 가능성에 대해 이야기하는 것으로 구성되어 있다.

짐의 회기에 대한 로저스의 리뷰는 내가 한 젊은 남자와 가졌던 회기를 떠오르게 했다. 그는 50번 이상 침묵했다. 나는 이 부분에 대해 화가 났고, 종종 그와 함께 있는 것이 쉽지 않았으며, 어떤 반응도 얻지 못한 채 종종 그에 대한 내 감정을 표현하기도 하였다. 그러나 나는 몇 년이 지난 후, 그가 결혼을 하고 학위를 받았으며 성공한 전문가가 되었다는 것을 알게 되었다.

나는 이 내담자와 어떠한 개입이나 판단, 간섭 없이 내담자의 존재 방식만으로 로저스가 166시간의 치료 시간을 가졌다는 사실에 감동했다. 그 내담자는 선택할 수 있었다! 그에게 더 가치 있다고 여겨지는 조건들로 위협받을 필요가 없었다. 로저스는 자신의 이론을 바탕으로 계속했고, 즉 개인의 실현화 경향성을 따랐다. 그의 이론에 충실했던 로저스는 내담자를 그의 인생에서 가장 훌륭한 권위자라고 믿었다. 나는 내가 치료자로서 중요한 것을 해야 하는 것처럼 하지 말아야 하는 것은 무엇인지 궁금했다. 또한 나는 내담자에 대한 로저스의 헌신에 감명받았다. 그는 짐을 위해 담배를 찾으며, 다음 약속에 대해 염려하였고, 그에게 줄 잡지들을 찾으며 돈까지 빌려주었다. 모든 행동은 나에게 사람을 돌보는 행동으로 보였고, 한 사람에 대한 관심인 것 같았다.

더불어 로저스는 짐의 경험을 이해하고, 또 다른 면의 경험적 세계 역시 이해하고자 했다. 나는 짐이 강렬한 느낌이 들도록 '압박'한 주된 이유가 이 때문인 것으로 본다. 나는 로저스가 내담자의 이런 강렬한 느낌에서 벗어나서 내담자에게 초점을 다시 돌려주는 것이 쉽지 않았을 거라고 느꼈다. 그럼에도 로저스는 짐의 흐느낌을 다루어야 한다고 강하게 느꼈을 때에도 내담자의 세상으로 되돌아올 수 있었던 것 같다. 나는 만약 로저스가 짐의 저항과 흐느낌 그리고 스스로를 깎아내리는 것에 집중했다면 이 치료의 방향이 달라졌을까?라는 궁금증이 들었다.

또한 로저스가 짐을 위해 흔쾌히 담배를 찾는 의지가 로저스가 중요하다고 믿었던 순간에 짐을 진전시킬 수 있었던 중요한 요소였는지 궁금하다. 나는 짐이 "선생님은 언제나 담배를 찾아 주시고 그것이 내 모든 좋지 않았던 시간에서 빠져나갈 수 있도록 하는 데 도움을 주었어요."라고 말하는 것을 상상해 보았다. 치료에서 변화의 중요한 순간이 있을까? 이 사례에서의 로저스의 통찰력 안에서는 분명히 있다.

마지막으로 짐이 스스로 방향성을 가지고 자신만의 방식으로 지구력 있게 해 나간 것이 가장 감동스럽다. 그는 저항했고, 깊이가 있었던 '중요한 전환 시점'과 '되돌릴 수 없는' 감정을 경험한 후에도 저항이 계속 남아 있었다. 로저스에게 남긴 편지에서조차 짐은 그를 괴롭히던 것들에 대해 '될 대로 되라' 식으로 말할 수 있었던 것이 좋은 느낌이었다고 한 것에 주목할 수 있다.

정리하면, 나는 이 두 회기가 로저스의 이론적이고 치료적인 목적을 대표할 만한 의미 있는 회기라는 것을 발견했다. 치료자가 되는 과정에서 정확한 공감과 무조건적인 긍정적 존중을 경험하고, 의사소통하기 위해 로저스는 일관된 목표를 표현하고 있다. 이 회기들은 로저스의 다른 사례와는 다르게 전형적인 것이 아니었기에 특별히 관심이 간다. 나는 이 회기들이 정신병이 있는 개인과 함께하는 장기적인 회기들의 본질과 우리가 함께 일하는 사람들의 개성을 이야기할 필요가 있다는 것을 나타내고 있다고 믿는다. 그러나 나는 대부분 그들이 성장할 수 있는 충분한 기회를 제공받을 때 놀랄 만한 한 인간으로 회복된다는 것을 되새겼다.

참고문헌

Baldwin, M. (1987). Interview with Carl Rogers on the use of self in therapy. In M. Baldwin & V. Satir (Eds.), *The use of self in therapy*. New York: Haworth Press.

Bozarth, J. D. (1990a). The essence of client-centered and person-centered therapy. In G. Lietaer, J. Rombauts, & R. VanBalen (Eds.), *Client-centered and experiential psychotherapy: Towards the nineties* (pp. 88-99). Leuven: Katholieke Universiteit te Leuven.

Bozarth, J. D. (1990b). The evolution of Carl R. Rogers as a therapist. *Person-Centered Review, 5*(4), 390-398.

Bozarth, J. D., & Brodley, B. T. (1991). Actualization: A functional concept in client-centered therapy. *Journal of Social and Behavioral Change, 6*(5), 45-59.

Rogers, C. R. (1951). *Client-centered therapy*. Boston: Houghton Mifflin.

Rogers, C. R. (1957). The necessary and sufficient conditions of therapeutic personality change. *Journal of Consulting Psychology, 21,* 95-103.

Rogers, C. R. (1959). A theory of therapy, personality, and interpersonal relationships, as developed in the client-centered framework. In S. Koch (Ed.), *Psychology: A study of a science: Study 1. Conceptual and systematic. Vol. 3. Formulation of the person and the social context* (pp. 184-256). New York: McGraw-Hill.

Rogers, C. R. (1967). A silent young man. In C. R. Rogers, E. T. Gendlin, D. J. Kiesler, & C. B. Truax (Eds.), *The therapeutic relationship with schizophrenics* (pp. 184-256). Madison: University of Wisconsin Press.

Rogers, C. R. (1986). Client-Centered approach to therapy. In I. L. Kutash & A. Wolf (Eds.), *Psychotherapist's casebook: Theory and technique in practice* (pp. 197-208). San Fransisco: Jossey Bass.

Rogers, C. R., Gendlin, E. T., Kiesler, D. J., & Truax, C. B. (Eds.). (1967). *The therapeutic relationship with schizophrenics.* Madison: University of Wisconsin Press.

Truax, C. B., & Commentators. (1967). The client-centered process as viewed by other therapists. In C. R. Rogers, E. T. Gendlin, D. J. Kiesler, & C. B. Truax (Eds.), *The therapeutic relationship with schizophrenics* (pp. 419-506). Madison: University of Wisconsin Press.

해설 2

공감적 탐색의 힘
-과정 체험적 · 게슈탈트 관점에서 본 짐 브라운의 사례-

Leslie S. Greenberg

짐 브라운의 깊은 상처와 약점을 다룬 로저스의 이 두 번의 회기는 심리치료에서의 공감과 돌봄의 힘을 여실히 보여 주는 강력한 예다. 오랜 시간 동안 가까운 사람들에게 상처받기 시작한 이후, 그는 상처받을 수 있는 모든 가능성에서 거리를 두었다. 로저스의 수용과 돌봄은 짐이 받은 상처로부터 다시 마음을 열 수 있도록 했고, 좀 더 유연하게 그리고 다른 사람들과의 관계를 맺을 수 있는 가능성을 가지도록 하였다.

로저스(1959)의 이론에 의하면, 치료자들의 주요 역할은 내담자의 준거 틀에 들어가서 공감적이고 무조건적 긍정적 존중과 일치성을 제공하는 것이다. 이러한 치료 환경을 만드는 것은 각 개인이 스스로 자기 이해와 성장을 할 수 있는 엄청난 자원을 이용하도록 할 것이라고 이야기한다. 로저스는 이러한 조건이 가능성에 대한 건설적인 실현을 위한 고유의 내재된 자기 방향적 경향성을 가진다고 제안했다. 이 회기들에서 로저스는 이러한 조건을 확실하게 제공하고, 성장을 위한 짐의 유기체적 인 능력에 믿음을 보여 준다.

이 논평 가운데 나는 회기에서 입증된 치료 과정의 몇 가지 중요한 특징과 내담자 중심 이론 및 실행의 관점에 대한 동의와 동의하지 않은 부분을 논의할 것이다. 나는 치료에서 전체적인 관계 조건의 성격과 중요성에 대한 로저스와 내담자 중심 이론에 동의하나, 나는 로저스가 이런 조건에 대한 준비와 더불어 그의 행동이 의도적이었다고 믿는다. 나는 실현화 경향성의 타고난 특성과 치료에서 성장할 수 있는 능력을 표출하는 것과 관련된 로저스와 내담자 중심 이론에 대해서는 동의하지 않는다.

짐과 함께한 로저스 회기의 주요한 초기 특성은 전이에 집중하는 것이 아닌, 도와주기 위한 맥락에서 접촉을 시도하는 두 인간 사이의 진실된 만남이다. 이 관계는 내담자의 과거 경험이 현재로 투사되는 것에 초점을 맞춘 내담자 분석보다 더 현실적이고, 두 사람 사이를 배려하는 관계다. 이 관계는 나-너 관계를 특징지어 주는 존재감의 질, 즉시성, 소속, 확신과 착취하지 않는 것을 나타낸다(Buber, 1958). 실제로 로저스의 배려하는 자세는 짐의 방어벽을 무너뜨리는 데 중심이 된다. 내담자 중심 관계의 주요 조건은 그들의 힘이 느껴지는 이 두 회기에서 찾아볼 수 있다. 직접적으로 변화시키려는 것보다 한 사람에 대한 존중감과 또 다른 내적인 고통에 대한 수용, 뜻대로 조종하지 않으려는 배려의 체험은 놀랍도록 큰 긍정적인 효과를 가져온다. 로저스의 공감과 존중감은 짐이 내면에 취약했던 자기 관리를 다시 해 나갈 수 있도록 도움을 준다(Greenberg, Elliott, & Foerster, 1991; Greenberg, Rice, & Elliott, 1993). 이를 테면 자신의 보호막에서 벗어나 사람들과의 관계를 다시 재형성할 수 있도록 해 준다. 중요한 것은 이 관계가 짐이 위험을 무릅쓰고 다시 살아가도록 용기를 북돋아 주었다는 것이다.

치료 과정에서 내담자의 절망감에 대한 로저스의 수용은 그의 이론을 입증하는 중요한 요소 중 하나다. 우리는 수용이 회피되고 약화된 내면에서 어떻게 자기 관리에 대한 재인식을 이끌어 내는지를 보게 된다(Greenberg, 1995). 보통 자기 관리가 취약하고 이를 어려워하는 중에 고통을 허용하고 수용해 주는 것은 중요한 치료적 변화다. 변화의 진실된 순간이다. 한편 치료의 핵심적인 부분을 강조하면서 나는 내담자 중심 상담자나 이론가들은 마치 성공적인 치료를 위해서는 이런 부분이 치료 과정에 필수적이라고 착각하는 경향이 있다고 생각한다. 이론가들은 이런 핵심에 근거하여 일반적인 작업 틀과 전체적인 방법론을 만들어 냈는데, 이 과정에서 다른 중요한 부분을 간과하였다. 즉, 로저스는 치료적 만남의 모든 관점 중에서 공감, 존중 그리고 일치성의 원칙을 적용한 방법을 개발했다. 이것은 각각이 개인적으로 치료 과정에서 특정한 시간에 가장 최고의 접근이었을 때 개발된 것이다. 핵심 조건들로 이들을 선택한 것은 내적 체험과 가장 취약한 자기 관리에 반응할 수 있도록 하는 데 중요하다. 그러나 항상 치료 가운데 이 지점을 접할 수 있는 것은 아니며, 이런 태도로 반응하는 치료자는 빠르게 방어벽을 넘어서서 다른 경로의 더 깊은 과정으로 갈 수 있는 기회를 놓칠 가능성이 있다. 나는 로저스 스스로가 다른 시간대에 다르게 사용했을 것으로 보이고, 그의 행동—특히 치료 중에 어떤 중요한 순간들—은 항상 이런 조건들이 중요한 만큼 관계를 수용하고 이해하려는 것을 전적으로 의도하지는 않았다.

내 관점에서 로저스는 앞에서 언급했던 세 가지 조건 혹은 비지시적 개념을 이 사례에서 가장 잘 보여 주고 있는 것으로 보였다. 여기에서 이 세 가지 조건의 중요성에 대해서나 혹은 로저스가 이 회기에서 표현한 것이나 행동했던 것에 대해 동의하지 않는다는 것을 말하려 하는 것은 아니다. 로저스의 공식적인 이론의 기본 요소는 충분히 그와 체험주의적인 치료자에게 과정의 치료적인 기본 요소를 충분히 설명하지 못하고 있다는 것을 말하고 싶은 것이다. 나는 로저스가 자신만의 과정에서 의도적이고 지시적이었다는 것을 제시한다. 일반적으로 제공되는 틀 안에서 서로 다른 시간에 선택된 초점들이 어떻게 변화가 일어나는지를 이해하는 데 그의 조건들은 굉장히 중요하다.

특히 로저스는 감정에 대한 공감 반응의 중요성을 그의 이론과 일치시키면서 같이 동참할 수 있는 감정을 선택한다. 확실히 이 회기 당시에 그는 깊이 있게 표현되지 않는 감정을 다루었다. 첫 번째 회기에서 그는 짐이 내면의 상처에 대해 정확히 느끼도록 반응하였고, 그다음에는 과거에 "나는 어떤 것에 대해서도 신경을 쓰지 않는다."와 같은 반항적인 자세를 가지게 한 방어벽을 극복하고자 하는 짐의 인간적인 욕구에 초점을 맞추었다. 로저스는 의도적이고 선택적으로 짐이 마음속 깊은 곳에 반항심으로 가려진 아픈 감정에 초점을 맞추도록 이끈다. 로저스는 그 과정에서 지시적이었다. 짐이 내면의 핵심에서 나오는 내적 경험과 특정한 시간에 나타나는 특별한 감정에 초점을 맞출 수 있도록 정중한 압력을 행사하고 있다.

이 회기들의 시작에서 짐이 "누구에게도 쓸모없고, 예전에도 그랬고, 이후에도 그럴 거예요."라고 진술할 때, 로저스는 처음으로 이 감정에 대한 공감적 이해를 가지고 반응한다. "지금 그렇게 느끼나요? 당신은 스스로에게 쓸모가 없고, 다른 어느 누구에게도 똑같군요." 이 감정에 대한 초점은 "이건 정말 비참한 느낌이군요."와 같은 진술을 통해 내담자에게 매우 진실된 존중감을 함께 전달하고 있다는 것이다. 짐은 조용히 눈물을 흘리기 시작했으나, 배려하는 것을 요구하지 않는다. 축어록을 읽어 봤을 때, 짐의 상처가 나 있는 저항을 느낄 수 있다. 이후 로저스는 특정 부분에 초점을 맞추며 강하게 반응하였다. "당신은 스스로 아무것도 신경 쓰지 않는다고 말하지만, 왠지 나는 당신의 어떤 부분에서는 신경을 쓰고 있다고 생각해요. 왜냐하면 당신은 어떤 한 부분 때문에 울고 있기 때문이에요." 그리고 침묵 후에 "나는 '지금 나는 이전에는 경험해 보지 못한 또 다른 충격을 받았어요.'라는 느낌이 느껴지네요."라고 말한다.

이 반응들에 대해 로저스는 내담자가 그 이후에 했던 말의 이면을 더 깊이 감지한다. 이것은 단순한 반영이 아니다. 로저스는 본질적으로 유기체적인 경험과 자기 개념 사이의 분열 혹은 내담자의 진정한 자신과 거짓된 자신 사이의 분리 경험에서 이중성을 집어낸다(Greenberg, 1979, 1984). 이런 분리 기능은 초기 감정과 두 번째 감정 사이의 구별을 적절하게 볼 수 있는 것인데(Greenberg & Safran, 1987, 1989), 두 번째 감정(저항)은 반응적인 것으로 상처에 대한 최초의 경험보다 더 근본적인 것으로 볼 수 있다. 이 상황에서 치료자의 작업은 로저스가 그랬던 것처럼 초기의 감정을 끌어내거나 인지시켜 주는 것에 초점을 두는 것으로 두 번째 정서적 반응을 강조하지는 않는다. 그러므로 로저스는 짐의 두 번째 저항을 반영하기보다는 선택적으로 초점을 맞췄고, 짐의 중요한 눈물과 상처를 돌보며 안내한다. 첫 번째 회기를 통해 로저스는 계속해서 그의 내면의 단어들에 대해 공감적으로 탐구하고자 하였다. 계속해서 "상처가 굉장히 깊군요. 당신은 이것을 거의 견딜 수 없을 것 같아요." 그리고 "만약 그 감정이 찾아온다면, 당신은 그냥 울고, 울고 또 울겠군요."와 같은 말로 깊은 감정에 지속적으로 초점을 두었다.

이 회기에 나타나는 또 다른 특성은 긴 시간 동안의 침묵일 것이고, 로저스의 인내심과 그것들을 받아 줄 수 있는 능력일 것이다. 명확히 내담자와 함께 앉아 있고 특정한 길로 가도록 심하게 압력을 가하지 않으면서 주의를 기울이는 로저스의 능력은, 내담자의 내면에 대한 존중과 민감성을 동반한 굉장한 의사소통 능력이다. 그러나 로저스가 침묵에 대해 공감적 추론을 했던 방법(Greenberg & Goldman, 1988)—그는 이것을 공감적 추론이라 언급하였다—은 명확하게 로저스의 기능에서 중요한 기술적인 측면을 보여 준다. 로저스는 지속적으로 내담자의 내적 경험에 접근하고 깊이 들어가려고 시도한다.

그래서 나는 이 회기에서 로저스가 수용적인 관계 그 이상의 것을 제공했다고 주장하고 있다(비록 로저스가 이렇게 했다 할지라도). 그는 내담자가 자각하고 주변에서 경험했을 것에 대해 좀 더 정확하게 공감적으로 탐색하고 추론한 것을 말하고 있다. 공감적 탐색은 내담자 경험에 가장 근접하는 데 초점을 두면서 내담자로 하여금 새로운 정보를 주는 데 관여하는 것이다. 한편, 공감적 추론은 아직 확실하지는 않으나 내담자가 어쩌면 느꼈을 수도 있는 것에 대해 공감적으로 추측하는 것이다(Greenberg & Goldman, 1988; Greenberg et al., 1993). 로저스가 이러한 개입을 사용하는 것은 내담자가 말했던 것을 단순히 반영하는 것 이상으로 경험적으로 무엇인가를 더 찾아보도록 유도하는 것을 의미한다. 그러므로 치료는 지시적인 경향성, 상징화를 위한 노력 그리고 확실하지 않은 주된 감정과 특이한 의미에 대한 체험을 포함하고 있다. 이 과정의 방향성은 항상 내담자가 말한 내용과 내담자의 전체적 존재에 대한 존중을 표하면서 이해와 수용의 균형을 맞추었다.

중요한 주제는 치료에서 내담자가 끊임없이 무엇을 가장 강하게 느꼈는지 그리고 의미를 어떻게 만들어 내는지, 그 안에 무엇이 내포되어 있는지에 대한 과정의 방향성이다. 예를 들어, 첫 번째 회기에서 짐과의 만남 이후 로저스는 "나와 함께 시내에 갔던 이 남자는……. 나에게 말했어요[나는 쓸모가 없다]."라는 그의 진술에 반응하고 있다. 그의 말에 로저스는 "누군가가 당신에게 의미 있는 어떤 말을 했고, 그는 당신이 전혀 쓸모가 없다고 생각하고 이것을 표현했군요." "이 말이 당신을 무너뜨렸군요."라고 짐의 말에 대한 의미를 추측했다. 이렇게 함축적인 의미를 탐색하는 것은 로저스가 중점적으로 시도하는 것이다.

그러나 감정이나 의미에 대한 설명은 내담자가 솔직하게 말한 것에 대해 설득력이 없거나 모순되는 부분을 제외시키기도 한다. 예를 들어, 로저스는 "이유는 모르겠지만, 나는 당신이 조금은 신경을 쓰고 있다고 생각해요. 왜냐하면 당신은 어느 정도 울고 있기 때문이에요."라는 진술을 통해서 이것을 이뤄 낸다. 그는 잠정적이고, 탐구적인 방식을 이용하였고, 자기의 또 다른 부분을 언급한다. 여기에서 내담자는 상황에 직면하거나 모순되게 행동하지 않았으나 경험의 또 다른 측면을 탐색하려 했다. 더불어 로저스가 소개했던 선택적 초점은 전문가로서의 태도에서 온 것이라기보다는(당신의 진실한 감정은 무엇인가요……?), 내담자가 어떻게 느끼는지를 이해하기 위한 시도다. 그의 대인 관계적인 태도는 사회 행동의 구조적 분석(Structural Analysis of Social Behavior SASB: Benjamin, 1993)과 같은 치료 코딩 시스템에 따른 것으로 높은 우월감과 낮은 관계성을 가지고 있는 전문가적인 자세와는 반대되는 낮은 우월감과 높은 관계성을 보인다.

로저스의 선택과 과정 방향성을 이해하는 데 필요한 또 다른 중요한 점은 목표가 아닌 타이밍과 관련이 있다. 동료들과 나는 이 부분에 대해 이야기를 했었다(Greenberg, 1986; Greenberg et al., 1993; Rice & Greenberg, 1984). 심리치료는 유니폼처럼 단 하나의 과정으로 정형화된 것이 아닌, 다른 사건들과 연합체를 작은 것으로 분리시켜서 가장 잘 이해할 수 있도록 하는 고도의 복잡성과 차별성을 가진다는 것이다. 그러므로 로저스는 다른 시간대에 다른 것을 하였다. 때로 로저스는 내담자의 침묵에 침묵으로 반응했다. 또 다른 때에 내담자가 경험한 것을 말로 표현하지 않을 때, 로저스는 그 침묵에 대해 추론하기도 했다. 로저스는 그 당시 그의 내적 경험에 의해 변화되는 것에 대해 보여 준다. 내담자가 더 방어적인 자아 개념 구조를 보일 때, 그는 특히 분명히 표현하지 않은 것에 초점을 맞추었고 이를 분명히 하고자 하였다. 그래서 짐이 '방어벽'에 대해 이야기할 때, 로저스는 벽 이면에 있는 무엇인가에 초점을 맞춘다. 즉, 그는 벽을 방어로 인식하고 방어벽 이면에 있는 더 중요한 무엇인가를 찾는다. 그러므로 관계적인 조건을 제공하는 것이 중요하더라도 로저스의 순간순간의 과정은 획일화되지 않는다. 오히려 로저스의 특정한 목표는 주어진 시간에 가장 촉진되어야 한다고 생각하는 것을 섬세하게 다루며 여러 다른 순간마다 다르게 나타난다.

이 회기에서 주목할 중요한 또 다른 특징은 기존의 고전적인 내담자 중심 이론의 변화가 치료적 향상을 충분히 이끌어 내지 못한다는 점이다. 고전적인 내담자 중심 이론은 촉진적인 조건들이 내담자의 경험과 자아 개념 간의 불일치가 되는 점을 자기 가치감의 조건을 통해 완화시킨다는 것을 제시한다(Rogers, 1959). 이 관점은 로저스의 치료에서 변화 과정을 위한 진실된 대화와 관계적 특징을 충분히 보여 주지 못했다. 짐에 대한 로저스의 돌봄과 존중이 담긴 치료의 초반부에는 그의 존재감 있는 공감 방식으로 의사소통했으나, 이후에는 배려가 있는 진술로 짐에게 솔직하게 전달된다. 이는 짐이 그동안 회피해 왔던 고통과 절망을 충분히 경험하도록 하였다. 이것은 가치에 대한 변화를 이끄는 가치 조건들로 완화시키는 것보다 회피하는 것을 직면하도록 하였다.

다른 사람들의 배려를 느끼는 것은 끊어진 고통과 절망을 맞닥뜨릴 수 있도록 하는데, 이는 아마 "아무도 나에게 신경 쓰지 않는다."와 같은 병리적 신념과는 모순된 것이기 때문일 것이다(Weiss, Sampson, & the Mount Zion Psychotherapy Research Group, 1986). 내 관점에서 이 고통은 자기 개념이나 어떤 내재화된 가치 조건화와 불일치하기 때문에 막혀 있는 유기체적 경험이라기보다 충족되지 않은 욕구와 욕구들을 만족시키려는 시도와 관련되어 있다. 자신의 생애에서 불안, 두려움 그리고 슬픔으로 가득했던 경험을 거의 해 보지 못한 것을 반영한다. 이 경험은 고통과 두려움을 쉽게 참을 수 없고, 자신의 욕구를 충족하는 것에 대해 무력감을 느끼기 때문에 두렵고 회피하게 된다. 내 관점에서 이 변화 과정은 로저스의 대인 관계적인 체험과 관련 있다. 고통의 혼란스러운 충격을 대면하기 위해 필요했던 대인 관계적인 지지, 희망, 용기를 제공하며 진심으로 돌봤던 느낌을 체험하도록 한다. 이것은 대인 관계적인 배려, 믿음이 담긴 의사소통 그리고 내담자의 가치와 가능성을 존중하는 내담자에 대한 치료자의 확신 그리고 희망을 불어넣는 것이 치료에서 얼마나 중요한 조건이 되는지를 증명한다. 그러므로 치료자의 긍정적인 존중감과 대화 과정은 부정적인 자기 개념으로 부인되어 왔던 유기체적 경험을 건강하게 하기보다 변화를 이끌어 내고, 고통을 직면하도록 한다. 짐은 상처를 내려놓고 극복할 수 있었다. 그는 로저스의 배려를 느꼈고 로저스가 '그를 위한'이라고 한 것을 믿었기 때문이다. 치료자의 존재와 행위가 다른 사람들의 요구와 경험에 어떻게 반응하는 가에 대한 어떤 핵심적 병리적 믿음을 부정하는 것을 도울 수 있었다. 이는 내담자가 현장에서 교정적 정서 체험을 하게 된 것이다. 이것은 가치 조건화를 완화시키지는 못했지만, 새로운 체험과 대인 관계에 대해 배우게 했다. 이런 관점에서 변화의 자원이 되는 이 대화는 실현화 경향성을 넘어서 특화되었다.

치료 과정에서 대인 관계적인 학습을 중요하게 보는 관점에서, 나는 발전 경향성도 더 상호주의적인 입장에서 다시 개념화할 필요가 있다고 생각한다. 부분적으로 이는 짐이 자신의 체험을 더 믿도록 하기 위해 짐 안에 있는 신념을 보고 대화를 나눌 수 있었던 로저스의 능력이었다. 한 사람이 또 다른 누군가를 지켜본다는 것은 한 사람을 성장시킬 수 있다. 예를 들어, 선생님이 한 아이를 긍정적으로 지켜볼 때, 아이의 수행은 향상된다. 이와 비슷하게 내담자의 성장에 대한 잠재력을 믿는 신념과 태도, 집중력, 치료의 구성을 바탕으로 그들의 믿음에 부합하는 대화 능력은 내담자의 성장 경향성을 가속화시킨다. 그러므로 성장 경향성은 공감적 조율을 통해 맥락에서 나오는 대화를 이해할 필요가 있다. 성장 경향성은 환경과 독립된 유전적 청사진으로서 유기체에서만 예외로 존재하는 것은 아니다. 이보다는 상호작용의 산물이라 할 수 있다. 우리는 아이들에게 충분한 접촉과 편안함을 주지 못한다면 잘 성장하지 못한다는 것을 알고 있다. 생존과 성장은 생물학적일 뿐만 아니라 사회적 잠재성을 가지고 있다. 성장 경향성은 환경 안에서 그것을 이해하려 하고, 그것의 존재감을 확고히 해 나간다. 성장은 모든 환경에서 일어나지 않으며, 사람이 서로 대화 나누면서 '성장 가능성이 있는' 사람이 되도록 돕는 것이다.

이 치료의 한 가지 관점은 관계 안에서 배려받지 못한 것에 대한 좌절을 다루는 것과 관련된다. 이 회기에서 로저스의 태도와 취지를 보면 그는 내담자의 환경에 강하게 확신을 갖고 있다. 내담자가 자신의 약점과 경험의 혼란스러운 부분을 있는 그대로 노출할 때(짐이 그러했던 것처럼), 또는 자신이 싫어하는 상황에서 다른 사람이 회피하거나 거부하지 않고 공감적으로 존중해 주고 이해할 때, 그 경험은 압도적으로 도움이 된다(Greenberg et al., 1993). 이는 스스로 자신의 능력을 수용하고 성장하는 데 의미 있는 도움을 주는 것이다. 성장을 얻기 위한 투쟁에 긍정적인 인식이 더해지면 긍정적으로 나아가기 위한 힘과 투쟁력을 얻는다. 그래서 성장 경향성은 순수하게 개인의 생물학적인 순수한 경향성에 의한 것이라기보다는 관계의 측면에서 개념화되는 것이 더 좋다.

내 관점으로는 인간 중심 이론에서 변화에 대한 개념은 갈등-부인 이론(유기체적인 경험과 자기 개념 사이의 갈등)보다는 좀 더 경험과 변화를 시도하는 과정에서 상호작용적인 역할을 통해 경험해 나가는 것을 강조한다(Gendlin, 1962, 1974). 그러나 심리학 분야에서는 얼마나 치료자가 내담자의 성장 잠재력을 '보는' 지를 중요하게 강조하며, 성장이나 실현화 경향성의 진실된 속성을 이해하는 것이 중요하다. 그러므로 치료자는 내담자의 내적 경험에 초점을 두려고 노력해야 하고, 내담자의 유기체적인 지혜와 성장 잠재력에 대한 신념을 가지고 암묵적으로 이야기하거나 솔직하게 이야기하여 대화를 나누어야 한다. 이런 대화는 이끌어 갈 수 있는 힘이 되는 능력을 향상시킨다.

가장 흥미로운 부분 중 하나이며 가장 명확하게 이해되지 못한 관점은 성장을 경험하는 부분이다. 가능성, 희망, 무엇을 향한 노력, 새로운 과정이나 미래와 관련된 측면에서 치료자들이 언어를 사용하는 것은 성장 잠재성을 암묵적으로 이야기하거나 솔직하게 이야기하는 내담자의 체험을 구성하는 방법과 관련 있다. 역설적으로 잠재성에 대한 이런 구성은 맥락에서 무언가를 수용할 때 일어난다. 즉, 치료자들은 내담자에게 지금 어디쯤에 와 있어야 하는지를 강조하는 것이 아니라 내담자의 변화나 성장에 대한 희망의 순간을 인식하는 것이다.

내담자의 나아가고자 하는 방향성과 조율하면서 내담자를 수용하는 기술을 발휘하는 것은 훌륭한 체험적 치료의 큰 특징이다. 성장에 대한 욕구를 반영하지 못하는 것은 체험의 핵심적인 부분을 놓치는 것이다. 누군가가 굉장한 절망 속에 있다면, 치료자의 첫 번째 과제는 이것을 알아차리는 것이다. 그러나 이런 경향성이 언제 일어날지에 초점을 두고, 이런 성장이 이루어질 것 같은 부분을 인식하는 것은 내담자에게나 치료자 모두에게 중요하다. 이 기술은 과정을 앞으로 나아가도록 촉진한다. 끊임없이 성장할 수 있도록 구성해 주는 것은 비록 지금 그것이 이루어지지 않거나 혹은 최근에 성장할 기회를 잃어버렸어도 또 다른 가능성을 만들어 낸다.

누군가가 무가치함을 느낀다고 말하는 것은 가치가 없다고 말하는 것과는 다른 것이다. 로저스의 반영은 한 가지 관점을 덧붙인다. 그 관점은 나쁜 감정에 대한 경험을 배제한 것으로 감정을 제외한 '내'가 있다. 미묘한 차이일지라도 이것은 매우 중요하다. 이것은 대상(referent)으로 보는 것과는 별도로 자신을 보는 방법을 상징화하는 것인데, 자신을 새롭게 보고 잘 견뎌낼 수 있는 공간을 창조해 낸다. 이것은 좀 더 넓은 자기를 느끼게 하고 과정 속에서 변화의 가능성을 경험하도록 한다. 반영은 시간에 대한 관점과 결부될 때 특히 진실할 수 있다. 나는 "지금 이렇게 느껴요."라는 반응은 후에 다르게 느낄 수 있다는 것을 제시한다. 이는 내가 이후에 또 다른 방식으로 느낄 수도 있다는 것을 의미한다.

두 번째 회기에서 짐은 죽고 싶다고 표현하고, 로저스는 얼마나 끔찍한 기분일지를 확인한다. 그러나 이후 로저스는 이 느낌을 갖게 한 상황을 이끌어 냈다. 짐의 친구가 이런 끔찍한 느낌을 그에게 가지게 했다는 것을 추론해 냈다. 감정의 홍수로 이끌어진 방아쇠를 당긴 근원을 찾기 위해서는 특정한 사건에 반응한 부분과 관련시키면 된다. 이것은 가능성을 다시 만들어 낸다. 로저스는 전반적인 것보다 특정한 어떤 부분에서 짐이 느끼는 감정을 가지고 의사소통하고 있다. 그는 앨리스가 비논리적인 신념으로 "만약 그가 나를 형편없다고 했다면, 그건 내가 누구에게도 쓸모없는 사람이라는 것을 입증하는 거야."라고 하거나 "만약 당신이 그렇게 말한 누군가와 함께 있다면……, 그러면 당신은 쓸모없는 거야."라고 말한 것을 짐에게 되돌려주며 반영한다. 이것은 짐이 여전히 그 자신을 좋은 사람으로 생각할 수 있다는 가능성 있는 생각을 의미한다.

후에 로저스는 짐과 똑같은 방식으로 느꼈던 적이 있었다고 고백한다. 짐에게 그 사실을 알리며 그가 혼자가 아니라는 것을 알게 했다. 이런 반응은 생존하거나 변화할 수 있다는 가능성을 표현해 준 것이다. 또한 로저스는 "이 시점에서 당신이 몰랐던 건 당연해요. 당신이 그렇다고 말하고 싶었다 할지라도……(추가로 강조한다)."라고 말하며, 시간과 과정에 대해 강조한다. 정신분열증 환자의 치료라 할지라도 돌보는 것 자체가 어떤 기술적인 관점을 대체하는 주요한 구성이자 관계가 된다. 성장경향성과 가능성의 초점을 둔 것은 그의 반응의 다양성으로 증명되고 있다. 더불어 치료적 개입은 공감이나 혼자 이해하며 점검해 보는 것 이상을 제공한다. 로저스의 반응은 내담자들이 그들의 경험에 더 깊이 들어갈 수 있도록 인도하였고, 인지적이고 정서적인 과정을 향상시키는 다양한 과정을 이끌어 냈다.

내 관점에서 내담자 중심 치료를 행하는 로저스는 기능의 특별한 부분을 선택적으로 조율하고 강조했다. 이에 그는 사고, 개념화 그리고 두 번째 감정 이면에 있는 감정, 감정 이면에 있는 의미 그리고 초기 감정을 선호했다. 자기(self)가 고정되어 있는 것보다는 성장 가능성을 보았다. 상호 관계를 가지면서 대화를 나누고, 서로 돌보며, 긍정적인 다른 사람들의 가치를 확인하고, 교정적인 정서적 체험을 제공하는 것이다. 이것은 고도로 적극적인 과정으로서 특정한 의도를 가지고 특별한 방법으로 반응하며 특별한 체험과 함께한다. 이런 선택과 목표를 지닌 원칙은 형성될 필요가 있다. 내담자 중심 치료는 성장하는 단계다. 좀 더 발전되고 조율해 나갈 필요가 있다.

참고문헌

Benjamin, L. S. (1993). *Interpersonal diagnosis and treatment of personality disorders.* New York: Guilford Press.

Buber, M. (1958). *I and thou.* New York: Scribner's

Gendlin, E. T. (1962). *Experiencing and the creation of meaning: A philosophical and psychological approach to the subjective.* New York: Free Press.

Gendlin, E. T. (1974). Client-centered and experiential psychotherapy. In D. A. Wexler & L. N. Rice (Eds.), *Innovations in client-centered therapy* (pp. 211-246). New York: Wiley.

Greenberg, L. S. (1979). Resolving splits: The two-chair technique. *Psychotherapy: Theory, Research and Practice, 16,* 310-318.

Greenberg, L. S. (1984). A task-analysis of intrapersonal conflict resolution. In L. N. Rice & L. S. Greenberg (Eds.), *Patterns of change: Intensive analysis of psychotherapy process* (pp. 67-123). New York: Guilford Press.

Greenberg, L. S. (1986). Change process research. *Journal of Consulting and Clinical Psychology, 54,* 4-9.

Greenberg, L. S. (1995). Experiential approaches to acceptance. In S. Hayes, N. Jacobson, V. Follette, & M. Dougher (Eds.), *Acceptance and change.* Reno, NV: Context Press.

Greenberg, L. S., Elliott, R., & Foerster, F. S. (1991). Experiential processes in the psychotherapeutic treatment of depression. In D. McCann & N. Endler (Eds.), *Depression: Developments in theory, research and practice.* Toronto: Thompson.

Greenberg, L. S., & Goldman, R. (1988). Training in experiential psychotherapy. *Journal of Consulting and Clinical Psychology, 56,* 696-702.

Greenberg, L. S., Rice, L. N., & Elliott, R. (1993). *Facilitating emotional change: The moment-by-moment process.* New York: Guilford Press.

Greenberg, L. S., & Safran, J. D. (1987). *Emotion in psychotherapy.* New York: Guilford Press.

Greenberg, L. S., & Safran, J. D. (1989). Emotion in psychotherapy. *American Psychologist, 44,* 19-29.

Rice, L. N., & Greenberg, L. S. (Eds.). (1984). *Patterns of change: Intensive analysis of psychotherapy process.* New York: Guilford Press.

Rogers, C. R. (1959). A theory of therapy, personality, and interpersonal relationships, as developed in the client-centered framework. In S. Koch (Ed.), *Psychology: A study of a science: Study 1. Conceptual and systematic. Vol. III. Formulations of the person and the social context* (pp. 184-256). New York: McGraw Hill.

Weiss, J., Sampson, H., & the Mount Zion Psychotherapy Research Group. (1986). *The psychoanalytic process: Theory, clinical observations, and empirical research.* New York: Guilford Press.

제 8 장
실비아의 사례(1976)

축어록

괄호 안에 있는 논평은 실제 인터뷰와 구별하기 위한 것이다.

칼 로저스: 음, 오늘 아침은 어떤 이야기로 시작할까요?

[이는 실비아와의 다섯 번째 인터뷰다. 네 번째 인터뷰는 어제 있었다. 지난 해 동안 세 차례 인터뷰가 있었다. 그 인터뷰는 녹화된 것을 보겠지만, 무슨 일이 있었는지 명확히 하거나 무슨 일이 있었는가에 대해 논평하고 싶다면, 실비아와 나, 양자로부터 논평을 첨가해서 제시할 것이다.]

실비아: 음, 어, 내가 생각해 오던 어떤 것에 대해 당신에게 말하고 싶고 그건……. 당신에게 문제를 말한다기보다 어, 공유하는 거예요.

칼 로저스: 음, 음.

[종종 내담자와 상담자의 관계는 문제로 가득해야만 한다는 느낌을 가진다. 실비아는 문제가 아니라 그저 공유하는 것이라는 작은 암시를 준다.]

실비아: 저, 최근 내가 배우고 있다는 것을 알게 되었어요. (칼 로저스: 음.) 그건 대단한 일이에요. 어, 전 항상 사람들이 말하는 것을 들어요, "오, 난 너무 많이 배웠어요. 이것도 배우고, 저것도 배우고, 그런 것이 학습 경험이겠죠." 올해 계속 성장하고 있어요. 난 어떤 것도 배워야 한다고 생각하지 못했어요. 단지 "음, 사람들이 무엇을 배웠고 배웠다는 것을 어떻게 알았지?"라고 느낄 뿐이었죠. (칼 로저스: 아하.) 단지 지난 몇 주일일 수도 있겠지만, 실제로 내가 어떤 것들을 배운 것은 주로 지난해라는 사실을 알게 되었어요. 난 그것들을 배웠고, 그것이 좋다는 사실을 알았어요. 난 어떤 상황이나 생각과 함께 이것을 알게 되었고, 이는 6개월 전이나 3개월 전에는 다르게 다가왔던 것들이에요. (칼 로저스: 아하.) 그래서 난 내가 배웠다는 것을 알았고, 그건 정말 흥미로운 일이에요.

칼 로저스: 그건 새로운 것에 대한 깨달음이네요. (실비아: 아하.) 당신은 "보세요, 난 이점에 있어서는 달라졌어요. 난 뭔가를 배웠습니다."라는 것을 깨닫고 있어요.

[관계에서 나쁜 감정이 있는 만큼 좋은 감정도 자리 잡고 있어야 하는데, 여기에서 그녀는 자신의 매우 긍정적인 측면을 끌어오고 있고, 이는 상담 관계에서 건강하고 타당한 부분 중 하나다. 내담자가 긍정적인 방향으로 하는 말을 듣는 것은 항상 흥미로운 일이다. 여기서 실비아는 자신의 방식대로 행하기로 결정한 무언가를 하고 있는데, 반드시 어떤 책을 따를 필요 없이 그녀가 느끼고 경험하는 것이 적절하

다는 것을 알기 때문에 이 점에서 실비아는 자부심이 강해 보인다.]

실비아: 난 달라졌어요. (칼 로저스: 아하.) 난 차이를 알고, 차이를 느낄 수 있어요. (칼 로저스: 아하.) 네.

칼 로저스: 그 차이점은 어떤 것들인가요?

실비아: 음. (낮은 웃음) 음, 난, 나는 아이들에게 더 엄격해지기로 했어요. 어, 그렇지만 그들에게 더 귀 기울이려고 해요. 난 아이들 엄마이고 그들이 알지 못하는 많은 것을 알아요. 그동안 했던 것보다 훨씬 더 많은 결정을 할 거예요. 그리고 어…….

칼 로저스: 음, 음. 당신은 그렇게 하면 조금 더 강해진다고 느끼는군요.

실비아: 네. 난 노력하고 있어요. (칼 로저스: 아, 음.) 좀 더 엄격한 사람이 되려고 노력하고 있고 순조롭게 잘되고 있어요. (칼 로저스: 아하.) 어, 처음에 아이들은 약간의 저항같은게 있어요. 그러나 곧잘 프로그램에 참여하죠. 그리고 이를 통해 나는 아이들이 세상에 적응하는 데 도움이 되고 있다고 좀 더 느끼고 있어요.

칼 로저스: 당신은 좀 더 성숙한 엄마와 같이 느끼고 있는 것으로 들리는군요.

실비아: 음. 유능한 (칼 로저스: 음.) 아이들을 위해서 적절하게 결정을 내릴 수 있는 (칼 로저스: 음.) 부분은 성 관련 문제예요. 그리고 난 지난해 많은 일을 했는데, 주로 지난해에, 전에 하지 못했던. 말하자면, 몇 명의 남자와 성관계를 가졌는데 두려움 때문에 전에는 절대 내키지 않았던 그런 상황에 나를 밀어 넣었고, 남성과 맺고 싶은 친밀한 관계와 그 느낌이 좋다는 것을 바로 지금 더 많이 알고 있는 것 같아요. (칼 로저스: 음, 음.) 음, 그건 어, 위험을 감수해야 하는데, 그런 일들을 가르쳐 주는 최대한의 치료나 독서, 사고, 토론을 하지는 못해도 내가 기회를 잡을 수 있다는 강한 느낌은 있었어요.

칼 로저스: 그렇게 위험을 각오하는 것이 성적인 영역에서 배움으로 가는 길이 되어 주었네요.

실비아: 네. 그러네요. (칼 로저스: 음.) 그건 제 아이들과 함께일 때 혹은 여러모로 사람

들과 관련되어 있어요. 단지 성적인 것만은 아니에요. (칼 로저스: 음.) 이런저런.

칼 로저스: 음.

[실비아는 많은 위험한 행동을 보이고 있다. 이 필름에서 자신의 경험을 이야기하는 것 자체가 위험 요소다. 그러나 중요한 것은 그녀 자신이 자신의 삶에서 가장 최우선의 안내자라는 사실을 삶 속에서 깨달은 것이다. 책이나 치료, 자신의 외부 환경에서도 아니다. 이것은 자신의 경험에서 알 수 있는 것이고, 여기에서 그녀는 매우 민감하고 개인적인 영역을 통해 학습하고, 이를 우리와 공유하고 싶어 한다.]

실비아: 사람들에게 다가가려 하고 낯선 이들에게 접근하려고 하는 그리고 어…….

칼 로저스: 이전에는 하지 않았던 모든 위험을 감수하면서요.

실비아: 약간은. 제 말은 제가 모든 일을 다 알지는 못한다는 거예요.

칼 로저스: 네.

실비아: 대부분 그래요. 그래서 흥미로우면서도 어려워요.

칼 로저스: 그것들이 당신을 좀 더 깊은 학습에 이르게 이끄는 것 같군요. 당신은 학습에 대해 더 많이 확신하게 되었고요. 난, 나는 당신이 말하고 있는 것에서 확신을 느껴요. 당신 안에 있는 확신이요.

[우리가 실시했던 실비아의 모든 인터뷰에서 정확하게 나타나는 점은 그녀가 자신이 말하고 있는 것을 조심스럽게 생각하고, 또 내가 말한 부분에 대해서도 조심스럽게 생각한다는 것이다. 내 말이 적절하지 않을 때, 그녀의 경험과 일치하지 않을 때, 그녀는 적극적으로 내가 말한 것을 정정해 주려고 한다. 그녀는 자신의 감정을 기술하는 것과 이에 대한 나의 반응이 정확한지 확인하는 데 매우 꼼꼼한 모습을 보인다.]

실비아: 음, 그래요. 그건 그렇기도 하고 아니기도 하네요. 난 내가 전에 말씀드린 것처럼 좀 더 성숙해진 느낌이 들기도 하지만, 다른 한편으로 나는 내 미성숙한 부분에 대해서도 좀 더 잘 알게 돼요. (칼 로저스: 음.) 그들은 서로의 일부예요. (칼 로저스: 음.) 그리고 어, 그건 그저 미친 소리처럼 들릴 수도 있다고 생각해요.

칼 로저스: 아니요, 난 그렇게 생각하지 않아요.

실비아: 내가 더 성숙하다고 느끼는 것은 내가 얼마나 미성숙한지를 더 잘 알기 때문이에요.

칼 로저스: 네. 네, 충분히 일리 있는 말입니다.

[실비아: 나는 내가 한 말을 그가 이해했다는 게 놀라워요. 난 이해하고 있다고 생각하지만 그렇다고 해서 반드시 다른 사람도 이해해야 하는 건 아니라고 생각했으니까요. 내가 말하고자 하는 건 나 자신의 방식으로 느낀 거예요. 그가 나를 이해할 수 있고, 내가 가치 있다고 여기는 점을 그가 알아준 것 모두 나를 기분 좋게 했어요.]

[칼 로저스: 정확하게 이해했다는 것을 확실하게 해 주는 것이 실비아에게는 중요해요. 그녀가 자신의 미성숙을 알아차리면서 어떻게 성숙할 수 있는지 누가 이해할 수 있을까요? 자, 나는 잘 이해할 수 있지만, 그녀는 내가 이해한 것이 어느 정도인지에 대해 정확히 확인해 주기를 바라고 있는 것이 분명해요.]

실비아: 그래요.

칼 로저스: 아하. 당신은, 당신은, 어, 당신에 대한 모든 면을 너무나 잘 알고 있기 때문에 모든 것을 더욱 수용할 수 있는 것처럼 들려요. "그래요. 난 어떤 측면에서는 성숙한데, 이것이 내가 미성숙하다는 것을 아는 일종의 방법이 되는 거죠."

실비아: 음. 이전에는 그것을 알지 못했는데, 내가 그것을 모르고 있다는 데에 대한 불편감이 있다는 것을 알았어요. (칼 로저스: 음.) 그렇지만 그건 내가 생각해 오던

것과 관련되어 있어요. 난 당신과 여기에 함께 있는 것에 대해 생각하고 그리고 어, 내 자신에게 두 가지 일을 말하고 있어요. 하나는 오, 당신은 다만, 난 틀림없이 의존적인 성격이에요. 아세요, 난 내 자신의 삶을 이끌어 가지 못해요. 온갖 도움을 구하죠. 그러고 나서 내 자신에게 말해요. 나는 항상 너무 강하고, 함께 조화를 이루어 나가며, 빈틈없이 내 머릿속에서 모든 것을 갖추고 있어야 한다고, 그래서 나에게 도움이 되는 상황에서조차 무력해지는 것을 용납하지 않아요. 당신과 함께 있는 지금 여기에서처럼 난 좀 더 무력해지기를 바라는데, 내가 생각하기에 이건 내 마음을 여는 걸 의미해요. (칼 로저스: 음, 음.) 우리에게 무엇이든, 어, 난 내 자신이 함께여야 하고 무력해지면 안 된다는 것을 알아요.

[나는 내가 또 다른 회기로 가야 하지 않을까 하고 걱정했던 시기라고 생각하는데, 오, 이건 동요되는 것을 통제하기 위해서예요. 나는 아마도 휴식을 취하고자 하는 의식적 결정을 했고, 어, 나의 두려움에 대해 이야기했어요. 나의 두려움은 내가 어떤 것을 배울 수 없을지도 모른다는 걱정이었어요.]

칼 로저스: 음. 당신의 목소리는 갈등이 있는 것처럼 들리기는 하는데, 정말 좀 더 다른 한쪽의 관점에 집중하고 있는 것처럼 들려요. 어, 어, 즉 그것은 열려 있고, 무력감을 느끼며, 약점이 있는 것인데, 나는 너무 적절한 용어라는 생각이 들고, 이 모든 것은 당신이라는 거죠. 당신은 정말 당신이 전적으로 의존적인 사람이고 무력하며 도움을 구해야만 하는 사람이라기보다 이런 사람이라는 것을 믿고 있어요. 당신은 아마도 좀 더 개방적이고 더 약점이 있는 상태로 저와 함께할 수 있는 당신의 이런 점을 스스로 좋아한다는 느낌이 드네요.

실비아: 네. 난 그걸 좋아해요. 그리고 의존적인 나 자신을 꾸짖기도 해요, 그래서…….

칼 로저스: 양면성이 있네요. 아하.

실비아: 중간에서 이를 연결시키지 못하고 있고 그리고 난, 당신이 그것에 대해 얘기

를 했던 것 같은데, 여전히 난 그것을 듣지 못했네요.

칼 로저스: 음. 그래서 그것을 더 명확히 하자면, 당신 자신을 질책하는 거군요. 왜냐하면 나와 함께, 예를 들면 여기 머물면서 의존적이 되는 거니까요. 그렇지만 동시에 당신은, 당신은 음, 그것이 좋다고 느끼는군요. 나, 나도 정말 그것을 바라지만, 그, 그 두 가지의, 어, 관점이 통합되는 지점은 어디일까요.

실비아: 음.

[부연 설명을 할 것 없이 생각한 바를 나에게 다시 되돌려주었을 때, 그건 나에게는 매우 훌륭한 것이었어요. 음, 내가 이전의 논평에서 무언가 놓친 것이 있었다고 표현했던 것을 확실하게 해 주었어요. 한층 더 이해가 되었지요.]

실비아: 맞아요. (작은 웃음) 당신 손을 한 번 더 잡아도 될까요?

칼 로저스: 물론이죠. 음.

실비아: 우리는 오래전부터 알아 온 것 같아요.

칼 로저스: 좋네요.

[실비아: 우리가 A에서 촬영하고 있을 때, 우리는 계속 손을 잡고 있었는데, 나는 다시 그런 좋은 일이 일어날 거라는 상상을 해요. 나는 기분이 좋아요. 그 시간에 나는 머릿속에 있는 것들을 지우기 위해 온전히 경험하는 것에 몰입하고 싶었어요.]

[칼 로저스: 이렇게 손을 잡고 있는 동안 난 아주 편안함을 느꼈어요. 어, 나는 홍채 치료(eye therapy)를 했다고 말했던 내 친구가 생각났어요. 그리고 어, 우리 눈은 많이 서로를 바라보았고 그리고 어, 언어적인 방식과 같이 비언어적으로도 진행되었다고 생각해요. 그것은 밀접한 관계였고, 우리는 그런 방식으로 경험했어요.]

실비아: (헛기침을 하며) 난 지금 그렇게 강해지는 건 원하지 않아요. 난 나 자신에게 민감하고 합리적인 것을 선물하고 싶지도 않아요. 그리고……. (칼 로저스: 음, 음.) 그리고 나 자신을 보호하는 것도요.

칼 로저스: 음, 음, 음. 당신은 당신이 어떻게 하든 상관없이 스스로에게 선물을 주고 싶군요. 그렇게 유능하고 능숙하지 않아도…….

[그녀가 내 손을 잡고 싶어 하는 이유는 그녀가 매우 놀라운 어떤 경험을 하고 싶어 하기 때문인 것 같다. 즉, 그녀의 유능하고, 합리적이며, 강한 자기를 내려놓고, 자신의 약점과 취약성을 그대로 내보이는 것이다.]

실비아: 음, 음. 그리고 난 내가 해야만 하는 것들을 내려놓는 것이 당신과 접촉하는 데 도움이 될 거라고 생각해요. (작게 웃음)

칼 로저스: 음, 음. 그래서 당신은 일부 접촉을 하면서 얘기할 수 있군요, "음. 어쩌면 나는 그렇게 강해질 필요가 없어. 그래서……." (실비아: 음.) "아마도 난 더 내려놓을 수도 있을 거야."라고요.

실비아: 네. (작게 웃음) (20초간 침묵). 난 모든 것으로부터, 음, 지금 이 순간 나의 합리화에서 벗어나고 싶어요. 하지만 입을 다무는 것 외에는 방법을 모르겠어요. (칼 로저스: 음, 음.)

칼 로저스: 당신은 침묵해야만 하는군요. 당신의 합리적이고 합리화하는 부분을 내려놓기 위해서.

[일 년 전 인터뷰에서 침묵은 매우 길었는데, 실비아는 매우 안정을 찾았다. 인터뷰 중에 내 손을 잡고 있는 것이 도움이 되는 것으로 보였고, 여기서 그녀는 1년 전의 패턴으로 돌아갔다. 이는 그녀가 말하는 내용에 중점을 두었기 보다는 관계에 견고한 작업을 한 또 다른 증거라고 볼 수 있다.

실비아: 음. (20초간 침묵) 집중하는 것이 더 쉬워졌는데, 어, 당신과 함께 있는 지금 난 더 집중이 잘되고 있다는 생각이 들어요. 그래요.

칼 로저스: 음. 거기에 뭔가 활기를 띠는 어떤 것이 있네요?

실비아: 네. 난 그것이 내가 이야기하고 싶은 부분이라는 것을 알아요.

칼 로저스: 그래요. 음. (10초간 침묵) 하지만 그건 쉽지 않네요. 아.

실비아: 네. 쉽지 않아요. 그렇지만 내 감정이 풍부해지는 것을 즐기고 있어요……. (칼 로저스: 음.) 이런 식으로 당신의 손을 그리고 카메라를 의식하지 않고 그리고 (칼 로저스: 음, 음.) 어, 15분 내에 무언가를 이끌어 내고 (웃음) (헛기침을 하며) 알아가는 것에 대한 두려움. 음, 모르겠어요. 그렇게 심각하지는 않아요.

[나는 내가 말할 필요가 있는 단어를 사용해서 말할 수 있는 지점에 이르기까지 스스로의 시간을 가졌다. 그것은 대부분 기다림이 되었고, 어, 당신도 알다시피, '내가 기다리면 다른 새로운 무엇이 있을까?' 와 같이 말이다. 마치 그것이 반드시 필요했던 것처럼 자연스런 과정을 거치면서.]

칼 로저스: 음.

[누군가 침묵의 가치를 의심한다면, 의견을 교환하며 이것을 없애야 한다. 실비아는 "난 내가 말하고 있을 때보다 침묵하고 있을 때 더 작업을 잘할 수 있어요." 라고 이야기한다.]

[실비아: 그의 세부적인 논평이나 그 논평의 내용이 전혀 도움이 되지 않는다기보다는 반드시 도움이 되지는 않는다는 거예요. 그러나 그것의 가치는 이에 저항해서 다시 일어날 수 있는 무언가를 줘요. 그것은 내 자신이 좀 더 집중할 수 있는 자극이 되죠.]

실비아: 거기엔 제가 당신과 논의하고 싶어 했던 어떤 것이 있어요.

칼 로저스: 그렇군요.

실비아: 난 정말 흑인에게 끌려요. (칼 로저스: 음.) 그리고 어, 그건 미치광이 같은 나의 일부에 관한 것이에요. 음, 난 수치스러워요. (칼 로저스: 음) 음, 바로 지금 이 순간뿐만 아니라 밖으로 나가 돌아다닐 때도 부끄러워요.

칼 로저스: 그런 일이 있을 때는, 음.

실비아: 그렇게 나의 삶을 살아왔어요.

칼 로저스: "난 흑인에게 끌려요."라는 것은 당신에게 아주 끔찍한 일이군요.

[처음으로 그녀가 내 손을 잡고 싶어 했던 그 순간부터 나는 아마도 그녀가 이전에 표현할 수 없었던 어떤 것을 표현하기 위해 친밀한 관계를 이용하려 했고, 지금 그녀는 매우 사적이고 개인적인 어떤 것에 대해 이야기하는 것에 대해 많은 위험을 감수하고 있는 거라고 생각했다.]

실비아: 음. 내가 흑인만 알고 지내는 건 아니지만 지인 중에는 흑인이 상당히 많아요. (칼 로저스: 음, 음.) 제가 언급한 흑인 친구들은 너무 잘 이해해줘요. 내 가족은 내가 흑인 친구들이 많다는 것을 이해하기는 하지만 (칼 로저스: 음.) 이는 실제로 그들에게 고통스러운 상황이라고 생각해요. (칼 로저스: 음, 음.) 그리고…….

칼 로저스: 가족들이 그것을 무시할 뿐만 아니라 당신 역시 그것에 대해 자신을 비난하는 것처럼 들리네요.

실비아: 아……. 네. 맞아요. 난 내가 나쁘다고 생각해요.

칼 로저스: 네. 그렇군요.

실비아: 음. 그렇지만, 그건…….

칼 로저스: "내가 많은 흑인들에게 끌리는데 나는 미친 건가요?"

실비아: 병이 난 거예요. 병이, 내 생각에는…….

칼 로저스: 병이 났다. 그건…….

실비아: 더욱 신경…… 신경증적인. 음…… (칼 로저스: 음.) 낯선…… (칼 로저스: 음.) (헛기침을 하며)

칼 로저스: 당신은 흑인 친구들이 너무 많은 것 때문에 실제로 당신이 뭔가 병이 있는 것처럼 느끼는군요.

실비아: 네. 난 합리적인 설명을 해 보려고 하지만 아무것도 하지 못했어요.

칼 로저스: 당신이 느끼는 것 외에는 어떤 근거도 없네요.

실비아: 음. 그리고 난…….

칼 로저스: 그것은 그리 좋지 않군요.

실비아: 네. 난, 난, 난 내 안에서 그것을 받아들이기 위해 너무 오랫동안 투쟁해 왔지만, 여전히 싸우고 있는 중이에요. 나는 그것을 받아들이기 위한 투쟁이길 원해요. 그걸 끔찍한 일이라고 생각하기보다 내려놓으려고 하는데, 대신 나는 다른 사람들에게 그것을 알릴 수는 없을 것 같아요. (칼 로저스: 음, 음, 음.) 그리고 어…….

칼 로저스: "그런 식으로 느껴서는 안 돼요. 나는 그렇게 내버려둘 수 없어요. 이건 끔찍 해요."

[그녀가 이러한 감정들을 좀 더 잘 수용하도록 지지하기 위해 그녀의 감정을 과장해서 반응한 것 같다. 그러나 내가 들어보면 그녀가 흑인에게 매력을 느낀다는 자기 자신을 받아들이려는 고군분투를 반영하였다면 더욱 강력한 반응이 되지 않았을까 생각한다.]

실비아: 난, 내가 어떤 흑인을 만날 때, 내가 그 사람에게 매력을 느낀다는 것을 그 사람이 알 거라고 상상하고 그리고 난 그들이 말을 할 수 있는지 항상 궁금해요.

칼 로저스: 음, 과연 그런가 보군요. (실비아: 네.) 음, 음.

실비아: 어쨌든 그들은 내가 이상하다고 생각할 거예요. (칼 로저스: 음.) 음. 그리고 그건 계속되어 온 모든 흑인-백인의 성 관련 문제들과 관련이 있는데, 음, 흑인 여성과 백인 남성도 그렇고, 이는 매우 낯선 거예요. 난 그것에 대해 거의 생각하지도, 걱정하지도 않아요. 하지만 흑인 남성-백인 여성에 관한 일이라면, 음, 난 다수의 흑인 남성에게 매력을 느껴요. (칼 로저스: 음.) 그래요.

칼 로저스: 성적인 매력과 관련이 있군요.

실비아: 네. 그렇죠. 그거요. (칼 로저스: 음.) 그렇지만 단순히 그런 것만이 아니라 (칼 로저스: 음.) 아이들과 그리고 여성과 생활 양식도요. (칼 로저스: 음.) 나의 좁은 식견으로는 그런 것 같아요. (칼 로저스: 음.) (헛기침을 하며)

칼 로저스: 그래서 내가 당신이 말한 것을 볼 때, 음, 어, 그 안에 성적인 요소가 있지만, 그들의 생활 양식에도 매료되는군요.

실비아: 음. 맞아요.

칼 로저스: 네.

실비아: 그렇지만 난 내가 아는 것이 전부가 아니라고 생각해요.

칼 로저스: 그것은 일면 당신의 환상이나 그와 비슷한 어떤 것이군요.

실비아: 아마도 이렇게 촬영하는 것이 나 자신을 굳건히 하고 내가 나 자신이 되는 데 도움이 될지도 모르겠어요. (웃음) (칼 로저스: 음, 음.) 그렇게 부끄럽지도 않지만 조금 당황스럽고 (칼 로저스: 음.) 음, 불편하지 않아요.

칼 로저스: 당신이 공적으로 소리 내어 말하는 것은 스스로 "나는 그것에 대해 그렇게 수치스러워할 필요가 없어."라고 느끼는 데 도움을 줄지도 모르겠어요.

[나는 다수의 인터뷰를 촬영했지만, 내담자가 자기수용을 하도록 하기 위해 촬영을 이용하지는 않았는데, 명확히 실비아는 이를 통해 자기수용을 하고 있다. 자신을 명확히 기록하게 함으로써 그녀는 아마도 덜 수치스럽고 덜 아프고, 조금 더, 어, 그녀와 그녀의 경험을 진심으로 받아들일 거라고 생각한다.]

실비아: 음. 난 나 자신에게 즐거워해야 한다고 말해요, 내 말뜻은 (작은 웃음) 왜, 왜 부정적이지? (칼 로저스: 음, 음.) 그리고 짐작컨대 당신은 문화에 대해 잘 알고 있을 것 같은데, 난 모르겠어요, 난…… (한숨을 쉰다.)

칼 로저스: 그렇지만 아마도 당신은 틀림없이 가족이나 문화에서 이런 점을 인정받기 어렵다고 느끼고 있어요.

실비아: 내 친구들은 이해하지 못해요. (칼 로저스: 음.) 제 백인 친구들은……. (침묵)

칼 로저스: 음. 당신은 다르게 느끼는군요. (실비아: 음.) 별개로 생각하거나 그런 것도 있구나 하는 정도로.

실비아: 음. 간혹 난 다르게 느끼고 있지만, 그렇게 느끼는 사람을 많이 알아요. 난 다수의 사람이 그렇게 느낀다고 믿어요. (칼 로저스: 음.) 그리고 난 많은 백인 여성이 흑인에게 매료된다는 것을 알고 있어요. 그래서 난 그것이 일반적인 것이라고 믿어요.

칼 로저스: 그런 일이 어디에든 있을 것이기 때문에 당신은 혼자가 아니라는 것을 알고 있군요.

[흑인에 대해 매력을 느끼는 것에 대한 부정적인 태도가 결국 그렇게 나쁘지 않다는 방향으로 이끄는 또 다른 예가 있다. 그것에는 긍정적인 측면이 있고, 또 다른 사람들, 다른 여성들도 똑같은 방식으로 느낀다는 것이다.]

실비아: 그렇지만 그건 내 감정의 힘인 것 같아요. 어, 진보적이라는 것과 흑인 문화와 일체감을 갖고자 하는 내 바람. (칼 로저스: 음, 음.) 음, 이건 생각보다 좀 더 심해 보여요. 난 좀 심한 것 같아요.

칼 로저스: 음. 그래서 좋아요. 다른 여자들도 똑같이 느끼지만 당신이 느끼는 정도까지는 아니라고 생각하는군요. (실비아: 음.) 좀 더 심한 거군요. (실비아: 음.) 균형이 잡혀 있지 않군요.

실비아: 다시 말하면 일반적인 수준에서 남성-여성이 아닌 거죠. (15초간 침묵) 아마도 나 자신의 일부를 받아들이는 그런 날이 오겠죠. (작은 웃음)

칼 로저스: 아마도 당신은 그것에 대해 자신을 부끄러워하지 않을 날이 올 거예요.

실비아: 음. 언젠가는 내 자신을 자랑스러워할 수 있을 거예요. (칼 로저스: 음, 음.) 내가 믿고 느끼는 것에 대해서요. (칼 로저스: 음.) 난 점점 그렇게 되는 방법을 배우고 있어요.

칼 로저스: 아하. 그렇군요. 그렇게 되면 당신이 무엇을 하고 무엇을 느끼든 '너무나 수치스럽다.'라고 느끼는 대신 진정한 만족감을 얻을 수 있을 겁니다.

실비아: 음. 내게 성장의 단서는 내가 지금 당신과 함께 무엇을 할 수 있다는 것인데, 당신은 촬영 중이잖아요. (웃음) (칼 로저스: 음, 음, 음, 음, 음.) 이건 뻔뻔해야 할 수 있는 일이죠.

칼 로저스: 그래요. (실비아: 음.) 이것은 위험하게 느껴져요. (실비아: 음.) 그렇지만 동시에 학습과 성장의 단서이기도 해요.

실비아: 음, 글쎄요. 그건 친구가 "촬영? 그것으로 뭘 하려는 거야?"라고 말한 느낌은 또 다른 위험으로 느껴졌는데, 이건 내가 생각하기에 의심스러운 부분이 있어요. 그리고…….

칼 로저스: 음, 음. 그것은 당신의 또 다른 낯선 부분이군요.

실비아: 글쎄요, 꼭 그렇다기보다는, 제 말은, 그건 아니고…….

칼 로저스: 그렇진 않군요.

실비아: 그건 절 귀찮게 하지 않아요. (헛기침을 하며) 간혹 난, 음, 바로 지금 (웃음) 나는 때로 우리가 이야기하고 있던 것에서 벗어나는 경우가 있다고 느끼는데, 궁금해요. 만약 내가 이 주제에서 멀어진다면, 어, 당신은 어떻게 생각할지요? 우리는 흑인에게 끌리는 것에 대해 얘기하고 있었던 것 같은데, 지금은 그렇지 않네요. 나는 우리가 그 이야기를 끝맺어야 했는지 아니면 내가 그만두었어야 했는지 잘 모르겠어요.

[내가 지각한 것은 무슨 일이 일어났는지 혼란스러운 기분이었다는 것이다.]

[칼 로저스: 이것이 자신이 경험한 것에 대해 실비아가 예리하게 자각한 실례라고 생각한다. 그녀가 흑인에게 매력을 느끼는 것에 대한 주제를 다루지 않았던 것에 만족하고 있다고 생각하지 않는다. 하지만 그녀는 자신 안에서 그 문제에서 얼마간 벗어났다는 것을 깨닫는다. 그녀는 그녀 말대로 그 문제를 얼버무렸다. 분명히 이것은 그녀에게 두려운 주제이기 때문이다. 또한 아마 현 시점에서 이 문제를 다룰 수 있을까 하는 느낌이 있었기 때문일 것이다.]

실비아: 음.

칼 로저스: 당신이 분석하고 있는 그 이상이네요. 그렇죠? 무슨 일이 일어났는지 생각해 보세요. "내가 그 문제에서 도망친 것인지? 아니면 그 문제를 마무리한 것인지?" 그렇지 않으면 그것에 대해 계속해서 생각하고 있는지?

실비아: 그것을 분석하고 있어요. (작은 웃음)

칼 로저스: "내가 그 문제를 마무리한 것 같은가?" 라고 질문하는 대신 (실비아: 음.) "내가 그 문제에서 도망치고 있는 것 같은가?"

실비아: 난 그게 좋아요. 당신의, 당신의 질문이나 논평이 좋아요. (칼 로저스: 음.) 내가 끝냈다고 느끼는 것일까요? 아니요, 난, 난, 난 도망치는 것과 끝났다는 느낌에 대해 알지 못해요. 그건…….

칼 로저스: 느낌이 분명하지 않군요.

실비아: 음. (35초 침묵) 음. 난 돌아가서 우리가 이야기했던 것에 주의를 기울여 듣고 싶어요. 난 잘 듣지 못했어요. (칼 로저스: 음, 음, 음, 음, 음.) 그리고…….

[칼 로저스: 이는 한 사람의 민감한 영역에 대해 깊이 파고들 때, 그들을 매우 취약하게 만들면서 노출시키는 가장 보편적인 경험 중 하나다. 다른 내담자들이 그랬던

것처럼 실비아에게도 그것이 아주 섬세한 경험이고, 내적 감정에 가장 근접한 것이기 때문에, 말했다는 것을 거의 깨닫지 못한다. 우연히 이 시점에서 내적 자기가 완전히 노출되었기 때문에 상담자 측의 부적절한 반응은 매우 무섭고 더없이 위협적인 것일 수 있다. 기억해 내지 못하는 것은 너무 빠르게 변화되는 것에 대한 방어라고 할 수 있다. 아마도 나중에 그녀가 이에 대해 귀를 기울이고 그녀가 표현하는 것을 충분히 받아들일 때 비로소 유용한 것일 수 있다.]

칼 로저스: "내가 뭐라고 말했는지?" "내가 무엇을 느꼈는지?" 당신은 그것을 표현하고 싶어 하네요. 그리고 그것을…….

실비아: 음. 내가 원했던 것은……. (흥분해서 계속 재잘재잘 이야기한다.) (칼 로저스: 음.) 그래서 그렇게 되었네요. (칼 로저스: 음.) 그래서…….

칼 로저스: 당신은 그것에 대해 자신을 질책하는 것 같군요. 마치 "오, 난 그저 쓸데없는 얘기를 하고 있어요."라고 하는 것처럼. (실비아: 음.) 내겐 그저 쓸데없는 얘기를 하는 것으로 느껴지지 않았어요.

실비아: 그랬나요? (웃음)

칼 로저스: 네.

[이 인터뷰 내내 내 감정은 주로 공감적이고 누군가를 돌본다는 느낌이었다. 여기서 나는 처음으로 내 자신의 어떤 다른 감정을 표현한다. 나는 단순히 그녀가 해 왔던 것에 대해 자신을 질책하도록 둘 수 없었고, 그래서 "그것은 내게 단지 쓸데없는 얘기로 들리지 않습니다."라고 말했다. 이는 매우 진실한 느낌이었다.]

[실비아: 그 당시 나는 칼이 실제로 그가 알고 싶은 무언가를 묻고 있는 느낌이 들었어요. 진정으로 그것에 대해 관심을 가졌고 걱정했어요.]

실비아: 음, 난 그것을 다시 듣고 싶고, 어떻게든 천천히 하고 싶어요. 난 지금 (작은 웃음) 당신의 손을 잡고, 당신을 보고, 천천히 하는 것을 볼 수 있어요. (칼 로저스: 음.) 속도를 늦추면서 그렇게 하기를 원해요. (칼 로저스: 음.) 하지만 난 그것을 하는 것과 동시에 "너 뭐하고 있는 거야?"라며 자신을 질책해요.

칼 로저스: 내가 당신에게 그것의 일부를 간단히 재연하겠습니다. 당신은 "난 흑인 남성에게 끌리는 내 자신 때문에 수치스러워요. 어, 다른 많은 여성도 그렇다는 것을 알고 있어요. 그러나 난 그 감정이 터무니없이 강하고, 어, 내 가족이 그것에 대해 비판적이고, 문화가 비판적이라고 생각하는 것 같아요. 음, 난 내 안의 그러한 감정을 받아들이고 싶어요. 아마도 난 이에 대해 어느 정도 나아지고 있지만, 여전히 내가 이해하지 못하는 미숙한 부분에 대해 발전할 필요가 있는 것 같아요."라고 했어요.

실비아: 맞아요.

칼 로저스: "그리고 성적 매력에 대한 부분도 있지만, 그들의 아이들, 그들의 삶의 방식, 그들에 대한 작은 일에도 관심이 있어요."

[간혹 내가 정확한 경청자의 모습을 보일 때, 자신이 자랑스럽고, 지금 이 순간 역시 그렇다.]

실비아: 음. 나와 당신이 얘기했던 것 중 가장 인상적인 것은 내가 이해하지 못하는 내 일부분이에요. 내가 이해하지 못하는 나의 일부분요.

칼 로저스: 어떤 이유로 완전히 이해할 순 없지만, 당신은 그 이유를 알아야 하는군요.

실비아: (웃음) 내가 어째서 그 이유를 알아야만 하는지 모르겠어요, 음. 난 그 누구에게 설명할 필요가 없어요. (칼 로저스: 음.) 그래서 이유를 알 필요가 없는 것 같아요.

칼 로저스: 음. (20초 침묵) 어쩌면 지적 이해는 당신이 생각하는 것처럼 중요하지 않을 수 있네요.

실비아: 수용이 가장 중요하다고 생각해요. 나 자신의 수용이요.

[칼 로저스: 인터뷰 내내 보여 준 것처럼 그녀가 말하는 바와 같이 그녀는 분석하고 또 분석한다. 그녀는 자신의 모든 행동에 대한 이유를 이해할 필요가 있으며, 지금은 이를 다소 경시하고 있다, "난 내 모든 행동에 대한 이유를 알 필요는 없어요. 난 그 모든 것을 이해할 필요가 없어요. 난 그것을 간단히 받아들일 수 있어요." 나는 그녀가 필름을 통해 친근감을 나타내려는 의지에 감탄하지 않을 수 없다. 나는 그러한 감정 표현이 그녀를 좀 더 건설적으로 만들 것이고, 더 많은 청중과 이를 나누려는 의지는 그녀 삶에서 긍정적인 효과를 가져올 것이라고 믿는다.]

칼 로저스: 음, 음. "그것을 받아들일 수 있다면, 그 이유를 알고 있기 때문에 굳이 이해할 필요는 없어요."

실비아: 또한 누구에게 설명하거나. (칼 로저스: 음, 음, 음.) 음.

칼 로저스: 당신은 상상 속에서 너무 많은 것을 하는 것 같아요. 누군가에게 그것을 설명하려고 하는.

실비아: 음. (25초 침묵) 나는 결코 이것을 이해할 수 없을 것 같아요. 그래서 차라리 이해하려 하지 않는 것이 더 편안할 수 있어요.

칼 로저스: 음. 당신이 그것을 받아들이기만 한다면, 그것은 모두 설명할 필요가 없는 것들이겠네요.

실비아: 어떤 것이 (한숨, 헛기침을 하며) 대체 무엇이 나를, 음, 내 자신을 정당화할 필요가 있다고 느끼게 하는지 궁금해요. (칼 로저스: 음.) 그것은 좀 더 근본적인 것 같아요…….

칼 로저스: 음. 그것은 이에 대한 좀 더 포괄적인 표현이군요.

실비아: 특정한 견해라기보다 아시죠, 내 자신의 이런저런 면을 수용하는.

칼 로저스: 음. 당신이 일반적으로 느끼는 "나는 더 적절한 설명으로 내 자신을 정당화

해야 합니다."와 같은.

실비아: 음. (20초 침묵) 음, 그런가요? 당신은…….

칼 로저스: 음. 우리 모두가 그럴 것이라 생각해요. 대개는.

실비아: 네.

칼 로저스: 음.

실비아: 단지 그들의 직관에 따라 여기저기로 움직이는 (웃음) 사람은 아무도 없을 거예요. 그렇게 되기는 힘들어요. 실제로 내게 필요한 것은 좀 더 진실로 조화를 이루는 거예요. (칼 로저스: 음.) 나는 그것을 정당화하는 것이 나쁘다고 하는 것이 아니라 그렇게까지 정당화하지 않고도 좀 더 편해질 수 있다는 거예요.

[칼과 함께했었던 체험은 나에게 매우 특별했는데, 어, 내가 그렇게 가깝게 느꼈던 이유는 정서적인 안정감 때문이다. 어쨌든 세상으로부터 내가 칼과 함께 있었던 공간을 분리시키는 경계선 또는 방어벽 같은 것이 있었다. 그 공간 안에서 나는 매우 안전했고, 고통받지 않았다. 내가 무엇을 말하고 행동하든 내가 상처받을 것이라는 두려움을 가질 필요가 없었다. 내 사고의 초점은 얼마나 충분히 안전한가 하는 거였다. 이번에 그가 내게 영향을 주었다고 느낀 또 다른 것은 내가 좀 더 나다워지도록 자신에게 더 귀 기울이고, 내 자신을 위해서 더 반응해 주며, 자신을 돌봐 주고, 먼저 자신에게 관심을 갖도록 지지받는 느낌을 받았다는 것이다. 나는 칼과의 경험으로 내 인생이 얼마나 변화되었는지를 생각한다. 나는 칼이 내 마음을 돌봐 주는 방식에 대해서 생각했는데, 그는 자신이 모델링이 되어 주었고, 나 자신을 돌볼 수 있는 방법을 학습하도록 도와주었으며, 나의 가장 중요한 자원은 나 자신이 될 수 있다는 것을 보여 주었다. 그런 그의 방식이 나에게는 좀 더 자신에게 귀를 기울이도록 하는 수많은 지지와 격려가 되었고, 많은 영향력을 끼쳤던 것 같다.]

칼 로저스: 음, 음, 음.

해설 1

로저스와 실비아
-친밀하고 지지적인 만남-

David J. Cain

실비아는 칼 로저스와의 폭넓은 치료적 만남을 가졌던 이례적인 사람이다. 내담자와 치료자 모두에게 잊을 수 없는 영향을 미친 치료적 경험이었다. 실비아와 로저스는 상호 간의 가치를 높이고 만족을 주며 능력을 강화시키는 방법으로 서로를 감동시켰다. 나는 모든 치료 회기를 목격했는데, 누군가는 치료적 반응에 의문을 던질 수 있는 점이 있었다. 그러나 이 만남의 다소 부족한 점에도 불구하고, 특히 성장을 촉진하거나 방해할 수도 있는 내담자와 치료자 요소를 고려할 때, 그것은 내담자 중심 치료와 다른 학파에 반향을 일으킬 만한 많은 점을 제공하고 있다.

실비아는 30대 중반으로 보이는 매력적인 여성이었다. 그녀는 적어도 두 아이의 엄마였다. 그녀의 결혼 상황은 막연하고, 배우자에 대한 언급이 없었고, 그 밖의 배경에 대해 알려진 것이 거의 없었다. 이는 로저스와의 다섯 번째 인터뷰였다. 그녀는 지난해 인터뷰를 세 번 가졌고, 아마도 워크숍 동안 한 회기는 본 워크숍 직전에 있었을 것이다. 이 인터뷰 촬영 당시 로저스는 칠십대 중반이었다. 이 필름은 1980년대에 공개되었다. 실비아와 로저스가 회기 이후에 이를 논평했고, 그들의 경험에 대해 개별적으로 설명한 다음 촬영에 대한 최종 견해를 통합시키고 있는 것에 주목해야 한다. 관찰자는 그들 회기에서 여러 다양한 관점으로 여러 번 실비아와 로저스의 상호작용을 보고 들을 수 있다.

실비아와 로저스의 상호작용

실비아는 회기 내내 열정적으로 로저스와 관계를 맺었다. 그녀는 그녀의 경험과 로저스에게 매우 수용적이었다. 그들의 만남에서 가장 현저한 특징 두 가지는 강하고 지속적인 눈 맞춤과 그녀의 요청으로 인터뷰 상당 부분 동안 그들이 손을 잡았다는 것이다. 실비아는 개방적인 태도로 좀 더 깊은 연대, 황홀함 그리고 심지어 경외감과 동경심 가득한 얼굴로 로저스를 가만히 바라봤다. 그 필름을 본 한 여성은 실비아를 어떤 성적인 것이 함축되어 있지 않는 가운데 '가슴이 따뜻해진다.'라고 묘사했다. 로저스는 진지한 관심, 태도 그리고 그녀와 그녀 경험에 완전히 몰입하며 대화를 나누던 중에 강렬한 눈 맞춤을 하는 실비아를 마주했다. 로저스와 실비아는 카메라, 조명, 필름 제작자들을 배경으로 사라지게 하면서 세상에서 벗어난 환상 속에 있는 것 같았다.

로저스는 실비아가 말하는 것은 무엇이든 열심히 들었고, 짧게 인정해 주기(예: "음, 음", "아하")로 자주 반응해 주었다. 그의 반응 중 대다수는 그가 명확하게 이해하고 싶거나 실비아의 의도된 의미와 경험을 명료화하고 싶었기 때문에 공감적으로 묘사했을 수 있다. 이에 로저스는 항상 실비아가 이끌어 갈 수 있도록 하였고, 다수의 상황에서 그의 성향에 따라 질문했고 대답했으며, 그의 견해와 신념을 반영하였다. 시종일관 인터뷰를 통해 로저스는 실비아와 실비아와의 성장을 기뻐했음이 분명하다.

중요한 순간과 논점-순차적 분석

학습과 관련된 치료

실비아는 최근 그녀가 학습한 것에 대한 자긍심을 표현하는 것으로 회기를 시작한다. 그녀가 설명하길 "난 줄곧 실감하고 있어요. 지난해…… 난 어떤 것들을 배웠고 그것들을 배웠다는 것을 알아요. …… 난 내 학식을 지각하고 있고 그건 정말 흥미로워요……. 난 변했어요……. 난 변화를 볼 수 있고, 효과를 느낄 수 있어요."

명백해 보이지만, 치료의 주목적은 다른 사람이 학습하는 것을 돕고, 그 학습이 효과적이고 만족스러운 생활로 변환하도록 돕는 것이다. 치료는 결국 목적과 관계가 있다. 치료적 관계를 강조함에 있어 어떤 내담자 중심 치료자들은 내담자의 습득과 개인적인 성장을 부인하거나 과소평가하려는 경향이 있기 때문에 이 점을 강조한다. 실비아는 그녀가 학습하는 것에 만족감을 표현할 뿐 아니라 자기 긍정으로서 그것을 경험한다. 현재 그녀는 자신이 학습할 수 있고 학습한 사람이라는 것을 알고 있다. 또한 실비아는 우리에게 어떻게 학습했는지 말한다. "내가 그런 것들을 익히도록 돕는 것은 상당량의 치료나 독서, 사고, 토론이 아니라, 기회를 얻을 수 있다는 내 안의 매우 강력한 느낌이었어요."

내담자들은 여러 방식으로 배우는데, 그들이 배우고 있다는 것을 자신이나 치료자들이 종종 깨닫지 못할 수도 있다. 실비아가 위험을 감수하면서 가장 많은 것을 배운다고 명확히 이야기한 것은 의미가 있다. 로저스가 언급했듯이 그녀는 위험을 감수하면서 얻은 경험은 신뢰할 수 있다는 것을 알고 있었다.

공감을 넘어서기

로저스는 회기 내내 '추론적 공감'이라고 칭하는 반응을 하고 있다. 즉, 그는 좀 더 깊이 있게 공감하기 위해서 그녀가 진술한 것에 근접하기보다는 실비아가 의미하는 것을 추론한다. 예를 들어, 회기 처음 몇 분 이내에 실비아가 아이들과 관련해서 '보다 단호하게 결정'을 내리고 과거에 했던 것보다 '더 많이 결정'하겠다고 말할 때, 로저스는 실비아의 진술을 넘어서 그녀의 기저에 있는 감정 상태와 관련된 것을 추론한다. 이를테면 "당신은 그것에 대해 예전보다 강해진다고 느끼는군요."와 같은 것이다.

로저스가 추론적으로 반응할 때나 그의 반응이 적절해 보이지 않을 때, 그녀는 그 말이 자신의 경험과 일치하는지 알아보기 위해 조심스럽게 그의 말을 숙고한다. 로저스가 여기에서 그랬던 것처럼 내담자들로 하여금 그들의 경험과 치료자의 견해를 비판적으로 평가할 수 있도록 믿어 주고 격려해 줄 때, 내담자들은 자신과 모순되는 치료자의 신념을 받아들이지는 않는 경향이 있는 것 같다. 그런 조건하에서 내담자들이 치료자들에 의해 우연히 '조종되는' 일은 없을 것이다.

2분 정도의 짧은 시간에 로저스는 실비아의 반응("음" "예" "예/아니요")을 판단하면서 목표에서 약간 벗어난 두 가지 공감적 반응을 한다. 게다가 그녀가 아직 느끼지 못했던 경험을 이야기한다. "제가 얼마나 미성숙한지 더 잘 알기 때문에 전 더 성숙해진 것 같아요." 로저스는 짧게 언급한다. "충분히 일리 있는 말입니다." 그런 다음 실비아가 의미하는 것에 대해 정확히 반응하며 공감을 전달한다. 그녀는 회기 중에 이 부분을 검토할 때, 로저스가 그렇게 할 수 있었다는 것에 놀라움과 만족감을 표현하고, 이것을 알게 되면서 매우 중요한 인간적인 학습을 했음을 표현한다.

이 부분은 치료자의 공감 반응의 중요성에 흥미로운 질문을 제기한다. 로저스가 다소 핵심에서 벗어난 반응을 할 때, 실비아는 그녀가 의미하는 바를 명료화하기 위한 판단 기준으로 공감적 반응을 사용한다. 실비아에 따르면, "그의 자세한 논평이

나 논평 내용이 도움이 되지 않는다기보다 반드시 도움이 되는 것은 아니라는 것이다. 하지만 그렇게 하는 것이 가치 있다는 점은 치료에 다소 도움이 되기도 한다. 이는 내담자에게 더 집중할 수 있도록 격려한다."라고 하였다. 이에 실비아와 같이 충분히 강하게 자기 느낌을 가지는 사람은 종종 치료자의 공감적 반응이 완전히 일치하지 않더라도 앞으로 나아갈 수 있다. 다소 부정확한 반응도 촉진적일 수 있고, 내담자가 좀 더 명확히 명료화하도록 부드러운 압박을 제공하기도 한다. 한편, 연약한 내담자들이나 심지어 매우 중요한 어떤 것과 투쟁하고 있는 강한 내담자에게 치료자의 정확한 공감은 그 영향력에 있어서 더 결정적이고 강력하다. 그런 내담자들에게 정확한 공감을 보여 주지 못하는 것은 관계에 역효과를 줄 수 있다. 요점은 특정한 순간에 여러 다른 내담자에게 영향을 미칠 수 있는 치료자의 공감(understanding)에 대한 정확성이 얼마나 많은 변수를 가질지는 아직 미지수다. 나에게 이는 내담자의 개인차뿐 아니라 내담자에게 순간순간 영향을 미칠 수 있다는 중요성을 역설하는 것이다.

붙잡아 주기-놓아주기

회기 초기, 실비아는 위험을 통해 배운다고 말한다. 그런 다음 그녀는 무력해지고 의존하며 자기를 개방하고 싶다고 말한다. 그녀는 의존을 회피하는 것과 의존하도록 자신을 허용하는 것 사이의 갈등을 인식하고 있다. 실비아는 이러한 간격을 좁히고 싶어 하는(통합) 상황에서 불일치를 경험한다. 그녀는 이전 회기에서 했던 것처럼 로저스의 손을 잡고 싶다고 했다. 그는 받아들였다. 실비아는 다음과 같이 말한다. "난 지금, 어, 그렇게 강하지 못한 것 같아요. 난 분별력 있고 합리적이며 또한 자신을 보호할 필요가 없는 선물을 나에게 주고 싶어요." 실비아는 로저스의 손을 잡고서 이러한 접촉이 그녀가 치료를 더 효과적으로 돕는 요인이 된다고 생각한다. "이런 자세로 당신과 함께 있는 지금, 제가 더 집중하는 것 같아요."

이런 '감동'적인 순간은 내담자가 좀 더 깊이 있게 개인사에 접근하고 직면해야 하거나, 자아 개념에 잠재적으로 위협이 느껴질 때 안전과 지지의 중요성을 입증하고 확고히 한다. 다시 한 번 실비아가 자신의 성장에 필요한 것에 대해 정확히 표현하는 데 강한 인상을 받았다. 개인적인 접촉과 안정감을 얻기 위해 위험을 감수할 기회, 이 중요한 순간에 로저스는 최선을 다했다. 그는 깊고 명확하게 공감적이고, 수용적이며, 지지적이었고, 충분히 그 자리에 함께 머물면서 실비아와 함께 참여하고 있다. 치료자-내담자 관계의 본질과 특성이 치료적 변화의 잠재력을 촉진하는 중요한 변인이라는 데 분명한 증거를 제공한다.

이해 구하기: 자기수용을 위한 고군분투

그녀 자신을 준비시키기 위해 오랜 침묵의 시간을 보낸 후, 실비아는 흑인 남성에 대한 그녀의 성적 매력과 흑인에 대해 느끼는 매력에 대해 곤혹스럽고 불안한 삶의 측면을 언급한다. 그녀는 "난 흑인에게 진정한 매력을 느껴요. 어, 그건 미친 것 같아요. 음, 난 수치스러워요……. 내가 뭔가 잘못됐다고 생각해요. 병이 있거나 신경증적인 이상이요."라고 말한다. 로저스는 이 매력에 대한 그녀의 감정을 반영했다. "당신은 흑인 친구들이 너무 많은 것 때문에 실제로 당신이 뭔가 병이 있는 것처럼 느끼는군요."

실비아는 자신의 경험을 이해하려고 노력한다. "난 계속해서 적당한 설명을 찾고 있지만 어떤 답도 얻지 못하죠." 부분적으로는 그의 목소리 톤으로 실비아의 딜레마를 '재구성'하는 방식을 보면, 로저스는 실비아의 정서를 공감하기보다는 실비아가 자신을 수용할 수 있도록 돕는 작업을 한 것 같았다. 그는 대답한다. "그래서 당신이 그런 식으로 느끼는 것 외에 다른 이유는 없네요." 그리고 "그 정도로는 충분하지 않군요." 여기서 로저스는 실비아가 스스로를 수용하고 이해하도록 돕고자 하는 그의 명백한 성향과 분투하고 있는 것으로 보이는데, 그는 수용에 더 많이 집중하고 있다.

이 회기 진행 단계에서 실비아는 자신이 어떤 기분이어야 한다고 생각하는 것과 실제로 느끼는 것 사이의 불일치와 싸우고 있다. “난 나 자신에게 즐거워해야 한다고 말해요……. 하지만…… 내 감정의 힘과 …… 흑인 문화에 동일시하려는 내 욕구는 과장된 것 같아요. …… 언젠가 난 내 자신을 자랑스러워할 수 있을 거예요.” 그러고 나서 그녀는 복잡한 삶의 영역에서 성장에 대한 징표로 촬영에서 그녀의 의지와 기분을 얘기하고 싶은 욕구를 확인한다. 그러나 다른 한편으론 그녀의 감정에서 멀어지기 시작한 것은 아닌지 혼란스러워하기 시작한다. 그녀는 로저스에게 의견을 묻는다. 그는 바로 응답하지 않았으나, 질문(“내가 그 문제에서 도망쳤나요? 아니면 내가 그 문제를 마무리 지은 것일까요?”)에 대한 그의 반영은 이 순간에 그녀가 경험한 것에 명확하지 않은 부분을 파악할 수 있도록 돕는다.

실비아는 감각(위치)을 잃은 것으로 보인다. 그녀는 중요한 어떤 것을 표현했지만 그것을 회상하거나 그 안으로 들어가지 못한다는 사실을 알고 있다. 그녀의 경험에 대한 나의 이해는 그녀가 안개—그녀가 자신의 경험을 이해할 수 없는 상태—속에 있다는 것이다. 그녀는 조금 떨어져서 더욱 명확히 볼 수 있는 위협적인 경험에 너무 몰두해 있는 것으로 보인다. 로저스는 이 경험에 대해 다음과 같이 설명한다. “많은 다른 내담자처럼 실비아는 내적 감정에 근접해 있기 때문에 그녀가 말한 것을 거의 알지 못하는데…… 기억에 대한 이런 무능은 너무 빠르게 변화하는 것에 대한 자기 방어입니다.”

실비아가 혼돈과 싸우고 있을 때, 로저스는 이것이 그녀가 단지 지적으로 말하거나 자신을 회피하는 것이 아닌, 그녀가 자신을 이해할 수 있도록 돕기 위해 분명히 의도된 것이라고 논평한다. “그건 나와 이야기하고 있는 것처럼 들리지 않아요.” 실비아는 여전히 확신하지 못한 채 “그런가요?”라고 말한다. 계속되는 반응에서 항상 그렇듯 로저스의 마음은 정도를 가고 있다. 그는 테이프를 바라본 후에 이렇게 말한다. “나는 단순히 그녀가 했던 행동에 대해 그녀가 자신을 비난하는 것을 놔둘 수 없었습니다.” 보는 관점에 따라 이 반응은 과도하게 보호하려 하거나(그녀의 혼란스러운 상황을 존중하는 것은 아니다), 진정으로 돌보고 지지하는 것으로 보일 수 있다. 그녀의 자기 의심과 혼돈에서 나오는 실비아의 수용 능력을 촉진시킨다는 점에 있어 이것이 '실수'였는지 신중하게 생각해 볼만하다. 만약 로저스가 무슨 일이 일어났는지를 알고 싶어 하는 실비아의 혼돈에 초점을 맞췄다면, 그녀는 자신에 대한 일들에 대해 더욱 분명해졌을 수 있다. 그녀가 그렇게 했더라면 자신의 현실을 좀 더 효율적으로 평가할 능력에 자신감이 더 생겼을 가능성이 높다.

수용은 충분한가

실비아는 다음과 같이 언급한다. "당신이 했던 말 중에 가장 인상 깊었던 것은…… 내가 이해하지 못했던 나의 일부분이에요." 그다음 로저스가 대답한다. "당신은 그것에 대한 이유를 알 수 없군요. 당신은 반드시 이유가 있어야 하는데요."

내 생각에 이 사례에 대한 로저스의 편견은 분명히 드러난다. 그는 자신을 이해하려는 실비아의 욕구를 인정하려고 하지만, 이해하기보다 수용하는 것이 더 중요하고 아마도 더 치료적이라고 믿는다. 그는 그녀가 자신을 지적으로 이해하려 하는 만큼 걱정하는 것을 친절하게 단념시킨다. 나는 흑인에 대한 그녀의 매력을 이해하려는 실비아의 요구가 이 인터뷰를 떠나서 강력하고 지속적이었다고 믿는다. 그것에 대한 어떤 설명이 충족되지 않고서는 그녀 삶의 이런 영역과 충분히 타협해 나갈 가능성은 희박하다.

확실히 실비아는 단순히 자신을 수용하는 것이 바람직하다는 사실을 알고 있다. 그럼에도 그녀는 이해하고 싶어 한다. 로저스는 실비아에게 이해와 수용의 중요성에 대한 인식보다는 수용을 강조해 왔다. 명백히 로저스와 같은 치료의 거장조차 때로는 내담자의 요구나 신념으로 갈등할 때 그의 개인적인 신념에 희생양이 될 것이다. 로저스와의 개인적인 만남에서 나는 자기 분석의 나태함을 관찰했다. 그는 그것을 이해하기보다 그의 행동의 어떤 면을 단순히 인정하고 수용하는 모습에 만족하는 것으로 보였다. 자세히 말하면, 그는 개인의 동기와 행동과 관련해서 이성적, 지적, 인지적 설명의 중요성을 경시하는 것으로 보였다. 당연히 그는 실비아와의 작업에서 이런 태도를 드러냈다. 물론 로저스의 신념은 어떤 내담자들에게는 적절한 것일 수 있다. 그러나 어떤 사람들에게는 괴롭고 곤혹스러운 행동에 대한 설명이 그 행동을 단순히 수용하는 것보다 더 치료적이거나 혹은 같은 의미일 수 있다. 요점은 어떻게 학습하는지 그리고 변화와 성장을 위해서 무엇을 배워 나가야 하는지는 내담자마다 다르다는 것이다. 이 사례의 경우, 실비아는 지적 이해와 자기수용 모두를 필요로 하는 것으로 보였다.

오랜 침묵이 흐른 후 실비아는 그녀의 행동에 대한 이해 문제를 계속해서 언급한다. "아마도 나는 그것을 결코 이해하지 못할 것 같아요. 그래서 모른 체하면 편해질 것 같아요." 로저스는 이어서 말한다. "만약 당신이 그것을 받아들일 수 있다면, 그 모든 설명이 필요 없을 거예요." 그런 후 그녀는 이렇게 말하면서 회기를 마친다. "그래서 난 좀 더 조화를 이뤄 나갈 필요가 있어요. 내가 그것을 정당화하는 게 나쁘다고 하는 것보다 보다 적게 정당화할 수 있어요……. 그렇게 해서 좀 더 편안해질 수 있다는 거죠."

실비아의 마지막 진술은 그녀가 자기 이해와 자기수용 간 균형을 이룰 필요가 있다고 결정을 내렸음을 제시한다. 그녀는 흑인에 대한 매력을 이해하고자 하는 열망을 포기하지 않았지만, 자신의 행동을 정당화하거나 설명하려 할 때 자기-수용을 증가시킨다면 그때 경험하는 긴장을 좀 완화시킬 수 있다는 잠정적인 결론에 도달한 것 같다. 나는 로저스가 편견으로 스스로 자기수용을 강조하게 되었다고 믿고 있음에도 한편으로 로저스가 실비아에게 제공한 안정감과 신뢰는 그와 그녀의 신념이 조화를 이뤄 그녀가 이를 표현하는 단계까지 이르게 했음을 느낀다. 물론 이런 신념에 대한 통합이 궁극적으로 조화로운 태도에서 이루어졌는지 혹은 실비아가 더 많은 인지적 이해를 얻기를 계속 바라고 그녀의 행동에 대한 걱정을 표명하고 있는지를 아는 것은 후속 작업이 필요하다.

학습과 성장을 촉진하는 요인

치료적인 성격 변화의 필수적이고 효율적인 조건에 대한 로저스의 기본 가설은 1957년 그가 처음 논문을 썼던 이후로부터 사실상 변하지 않는 것이었다. 이것은 다음과 같이 진술할 수 있다. "불일치감을 가지고 있는 내담자가 무조건적인 긍정적 존중감, 공감, 일치감을 가진 상담자를 만난다면 내담자에게 건설적인 변화가 일어날 것이다." 내가 로저스의 가설을 행하는 데 동의하지 않는 것을 감안하더라도 나는 이것은 불완전하다고 본다. 연구, 이론 그리고 임상 증거에 대한 견해를 볼 때, 치료자의 세 가지 자질(혹은 조건이나 행동)은 요소 간의 범위와 복잡성, 전체 통합되는 부분 그리고 내담자에게 주어지는 건설적인 변화에 영향을 미치고 있다는 것을 설명하고 있는 것은 틀림이 없다. 로저스 가설의 주요한 한계점은 변화를 설명하는 데 치료자 요소에만 전적으로 초점을 맞추고 있고, 이에 치료 성공에 대해서 내담자의 기여도에 대한 중요성은 감소된다는 점이다. 내담자 중심 실습자와 치료자가 직면하고 있는 도전은 치료적인 상호작용에서 나타나는 요소의 다양성과 미묘한 차이를 새롭게 보고 듣는 것이다. 내담자 중심 치료자들이 로저스의 이론에 몰두하고 있는 정도를 보면, 이론이 제시하는 것은 계속해서 진실하다고 보고 있는 것 같다.

로저스와 실비아의 회기는 내담자와 치료자의 미묘한 통합이 회기 결과를 이끌었던 좋은 예다. 이번 회기에서 건설적인 학습과 성장에 대한 치료적 잠재성은 치료자-내담자 상호작용이 상호의존 관계일 때 향상된다는 것을 제시한다. 이와 관련하여 실비아는 그녀가 체험한 것과 로저스가 반응한 것 모두 다 이례적으로 수용한 사람이었다. 수용성은 내적인 경험과 외적인 경험, 그리고 정보에 대해 개방하는 것으로 정의된다. 수용적인 상태에 있을 때, 내담자는 비평가적이고 비방어적인 방식으로 반영에 대한 경험을 얻게 된다. 이에 실비아의 수용성과 반응은 위험을 감수하는 능력과 결합되었는데, 이는 그녀의 학습과 성장에 주요한 공헌을 하고 있었다.

로저스는 부분적으로 일치적이고, 수용적이며, 공감적인 것과 더불어 실비아와 함께하는 데 있어서 높은 수준의 존재감(지금-여기)을 보여 줬다. 존재감은 내담자와 내담자의 경험에 충분히 경청하고 몰입하는 태도로 정의된다. 인터뷰 내내 로저스는 자신에 집중하고 실비아에게 극히 초점을 두었다. 더불어 로저스는 실비아를 굉장히 지지했다. 즉, 그는 실비아의 경험을 인정하고 받아들였을 뿐만 아니라 정당성을 입증했다. 실비아에 대한 로저스의 긍정은 그녀의 자기 긍정을 지지했고 격려했다.

로저스와 실비아는 치료 과정 안에서 서로 연결되어 있었다. 연대성(engagement)은 그의 '필요충분조건' 가설에서 로저스가 기술한 관계(contact)의 개념을 능가한다. 연대감은 내담자의 학습과 성장을 촉진하려는 목적으로 협력 관계에 있는 개인이 또 다른 사람과 상호의존적 경험을 하는 것을 의미한다. 회기를 통해 나타나는 증거로서 로저스와 실비아는 실비아 스스로 탐색하고 자신이 되기 위해 엄청난 양의 지지, 안전, 신뢰를 제공하는 방식으로 긴밀하게 결속되어 있었다. 실비아가 인터뷰에 관해 언급했다. "경계를 짓는 울타리가 있었어요. 내가 칼과 함께 있었던 장소와 이를 제외한 세상이 분리된 것 같은…… 그리고 그곳에서는…… 내가 무슨 말을 하거나 행동하든 상처받는 것에 대한 어떤 두려움도 가질 필요가 없었어요. 내게 영향을 미친다고 생각하는 그에게서 내가 느낀 다른 것은…… 나다워지고 내 자신에게 귀를 기울이고…… 그리고 내 자신에게 관심을 갖고 스스로를 우선순위에 두도록 지지받는다고 느꼈어요……. 처음으로 나 자신을 인정하는 것을 좋아했어요."

결론

이 회기의 비디오 녹화테이프와 녹취록을 검토한 후, 나는 다소 단순하고 기본적인 결론에 도달한 자신을 발견한다. 실비아와 로저스의 관계의 본질과 특성은 실비아의 이면에 건설적인 영향을 주었던 주된 치료적 힘이었다. 이 만남에서의 집중도, 친밀함, 안전성 및 개인적 몰입도는 실비아가 논했던 논점의 내용이나 로저스의 반응의 질을 초월하는 요소였는데, 이들 중 몇몇은 특별히 더 이례적인 것이었다. 이 만남을 강력하게 하는 것은 협력을 특징으로 하는데, 학습과 성장에 대한 개인적 자원을 각자 지니고 협력해서 작업하는 내담자와 치료자의 상호 관계였다. 로저스와 실비아 모두 실비아가 위험을 감수하고 학습을 촉진하는 과정에 완전히 몰두해 있었다. 평가에서 실비아는 '자신이 되고', '자신을 돌보고', '자신에게 귀 기울이는' 것을 배웠고, '아마 나의 가장 중요한 자원은 내 자신이 되는 것'이라고 이해하도록 학습했다고 표명했다. 나는 실비아를 이해하면서, 그녀가 자신을 돌보기 위해 학습하고 그녀의 자원을 이용하는 법을 익히고 있었다는 것을 깨달았다. 또한 그녀는 스스로 치료자가 되고 있었다. 내 생각에 이는 모든 내담자와 그들의 치료자들을 위한 최적의 결과다.

해설 2

로저스와 실비아
-여권 신장론자의 분석-

Maureen O'Hara

정신분석은 비범한 재능을 가진 한 남자의 창조물이며, 그는 사상 대부분을 확장시켰는데 이는 단지 남성의 심리학을 발달시키고 여성보다는 남성의 발달을 이해하는 데 적절한 것이고 합리적인 것이다.

-Karen Horney(1926), p. 324

처음에는 대학원생으로, 이후에는 동료와 친구로서 칼 로저스와 긴밀하게 일했던 시간을 통해 나는 그와 그의 일에 매우 뜻깊은 사랑과 존경을 품고 있다. 그가 저서에서 이론적으로 강조했던 것과 동일한 원칙을 곧바로 다양한 상황에 적용하는 모습을 보았을 때, 존경심은 더욱 깊어졌다. 그때에 내가 진전시킨 지적 작업은 나로 하여금 인간의 본질과 치료 과정, 성장, 세계 안에서 자신의 위치에 대해 내가 갖고 있는 생각을 지속적으로 시험하고 반영하도록 도전하게 하면서 숙고와 실습의 영역으로 밀어 넣었다. 나는 다른 사람들의 성장 과정을 촉진하는 로저스의 접근 방식을 '이해하고' 혹은 '경청하면서' 치료자, 교사, 집단 촉진자, 부모, 친구 또는 어느 동료든지 간에 나 자신의 시점과 선택(filter), 참조의 틀을 습득했다.

처음부터 우리의 관계는 활기 넘치고 열정적이었다. 우리는 서로 다른 참조의 틀과 현실 구조—그런 날들을 어떻게 칭해야 할지 모르지만—에 대해 무수한 토론과 대화 그리고 오랜 논쟁을 했다. 우리의 의견 차이는 종종 서로에게 생산적인 것이었는데, 때로 다이아몬드 절단기의 분석적인 정밀함으로 서로 다른 경직되어 있는 개념을 제외시켰다. 점차 다른 시대의 개념적 도식이나 '진리'를 재구성하게 되었고, 이는 꽃을 만드는 사람이 직접 꽃과 잎을 조합해서 부케를 만드는 방식과 비슷하다.

로저스는 항상 새로운 개념과 사물을 보는 새로운 방식에 열려 있었다. 우리는 똑같이 많은 책을 읽고, 많은 사람이 존경하는 똑같은 사람을 존경하며, 함께 조화롭게 일하고, 동시대에 수많은 사회적, 정치적, 정신적인 문제에 주목했다. 많은 경우, 우리의 토론은 다시 한 번 새로운 시선을 줄 것이다. 외관상의 차이점은 단지 더 많이 공유된 생각을 얻기 위해 필사적으로 탐색했다는 것이다.

그러나 시간이 지나면서 가장 기본적이고 문제가 되는 차이점들은 성격이론, 치료기법, 혹은 인간중심 치료의 책임과 같은 것 이상의 지식적인 불일치에서 기인하지 않는다는 것이 더 명확해졌다. 이런 차이점의 시초는 세계 속에서 우리 각자가 차지하고 있는 위치와 관련되어 있었다. 저명하고, 힘이 있으며, 성공하였고, 중상위 계층인 백인 미국 남성 로저스와 젊고 무명이며 이민자이고 노동자계급의 백인 영국 여성인 나 사이에서 아무리 공감의 귀재인 칼 로저스라 해도 세계관, 예민한 감수성, 현실 구조, 인지적 주장, 지식 이해, 이해하는 방식이나 패러다임의 기본적인 차이점의 간격을 줄이거나 조화를 이루지 못했다. 우리는 각각 가지고 있었던 것에서 벗어나 더 깊이 있게 더 나은 방식을 찾아가기 위한 합의에 도달하거나 동의와 발견을 이끌어 내기를 진심으로 원했다. 더욱 좌절스러운 것은 우리가 충분히 오래 이야기한다면 우리 모두에게 진실일 수 있는 더 근본적인 사실을 발견할 것이라는 오해가 있고, 이러한 계몽운동의 신념 아래 우리 모두 몹시 힘든 때가 있다는 것이다. 우리 모두가 그랬듯 문명화되면서 서부의 과학적 전통 중에 우리 중 누구도 후기 구조주의자 시대를 준비하지 못하고 있었다!

가령 권력, 권위, 포괄적, 배타적인 것과 같은 관계의 문제와 성차별주의, 인종차별주의와 같은 정치 현실에 대한 우리의 차이가 가장 명확하다는 것도 놀랍지 않다. 다른 한편으로 내담자 중심과 인간 중심 접근이 양쪽 모두 이론과 실제에서 '충분히 기능하는 인간'으로서 이상적인 것을 지지하고 있다는 것을 알았다. 나는 로저스의 문서와 임상 장면에서 모든 인간의 본질적인 가치에 대한 그의 깊은 신뢰를 보았다. 특히 인간 중심 치료에 높은 가치를 두었고(O'Hara, 1989), 치료자로서 내 직업의 근간으로 삼았다. 그럼에도 다른 한편으로, 시간이 지나면서 여성으로서 내 의식은 세상과 페미니스트와 페미니스트가 아닌 여성, 선거권을 박탈당한 유색 인종, 레즈비언 여성과 게이 남성, 라틴 아메리카에서 억압된 계층의 여성, 북 잉글랜드의 노동자 계급과의 대화 경험을 통해 진화되었는데, 나는 인간 중심 접근의 다른 면을 보기 시작했다.

인간 중심 치료에서 확실한 해방을 전제로 한다 해도 의식적이든 무의식적이든 유럽인 중심주의, 대주교의, 유대인의 그리스도 세계의 관심에 대한 부분을 보존하고 유지하려는 관점이 있다. 이를 입증하기 위해 칼 만하임(Karl Mannheim, 1936/1954)은 "어떤 사고 모델의 기원과 확산을 상세히 추적하다 보면 속해 있는 집단에서의 사회적 위치와 세상을 해석하는 방식이 확고하게 드러난다는 것을 발견하게 된다(p. 276)."고 하였는데, 세상에서의 로저스 자신의 위치 역시 그의 이론에서 구체적으로 표현되었다. 같은 방식으로 프로디안(freudian)의 정신분석 이론과 방법은 19세기 비엔나 상황에 도전하기도 하고 재현해 내기도 했었는데, 로저스 학파의 인간 중심 치료는 20세기 중반 북아메리카 문화 상황을 비판하거나 계속 이어갔다. 그럼에도 전체는 아니지만 분명히 성차별주의와 인종차별주의는 존재한다.

이번 토론에서 문맥상으로 실비아 회기를 참조하여, 해방을 위한 전략으로 인간 중심 상담의 장점과 제한점 양쪽 모두를 더 크게 이해해 보고자 인터뷰의 내용과 과정을 재검토하였다.

내 의견은 만하임의 논문을 설명할 것이다. 내 의견을 단순하게 해설적으로 분석한 것은 세상에서 내 위치에 대한 선입견과 특이한 점을 보여 주는 것이다. 나는 우리가 행한 연구를 통해 우리 자신과 관계를 더 깊이 생각하고 이해할 수 있다면 만족할 것이다.

분석

주체로서의 자기

상담 회기 초반에 실비아는 공유하고 싶다고 말했다. '공유'라는 그녀의 단어 선택이 흥미롭다. '공유'는 어떤 것을 공급하는 것 그리고 행위 당사자 간의 관계 모두를 말한다. '공유'라는 단어를 사용하면서 그녀는 상호 관계 중 한 사람으로서 이 과정을 보고, 대화에서 종속적인 입장으로 상호작용하고 싶지 않다는 것을 의미한다. 이것은 이 회기에서 중요한 주제가 될 것으로 보인다. 한 여성으로서 인간성을 부여받고 성장하는 느낌, 그녀는 학습자로서 자신이 경험한 것과 자신이 느낀 성취감에 대해 토론한다. 그녀는 로저스에게 말한다. "그건 큰 의미가 있어요!"

여성의 성장을 연구하면서 벨렌키와 동료들(Belenky, Clinchy, Goldberger, & Tarule, 1986)은 여성이 자신을 무시하는 세계에 속한 것으로부터 나와 '지식인(knower)'의 세상에서 자신을 바라보는 시선으로 바꾸는 그 순간이 주요한 발달의 전환점이라고 명명하였다. 선거권을 박탈당하고 침묵을 강요받을 때, 여성이 먼저 자신이 학습할 수 있는 능력이 있고, 자신의 삶에서 자신이 능동적인 행위자라는 것을 자각할 때 획기적인 도약은 이루어진다. 언제나 자신이 학습자들의 공동체 속으로 들어가지 못한다고 느꼈던 실비아는 현재 자신이 한 구성원임을 발견했다. 칼은 그 순간이 매우 중요하고 유의미하다는 것을 인지하고 있는 것 같은데, 순수하게 공감적으로 반영하는 태도를 유지하면서 직접적으로 실비아가 학습자로서 좀 더 많은 이야기를 하면서 새로운 마음이 정한 대로 길을 갈 수 있도록 요청한다.

엄마로서의 자기

실비아가 처음으로 알고 싶어 했던 어머니로서의 역할을 여성의 발달적 견해에서 조명하고 있다. 실비아는 아이들에게 더 엄격해졌다고 로저스에게 말했다. 그녀는 아이들을 맡고 있고, 아이들의 저항에도 양육 프로그램을 자신감 있게 밀어붙이고 이를 더 잘 이해한다고 느끼며 엄마로서의 권위를 개선해 왔다.

비판적인 학자들이 오랫동안 논쟁해 왔는데, 유럽중심주의나 남성중심주의 세계관의 가장 가혹한 견해 중 하나는 하위 집단에 대해 사회적으로 무시하고, 평가절하하며, 심지어 병적인 것으로 인식하는 것이다(Weedon, 1987; Weisstein, 1971). 그들의 경험적 지식은 합당하게 '다른 견해'로 보이지 않으며, 그 대신 대수롭지 않게 여기고, 일탈되어 있으며, 선동적이고 심지어는 아예 관심이 없다. 어머니의 역할[1]은 어느 특별한 맥락에서 아이들을 양육하는 구체적인 경험을 통해 점차 발전되어 복합적이고 기술이 밀집되어 있으며, 지식, 반응하는 방식, 행위, 말하기, 감정이 포함된다. 어머니로서 지식을 가지고 있는 진정한 권위자는 어머니 역할을 하는 사람이다(Ruddick, 1980). 문제는 세상에서 오로지 여성만이 아이들을 돌보고 있고, 여성의 일을 진정한 '전문 기술'이 아니라 사소하고 '선천적인' 것으로 보며, 여성이 자신의 일에서 획득한 지식은 그녀가 속한 사회에 의해 평가절하되는 환경이다. 문화적인 타당성 없이 변호사라 할지라도 그녀는 그것을 사용할 수 없는데, 자신이 가치 있는 지식을 가진 한 사람으로서 자신을 볼 때 강화받을 수 있다. 실비아가 어머니로서의 인식을 개척해 나갈 때, 그녀는 지식인으로서 자신을 보게 되고, 힘과 자존감도 더불어 얻는다.

이에 대한 로저스의 반응은 흥미롭고 의미심장하다. 그는 실비아의 경험을 더 '성

1) 여기서 '어머니 역할'은 분만이나 양육을 의미하며, 여성에게만 해당되는 것으로 아이에 대한 양육과 돌보는 것을 의미한다. 완전히 배타적이지 않더라도 우리 문화에서 이것은 여성의 몫이었다.

장한' 느낌으로 해석한다. 여기서 내포하는 것은 로저스('성장한'이라고 표현한 것은 실비아가 아닌 로저스의 표현이다)가 실비아의 이전의 무력감을 미성숙함으로 보았다는 것이다. 이미지를 선택하는 데 있어 로저스는 지배적인 집단의 구성원이 미성숙함을 '어린아이'나 그들의 행동과 같이 취급하는 것처럼 보는 경향성에 빠진다는 것이다.

로저스는 다른 말이나 개념을 얼마든지 사용할 수 있었다. 그는 실비아에게 더 힘을 부여하고, 권위적이며, 자유롭게 하고, 안전감을 느낄 수 있게 하겠다고 제시할 수 있었다. 이런 언어는 실비아의 자신감 하락이 기질적인 문제가 아니라 시대 상황, 즉 여성의 지식을 체계적으로 평가절하하는 세계에서 삶의 결과일 가능성을 열어 두었다. 그녀가 '성장'할 수 있는 개인적인 발달과 관련된 주제를 다루고 있지만, 로저스의 언어를 볼 때, 실비아의 심리적 체험이 사회적인 문제에서 기인한 것으로 보고 있을 가능성은 분명하지 않다. 다시 말해, 로저스의 언어는 희생자에게 책임을 돌리고 있다.

실비아는 성에 대한 권한을 부여하는 것이 증가함과 동시에, 언급하지 않았지만 사회의 기대를 무겁게 내려놓는 여성의 삶의 또 다른 측면에 대해서도 설명하려고 말을 계속한다. 여성의 성욕은 항상 제약받고 금기시되고 억제되고 금지되어 왔다. 최근까지 심지어 지금도 사실상 현대사회의 한편에서는 여성의 성욕은 남성의 배타적인 소유물이었다. 여성이 자신의 만족감을 위해 자신의 성욕을 표현할 수 있다는 생각은 가부장적인 제도하에서 보편적으로 '죄 짓는' '여자답지 않은' '본성에 어긋나는' '병적인' 것으로 그리고 최악의 경우 사탄의 행위로 비난받아 왔다.

실비아는 성생활에 대한 지혜를 얻기 위해 치료자들이나 책, 다른 사람들에게 더 이상 의지하지 않는다고 말한다. 그녀는 '외부에서' 기대하기를 멈췄고, 자신의 뜻을 따르기 위한 지침으로 자신의 삶의 경험을 참고하기 시작했다. 그녀는 성적 현실에서 이론적이고 추상적인 개념보다 경험적이고 신체를 기반으로 하는 지식을 근간으로 삼기 시작했다. 그러나 문맥상 '위험한'이라는 단어 사용은 그녀가 성적 진정성에 대한 자신의 욕망을 문제 있는 것으로 보고 있음을 시사한다.

'위험'이라는 단어에서 그녀가 뜻하는 바는 무엇일까? 분명히 임신이나 질병의 위험성을 말하는 것은 아니다. 이는 그녀의 진실성을 가로막고 있는 자신의 공포를 암시한다. 그녀의 언어는 사회적 압제라기보다 개인의 병리에 대한 것이다. 그녀 역시 여성의 성욕, 심지어 자신의 성욕에 대해서조차 남성 중심의 시각에 동조하고 있는 것으로 보인다. 이에 대한 나의 해석은 그녀가 자신의 성욕에 대해 자발적으로 행동하고 싶을 때 마주하게 되는 불안감을 말하고 있는 것으로 보인다. 성욕, 특히 여성의 성욕이 사회적 통제의 대상이 되는 세상에서 그렇다는 것이지, '위험한'은 성욕 자체를 말하는 것이 아니다. 성적인 것에 대한 두려움을 경험하는 이유에 대해 대화나 이해 없이 이해를 하지 않고, 자신의 성적인 것을 묵과하는 것을 공포 탓으로 돌린다는 점에서 나는 실비아가 문제의 기원을 제대로 찾지 못하고 있다고 생각한다.

로저스는 '위험'이라는 단어를 포착해서 집중하고 이 말에 대한 개념을 여러 번 반복해서 말한다. 그렇게 함으로써 마지못해 위험—또다시 기질적인 원인이든 정신내적인 원인이든—을 감수하는 자신으로 인해 그녀의 성 경험이 제한되었다는 그와 실비아 쌍방의 공동의 신념을 만들어 낸다.

해방된 여권신장자의 견해로 이 상황을 재구성하면 실비아가 경험하는 위험에 대한 느낌이 어디에서 오는 것인지, 그녀가 상상하는 위험이 어떤 종류인지에 대한 탐색을 포함해야 할지도 모른다. 이는 자신의 성적 성향에 대해 위험하게 느끼는 것을 바꾸는 데 이바지할지도 모른다. 이것은 신뢰할 만하고, 있는 그대로 받아들일 수 있게 하며, 여성의 성욕을 통제하는 가부장제에 사회적 관심을 불러올 수 있다. 그녀는 자신의 충동을 위험한 것으로 보는 대신에 여성의 성욕에 대한 문화적 시선과 자신의 실제 체험 사이에 대화가 가능한 관계라는 것을 좀 더 이해해야 한다.[2)]

2) 나는 여성 내담자가 여성을 혐오하는 동료를 떠나려는 결정에 대하여 '위험'과 '용기'라는 용어를 사용

이 논평에서 로저스는 실비아의 최근 몇몇 행동을 설명하면서 '위험'이라는 용어를 사용한다. 그가 '많은 위험한 행동'에 대해 보지 못했는데, 얼마나 많은 자기주장, 자기 확신, 진실성 그리고 정치적으로 혁명적인 행동에 대해 힘을 부여했는지 의문이다.

목소리를 내는 것

벨렌키와 연구자들(Belenky et al., 1986)이 '목소리를 내는 것'이라고 표현했는데, 그녀의 과정에 대해 실비아가 기술한 것은 주요한 주제다. '공유'에 대한 그녀의 주장이 이에 대한 첫 번째 단서다. 그녀는 어머니로서 자신의 목소리를 내고 있다고 로저스에게 말한다. 이 세상을 수용할 수 있는 아이들을 양육하는 역할인 새로운 자기의 중요성을 알게 되었고, 이제 그녀의 지식에 대해 목소리를 내려 한다.

또한 실비아는 자기 목소리를 내는 것과 자기 발달 사이의 중요한 관계를 예민하게 받아들이고 있다. 촬영 모습에서 그녀는 큰 소리로 말하는 것이 그녀의 주장을 강화하고 그녀의 성장에 중요한 역할을 한다는 것을 명쾌하게 인정한다. 그것은 그녀의 발전과 진실한 자기의 모습을 좀 더 볼 수 있는 계기를 만들어 준다. 클린치와 벨렌키(Clinchy & Belenky, 1987)는 가난한 시골 여성 연구에서 이전에는 조용하게 지낼 것을 종용받았던 여성이 자신과 다른 사람들의 이야기를 알아 가는 것이 가능하다는 연구를 녹음기를 이용하여 실시했다. 그들은 여성의 언어를 기록하는 단순

하며 반응했을 때, 위험의 근원은 '벗어나려 하는 것'에서 나온다는 사실을 깨달았다. 그녀의 반응을 탐색했을 때, 위험이나 용기라는 용어는 두 아동에게 독설을 늘어놓는 상황에서 나타나는 것이 명백해졌다. 아이들을 챙기는 것은 양육과 자기 확신적인 행동이다. 위험의 실체를 정확히 파악하고 자신이 느꼈던 것 그대로 행동하면서 그녀는 언덕 위로 올라가는 것보다 굴러떨어지는 것 같았을 것이다. 이러한 개념화는 위험과 같은 단어 사용을 만들어 낸다기보다는 그것을 덜 가혹하게 사용하면서 신뢰감을 형성하는 이미지로 구상한다.

한 행동을 통해 연구를 하는데, 그들이 이야기하면 다른 사람들은 이를 통해 배우는 모습이었고, 그들이 말한 언어와 이야기하는 사람 모두 굉장히 의미 있는 부분이 있었다. 실비아 역시 공공장소에서 자신의 이야기를 하면서 이에 대한 힘을 인식하고 있다.

분리 혹은 유대감: 성숙에 대한 상반된 관점

자율성과 힘을 부여받으며 성장하는 느낌에 대해 이야기한 실비아의 전체적 진술이 끝난 이후에 로저스는 들었던 것을 숙고하고 그녀가 더 '자신감'을 가졌다고 말한다. 그녀는 이러한 견해를 회피하는 반응을 보인다. 그녀는 자신의 '미성숙'에 대해 말하기 시작한다. 그녀는 자신이 성숙한가 미성숙한가에 대해 혼란스러워 보인다. 그녀가 이에 대해 더욱 많이 언급하는 모습을 통해 실비아의 성숙이 독립, 분리, 자기 충족을 의미하며 누군가의 도움이 필요한 것이 아니라는 점을 알게 된다.

지난 25년간 성숙에 대한 견해가 기본적으로 앵글로 색슨과 남성의 시각이라는 것은 분명했다. 이는 심리학 분야에서 현저히 중산층 백인 남성 대상의 발달 연구에서 추론된 것이다. 다른 문화 집단의 발달(Shweder & Bourne, 1982)과 여성과 소녀의 발달(Gilligan, 1982)을 조사했을 때, 다소 양상이 다르다. 여성주의 심리학자들과 다른 사람들의 연구는 여성의 삶에서 유대감과 관계는 성숙의 중요한 양상임을 보여줬다(Belenky et al., 1986; Gilligan, 1982; Jordan, Kaplan, Miller, Stiver, & Surrey, 1991). 백인 남성 측의 발달 단계를 바탕으로 성숙에 대한 모델을 비교할 때, 로저스로부터의 결합, 지지, 양육에 대한 실비아의 소망은 정신 병리나 의존적 성격의 조짐으로 볼 수 있다. 전통적으로 현대 심리학에 노출된 많은 여성과 같이 실비아 역시 개인주의자 신화를 내재화하였는데, 지금 그녀는 이를 고려하여 사용하고 있다.

우리는 발달에 대한 남성 중심의 관점을 무의식적으로 받아들인 결과로 실비아 자신에 대한 느낌이 '정신 병리적'으로 되는 예시를 명백하게 볼 수 있다. 실비아는 로저스와 관련해 그녀의 두 가지 가능한 입장이 있다고 믿는다. 이 사례에서 그녀는 로저스와의 유대감에서 어떤 것을 얻을 수 있는데, 그녀가 자신을 충족시켜야 할 경우에는 '성숙'하고 강해질 수 있었고, 통제가 되지 않을 시에는 '미성숙'하고 무기력해졌다. 여기서의 딜레마는 명백한 강점도 분리, 통제 상실로 인한 친밀함, 무력함과 동일시하고 있다는 것이다. 실비아는 유대감을 통해서 힘을 부여받는다는 것과 그녀에게 힘을 주지 않는 유대감 사이에서 선택을 해야 한다고 느낀다.[3)]

이 시점에서 정확하게 반영하고, 공감하는 치료의 제한점 하나가 드러난다. 여기서 로저스의 반응은 실비아가 자신의 상태를 보는 관점을 지지하고 있다. 그는 '취약한'이라는 단어를 사용함으로써 그녀 자신이 '의존적'이라고 이름 붙인 것을 재구성하려고 했지만, 그녀가 받아들이기 위해서 힘과 통제를 양보해야 한다는 그녀의 핵심 신념은 논쟁의 여지가 없었다. 이는 뒤이은 개념들이 이러한 잘못된 개념적 '토대'에 세워질 것이고, 학습 과정에 대한 영향력을 빼앗는 관점 안에 그녀를 가둘 것이다.

더욱 능동적으로 대화 치료를 하는 것은 잠재되어 있는 실비아의 자기패배적인 개념적 도식에 도전한다. 예를 들어, 여성주의 치료자는 그녀 자신의 체험에서 새로운 자각을 이끌어 냈던 초기 진술에 초점을 두었을지도 모른다. 그녀는 로저스에게 어머니와 관련된 것과 그녀의 성욕에 관해서 '학습'했다고 말했는데, 이는 치료를 통해서가 아니라 이 세상에서 그녀 자신이 힘을 부여한 행동의 결과였다. 그녀는 관계를 형성하기 위해 남성 권력에 대해 신념을 어떻게 포기해야 하는지를 알게 될 것인데, 이는 아마도 자신의 경험에 의해서라기보다는 문화적 신화에 의해 이끌려지는 것일 것이다. 또한 그녀는 관계에서 성차별주의의 착취적인 요소에서 자유롭고, 친밀함과 상호의존 관계는 어느 한 개인의 힘을 희생하는 것이 아니라 함께 발전해

3) 사실상 그녀의 가정이 맞는 것일 수 있다. 전통적인 가부장제 사회에서 남녀 관계의 결합은 종속을 의미한다. 남성우월주의의 가부장적 개념은 남성을 보호자이자 부양자로, 여성을 부양 가족으로 본다.

나가는 것임을 알아 가도록 해야 한다.

이 시기에 실비아의 행동은 자신의 신념보다 더 자기 주장적이 된다. 사실상 그녀는 로저스에게 양보하지 않았고, 그녀가 원하는 만남을 적극적으로 만들어 간다. 한편, 여성의 성장과 치료에 유대감과 상호 의존성이 중요하다는 또 다른 예시가 있다. 이러한 밀접한 유대감의 맥락에서 갈등적 감정이 드러날 수 있다.

문화의 내재화: 사회적으로 구성된 '자기'

회기 과정의 주요 주제는 실비아의 진정한 정체성을 찾기 위한 투쟁이다. 로저스와의 신체적 유대감을 형성한 이후, 그녀는 흑인에게 매력을 느끼고 이에 대한 수치심과 당혹감을 느낀다고 그에게 고백한다. 자신을 가혹하게 평가하는 언어를 사용하면서 그녀는 자신에게 '미친' '신경과민의' '병든'이라고 명칭을 붙인다. 그녀는 다양한 수준에서 갈등을 경험한다. 그녀는 심리 내적 수준에서 수치심을 경험하는데, 대인 관계에서 가족과 친구의 비난을 체험한다. 그리고 사회 관습 수준에서 인종차별주의적인 문화에 대면한다.

그녀의 경험을 탐색하면서 로저스와 실비아는 또 한 번 그들의 유럽 중심적이고 남성주의적인 사고방식에 빠진다. 실비아는 자신의 매력에 대한 심리학적 설명을 기대한다. 흥미롭게도 그녀는 당혹감을 설명하려고 애쓰지 않는다. 실비아도 로저스도 인종차별주의와 성차별주의를 다루지 않는다. 두 사람 모두 그 문제를 심리 내적인 문제로 다룬다.[4] 하지만 우리는 물어야 한다. 흑인에게 매력을 느끼는 백인 여

4) 유럽식 사고에서 서로 다른 인종 범주에 있는 사람들 사이의 관계를 의식적으로 대면해야 할 때, 로저스가 수용해 주지 못하거나 지지해 주지 않았다고 말할 수는 없다. 로저스의 오랜 연구가 식견이 좁고 편협한 사람이나 인종 간의 폭력, 불평등을 종식시켰다는 것은 잘 알려져 있다. 내가 여기에서 언급하고 있는 편견은 크게 깊어 보이지 않는 사고 구조, 개념적 습관, 언어 구조 그리고 의식적 자각을 초월하는 그 이상의 것들을 말한다.

성이 병들거나 미친 것이라는 그녀의 감정은 어디서 비롯된 것인가? 실비아는 또다시 그녀의 문제를 착각하게 될지도 모른다. 그녀는 인종차별주의 문화에서와 내적인 심리학적 세계에서조차도 철저히 '식민지화' 되었었는데, 그녀가 완전히 반전을 이룬 것이다.

여기서 우리는 사회적, 문화적, 언어적 습관이 심리 내적인 실제를 구성한다는 것을 어렴풋이 알고 있다. 줄리아 크리스테바와 루스 이리가레이와 같은 프랑스 해체주의자 여성주의자들은 특정한 사람에 대한 성적 욕망을 원하는 정도에서도 태어날 때부터 기대수준, 관심 정도, 금기시되는 것과 우리 문화의 가치를 배우고, 그런 특유의 방식으로 미래의 심리적인 실제에서도 초기의 구성 요소들을 경험하고 해석하며 구조화하게 될 것이라는 점을 입증하려 했다. 언어 발달 이전에 신체가 발달하면서 매력, 극도의 불쾌감, 반감을 표현하는 것은 '자연스러운' 것으로 느낀다.[5] 우리는 이런 것을 자연스럽게 받아들여 굳이 이를 설명할 필요를 느끼지 못한다. 이런 방식으로 문화는 '자기들(selves)'을 이끌어 가는데, 이것은 어린아이를 양육하면서 그 자체의 이미지로 창조되고 재생산된다.[6] 단지 '옳은' 방향으로 가고자 하는 욕구가 결여되어 있거나 '잘못된' 방향으로 가고자 하는 것이 존재할 때, 우리는 불안을 경

5) 나는 여기서 첫째 원인(근거 주제)에 대한 논점은 의도적으로 회피하고 있다. 종교적 결정론자 대 자유주의자는 우리의 관심사가 생물학적으로 결정된 것인지 전생으로부터 환생하거나 온전히 세상에서의 경험에서 창조된 것인지 아닌지에 대해 논증하려고 할 것이다. 현상학적으로 치료적 관점에서 중요한 것은 우리는 '진정한 자기'라고 칭하는 것을 경험할 수 있고, 이는 일생 동안 변화할 수 있다는 것이다. 2년 전에 '내가 아닌 것'으로 느꼈던 것이 오늘 '나'처럼 느낄 수 있고, 이전에 맹세했던 것을 지금 거절할 수도 있다.

6) 지역사회의 안녕을 위해 각각의 세대에서 그것을 재생산할 수 있다. 사회적 관습, 가치, '현실 이야기'는 '항상 그래 왔던 것처럼' 자연스러워야 하는 것 같다. 그것의 가치가 삶을 향상시킨다는 점에서 이 과정은 좀 더 건강한 사회적 집단을 이끌고, 만약 그들이 삶을 부정하게 된다면 문화는 억압받게 될 것이다. 해방치료(또는 철학, 교육학, 정치학)의 목적은 인간성을 희소시키고 있는 무의식적으로 내재화된 가치를 명확히 밝히고, 삶의 무의식적 패턴을 '충분히 기능하는 인간(fully human)'의 과정으로 바꾸려는 것이다. 궁극적인(확연히 이상적인) 목표는 한 집단의 '안녕'이 다른 집단의 안녕을 희생한 대가가 아니며, 이러한 세상의 점진적인 재창출이다.

험하고 '이유를' 찾는다(Toril, 1987). 크리스테바 혹은 이리가레이가 초기 정신적 형성체인 음경의 존재 혹은 부재에 대한 라코니아인의 마르스크주의자 탈구축 이론가 가설의 미궁 속으로 빠져들어 가지만 않았어도 우리는 아마 실비아가 정신 병리로 잘못 오인되고 있는지를 평가하는 데 이런 생각을 사용할 수 있었을 것이다.

실비아는 때로 백인 인종차별주의자 사회에 대한 관심과 그것이 '정상'이라고 생각하며 불안감을 느낀다. 그녀의 욕구는 자기 가족의 소문화나 전체 문화든 그 어느 쪽도 반영하고 있지 않아 그녀는 자신의 감정을 병리적인 것으로 치부한다.

내가 말했듯이 그녀를 혼란스럽게 하는 것은 불안감이 아니라 그녀의 매력이다(그녀는 흑인 친구들이 그녀의 매력을 설명한 것을 보지 못했다는 자신의 관찰의 중요성을 간과했다). 그녀의 당혹스러움과 비판적인 자기 판단이 내재화된 인종차별주의 때문일지도 모른다. 사실 적어도 해방적(emancipatory) 치료 관점에서는 실비아의 욕구 시스템은 대부분의 백인보다 더 "인종차별적이지 않는" 또는 해방적일 수 있다. 우리 대부분은 실비아만큼 열려 있지 못하다. 그녀의 불안은 사실상 매력을 소멸시키는 것에서 끝나는 것이 아니라 백인 인종차별주의자 사회의 내사된 비난에서 오는 수치심에 대한 부담감이었다.

여기서 실비아가 심리학적으로 드러내고 있는 것은 인종차별주의와 성차별주의 같은 문화적 태도의 엄청난 영향력이다. 그녀는 자신의 탓으로 돌리고, 자신의 고통을 정신병리로 지정한다. 그녀의 내적 심리 과정에서는 자신의 진정한 관심사가 아닌 지배 집단의 문화적 요구를 충족시키는 방법을 모른다. 마음 깊숙한 곳에 자신을 억압하면서 인종차별주의자 사회의 대리인이 되었다. 그러나 이런 부분 중 어떤 것도 실비아와 로저스의 대화에서 극도로 강하게 심리 내적인 것에 집중해서 깊이 있게 다루지 못했다. 이에 반해 칼은 계속해서 개인적인 것에 집중했다.

실비아는 개인의 정체성을 강하게 느끼는 것의 일환으로 그녀의 과업을 이해하고 있는 것으로 보인다. 또한 그녀는 자신의 정체성이 사회의 상식에서 지나치게 벗어나 있고, 그녀가 속한 지역사회와 조화를 이루지 못할 때마다 권위를 유지하기 어려울 것이라고 자각하고 있다. 자기의 목소리를 내는 것과 관련해 자신의 목소리를 확장시키고 그녀가 속한 사회의 비난의 목소리를 중화시키기 위해 칼 로저스와의 촬영 수단을 적극적으로 이용한다. 또한 로저스의 비판단적인 자세와 '그녀와 같은 방식'으로 느끼는 다른 여성들을 탐색한 것은 모두 자신의 존재와 소속감 사이의 긴장을 느낀다는 점을 그녀가 경험하는 동안 최소화하려는 시도로 보이는 것도 사실이다.

존재 혹은 소속감: 진정한 관계를 위한 투쟁

다음에 무슨 일이 일어날지는 흥미로우며 얼마나 보수적인 의식이 자주 나타날 수밖에 없는지 더욱 드러나고 있다. 그녀의 '일탈적인' 욕구 체계를 탐색한 이후, 실비아는 자신이 논쟁한 것을 내려놓는다. 그녀는 감정을 '늘어놓고 있는' 느낌을 받았다. '주의해서 듣지 않았기 때문에' 그녀가 했던 말을 다시 다루고 싶어 한다. 로저스는 분리가 너무 빠르게 변화하는 데 대한 방어라고 해석한다.

우리는 "너무 성급한 변화의 위험은 무엇인가?"에 대해 묻게 될지도 모른다. 이에 답하기 위해 우리는 두 가지 질문을 더 해야 한다. 먼저 "어떤 새로운 깨달음이 변화를 이끌었는가"이고, 두 번째는 "그렇게 변화가 일어난 것은 무엇을 깨달은 결과인가"이다. 두 가지 질문에 대한 해답은 본문에 있다.

실비아는 자신의 매력에 수치심을 경험하면서 침묵하고 힘이 없는 모습으로 자신을 보는 것에서 그녀가 속한 사회가 자신을 받아들이지 않을지라도, 자신의 매력을 있는 그대로 보이고, '자신의 목소리를 낼 수 있도록' 힘을 내는 모습으로 바뀐다. 자신의 진정한 지식과 성향을 이해하려고 하면서 그녀는 문화에 대한 개인적 혁명에 관여하게 되었다. 충분히 기능하는 인간이 되기 위한 여정을 하는 이 시점에서 실비아는 자유와 유대감 그리고 존재감과 소속감 사이의 실존적인 갈등을 심리적으로 방어하는 과정을 보게 된다. 실비아가 이를 이해하게 되었지만 그녀는 모든 것을 잃은 상황에 처한다. 진실성은 자유를 가져오지만 또한 거절과 소외를 가져다준다. 사회 관습에 복종하는 것은 죄책감과 수치심을 초래한다. 이런 곤란한 처지는 특히 여성에게 불안감을 유발한다. 이미 언급한 바와 같이 여성주의자 연구자들의 연구는 대부분의 여성에게 정체성 발달은 확고한 상호 지지적 관계가 오랫동안 지속되고 유대감을 느끼는 것과 분리될 수 없음을 보여 준다. 만약 실비아가 로저스와 함께한 탐색에서 자신의 현실을 개방적으로 인식하려 했다면, 친구들, 가족 그리고 문화와의 유대감을 잃는 것에 직면해야 한다. 불안(실존적 불안)에 압도되는 것에 대해 그녀는 새로운 자각을 무시하거나(분리나 혹은 부인) 아니면 현실지향적인 가운데 새로운 자아 개념을 지지할 수 있는 새로운 인지 수준(혹은 정서 수준)에 도달하면서 자신을 방어할 수 있다.

실비아의 첫 번째 성향은 경험을 '부인'하는 것이다. 자신의 말을 경청하지 않고, 재잘거리거나 다시 흥분하는 모습을 무시하는 것 같았다. 이번에 로저스는 그녀의 심리 내적인 갈등을 따라가지 않으면서 그녀가 자가 평가하고 있는 것에 단호하게 동의하지 않았다. 오히려 그는 실비아의 자기 평가절하를 그녀의 현실에 대한 평가절하로 간주한다! 그녀의 이야기를 정교하게 해석하면서 로저스는 그녀가 부인하지 못하게 하고, 가능한 한 자각할 수 있는 방향으로 무게를 두었다. 치료자의 깊고 공감적인 경청을 통해 잠재되어 있는 해방성—인간 중심 치료의 필수조건—은 명확히 그녀 스스로 깊이 있는 자기 목소리를 듣고, 좀 더 심각하게 자신의 언어를 받아들일 수 있도록 로저스가 되풀이했던 방식에 의해 입증된다.

주의 깊게 경청하고, 실제적인 방식(실비아에게 동의하지 않음)으로 인도하려는 로저스의 의지는 실비아의 힘든 시나리오에 대안이 있음을 그녀에게 보여 준다. 그녀의 이야기에 대한 로저스의 주의와 집중은 그녀에게 그와 그가 가치 있게 생각하는 사람들과의 새로운 연대감을 제공한다. 그녀는 그녀의 새로운 정체성을 거부하는 집단으로부터 소외될 수도 있지만, 그녀의 이야기를 존중하면서 경청하고 상호 지지적인 관계를 확고히 하는 사람들과 새로운 유대감을 발견할지도 모른다. 그녀가 자신의 존재감과 소속감 사이에서 선택을 하지 않을 가능성도 존재한다. 그녀가 이를 깨달았을 때, 그녀는 긴장을 풀고 학습 과정에 다시 동참한다.

논리적 설명에서 물러서다: 정치적인 것이 아닌 개인사

인간 중심 치료가 정치에 무관심한가 아닌가에 대한 논란은 오랜 전통이 되었다. 그들 자신을 내담자 또는 인간 중심 치료자라고 부르는 계층에서는 이런 접근이 완전히 정치적이라는 것을 보편적으로 받아들이고 있다. 로저스 이후의 다수의 연구에서도 그가 연구했던 것과 같이 남아프리카, 남아메리카, 북유럽, 소비에트연합 등에서 공적이고, 정치적인 영역에 있었다. 한편, 페미니스트인 미리암 그린스판(1983)과 같은 비평가는 현실의 심리 내적 수준에 초점을 맞추면서 사고와 분석을 강조하는 논의를 해 왔고, 실제로 그들의 고통스러운 부분은 사회에서 적절한 이해를 받지 못하고 억압을 견디고 있으며, 인간 중심과 인본주의적 치료가 해결 방법보다는 문제의 일부분을 방치해 두고 있다고 논쟁했다. 나는 다른 곳에서도 이 문제를 논의했다(O'Hara, 1989). 실비아와 로저스의 마지막 상호작용에 대한 고찰은 해방 이론과 같이 내담자 중심 치료에서도 상당한 어려운 것임을 강조한다.

로저스가 그녀의 언급을 반복해 준 이후, 실비아는 전혀 이해하지 못했던 자신의 일부분을 깨닫는다. 로저스는 그녀의 진술에 "당신은 근거(이유)가 있어야 하는군요."라고 덧붙인다. 그의 음성은 이에 대한 근거는 그리 필요하지 않다는 것을 내포하고 있다. 실비아는 이를 알아차리고 "정말 근거는 필요 없는 것 같아요."라고 말한다. 로저스는 "그래서 지적인 이해는 당신이 생각하는 것만큼 중요한 것이 아닐 수 있어요."라고 진술하면서 지지해 준다. 실비아는 "나를 받아들이는 것이 가장 중요하다고 생각해요."라고 결론을 내린다. 이에 대한 논의에서 로저스는 실비아의 분석이 불필요하다는 점을 더 명확히 한다. 기록에서는 이 이후에 그녀가 바라보는 시선에 대해 그는 "만약 내가 그것을 받아들일 수 있다면 나는 근거들을 알려고 하지 말았어야 하는군요."라고 말한다.

나는 이 맥락에서 로저스가 실비아의 투쟁을 너무 엄격하게 심리학적 관점에서 보려고 애쓰고 있고, 심리학을 매우 협소하고 심리 내적이며 정서적인 견해로 보고 있다고 생각한다. 논리적 근거와 수용을 양분화시켜 잘못 이끌어 내면서 결코 그는 수용이 지적 이해에서 나올 수 없다는 것을 내포했다. 여기서 그는 경력에서 계속 유지해 오던 해석과 통찰이 치료에 그리 유용하지 않다고 하는 입장으로 되돌아갔다. 나는 만약 로저스가 이해와 수용 양측에서 실비아가 유대감을 가지고 탐색할 수 있도록 돕는다면 정치적이든 심리학적이든 중요한 어떤 의미가 있다고 믿는다. 예를 들면, 분석적인 방법, 지적인 지식이 심리학을 지지한다는 강력한 실례를 폭행과 강간을 당한 여성들의 연구에서 볼 수 있다. 그들의 외상으로 인한 고통과 더불어 이 여성들은 무슨 일이 일어났든지 간에 내면화된 사회적 통념 때문에 고문당한다. 성차별주의자들이 있는 사회에서 여성이 이런 피해를 입을 수밖에 없다는 것을 이해하면서 신체를 침해당한 여성—모든 여성—은 자기수용과 자기 위안을 얻을 수 있도록 하는 것이 가장 중요한 치료적 개입이 된다.

로저스가 그릇된 양분을 한 것에 대한 명백한 문제를 넘어서서 상호작용에서는 좀 더 심각한 문제가 있다. 실비아는 '누군가에게 설명'할 필요가 없다는 것을 주장하고, 로저스는 그녀의 마음속에서 누군가에게 그것을 설명하려고 한다는 것을 제시한다. 이후 실비아는 25초간 침묵하며 앉아 있다가 그녀는 "결코 이것을 이해하지 못할 것 같아요. 그래서 난 모른 체하면 더 편해질 것 같아요." 이 상호작용에서 실비아는 로저스가 자신을 지지한다고 느끼는데, 로저스는 실비아를 전적으로 개인적인 이슈라고 보는 것과 걱정할 가치가 없다는 둘 사이에서 고군분투하는 사람으로 보고 있기 때문이다. 이런 모습을 보이고 있는 실비아에게 로저스는 지지를 보내고 있다. 실패와 수용에 대한 그녀의 이해가 그녀에게 그다지 중요한 것이 아니라는 제안에 대한 그의 지지는 "당신이 이해하지 못하는 것에 대해 걱정하지 말아요."라고 하는 것 같다. 두 사람은 자기수용을 위해 심리 내적인 투쟁을 하는 여성이라는 점 때문에 전체적인 투쟁을 감소하거나 제한하는 데 동의한다. 그들은 암암리에 실비아에 대한 치료적 잠재성을 완전히 무시하는 데 동의하고 있다. 하지만 만약 다른 누군가가 아니라 실비아가 자신의 고통, 그것의 이유 그리고 자유를 얻는 데 성공할 수 있다는 것을 이해하고 설명할 수 있었다 해도 전체 사회에 변화가 일어날 수 있다는 잠재성은 언급하지 않고 있다. 로저스가 그녀에게 질문을 던지는 방식 그대로 좀 더 직접적인 방식으로 그녀의 학습에 대해서도 의문을 던지는데, "당신은 누구를 위해 설명하기를 원하나요?" 혹은 "당신이 그것들을 설명할 수 있다면 당신의 경험을 통해 유익을 얻을 수 있는 사람은 누구라고 생각하나요?" 라고 묻는다. 로저스가 이렇게 했다면 이 둘은 매우 명료해졌을 것이다. 이는 실비아가 인종차별적이고 성차별적인 세상에서 성장하는 자취를 지루해하는 자아가 취하는 방식과 그녀가 가지고 있는 문화적 투사를 타인과 함께 나누어 해방된다면 이는 새롭고, 덜 성적이고, 덜 인종차별적인 문화로 향하는 혁명적인 공동작업의 한 부분이 될 수 있었을 것이다. 그녀의 작업을 사적인 영역으로 축소시켜 로저스는 실비아를 정치적으로 무력한 상태에 있도록 했다. 그녀가 로저스에게 "만약 그가 자신을 정당화할 수 있는 합당한 근거를 찾으려 한다면 어떻게 할 것인지" 에 대해 묻자, "나는 우리 모두가 그럴 거라고 생각합니다." 라고 응답하고 있는데, 로저스는 그렇게 응답함으로써 주요한 변화의 영향력을 가졌던 한 사람을 낯설어하며 피하고 있다.

결론

파울로 프레이리(Paulo Freire)의 『억압받는 그의 교수법(Pedagogy of the Oppressed)』을 개요로 하고 있는 치료와 인간 중심적 접근을 비교했는데, 나는 넓은 의미에서 해방에 대한 인간 중심적 접근을 고려해 의미 있는 방식으로 열거했다.

> 이 연구는 직접적으로 힘의 불균형을 겨냥하고 있다……. 개인과 가족, 지역사회, 문화의 불균형을 직접적으로 다루고 있다. 이 연구는 개인이 충분히 인간다움을 표현하는 것을 감소시키고 제한을 두도록 하는 내사와 그것을 다루는 방식을 포함하고 있다(O'Hara, 1989, p. 17).

내담자의 존엄과 가치를 확인하고, 모든 개인의 가치를 확장하면서 인간 중심 상담의 이론과 실제에서의 로저스의 사상은 서부 자유주의 인본주의자 전통의 위대한 사상과 어깨를 나란히 했다. 인본주의가 전체주의, 파시즘, 봉건제, 정복의 이데올로기와 같은 인간의 지위에 대한 다른 관점들과 비교했을 때, 해방을 선언하고 있는 것은 논박할 여지가 없다. 그러나 실비아의 인터뷰가 보여 주듯 거기에는 이론과 실제 양쪽 모두에 중대한 한계점이 나타나는데, 인간 중심 치료의 완전한 잠재력이 실현할 수 있는 전략이 있는지 언급되어야 한다.

아마도 가장 중요한 한계점은 현재 구성주의자, 후기구성주의자 혹은 인식론에서 해체주의자 등으로 다양하게 불리는 것 이전에 출현한 역사적 사실에 기인한다.[7] 로저스는 단 하나의 본질을 믿었던 세계에서 삶을 살았다. 그는 치료자가 정확히 내담자의 세계를 알 수 있는 이해 수준에 도달할 수 있다고 믿었다. 그는 치료자는 다음과 같아야 한다고 진술했다.

> 내담자의 내적 참조는 내담자가 보는 것처럼 세상을 지각하고, 내담자가 그 자신을 있는 그대로 지각하며, 어떤 일을 할 때, 외적인 참조 틀을 가지고 있었던 모든 지식을 내려놓고 내담자와 공감적인 이해를 하면서 대화를 나누는 것이다(Rogers, 1951, p. 29).

7) 이론이 아직 정교하게 다듬어지지 않았어도 내담자의 내적 참조 틀에 대한 무조건적인 수용을 강조하고 있는데, 다른 말로 완전하게 주관성이 개방되면 인간 중심 접근은 더욱 포스트모던에 가까워진다는 것이다.

포스트모던적인 사고는 내담자와 전적으로 다른 관계를 형성하도록 한다. 만약 우리가 포스트모던적인 제안을 받아들인다면 지식인은 자신이 알고 있는 것으로부터 분리될 수 없고, 그와 관련된 관점과 의미를 만들어 내는 것은 활동적이고 창의적인 과정이기는 하나, 이후에 우리는 로저스가 앞에서 인용하고 설명했었던 공감은 불가능하다는 것을 인정해야만 한다. 이런 방식이라면 우리의 주관성을 분리시키는 것은 불가능하다. 이것 없이 우리가 경청한 것을 이해할 수 있는 방법은 없다. 더불어 우리가 주관성보다 더욱 많이 눈이 멀도록 주장하기도 하는데, 우리의 편견과 관심이 이 모든 세계를 이해하고 우리가 속한 세상을 표현하며, 우리의 모든 질문 속에서 근거 없이 구체화되는 방식을 취하게 된다.

포스트모던적인 인식론은 공감에 대해 말하면서 우리가 의미하는 것을 필연적으로 제고할 때에 필요하다. 이와 같은 인식론들은 실비아와 로저스의 대화를 통해 알 수 있다. 로저스가 그녀의 이야기에 관여하고 접촉하며 몰입하는 동안 실비아는 자신의 내적 · 외적 현실 그리고 현실이 반영되지 않는 세상을 탐색했는데, 이러한 과정에서 상호 주관적이고 상호 지지적인 대화로 바뀌어 가는 것을 볼 수 있다. 공감은 한 사람의 인생이 다른 사람의 인생과 유대감을 형성하면서 어떻게 감동받고, 교화되며, 영향을 미칠 수 있는가와 관련되는 하나의 전문용어다. 절대적인 것은 아니나 성스러운 원문에 주석을 다는 책들과 같이 우리는 주관성을 통해 다른 사람의 세계를 이해한다.

이 인터뷰에서 그리고 많은 인터뷰에서 로저스는 그가 비범한 '독자'였음을 입증했으며 수년에 걸쳐 한층 더 발전한 그와 작업할 수 있었다. 이는 그가 자신의 주관성을 더 잘 내려놓았기 때문이 아니라 오히려 그 반대였기 때문이다. 그는 다른 사람의 삶에 대해 헤아릴 수 없이 깊은 학식(독서력)으로 자신의 내적 조망을 넓혀 갔는데, 다수의 언어를 알고 있는 사람이 그렇지 못한 사람에 비해 고대 문서를 더 잘 해독할 수 있는 기회를 갖는 것과 동일한 것이다. 로저스의 수많은 경험의 풍부함은 내담자가 표현하는 의미를 이해할 수 있는 능력을 향상시켰다.

자기보다 덜 한 것도 없고, 더한 것도 없다. 이는 우리에게 맹점과 편견의 문제를 제기하고, 우리를 만하임(Mannheim)으로 돌아가도록 이끈다. 로저스가 외부의 참조틀을 내려놓아야 한다는 그의 이상적인 진술을 그대로 성취하지는 못했다는 점을 인정해야만 한다. 우리는 다른 사람들의 이야기를 듣기 위해 그도 할 수 없었던, 내담자들이 사용하는 언어를 습득해야만 한다. 언어는 무수한 문화적 함축과 의미가 있어 언어를 공유하는 사람들의 삶의 방식을 설명하고 정의한다. 내가 예를 들었듯이 내담자 중심 치료의 언어와 가치는 그것을 만든 백인 중산층, 대개 북아메리카 남자들의 전유물이었다. 이것은 다른 사람들에게는 해당될 수 없는 것이었고, 본질적으로 그 상황에서 영향력을 빼앗을 수 있는 것은 아무것도 없었다. 문제는 편견의 불가피성을 인식하는 데 실패하는 것이다. 모든 '경청'은 해석을 암시한다는 것을 부인하면서 우리가 듣고자 하는 것을 듣고, 우리가 알아차리는 것과 말하고자 하는 것은 현실에 대한 구조를 드러낸다. 하지만 내담자 중심 치료자들은 암암리에 내담자를 향한 '현실을 만들어 가는 것'에 참여하는 위험을 무릅쓴다. 실비아의 인터뷰를 우리 관점에서 본 것처럼 이것은 모르는 사이에 작용될 수 있고, 잠재적으로 억압되어 있어 인정받지 못할 수 있다. 한편, 그녀에게 그리고 보통의 여성에게 매우 중요한 현실은 로저스 자신의 편견과 맹점 때문에 기회를 놓치고, 오해를 받으며, 진가를 인정받지 못하며, 과소평가되거나 왜곡되었다. 한편, 그는 유럽 중심적이고 남성 중심적 현상을 따르는 미묘한 부담감을 제공하고 있다.

아마 로저스가 그 또래의 비슷한 계층의 대부분의 남성과 비교했을 때 이례적으로 개방적이거나 융통성 있지 않았다면 그의 편향은 더욱 일찍 분명하게 보였을 것이다. 또한 그가 그렇게 섬세한 치료자가 아니었다면 내담자 중심 치료의 구조적이고 이론적인 제한점은 더 분명하게 보였을지도 모른다. 여성주의자와 다른 사람들이 포스트모던적인 비평을 구체적으로 하기 시작했을 때조차도 이 문제는 적절히 논의되지 않았다. 내담자 중심 치료가 이 새로운 포스트모던의 다원적 세계에서 생존하고 성장하고자 한다면, 복합적인 '지식을 쌓는 다른 방법들'을 통합할 필요가 있을 것이다.

참고문헌

Belenky, M. F., Clinchy, B. M., Goldberger, N. R., & Tarule, J. M. (1986). *Women's ways of knowing: Development of self, voice, and mind.* New York: Basic Books.

Clinchy, B. M., & Belenky, M. F. (1987, August). *Women's ways of knowing: A theory and an intervention.* Paper presented to Smith College School of Social Work, Northampton, MA.

Gilligan, C. (1982). *In a different voice: Psychological theory and women's development.* Cambridge: Harvard University Press.

Greenspan, M. (1983). *A new approach to women and therapy: How psychotherapy fails women and what they can do about it.* New York: McGraw-Hill.

Horney, K. (1926). The flight from womanhood. *International Journal of Psycho-Analysis, 7,* 324-339.

Jordan, J. V., Kaplan, A. G., Miller, J. B., Stiver, I. P., & Surrey, J. L. (1991). *Women's growth in connection: Writings from the Stone Center.* New York: Guilford Press.

Mannheim, K. (1936, 1954). *Ideology and utopia: An introduction to the sociology of knowledge.* New York: Harcourt Brace.

O'Hara, M. (1989). Person-centered approach as conscientização: The works of Carl Rogers and Paulo Freire. *Journal of Humanistic Psychology, 29*(1), 11-35.

Rogers, C. R. (1951). *Client-centered therapy.* Boston: Houghton Mifflin.

Ruddick, S. (1980). Maternal thinking. *Feminist Studies, 6,* 342-367.

Showalter, E. (1985). *The female malady.* New York: Pantheon.

Shweder, R. A., & Bourne, E. (1982). Does the concept of the person vary cross-culturally? In A. J. Marsela & G. White (Eds.), *Cultural concepts of mental health and therapy* (pp. 97-137). Boston: Reidel.

Toril, M. (Ed.). (1987). *French feminist thought: A reader.* London: Blackwell.

Weedon, C. (1987). *Feminist practice and poststructured theory.* Oxford: Basil Blackwell.

Weisstein, N. (1971). Psychology constructs the female. In V. Gornick & K. B. Moran (Eds.), *Women in sexist society* (pp. 133-146). New York: Basic Books.

제 9 장
'분노와 상처' 사례(1977)

summary by Debora C. Brink and Debra Rosenzweig

요약

1977년 인터뷰가 시작되기 전, 칼 로저스는 청중에게 회복 중인 한 백혈병 환자의 두 번째 회기를 설명했다. 그는 첫 번째 회기에서 내담자의 중요한 깨달음 중 하나가 '그가 일곱 살 때는 자신을 가치 있게 여겼지만, 사회의 기대에 순응하면서 그 가치를 잃게 되었다.'라고 설명하고 있다. 첫 번째 인터뷰 동안 내담자는 이러한 손실에 분노 감정을 느꼈지만, 그는 아직 화를 표현하지 않았다.

두 번째 회기의 축어록은 공개가 승인되지 않아 이 책에서는 요약본을 싣고 있다. 비디오 촬영된 '칼 로저스가 개인상담한 분노와 상처를 입은 사례'(Whitely, 1977)는 미국인간가이던스협회(American Personnel and Guidance Association: APGA)를 통해 자료를 얻을 수 있을 것이다. 자주 회기가 이동하고 때로는 좌절을 주는 회기가 있기 때문에 다양한 감정을 효과적으로 전달할 수 없다는 점을 염두에 두고 읽어야 한다. 이 내담자(회기를 진행하는 동안 내내 이름을 밝히지 않음)는 대부분의 시간 동안 짙은 안개 속에 있는 듯이 망설이는 태도로 말을 한다(다음 예시를 보자). 로저스는 내담자가 감정을 표현하려고 힘겹게 애쓰는 모습에 공감이나 격려를 하면서 목소리의 어조와 강약을 자주 바꾼다. 로저스는 내담자에게 어디서부터 시작하고 싶은지 묻고, 내담자는 이전에 말했던 분노에 대해서 많은 생각을 해 왔다고 대답한다.

내담자: 확실하지는 않지만, 음, 아시다시피 난 정말이지 화내고 싶지 않아요. 이 분노가…… 지금 화가 난다는 것이…… 과정의 일부인지 그리고 내가 그래야만 하는지 모르겠는데, 근데 나는 그러고 싶어요. 내 생각엔 내 마음이, 음, 아시다시피 학문적이든 뭐든 그리고 그 어떤 감정이든 말해 버리고 싶은 것들, 음, 그러고 싶은데, 음, 화내지 않고 그 부분을 넘어가면, 만약 그게 과정이라면 말이에요. 그런데 아시다시피 내가 그렇게 할 수 있을지는 모르겠어요. (작게 웃음)

칼 로저스: 당신의 마음은 "어, 침착해야 해. 빠져들지 마, 어, 이건 너무 강렬한 감정이야."라고 말하고 있군요.

내담자는 로저스의 말에 동의한 후, 어떤 환경이든 덫에 걸린 것 같다고 말한다. 로저스는 그의 마음에 대해 지금 다음과 같은 방식으로 말하고 있다고 하면서 내담자 마음 한편에서는 "그래, 여기에 어떤 화가 있어."라고 말하나 또 다른 한편으론 "제대로 해."라고 말하고 있다고 반응해 준다.

내담자는 로저스의 진술에 동의하였고, 이 나라에는 인종에 관한 두 가지 입장이 있는데, 하나는 인종차별주의자이고 하나는 이에 반대하는 입장이라고 하였다. 그는 더 이상 후자의 입장을 취하고 싶지 않고, 다수의 입장을 따라가는 것도 원하지 않는다고 하였다. 로저스는 내담자가 자신의 내적 현실과 연결되고 싶어 하는 것 같다고 반응한다. 이에 동의하면서 내담자는 외적인 상황보다는 자신의 경험을 더욱 신뢰한다는 것을 깨닫고 있다. 더불어 그는 첫 번째 회기에서 토론했던 것이 이상하게도 백혈병보다 더 좋지 않았다는 점을 깨달았다. 즉, 사람들에 의해 고통받는 것이 병에 의한 고통보다 더 최악이라는 점을 알게 되었다. 만약 그가 이미 죽었더라면 과거나 현재에 대해서 아무런 의식이 없겠지만, 지금은 그의 인생에서 어떤 일이 벌어지고 있는지 너무 잘 알고 있다고 하였다. 그는 병 때문에 몸이 악화되는 것은 "마음에서 일어나는 일과 똑같다."고 말한다. 로저스는 사회가 그에게 마음의 암을 주었다고 표현하였다. 내담자는 그의 말을 재진술하는 로저스에게 동의하고, 자신도 정말 그렇게 말하고 싶으나 투쟁하는 것은 그가 속한 문화에서는 승인받을 수 없는 것이기 때문에 화를 낼 수 없다고 말한다. 그는 전통적으로 흑인이 화날 때면 호전적이 된다고 덧붙였다.

그는 이 사회에서 무슨 일이 일어나는 것에 대해 책망할 사람을 찾을 수 없었다. 그가 생각하기에 그가 누군가를 책망하고, '그 사람을 끌어들이는' 시도를 하면 더 나아질 것 같다고 하였다. 어떤 한 사람이 그의 분노를 정당화시켜 주면 인종차별을 하는 사람과 같이 병든 사람들을 어떻게 책망할 수 있을지 궁금하다고 말하는 그의 생각을 로저스는 분명히 이해하려 한다. 동시에 그는 그가 용서를 해야 하는지 아니면 그들의 병을 받아들이도록 노력해야 하는지 의문을 가지고 있었다. 또한 그는 어느 누구도 자신의 병을 받아들일 수 있는 기회를 가지지 못했다고 진술한다. 로저스는 내담자가 모두 토론하고 싶어 하는 분노를 터트리지 말아야 하는 수많은 이유를 가지고 있다는 가설을 세웠다.

내담자는 작게 웃으면서 말하기를 언젠가 그가 화를 내면 기분이 나아질지도 모르는데, 그는 웃으면서 "화는 많이 나겠지만……. 하지만 화내는 것이 내 천성은 아니에요."라고 하였다. 그는 더듬거리면서 "당신은 어떻게 생산적인 방법으로 화를 내나요?"라고 묻기에 이르렀다. 그는 이전에는 사람들이 이중 메시지를 던질 때 공격적으로 대하지 않으려 했지만, 지금은 "이봐. 그거 완전 헛소리잖아."라고 말한다고 한다. 그는 이제 긍정적이지 않은 부정적인 비언어적 메시지를 거절한다. 로저스가 "당신이 무슨 말을 하는지 알겠고, 나 또한 만약 당신이 여기에서 화가 나더라도 나는 괜찮다고 말하고 싶어요."라고 하였다. 잠시 침묵이 흐른 뒤, 내담자는 자신이 어떻게 화를 내는지 잘 모르겠고, 이것이 힘들다고 하였다. 로저스는 그를 안심시키며 화는 꼭 필요한 것은 아니며, 다만 화가 나면 그냥 화를 내도 괜찮은 것이라고 말하였다.

내담자: 정말 그걸 믿으세요?

칼 로저스: 정말이요.

27초의 침묵과 한숨 이후에 그는 어떻게 반응해야 할지 몰랐는데, 그 이유는 분노의 일부분은 상처를 남기기 때문이라고 이야기했다. 만약 정말로 화를 터트리면 상처와 마주할 것이기 때문이다. 이러한 자각은 그에게 뜻밖의 사실로 다가왔고, 그는 그가 화를 내는 위험을 감수하고 싶은지 의문을 가졌다. 그에게 화는 상처받았다는 것을 인정하고 내보이는 것이었고, 이것은 죽음이나 백혈병 증상을 마주하는 것보다 더욱 무서웠다.

"맙소사……. 누군가에게 보여 준다는 게……. 내가 상처받았다는 걸……. 내가 어떻게 누군가를 믿을 수 있겠어요?" 그는 두려움을 정당화시키길 바랐지만("나는 이것이 나의 조건반사라고 말하고 싶네요."라고 하였다.) 이것이 수용되기는 어렵다는 것을 발견한다. 그는 가슴에 손을 얹으며 설명하기를 그 상처를 말로 표현할 수 있었는데, 항상 "여기 아래에 뭔가 남아 있어요." 였다.

내담자는 감정을 어떻게 표현해야 할지 잘 모르겠다고 이야기하고, 두려움에 대한 정서적 통제가 어렵기 때문에 술을 마시지 않았고, 그런 경험을 너무 많이 하고 있어서 다시는 그와 같은 정서적 경험을 원하지 않았다고 표현한다. 그는 로저스와의 마지막 회기에 "그래요. 나는 골탕 먹었고, 상처받았어요. 모든 것은 나를 그렇게 만들었어요. 그것이 무엇이든지 간에……. 그렇지만 한편으로 그들은 내가 또 다른 측면에서는 최고였다고 말을 하기도 했는데……. 그들은 나를 지옥으로 보내 버렸죠."라고 말할 수 있기를 바랐다는 것을 깨달았다. 그는 보살피는 것이나 사랑하는 것에는 어떠한 후회도 없지만, 한편으로 그는 사랑받고 싶어 하는 '아이'인 것이다. 그래서 그는 보살핌과 사랑을 받기를 기대할지도 모른다. 그는 로저스가 "당신은 서로 사랑하기를 바라는군요."라고 진술한 것에 강하게 동의했다. 이에 더하여 그는 상처를 누군가 볼 것 같은 두려운 상황으로 돌아가는 것을 원치 않는다고 하였다. 내담자는 그의 두려움이 남자가 되는 것, "인종이라는 것", 실패한 관계, 그리고 아버지의 부재와 관련되어 있다고 하였다. 그것은 그를 희생자처럼 느끼게 하고, 그것을 밖으로 내보일 수는 없었다.

18초의 침묵 이후, 그는 이런 감정을 어떻게 추스르고 웃을 수 있을지 전혀 모르겠다고 하였다. 그는 그 순간이 될 때마다 물을 한 잔 마시는데(이것을 말하기 전에 그는 웃었다.), 이것이 그런 생각을 억제해 줄지 의아해 했다. 그는 아마도 '엑소시즘-불쾌한 것을 막아 주는 것'이 그를 자유롭게 할 수 있을지도 모르겠다고 말하는데, 이는 마치 '그곳에 무언가가 있는 것 같은' 느낌이 들고, 어떤 커다란 덩어리가 목에 있는 것 같기 때문이라고 말했다. 교과서적인 답을 믿지는 않지만, 그럼에도 그는 누군가가 그에게 상처를 제거하고 평안을 얻기 위해서 무엇을 해야 하는지 말해 주기를 원했다. 그는 로저스가 무언가를 숨기고 있는지 궁금해했고 그러고는 그가 스스로를 숨기고 있었음을 깨닫는다.

로저스는 만약 내담자가 상처를 내보낼 수 있다면, 그것은 '희생자'의 목소리가 될 것이라고 제시한다. 그에 대한 반응으로 내담자는 자신이 피해를 입었던 것을 통제할 수 있을지 궁금해한다. 그는 한때 타인의 이치에 따르는 문화의 영향을 알게 되었고, 그의 '본성'에 따르지 않은 반응으로 "단지…… 정말 그를 때려눕히고 싶었다."고 말한다. 그 당시 함께 있던 친구는 그가 언젠가는 정말 참지 못할 것이라고 경고했다. 내담자가 설명하기를 그는 무슨 일이 일어나든 자신으로부터 자유롭고 싶고, 적어도 그것에 건설적으로 대처하는 기술을 찾고 싶다고 하였다. 그는 그에게 일어나던 일들이 이제 다른 사람에게 일어나는 것을 보면 화가 났는데, 그들의 입장에 서서 공격을 하기 시작했다. 그러나 정작 자신을 보호할 수 있을지는 확신하지 못하고 있었다. 그가 울 수만 있다면 그렇게 해도 괜찮겠지만 우는 것은 '넘어지는 것'을 뜻한다. 로저스는 그가 슬픈 영화를 본다면 울 수 있는지 묻는다. 하지만 그는 우는 것이 자신에게 건설적일 수 있다는 것에 회의적이다. 로저스는 해석을 제시하였다. "음. 당신은 당신을 위해서 우는 것이 건설적인지 아닌지 확신하지 못한다는 거군요. 자신을 위해서 우는 것을 두려워하는 것 같기도 하네요." 내담자는 이에 동의하며, 남자는 울어서는 안 된다는 것을 어릴 때부터 훈련받았다고 말했다. 그는 울었지만 혼자 있을 때만 그랬다. 그는 웃으면서 이 세상에서 자신이 우는 걸 본 사람은 두세 명뿐일 거라고 하였다. 그는 아마도 일에 몰두하고 생각하지 않는 것으로 문제를 해결하려 하는 자신보다 자주 울었던 전 부인이 건강할 것이라고 설명한다. 로저스는 내담자가 이런 슬픈 생각으로 매우 바쁘게 지내려고 노력했지만 여전히 슬픔은 거기에 남아 있다고 말한다.

로저스는 만약 그가 운다면 무엇 때문에 우는 것인지 물었고, 내담자는 가족과 매우 긴 시간 떨어져 있었다고 설명한다. 그는 일하는 시간 동안 아이들이 자라는 것을 놓쳤고, 심지어 백혈병까지도 그랬다고 하는데, 적어도 누군가가 그로부터 이득을 보았다면 그럴 가치가 있었을지도 모르겠다고 한다. 그는 또한 장인어른을 위해서 울고 싶다고 했다. 그의 장인어른은 내담자가 백혈병이 발병하기 6개월 전에 돌아가셨고, 그는 장인어른을 너무나 사랑했다고 말했다. 그들은 인종뿐만 아니라 많은 부분에서 너무나도 달랐지만, 정말 서로를 아꼈고 같이 낚시도 다니곤 했다고 한다. 장인어른은 그에게 '그를 괴롭히는 것들'로부터 자유로워지고, 정말 하고 싶은 것을 하라고 격려하였다. 그로부터 일주일 뒤 장인어른은 내담자의 식당을 경제적으로 지원하기로 동의했었는데, 이후 그는 사냥에서 사고로 죽었다.

내담자는 장인어른이 누구보다도 매우 '올바른' 사람이었다고 생각한다. 장인어른이 사망하고, 약 8개월 전에는 전 부인 가족들과 모든 의사소통이 중단되었다. 가족조차도 '그 문화적인 태도'를 취하기 시작했다고 그는 말한다. 그는 최근 그들과의 관계도 부족하다고 설명하였다. "그건 진심이 아니었어요……. 어떤 것도 얻을 것이 없었어요……. 웃고 예의상 키스하고……. 이건 상처였어요." 그는 거짓으로 친절한 것보다 직설적인 정직함을 원했을지도 모른다. 그는 얼마나 상처받았는지 솔직하게 말하기를 바란다. 여전히 그는 그들이 인종차별주의자이고, 감정을 표현하지 않는 것이 끔찍하다고 믿는다. 그들은 그의 상처를 이해할 수 없는데, 그들은 흑인을 사람으로 보지 않기 때문이라고 하였다. 로저스의 진술에 반응하여 내담자는 가족이 얼마나 그에게 상처를 주었는지 말로 표현하면 만족할 수 있겠으나, 만약 그들이 메시지를 못 알아들으면 내담자가 '억압' 되는 것을 걱정하며 진짜 감정을 말하지 못하고 그들을 신뢰할 수 없다고 언급한다.

로저스는 내담자가 이제 마음을 터놓게 되었다고 말하였고, 내담자는 이에 동의했다. 내담자는 "당신은 내가 한 사람이라는 것을 알고 있고, 나는 정말 나를 부인하지 않고 싶어요……. 다시는."이라고 말한다. 내담자는 장인어른을 사랑했던 것 같이 다시는 누군가를 사랑하고 싶지 않다고 덧붙인다. 사랑은 커졌지만 이내 사라져 버렸다. 그에게는 피부색과 상관없이 친척은 없다. "사랑하는 건 미친 겁니다. 그건 애완동물 따위를 사랑하는 것과 같습니다." 그는 인척들에게 그가 상처를 받았다고 말하면 달라졌을지도 모른다는 것에 대해서는 의심한다. 그는 그들이 이해할 수 있을 것이라고 생각하지 않는다. 그가 부인을 위해 그녀를 떠났던 때부터(7년 중에), 그가 상처받고 절망적인 기분이라는 것을 이해하기까지는 6~7개월이 걸렸다. 그는 닉슨 대통령을 이해하고 싶었을지도 모르겠다. 닉슨은 그의 상황과 아무런 상관이 없을 것이다. 그는 '그 가족'에서와 같이 내담자의 현실과도 동떨어져 있다. 그것은 '미친 짓'인 것 같다. 한편, 그들을 사랑하는 것은 괜찮다고 느끼지만, 그들과 더 이상 어떤 것도 공유하는 것은 좋지 않게 느껴진다.

이후 내담자는 갇혀 있었던 감정을 분출하는 게 불가능하다고 여기게 된 신체 변화를 설명한다. 감정이 분출되게 할 수 있는 모든 근거를 알고 있는데도 그는 그것들을 이끌어 낼 수 있는 힘을 작동할 수 없다. 여전히 그는 로저스에게 말하는 것이 매우 도움이 된다고 말한다. "이건 정말 놀라워요……. 내가 누군가에게 이 이야기를 한 건 처음입니다……. 내가 통제하지 못하고 있다는 걸……. 나는 당신에게는 통제권을 포기했습니다." 감정을 느슨하게 풀어 주는 것은 그에게 새로운 경험이었다는 로저스의 의견에 동의하면서 내담자는 감정을 느낄 수 있고, 우는 것이 더 이상 두려워지지 않게 되기를 바란다고 말한다. 그는 가능하다면 의사에게 그것을 열어서 보여 주고 "그것을 꺼내 주세요."라고 하고 싶다고 말한다. 로저스는 웃으며 "음, 아마도 수술이 더 간단하겠네요."라고 하였다. 내담자는 동의하며 한숨 쉰다. 그는 로저스에게 자신이 얼마나 상처를 받았는지 말하고 싶은데, 할 수가 없었다고 한다. 로저스는 "난 이해할 수 있어요……. 내 마음속에선 당신이 그 구덩이의 가장자리를 돌며 걷고 있는 듯이 보이는데, 당신은 그것을 내려놓을 수 없고 내게 그것을 알려 주려 하지만 잘되지 않는군요."라고 응답한다. 내담자는 그의 경험에 대한 로저스의 시각에 동의하며 "나는 그걸 어떻게 할지 모르겠어요."라고 말한다.

로저스는 내담자의 이야기를 들어 보면 그가 정말 그것을 말하고 싶지만 자신의 속도에 맞춰야 한다고 말해 준다. 내담자는 동의하였고 이것이 그의 병든 부분이라고 느낀다. "그것이 진짜 암이지요. 아시다시피……, 만약 내가 그걸 제거할 수 있다면, 내 몸에서 모두 제거할 겁니다." 그는 계속해서 그의 생활방식, 스트레스, 인종차별이 그의 병 때문이라고 탓한다. 그는 뭐든 해 주고 싶지만 전처럼은 아니다.

내담자는 상담에 오는 중에 소리치고 싶었다고 생각했지만, 지금은 의문이 든다고 언급한다. 로저스는 한 번 시도해 보라고 격려했지만 그는 웃으며 그건 '교양' 있는 행동이 아니라고 말한다. 만약 그가 화를 표현한다면 그것은 아마 외설적으로 나올 것이고, 어떤 사람을 나쁘게 부를 것이라고 한다. 그는 어떤 효과가 있을지 모르나 정말 그렇게 하고 싶다고 한다.

칼 로저스: 당신은 그 자식들한테 호통치고 싶군요.

내담자: 네. 맞아요. 맞아요. 맞아요. 정말로 그래요. (웃음) 세상에나. (웃음)

칼 로저스: 당신은 그것조차 할 수가 없군요.

내담자: (한숨을 쉰다.) 오, 믿을 수가 없네요. 모르겠어요. 휴. 점점 더워지네요.

내담자는 그가 '그 자식'이나 '빌어먹을'과 같은 용어들을 아내와 어떻게 사용했는지에 대해 이야기하고 있지만, 선생님들이나 가족, 동료들과는 그렇게 하지 못했다고 한다. 그는 그러한 방식으로 그들에게 말하고 싶지는 않다고 지적한다. "나는 올바르게 키워졌어요." 여전히 그는 자신을 위해 이러한 감정을 열어서 내보여야 한다는 것을 알고 있다. 그는 썩고 엉망진창이 되고 있다고 느낀다. 로저스는 이 진술을 반영한다. "그 자식들이 정말 나를 망쳐 놨군요." 내담자는 동의하며 무슨 일이 일어났는지 설명하려 하였다. "누군가에게 그 지옥을 설명하는 건 가장 어려운 일이에요……. 그건 누군가 당신을 때려눕히고……. 발로 짓밟고 침을 뱉고……. 쓰레기가 되는 느낌이에요." 그는 친구가 모든 걸 가졌다고 말하지만, 그건 사실이 아니라고 느낀다. 그는 "나는 모든 것을 가지지 못했어요. 명백히 사람으로 존중받지 못했어요."라고 진술한다.

내담자는 다시는 조롱받지 않게 할 거라고 말하고 있는데, 이는 싸우는 데 지쳤기 때문이다. 그는 앞으로 감정을 내보이면 무슨 일이 일어날지 모른다고 하였다. 그는 '상처'받았다고 말하고 싶지 않은데, 자신의 경험을 충분히 설명하지 못하기 때문이다. 로저스는 이러한 생각을 재진술하고 있다. "네. 당신이 쓰고 싶거나 당신이 썼던 용어는 당신 안에서 느껴지는 감정을 충분히 그리고 똑같이 담지 못하겠죠." 내담자는 이에 동의하며, 내부의 느낌을 영화 〈엑소시스트〉에서 소녀가 토하는 초록 점액에 비유하였다. 감정은 이제 그의 일부이고, 그의 몸은 그것들을 없애 버리길 바라지만, 그는 그런 상처와 분노를 표현하여 '끔찍하게' 보이는 것을 두려워한다. 그러나 이 순간 가장 큰 걱정은 감정을 표출하는 것이 아닌 다시 병을 얻는 두려움을 통제하는 것이다. 그는 웃으면서 두려움이 비논리적으로 되는 것을 안다고 하고 한숨을 쉬었다.

20초의 침묵이 흐른 후에 내담자는 '지금' 얻어맞은 기분이 든다고 했는데, 왜 그런지는 모르겠다고 했다. 그가 어떤 것을 말하고 생각하면 좀 더 나아질 것이다. 그러나 그는 아마 이렇게 하는 것이 어려울 것이다. 그는 이러한 것들을 빙빙 돌려 이야기하고 있다고 말한다. 로저스는 만약 "어떤 것을 이야기할 수 있다면, 당신은 더 이상 얻어맞은 느낌이 들지 않을 텐데요."라고 제안하였다. 또다시 침묵 후에 내담자는 그가 겪어 온 일이 그를 비인간적으로 바꾸어 놓았다고 말한다. 로저스는 "그것이 당신을 저주 같은 짐승으로 만들었군요."라고 반응한다. 내담자는 또 다른 공감적 진술을 해 나간다. 그는 다시는 그에게 일어난 일이 반복되는 것을 원하지 않는다. 교사나 배우자 어느 누구라도 다른 사람에게 그렇게 할 권리는 존재하지 않는다고 말한다. "이건 꼭 누군가가 빌어먹게 큰 나무를 가지고 당신에게 들이받는……. 오, 당신은 아시나요? (한숨을 쉰다.) 이건 설명하기 어려워요. 그렇지 않은가요?"라고 하였다. 로저스는 "엄청나게 큰 막대기를 당신 엉덩이로 들이박는 것 같다고 말하는 건가요?"라고 반응하였다. 내담자는 웃으면서 대답하기를 절대 그렇게 말한 게 아니라고 하였다. 로저스는 그래도 그가 말한 의미가 맞는지를 물었다. 내담자는 이것에 동의하였고, 로저스는 "좋아요. 난 당신이 말하고자 하는 의미를 제대로 본 것인지 알고 싶었던 거였어요."라고 말한다.

내담자는 그런 것들이 매우 고통스럽지만 여전히 얼마나 심하게 상처받았는지에 대해 로저스에게 어떻게 이야기해야 할지 모르겠다고 말한다. 로저스는 "말로 표현하기 어려운 것이네요."라고 말한다. 잠시 뒤에 분명하고도 공감적으로 "당신은 지금 일부분 상처를 느끼고 있군요."라고 덧붙인다. 내담자는 이에 동의하고, 로저스에게 매일 술을 마시고 갈 곳이 없이 거리를 헤매는 술주정뱅이 부랑자에 대해서 어떻게 생각하는지 물었다. 그는 "그렇게 하는 데에는 많은 이유가 있을지 모르죠."라고 생각하고 있다고 말한다. 그는 자신이 그런 사람들에게 더욱 예민해지는데, 그 이유는 그가 겪어 온 일들 때문이라고 한다. 로저스는 내담자가 그렇게 말한 것은 내담자가 절망이 어떤 느낌인지 알고 있고, 그것이 얼마나 깊은 바닥까지 자신을 끌어내릴 수 있는지 알기 때문인 것 같다고 이야기한다. 내담자는 그의 말에 동의하면서 그는 그런 사람들에게 마음이 쓰인다고 말한다. 그는 예전에 돈이 많았었지만 모두 잃고 난 지금이 더 행복하다고 했다. 그는 이전의 삶으로 돌아가고 싶지 않다는 것을 제외하고 다음에는 어디로 가야 할지 확신할 수 없다. 그는 자신이 받은 상처를 인정하고, '나는 한 사람이라는 사실을 재확인' 하면서 언어로 표현하는 것을 통해 사람들을 도와주고, 사람들과 이야기도 나누면서 처음으로 사람들과 함께 무엇을 하고 싶어 한다. 그는 좀 더 상처를 마음에 간직하고 싶다고 말한 후에 어떻게 그가 상처 없이 살아갈 수 있는지, 확신하게 되었는지에 대해 이야기했다. 그는 괜찮다고 하는데, 로저스는 다소 평소답지 않지만 분명하게 공감적으로 "그거 정말 헛소리네요. 그렇죠. 음. 잠시 나는 당신도 똑같은 마음이라고 느꼈어요. 엉덩이에 막대기를 들이박는 그 느낌말이에요." 내담자는 조금 당황하였으나 그는 '그런 기분을 느꼈던 것' 은 '안전한 수준' 이라는 판단하에 마음속에서 나왔던 자연스러운 반응이었다고 말했다.

내담자가 어떤 사람의 문제를 다른 사람에게 탓해도 되는지 물어보았을 때, 내담자와 로저스는 모두 웃었다. 로저스는 내담자가 다른 사람들은 책망하지만 그는 아마도 그것을 공유하고 싶어 하는 것 같다고 제시한다. 내담자는 그가 전체적으로 공유하고 사랑하는 데 너무 많은 시간을 썼기 때문에 상처를 더 쉽게 받았던 것 같다고 말한다.

> 내담자: 하지만……. 나는 정말 한 번도 이렇게 맞은 적이 없어요. ……내가 얼마나 녹초가 됐는지 당신에게 보여 준다면……. 아마 나는 이 의자에서 아무것도 아닌 것이 되어 버릴 거예요. (20초의 침묵 후) 정말 나에게는 너무 부담이네요."

로저스와 내담자는 그가 할 수 있는 모든 것을 최대한 했다는 것에 동의한다. 로저스는 요약한다. "당신은 상처와 고통과 패배라는 구덩이 주변을 걸었어요. 당신은 그것에 대해 또 다른 느낌이 있을 것이고, 아마 이 순간 옳다고 생각하는 정도만 보이려 하겠죠……. 당신 안에 더 많은 것이 있다는 것을 알고 있고, 당신이 이것을 내려놓는 것이 도움이 될 수 있다는 것도 알고 있는데 말이죠." 내담자는 그가 어떻게 백혈병에 대해 이야기를 할 수 있을지 해명하기 시작했지만, 로저스는 그를 중단시키고, 그가 고통받아 온 모든 상처를 이야기하는 것보다 암에 대해서 이야기하는 것이 더 쉬울 것이라는 것을 이야기해 주고 있다. 내담자는 한숨을 쉰 후 "후, 오. 전 정말이지……. 전 멈춰야 해요. 아시겠어요?" 로저스는 그가 할 수 있을 만큼 했다는 것을 재차 확인하고 중단해야만 했다.

후기 회기의 논평에서 로저스는 회기를 다시 돌아보았다. "여기 갑옷을 두른 남자가 있습니다. 그는 크게 상처받았지만, 진짜 감정은 깊숙이 숨어 있습니다. 그러나 이 관계에서 갑옷은 금이 가기 시작했고 단지 지금 방금 그렇게 되기 시작한……. 우리의 상층에는 분노라는 것이 있지만, 조금 더 밑으로 내려가 보면 말할 수 없는 상처가 있는 거죠." 로저스는 내담자를 지연시켰던 것에 대해 후회하지 않는다고 말한다. 그는 이것을 내담자의 지혜로 받아들였다. 이것은 내담자 자신이 어느 부분에서 가장 연약한지 알고, 그가 무엇을 할 수 있는지 알고 있으며, 어느 속도로 가야 하는지 알고 있다는 것이다.

로저스는 그가 분명히 지적이고 이론적인 인터뷰에 매료되었다는 것에 주목했다. 예를 들면, 내담자는 그가 받아들이고 있는 자기가 '교양 있는' 자기였던 것과 관련된다. 게다가 로저스는 만약 그가 감정을 표출한다면 다시 병들 것이라는 내담자의 환상에 대해서도 언급하였다. 그가 내담자의 용어들을 반복해서 사용할 때, 내담자는 이 가정이 얼마나 어리석은 것인지를 깨닫고 있다는 것에 주목한다. 로저스가 토론했던 인터뷰의 또 다른 이론적 측면은 그가 원하는 만큼 분노를 표출하도록 허락하는 내담자의 반응이었다. 로저스는 이러한 허용이 그를 화나게 만드는 것을 멈추게 하였고, 그것은 분노가 아니었고 가장 두려워하는 상처와 연약한 부분이었다는 깨달음을 주는 데 도움이 되었다고 설명한다. 마침내 내담자는 자신이 사랑했던 장인에 대해 이야기하면서 이전에는 절대로 표현할 수 없었던 사랑과 애절한 감정에 대해 표현할 수 있었다.

로저스는 내담자와 인터뷰 그리고 이로부터 얻을 수 있는 것들이 어떤 것이 있는지에 대해서 자신의 느낌을 덧붙여 설명을 끝냈다. 그는 다음과 같이 진술한다. "마침내 내담자는 삶에서 죽음보다 더 두려운 측면이 많이 있다는 것을 명확하게 알았습니다. 어쨌든 이것은 우리 모두에게 확실한 메시지를 줍니다. 이 관계에서 나는 그에게 잠재적으로 위험이 될 수 있는 이 탐색 여행에서 이해하는 동반자로 함께하고 있음을 느꼈습니다. 내가 얼마나 논리 정연한 내담자와 함께 작업했는지를 보여주는 좋은 예라고 생각합니다."

참고문헌

Whitely, J. M. (Producer). (1977). *Carl Rogers counsels an individual on anger and hurt* [Film]. American Personnel and Guidance Association.

해설 1

지지하지 않은 지시
–로저스와 '분노와 상처' 내담자–

Barbara Temaner Brodley

1997년 로저스는 한 시간씩, 두 번의 회기를 자원한 내담자와 이틀간 회기를 진행하였다. 회기는 내담자 중심이 주가 되는 그의 작업 방식을 설명하기 위한 영상을 위하여 마련되었다.[1] 촬영 팀 이외에 다른 청중은 없었으며, 영상 결과는 완성된 회기로 다시 제작되었다. 첫 번째 회기의 영상 제목은 〈절대적인 권리〉(Whitely, 1977a)로 붙였다. 두 회기 중 더 유명한 두 번째 회기의 제목은 '분노와 상처의 칼 로저스 개인상담'(Whitely, 1977b)으로 붙였다. 이 책에서 요약된 것은 두 번째 회기이고, 이를 분석하는 데 초점을 맞추고 있다.

로저스는 내담자에게 가명을 붙이지 않았고, 내담자는 '분노와 상처를 안고 있는 영상 속의 내담자'로 알려져 있다. 첫 번째 회기 전에 로저스는 내담자를 만난 적이

1) 혹은 인간 중심적인 틀 혹은 접근으로 명칭한다.

없었다. 첫 번째 만남에서 로저스는 내담자에게 당신에 대해서 단지 '몇 가지만' 들었고, '모두 좋은 것'이었으며 '당신이 백혈병에 걸렸는데 회복 단계에 있다는 것'만 들었다고 하였다.

내담자는 20대 후반의 젊은 흑인 남성으로 매력적이고, 논리 정연하고, 표현적이었다. 그는 로저스의 중재에 따라 넓은 감정 폭을 보였다. 그의 감정은 시시각각 변화하였다. 전체 회기는 풍성하고 강렬했는데, 내담자의 고통 속으로 깊이 관여하면서 로저스는 깊이 있는 공감적 반응에 초점을 두었다.

로저스 방식의 치료가 수년 동안 몇 가지 면에서 발전되는 동안 그는 치료적 변화를 위한 필요충분조건들로 표현되는 기본 가정이나 이론을 바꾸지 않았다(Rogers, 1957, 1959, 1986a). 로저스가 오랫동안 지지해 온 기본 가정은 1986년에 "인간 중심 접근은 사람에 대한 믿음을 기본으로 만들어졌고…… 모든 살아 있는 유기체로 현재를 살아가려는 경향…… 인간의 건설적으로 나아가려는 흐름에 대한 믿음이 있다."로 표현되었다(Rogers, 1986a, p. 198). 로저스의 원리인 실현화 경향, 개개인에 대한 존경과 믿음의 결합체는 내담자와 치료자 과정에서 내담자 중심, 비지시적 태도를 구별하는 특성이다(Raskin, 1947).

이러한 비지시적인 태도는 로저스가 치료적 이론과 실제에서도 그대로 보여 주고 있고, 치료자의 목표에 대한 그의 생각은 "치료의 결과가 아니라 치료의 과정으로 국한시키는" 것이다(Rogers, Baldwin에 인용, 1987, p. 47). 내담자 중심 치료자의 목표는 오로지 내담자와 관련해서 일치성, 무조건적 긍정적 존중, 공감적 이해의 치료적 태도여야만 한다는 것을 의미한다.

로저스에 의하면, 치료자가 적절하게 자신의 한계를 알고 집중하면서 이런 목표를 유지해 나가는 방법 중 하나는 "내가 진정으로 이 사람과 함께하고 있는가?"라고 묻는 것이다(Baldwin, 1987, p. 48). 이와 같이 내담자 중심 치료자들은 내담자를 위해서 세분화된 목표를 가지고 있지 않고, 결과적으로 내담자를 지시하지 않는다. 대신에 치료자는 건설적인 변화를 위해 내담자의 선천적인 자기실현 경향성을 지지하고 촉진하는 태도와 관련된 조건을 제공하려 한다. 이 실현화 경향성은 치료자가 구현하고 내담자가 이를 깨달을 때 더 효과적이라고 생각한다.

따라서 '분노와 상처'를 가지고 있는 내담자와 함께한 회기에서 우리는 그의 행동을 관찰하는 데 끊임없이 치료적 태도를 시행하고 있고, 비지시성을 가지고 내담자를 신뢰하고 존중하는 모습을 볼 수 있다. 이것은 내담자에게 자신의 속도, 방향성, 치료에 대한 중요성과 현실을 깨닫게 한다. 우리는 로저스의 치료적 태도에서 그가 말하는 것과 명백한 질문을 하는 그의 반응을 통해 공감적인 반응의 형태를 보여 주기를 기대한다. 우리는 그가 내담자 안에 명백하게 나타나는 취약성과 문제에 민감하게 적응하기를 기대한다. 사실 이 내담자와 함께한 회기에서 우리가 로저스에게 기대했던 필수 요소들을 관찰할 수 있기 바란다. 그러나 우리는 예상치 못한 요소도 발견할 수 있었다.

이 논평을 쓰기 전에 나는 '분노와 상처' 영상을 학생들과 여러 번 시청하였다. 내가 기대했던 로저스의 내담자 중심적인 특성과 행동을 인지하는 사이 그는 이 회기에서는 체계적으로 내담자에게 지시적인 방법을 시도하려는 모습이 보였다. 결과적으로 이 회기는 내가 예상한 로저스의 다른 회기와는 매우 다른 모습이었다.

다른 회기들에서 로저스는 엄격하게 공감적으로 행동하거나 래스킨(Raskin, 1988)의 '자유롭게 기능하는 내담자 중심 치료자'의 준거들을 따랐다.[2)] 그러나 이 회기에서 그가 주장하는 치료 태도를 경험하고 실시하는 비지시적인 목표 대신 로저스는 내담자를 위해서 간혹 세부적인 목표를 가지고 있는 것처럼 보였다.

나는 로저스가 '분노와 상처' 인터뷰에서 다르게 역할을 했다고 느껴졌고, 그가 40년이 넘는 기간 동안 서로 다른 방식으로 작업했던 아홉 명의 내담자에게 행했던

2) 래스킨에 의하면(1988) '자유롭게 기능하는 내담자/인간 중심 치료자'는 '공감적으로 반응하는 것뿐 아니라 내담자가 자신의 감정을 체험할 수 있도록 질문을 하기도 한다. 과정의 창시자로서 내담자에 대해 기본적이고 지속적인 존중감을 계속하면서 자발적이고 비체계적인 방법을 동원한다.

표 9-1 치료에서 로저스가 표현한 언어적 반응의 범주 체계(이 책의 회기의 예시를 사용)

항목	예시
공감적으로 따라간 반응	"당신 마음이 말하기를 오, 그것을 참아야 해. 그렇게 강한 감정을 가져서는 안 돼." "그냥 그를 한 대 치고 싶은 거군요!" "만약 당신이 내부적으로 경험한 것들을……. 흠……. 다 밖으로 꺼내 보인다면 그게 아마도……. 아마도 당신을 다시 병들게 할지 어떨지 의문이 드는 거군요." "그건 당신을 마치 짐승처럼 만들었군요."
치료자의 준거 틀로부터의 반응	
치료자의 지적/관찰	"당신이 그것에 대해 말했던 것은 많은 생각이 들게 했습니다."
치료자의 해석/설명	"당신을 위해서 우는 것이 건설적인지 아닌지 확신하지 못한다는 거군요. 또한 내가 느끼기에 당신은 스스로를 위해서 우는 것을 두려워하는 것 같기도 하네요."
치료자의 동의	"네. 아마 당신은 그것을 그들에게 주지 않았어요."
주요한 질문	"만약 당신이 운다면 무엇 때문일까요?"

주: "음"과 같은 표현은 치료자가 소통하고 있고, 내담자로 하여금 치료자가 주의를 기울이며 따라가고 있다는 인식을 하는 데 도움이 되지만 이 체계에서 다루고 있지는 않다.

그의 행동과 비교해 보았다. 내가 로저스의 열 개 회기를 분석했던 연구는 다음과 같다. 브로디(Brody)와 나는 열 개의 회기에서 두 항목으로 로저스의 실질적인 언어적 반응의 총 개수를 조사하였다(Brodley & Brody, 1990). '공감적으로 따라간 반응'과 '치료자의 준거 틀로부터의 반응'이다(〈표 9-1〉 참조). 첫 번째는 정확하게 로저스가 즉각 내담자의 내부의 준거 틀을 이해하고 있는지 아닌지 확인하려는[3] 의도로 구성되어 있다. 두 번째 범주는 로저스 자신의 내적 참조 틀로부터 반응한 내용으로 구성되어 있다(〈표 9-1〉에서는 이들을 네 가지 하위 항목으로 나누었다).

연구는 다른 아홉 번의 회기에서 로저스가 자신의 참조 틀을 이용했던 것이 4.2%

3) 로저스(1986b)는 그의 공감적 반응은 내담자의 감정을 반영하려는 것이 아니라 오히려 자신이 이해한 것의 정확성을 점검하기 위한 것이라고 주장했다.

였던 반면, '분노와 상처' 회기에서 자신의 참조 틀을 이용했던 것은 22%였다는 것을 보여 준다. 이처럼 치료자 준거 틀을 이용하여 높은 비율로 반응한 것은 내담자를 위한 구체적인 목표를 시도한 결과다. 그러나 그것은 단순히 그런 반응의 빈도를 보여 주는 것뿐 아니라 지시성을 드러내려 한 것인지도 모른다. 지시성에 대한 최종 테스트는 치료자의 참조 틀로부터 나왔던 반응이 내담자와 관련하여 직접적으로 의도와 태도를 가지고 시행했는지에 달려 있다. 그렇다면 치료자는 꾸준히 그의 반응에서 내담자를 위해 어떤 구체적인 목표를 표현해야 하는가? 만약 그렇다면 그 행동은 지시적이며 내담자/인간 중심 원칙과는 모순되는 것이다.

로저스의 '분노와 상처'를 가진 내담자 회기뿐만 아니라 다른 아홉 번의 회기들의 예시와 비교하여 치료자 자신의 참조 틀로부터 온 반응은 로저스가 회기를 진행하는 동안 구체적인 목표가 있다는 것이 드러나는 반응이 많았다는 것을 보여 준다. 회기 도중 몇 가지 계속되는 중재의 시행은 로저스가 내담자를 위해 목적을 가지고 지시적인 태도를 취한 것이 드러나는데, 이것은 평소답지 않은 행동이다. 처음으로 체계적인 지시성이 드러내는 곳은 축어록 중 내담자의 스물 아홉 번째 진술이다.

내담자: 나는 혼돈스러운 건지 잘 모르겠지만, 당신도 알다시피 그들의 병을 받아들이려고 노력하고 있어요. (칼 로저스: 음.) 동시에 나는 정말 누군가에게 나 자신을 수용받아 본 적이 없어요. (칼 로저스: 음.) 아마도 그런 적은 없을 거예요.

칼 로저스: 네. 아마도 그것을 받아보지 못했군요.

내담자: 맞아요.

칼 로저스: 그게 지금 내가 여기서 느끼고 있는 거예요. "여긴 정말 내가 화를 표현해서는 안 되는 이유가 많이 있어요. 나는 이러한 이유에 대해서 다 말할 거예요."

내담자: 네. (작은 웃음) 그렇죠……. 난 정말 모르겠어요. 아마 어느 날엔 내가 화가 나고 (작은 웃음) 난 정말 기분이 괜찮을지도 모르죠. 뭐든 간에 말이에요. 내가. 나는. 내가 웃을 때, 나는……. 음……. 나는 웃지만 거기엔 많은 그리고 당신이

안다고 확신해요. 거기엔 많은 분노가 있다는 걸요. (칼 로저스: 음.) 아시다시피 화내는 건 내 천성이 아니에요. (칼 로저스: 음.) 천성은 그렇지만 난 화가 나요.

칼 로저스: 네. 음……. 그리고……. 아……. 그래서 나는 당신이 계속해서 설명하는 것을 듣고 있어요. 음……. "화내는 건 내 천성이 아니야. 그냥 지금 화가 날 뿐이야."

내담자: 그래요. (한숨 섞인 웃음). 맞아요.

로저스의 첫 번째 반응을 보면, 그는 다른 사람에게 알려지고 싶은 욕구를 표출하지 못하고 있다는 내담자의 생각을 옹호하고 있다. 두 번째 반응에서 로저스는 내담자가 분노에 대한 감정 표현을 피하고 있다는 생각을 강화시키고 있다. 이러한 로저스의 해석은 내담자가 분노를 표현해야만 한다는 것을 암시하고 있다. 이것 또한 평소와는 다른 로저스의 모습인데, 그는 적극적으로 "그것이 지금 내가 여기서 느끼고 있는 것입니다."라고 단언하면서 그의 해석을 진술한다.

내담자는 로저스의 해석에 불편한 반응을 나타냈고, 로저스의 진술에 압박감을 느끼며 "아마도 언젠가는 그냥 화를 낼지도 모르죠."라고 말하며 편해지려 한다. 곧장 이 진술에 이어서 내담자는 약간의 망설임과 애매모호한 방식으로 계속 진술해 나간다. "난 정말 기분이 괜찮을지도 모르죠. 뭐든 간에 말이에요. 내가. 나는. 내가 웃을 때, 나는……. 음……. 나는 웃고 있지만 거기엔 많은, 그리고 당신이 안다고 확신해요. 거기엔 많은 분노가 있다는 걸요." 내담자가 그의 웃음이 분노를 포장하기 위한 것이었다고 언급했을 때, 분노를 표현하라는 로저스의 지시를 따르고자 한 것인지 로저스의 해석에 대한 약간의 분노 감정을 표현한 것인지는 분명하지 않다.

결과적으로 내담자는 분노를 느꼈지만, 그가 분노를 일으켰다고 인식하는 것에 대해 로저스는 공감적 반응을 하지 않고 있다. 대신 로저스는 '설명과 설명'을 통해 내담자가 분노를 회피한다는 해석을 반복하였다. 로저스는 내담자가 지금 이 순간 화가 나 있다고 말한 사실을 무시하고, 아이러니하게도 이 시점의 그의 태도는 너무 강하게 목표 지향적으로 되었던 것 같다.

일시적으로 분노를 표출하는 내담자에 대한 로저스의 목표는 상호작용하는 로저스의 논평에서 이어진다.

내담자: 나는 어떻게 당신이 건설적인 방식으로 화를 내는지 모르겠어요. 아시다시피 그런 면에서……. 이건 지금 내가……. 내가 사람들에게 대답을 할 때, 만약, 만약 사람들과 맞닥뜨리면 길거리든 직장에서든 아니면 뭐가 됐든지, 만약 사람들이 어떤 특정한 메시지를 보내고 그들이 무슨 이야기를 하든 간에 거기엔 내가 받게 되는 어떤 특정한 메시지가 있어요. 그들이 말하기를 "이봐" "그건 나를 위한 건 아니야." 같은 것들이요. 그건 그전에……. 나는 소외감 없이 일을 하고 싶고, 대중교통을 이용하고 싶고, 의사소통을 하고 싶어요. (칼 로저스: 음.) 사람이든 다른 무엇이든지요. 하지만 결국 나는 이제 "거봐, 이건 말도 안 되는 소리야."라고 말하죠. (칼 로저스: 음.) 아시다시피 "내가 어떻게 해야만 한다고 이야기하지만 또는 그런 비언어적인 것도 나에게 표현하지만……. 음……. 난 괜찮아라고 말하지만 비언어적으로는 말하기를 '이봐 넌 정말 괜찮지 않잖아.'라고 하는 거죠." 나는 정말 그런 것들을 더 이상 듣기 싫어요.

칼 로저스: 당신이 무슨 말을 하는지 알겠고, 나도 이걸 강조하고 싶어요. "당신이 화를 내더라도 나는 괜찮아요."라고 강하게 말하고 싶네요.

내담자: (멈추며) 하지만 나는 모르겠어요. 어떻게 화를 내야 하는 건지 알 수가 없어요. 아시다시피……. 어려워요…….

칼 로저스: 그래요. 맞아요. 당신이 꼭 그래야 한다는 건 아니에요.

내담자: 그렇죠.

칼 로저스: 그냥 나와 있을 때는 괜찮다는 거죠. (내담자: 음.) 만약 당신이 화가 날 것 같으면 그냥 화를 내도 돼요.

내담자: 정말 그렇게 해도 된다고 믿으세요?

칼 로저스: 네.

로저스의 허용에 대한 진술은 그가 수용을 격려와 같은 것으로 이해하고 있음을 지적한다. 로저스는 내담자가 분노를 표출해야만 한다는 것을 내포한 것은 부인했지만, 로저스의 내담자 안심시키기에 대한 강렬함은 아마도 내담자로 하여금 화를 내도 된다고 옹호하면서 소통이 이루어지도록 한다. 더불어 로저스는 내담자가 공감적 반응을 할 수 있는 기회를 희생시키고, 과정 속에서 다시 간과하며 그가 즉각적으로 체험한 감정에 집중하지 못하게 만든다.

여기서부터 로저스는 비지시적으로 반응하고 공감적으로 많이 해석한다. 또 다른 즉각적인 감정으로 로저스는 격려하는 코멘트를 한다.

내담자: 다른 사람들이 그렇게 하는 것을 볼 때, 나는 화가 나요. 아시겠어요? 그리고 나는 다른 사람을 보호하지 못했다는 실패감을 가지기 시작하거나 누군가와 싸우죠. (침묵) 만약 내가 울 수 있고 그게 괜찮다면…….

칼 로저스: 그것이 내가 생각하던 거예요.

내담자: 그건 마치…….

칼 로저스: 난 단지 당신이 울 수 있는지를 생각했어요.

여기에서 로저스는 내담자가 울 수 있다면 좋겠다는 자신의 생각을 말하기 위해 내담자를 두 번 방해한다. 로저스가 내담자의 생각을 지지했다 해도 그는 자신의 생각을 주장한다. 로저스가 다시 격려하는 반응은 내담자의 즉각적인 느낌과 표현(우는)이 바람직할 수 있다고 생각하는 내담자의 주도권을 간과한다. 이후 로저스는 공감적으로 여러 번 상호작용하면서 해석을 사용한다.

내담자: 나는 울 수 있어요. 울 이유도 있어요. 하지만 자신을 위해서 우는 게 건설적일

지는 잘 모르겠어요. (웃음).

칼 로저스: 당신을 위해 우는 것이 건설적일지 어떨지 잘 모르겠군요. 나는 당신이 스스로를 위해 우는 것을 두려워하고 있다고 느껴져요.

이 해석은 자신을 위해 우는 것이 건설적인지에 대한 내담자의 의심을 수용하지 못했다. 해석은 내담자가 울어야만 한다는 메시지와 그는 울어버리는 것이 더 좋다는 것 그리고 내담자의 진실된 경험은 울음이 잠재되어 있다는 것을 전달한다. 로저스는 다음 반응에서 "아마도 당신 안에 있는 일곱 살은 울 수 있을 겁니다."라고 함으로써 내담자에게 우는 것과 관련된 지시적인 태도를 덧붙인다.

이 반응에서 로저스는 그가 문화의 감추어진 압박에 반응하기 이전에, 회기 초기에도 언급했던 외로웠던 진짜 자기로 돌아가 마치 어린아이와 같은 내담자를 본다. 로저스는 내담자가 자신을 위해 울 수 있다면 더 진짜 자신이 될 수 있다는 것을 진술한다.

로저스는 그가 질문을 주도하며 공감적 과정을 중단하기 전까지 다음 네 번의 상호작용에서 공감적으로 따라간다.

내담자: 나는 정말 어떻게 해야 할지 잘 모르겠어요……. 정말 그걸 어떻게 다루어야 할지 모르겠어요. 정말 몰라요. 정말. (한숨을 쉰다.) 아시다시피 난 너무나 많은 걸 보여주었고, 그건 정말 미친 거예요. 너무 많이요. (한숨을 쉰다.).

칼 로저스: 만약 당신이 울면, 우는 이유는 무엇일까요?

여기서 다시 로저스는 내담자가 즉각적으로 감정을 표현하려는 노력을 명확히 하는 중에도 즉각적인 감정을 간과하고 비껴간다. 내담자는 슬픔을 느끼고 있다. 한숨과 말과 태도에서 매우 명확하게 나타나고 있다. 그러나 로저스의 질문은 내담자가 정보와 설명을 하도록 방향을 바꿔 버리고, 질문 이전에 체험했던 감정을 분산시킨다.

회기의 중반 지점까지 로저스는 이미 내담자의 분노와 우는 것을 격려하였다. 그는 내담자가 또 다른 감정, 강렬한 상처나 극심한 괴로움 중 하나를 표현하도록 격려하였다.

내담자: 나는 더 이상 그렇게 하고 싶지 않아요. 나는 계속 주고 싶지만, 난 내가 그전에 했던 방법으로는 하고 싶지 않아요. 아마도 소리치는 건 우울한 것 중 하나겠죠. 큰 우울이요. 당신도 알다시피. 하지만 나는 그러고 싶은지 확신이 서지 않아요. (웃음)

칼 로저스: 시도해 볼 수는 있겠죠.

내담자에게 분노와 울음 그리고 고통을 소리치도록 압력을 준 로저스의 격려와 허용은 아주 짧은 순간이었지만, 실제 내담자가 즉각적인 감정을 보이는 것을 잠재웠다. 이러한 방향 전환의 유형은 지시적 치료의 특징이나(정신역동, 게슈탈트, 가족 체계 등), 내담자 중심에서는 드문 일이다. 지시적 치료라 할지라도 즉각적인 감정 표현을 가치 있게 고려해야 하지만, 지시적인 행동은 종종 치료자가 간과하거나 내담자의 자발적인 감정을 회피하는 결과를 이끈다. 이와는 대조적으로 내담자 중심에서 치료자의 공감적 집중과 반응은 내담자의 감정을 자유롭게 하거나 내담자가 내면에 가지고 있는 지식을 변화시킨다. 이 회기에서 나타난 방향 전환은 로저스가 행한 치료의 유용한 예를 볼 때 드물거나 특이한 것이다. 그가 자신의 지시성이 내담자의 즉시성을 방해하고 있다는 것을 깨닫는다면 로저스는 공감적 반응을 다시 되찾을 것이다. 결과적으로 내담자의 감정은 다시 회복되면서 효과적인 내담자 중심 과정으로 회복되었을 것이다.

로저스가 이 내담자와 관련하여 해석과 격려하는 것 외에 또 다른 직접적인 태도를 보이는 곳이 있다. 이 회기에서는 두 개의 예시가 있는데, 로저스는 강렬한 감정 표현을 위한 압박 수단으로 공감적인 이해 반응을 하는 대신 비속어를 이용하며 직접적인 태도를 전달한다. 첫 번째 예시는 내담자에게 당혹스러움을 자극하는 것이다.

칼 로저스: 당신은 그 빌어먹을 놈들에게 그냥 말해 버리고 싶군요.

내담자: 네, 맞아요. 맞아요. 맞아요. 확실히 그래요. (웃음) 오, 이런. (웃음).

비속어를 듣는 것에 대한 내담자의 당혹스러움(비록 그가 진술이 정확하다는 것을 인지했지만)은 아마 회기가 녹화되고 있다는 것이나 치료에서 정중한 언어를 사용할 것이라는 믿음, 또한 그가 연장자이고 전문가와 이야기하고 있다는 사실에서 기인하는 것이다.

로저스의 비속어를 모델링했던 두 번째 예에서는 내담자가 과거에 다른 사람이 그랬던 것처럼 더 이상 그를 폄하하거나 모멸적으로 대하는 것을 허용하지 않겠다는 그의 해법과 결심을 이야기했다. 그는 분명하게 그의 언어와 태도로 강하게 감정적으로 말하였다.

내담자: 나는 교사나 배우자 어느 누구라도 다른 사람에게 그렇게 할 권리는 없다고 생각해요. 음, 아시다시피 그리고 그건, 그건 정말 내 잘못도 아니고. 난 탓하지는 않아요. 무슨 말이냐 하면 나는 어떤 책망도 하지 않지만, 그렇지만, 이건 꼭 누군가가 빌어먹게 큰 나무를 가지고 당신을 들이받는……. 오, 그래서……. 당신도 아시다시피. (한숨을 쉰다.) 설명하기 어렵네요.

칼 로저스: 엄청나게 큰 막대기를 당신 엉덩이에 들이박는 것 같다는 걸 말하는 건가요?

내담자: (웃음) 난 절대 그렇게 말한 건 아니고요.

감정적으로 부담이 될 수 있는 상황에서 정서적 의미를 담을 수 있는 은유에 초점을 맞추는 것은 로저스가 공감적 반응으로 자주 사용하는 유형이다. 그러나 이 예시에서 '내 엉덩이를' 이라는 문구를 피하면서도 내담자와 대화를 잘 이어 가기 위해서 비속어로 밀어붙였던 것 같다. 예상할 수 있지만, 이전의 로저스가 '이 놈(bastard)' 이라는 단어를 사용한 것에 당황하면서 내담자는 긴장된 웃음과 함께 그의 문구를 부인하였다. 비속어에 초점을 맞추는 것은 그로 하여금 자신만의 은유를 사용하게 하였지만, 비속어를 생략했을 때 그가 경험했던 강한 감정을 회피하게 한다(로저스가 했던 공감적 반응은 회기에서 내담자가 비속어를 보류했던 것을 존중하면서 그의 강렬한 감정을 나눌 수 있게 했을지도 모른다. "어느 누구에게도 당신을 침해할 권리는 없고, 당신이 침범당하고, 폄하받으며, 상처를 받게 할 수 없어요.").

이런 상호작용과 이외의 것들을 통해서 로저스는 내담자에게 즉각적이고 강렬한 감정을 언어화하는 작업이 유익하다는 생각을 했던 것 같다. 역설적으로 이런 생각은 그때에는 그 목표를 방해하고 약화시켰다.

내담자는 로저스와 몇 번 더 상호작용한 후에 그의 강렬한 감정과 만나며 회복된다. 이러한 회복은 내담자 감정이 적극적으로 일어나며 강렬해진 결과로 보이며, 이는 로저스의 지시적이고 지배적인 순간을 제외하고 로저스의 강렬한 비지시적 공감의 결과로 볼 수 있다(로저스 반응의 78%는 공감적 흐름의 반응이었다).

내 관점으로 표현해 본다면 회기 중간 즈음에 로저스가 내담자를 과도하게 통제하려 했던 중간에, 내담자는 로저스의 지시성과 그의 특징인 공감 수용, 비지시적 태도 사이에 변화가 있었음을 관찰한다. 내담자는 "이건 아시다시피 굉장해요. 내가 통제를 하지 않았던 적은 이번이 처음이었어요. 나는 너무 많은 통제권을 포기했어요. 음. 당신에게 말이에요."라고 말한다. 내담자 중심 치료자의 내담자들은 관계형성의 결과 때문에 과도한 통제를 포기한다. 그러나 내담자가 조용히 '당신에게' 라고 표현한 것은 로저스가 통제를 하고 있다고 느끼게 한다. 이것은 전혀 다른 문제다. 내담자의 단어는 로저스가 특정한 목표—분노와 슬픔, 상처받은 감정을 즉각적이고 강렬하게 경험하도록 하는 것—에 영향을 미치려 했다는 내 생각을 그대로 반영한다.

로저스가 이번 회기에서 잘 사용하지 않았고 이론적으로도 불일치했던 지시성과 그가 항상 사용했고 이론적으로 일치하는 비지시성 사이에 흔들렸던 이유에 대한 질문은 자연스럽게 제기될 수 있다. 나는 이에 대해서 잘 모르겠고 이를 분석하고 싶지도 않다. 내 논평의 목적은 이번 회기에서 로저스의 비전형적인 지시성의 실례를 입증하려 한 것이었고, 이를 설명하려는 것은 아니었다. 이를 분석하려는 사람들에 대한 소문이 있는데, 이것이 사실이라면 이에 대한 설명을 지지할지도 모르겠다.

한 소문은 로저스가 필름을 만드는 것을 꺼렸지만 대학의 압박 때문에 응하였고, 이 프로젝트를 진행하게 되었다는 것이다. 상황을 촬영하는 것에 대한 혼란스런 감정으로 로저스는 내담자가 감정을 표현하지 않는 것에 약간은 부주의한 모습을 보였고, 내담자와 함께 비지시적인 지침을 가지고 이끌어 가지 못했을지도 모른다. 또 다른 소문은 내담자가 자신에 대한 중요한 정보를 부정확하게 말했다는 것이다. 예를 들면, 그는 백혈병으로 고통받았다. 로저스가 이 회기에서 이에 대한 지식이 없었다 해도 로저스는 관계에서 그가 늘 하던 일관된 방식에서 벗어나 있는 내담자에게서 어떤 것을 감지했을지도 모른다.

내담자와 함께한 특이하고 충격적이며 비전형적인 로저스 작업의 특징은 또 다른 방식으로 필름의 끝부분에서 반복된다. 회기의 마지막 몇 분에서 로저스는 전적으로 공감적이고 수용을 표현하며 내담자를 정확히 이해했고, 결과적으로 내담자는 매우 감정적으로 변화한다. 내담자는 눈물을 흘렸고, 너무 감정적이 되어서 계속 진행할 수 없다고 느꼈기 때문에 인터뷰 중단을 요청했다. 회기가 끝났을 때, 로저스는 내담자 쪽으로 몸을 기울여서 지지와 돌봄의 제스처로 내담자의 무릎을 부드럽게 터치했다.

이 일련의 사건들이 지나간 직후(내담자가 없는 상태에서), 회기 후기 논평에서 로저스는 내담자를 '갑옷으로 도금한 사람'으로 묘사하며 말을 시작했다. 한 시간 동안 로저스와 감정적으로 대화한 이 남자를 관찰한 입장에서 이 은유적 설명은 이상하고, 혼란스럽고 특이한 점이었다. 또한 이것은 비전형적으로 내담자에 대한 로저스의 가혹한 진술이었다. 이는 회기 끝부분에서 로저스가 전달했던 친절하게 배려하는 태도와는 모순돼 보인다. 이렇게 대조되는 것은 로저스가 이 내담자와 함께한 회기에서 전적으로 그 자신이 되지 않았다는 다른 증거를 지지한다.

치료자는 종종 내담자에 대해, 일반적으로 그들 자신의 이상적인 이론에 대해서, 그리고 보다 구체적으로 내담자 중심 치료자들의 경우, 치료적 변화를 위한 로저스의 필요충분조건의 개념에 대해 모두 불완전한 태도로 작업하기도 한다. 그럼에도 내담자들은 발전하고 진전되었다고 보고하고, 좀 더 객관적으로 발전된 부분이 평가될 수 있었다. 치료적 이론에 대한 로저스의 진술(1957)에서는 치료적 변화를 조성하기 위해 항상 치료자들이 완벽한 일관성을 유지하거나 치료적 태도를 최상위의 수준으로 제공하려 하지 않아도 된다는 사실을 명확히 하고 있다. 로저스가 진행한 많은 회기를 조사하는 동안 나는 그가 매우 자주 완벽한 단계의 치료적인 상태를 이루어 냈다는 것을 발견했지만 '분노와 상처' 내담자와는 그렇지 못했다.

참고문헌

Baldwin, M. (1987). Interview with Carl Rogers on the use of the self in therapy. In M. Baldwin & V. Satir (Eds.), *The use of the self in therapy* (pp. 45-52). New York: Haworth Press.

Brodley, B. T. (1991). Some observations of Carl Rogers' behavior in therapy interviews. *Person-Centered Journal, 1*(2), 37-48.

Brodley, B. T., & Brody, A. F. (1990, August). *Understanding client-centered therapy through the study of ten interviews conducted by Carl Rogers.* Paper presented at the Annual Conference of the American Psychological Association, Boston, MA.

Brody, A. F. (1991). *Understanding client-centered therapy through interviews conducted by Carl Rogers.* Clinical Research Paper submitted in partial fulfillment of requirements for Doctor of Psychology in Clinical Psychology, Illinois School of Professional Psychology.

Raskin, N. J. (1947). *The non-directive attitude.* Unpublished manuscript.

Raskin, N. J. (1988). Responses to person-centered vs. client-centered? *Renaissance,* 5(3&4), 2-3.

Rogers, C. R. (1957). The necessary and sufficient conditions of therapeutic personality change. *Journal of Consulting Psychology, 21,* 95-103.

Rogers, C. R. (1959). A theory of therapy, personality and interpersonal relationships, as developed in the client-centered framework. In S. Koch (Ed.), *Psychology: A study of a science: Vol. III. Formulations of the person and the social context* (pp. 184-256). New York: McGraw-Hill.

Rogers, C. R. (1986a). Client-centered therapy. In I. L. Kutash & A. Wolf (Eds.), *Psychotherapist's casebook* (pp. 197-208). San Francisco: Jossey-Bass.

Rogers, C. R. (1986b). Reflection of feelings. *Person-Centered Review, 1*(4), 357-377.

Whitely, J. M. (Producer). (1977a). *The right to be desperate* [Film]. American Personne land Guidance Association.

Whitely, J. M. (Producer). (1977b). *Carl Rogers counsels an individual on anger and hurt* [Film]. American Personnel and Guidance Association.

해설 2

'분노와 상처' 사례
-로저스와 영적 심리치료의 발전-

Samuel E. Menahem

> 정신분석은 비범한 재능을 가진 한 남자의 창조물이며, 그는 사상 대부분을 넓혀 나갔는데 이는 단지 남성의 심리학을 발달시키고 여성보다는 남성의 발달을 이해하는 데 적절한 것이고 합리적인 것이다.
>
> – Karen Horney(1926), p. 324

칼 로저스는 아마도 인본주의 혹은 제3세력의 심리학 발전에 앞장섰던 최초의 인물일 것이다. 여러 곳에서 널리 자료를 제공해 온 그의 공헌은 그가 심리치료 영역을 발전시킨 존경받는 위치임을 입증한다. 이 장에서 주목할 내용은 로저스의 업적 중 하나지만 지금껏 그 가치를 인정받지 못했던 것이다. 그는 '제4세력(fourth-force)', 초(超)개인 심리학의 발전을 이끌었다.

로저스의 작업을 계속해서 봐 왔던 사람들과는 달리 나는 로저스가 '분노와 상처' 사례에서 얼마나 자신의 이론이나 기술을 잘 따라가고 있는지에 대한 관심은 애초에 가지고 있지 않았다. 대신 심리학의 세 번째와 네 번째 주류의 발전에서 로저스의 역할을 알아보는 의미로 이 사례를 이용할 것이다. 이 두 접근의 심리적학인 바탕을 살펴보면, 로저스가 주장하는 로저스의 논점인 '선함'과 자기실현화는 한 개인이 무조건적 긍정적 존중, 공감 그리고 특히 진실성과 정서적 일치성 같은 필수적이며 충분한 치료적 조건을 제공받을 때 나오는 결과라는 것이다.

'분노와 상처' 사례

'칼 로저스의 분노와 상처가 있는 개인상담'이라는 인터뷰 필름의 실제 제목은 이러한 감정을 다루는 것이 사람들을 성장시키고, 사람들의 근원인 선함과 연결시키는 데 필수적이라는 로저스의 생각을 제시하고 있다. 인터뷰를 통해 로저스는 내담자의 분노와 상처를 표현하고 느끼도록 촉진하고 있고, 그 결과 내담자가 상처 밑바탕에 있는 좀 더 긍정적인 감정을 회복할 수 있었다는 것을 알 수 있다.

내담자가 얼마만큼 정신적 고통을 받고 있는지에 대해 로저스에게 말하면서 회기는 시작된다. 내담자는 분노가 있지만, 분노를 표현하고 경험하는 것이 두렵다는 것을 안다. 그는 분노를 매우 두려워하여 분노라는 감정을 건너뛰고 싶어 한다. 여기 백혈병 진단을 받은 한 남자가 있다. 그러나 그는 암에서 오는 신체적 고통보다 정신적 고통을 더 심하게 느낀다. 사실 그는 자신의 마음이 몸만큼이나 악화되었다고 말한다. 그는 분노하는 것이 본성이 아니라고 생각하지만, 그의 경험은 그를 매우 화나게 만들곤 한다. 문제는 그가 분노를 통제해야만 하고, 표현되어선 안 되는 감정으로 가르침을 받아 왔다는 것이다. 표현되지 못한 분노의 근원적 고통은 실로 엄청난 것이라서 내담자는 일찍 죽을 가능성보다 분노를 더 두려워한다.

회기에서 이 부분은 경험의 즉시성이 가장 중요하다는 로저스의 생각과 직접적으로 연관이 있다. 내담자는 인종차별주의자, 위선적인 사회에 대해 분노를 표현하고 싶은 현재의 바람과 그의 인식을 부인해야 하고, 모든 것을 괜찮은 척해야 하고, 화를 표현해서는 안 된다는 부모님의 메시지 사이에서 덫에 갇힌 느낌을 받는다. 이것은 많은 역기능(문제)적 가족에게 있는 상황이며, 스위스 심리학자인 앨리스 밀러(Alice Miller, 1981, 1990)와 동료들에 의해 잘 입증되었던 것이다.

로저스의 행동과 반응—내담자에게 고통과 분노를 충분히 표현하도록 하는 그의 일관된 격려—은 그가 매우 심각한 상황에 있다는 것을 내포하고 있다. 로저스는 영적이거나 개인의 한계를 넘어선 존재의 영역에서 이를 보고 있는데, 우리는 로저스가 내담자의 암이 그의 큰 정서적 고통에 의해 야기된 것(혹은 악화시킨)으로 보고 있다고 추측할 수 있다. 그럼에도 내담자에 대한 로저스의 직관적인 반응은 평소보다 더 지시적이다. 그는 이 회기에서는 화를 내도 괜찮다는 것을 명료하게 말한다. 진실하고 공감적으로 보이는 이 진술은 내담자에게 (밀턴)에릭슨 학파 치료자들이 '무의식적 탐색'이라고 부르는 것과 같은 것을 촉진하는데, 이는 내담자에게는 놀라운 것이다. 세 번의 침묵 후에 내담자는 그의 첫 번째 주요 통찰을 해 냈다. 분노는 정말 상처다.

로저스답지 않은 지시적인 개입에 대한 내 견해는 이것이 로저스의 내담자에 대한 진실한 배려와 관심에서 나왔다는 것이다. 아마도 로저스는 이런 상황이나 병 때문에 그가 내담자와 함께할 시간이 별로 없었다는 것을 알았을 것이다. 적어도 로저스는 그의 직관적인 반응을 믿었고, 그 결과 내담자가 빠른 통찰을 하였다.

인터뷰의 다음 단계는 상처에 대한 탐색이다. 상처를 경험하는 것은 분노보다 더 고통스러워 보인다. 이것은 또한 내담자가 마음에 상처를 받았다는 것은 누군가에게 자신을 보여 주는 것이 약하고, 의존적이고, 연약하게 만들까 봐 두려워하고 있다는 것을 깨닫도록 이끈다. 그는 다른 사람에게 개방해서 애정 어린 반응을 일으킬 것이라는 걸 믿지 않는다. 여기서 그는 자신이 최선을 다했던 결혼생활을 언급하고, 그가 아내를 사랑했으며 여전히 그에게는 상처로 남아 있다고 말한다. 그는 누군가에게 '뒤쳐지기' 때문에 결혼에 실패했다고 여긴다.

지금까지의 인터뷰를 요약하기 위해 다음 상황을 본다. 로저스가 언급한 한 가지 인식은 내담자에게 로저스 이론과 일치하는 통찰(분노는 상처를 만든다)을 이끄는데, 이것의 일부분은 분노와 상처의 바탕에는 기본적으로 선함이 있다는 것이다. 그러므로 내담자는 마음에 상처를 입은 선량한 사람이라 볼 수 있다. 상처는 내담자가 바보처럼 믿었던 아내와 사랑의 감정 표현을 한 것에 대한 내담자의 수치심 때문에 두 배로 고통스러운 것이 된다. 이것은 그를 '충분히 괜찮다.'가 아닌 상처 입은 감정으로 연약하게 만든다. 그의 관점은 그가 약했고, 그녀에게 연약함을 보였기 때문에 전처가 그를 가장 잘 이용했다는 것이다. 그의 해결책은 분노, 상처 그리고 수치심을 억누르는 것과 상처 입지 않은 사람처럼 보여서 누구도 또 다시 그를 '이용해먹지' 않게끔 노력하는 것이다. 이러한 강렬한 감정의 억압은 마음 그리고 육체까지도 고통스럽게 만든다. 내담자는 실제로 희생자처럼 느끼고, 감정을 완전히 표현하는 것에 대해 매우 불안해한다. 남자가 연애할 때 어떻게 행동해야 하는지에 대해 그(내담자)의 입장에서 볼 때, 연약함을 경험하고 표현하는 것은 너무나 이상한 것이다. 따라서 그는 농담으로 로저스에게 고통스런 감정을 쫓아 버려 달라고 부탁한다.

로저스가 수많은 공감적 진술을 한 이후에 내담자가 울 수는 있을 것 같지만 이것이 '건설적'이지 않다고 느낀다고 말하는 지점에 도달한다. 로저스는 내담자가 우는 것을 두려워한다고 추론한다. 한편, 이것은 평소와는 다른 로저스의 지시적인 부분이다. 내담자가 우는 것을 회피한다고 설명한 것에 대해 로저스는 다시 그에게 다음 질문을 하면서 그를 안내한다. "만약 당신이 울었다면, 어떤 문제로 울게 될까요?" 비록 이것은 내담자 중심 치료자에게 있어서 드문 일이지만, 빠르게 결실을 맺도록 이끈다. 내담자는 그가 정말 좋아했던 장인어른의 죽음에 대해 울 수 있기를 바란다. 그는 장인어른이 돌아가시기 전에 그가 장인어른을 좋아했다고 말하고 싶어 했다. 로저스는 이 사랑의 감정을 표현하는 것이 중요함을 몇 번씩이나 반복해서 말한다. 그리고 "당신은 그에게 말하는 대신에 나에게 말하고 있고, 심지어 그(장인어른)에게 말하는 것조차 '나는 모르겠어요.'"라고 진술함으로써 심지어 영적인 차원의 가능성까지 덧붙인다. 이러한 비통상적인 반응(지시적 질문, 눈에 보이지 않는 세계를 가정하는 것)은 로저스가 더 일반적으로 사용했던 진실한 공감 반응과 함께 그의 경력에서 이 부분이 직관적인 반응에 깊은 신념을 나타내고 있는 것 같다. 로저스는 내담자가 감정을 느끼고 표현하도록 강하게 격려한 것으로 보인다. 표면적으로 이것은 내담자가 자신의 페이스에 따라 스스로 결론에 이르도록 하는 로저리안의 정신과는 반대된다. 그러나 로저스가 이런 식의 전형적이지 않은 반응을 할 때, 내담자는 자신의 경험과 감정적 실체로 깊이 들어간다.

이것은 그의 마음속에서 내담자가 사랑할 수 있기를 바라고 사랑받을 수 있기를 원하는 것을 나타낸다. 그러나 경험은 그가 사랑받지 못하거나 이해받지 못할 것이고 오히려 버림받고 상처 입을 것이라고 그에게 말한다. 첫째, 아내는 그들이 헤어지고 난 후 몇 달이 지나서도 그가 얼마나 상처 받았는지를 이해하지 못했다. 그리고 장인은 갑자기 돌아가셨고, 그의 곁을 떠났다. 전처 가족들은 그의 감정을 신경쓰지 않는다는 식으로 그가 어떻게 지냈는지 위선자같이 물어봄으로써 그를 마치 무가치한 사람처럼 대했다. 그는 이것을 통해 다음과 같이 결론내린다. "나는 상처 입었고, 정말로 더 이상 사랑을 받을 수 없어요. 나를 한 사람으로 인정하지 않는 이런 사람들과 섞이길 원하지 않아요……. 나는 아프고, 피곤하고, 이런 게 지겨워요."

이 시점에서 내담자는 심지어 인종차별주의와 모든 사랑의 장애물로 인한 스트레스를 암이 걸린 탓으로 돌리기까지 한다. 명백히 로저스는 내담자의 이러한 진술을 받아들이고, 내담자가 소리 지르는 것과 욕설하는 것을 격려한다. 분명히 내담자는 이 인터뷰에서 모든 방법을 동원해 감정 속으로 들어가려 하지 않는다. 사실 그는 두 번 실패하고, 자신이 감정을 표현할 수 없거나 암이 재발할 것 같다고 말한다. 로저스가 내담자의 진술을 반복할 때, 내담자는 웃으며 그가 이것을 숨기고 있다는 걸 안다고 말한다. 이것은 마치 내담자의 몸이 감정에 매우 빠르게 반응하는 것처럼 보인다. 로저스가 욕설을 표현한 것에 대해 몸이 뜨거워졌지만, 언제나처럼 그는 이 느낌을 통제했다. 분노와 상처를 표현하고 관계를 유지하는 것은 그에게 위협적인 것이었다. 내담자는 자신의 엄청난 감정을 통제해야 한다고 느낀다.

인터뷰가 끝나고, 내담자는 '녹색 점액을 토하는 것'과 '누군가 완전히 저주받은 나무를 가져가 박아 두는 듯한'과 같은 두 가지 은유를 사용한다. 이를 통해 그는 최소한의 부분에서만 자신의 감정과 연결된 것 같다. 주요하게 그가 자신이 그랬던 것처럼 삶에 압박을 느끼는 누군가에게 연민을 표현한다. 그는 심지어 알코올의존자도 그들이 이끌어 가는 삶에서 고통스럽고 굴욕감을 느끼는 데에는 이유가 있다는 것을 지적한다. 그는 "사람들에게 주고, 사람들을 돕고 그리고 사람들과 이야기하고 싶다."고 말한다. 이런 진술은 자신의 감정이 더 편해지고, 정신적인 것을 깨달았다는 것을 암시한다. 그러나 이것 또한 통제이고 감정을 제한하는 것이다. 내담자의 진술에 따르면 "가장 중요한 점은 내가 최소한의 통제를 유지하고 싶다는 것이다." 동시에 내담자는 자신이 상처를 느끼기 시작했을 때 그가 마음에서 "이것을 전부 버리고" "이것을 다른 수준으로 돌려야 한다."라고 언급한다.

이 마지막 진술에 대한 응답으로 로저스는 기본적으로 '구덩이로 가까이 가는 것'을 멈추려는 내담자의 결정을 수용한다. 그러므로 내담자가 자신의 고통에 깊이 접근하려 하지 않는데도 로저스는 내담자가 그 경험에서 무언가를 얻었다고 느꼈다. 내담자는 자신의 고통의 깊이를 느낄 준비는 되지 않았지만, 그의 분노가 매우 아프다는 것을 볼 준비는 되어 있다. 또한 그는 그 상처가 사람들을 불신하게 만들었고, 자신의 연약함을 보이는 것을 망설이게 만들었다는 점을 인정했다. 인정하지는 않았지만, 행복에는 사랑을 주고받는 것의 약점이 뒤따른다는 것을 깨달았다. 그가 다시 사랑할 기회를 가질 수 있도록 상처를 다루는 작업을 하는 것에 대해 내담자는 망설이며 어려워한다. 그는 패배했고, 타격을 입었다고 느꼈다. 그가 사랑을 표현했든 그렇지 않든 그는 느꼈다. 존중받고 희망을 가지기를 멈추려는 내담자의 요구와 함께 인터뷰는 끝이 난다. 그가 감정과 더 가까이 연결할 수 있고, 또 한 번 사랑의 위험을 감수할 수 있기를 바란다.

로저스와 심리학의 제4세력

지난 100년간 심리학 분야는 급격히 발달해 왔다. 행동주의나 정신분석이 심리학의 첫 번째 주류인지에 대해서는 다소 일치하지 않는 견해가 있다. 크로이처(Kreutzer, 1984)는 행동주의를 첫 번째 주류로 본 반면에 루에거(Lueger)와 쉐이크(Sheikh, 1989)는 정신분석을 첫 번째 주류로 보았다. 행동주의는 제일 먼저 출현했고, 관찰 가능한 인간의 행동을 측정하여 심리학의 과학적 객관성을 설립했다. 그럼에도 정신분석은 무의식적 현상과 동기의 중요성을 강조함으로써 인간의 행동을 더 깊이 조사했다. 1940년대에 로저스의 영향이 시작됐다는 것을 느끼기 전까지 이 두 가지 이론은 심리학을 지배했다.

그의 '내담자' 치료법에 대한 관찰을 시작으로 로저스는 사람들은 기본적으로 선하며, 그들에게 적절한 조건이 주어졌을 때 스스로 치료할 수 있다는 그만의 고유한 이론을 개발했다. 그 효과로 그는 새로운 인본주의적 심리학을 만들기 위해서 행동주의(과학적 엄격성, 측정 가능한 관찰)와 정신분석(치료적 관계를 통한 치료)에서 가장 좋은 것을 가지고 왔다. 더불어 로저스는 자신과 동료들이 얼마나 효과적이었는지에 대한 점검에 착수하였다. 그는 심리치료 연구의 선구자였으며, 오디오테이프를 이용한 심리치료의 통제된 연구에 공헌한 첫 번째 사람이었다.

세 번째 주류인 인본주의 심리학은 급진적 행동주의자들이 그랬듯이 무의식을 부인하지 않았다. 그러나 정신분석이 그랬듯 무의식을 가장 중요하게 치켜세우지도 않았다. 대신 이 새로운 움직임은 성인기에 따뜻함, 진실성, 일치성 그리고 개인의 이전 관계에서 부족했었을지도 모르는 무조건적 긍정을 제공함으로써 인간의 잠재력을 자유롭게 하기 위해 만들어졌다. 로저스의 인간 중심 심리치료 방식에서는 경험에 대한 사람들의 보고를 실질적인 진실로 본다. 무의식적 동기는 즉각적인 경험보다 중요하지 않다. 이 치료의 주요 강조점은 사람들이 스스로를 탐색하고 경험을 개방하는 것을 돕는 데 있다. 치료의 궁극적인 목표는 재조건화 혹은 병리의 제거 그 이상이다. 오히려 강조점은 자신에 대한 자각과 건강, 창의성, 자존감, 경험에 대한 개방의 증진에 있다.

로저스(1977)는 심리학의 세 번째 주류의 부산물 중 하나가 치료자의 힘을 크게 감소시켰다고 지적했다. 상담자는 어떻게 치료하는지 아는 전문가가 되기보다는 각 사람마다 가지고 있는 잠재력의 성장을 위한 촉매제이자 조력자가 되어야 한다. 누군가는 치료자 역할에 대한 '감소'가 관계를 형성하는 데 너무 큰 저항을 초래할 것이라고 예상할지 모른다. 실제 그랬다. 그러나 1961년, 『진정한 사람되기(On Becoming a Person)』라는 출판물과 함께 로저스의 이론, 그의 '기술'은 1960년대 '인간 잠재력 운동'의 선봉이 되었다.

로저스와 제4세력 심리학

심리학의 세 번째 주류가 발전하는 데 로저스의 중요성을 부인하는 사람은 아무도 없을 것이다. 그러나 네 번째 주류인 초개인 심리학(transpersonal psychology)에서 그의 영향력과 흥미에 대해서는 논란이 많다. 이 장의 나머지 부분에서는 로저스의 삶과 연구에서 초개인 심리학이 차지하고 있는 정도와 특정 사례를 살펴보려고 한다.

초개인 심리학의 정의는 마흔 가지가 넘는다(Lajoie & Shapiro, 1992). 설명에 도움이 되는 초개인 심리학의 개념은 그로프(Grof, 1985)의 개념인데, 그는 초개인 심리학이 "영적이고 무한한 차원 그리고 의식적으로 발전해 나가는 잠재성에 대한 중요성을 인식하는(p. 97) 인간 정신의 모델"이라고 한다. 이와 비슷하게 허친스(Hutchins, 1987)는 "초개인 심리학의 가장 간단한 정의는 영적인 심리학이다……. 인간은 성과 공격성의 추동 그리고 전체성에 대한 욕구를 가지고 있는데, 이를 종교 영역과 연결되어 신을 경험하고 싶은 욕구를 지향하는 것으로 인식된다."라고 진술한다(p. 9, p. 12). 마지막으로 호프만(Hoffmann, 1988)은 초개인 심리학이 "1960년대 에이브러햄 H. 매슬로(Abraham H. Maslow)에 의해 인본주의 심리학 안으로 소개되어 발견된 접근이고, 이것은 인간의 영성을 인간의 본성과 잠재력을 이해하는 방향으로 통합하려는 것을 추구한다." 고 주장한다(p. 342).

앞에 소개한 정의들로부터 인본주의 심리학과 초개인 심리학이 많이 중복된다는 것을 알 수 있다. 그러나 가장 중요한 차이점은 인본주의 심리학에서는 사람을 강조하고, 초개인 심리학에서는 영혼을 강조한다. 다음 논의에 의하면, 로저스는 일생 동안 영적인 문제에 흥미를 가졌다. 그는 심리학에서 박사학위를 따기 이전에 목회학을 연구했다. 인생 말미에 한 번은 사별한 아내를 만나는 집회에 참석하며 불가사의한 영적 의식을 장난삼아 해 봤음에도 그의 영성적 발전은 한 인간이 또 다른 인간과 만나는 방향과 관련된 것이고 이는 변화(transformation)와 초월(transcendence)로 이어진다.

내 견해에서 로저스는 인간을 정신과 영혼이 만나는 지점으로 봤다. 로저스는 상담사인 딸과 손녀딸과 함께(Rogers, Rogers, & Fuchs, 1986) 이 지점에 대해 1986년 워크숍에서 말했다. 그는 우주는 어떤 근본적인 원리에 의해서 돌아간다고 말했다. 사람들이 스스로를 이 원리들에 맞출 때 때로 초월적인 감정이 일어난다. 이런 감정이 영적인 것인지 아닌지는 불확실하나 그것들은 그의 일상적인 경험을 넘어서 있었다. 그래서 그는 그것들이 영적인 숭고함과 연결됐다는 가능성에 대해서 열어 놓았다.

이 분야에 대해 정의를 내리는 데 대한 그의 어려움은 아마도 초기의 종교적 훈련과 연관될 것이다. 그는 신이 인간으로부터 분리되었음을 암시하는 영성이 있는 신학교에서 2년을 보냈다. 나중에 그는 신은 배제하지 않지만, 인간의 삶에서 신의 역할은 분명하지 않다는 인본주의 철학을 발전시켰다. 영성, 특히 이것의 초월적인 면은 로저스의 후기 삶에서 더 두드러졌다. 사실 점점 성숙해지는 에세이(Rogers, 1980)에서 그는 영혼의 환생에 대한 어떤 보고서에 인상을 받았고, "엘리자베스 퀴블러 로스(Elisabeth Kubler-Ross)의 작업에 흥미가 있다." 고 썼다. 그리고 "그가 개인의 의식이 단지 우주의 의식의 파편이라는 아서 코스틀러(Arthur Koestler)의 견해에 아주 매료되었다는 것" 을 발견했다(p. 88). 같은 에세이에서 그는 죽음의 성질을 다음과 같이 분석하였다. "그래서 나는 죽음이 경험의 개방성과 함께한다고 생각한다. 나는 삶의 연속과 삶의 끝 어느 방향이든지 이것을 받아들일 수 있음을 믿는다(p. 88)." 더불어 그는 '정직한 매체'를 만나고, 아내의 죽음을 둘러싼 사건을 포함한 일련의 경험을 겪으면서(예를 들어, 가족구성원에 대한 그의 시각과 꿈들) 그는 인간의 영혼의 연속과 죽음에 대한 생각과 감정들이 변화되었음에 주목했다(p. 90). "우리 각자가 오랜 시간 지속해 온 계속되는 영적인 본질이고, 때때로 인간의 몸 안에 구체화될 수 있다고 생각한다."라고 로저스는 적었다(p. 92). 로저스의 삶에서 심리치료와 영성의 발전과 집중성은 곧 검증될 것이다.

로저스와 영성

이 시점에서 로저스의 가족 배경을 살펴보는 것은 중요하다. 면밀히 조사를 해 봐도 그는 영성(spirituality)에 관심이 있는 훌륭한 사람으로 제시되고 있다. 그는 전통적인 신학이론을 가진 '가장 근본주의적인'(Thorne, 1992) 기독교 집안에서 길러졌다. 교회는 인간과 신 사이에 중개 역할이었고, 행동 기준은 높았다. 로저스의 부모님은 그런 영역을 주로 교육받았다. 그의 아버지는 대학을 졸업하고 기술자가 되었는데, 나중에는 아이들을 도시 생활의 유혹에서 보호하고자 농사를 지었다. 그의 어머니는 2년제 대학을 나왔다. 그의 가족은 그들이 '선택'되었다는 태도를 가지고 있었기 때문에 외부 세계보다 더 높은 기준으로 살아갈 것을 요구받았다. 가정의 분위기는 세심했으나 엄격했다. 예를 들어, 극장 구경이나 카드놀이 같은 단순한 오락이 금지되었다. 가족 여덟 명은 열심히 일하고 근본주의자적인 이론에 크게 주안점을 두고 긴밀히 결속되어 있었다.

청년기 시절 로저스는 후에 그의 신학적인 시각을 급격하게 바꿔 놓게 되는 중국에서 열린 6개월간의 기독교 학생 회의에 참가했다. 그는 예수님과 친밀한 관계를 개인적으로 느끼게 되었다. 이 경험은 나중에 친밀함과 개인적 관계를 강조하는 심리학의 발전에 선도자가 될 수 있게 했다. 미국에 돌아와서 그는 역사학을 전공하고 학사학위를 땄으며, 목사가 되기로 결정했다. 그는 자유연방신학이론신학교(the liberal Union Theological Seminary)에서 2년을 보냈다. 여기서 그는 자신이 어떤 교리에도 헌신할 수 없는 자유로운 사람이라는 것을 발견했다. 그는 점점 더 심리학에 관심을 가졌고, 결과적으로 컬럼비아 대학교의 교육대학원에 심리학을 공부하기 위해 입학했다. 교육대학원은 그 당시 행동주의자들이 우위를 점하고 있었다. 로저스는 첫 아들을 왓슨의 방법으로 양육하기도 했다(비록 아내는 곧 그것에 대해 그와 대화했지만). 졸업과 '첫 번째 주류' 대학에서 실습을 한 후, 그는 뉴욕 로체스터의 아동지도 기관에서 '두 번째 주류'인 정신분석을 훈련받았다. 그때 그는 심리학의 세 번째와 네 번째 주류의 발전을 이끌 준비가 되어 있었다.

삶의 대부분을 통해 관심을 집중했던 것은 효과적인 내담자 중심 심리치료의 발전이었다. 나중에 표현되었던 그의 이론적인 시각은 인간에 대한 시각에서 나온 것으로 보인다. 그는 심리치료에 성공적이었던 사람들이 종종 전보다 영적인 일에 더 관심을 보이게 됐다고 초기에 기술했다(Rogers, 1961). 이것에서 그는 삶의 절반 이상 가까이 모든 문제는 필연적으로 영적인 것이라는 융의 견해를 따랐다. 심리 영적인 스펙트럼 발달을 이론화한 윌버(Wilber, 1986)를 우선시했다. 윌버의 이론에서 영적인 발달은 초기 심리학의 발달에는 없는 순차적인 방식으로 진행하였다. 이런 논점은 그들이 심리학적인 문제를 해결하는 과정에 있어서 영적인 관심을 증가시킨 로저스의 의견과 유사하다.

개인의 성장과 개인 상호 간의 친밀성에 대한 로저스의 강조점은 전통적으로 현실에 대한 영적인 이해와 연관되어 왔다. 손(Thorne, 1992)에 따르면, 인간-중심 집단에 참가한 경험은 개인에게 이전에는 비탐험적이고 존재 또한 강하게 부인되어 왔던 '영적인 영역에 채널'을 여는 효과를 주었다(p. 105). 더불어 쏜은 "로저스의 초기 경험이 그들을 지지하는 이론과 어긋나긴 하지만 주관적인 현상과 개인 상호 간의 관계에 대해 그가 이해할 때, 자신의 말로 설명한 초월적인 것, 믿기지 않을 정도로 놀라운 것, 영적인 것을 포용하는 것은 결과적으로 실패를 가져오지 않는다."라고 확신한다(p. 105). 쏜은 지금부터 50년 전에 전통적인 종교가 대부분 사람의 마음과 상상력을 잡아두는 그만의 힘을 잃었을 때, 로저스는 사람들이 영적인 현실을 이해하는 연구를 했던 주요 심리학자로 기억될 것이라는 확신을 가지면서 결론 짓는다.

로저스가 초개인 심리학의 발전에 중요한 영향을 미쳤다고 볼 수 있는 견해는 분명히 있다. 영혼에 대한 가치는 세 번째와 네 번째 주류의 심리학 사이에서 극히 차이점을 가진다. 또한 매슬로가 네 번째 주류의 발전에 영향을 주었다고 볼 수 있을지 모르나, 프리츠 펄스(Fritz Perls)나 롤로 메이(Rollo May) 같은 다른 이들은 그렇다고 볼 수 없다는 견해도 있다. 실제로 1988년 메이는 미국심리학회(APA) 관리자에게 보내는 편지에서 APA에 초개인 심리학을 위한 자리는 없다는 것을 입증했다. 그는 심리학자들이 개인을 연구할 필요가 있고, 모든 인간 사이에 불가사의한 어떤 관계는 연구할 필요가 없다고 단언했다.

한편, 로저스는 평생 신학에 관심을 두었는데, 심리학의 영성화에 기여했다. 세 번째와 네 번째 주류 심리학과 연관된 신학 이론은 주로 다신교적이었다. 다신주의는 모든 것에 신이 있고, 신은 필연적으로 선하다고 단언한다. 사람이 필수적으로 선함과 신성(神性)을 가지고 있는 것으로 인식하면서, 로저스는 인간의 고통과 악행을 부인하지는 않았다. 대신 그는 개개인의 인간과 전체로서의 인류 안에 신성함이 있다고 확언했다. 이런 다신교적 생각은 비록 전통적인 신학인과 주류 심리학자들을 위협하지만 영적인 심리학을 위한 토대를 확립한다.

크로이처(1984)에 따르면, (세 번째 주류인) 인본주의-실존주의와 (네 번째 주류인) 초개인 치료 간의 차이는 미묘하다(p. 869). 로저스는 확실히 영적인 심리학을 만들지는 않았다. 그러나 그의 인간 중심 태도, 사랑이 중요하다는 것에 대한 강조, 무조건적인 긍정적 존중, 진실성 그리고 일치성은 종종 영적인 갈망과 감정을 불러일으키는 단계적 설정처럼 보였다. 따라서 비록 그의 내담자 중심 접근법이 영적인 '기술'이라고 말할 수 없었다고는 해도 인간 중심 기법에 이 영적인 주제들을 도입한 것이다. 『진정한 사람되기』에서 로저스는 영적인 주제와 갈등에 대한 구체적인 언급이 있든 없든 이것은 일어날 수 있다고 적었다.

아자야(Ajaya, 1984)는 초개인 심리치료의 궁극적 목표를 개정하기 위해 모든 심리치료적 접근법을 고려한다. 윌버(1986)는 심리치료적 개입에 대한 유형은 내담자를 발전시키고, 문제에 관련된 특성을 잘 다루는 것으로 결정된다는 데 동의한다. 그러므로 로저스의 세 번째 주류인 내담자 중심 기법을 사용하는 것은 심리학적 치료를 위해 적절하며(반드시 필요하지는 않다 할지라도), 영적인 문제를 논의하도록 이끌지도 모른다. 초개인 심리학적인 시각은 비록 견해가 다른 사람들에게는 분명하지 않을지라도 심리치료의 밑바탕이 되는 깨달음을 추구한다. 한 개인이 심리학적으로 행동주의나 정신분석을 통해 치료받을지라도 결국 자신의 본질적이고 초개인적인 이슈에 직면해야 한다. 인본주의적인 방법으로 실존적인 이슈들을 다루며 사람들을 돕는 로저스의 기술은 깨우침을 일으키는 것을 목표로 하기도 할 것이다. 예를 들어, 로저스는 융의 적극적 상상력이나 아싸지올리(Assagioli)의 정신종합요법(psychosynthesis) 같은 초개인 기술 발전에 구체적으로 기여하지는 않았다. 그러나 그의 인본주의적 발전에서 그가 선도한 내담자 중심 심리학은 초개인적인 '태도'로 향해 있다. 로저스의 작업은 치료자의 태도와 신념이 환자의 치료에 필수적임을 보여 주었다. 인본주의적이고 초개인적 태도 모두가 각 환자를 존재하고 있는 지금-여기의 특별하고 가치 있는 삶으로 여긴다. 인본주의자들이 모든 인간을 인간 공동체의 일부분으로 보는 사상을 선호하듯이 초개인 학자들은 영적인 근거로서 모든 인간을 집단 무의식의 모든 일부분으로 생각한다. 환자들은 보통 이런 구별을 보지 않는다. 그러나 환자들은 치료자가 희망적일 때와 희망적이지 않은 때를 알고 있다. 로저스는 단지 그의 기술이 아니라 태도로 환자에게 영감을 주었다. 비록 인본주의와 초개인적 태도 사이에 경계가 때로 불분명하다 할지라도 조금 더 중요한 것은 긍정적인 태도를 바탕으로 한다는 것은 동일하다는 것이다. 치료 태도의 발달을 도우면서 로저스는 초개인 심리학의 선구자가 되었다.

'분노와 상처' 사례에서 마지막으로 봐야 할 것

돌이켜보면 우리는 로저스의 심리학에 대한 짧은 예시로 '분노와 상처' 사례를 볼 수 있다. 로저스는 내담자가 다른 사람들과 자신의 감정에 대한 깊은 불신감에도 불구하고, 이를 좋게 보았다. 로저스는 좋은 조건하에서 스스로를 치료할 수 있는 내담자의 타고난 잠재력을 믿었고 이러한 조건을 제공하기 위해 열심히 노력했다.

로저스는 자신도 믿었다. 그는 자신의 비지시적인 이론과는 반대되는 직관적인 개입을 몇 차례 하면서 내담자의 고통과 불확실한 탐색에 개입했다. 실제 카타르시스가 일어나지는 않았다 할지라도 로저스가 개입할 때마다 어떤 변화가 있었다. 로저스는 이 모든 것을 수용하였고, 만약 적절한 치료 조건이 제공된다면 이 '갑옷으로 도금한 사람'이 자신을 치료할 수 있다는 신념을 가졌다.

내담자가 필요로 하는 치료는 정서적, 인지적 그리고 궁극적으로는 영적인 것이다. 그는 자신의 감정을 믿는 것과 자신을 수용하여 결국 다른 사람을 받아들이는 것을 배울 필요가 있다. 로저스의 몇몇 다른 치료적 경험은 이러한 정서적 치료가 명확히 영적인 탐색을 잘 이끌어 낼 수 있을지 모른다고 생각한다. 영성은 심리적 치료와 함께 시작된다. 로저스(1961)와 윌버(1986)가 보여 준 각 발달 단계에서의 심리적 치료는 삶의 다른 관점을 제공하고, 자신과 다른 누군가 혹은 신이나 대지의 존재(통합적 철학에 바탕을 두고, 모든 삶에 소스를 둔, 초개인 심리학)에 대한 사랑의 감정이 커지게 만든다.

이런 점에서 이 사례는 심리학에서의 사랑과 영성의 중요성을 보여 주는 예시가 될 수 있다. 비록 주정뱅이라 할지라도 각 사람마다 영적 활기가 있다는 점에서 알코올 의존자에 대한 내담자의 연민의 감정은 어떤 영적인 사랑을 말해 주고 있다. 아마도 이것은 내담자의 연민을 불러일으키는 심리적으로 상처 입은 알코올 의존자 안의 영적 활기일 것이다. 이것을 확신할 수는 없지만, 계속되는 회기에서 다른 사람에 대해 영적으로 연민하면서 한층 더 나아진 감정을 이끌어 낼지도 모르겠다. 영적으로 초인간적인 개념은 한 가지 중요한 면에서 인본주의적인 면을 바꾼다. 알코올 의존자 개인은 단지 불행한 사람이 아니다. 오히려 이 알코올 의존자는 나 자신, 다른 사람들 그리고 실제 대지의 존재물의 일부인 것이다. 네 번째 주류의 심리학자들에게 신은 인류와 분리되어 있는 것으로 보이지 않는다. 신은 모든 사람과 모든 것에 널리 퍼져 있는 사랑의 에너지를 발산하는 힘으로 비춰진다. 이 철학으로 알코올 의존자에 대한 내담자의 감정을 설명할 수 있다.

세 번째 주류의 관점에서 내담자는 만약 내담자가 사랑받고, 신뢰하는 방법을 찾을 수 있다면 치료가 되었을 것이다. 내담자는 확실히 감정적으로 인간을 사랑하려는 노력을 차단했다. 네 번째 주류의 관점에서 내담자는 감정적 장벽을 제거하고, 초월적인 사랑을 경험함으로써 치료될 수 있다. 알코올 의존자에 대해 연민을 가진 것에 관한 내담자의 발언은 그의 고통이 그를 영적 사랑으로 인도했을 수 있다는 것을 시사한다. 동서양 모두의 종교적 전통에서 전하는 영성의 핵심은 사랑이다. 이것은 로맨틱한 사랑을 말하는 것이 아니라 다른 사람을 나 자신처럼 보살피는 것과 같은 더 성숙한 개념의 사랑을 말한다. 더 나아가 또 다른 유형의 사람에 대한 영적 사랑이 모든 인류에 대한 사랑과 큰 힘을 더 많이 퍼뜨리는 것의 전조가 될 수 있다. 심리학의 세 번째 주류는 자기실현에서의 사랑의 역할을 강조한다. 로저스의 업적에 대한 단서로써 심리학의 네 번째 주류의 공헌은 심리치료가 다른 인간들, 전체 인류 그리고 나아가서는 최종적으로 신(신의 영역을 표현하는 초개인적인 느낌 안에서)을 사랑하는 것에 대한 감정적 장벽을 제거할 수 있다는 점이다. 그러므로 영적 발달 그 이상의 목표에서 심리학의 세 번째와 네 번째 주류 간의 차이가 발생한다. 일단 사랑에 대한 정서적 방해물이 제거되면(비록 내담자가 원하는 대로 제거된 것이 아니더라도), 더 평화롭고, 조화로우며, 발전적(세 번째 주류)이고, 실제로 영적인(네 번째 주류) 삶을 사는 것이 가능하다. 심리적, 영적 차원에서 통찰할 수 있음을 보여 준 로저스는 심리학의 세 번째, 네 번째 주류의 선구자이며, 우리가 알지 못하는 사이에 네 번째 심리학 주류의 창시자가 되었다.

참고문헌

Ajaya, S. (1984). *Psychotherapy East and West: A unifying paradigm.* Honesdale, PA: Himalayan Press.

Grof, S. (1985). *Beyond the brain: Birth, death and transcendence in psychotherapy.* Albany: State University of New York Press.

Hoffmann, E. (1988). *The right to be human: A biography of Abraham Maslow.* Los Angeles: J.P. Tarcher.

Hutchins, R. (1987, July). Ten simple ways to explain transpersonal psychology. *PDTP News,* pp. 9-12.

Kreutzer, C. (1984). Transpersonal psychotherapy: Reflections on the genre. *Professional Psychology: Research and Practice, 15,* 868-883.

Lajoie, D., & Shapiro, S. (1992). Definitions of transpersonal psychology: The first twenty-three years. *Journal of Transpersonal Psychology, 24,* 123-139.

Lueger, R., & Sheikh, A. (1989). The four forces of psychotherapy. In A. Sheikh &K. Sheikh (Eds.), *Eastern and western approaches to healing* (pp. 197-233). New York: Wiley.

May, R. (1988). *APA Monitor.*

Miller, A. (1981). *Thou shalt not be aware: Society's betrayal of the child.* New York: Meridian Press.

Miller, A. (1990). *Banished knowledge: Facing childhood injuries.* New York: Doubleday.

Rogers, C. R. (1961). *On becoming a person.* Boston: Houghton Mifflin.

Rogers, C. R. (1977). *Carl Rogers on personal power.* New York: Delacorte Press.

Rogers, C. R. (1980). Growing old-Or older and growing. In *A way of being* (pp. 70-95).

Boston: Houghton Mifflin.

Rogers, C. R., Rogers, N., & Fuchs, F. (1986). *Challenging crisis creatively: A three-generation view* [Videotape]. (Available from the Person-Centered Expressive Therapy Institute, Santa Rosa, CA.)

Thorne, B. (1992). *Carl Rogers.* London: Sage.

Wilber, K. (1986). The spectrum of development. In K. Wilber, J. Engler, & D. Brown (Eds.), *Transformations of consciousness.* New York: Random House.

CARL ROGERS

제 10 장

마크의 사례(1982)

–남아프리카공화국 백인의 딜레마

축어록

1986년, 남아프리카공화국을 여행 중이던 칼 로저스는 소규모 집단의 심리치료자들과 상담자들(심리학자, 정신과 의사, 사회복지사)과 시간을 보냈다. 그들의 요청으로 칼 로저스는 치료 면담 시연을 했다. 로저스는 자원 내담자였던 청년에게 "살아가면서 지금 당신이 진짜 걱정하고 있는 문제를 가져오라고 하는 것을 이해하세요. 치료 면담 시연은 대화나 논의가 아니에요."라고 말했다. 자원 내담자는 신속하고도 간단하게 "네, 저는 진짜 문제가 있어요. 위험할 수 있겠지만, 그 위험을 감수할 마음이 있어요."라고 대답했다.

칼 로저스: 마크 씨가 편하게 앉으셨으면 이제 상담을 시작하려고 해요. 1, 2분 정도 나

를 위한 시간이 필요해요. 괜찮으시죠? (청중의 웃음으로 인해 들리지 않는 의견) 우리 1, 2분 정도 조용히 해 봐요. (침묵) 준비되셨어요?

마크: 네. 준비되었어요.

칼 로저스: 좋아요. 나는 마크 씨가 어떤 이슈나 문제를 이야기하고 싶은지 몰라요. 나는 당신이 이야기하고 싶은 어떤 것이라도 기쁘게 들을 수 있어요.

마크: 내 이름은 마크입니다. 서른일곱 살이고요. 나는 임상심리학자이고 다른 심리학자, 사회복지사들과 함께 정부 기관에서 일하고 있어요. 나는 문제에 대처하지 못할 것 같은 사람들의 여러 사례들을 평가하고 치료하는 일을 하고 있습니다. 그들 중 대부분은 압박감에 시달리고 있는 평범한 사람인데, 이들은 사회의 요구에 적응할 수 없을 것 같아요. 나는 지역 외과의사에게 의뢰를 받고 종종 법정 일도 하고 있는데, 이 끝나지 않는 악마적인 시스템 속에서 다른 사람들이 나를 이 시스템의 대표로 보고 있는 것이 걱정스러워요. 나는 스스로를 좋은 사람이라고 생각해요. 그게 딜레마죠. 어떤 사람들은 날 싫어해요. 나는 공무원으로서 역할이 있어요. 사회계층 내 하나의 톱니바퀴인 거죠. 나는 지휘권을 가진 위치에 있고, 가끔 유쾌하지 않거나 다른 사람들이 받아들일 수 없는 결정이나 제안을 해야 해요. 왜 그래야 하는지 모르겠어요.

칼 로저스: 내가 말해도 된다면, 내 생각에 당신은 내면에서 당신을 좋은 사람이라고 느끼고 있어요. 다른 사람들이 당신에 대해 지니고 있는 태도가 당신을 힘들게 하는군요. 맞나요? (마크: 음.) 그래서 당신이 해야 하는 불쾌한 일이, 당신 내면에서는 괜찮지 않군요. 간단히 말해서 다른 사람들이 당신을 악랄한 제도의 대표자로 보는군요.

마크: 음, 맞아요. 나는 아프리칸스어(남아프리카공화국의 공용어)를 사용하는 환경에서 일하고 있어요. 나는 문화적으로 영어 사용자인데, 아프리칸스어를 사용해야 하는 위치가 영어를 자유롭게 사용하는 대학 친구들에게서 멀어지게 만들어요. 내가 속한 종교 교파 역시 내 위치에서 멀어지게 하고요. 내가 무슨 말을 하

고 싶은지 아시겠어요?

칼 로저스: 네, 그럼요.

마크: 노스(North) 대학교 학생들은 저를 폭군으로 봐요. 나는 내 자신을 그렇게 보지 않는데 말이죠. 다른 사람을 탄압할 의도는 없었어요. 그렇지만 여전히 이 시스템의 공무원일 뿐이에요. 나는 누가 급여를 주는지 기억해야만 해요. 내 딜레마가 뭔지 아시겠어요?

칼 로저스: 네, 그런 것 같아요. 내가 보기에 마크 씨가 계속 말하고 싶은 것은 당신은 꽤 괜찮은 사람인데, 당신 자신과 교회 사이에, 자신과 다른 사람들 사이에, 당신의 자유로운 친구들, 또 다른 여러 가지 것들과 엄청 큰 격차가 있다고 느끼고 있는 것 같아요. 그렇지만 당신 안에서는…….

마크: 내 안에서요? 잘 모르겠어요. 나는 모든 것을 명확하게 하고 싶지만, "나는 누구일까? 나는 내가 남아프리카공화국 사람이라고 느껴요. 나는 나라 안에서 일어나고 있는 사건들에 책임감을 느껴요. 이건 나를 힘들게 해요." 예를 들면, 경찰서 유치장에서 자살이 일어났어요. 아마 그 사람은 정치적 포로일 거예요. 그는 내가 말한 것과 완전히 다른 것을 주장했고요. 경찰은 유치장에 충분한 예방 조치를 하지 않은 것 때문에 변함없이 비난을 받을 거예요. 이게 진짜 경찰의 잘못인가요? 경찰도 그저 공무원일 뿐이고, 자기 일을 한 것뿐이죠. 가끔 나도 확실하지 않은 것을 지지하고 있다고 느껴요. 그렇지만 나는 어딘가에서 내게 맞는 것을 찾을 거예요.

칼 로저스: 많은 이야기 중에 두 가지가 나를 건드리네요. 마크 씨는 당신을 향한 태도에 상처를 받는군요. 마크 씨 역시 품고 있는 질문이 있어요. "이 시스템 속에서 나는 진정 누구인가?"

마크: 이 시스템 속에서 나는 누구인가.

칼 로저스: 마크 씨는 매우 절망적인 문제도 있다고 느끼고, 경찰관이 공격당하고 비판당하는 것처럼 얼마나 쉽게 공격당하고 비판당할 수 있는지 깨달았어요. 그렇

지만 당신은 늘 "나는 누구이고, 나는 무엇을 이루려고 하는가?" 라고 느끼죠.

마크: 맞아요. 나는 누구인가, 나는 무엇을 이루려고 하는가. 나는 한정된 에너지를 가지고 있고, 내가 그 에너지를 사용한다면 나는 효과적이고, 정당하며, 적절하게 그 에너지를 사용하길 원한다는 걸 알고 있어요. 나는 이 길의 끝에서 속았다는 것을 발견하고 싶지 않아요. 히틀러가 벙커에서 마지막 날을 맞았던 것처럼 내가 벙커에서 그렇게 있는 것을 발견하고 싶지 않아요. "당신도 알다시피 난 민방위와 연관되어 있고, 재난심리학을 읽고 있는데, 대량 학살 등이 일어나는 시기에 어떤 일이 일어날까?" 라고 스스로 생각해요. 만약 내가 독일제국(1933~1945년 사이, 히틀러 치하의 독일) 구성원 중 한 명인데, 어느 날 일어나 보니 독일제국이 졌다는 것을 알았다면 어땠겠어요? 이제 어떤 일이 일어날까요? 나는 히틀러의 독일 군대는 어떻게 생각하고, 느꼈는지, 그들의 문제도 내 문제와 같았을지 궁금해요. 나는 본질적으로 나쁜 시스템의 일부인가요? 나는 그 사람들이 선하다고 생각하거든요. 나는 선생님이 믿는 것을 믿어요. 나는 내담자 중심이에요. 나는 인간의 선함을 믿어요. 그런데 나는 선생님이 보시는 것처럼 내 주위에는 악마들이 있어요. 그래서 나는 이 모든 것들을 해결할 수 없어요. 이게 내가 지금 선생님 앞에 앉아 있는 이유예요.

칼 로저스: 나는 이해했어요. 내가 들었던 그 공포에 대해서도요. "어느 날 내가 잠에서 깨었는데, 나는 최하위계층의 패배자인 것이군요. 이럴 때 어떤 기분이 들까요? 벙커의 마지막 날인 것 같을까요? 이건 재앙이겠군요. 또 난 무얼 하게 되고, 무얼 느끼게 되죠? 나는 나에 대해 어떤 걸 느끼게 되나요?"

마크: 내가 한 것을 믿으면 괜찮아요.

칼 로저스: 네.

마크: 그렇지만 이 모든 게 아무것도 아니라고 말하고 싶어요. 당신도 알다시피, 며칠 전에 런던 언론은 우리가 지독한 악마 같은 국가라고 말했어요. 우리는 구린내가 나고, 당신이 아는 것처럼 진짜 그래요. 내 외국 친구는 "왜 너는 계속 '우리

를 어떻게 생각해'라고 물어?"라고 말했어요. 나는 외국에 가서 완전히 부정적인 대답을 들었고, 나는 그건 아닌데라는 기분으로 돌아와요. 무엇이 옳은 것이고, 무엇이 진실이죠?

칼 로저스: 그러니까 외적으로 보는 당신은 부패한 시스템에 속한 사람이네요. 이것의 내부는 당신과는 상당히 다르군요.

마크: 맞아요.

칼 로저스: 이 관점들이 당신이 가지고 있는 생각인데, 당신은 어떤 것을 좀 더 이야기하고 싶은가요?

마크: 영국 교회의 신부님들은 아마 철수할 것 같아요. 그분들은 그렇게 열심히 하지는 않아요. 나는 영어 사용자로서 내가 그 집단에 속해 있지 않다는 인상을 받아요. 나는 소수의, 소수의, 소수자 안에 있어요, 아시겠어요?

칼 로저스: 알겠어요. 마크 씨는 당신의 하위 문화와 접촉점을 잃었고, 그것이 당신을 다시 의심하게 만들었어요. "무엇이 옳은 행동이지? 무엇을 내가 믿어야 하지?" (긴 침묵) 이것이 진짜 딜레마죠.

마크: 나는 정직해지고 싶어요. 내 자신에게 진실해지고 싶고요. 그렇지만 난 가식적으로 행동해야만 내 역할을 할 수 있어요. 나는 모든 사람이 내 안에서 무슨 일이 일어나고 있는지를 이해하지 못하고 표면만 볼 거라는 걸 받아들여야 해요. 사람들은 아마 내가 유니폼을 입은 것처럼 내게 반응할 것이고, 내가 진짜 누구인지는 보지 않을 거고, 그래서 결국은 내가 어떤 사람인지 압축해서 얘기하려 할 거예요.

칼 로저스: 마크 씨가 "가식적일 수밖에 없다."고 말할 때, 슬펐어요. (마크: 음.) 마크 씨는 자신 안에 살고 있는 가식적인 그 사람은 알지만, 어느 누가 그 사람을 생각할지는 정말 모르겠군요.

마크: 아마 그럴 거예요, 맞아요.

칼 로저스: 그리고 마크 씨는 꼭 자신의 역할을 수행해야 한다고 느끼죠.

마크: 네. 나는 내 역할을 해야만 해요.

칼 로저스: 마크 씨가 해야 하는 역할은 실제 당신과 좀 다르군요.

마크: 네. (침묵) 어쩌면 나는 내 역할을 수행하지 않아도 될 수 있어요. 어쩌면 내가 역할을 수행할 수도 있고, 수행하지 않아도 되겠죠. 하지만 과정상, 난 괴짜로 보일 것 같아요. 사람들은 나를 탐탁하게 여기지 않을 수 있겠죠. 날 좋아하지 않을 거예요.

칼 로저스: 만약에 마크 씨가 정말 당신 자신이라면, 무슨 일이 일어날지 누가 알겠어요.

마크: 무슨 일이 일어날지 누가 알겠어요, 네.

칼 로저스: 사람들이 마크 씨를 괴짜라고 생각할 수도 있고, 어떤 사람인지 모르겠다고 생각할 수도 있어요.

마크: 네, 사람들은 그럴 거예요. 어쨌든 사람들이 그럴 수도 있겠죠. (청중 웃음) 어쩌면 그건 큰 이슈이지 않을 수도 있어요. 기본적으로 그건 뭔가 내가 신중히 다루는 건데, 어쨌든 내 친구들은 아마 "마크는 이상해, 걔는 미쳤어."라고 말할 거예요.

칼 로저스: 그럼 아마 당신의 외적인 부분은 좀 더 알기 쉬워졌네요.

마크: 어쩌면요. 어쩌면 내가 깨닫는 것보다 더요. 위로가 되네요.

칼 로저스: 마크 씨가 "난 진짜가 된 것 같아. 어쨌든 내 친구들이 진짜 나를 봐 주기 때문이야."라고 느끼기 때문에 위로가 되는군요.

마크: 아마 국가 차원에서 무엇이 옳고 그른지에 대해 생각하게 만드는 총체적 위기, 백인과 흑인의 문제 그리고 이것과 저것, 그건 내 세계가 아니죠. (긴 침묵) 그렇지만 아마 이건 내 세계겠죠. 난 확실하지 않아요.

칼 로저스: 나는 마크 씨가 "그래서 국가의 상황(흑/백 상황)이 진짜 내가 사는 곳 같지 않아요."라고 말하고 싶은 건지 잘 모르겠어요. 갑자기 당신은 "아마 그럴 거예요."라는 의문을 제기하고 있네요.

마크: 아마도요. (침묵) 왜냐하면 난 내 내담자들에게 바라는 대로 살게 하고 싶거든요. 나는 내담자들이 외부 세계의 요구와 그들 내면 세계, 개인적 세계와 균형을

잘 잡기 원해요. 이건 매우 미묘한 균형이죠.

칼 로저스: 내담자의 삶에서 당신은 그걸 알 수 있어요. 내담자들은 어떻게 자신이 될 수 있는지, 어떻게 그들의 외부 세계와 미묘한 관계를 유지할 수 있는지 결정해야만 해요.

마크: 아프리칸스어에 "빨리 물어."라는 말이 있어요. 이건 보통 헤쳐 나가거나 버텨 나갈 뚜렷한 해결 방법이 없는 곤경에 처한 사람들을 위해 격려나 위로의 언어로 사용돼요. 문자적으로 이 단어는 불독처럼 "빨리 물어."나 "끝까지 견뎌."라는 뜻을 가지고 있어요. 나는 스스로에게 그렇게 말하고 있는 자신을 발견했어요. 현실 요법을 쓰기라도 하듯 말이에요. 상황은 변하지 않을 거예요. 왜 그들은 그래야 하죠? 그들은 거칠고, 세상은 힘들고, 이건 잔혹해요. 당신도 적응을 하는 법을 배우든지 그렇지 않든지 해야 해요.

칼 로저스: 그래서 아마 마크 씨는 그것이 나쁘고, 거친 세상일지라도 이를 악물고, 끝까지 견뎌야만 하죠.

마크: 음, 나는 아침에 일어나서 "그래, 마크. 지금은 1982년이야. 넌 그저 이런 인생의 상황에서 태어난 거야. 인생은 거친 거야. 전세계 어디서나 전쟁은 계속 일어나. 신을 믿지 않는 마르크스주의자 집단이 세상을 휩쓸고 있어. 거친 세상이야. 그렇지만 나는 살아 있고 나는 이 나라에 태어나고 말았어." 난 "우리는 유토피아나 밀레니엄 같은 것에 이를 수 없어. 이게 우리가 있는 곳이고, 이게 지금 일어나고 있는 일이야."라고 얘기해요. 난 스스로에게 우리는 모든 것을 헤쳐 나가야 한다고 이야기해요. 이상하게 들리나요?

칼 로저스: 음, 이해했어요. 마크 씨가 이 순간 당신의 운명을 받아들일 거라고 말하는 것처럼 들리는군요. "맞아. 이건 거칠고, 비열한 세상이지만, 난 그 안에 있어. 나는 지금 이 시간과 장소를 선택한 적이 없어."

마크: 맞아요. (침묵) 나를 나쁜 사람이라곤 생각하지 않아요. 영화가 끝났을 때, 난 좋은 사람이 되고 싶어요. 좋은 일을 한 카우보이요. 나는 모든 문제의 원인이 되

는 악마 같은 사람이 되고 싶지 않고, 역사가 "아, 네가 무슨 일을 했는지 봐." 라고 말하는 것을 듣고 싶지 않아요. 내가 무슨 말을 하는지 아시겠어요?

칼 로저스: 어떤 점에선 역사가 당신의 어깨너머를 보고 있고, 당신이 나쁜 사람이나 좋은 사람 둘 중 하나가 될 수 있군요.

마크: 네. 나는 답을 알고 있는 것 같아요. 나는 내 자신의, 나만의 원칙의 기대에 부응하며 살아야 할 것 같고, 내 작은 세상에 솔직해져야 할 것 같아요.

칼 로저스: 아마 마크 씨 자신만의 대인 관계의 세계 내에서…….

마크: 맞아요.

칼 로저스: 마크 씨는 당신 자신이 될 수 있어요.

마크: 맞아요. 그게 해답이 있는 곳일 수 있어요. 아마 내 어깨너머를 보는 것은 쓸모없고, 다른 사람들이 나쁜 짓을 하는 걸 보는 것도 쓸모없어요. 어떤 불평등이 거기에 있다는 것과 이에 대해 너무 많이 걱정하고 있는 것 그리고 내 작은 세계 안에서의 의무를 마친 이후를 충분히 봐주지 않는 것도요.

칼 로저스: 이해해요. 아마 "내가 무엇을 할 수 있을까, 내가 진짜 영향을 미치는 곳 안에서 나는 어떤 사람이 될 수 있을까?" 보다 다른 사람의 생각이나 역사의 의견은 그리 중요하지 않군요.

마크: 음. 아마 나를 위해 다른 사람들이 내 생각에 동의하지 않을 수 있고, 날 싫어할 수 있다는 것을 받아들여야 할 것 같아요. 이 느낌이 어떤지 당신이 알 수 있을지 모르겠네요. 내가 여기 있고, 그리고 이건 다소 위선적이고 계산적인 캐쥬얼한 영국 대학교 교수들의 파티인데, 어떤 사람들은 "당신은 어디에서 일하죠?" 라고 말해요. 나는 "난 정부를 위해서 일해요." 라고 말하죠. 그들은 "이건 너무나 지독한 아프리칸스어이지 않나요?" 라고 말하죠. 나는 내가 함께 일한 대부분의 사람이 아프리칸스어를 사용하는 것을 허락해요. 그들은 그냥 그래요.

칼 로저스: 그래서 마크 씨는 당신을 사회적 나병 환자라고 느끼는군요.

마크: 네, 네. 사회적 거리감이 무슨 의미인지 아시죠? (칼 로저스: 네, 네.) 모든 사람

이 다 화려한 매력을 가지고 있는 것은 아니잖아요. 당신도 알다시피 이건 너무 힘든 거예요. 이건 매우…….

칼 로저스: 사람들이 당신과 전혀 연류되고 싶지 않아 미련없이 떠나는 것을 경험하는 것에 무언가가 있군요.

마크: 그건 별로 좋지 않아요. 아니면 흑인들은, 당신이 알다시피, 더 나빠요. 혁명이 있다고 생각해 봐요. 그들은 절대 나에게 "어떻게 지내요?" 라고 묻지 않죠. 백인 우월론자를 싫어하는 적이 있다고 해 보죠. 그들은 "어이 마크, 너는 좋은 사람이야. 너는 그냥 가. 우리는 범죄자가 되고 싶어." 라고 돌아서서 말하지 않아요.

칼 로저스: 그래서 더 나쁜 것이 더 최악으로 심해지면, 당신은 좋은 사람이 되는 것에 대한 보상을 받을 수 없을 거예요.

마크: 네. 그럴 거예요. (침묵) 대학교에 갔었는데, 사람들은 그냥 축구 점수나 학생 시민 권리 같은 것에 대해서만 이야기했고, 그건 모두 내가 관심 있는 것과는 거리가 멀죠. 나는 여기서 끝까지 견딜 거예요. 그렇지만 이건 내가 진짜 되고 싶은 것에서 나를 분리시키면서 살고 있는 것 같아요. 그리고…….

칼 로저스: 그 메시지는 당신의 일상과는 매우 다른 방식으로 삶을 살고 있다고 하는 거군요……. 당신의 진심은 내면에 있는데요.

마크: 나는 의문이 들어요. 내 생각에 많은 친구나 여기 사람들 다수가 그렇게 느끼는 것 같아요. 내가 흑인이든 백인이든 이곳의 많은 사람들처럼 증상을 가지고 있는 것 같다고 생각해요. 내 생각에 우리와 공무원, 평범한 대부분의 사람이 모두 정치인은 아니에요. 우린 우리의 삶을 살 뿐이죠. 그렇게 삶을 살아요. 우리 '범죄자들' 은 사람들을(정부에 반대하는 사람들) 진압하는 혐오스러운 시스템에 의존해서 살았어요. 당신도 정치적 선전을 알고 있고, 우리는 "봐, 우리는 괜찮아, 우리는 진짜 나쁜 사람은 아니야." 라고 말하길 원해요. 내가 무슨 말을 하는지 아시겠죠?

칼 로저스: 그래요. 다른 측면으로 보면, 이것을 당신 내부에서 더 나쁘게 만든 것 같아

요. 당신은 "난 나쁜 사람이 아니야."라고 느껴요.

마크: 음. 지금 느낀 느낌은 (긴 침묵) 우리의 시간이 다 되었나요?

칼 로저스: 음?

마크: 내 생각엔 시간이 다 된 것 같아요. 끝났나요?

칼 로저스: 아뇨! (청중 웃음) 이건 당신이 원할 때 언제든 끝날 수 있어요.

마크: 아…… 네. (침묵) 당신도 알다시피 (침묵) 당신은 나에게 어떤 질문도 하지 않았어요. (청중 웃음)

칼 로저스: 내 생각엔 마크 씨는 어느 정도 이것에 대해 대답했지만 나는 한 가지 더 물어보고 싶어요. 왜냐하면 마크 씨가 진정한 당신이 아닌 역할로 살아가는 것이 어떤 것인지 알고 싶기 때문이죠. (마크: 음.) 마크 씨의 이야기에서 이것의 내부는 분명, 상당히 강할 것이라고 들렸어요.

마크: 음, (침묵) 네. 당신은 지금 그 기분을 느꼈나요. 진정으로 그 속에 들어갔나요?

칼 로저스: 네, 나는 정말…….

마크: 당신이 아는 것처럼 사람들이 당신이 반드시 칼 로저스가 돼야 한다고 느끼는 것은 당신 자신의 문제이고, 그건 대단한 일이죠.

칼 로저스: 아니요. 나는 마크 씨와 약간 다른 해법을 적용하지만 내 문제는 달라요. 나는 "아, 그래, 여기 칼 로저스가 있어."라고 말하고 싶은 사람들에 대해 어떤 신경도 쓰지 않아요. 난 그냥 칼이에요. (마크: 음.) 나는 내 자신을 좋아하고, 나 자신이길 바라요.

마크: 그게 해법인가요?

칼 로저스: 그건 나를 위한 것이고, 내 해법이에요.

마크: 그게 내 해법이기도 하네요. 당신은 그걸 믿으세요? 해법은 나를 위하거나 자신이 되는 거군요. 선생님이 쓰신 많은 책은 나 자신이 되는 것, 그것에 대해 이야기해요.

칼 로저스: 네.

마크: 사람들은 그걸 좋아해요. 나는 나에게 내 자신이 되는 것을 허락해 주고 싶어요. 내게 말해 줘요, 칼…….

칼 로저스: 듣고 있어요.

마크: 나는 "칼 로저스가 너는 네 자신이 될 수 있어."라고 말했다고 말할 거예요. 선생님은 우리가 그걸 할 수 있다고 말했어요. 나는 그들에게 "당신은 매우 성공적이야."라고 말해 줄 거예요.

칼 로저스: 그리고 당신이 이 상담에서 언급한 문제에 대해서도 자신에게 네 자신이 되라고 말해 줄 수 있나요?

마크: (침묵) 네. 어쨌든 아마 난 할 거예요. 나 자신이 될 수 있을 거예요. 내 행동을 좋아하지 않는 사람이 많아질수록 점점 어려워지긴 하겠지만, 아무튼 그건 정말 어떻게 해서든 그렇게 될 거예요. 좀 뒤죽박죽이네요.

칼 로저스: 네. 뒤죽박죽이군요.

마크: (긴 침묵) 날 위해 요약해 주실 건가요?

칼 로저스: (곧 바로) 아뇨. (청중 웃음)

마크: 왜요?

칼 로저스: 그건 명확한 이유가 있어요. 내가 요약한 것은 그다지 중요하지 않아요. 마크 씨가 요약하는 것이 중요한 것이죠. 당신이 꼭 요약해야만 한다는 의미는 아니에요. 내가 그것에 대해 얘기하는 것이 아니라 당신에게 그 경험이 어떤 의미인지가 중요한 것이라는 얘기예요.

마크: 내가 지금 느끼고 있는 것이 무엇인지에 대해 이야기하고, 그 느낌이 사라지지 않았는데, 사실상 점점 안 좋아지고 있어요. 당신도 알다시피, 나는 여기 처음 왔을 때보다 당신에게 말하고 나서 더 나빠진 것을 느껴요. 나는 몇 분 전에는 편안했어요.

칼 로저스: 어떻게 더 나빠진 것 같아요? 좀 명확하지가 않네요.

마크: 아마 내가 평소에 생각하지 못했던 것들을 직면하게 되니까 더 나빠졌다고 느끼

는 것 같아요. 괜찮나요? 내가 말하고 싶은 건……?

칼 로저스: 마크 씨가 진짜 가지고 있는 것을 제쳐 두면서 표면적으로 아주 근접하게 가는 것을 느끼지 못했는데 (긴 침묵), 그건 그리 좋게 느껴지지 않았죠. (긴 침묵)

마크: 네. 그렇게 정직한 것이 내 자신이 되는 거겠죠, 그렇죠?

칼 로저스: 음. (긴 침묵) 우리는 끝내야 할 지점에 온 것 같은데, 난 우리가 서두르기를 원하진 않아요.

마크: 난 괜찮아요. 내가 요약할게요. 그래서 내게 가장 중요한 일은 나 자신이 되는 것이라는 작업을 해내었구요. 나는 내 양심을 잘 따라 삶을 결정하고 내가 진짜 원하는 것을 하면서 괜찮다고 느끼고 좋은 사람이 되었다면 그걸로 충분해요. 다른 사람들 역시 좋은 사람이 되고 싶어 하는데, 나는 "너도 역시 좋은 사람일 수 있어."라고 말할 거예요. (침묵) 내 생각에 이 시스템에서 연기하는 전문적인 역할은 나에게 일종의 도전인 것 같아요. 이것은 도전이고, 내 생각에 난 이것에 충분히 대처할 수 있을 것 같아요. 사실 유니폼을 벗고 오래된 편한 옷을 입을 때, 나는 진짜로 나일 수 있다고 느껴요. 이전부터 내가 사적인 모습일 때는 내 옷을 벗고 일에서 벗어나 즐겨요.

칼 로저스: 그래서 아마 마크 씨는 상징적인 당신의 역할을 내려놓고…….

마크: 네.

칼 로저스: 당신이 되는 거죠.

마크: 그런 것 같아요. 우리는 상황 속에서 사람들이 자기 자신이 될 수 있는 방법을 보여 줄 수 있다고 생각해요. 내가 배운 한 가지는 시저의 것은 시저에게, 신의 것은 신에게 바치라는 거죠. 그리고 내가 삶 속에서 믿고 있는 것을 발전시켜야 나가고, 혼란스럽고 불확실한 세계에 살아가는 내담자들도 그리고 그들이 행동한 것 때문이든 아니든 그들의 불행 때문에 질병이 생긴 경우 모두 다에게 그랬으면 좋겠어요.

칼 로저스: 그건 나에게 분명하게 들리네요.

마크: 나는 반드시 그들이 스스로 가진 목적을 따라 살도록 용기를 북돋아 주어야 해요. 고맙습니다. 경청해 주셔서 감사해요.

회기 이후–마크의 비평

칼 로저스: 나는 마크 씨와 함께 이야기할 수 있어서 굉장히 감사했어요. 내가 지금 하고 싶은 것이 있는데 마크 씨가 괜찮다면 잠시 시간을 갖고, 이 경험을 어떻게 느꼈는지 말해 주세요. 나도 말할 것이고, 우리가 이 쇼에 그것들을 보여 줘야죠. 괜찮나요?

마크: 내가 당신에 대해서 어떻게 느꼈는지 말하기를 바라나요?

칼 로저스: 어떤 것들이 진행되었는지에 대해서, 나에 대해서, 어떤 것이라도 마크 씨가 경험했던 것에 대해서 이야기해 주세요.

마크: 내가 정말 솔직해지면, 그걸 감당하실 수 있나요? (청중 웃음) 당신은 꼭 나에게 정직하겠다고 약속해 주셔야 해요. 나는 확실히 그걸 느꼈어요. (침묵) 내가 진실한 만남을 너무 좋아한다는 걸요. 아시다시피 나는 보이지 않는 면을 무시하려고 했죠. 나는 여전히 구조화된 느낌을 느껴요. 항상 가지고 있었던 느낌이요. 나는 당신이 당신만의 서약서를 따랐다고 생각하고, 만약 당신이 나를 그냥 흘러가게 두었다면 좀 더 이런 것들에 대해서 마음으로 느끼고, 당신은 약간 더 개방할 수 있었을 거라고 확신하고, (청중 웃음) 그렇게까지 냉랭하지는 않았을 거예요. 그렇지만 당신이 진짜 느끼는 바를 이야기했다면, 그건 "난 당신이 어떤 의미로 얘기했는지 알아요." "내 생각에 나는 당신이 어떤 의미로 얘기했는지 알아요." 였겠죠. (청중 웃음)

칼 로저스: 당신은 좋은 상담자 같군요. (청중 웃음)

마크: 나는 선생님이 정말 좋은 치료자가 되고자 하셨던 것을 알고 있고, 내 생각엔 모

두가 당신을 좋은 치료자라고 생각하는 것 같아요. 그렇지만 나는 당신이 집에 갔을 때, 그러니까 쇼가 끝났을 때, 당신 안에서 어떤 것을 구하는지 궁금해요. 그리고 당신 나이쯤에는 반드시 당신이 진정으로 성취한 것이 무엇인지 의문을 가져야 해요. 내가 선생님이라면, 선생님 나이쯤엔 이 사람들을 뒤로 하고 떠나고 싶을 것 같아요. 자리에 앉아 나에게 내 인생의 의미가 무엇이었는지 종합해 보고 싶어요. 내 인생의 마지막 호흡에, 황금 실을 붙잡을 수 있었으면 좋겠어요. 나는 그들에게 대학원 과정을 새롭게 혁신하라고 말해 주고 싶고, 여러 가지 다른 것들에 대해서 논쟁하고 싶어요. 이건 모두 "허영심 중에 허영심. 모든 게 허영심이다." 이에요. 이건 그냥 모두 흘러가는 삶의 수레바퀴예요. 내 생각엔 이게 당신이 느끼신 것 같아요. 만약 당신이 이 모든 것에 피로감을 느낀다면, 해야 하는 약속 몇 개를 취소해야만 하는 거죠. (청중 웃음). 이게 내가 하고 싶은 거예요. (칼 로저스가 웃는다.) 왜 웃으세요? 당신은 당연히 내가 미쳤다고 생각할 수도 있겠죠.

칼 로저스: 마크 씨는 말씀을 정말 잘하시는 것 같아요. 일부는 마크 씨가 맞았고, 일부는 틀렸어요. 맞았던 건 마크 씨가 직면한 딜레마는 내가 직면해 보지 않았던 것이라는 점에선 내게 상당한 도전이었어요. 나는 마크 씨와 같은 기분은 느꼈지만, 마크 씨가 직면한 딜레마는 직면해 보지 않았죠. 그래서 나 역시 다른 문제만큼 반응이 충분히 깊지 못하다고 느꼈어요. 난 이걸 통해서 정말 많은 것을 배웠죠. 나는 마크 씨가 이 시간 동안 나의 내담자였다는 사실과 잠시 동안 내 강사님이었다는 것에 감사해요. (많은 청중 웃음)

마크 씨가 내 나이에 내려 준 처방은 흥미로웠어요. (청중 웃음) 만약에 당신이 진실했다면 나는 "오, 이번 남아프리카공화국 여행에서 지옥에나 가 버려라."라고 말했을 것 같아요. 당신의 충고에 감사하지만, 나는 배우기를 멈추지 않을 것이고, 내 마지막 순간이 올 때 황금 실에 의존하기보다는 내 역할을 하다가 죽고 싶어요. (청중 웃음).

가장 최고의 논평을 담아 놓은 나의 마지막 책 구성은 '나이 들어가는 것 혹은 노년과 성장'에 관한 것이에요. 나는 내가 그 장에서 말한 것처럼 젊게 죽고 싶은데, 다른 말로 하면 나는 계속 새로운 경험과 만나고 그것을 이해하고 싶어요.

난 마크 씨가 솔직하게 말해 준 것에 고마워요. 우리는 상당히 다른 세상에서 왔어요. 우리는 서로 더 잘 알기 위해 한 번 이상 만났어야 했지요. 그렇지만 나는 마크 씨가 딜레마에 대해 말씀하신 것에 감사하고, 여기 있는 많은 사람은 의심할 여지없이 직면했어요. 나는 우리가 모든 것에 동의한다고 생각하진 않지만, 또 다른 것을 깊이 존중하는 것이 어렵지 않을 거라고 생각해요.

나는 이 상담 회기에서 특별했던 것을 하나 더 얘기하고 싶어요. 마크 씨가 말한 것 중에 나를 정말 움직이게 하고 약간 슬프게 만든 것이 있었어요. 그건 당신 안에서 제쳐 두었던 것을 다시 끌어왔던 것, 그리고 그들이 당신의 외적인 모습에 대한 느낌 때문에 당신을 생각할 때 혼란스러울 것이라고 말할 때요. 이건 내가 상담 장면에서 유일하게 좋아하지 않은 부분이에요. 왜냐하면 나는 "네, 다 괜찮아요, 우리가 다음에 다시 만날 땐 당신을 방해하는 생각에 신경 쓰지 말고, 그중 일부에 대해서 진실하게 이야기해 봐요."라고 말하고 싶었거든요. 그것을 위한 기회가 없었기 때문에 기분이 좋지 않았어요.

칼 로저스의 반응[1)]

나는 상담의 종결과 이에 따른 변화와 관련하여 실망하고 당황했다. 다른 내담자

1) 상담 내용을 분석하면서 나는 데보라 브링크 박사에게 깊게 감사하게 되었다. 그녀의 남아프리카공화국 초기 경험과 그녀의 그 나라에 대한 지속적인 관심 덕분에 내가 놓친 많은 의미 있는 것들을 지적해 줄 수 있었기 때문이다. 그녀 역시 마크의 투쟁의 역동을 조망하는 것을 돕는 주제의 분석에 참여했다.

들처럼 매우 성공적으로 공감하지 못했기 때문이다. 상담이 진행되는 동안 나는 그 이유가 그의 위치와 정치적 관점, 가치가 나와 매우 일치하지 않았기 때문이라고 생각했다. 상담 종결 후 그가 이야기하기 시작할 때, 나는 다른 이유를 깨달았다. 그가 상담에 몰입하지 않고 일부만 참여하고 있었던 것이다. 다른 일부는 임상 관찰자와 비평가가 되었다. 녹음테이프를 들으면서 나는 그가 얼마나 혼란스러웠는지, 이런 이유 때문에 그가 얼마나 이해하기 힘들었는지 깨달았다.

마크는 모순으로 가득 차 있었고, 이 회기에서도 그는 모순 속에 있었다. 그는 관계 속에서 매우 진실한 태도를 표현하였고, 우리가 만난 다른 누구보다도 더 남아프리카공화국 백인의 딜레마를 보여 주었다. 동시에 그는 관계 밖에서 비평적인 눈으로 이것을 보고 있었다.

마크가 남아프리카공화국 백인의 딜레마를 명확하게 가장 잘 보여 준 시점에서 나는 그에게 반응하는 데 실패했다. 진정한 이해와 수용을 보여 주는 것을 실패했고, 그 결과 그는 상담을 끝내길 원했다. 나는 또 다른 주제를 소개하면서 내 실수를 악화시켰고, 그는 이슈에서 완전히 달아났으며 나를 분석하고 비판했다.

이러한 문장들을 기록하고자 한다. 어떤 순간에 마크가 자신의 나라에 많은 백인의 딜레마에 대한 정확한 그림을 보여 준다. "우리 범죄자들(정부에 반대하는 사람들)은 사람들을 억압하는 혐오스러운 체제에 얽혀서 살아가죠." 그러나 그는 "선생님도 정치적 선전을 아시죠."라고 말하면서 즉시 뒤로 물러섰다. 그는 "우리는 진짜 나쁜 사람들은 아니에요."라는 것을 강조했다.

가장 중요한 죄책감을 알아주는 것 대신 빨리 이것을 다른 것으로 대체했는데, 나는 약하게 반응했고 마크는 "내 생각엔 시간이 다 된 것 같아요."라고 말하며 상담을 끝내길 원했다. 그는 매우 고통스러운 느낌을 참을 수 없었던 것이다.

그는 내가 질문하지 않는 것에 대해 불만을 표출했는데, 나는 그것에 대해 이야기를 해야 할 필요성에서 "진정한 당신의 모습이 아닌 역할로 살아가고 있군요."라고 말하면서 실수를 더 악화시켰다.

지금 마크는 나 자신이 칼 로저스가 되는 데 대한 문제를 이야기하면서 완전히 그 주제에서 벗어났다.

만약 내가 그의 내면 세계의 그림을 내게 보여 주었다는 것을 빠르게 그리고 충분히 인지했다면, 상담은 좀 더 긍정적으로 종결될 수 있었을 것이다. 실수는 정직한 남아프리카공화국 백인의 고통을 조명했다는 것이다. 그와 같은 사람들은 악마적인 시스템에 의지하여 살아가는 사람들을 알고 있다. 그들은 분명하고 간단한 해법을 찾지 못했다. 그들은 자신이 개인적으로는 악마가 아니라고 느낀다. 그들은 세상의 많고 무거운 비난 속에 산다. 그들은 너무 고통스럽고 끔찍한 딜레마에 갇혀 있다고 느낀다.

상담 녹화는 불확실성, 의심, 모순되는 감정으로 가득하고, 해결책, 확실한 것, 풀리지 않는 복잡함에 대한 응답을 거의 필사적으로 찾고자 하면서 자신의 내면과 깊이 분리된 남자를 묘사한다. 내가 "나는 당신이 무슨 말을 하고 있는지 알고 있어요."라고 이야기해야만 했다고 그가 상담 후에 이야기할 때, 그의 어조는 그에게 "나는 당신을 완전히 이해했고, 당신은 괜찮아요!"라고 말하게 했다는 것은 분명하다. 이것은 그의 갈망에 확실성을 주었을 것이다. 상담에서 그가 나를 이것으로 길게 끌어갈 때, 나는 "내 상황에서는 이것이 해결책입니다."라고 내가 말한다. 그는 즉시 해결책을 잡고, 물에 빠져 지푸라기를 잡는 심정을 담은 속담과 같이 "나 역시 그게 유일한 해결책이기도 해요."라고 말한다.

마크 씨는 사려 깊은 남아프리카공화국 백인의 거의 불가능한 상황을 생생하게 설명한다. 그는 자신이 믿지 않았던 시스템을 지지한다. 그는 많은 사람이 이것을 악으로 여기는 것을 깨닫는다. 그는 혐오스럽고 포악한 시스템에 의지하여 살아가는 것에 죄책감을 부분적으로 깨닫는다. 그는 역사가 그를 가혹하게 판단할 것을 두려워한다. 그는 명확한 해법이 없다는 것을 알고 있다. 그는 자신이 나쁜 사람처럼 보인다는 것을 알고 있지만 가족과 친구들의 작은 세상에서는 자신이 근본적으로 좋은 사람이라는 것을 경험한다. 그는 인정을 갈망하지만, 자신을 온전히 인정할 수 없다. 그는 미래에는 총체적인 재앙으로 끝을 맺을 것이라는 것을 알고 있지만, 이것을 피할 방법은 명확하지 않다고 알고 있다.

그가 점점 더 나쁘게 자신을 발견해 가는 인터뷰의 분위기를 받아들이는 것은 그리 놀랍지 않았다. 그는 천천히 끔찍한 상황의 고통, 즉 남아프리카공화국 사람들에게 일어나는 끔찍한 일들에 대한 인식이 주는 고통을 마주하고 있었다. 이것은 아마도 그 자신이 나와 진정한 관계를 맺는 걸 허락하지 않는 이유를 설명해 줄 것이다. 이것은 참을 수 없는 고통, 죄책감, 훼방감에 대한 경험으로 의미하는 것이다.

마크는 내가 어떻게 남은 날을 보내야 하는지에 대해 말할 때, 의심할 여지없이 자신을 위해 말했다. 그는 "내가 당신이라면"으로 말을 시작했고, 자신의 마지막에 이루고 싶은 모습을 그리며 말하는 것 같았다. 그렇지만 모순은 여전히 존재했다. 그는 자기 인생에서 멋진 의미를 찾고 싶고 그래서 뭔가 이해가 되는 통행을 경험하고 싶어한다. 아마도 이것은 아무런 의미가 없고, 마치 삶이 끊임없이 쳇바퀴 돌듯이 "모든 것은 헛되다." 그가 이상적인 자신의 미래를 그리려고 하는 바로 그 순간에도 그는 자신과 완벽하게 분리되어 있었다. 분리는 여전히 계속되었다.

나는 마크 씨가 우리를 그가 살고 있는 끔찍한 세상에 어느 정도 들어가게 해 준 것에 감사한다. 이건 '미치게 만드는 것'이라고 하는 고유한 사투리를 사용하는 것 같다.

16개월 후

30분의 상호작용 이후에 16개월이 흐르고, 나는 상담에 대한 기억을 물어보고, 어떤 효과가 지속되었는지 궁금하여 마크 씨에게 편지를 썼다. 몇 주 지나 나는 그의 반응을 절대 알 수 없을 거라는 생각이 들었다.

그러나 결국, 우리의 짧은 만남이 매우 심도 있는 반응을 이끌어 냈었다는 명확한 증거를 주는 긴 답장을 받게 되었다.

그는 자신이 보여 준 공격성과 무례함에 용서를 구하면서 "당신과의 개인적 만남으로 내 삶의 의미와 관련된 내면의 가장 고통스런 주제들을 이끌어 왔고, 여러 갈래 길을 체험했어요."라고 말하고 있다.

처음에 그는 30분과 그 이후에 경험했던 분노에 대해 이야기한다. "나는 인터뷰에서 내 분노를 가장 빨리 알아차린 루스에게 사과를 했어요. 내가 상담 후에 접수처에서 당신에게 이야기하는 것을 거절한 점에 대해서요." 그는 또한 독창적이며 자발적인 로맨틱한 내가 자신감을 잃어버린 것과 관련하여 낮은 평가를 내리며 애석해했다.

다음에 진솔하게 분투하는 개인을 잘 드러내 주는 편지의 몇 부분을 소개한다.

> 항상 그렇듯이 내게는 이런 편지를 쓰는 일이 어렵습니다. 이것은 내가 쉽게 소화할 수 없는 것에 대해 진솔하게 마주하는 시도를 하고 있는 것입니다. 내가 지금 느끼는 것처럼 발가벗긴 채로 있거나 취약한 것을 있는 그대로 드러내는 것 또한 쉽지 않습니다. 내 자신에 대해 무자비하게 솔직해지지 못했다면, 아직은 이 편지를 당신에게 쓸 이유가 없었을 겁니다…….
>
> 상담이 끝나고 내 반응을 다시 한 번 살펴보면 만남이 나를 혼란스럽고 당황스럽게 하는 강한 감정을 불러일으켰다고 믿습니다. 가장 중요한 것은 '속임을 당하는 것'과 같은 분노/상처 감정입니다. 아시죠. 당신은 (내담자 중심 방법으로) 내가 일했던 어린이 지도 클리닉과 내가 학생들을 교육시키는 것에 있어 잃어버린 이상을 내게 보여 주셨습니다. 나는 지금 여기에 있으면서 그것의 마법, 미스터리 그리고 이상과 연결되어 있습니다. 나를 숨 쉬게 하는 것처럼 나에게는 귀중한 것입니다. 내가 이것을 칼 당신에게 말할 수 있다는 것을 믿습니다. 누군가가 이 미스터리를 알고 있다면 그건 당신일 것이기 때문입니다. 삶 자체의 과정이 치유되고 유지되어 가는 데 동참하면서 나는 내담자와 함께하는 치료적 만남을 체험했습니다.

당신은 내가 잃어버린 어떤 것과 연결되었을 때의 충격이 얼마나 컸는지 보셨죠?

나는 왜 내가 '마법' 혹은 이상주의를 잃어버렸는지 설명할 수 없습니다. 아마도 로맨틱주의는 오랜 시간 지속될 수 없기 때문일 것입니다. 나는 사회 제도에서 불가피한 존재인가 봅니다. 그것이 무엇이든 이것은 특정한 경험에서 나오는 것이 아닌 점진적으로 침전되는 것입니다. 역설적으로 점진적으로 침전되는 '또 다른 것'은 그 자리를 대체합니다. 아마 나는 지지가 결핍되었기 때문에 스스로 그렇게 되도록 놔두었던 것 같습니다. 어쨌든 나는 내 주위 세계가 나를 삼키게 놔두었다는 사실을 깨달았습니다.

그러고 나서 그는 인생의 큰 손실을 가져다 준 재앙과 마주치게 된 몇 가지 직업적인 경험을 말한다. 그의 편지는 계속된다.

상담이 끝나고 나의 즉각적인 반응에 관한 당신의 질문으로 돌아가면, 나는 죽음과 분리에 대한 공포에 오염되는 것에 있어 내담자뿐 아니라 나 역시도 정서적으로 상처를 입었다는 것을 발견하고 쇼크를 받았다고 생각합니다. TV에서 보았던 아마겟돈 같은 '큰 용기가 필요한' 필름에서의 나의 감정적 기술과 내가 비난받지 않았다는 안도감(당신으로부터 얻은)을 필사적으로 찾으려 했던 것은 과거 몇 달 동안에 의미 있게 중요한 일이었고, 몇 가지 건설적인 해결책(두 가지 계획이 뒤따름)을 얻기 위한 연구를 가능하게 했습니다.

나의 내적 혼란을 투사하여 나와 나의 환경 그리고 세상에 대한 딜레마를 인식했습니다. 결과적으로 이것은 '나 자신'의 문제였기 때문에 나는 그것을 직면하는 것에 무기력했지만 이제 그것을 할 수 있습니다.

그들이 나에 대해 고통스러워했던 만큼 나의 체험이 전문적으로 의미가 있다는 것과 내가 가장 높은 우선순위로 글 작업에 착수해야 한다는 것을 깨달았습니다.

칼 선생님, 나에게 당신과 대화하고 편지를 쓸 수 있는 기회를 주셔서 감사합니다. 나는 당신이 나에게 가장 큰 유익이 되었다는 이야기를 들을 수 있게 되어 기뻐할 것이라는 것을 잘 알고 있습니다.

나는 마크의 감사를 받았지만, 나 역시 그의 인생에서 남아프리카공화국 백인이 가지는 딜레마를 공유해 준 것에 감사를 표한다. 이 인터뷰는 애초부터 외부 시스템이나 다른 사람들에 의해 비난받는 딜레마를 보여 주었다. 그는 이제 내부에 근본적인 갈등과 혼돈이 있다는 사실을 받아들인다. 예를 들어, 그의 이상주의가 들어가 있는 '마법적인 면'과 한편으로 다른 사람들이 그를 통제할 수 있도록 허락하고, 다른 사람들에게 흡수되는 면을 받아들였다. 이 내적 갈등은 그의 일을 더 잘할 수 있다는 자신감을 얻게 하였다.

마크는 남아프리카공화국에 사는 많은 백인을 대변하여 이야기하고 있는 것 같다. 그들에게 상황의 실제는 지지받지 못하는 상태를 가까스로 견디고 있을 수 있다. 마크의 사례는 그의 이상주의와 독창성, 자발성 그리고 진짜 자기를 되찾으려고 노력한 결과, 내적인 변화를 이끌어 내는 것이 가능하다는 점을 친절하게 이해시켜 준다. 나는 그의 나라 백인 남성과 여성이 조용하게 이와 똑같은 사려 깊은 공감을 할 것이라는 것과 이를 통해 그들은 그들의 고통이 개인적이라는 것과 사회적 변화를 이끌어 낼 수도 있다는 것을 믿고 있다.

3년 후

마크와의 교류는 계속되었고, (마크 씨의 허락과 함께) 출판을 위해 이 원고를 제출하려고 하던 차에 나는 우리의 인터뷰가 현재까지 그에게 의미가 있다면 이야기해 줄 것이 있는지 물으면서 편지를 썼다. 다음은 우리가 만난 지 3년이 지나서 쓴 그의 답장이다.

사랑하는 칼에게

상담부터 지금까지의 시간을 이어서 선생님과 나누고 싶은 부분이 있습니다.

내가 선생님과 함께한 그 반응은 나에게 심오한 영향을 미쳤습니다. 엄청나게 고통스러운 경험이었습니다. 나는 내 삶의 이중성, 딜레마, 갈등, 혼란을 노출하면서 나 자신을 위험에 빠뜨렸고, 눈물을 흘리면서 그 감정으로 마음에 피가 흘러내렸습니다. 이로 인해 연약하지만 유연해지기 시작했습니다.

자발성과 유연함으로 인해 살아 있다는 감정을 느꼈습니다. 글로는 다 표현하기 어렵지만, 가장 좋은 것은 진정한 내가 누구인지 기억할 수 있는 느낌이라고 말할 수 있습니다. 이것은 이상하고 낯선 곳에서 자신이 사랑하는 집으로 가는 것과 같습니다.

내가 설명하고자 하는 것은 그 시간에 일어났던 과정입니다. 이건 오늘까지 계속되고 있습니다.

칼 선생님, 당신에게 깊은 존경과 감사를 전하며, 나는 당신이 문제 해결 전략에 초점을 두지 못할 것이라는 것을 알고 있었어요. 왜냐하면 나는 이중적으로 문제를 표현했는데, 내 깊은 내면에서 결단을 내리지 못하는 문제였기 때문입니다.

친애하는

마크로부터

칼 로저스에 의한 결론적 논평

상담이 끝나고 3년이 지난 시점까지도 마크의 내면에서 그 과정이 여전히 진행 중이라는 것은 매우 놀랍다. 이것은 내가 좌절하고 실망한 인터뷰 과정을 발견했을 때보다도 더 놀라운 일이다. 나는 인터뷰 혹은 관계의 유의미성을 판단하는 것은 치료자가 아니라 내담자라는 추가 증거에 겸허해진다.

해설 1

로저스와 마크
-짧은 만남의 힘-

Julius Seeman

이 상담의 내담자는 '마크'라는 가명으로 불리는 37세의 남아프리카공화국 백인 남자이며, 남아프리카공화국 정부를 위해 일하는 임상심리학자다. 그는 정신건강 실무자를 위한 로저스의 워크숍 중 일부 프로그램에 상담 내담자로 자원하였다. 집단 초반부에 로저스는 상담에서 '진짜 걱정이나 문제'를 말하기 원했고, 마크는 "네, 나는 진짜 문제를 가지고 있어요. 위험할 수 있겠지만, 나는 그 위험을 감수할 마음이 있어요."라고 대답하였다. 이 내용을 출판한 책 서문에 로저스는 이 상담은 "예민한 남아프리카공화국 백인의 참을 수 없는 내적 갈등을 묘사한다. 또한 이것은 30분간의 짧은 시간에서도 강력한 영향력을 이끌어 내고 있다."라고 기록하고 있다(Rogers, 1986, p. 15).

마크와 함께한 로저스의 작업은 심리치료를 위한 그의 접근에서 가장 특징적인 것을 시연하고 있다. 즉, 그는 전형적으로 현상적인 방식을 택하여 내담자의 세계로 들어가 그 자신의 자각을 이끌어 내고 있다. 내담자의 체험으로 들어가는 과정은 내담자의 삶을 사는 것과 같다. 이 '내담자의 삶으로 들어가 살아보는 것'은 내담자의 자각을 향상시키고 중요하게는 자기의 내적 소통을 촉진하며 향상시킨다.

로저스의 접근은 마크의 사례에서 반복적인 탐색을 일으킨다. 매우 관련 있는 두 개의 주제가 반복적으로 나타나는데, 첫 번째는 다른 사람 그리고 그가 속해 있는 정치 시스템과 그의 관계를 정의하는 것에 관한 마크의 투쟁이고, 나머지 주제는 이 시스템 속에서 그 자신을 정의하는 것에 관한 마크의 투쟁이다.

이 주제가 반복적으로 떠오르는 것은 이런 문제를 가지고 있는 마크의 중심 자각에 어떻게 근접할 수 있는지를 알려 준다. 첫 문장에서 그는 자신을 좋은 사람이라고 보는 반면, 다른 사람들은 악마적 시스템의 대표자라고 본다. 그리고 그것 때문에 영어를 사용하는 친구들에게서 멀어진다는 느낌을 꺼내 놓는다. 그러나 곧바로 그는 남아프리카공화국 백인으로 살아가는 것이 힘들다는 이야기를 시작한다(나는 나라 안에서 일어나고 있는 사건들에 책임감을 느껴요. …… 가끔 나도 확신하지 못하는 것을 지원하고 있다고 느껴요).

마크가 이런 길로 가고자 정할 때, 그는 자신의 내적 의문을 탐색하기 시작한다. 즉, 그의 개인적인 시스템 내부의 가치에 대한 의문을 품은 것이다. 독일 나치에 대한 그의 비유(만약 내가 제3제국—1933~1945년 사이 히틀러 치하의 독일—구성원 중 한 명인데, 어느 날 일어나 보니 제3제국이 졌다는 것을 발견했다면 어떤 일이 일어날까요? 나는 히틀러의 독일 군대는 어떻게 생각하고, 느꼈는지, 그들의 문제도 내 문제와 같았을지 궁금해요. 나는 본질적으로 나쁜 시스템의 일부인가요?)는 그가 악마적 시스템의 일부일지도 모른다는 공포에 대한 특별한 힘을 상징화한다. 악마적이고 불운한 시스템에 참여하는 것에 대한 내적 의문을 표현하는 데 이보다 더 강력한 비유를 찾기는 어려웠을 것이다.

상담의 나머지 부분에서 마크는 이 주제와 연관된 것을 표현한다. 마크는 이와 관련된 주제를 탐색한다. "나는 다른 사람들에게 어떻게 인식되는가? 내 자신을 어떻게 볼 것인가?" 이 탐색을 통해서 내면에 살아 있는 자기를 외부에서 깨닫게 되면서 자기에게 가지고 있었던 편견을 이해하고 있다. 초기 진술에서 마크는 "사람들은 진짜 내가 누구인지를 보지 못하고" "사람들은 나를 탐탁지 않게 여길 수 있겠죠."라고 말한다. 상담이 진행될수록 자기 질문은 그의 의심에 근접해서 진짜 자기를 얻을 가능성을 높인다. 이에 마크는 "나는 내 자신의 원칙을 가지고 살아가야만 하고, 내 자신의 작은 세상에 솔직해져야 할 것 같아요."라고 말한다. 나중에는 "때로 내가 진짜가 되기를 바라는 것으로부터 나를 분리시키고 있는 것 같아요."라고 말한다.

상담의 끝부분에 마크는 마음을 터놓지만 그는 소외에 대한 근본적인 공포, 더 날카롭게는 자기로부터 소외의 공포는 해결하지 못한다. 그는 "여기 처음 왔을 때보다 선생님께 말하기 시작하고서부터 더 나빠진 것 같아요."라고 말하며, 마지막 순간에 불편을 만든다.

상담에서 로저스가 상담에 대한 불편감과 실망감을 느끼는 것에 주목하는 것은 흥미롭다. 그는 두 가지 현상으로 자신의 느낌을 표현한다. 그의 가치관은 마크와 달랐다는 것과 마크가 관계에 부분적으로만 참여하고 있다는 것이다. 그러나 로저스가 만족스러워하지 않는 또 다른 요소는 인터뷰의 종결을 마무리 짓지 못한 데 있다. 이것은 마크가 초반보다 종결 부분에서 더 갈등을 느낀다고 단언했기 때문이다. 그런 관점은 윤리적인 치료자가 더욱 잘 해결하지 못한 채로 남겨 두는 데 일조하고 있는지도 모른다. 로저스는 마크의 미해결된 감정을 진전시키지 못하고 그대로 남겨 두었던 부분을 슬퍼했던 것은 분명하다.

상담 환경과 효과

로저스는 청중에게 임상 스타일을 보여 주는 방법으로 상담 시연을 자주 이용했다. 대부분의 시연에서는 청중 존재 효과를 약간이라도 볼 수 있다. 그러나 마크와의 상담에서는 상담 환경 때문에 발생하는 중요한 효과가 나타난다. 이 상담을 깊이 있게 이해하는 방법과 치료 경험에서 청중의 잠재적인 효과에 대한 민감성을 높이는 방법은 탐색할 만한 가치가 있다.

마크와의 상담에서 치료 방향과 청중이 포함된 사회적 방향의 뒤섞임은 몇몇 결정적인 점에 있어서 마크에게 반응하는 로저스의 방법을 반감시키는 결과를 초래하였다. 마크 역시 치료적 경향성과 사회적 경향성이 혼합되면서 치료 효과가 희석되었다. 결과적으로 청중은 치료 과정을 더 복잡하게 만드는 데 직접적인 역할을 한다.

의미 있는 순간은 직접적인 청중 효과와 함께 마크가 형식화된 인터뷰를 체험하고 그의 생각을 표현했을 때였다("당신은 당신의 규칙을 따랐어요"). 이 관점과 마찬가지로 마크가 많이 소외되어 있다고 느낄 때 로저스가 함께 들어가서 그를 돕지 못했던 것에 대한 은근한 분노가 있었었다("그렇지만 당신이 진짜 어떻게 느끼는지 말해 줄 수 있다면"). 또한 마크가 마치 전시되는 느낌을 표현할 때도 그렇다("나는 이용당하고 있다고 느껴요"). 마크가 부당하게 착취당하고 친밀한 관계를 원한다는 생각을 말했을 그 순간에 청중이 웃었던 것은 아이러니하고 불운한 일이다. 이로 인해 로저스에게 좀 더 많은 지지를 바라는 마크의 가슴 아픈 애원과 그가 느낀 소외감에 대한 실망감은 은폐되고 왜곡되었다. 마크가 로저스에게 괴로운 느낌에 대한 더 중대한 정보를 제공하려는 시점에서 로저스 역시 사회적 분위기에 따라 마크에게 "당신은 좋은 상담자 같군요."라며 익살스러운 코멘트를 날린다.

알려져 있지 않은 몇 가지 방법론적 분야

이 대화는 형식적인 치료 시연이 끝나고 후속 상담을 요약하는 동안 인용된 것으로 심리학적인 분위기가 변화되었다는 것을 알려 주고 있다. 이 시점에서 추가 주제들에 대해 질문을 하고 있는데, 이는 치료적인 태도가 더 많은 사회 소통적 틀을 제공할 수 있기 때문이다. 나는 마크의 사례를 집단 피드백 하는 과정이, 치료 지향적인 경청 태도를 유지할 필요성과 가치에 대해 일깨워 주고 있다고 믿는다. 왜냐하면 청중들이 이 자리에 있을 때 사전에 충분히 의미 있게 분석되지 않은 감정이 나타날 수 있기 때문이다.

그 태도는 공감의 개념에 대해 정의된다. 내담자 중심 치료 관점인 공감에 대해 아주 특별한 것은 공감적 경청이 치료의 큰 핵심이라는 것이다. 공감의 질은 내담자 중심 치료에서만 독점적으로 얻을 수 있는 것은 아니며, 어떤 권한이 있는 치료자들도 내담자의 말과 감정을 공감적으로 이해하는 욕구에 친숙해진다. 그러나 다른 치료는 공감적 경청뿐 아니라 다른 개념적 구조에 대한 주의 집중과 에너지에 초점을 맞추도록 치료자에게 요구한다. 예를 들면, 정신분석 치료는 치료자가 전이와 억압적이고 나르시시스틱한 반응의 잠재적 존재에 주의를 쏟는 것을 요구한다. 즉, 치료의 좋은 구조는 공감적 반응뿐만 아니라 이론적 구성 개념을 만드는 것을 요구한다. 한편, 내담자 중심 치료는 내담자의 지금 현재의 시간을 중요시 여기며 살아 있는 내담자의 경험 중심적인 삶에 온전히 집중한다.

마크와의 회기에서 겉으로 드러나는 부차적인 주제가 있는데, 이 주제는 여전히 내담자 중심 치료자들 사이에서 논쟁이 되고 있다. 이것은 공감적 경청에 대한 깊이와 치료자 반응의 깊이가 서로 일치되는 것과 관련되어 있다. 개입이 시작되는 시점이 있고, 치료자가 체계적이고 주요하게 무엇을 이야기해야 하는지를 구분해야 하는 시점이 있다.

이것에 대한 내 관점은 로저스와 마크 사이의 후속 인터뷰 대화에서 다시 이야기되었던 것을 통해 설명할 수 있다. 마크의 명백한 태도 이면에는 약간의 경솔함이 있었으며, 마크는 내면의 깊숙한 곳에서 우러나와 느꼈던 것을 언급하면서 분투하고 있었다. 내담자들은 다양한 방법으로 심각한 주제에 접근하고, 그와 같은 주제 토론을 빈정대거나 경솔하게 그리고 유머로 가득 채울지도 모른다. 그 순간에 나는 한 사람의 치료자로서 전체 메시지를 들으면서 당황스러움과 더 깊은 절규에 대한 책임감을 느낀다. 나는 내담자의 당황한 정도를 줄여 주는 것 대신에 계속해서 경청하면서 내담자가 분투하는 목소리의 더 깊은 메시지에 반응해 준다. 로저스는 마크와는 조금 다른 선택을 했는데, 그에게 자기 개방을 하도록 이끌었다. 그 선택은 개인적 판단에 따른 결정으로 이것은 로저스에 의해 공식화된 치료의 '필요충분조건'과 일치하는 것이었다. 이런 선택을 하는 과정에서 로저스는 마크의 더 깊은 메시지를 다루지는 못했다. 우리는 치료자가 특유의 직면해야 하는 선택의 예를 보게 된다. 이 특별한 로저스의 선택은 아마도 모든 복잡성과 역동성을 반영하는 시연 인터뷰의 맥락에서 가장 잘 이해될 수 있을 것이다.

짧은 만남의 장기적 효과

이제 로저스와 마크의 짧은 만남에 대한 장기적인 효과를 보고, 단기 혹은 단회기 치료의 장기적 효과에 대해 좀 더 일반적으로 고려해 보는 것이 유익할 것이다. 마크는 여기서 이 과업을 설명해 주는 정보를 준다. 우리는 마크가 느꼈던 인터뷰 안에서의 강렬한 감정과 3년이라는 기간 동안 의미 있는 발달 과정에 대해 논평한 것을 주목한다. 경험에 따르면 우리는 자기를 잃어버렸던 마크의 충격에 주목한다. 그는 '숨을 쉬는 것과 같이 자신을 지탱해 주던' 이상주의를 잃어버린 것에 마주했다.

이러한 상실에 대한 깊은 인식과 경험은 그의 삶과 일에 있어 파괴적인 의미에 부분적으로 저항하도록 했던 자기 구조를 몰아 내는 충격을 만들어 냈다. 이 충격은 자신의 가장 소중한 관점을 오랜 시간 동안 재통합시키고, 근본적으로 재구조화하는 계기를 준다. 3년 후 쓴 편지에서 마크는 "자발성과 유연성과 함께 살아 있다는 느낌이 들었습니다. 진정한 내가 누구인지 기억하는 느낌……." 이라고 말했다. 개인적 성장을 인내하기 위한 길을 조성함으로써 이런 통합적 경험은 종종 아주 특별한 효과를 갖는다.

여기에는 명백히 역설적인 면이 있다. 앞에서 지적했듯이, 치료에서 즉각적 경험은 두 참여자들을 불안정하고 불만족으로 느끼게 했다. 그럼에도 마크의 보고에 의하면, 좀 더 깊고, 긍정적인 장기간의 효과가 있다는 증거가 있다. 어떻게 우리는 이런 모순을 설명해야 하는가?

이런 질문에 대해 이야기하면서 나는 짧은 경험으로 어떤 결과를 얻어내려 하는 것보다 고통을 감내해 내려는 노력이 더 큰 힘이 된다는 것을 보여 주는 다섯 가지 짧은 치료적 만남에 대해 질적 분석을 하려 한다. 이런 경험의 힘과 지속성에 기여하는 요소의 내구성은 우수한 여러 구성 요소를 보여 준다(다음 인용문은 이런 단시간의 만남에 포함된 내담자에 관한 피드백 진술이다).

1. 내담자의 즉각적인 경험에 대한 치료자의 전반적인 집중력("그 사람의 모든 것은 내가 말한 것에 온전히 초점을 두고 있고, 명확히 따라가며 반영해 주고 있어요.")
2. 내담자가 자각한 것에 대한 치료자의 무조건적인 긍정("어쨌든 나는 그와의 관계가 확고하다고 느꼈어요.")
3. 강한 동기부여를 유발시키는 위기의 느낌을 구분 지을 수 있는 내담자의 자각("내가 위험한 관계로 갔던 것을 알았어요.")
4. 듣고 이해하는 내담자의 깊은 감각("의사 X와의 인터뷰에서 내가 깊이 이해했다는 것을 느꼈어요." "그 과정은 아주 간단하고 기초적인 것 같았어요. 그러나……. 내 앞의 심리적인 거울은 전적으로 필요했던 것 같아요.")
5. 내담자 자신을 신뢰하는 것에 대한 회복("내가 다시 신뢰할 수 있도록 당신이 얼마나 돕고 있는지 말로 표현할 수가 없네요." "나 자신—나의 자기—을 신뢰하는 문제는 그의 확증을 통해 얻게 되었어요.")
6. 내담자의 삶에 영향을 미친 강한 회기("당신과 함께한 회기가 내 삶에 다른 점을 만들어 냈다는 것을 당신이 알았으면 좋겠어요.")
7. 그/그녀 자신에 대한 과정을 지속시킬 수 있는 내담자의 능력("워크숍이 끝나고

나는 정신적으로 나에게 일어난 것을 더 충분히 이해하고 싶었어요." "나는 이 과정이 계속해서 이어질 것이라는 것을 알고 있어요.")

종합

이런 짧은 만남의 영향력을 이해하기 위해 몇 가지 사항을 함께 살펴보려 한다. 내담자들은 치료자가 강하고 공감적 존재임을 전했고, 내담자를 한 사람으로 존중하면서 깊은 수용과 타당성을 가지고 있었다고 보고하고 있다. 결과는 자기에 대한 새로운 수용과 신념을 이끌어 냈다. 각각의 내담자는 감정의 근원이자 주체자이며 행동을 계획할 수 있는 자기로서 오로지 자신에게만 의지하며 자유로웠다.

이런 결과를 검토해 볼 때, 우리는 그들이 전반적으로 내담자 중심 치료를 받고 기술한 과정과 결과가 매우 비슷한 것에 주목한다. 그러므로 짧은 만남의 힘은 과정의 어떠한 독특성과 관련이 있기보다는 다음의 두 요소와 관련이 있다. 이는 이해와 변화를 추구하는 내담자의 위기-중심 특징과 인터뷰 과정 중과 후에 내담자가 살아가는 경험의 강도(intensity)다. 만약 앞에서 열거된 일곱 가지 요소를 강력한 짧은 만남의 표준으로 기록하고, 후속 인터뷰 평가와 마크의 면담 녹음에 그것들을 적용한다면, 전체는 아니더라도 마크의 경험에는 가장 적합한 것이었을 것이다. 가장 눈에 띄는 예외는 내담자가 듣고 이해한 것과 관련된 네 번째 요소다. 우리는 마크와 로저스 둘 다 면담 자체의 과정에서는 불만족했던 것을 이미 주목한 바 있다. 후에 마크가 치료 경험에 대해 고찰한 것을 보면 어느 정도의 판단은 달라졌다. 그러나 마크 사례에서 볼 수 있는 만남의 힘은 경험과 영향력에 대한 또 다른 관점에서 나왔다.

체험을 통한 마크의 반영은 로저스와 함께했던 작업이 그가 회기에서 자신의 목소리를 냈던 것과 회기의 장기적인 효과 양측에서 중요한 영향력이 있었음을 지적한다. 중요한 국면의 바탕(요소 3)은 히틀러의 벙커를 바라보는 은유 사용과 회기에서 자발적으로 진술한 것이 증거가 되었다. 다섯 번째 체험 요소를 통해 자신을 믿고 성장한 것은 마크의 후기 발달에 특징이다. 회기에서 영향을 받은 정도(요소 6)는 마크가 한 진술에서 엿볼 수 있다. "당신과 함께했던 인간적인 만남은 내 삶의 의미에 대해 좀 더 깊고 고통스러운 문제들을 가져왔어요." 과정에서 후속 회기의 지속성(요소 7)은 후속 회기에서의 마크의 감동적인 말에서 명확해진다. "내가 설명하고 있는 것은 그 시간을 통해서 발생했던 한 과정입니다. 이건 오늘까지 계속되고 있습니다."

마크와 로저스 사이에 짧고 복잡한 만남은 마크를 삶을 극복하고 향상시킬 수 있는 체험으로 적절하게 이끌었다고 보이며, 이 체험은 실제 있었던 짧은 만남을 초월하는 힘을 가져다 주었다는 증거가 된다.

참고문헌

Rogers, C. R. (1986). The dilemmas of a South African white. *Person-Centered Review, 1,* 15-35.

Seeman, J. (1992). *The power of the brief encounter.* Unpublished manuscript.

해 설 2

마크와 함께한 칼 로저스의 작업
-체험적 분석과 인지행동적 관점-

Adele M. Hayes, Marvin R. Goldfried

칼 로저스는 유능한 임상가일 뿐 아니라 최초로 심리치료 과정을 과학적인 연구로 만든 사람이기도 하다. 그는 심리치료의 '원자료'에 대한 연구의 축어록을 개척했고, 치료자의 태도와 행동을 분류하고 기술하는 방법을 개발하였으며, 내담자의 변화 과정을 연구하기 시작했다. 이러한 전통에서 우리는 갈등이 심했던 남아프리카 공화국 백인 남성, 마크와 로저스 시연 회기 기록을 분석할 것이다.

내담자에 대한 피드백 내용을 검토하면서 회기 내에서 로저스가 진행한 것을 기술할 것이다. 실질적인 치료의 모든 접근 안에 변화의 중요한 요인으로 치료적 피드백을 개념화한다. 피드백을 제공하면서 치료자들은 그들의 개인 내적이고 대인 관계적인 능력과 관련한 집중력을 치료적으로 내담자에게 기울인다. 전통적으로 내담자 중심 치료자들은 부분적으로 왜곡하고 부인하는 내담자의 경험적 양상에 대해 내담자가 동참하고 처리해 나가는 가장 주요한 방법으로 피드백을 사용한다

(Anderson, 1974; Rice, 1974; Wexler, 1974). 치료자들은 내담자의 성장을 가로막는 지각의 경직성과 왜곡을 깨는 방법을 조심스럽게 찾는다. 내담자 중심 치료의 정보처리 모델(Wexler, 1974; Wexler & Rice, 1974)에서 치료자들은 로저스가 원래 설명한 것보다 더 지시적인 역할을 시도한다. 치료자들은 지속적으로 내담자들의 과정을 안내하고, 새롭게 과정을 보게 하며, 그들의 반응을 경험에서 체계화하는 데 도움을 주고 있다. 웩슬러(1974)는 치료자들을 내담자의 대행적인 정보 처리자로 설명한다.

내담자 중심 치료에서 치료자 피드백의 이론적 필요성을 제공하면서, 로저스 상담의 모의 회기에서 피드백 연구를 특정하게 설계한 코딩 시스템을 적용하는 것이 흥미로울 것이라고 생각했다. 로저스가 피드백을 사용한 방법을 검토해 보면, 로저스가 마크를 동참시키려 하면서 그의 생각을 그리 중요하게 여기지 않았음을 볼 수 있다. 이를 분석하는 과정에서 로저스 개입의 좀 더 일반적이고 범이론적 설명으로 사례의 이론을 바탕으로 했던 논의를 넘어설 수 있다. 특정한 치료적 초점들을 설명한 후에 이 사례에 대해 좀 더 일반적인 토론을 하게 될 것이다. 이 과정은 축어록을 부호화한 것을 통합하고 어떻게 인지행동치료자가 개입하는지를 고려하며 이루어질 것이다.

코딩 시스템

치료적 포커스 코딩 시스템(Coding System of Therapeutic Focus: CSTF)은 다양한 방향으로 임상 기록을 분석하기 위해 설계되었다. 코딩 시스템은 내담자 기능보다 폭넓은 영역에 치료자가 피드백을 한 것에 초점을 맞출 것이고, 가능한 이론적 전문용어를 쓰지 않을 것이다. 그것은 여섯 개 부분으로 나뉜다. 관련된 사람들, 시간 프레임, 내담자 기능의 특수 요인, 개인 내적 연관성, 대인 관계적 연관성 그리고 일반적 개입이다. 〈표 10-1〉은 코드의 여섯 영역과 각 범주들의 목록이다.

표 10-1 치료적 포커스 코딩 시스템에 범주의 기술

범주	기술
관련된 사람들	
• 환자/내담자	• 환자/내담자에게 초점이 맞춰짐
• 치료자	• 최근 치료자에게 초점이 맞춰짐
• 부모	• 내담자의 부모/보호자에 초점이 맞춰짐
• 친구	• 내담자의 최근 친밀한 관계에 초점이 맞춰짐
• 가족	• 친구/부모보다 다른 가족의 구성원/내담자의 아이들에게 초점이 맞춰짐
• 지인/낯선 사람/일반적 타인	• 내담자의 삶 속에서 또 다른 사람들의 어떤 범주에도 해당되지 않음
시간 프레임	
• 과거 성인 전기	• 유아기–고등학생 시절
• 과거 성인 후기	• 고등학교 졸업과 치료의 시작 사이
• 최근	• 바로 직전, 최근 회기와 치료의 시작 사이
• 회기 내	• 현 회기 내
• 미래	• 현 회기 후반
• 불특정	• 구체화되거나 연관되지 않은 시간
내담자 기능의 특수 요인	
• 상황	• 그/그녀의 기능 이해에 연관된 내담자의 외부 환경
• 자기 관찰	• 자기에 대한 내담자의 객관적 자기 지각에 반영된 사고
• 자기 평가	• 내담자의 주장, 판단, 자신의 가치와 능력의 평가
• 기대	• 미래에 대한 내담자의 예상이 반영된 사고
• 일반적 사고	• 불특정한 내담자의 사고
• 긴장	• 바람, 욕구, 동기, 욕구 같은 미래 지향적 내담자의 의욕
• 정서	• 내담자의 정동
• 정서의 생리적 징후	• 그/그녀의 정동과 관련된 내담자의 물리적 상태
• 행동	• 특정 행동의 내담자 수행
• 불특정	• 어떤 특정 요소에 의해 기술될 수 없는 내담자의 기능
개인 내적 연관성	
• 유사성/패턴	• 내담자의 기능 내 유사성 또는 재발
• 결과	• 내담자의 기능적 특수한 요소가 나타난 치료자는 다른 요소에 영향을 줌
• 차이점/일치성	• 내담자의 기능 내 주목된 일탈
• 악순환	• 내담자 기능의 문제적 측면의 영속할 수 있는 질에 초점이 맞춰짐

대인 관계적 연관성	
• 패턴	• 시간이나 세팅, 사람들과 반복적으로 계속되는 내담자의 대인관계 기능을 강조함
• 결과(자기가 타인에게)	• 다른 사람들에게 영향을 주고 있는 내담자의 기능
• 결과(타인이 자기에게)	• 다른 사람의 기능은 내담자에게 영향을 줌
• 비교/대조	• 치료자는 다른 사람의 내담자의 기능을 비교 또는 대조함
• 일반적 상호작용	• 내담자와는 달리 할 수 없는 특정 내담자와 다른 이 사이에 교환
• 악순환	• 자기 자멸적인 특징을 갖고 있는 자가영속적 대인관계 패턴
일반적 개입	
• 선택/결정	• 내담자의 의견이나 대체 의견에 표시하기
• 현실/비현실	• 주관적 견해를 넘어서도록 돕고, 더 객관적으로 생각하고 체험하기
• 기대된/상상된 타인의 반응	• 그들의 대인 관계 관련성에 포함되는 것으로써 다른 사람에 반응하는 내담자의 주관적인 견해
• 예/주제	• 전반적 경향이나 패턴의 일부분인 내담자 기능의 특별한 예를 중요시하기
• 지원	• 내담자 기능의 일반적 또는 특별한 측면에 대한 자원 제공
• 제공된 정보	• 내담자를 위해 치료적 영향을 주는 일반적 사실과 지식 제공하기
• 주목된 변화	• 치료자는 치료와 연관된 내담자의 변화를 언급
• 회피	• 과정 또는 치료 단계에 방해되는 것을 하는 내담자의 어떤 것에 초점이 맞춰짐
• 회기 활동성 사이의 격려	• 치료자는 치료 과정이나 회기 사이에 미래 지향적인 일부 경험을 격려함
• 자기 개방	• 치료자는 내담자의 상황과 관련된 개인적 경험을 나눔

간단히 말해 관련된 사람들 영역은 회기 내 초점을 두는 것을 특징으로 하고, 시간 프레임은 피드백의 순간적인 관점을 명확히 한다(예: 과거, 현재, 미래). 이 두 영역의 범주는 치료자의 피드백에 대한 전체적인 맥락을 제공한다. 내담자 기능 영역에서 특수한 구성 요소들은 내담자의 상황, 자기 평가, 사고, 정서와 행동과 같은 기초적인 기능 요인들로 분류한다. 마크의 사례에서 내담자의 정서에 초점을 둔 예는 "당신이 '나는 가식적이었어요.'라고 말했을 때, 슬펐어요."다. 두 가지 연관성 영역은 치료자와 내담자의 서로 다른 구성 요소 사이의 유대감 혹은 내담자의 기능적 관

점(개인 내적 연관성)과 다른 기능적 측면(대인 관계적 연관성) 사이의 연관성으로 분류된다. 대인 관계적 연관성(이 사례의 경우, 차이점/일치성)의 예는 "그래서 아마 마크 씨는 거친 세상일지라도 이를 악물고 끝까지 견뎌야만 하죠. 아무리 악하고 힘든 세상이라도 말이죠."다. 개인 내적 연관성의 예(이런 경우, 비교/대조 연결)는 내담자 관점에서 다른 사람들의 의견을 비교하는 것인데, '내가 무엇을 할 수 있을까, 내가 진짜 영향이 미치는 곳에서 무엇인가를 할 수 있는 사람이 될 수 있을까?'라고 하기보다 역사에 대해 다른 사람이 생각하는 것이나 견해를 더 중요하게 여기는군요."와 관련 있다. 일반적 개입 범주는 피드백 형태를 분류한다. 예를 들면, 내담자가 선택하거나 상황을 결정할 수 있는지(선택 사항/결정 사항)를 알려 줄 수 있는 치료자는 더 많은 목표 관점을 갖고 주관적 견해를 비교할 수 있거나(현실/비현실), 내담자의 능력 또는 또 다른 이미지(기대되는/다른 사람들의 상상한 반응)의 반응에 초점을 맞출 수 있다.

마크와 함께한 로저스 회기를 분석해 볼 때, 우리는 축어록을 독립적으로 부호화했고, 이후 의견이 거의 충돌되지 않은 합의에 이르렀다. 이 코딩 시스템의 채점 단위는 '전환 시점'이라 하였고, 이것은 내담자가 표현한 것 중간중간에 치료자가 이야기한 모든 것을 의미한다. 각 범주는 전환 시점당 한 번씩만 채점되었고, 각 전환 시점은 포함된 모든 범주로 채점되었다.

회기의 기술

우리는 부호화한 범주 각각의 빈도를 계산했고, 이들을 비율로 전환했다. 이는 부호화할 수 있는 전체 총계(37)와 관련하여 각 범주에서 나타난 전환 시점을 기본으로 하고 있다. 결과는 비율을 통해서 나타났는데, 빈도를 표준화하고 범주들을 비교해 볼 수 있다. 분류 시스템의 다섯 영역의 비율은 등수가 매겨졌다. 로저스가 사용

표 10-2 치료적 초점 코딩 시스템을 사용하는 마크에 대한 로저스 피드백의 범주 비율

최대 특성		최소 특성	
관련된 사람들			
환자/내담자	97%	치료자	14%
지인/낯선 사람/	73%	부모	0%
일반적 타인		친구	0%
		가족	0%
시간 프레임			
최근	76%	회기 내	11%
미래	27%	성인 전기	0%
		성인 후기	0%
		불특정	0%
내담자 기능의 특수 요인			
불특정	51%	상황	11%
일반적 사고	38%	자기 관찰	3%
자기 평가	27%	기대	2%
정서	27%	정서의 생리적 징후	0%
긴장	16%		
활동	16%		
개인 내적 연관성			
결과	19%	유사성/패턴	3%
차이점/일치성	16%	악순환	0%
대인 관계적 연관성			
비교/대조	19%	결과(자기→타인)	8%
		결과(타인→자기)	8%
		일반적 상호작용	3%
		악순환	0%
		패턴	0%

일반적 개입			
없음		현실/비현실	11%
		기대된/상상된 타인의 반응	5%
		주목된 변화	3%
		자기 개방	3%
		선택/결정	0%
		예/주제	0%
		지원	0%
		제공된 정보	0%
		회기 활동성 사이의 격려	0%
		회피	0%

했던 피드백의 최대와 최소 특징은 〈표 10-2〉에 보고되었다. 가장 많이 특성화된 항목은 전환 시점 중 적어도 15% 정도 초점을 둔 것이었고, 가장 적게 나타난 특징은 전환 시점 중 15%보다 더 적게 초점을 두었다. 비록 15%는 임의적 임계점이라도 어떤 범주는 로저스 회기의 특성으로 여겨질 수 없을 정도로 빈번하지 않게 발생된 것으로 추정되었다.

마크에 대한 로저스의 피드백을 분류해 놓은 결과를 이해하기 위해서는 보고된 비율을 해석하는 데 필요한 몇 가지 맥락을 보는 것이 중요하다. 코딩 시스템을 사용하는 다른 연구 프로젝트에서 관련된 사람들 영역과 시간 프레임의 범주가 가장 높은 비율로 나타나고 있는 것을 볼 수 있다. 이것들이 이 회기의 맥락을 설정했기 때문이다. 코딩 시스템의 다른 범주들과 달리, 이것은 모든 전환 시점을 채점한다. 그다음으로 가장 많이 채점되는 것으로 내담자 기능의 특정 요소는 내담자 기능의 가장 기초적인 측면(예: 임상가의 상황, 행동, 사고)을 다룬다. 치료자는 구성 요소로 전환되고, 시간 프레임이나 관련된 사람들 범주라 할지라도 대부분의 회기를 통해 어떤 하나의 구성 요소에만 초점을 두는 것은 드문 일이다. 대인 관계적 연관성과 개인 내적 연관성은 이들 조합이 특정 구성 요소 사이에서 만들어졌을 때 부호화한 것으로, 내담자 기능의 특정 요소보다 자주 나타나지는 않는다. 일반적 개입은 좀 더 다른 범주에 비해 조심스럽게 시간을 측정하는데, 이것은 시간을 가장 절약하는 것이다(예: 치료에 중요한 주제 지적하기). 이런 맥락과 함께 로저스의 회기 코딩의 결과는 다음과 같다.

관련 인물

최대 특성 피드백의 대부분(97%)은 마크에 초점이 맞춰졌으나 전환 시점의 무려 73%는 다른 사람들에게 초점이 맞춰졌다(아는 사람/낯선 사람/일반적 타인). 로저스는 마크가 남아프리카공화국의 사회정치적 상황과 다른 사람들이 마크를 생각했던 것을 탐색했는데, 이런 관점은 로저스가 생각했던 것과는 다른 것일 수 있었다.

최소 특성 로저스는 마크가 회기 마지막 부분에 그를 평가하고 칼 로저스와 같이 되는 것이 어떤지에 대해 토론했었기 때문에 전환 시점 중 14% 정도 초점을 두었다. 부모님, 친구 그리고 가족 범주는 결코 회기에서 초점이 맞춰지지 않았다.

시간 프레임

최대 특성 회기의 대부분은 최근 또는 미래 지향적이었다. 마크의 최근 생활 상태는 회기에서는 76%에 집중되었고, 회기의 27%는 미래 시간 프레임이었다.

최소 특성 즉각적인 회기 내 자료는 전환 시점의 11%에 초점이 맞춰졌다. 과거의 성인 전기, 과거의 성인기 또는 불특정 시간 프레임의 맥락은 언급되지 않았다.

내담자 기능의 특수 요인

최대 특성 불특정한 범주는 가장 자주 일어났는데, 전환 시점의 51% 정도가 로저스 피드백에 초점을 두었다. 불특정 범주는 어떤 코딩 범주에도 명확하게 해당하지 않는 기능적 측면을 언급한다. 불특정 요인에 초점이 맞춰진 예들은 "당신은 내면(불특정적인)과는 다른 방법(불특정적인)으로 삶을 살아왔군요."라는 로저스의 코멘트에서 제공된다.

로저스가 마크의 경험에 대한 지각과 그것과 연관된 개인적 의미에 초점을 둔 전환 시점의 비율(65%)은 유의미했다. 이런 전환 시점 중 38%는 불특정 사고를 수반하는 일반적 사고에 적용되었고, 마크의 자기 평가에 27%를 할당했다. 사고가 좀 더 특정한 범주에 들어가지 않는 일반적 사고(예, 자기 관찰, 자기 평가 그리고 기대)는 로저스가 마크의 정부 대표자로서의 역할과 남아프리카공화국 상황에 갈등하는 것에 동참했을 때 우선적으로 일어났다. 일반적 사고에 초점을 둔 예는 "그러니까 외적으로 보는[생각] 당신은 부패한 시스템에 속한 사람이지요. 이것의 내부는 당신과는 상당히 다르군요[생각]. 이 관점들이[생각] 당신이 가지고 있는 것인데, 어떤 것을 유지하실 건가요?"다.

로저스는 또한 "나는 누구인가?"와 같은 질문을 하며 마크의 자기 평가에 대해 이야기하고, 좋은 사람과 나쁜 사람에 대한 동요를 느끼는 것을 탐구하는 데 회기의 27%를 보냈다. 또한 그가 자신의 외적인 관점을 변화시키기 위해 자신이 생각하는 자신과 타인이 생각하는 자신을 비교하였다.

마크의 감정은 전환 시점의 27% 내에서 다뤄졌다. 감정은 상황이나 자기 평가와 관련된 그의 일반적 사고에 초점을 맞출 때 주요하게 나타났다. 감정에 대한 피드백을 환기시키는 예는 로저스가 언급했던 것이다. "마크 씨가 '가식적이었어야만 했어요.' 라고 말할 때, 슬펐어요." 마크가 감정 반응을 이야기하지 않았다 할지라도 로저스는 그가 경험한 이런 생각에 피드백을 주면서 정서에 대한 마크의 집중력에 초점을 맞췄다. 마크의 행동과 의도는 전환 시점의 16% 정도로 이야기되었는데, 이는 로저스가 마크의 행동과 마크가 유지하기를 원했던 원리와 신념을 탐색했을 때 이루어졌다.

최소 특성 마크의 일반적 사고, 자기 평가, 정서, 의도 그리고 행동에 초점을 맞추고 비교하면서 외적 상황은 전환 시점의 11% 내에서 초점을 맞추었다. 또 다른 특정한 사고—자기 관찰과 기대—은 또 다른 범주와 관련해 매우 적은 초점(3%와 2%, 상대적으로)을 맞추었다. 정서의 생리적 징후에는 초점을 맞추지 않았다.

개인 내적 연관성

최대 특성 전환 시점의 15%나 그 이상으로 초점을 맞추었던 개인 내적 연관성의 두 유형은 결과(19%)와 차이점/일치성(16%)다. 결과 연관성의 예는 앞서 언급했듯이, "마크 씨가 '가식적이 될 수밖에 없었어요.'라고 말할 때 슬펐어요."다. 로저스는 마크의 슬픈 감정을 가식적이어야 한다는 생각과 관련시켰다. 이런 연관성의 특별한 유형은 로저스가 마크가 체험한 구조와 이에 영향을 받는 그의 자기 평가나 정서 사이의 연관성을 주목한 것이다. 차이점/일치성 연관성은 "마크 씨는 꼭 자신의 역할을 수행해야 한다고 느끼죠. [그리고] 마크 씨가 해야 하는 역할은 실제 당신과 좀 다르군요."라고 말한 것을 예로 들어 마크의 내적 갈등을 강조하고 있다.

최소 특성 개인 내적 연관성의 또 다른 유형은 드물게 사용되었다. 유사성/패턴 연관성은 순서의 단 3%로 나타나고, 악순환 주기 연관성은 사용되지 않았다.

대인 관계적 연관성

최대 특성 비교/대조 연관성은 대인 관계적인 연관성에서 가장 자주 사용되었다

(19%). 이 범주는 내담자의 구성 요소가 얼마나 타인의 구성 요소와 비슷한지 혹은 다른지에 초점을 맞추는 피드백을 설명하고 있다. 로저스는 다음과 같이 진술했을 때 하나의 연관성을 만들어 냈다. "당신은 내면에서 스스로를 좋은 사람이라고 느끼고 있어요. 다른 사람들이 당신에 대해 지니고 있는 태도가 당신을 힘들게 하는군요……. 그래서 당신 내면에는 당신이 해야 하는 불쾌한 일이 괜찮은 거군요. 간단히 말해서 다른 사람들이 당신을 악마적 시스템의 대표라고 보는군요." 그는 마크의 사고와 자기 평가에서 타인들의 사고를 구별하기 위해 축어록에서 이런 전략을 사용했다.

최소 특성 비교/대조 연관성은 마크와 함께한 로저스 회기를 특징으로 하는 대인관계적 연관성이다. 대인 관계적 결과는 마크가 타인에게 끼친 영향과 타인이 그에게 끼친 영향 모두에서 회기 내 전환 시점의 8%에만 초점이 맞춰졌다. 마크와 타인과의 상호작용은 전환 시점의 단 3% 내에서 다뤄졌고, 악순환이나 그의 삶의 패턴은 전혀 다뤄지지 않았다.

일반적 개입

전반적으로 일반적 개입은 이 회기의 특징이 아니었다. 일반적 개입의 유일한 한 가지 유형은 전환 시점의 5% 이상 사용되었다. 현실/비현실은 전환 시점의 11% 내에서 강조되었다. 이 범주는 내담자의 주관적 개념을 좀 더 객관적인 관점과 비교하는 피드백과 관련된다. 다수의 전환 시점에서 로저스는 그가 가식적이어야만 했다는 마크의 신념에 초점을 맞췄으나, 로저스는 마크의 친구들이 그의 가식적인 면을 보았더라도 여전히 그를 좋아했던 마크의 자각을 강조했다. 마크가 타인의 반응을 기대하거나 상상했던 것은 전환 시점의 5%로 초점을 맞추었고, 치료자 자기 개방뿐 아니라 주목된 변화는 전환 시점의 3%에만 집중되었다. 선택/결정, 예/주제, 지원, 제공된 정보, 회기 활동성 사이의 격려나 회피에 초점을 맞춘 개입은 전혀 일어나지 않았다.

회기에 대한 논의

회기 초기에 마크는 로저스가 자신의 갈등하고 있는 가치관을 탐색하고 문제를 해결해 줄 것으로 여기고 있었다. 내담자-중심이론과 맥을 같이 하며, 로저스는 직접적으로 그의 가치관이나 탄압적인 정부를 지지하는 도덕성에 초점을 맞추지 않았고, 마크의 갈등을 해결하기 위한 어떠한 시도도 하지 않았다. 마크의 가치관을 탐색하고 탐구하는 대신, 그는 남아프리카 상황의 또 다른 측면을 인식하고, 특별히 마크 자신의 관점으로 체험한 것에 더 초점을 두었다.

이 내담자의 혼란은 로저스가 현대 삶에 만연한 문제—절대적으로 모순된 가치 속에서 살면서 자신을 분리시키는 것—로 보는 시각을 가지게 되는 좋은 예다. 그는 우리 가치관의 많은 부분은 다른 개인이나 집단으로부터 투사된다는 것을 믿었지만, 로저스는 시험해 보거나 검증하지 않은 고정관념을 유지하고 있었고, 우리 자신을 이에 적응시켰다(Rogers, 1983; Rogers & Stevens, 1967). 마크의 예에서 생생하게 보았듯이 우리는 다른 사람들에게 우리 자신의 가치화 과정과 자기 평가를 맡기고 우리의 입장을 포기하게 되는데, 이는 결국 내적 갈등과 깊은 내면에 불안정성을 초래한다. 로저스가 입증한 치료자의 과업은 내재화된 가치와 내담자 체험 간에 발생하는 일 사이에 근본적인 불일치를 탐색하는 것이다(Rogers, 1983). 치료의 목적은 외부에 있는 평가 지점을 내부로 이동하고, 분열된 자기를 통합시키며, 좀 더 충분히 그리고 개방적으로 체험하며, 이 과정을 통해 살아가려는 큰 의지력을 얻는 것이다. 이것은 사람들이 좀 더 많은 만족스런 선택을 할 수 있게 하는 기반을 제공하는데, 인간중심 치료의 궁극적인 목적인 인간의 성장을 가져온다.

이 접근에 따라 로저스는 마크의 내적 견해를 명료화하도록 돕는 작업을 했다. 마크가 가지고 있는 외부 시각의 좋은 모습을 알아보기 위해 로저스는 회기의 의미 있는 시간을 타인의 감정, 믿음, 가치관을 알아보기 위해 할당했다. 토론에 참여했던 다른 사람들은 남아프리카공화국 정부를 위해 일하는 사람들이었다. 그들은 반대하는 사람들이었고, 외국에 살면서 더 나아가 미래의 후손들인 것이다. 외부와 내부 방향 사이의 갈등은 회기의 주된 핵심 주제였고, 이 두 관점은 대인 관계적 연관성, 비교/대조 영역을 이용하면서 차별화를 보였다.

로저스는 마크에게 타인에 대한 견해에는 거리를 두게 하고, 내면에 크게 자리한 남아프리카공화국 안에 도덕성과 관련된 상황 주제에 좀 더 집중하게 하였다. 그는 '혐오스런 시스템에 의지해 살았던' '악인' 중 한 사람으로서 갈등, 두려움, 자기수용에 어려움을 겪고 있는 것을 탐색하기 시작했다. 로저스는 마크가 자신이 생각했던 유형으로 보고 있고, 자신의 일부분은 소외감을 경험하며 '말로 형용할 수 없는' 것에 초점을 두었다. 이런 상황이 어려울지라도 로저스가 만들어 낸 지지적이고, 비지시적이며, 공감적 분위기 안에서 마크는 그의 가치 속에서 선인이든 악인이든 간에 억압한 체계 안에 부분적으로 존재하면서 행동과 의도, 정체성, 역할과 책임감에 대해 질문할 수 있었다. 이로 인해 마크는 자신의 감정과 모든 혼란함을 연결시켜 볼 수 있었다. 그는 죄책감, 사회적 나병 환자가 된 듯한 감정, 억압받는 자에 의한 보복의 공포, 악마를 유지시키는 시스템의 가능성을 살펴보기 시작했다. 그는 자신과 독일 히틀러의 나치 사이에 유사점을 이끌어 낼 수 있게 되었다.

로저스는 개인 내적 연관성을 자주 사용했는데, 결과 범주는 이런 일반적 사고, 자기 평가, 감정, 행동, 의도 그리고 더 많은 불특정한 마크의 기능 요소 연관성에 주목한다. 개인 내적 연관성, 차이점/일치성 범주는 마크의 내적 갈등을 탐색하고 명료화하였고, 같은 방법인 대인 관계적 연관성, 비교/대조 범주는 타인의 것과 비교함으로써 마크의 관점을 더 잘 이해할 수 있었다. 로저스는 마크가 외부적으로 가지고 있는 역할과 내면의 감정 사이의 불일치를 살펴보고 있다. 이는 남아프리카공화국의 상황과 그의 외부 상황을 바라보는 견해 사이에 차이점이 있다. 이는 악한 시스템에서 일을 하고 있기 때문에 자신을 나쁜 사람으로 보는 것과 일을 떠나 자기의 작은 세계에서는 좋은 사람이라는 갈등이 있기 때문이다.

치료에 대한 로저스의 비지시적 접근과 일치하는 일반적 중재는 없으며, 회기를 특징짓는 치료 전략은 매우 직접적이다(예: 내담자가 선택/결정할 수 있는 정보제공과 회기 활동성 사이의 경험을 격려하기). 그러나 전환 시점의 11%만큼 높은 비율이 일반적 중재, 현실/비현실적 범주, 전형적으로 인지행동치료를 예증하는 전략과 관련되어 있다는 것은 흥미로운데, 이는 내담자가 자신의 주관적인 체험을 좀 더 객관적으로 보게 해 준다. 인지행동치료에서 치료자는 내담자의 왜곡된 사고에 적극적으로 도전하고, 인지적 재구조화된 기술을 내담자에게 가르치고, 이런 기술을 실행하는 숙제를 내 준다. 한편, 로저스가 현실/비현실 범주를 사용하는 것은 차이가 있었다. 그는 전략을 사용하지 않았고, 오히려 마크가 가식적이었다고 말한 자신의 주장에 도전하기 시작했을 때 마크가 이끌어 가도록 하였다.

로저스는 현재와 미래에 대한 시간 프레임에 회기 대부분의 시간을 보냈다. 회기의 대부분은 마크의 현재 경험에 초점을 맞추었고, 마크가 만약 억압당했던 사람들이 힘이 세지면 그에게 무슨 일이 발생할지, 그리고 미래 세대가 그를 보면 어떻게 할지에 대한 공포를 표현했을 때 회기는 미래 지향적으로 바뀌었다. 특징적인 회기는 아니었을지라도, 언제 마크가 자신의 갈등과 공포의 탐색에서 로저스의 행위에 대한 평가로 바뀌었는지 그리고 무엇이 로저스다웠는지에 대한 회기 내 초점이 되었다.

대안적 접근

로저스는 미국의 방문객이었으나 남아프리카공화국 정부의 대표 주자가 되어야 하는 마크의 딜레마를 다루어야 했던 어려운 회기에 직면했다. 로저스는 특히 인간을 수용하고 가치 있게 여기는 것을 기반으로 하지 않는 억압받는 체계 속에 마크가 함께하는 데 대한 견해가 분명했다. 그는 마크의 딜레마를 탐색하는 과정에서 마크

뿐 아니라 자신과 청중까지도 함께 탐색해 보는 효과를 생각해야만 했다. 그는 정서의 강도와 자기에 대한 위협 그리고 회기의 간결성을 함께 고려하면서 마크의 체험을 통한 탐색에 어느 정도의 힘을 부여해야 할지 고려해야만 했다. 로저스는 남아프리카공화국의 청중의 위협 속에서도 따뜻함, 지지적인 그리고 공감적 분위기를 만들 수 있었다. 그들 중 몇몇은 마크와 같은 곳에서 일하고 있었고, 그의 인간적인 그리고 치료적인 방식의 힘을 이야기하였다.

마크에게 나타났던 문제는 압도적인 혼돈과 가치관에 대한 갈등이었다. 그가 이런 갈등에 직면했을 때, 체험했던 내적 혼란과 고통은 그로 하여금 이런 감정을 부인하게 만들었다. 로저스는 마크의 도덕성과 갈등에서 자기 평가로 초점을 옮겨 갔는데, 이렇게 한 것은 이전에 부인했고 수용할 수 없었던 자신의 일부분을 용납하고, 고립감을 감소시키며, 분열된 자기를 통합시키고 강화시켰다. 로저스의 추측은 만약 마크가 자신을 받아들이고 자신의 내적 참조 틀을 조절할 수 있다면, 그의 가치를 좀 더 높이 평가할 수 있을 것이고 새롭게 통합된 신념 체계를 바탕으로 결정할 수 있었을 것으로 보았다. 이 회기의 목표는 '최고의' 혹은 '옳은' 결정으로 마크를 이끄는 것이나, 이보다 진실된 자기를 발견할 수 있도록 돕는 것이 더 중요하다. 로저스는 회기 초반과 다음 년도 이 과정에 대해 설명했다. 마크의 경험은 좀 더 열려 있었고, 이론적으로 성장 원리는 이전에는 막혀 있었으나 이제는 효과적으로 기능할 수 있게 되었다.

이 30분 시연 회기는 3년 후에도 마크에게 중대한 영향을 주었고, 계속해서 자신을 관찰하는 모습이 이어진 것은 두말할 필요도 없다. 그러나 이 사례는 계속해서 변화해 가는 과정에서 자신의 중심 역할과 비지시적 접근의 한계점에 대한 의문을 양산한다. 마크의 신념과 가치관을 명료화하기보다 자신을 탐색하기로 결정한 것은 마크 스스로 변화를 이끌었던 중심 기제였다는 로저스의 가정을 반영한 것이다. 로저스는 사람의 자기에 대한 생각과 가치가 내적 방향성(Raskin, 1948)을 형성하는 것에서 기인한다는 것을 명확히 했을 때 성장과 치료적 변화가 일어난다고 보았고, 이렇게 자기 평가에 초점을 둔 것은 마크와 함께한 회기에서 명백히 나타난다.

대안적 접근은 치료자가 내담자의 자기에 대한 느낌과 생각을 향상시키는 목적으로 내담자의 지각적 경직성, 왜곡, 가치 그리고 문제 행동에 대해 좀 더 직접적으로 초점을 맞춘다. 그리고 체험을 기반으로 문제 반응을 수정하는 것이다. 이런 관점은 인지 행동적 방향성과 가장 일치한다. 이런 접근에서 변화를 위한 방법은 좀 더 정확하게 세상에 대처하는 방법을 학습하는 것이며, 사고를 재평가하고, 더 적응적인 방식으로 행동하는 것이다. 더 긍정적 자기 평가는 이런 변화를 일으킨 원인보다 인지적이고 행동적인 변화의 생산적인 산물이다(Goldfried & Robins, 1983). 이것은 우리가 코딩 시스템을 아론 벡(Aaron Beck)의 시연 회기 분석에 사용했을 때(Goldsamt, Goldfried, Hayes, & Kerr, 1992), 주목해 볼 만한 흥미로운 점이 있었다. 자신을 가치 없고, 사랑스럽게 여기지 않았던 우울한 내담자에 대해 벡은 회기의 10% 정도를 내담자의 자기 평가에 보냈다는 것을 발견했다. 대조적으로, 로저스는 이 회기의 전환 시점의 27% 정도를 마크의 자기 평가로 사용했다. 두 회기 간 내담자의 서로 다른 문제를 살펴보는 동안 이론적으로 각각의 치료자가 적용했던 전략은 적절하게 그들이 보는 여러 다양한 내담자와 일치되어야만 했다.

인지행동치료자는 로저스가 여기서 실시했던 것보다 더 직접적 역할을 많이 취한다. 인지행동치료자에게 부적응은 단점을 보완하기 위해 내담자에게 인지적이고 행동적 기술을 가르치면서 교정할 수 있는 사고와 행동을 학습하지 못한 결과로 보았다. 로저스는 일단 개인이 자기를 평가하고 가치화할 수 있는 개인 성장의 자기 교정 과정이 있다는 것을 가정했다. 인지행동치료자는 내담자에게 새로운 기술을 가르치는 것이 가장 효율적인 방법이며, 이런 변화는 새로운 학습에 적당한 시간을 들인다면 일어난다는 것을 가정하고 있다. 치료자와 내담자는 오래된 방식을 깨뜨리는 데 협력하며 성장을 촉진시킬 새로운 것으로 대체시킨다. 내담자는 회기 안이나 밖 모두에서 그들을 실습하게 함으로써 이런 기술을 완성하도록 작업한다(Arkowitz & Hannah, 1989; Beck & Weishaar, 1989).

마크와 로저스 회기를 비교해 볼 때, 벡은 회기 동안 내담자에게 내담자의 부정적 생각에 검토하고 도전하는 방법을 가르치기 때문에, 회기 안에서 두 배 더 잦은 초점을 유지시켰다(Goldsamt et al., 1992). 인지적 치료 기술은 일반적 중재(간섭), 즉 내담자의 주관적 관점과 객관적 관점을 좀 더 비교해 보기 위해 코딩 시스템의 현실·비현실 범주를 이용하는 것과 관련 있다. 이 전략은 벡의 회기에서 로저스가 했던 것보다 두 배 더 많이 활용되었다. 이 기술은 실생활에서 요구되고, 고통받는 개인이 대처할 수 있도록 하는 데 사용되는데, 벡은 내담자가 회기 중에 이것을 잘 사용하도록 용기를 준다. 이것은 부호화한 일반적 중재의 또 다른 부분이다(회기 활동성 사이의 격려). 또한 벡은 로저스가 했던 것보다 더 자주 이런 중재를 사용했다. 로저스가 회기 안에서 마크의 자기 평가, 정서, 행동의 연관성을 강조했을 때, 벡은 이런 연관성을 두 배 더 자주 만들었다. 이러한 연관성이 강조하는 것은 인지행동치료의 구성 요소 간의 상호 관계가 차지하는 이론적인 중요성과 일맥상통한다. 로저스와는 달리 벡은 개인 내적 연관성, 차이점/일치성, 대인 관계적 연관성, 비교/대조 범주와 같은 주제들을 탐색하고 명료화하며 구별하지 않았다는 점은 흥미롭다. 벡은 로저스가 그랬던 것처럼 외부로부터 내적인 관점으로 이동하는 것을 강조하지 않았기 때문에 그는 로저스보다는 의미 있게 다른 사람에게 초점을 맞추지 않았다(관련된 사람들, 지인/낯선 사람/일반적 타인).

아마도 인지행동치료자는 수용과 승인받고 싶은 마크의 욕구를 짚어내고, 억압적인 시스템 때문에 자신이 나쁜 사람이 되었을지도 모른다는 그의 느낌에 초점을 맞추었을 것이다. 로저스가 그랬던 것처럼 치료자는 직업 때문에 자신을 나쁜 사람으로 보는 것은 불필요하다는 것을 보여 주는데, 이는 실제로는 그가 좋은 사람이라는 것을 지지하는 실질적인 증거가 된다. 이는 마크를 지지하면서 자신을 비난하거나 무서운 사람이라는 느낌을 줄여 주었다. 이러한 지지는 그의 국가적인 사회정치적 상황에서 가치관과 사고를 탐색하게 할지도 모른다. 일단 이런 주제가 명료화되었다면, 치료자는 마크가 타당하고 신념에 일치하는 것인지 혹은 신중한 검사를 하지 않아도 진실로 이들을 수용했는지를 알아보는 방법의 타당성을 검토할 수 있다. 이 전략은 로저스가 자기의 외적인 관점과 내적인 관점을 구별화하는 것과 비슷하지만, 아마 이것은 문제에 대한 탐색과 명료화보다는 적극적인 가설-시험 전략(hypothesis-testing strategies)과 관련 있다. 치료자는 회기에서 무엇을 행했는지에 대해 요약해 주고, 마크가 이런 전략을 계속해서 적용할 수 있도록 격려한다. 그리고 그의 가치가 좀 더 명확해지면서 문제 해결까지 이를 수 있다. 인지행동치료자는 이런 접근을 고수하면서 마크 같은 내담자의 갈등 해결을 돕고, 로저스의 탐색적이고 비지시적인 접근보다 좀 더 빠르게 문제에서 벗어날 수 있다고 보았다.

마크가 회기 이후 최소 3년간 자기 탐색을 계속했다고 하지만, 그는 후속 편지에서 그의 가치에 대해 어떤 통찰을 얻었는지는 언급하지 않았다. 그 대신 그는 이상주의에 대한 상실 그리고 타인이 그를 조종하고 있고, 체계에 압도되어 있다는 것에 대해 썼다. 비록 마크가 자신의 내면과 접촉하고 좀 더 생기가 넘쳐 있다 할지라도 갈등에 대한 해답은 얻지 못했다. 그는 여전히 정부에서 일하며 그의 가치를 인정받지 못한 채로 남아 있었다. 마크의 자기수용이 늘어난 것 같았지만, 그의 가치가 무엇인지에 대한 이해가 명확하지 않고, 어떻게 자신만의 가치를 삶과 일치시킬지에 대한 계획도 가지고 있지 않다.

여전히 마크의 딜레마에 대한 또 다른 접근은 게슈탈트의 두 의자 기법을 사용했다는 것이다. 정부의 가치와 불일치되는 점과 본질적으로 악한 체계의 일부분으로 자신을 보는 측면, 이 두 측면에 직면하면서 관점은 더 분명해질 수 있고, 자신에게 부과된 것을 효율적으로 탐색할 수 있다. 이로 인해 좀 더 깊은 수준의 변화를 촉진할 수 있을지도 모른다. 일단 이론적으로 이와 같은 갈등이 분명해진다면, 내담자는 자기의 두 가지 측면을 통합하는 방향으로 작업을 할 수 있다(Greenberg, 1984). 이런 접근은 개인의 체험에 대해 내재화된 가치 체계를 가지는 것과 대조를 이루는 로저스의 목표를 성취할 수 있고, 분열된 자기를 통합할 수 있다. 두 의자 기법은 갈등을 해결하기 위한 효과적인 전략이라는 것이 입증되었고(Clarke & Greenberg,

1986), 변화를 촉진시키는 인지 행동적 접근과 훌륭하게 결합시킬 수 있는 접근법으로 추천되었다(Goldfried, 1988; Goldfried & Hayes, 1989; Robins & Hayes, 1993). 유사하게 이것은 외적인 관점과 내적인 관점을 비교하고 탐색할 때, 내담자 중심 치료의 유용한 협력자가 될 것이다.

결론

로저스의 심리치료 연구 운동이 시작되고 10년이 흐른 후, 그의 연구 모델에 따른 임상 작업의 견본을 연구하는 일에 관심을 가지고 동참했다. 치료에서 내담자의 반응이나 내담자 중심 치료자의 태도를 연구하기보다 실제로 내담자와 함께하는 회기에서 행한 것들에 대해서만 더 주목하는 부분이 있어서 우리는 서로 관점이 다르다. 마크와 함께한 로저스의 회기를 통해 우리는 그가 선택한 것과 선택하지 않은 것을 주목해서 기술했고, 그의 치료 전략을 토론하면서 발표했다. 로저스의 회기 코딩은 우리와 같은 코딩 시스템으로 부호화했던 다른 시연회기 가운데 전문 인지행동치료자가 사용했던 전략들과 비교할 수 있었다. 심리치료를 통합하는 범이론적 코딩 시스템은 공통된 언어 시스템을 제공하고 범이론적 방향성의 유사점과 차이점에 대한 많은 논의가 필요하다.

감사의 말

이 해석 준비는 부분적으로 NIMH Grant No. 40196에게 지원을 받았고, 마빈 골드프리드에게 공로를 돌린다.

참고문헌

Anderson, W. (1974). Personal growth and client-centered therapy: An information processing view. In D. A. Wexler & L. N. Rice (Eds.), *Innovations in client-centered therapy*. New York: Wiley.

Arkowitz, H., & Hannah, M. T. (1989). Cognitive, behavioral, and psychodynamic therapies: Converging or diverging pathways to change? In A. Freeman, K. Simon, L. Beutler, & H. Arkowitz (Eds.), *Comprehensive handbook of cognitive therapy*. New York: Plenum.

Beck, A. T., & Weishaar, M. (1989). Cognitive therapy. In A. Freeman, K. Simon, L. Beutler, & H. Arkowitz (Eds.), *Comprehensive handbook of cognitive therapy*. New York: Plenum.

Clarke, K. M., & Greenberg, L. S. (1986). Differential effects of the gestalt two-chair intervention and problem-solving in resolving decisional conflict. *Journal of Counseling Psychology, 33,* 11-15.

Goldfried, M. R. (1988). Application of rational restructuring to anxiety disorders. *The Counseling Psychologist, 16,* 50-68.

Goldfried, M. R., & Hayes, A. M. (1989). Can contributions from other orientations complement behavior therapy? *The Behavior Therapist, 12,* 57-60.

Goldfried, M. R., Newman, C. F., & Hayes, A. M. (1989). *The Coding System of Therapeutic Focus*. Unpublished manuscript, State University of New York at Stony Brook, Stony Brook, NY.

Goldfried, M. R., & Robins, C. J. (1983). Self-schema, cognitive bias, and the processing of therapeutic experiences. In P. C. Kendall (Ed.), *Advances in cognitive-behavioral research and therapy* (Vol. II). New York: Academic Press.

Goldsamt, L. A., Goldfried, M. R., Hayes, A. M., & Kerr, S. (1992). Beck, Meichenbaum, and Strupp: A comparison of three therapies on the dimension of therapist feedback. *Psychotherapy, 29,* 167-176.

Greenberg, L. S. (1984). A task analysis of intrapersonal conflict resolution. In L. N. Rice & L. S. Greenberg (Eds.), *Patterns of change: Intensive analysis of psychotherapy process*. New York: Guilford Press.

Raskin, N. J. (1948). The development of nondirective therapy. *Journal of Consulting Psychology, 12,* 92-110.

Raskin, N. J. (1985). Client-centered therapy. In S. J. Lynn & J. P. Garske (Eds.), *Contemporary psychotherapies: Models and methods*. Columbus, OH: Charles E. Merrill.

Rice, L. N. (1974). The evocative function of the therapist. In D. A. Wexler & L. N. Rice (Eds.), *Innovations in client-centered therapy*. New York: Wiley.

Robins, C. J., & Hayes, A. M. (1993). An appraisal of cognitive therapy. *Journal of Consulting and Clinical Psychology, 61,* 205-214.

Rogers, C. R. (1983). *Freedom to learn* (Rev. ed.). Columbus, OH: Charles E. Merrill.

Rogers, C. R., & Stevens, B. (1967). *Person to person: The problem of being human*. New York: Simon & Schuster.

Wexler, D. A. (1974). A cognitive theory of experiencing, self-actualization, and therapeutic process. In D. A. Wexler & L. N. Rice (Eds.), *Innovations in client-centered therapy*. New York: Wiley.

Wexler, D. A., & Rice, L. N. (Eds.) (1974). *Innovations in client-centered therapy*. New York: Wiley.

저자 소개

마리아 빌라스 보아스 보웬 박사 (고인) 사람연구를 위한 센터

제롤드 보잘드 박사 조지아 대학교 심리학과

데보라 브링크 박사 뉴욕 시립대학교 교육학과(은퇴)

바바라 테마너 브로드리 박사 일리노이 전문심리학교, 시카고 상담 및 심리치료연구센터

데이비드 캐인 박사 채프만 대학교 심리대학원

로버트 딩만 박사 사설상담

배리 파버 박사 콜롬비아 대학교 교육대학원 상담 및 임상심리학과

제시 갤러 박사 예일 대학교 심리학과

마빈 골드프리드 박사 뉴욕주립 대학교 심리학과

에디스 굴드 사회복지사, 정신분석학 인스티튜트, 정신건강 박사후 센터

레슬리 그린버그 박사 요크 대학교 심리학과

아델 헤이스 박사 마이애미 대학교 심리학과

새무얼 메너헴 박사 심리치료 및 영성 센터

페기 나티엘로 박사 사설상담

마우린 오하라 박사 사람연구를 위한 센터

너대니얼 래스킨 박사 노스웨스턴 대학교 의과대학교 심리학과

패트리시아 라스킨 박사 콜롬비아 대학교 교육대학원 상담 및 임상심리학과

데브라 로젠위그 콜롬비아 대학교 교육대학원 상담 및 임상심리학과

줄리우스 시맨 박사 밴더빌트 파바디 대학교 심리학과

프레드 짐링 박사 캐이스 웨스턴 대학교 심리학과

역자 소개

덕성여자대학교 심리학과의 상담 및 심리치료 전공교수다. The University of Chicago에서 정신건강 프로그램(상담과 임상심리학을 통합한 심리치료 프로그램)으로 심리학 석사와 박사 학위를 받았다. 시카고 상담 및 심리치료센터에서 미국의 저명한 인간중심상담 전문가인 Brodley, Prouty, Warner 교수 등을 주 슈퍼바이저로 두고 인간중심상담 및 심리치료전문가 과정을 마쳤다. 또한 Rogers의 동료였던 The University of Chicago의 Gendlin 교수의 포커싱 심리치료 훈련 과정을 마치고 미국 공인 포커싱 트레이너와 코디네이터 자격증을 취득하였다. 『진정한 사람되기-칼 로저스 상담의 원리와 실제』(역, 학지사, 2009), 『인간중심상담의 임상적 적용』(역, 학지사, 2012), 『인간중심상담 훈련』(공역, 학지사, 2014) 등의 인간중심 관련 역서 및 논문을 지속적으로 출간하였고, 한국에서 인간중심 접근이 전문적으로 잘 뿌리 내리고 성장하기를 바라는 마음으로 인간중심 접근의 지속적인 교육, 훈련, 상담 및 연구 등을 해 오고 있다. 현재 인간중심상담 및 체험심리치료학회 회장을 맡고 있다.

칼 로저스의 심리치료-사례와 해설

The Psychotherapy of Carl Rogers-Cases and Commentary

2017년 6월 1일 1판 1쇄 발행
2024년 11월 20일 1판 4쇄 발행

편저자 • Barry A. Farber · Debora C. Brink · Patricia M. Raskin
옮긴이 • 주 은 선
펴낸이 • 김 진 환
펴낸곳 • (주) 학지사
04031 서울특별시 마포구 양화로 15길 20 마인드월드빌딩 5층
대표전화 • 02) 330-5114 팩스 • 02) 324-2345
등록번호 • 제313-2006-000265호
홈페이지 • http://www.hakjisa.co.kr
인스타그램 • https://www.instagram.com/hakjisabook

ISBN 978-89-997-1281-4 93180

정가 22,000원

역자와의 협약으로 인지는 생략합니다.
파본은 구입처에서 교환하여 드립니다.